Studienbuch Religionsunterricht
Sekundarstufe II

Fragen, Positionen, Impulse

Herausgegeben von
Frauke Büchner, Karl Friedrich Haag
und Albrecht Willert

Band 7

Nathan Peter Levinson/Frauke Büchner

77 Fragen zwischen Juden und Christen

Vandenhoeck & Ruprecht
in Göttingen

Umschlagabbildung:
Corrado Cagli, „La notte dei cristalli" (Kristallnacht),
Entwurf in Silber eines Mahnmals
für die Stadt Göttingen.

ISBN 3-525-77609-8

Das Werk einschließlich seiner Teile ist urheberrechtlich geschützt.
Jede Verwertung außerhalb der engen Grenzen des Urheberrechtsgesetzes
ist ohne Zustimmung des Verlages unzulässig und strafbar. Das gilt
insbesondere für Vervielfältigungen, Übersetzungen, Mikroverfilmungen
und die Einspeicherung und Verarbeitung in elektronischen Systemen.

© 2001 Vandenhoeck & Ruprecht in Göttingen.
www.vandenhoeck-ruprecht.de
Gestaltung: Rudolf Stöbener, Göttingen. Gesetzt aus der Rotis.
Satz und Lithographie: Weckner Fotosatz GmbH, Göttingen.
Druck und Bindung: Hubert & Co., Göttingen

Gedruckt auf umweltfreundlich hergestelltem Papier.

Inhalt

Liebe Schülerinnen und Schüler 10

Kapitel I: Streit- und Verständigung 12

1. Ist die Behauptung von Juden, sie seien von Gott auserwählt, nicht eine Überheblichkeit? 14
2. Fehlt dem Judentum nicht die Nächstenliebe? 18
3. Richten sich Juden nach dem biblischen Grundsatz „Auge um Auge, Zahn um Zahn"? 20
4. Welche Gruppierungen gibt es im heutigen Judentum? 22
5. Kann man Jude und zugleich Christ sein? 24
6. Welcher Sinn ist im Leiden der Juden zu erkennen? 28
7. Werden die Juden den Deutschen jemals vergeben? 30
8. Warum haben die Juden den Nazis keinen Widerstand geleistet? 32

Kapitel II: Wissen und Verstehen 34

9. Was ist die Tora? 36
10. Was ist der Talmud? 40
11. Was ist die Kabbala? 44
12. Was ist der Chassidismus? 48
13. Was ist Jiddisch? 50

Kapitel III: Zeit und Kalender 52

14. Warum feiern Jüdinnen und Juden ihre Feste manchmal gleichzeitig mit den christlichen Feiertagen, manchmal aber zu anderen Zeiten? ... 54
15. Ist der Schabbat mit seinen vielen Verboten für die Juden nicht eine Last? 56
16. Feiern Jüdinnen und Juden Weihnachten? 60

Kapitel IV: Rituale und Lebensregeln 62

17. Welche Bedeutung haben die Speisegesetze? 64
18. Spielen Frauen im religiösen Judentum eine untergeordnete Rolle? ... 66

19. Warum tragen manche Juden immer und manche beim Gebet
    eine Kopfbedeckung? 68
20. Wieso tragen strenggläubige Jüdinnen eine Perücke? 69
21. Wieso ist zum Beten ein Gebetschal nötig? 70
22. Wozu sind die kleinen Kästchen am Arm und am Kopf
    betender Juden da? 71
23. Was bedeuten die kleinen Röhrchen an den Eingängen
    jüdischer Wohnungen? 72
24. Wozu dient die Beschneidung? 74
25. Gibt es im Judentum die Taufe? 76
26. Was ist Bar Mizwa? 77

Kapitel V: Die Synagogengemeinde 78
27. Wieso ist der jüdische Gottesdienst so laut und wenig geordnet? 80
28. Warum führen manche Juden beim Gebet rhythmische
    Bewegungen aus? 81
29. Weshalb kann ein jüdischer Gottesdienst nur mit zehn erwachsenen
    Männern durchgeführt werden? 82
30. Warum sitzen in manchen Synagogen die Frauen getrennt
    von den Männern? 83
31. Was ist ein Rabbiner? 84
32. Darf ein Rabbiner heiraten? 85
33. Können Frauen Rabbinerinnen werden? 86
34. Was ist ein Priester im Judentum? 88
35. Dürfen Nichtjuden an einem jüdischen Gottesdienst teilnehmen? 90
36. Darf ein Nichtjude die Torarolle berühren? 91

Kapitel VI: Sexualität, Ehe und Familie 92
37. Wie ist die Beziehung des Judentums zur Sexualität? 94
38. Wie ist die jüdische Haltung zur Geburtenkontrolle? 96
39. Erlaubt das Judentum Schwangerschaftsabbrüche? 97
40. Weshalb richtet sich die Religionszugehörigkeit nach der Mutter? 98
41. Ist ein durch Samenspende gezeugtes Kind ehelich,
    auch wenn der Ehemann der Mutter nicht der Spender ist? 99

42. Was sagt das Judentum zum Problem der Leihmutterschaft?........... 100
43. Darf ein Jude mehrere Frauen heiraten?................................. 101
44. Dürfen religiöse Jüdinnen und Juden sich scheiden lassen? 102
45. Wie ist die Haltung des Judentums gegenüber Homosexuellen?........ 104

Kapitel VII: Statistik und Identität.. 106

46. Wie viele Juden gibt es in der Bundesrepublik und weltweit? 108
47. Was ist der Unterschied zwischen Juden, Israelis, Israeliten und Hebräern?... 109
48. Kann man Jude und zugleich Deutscher sein? 110
49. Bilden die Juden eine Rasse?.. 114

Kapitel VIII: Jesus von Nazaret... 116

50. Sind die Juden schuld am Tod Jesu? 118
51. Warum glauben die Juden nicht an Jesus als den Messias?............. 122
52. Wurden die Juden zur Strafe für die Ablehnung Jesu unter die Völker zerstreut?.. 126
53. Was bedeutet den Juden das Kreuzsymbol? 128
54. Werden Jesus und die Christen in jüdischen Gebeten beleidigt?........ 129
55. Sind die Juden den Christen gegenüber feindselig eingestellt? 130

Kapitel IX: Religiöse und rassistische Feindschaft gegen Juden 132

56. Was sind die Gründe für den Antisemitismus?......................... 134
57. Sind und bleiben Juden nicht doch Fremde in Deutschland und überall auf der Welt? 138
58. Warum verzichten die Juden nicht auf das Schächten?................. 139
59. Haben sich die Juden nicht auch dadurch unbeliebt gemacht, dass einige von ihnen Kommunisten waren?........................... 140
60. Hat man die Juden gehasst, weil sie reich waren?...................... 141
61. War Luther ein Judenfeind?.. 142
62. Waren die Pharisäer Heuchler und Gegner Jesu? 146
63. Wieso legen Juden die Bibel so spitzfindig aus? 148

64. Wie können Juden an einen Gott glauben,
    der die Opferung eines Kindes forderte? 150
65. Dürfen Juden Gelübde und Verträge brechen? 154

Kapitel X: Israel 156

66. Welche Bedeutung hat das Land Israel mit seiner Stadt Jerusalem
    für die Juden? 158
67. Wollen die Juden den Felsendom in Jerusalem zerstören,
    um dort wieder ihren Tempel zu bauen? 162
68. Ist der Zionismus nicht eine Art Rassismus? 164
69. Zeichnen sich die Juden nicht durch Fremdenfeindlichkeit aus? 166
70. Sind die Palästinenser nicht „die Juden" von heute,
    da ihnen die Israelis das Existenzrecht im Land zwischen Mittelmeer
    und Jordan bestreiten? 168
71. Sollten die Juden, die selber in ihrer Geschichte unter Verfolgung
    gelitten haben, die Palästinenser nicht besser behandeln? 170
72. Verstoßen Juden bei ihren Aktionen in Israel nicht ständig gegen
    das Gebot „Du sollst nicht töten?" 172
73. Wie ist die jüdische Haltung zur Todesstrafe? 173

Kapitel XI: Tod und Ewiges Leben 174

74. Warum legen die Juden kleine Steine auf die Gräber,
    pflanzen aber keine Blumen an? 176
75. Erlaubt das Judentum die Feuerbestattung? 177
76. Glauben die Juden an das Leben nach dem Tode? 178
77. Kennt das Judentum die Seelenwanderung? 180

Kapitel XII: Personen 182

Quellenverzeichnis 209

Wende mir deine Ohren zu,
höre die Worte der Weisen
und nimm zu Herzen,
was ich zu sagen habe;
denn schön ist es, wenn du
die Worte in dir aufbewahrst;
lass sie sinnvoll verbunden
auf deinen Lippen haften.
Damit sich deine Hoffnungen
auf den Herrn gründen,
zeige ich dir heute
seine Wege.
Viele Sätze habe ich für
dich aufgeschrieben als Rat
und zur Erkenntnis,
um dir zuverlässige Worte
der Wahrheit mitzuteilen,
sodass du dem, der dich ins
Leben geschickt hat,
Antwort geben kannst.

Sprüche 22,17–21,
4.–3. Jh. v.Chr.

Liebe Schülerinnen und Schüler,

es wird erzählt, Frau Einstein habe ihren Sohn Albert, wenn er aus der Schule kam, mit der Frage empfangen: „Was hast du heute gefragt?" Das ist nicht nur eine witzige Anekdote, die zeigen soll, wie ein Mensch zum wissenschaftlichen Genie wurde. Sie verweist zugleich ernsthaft darauf, dass zur Lösung großer Rätsel des Lebens und der Welt die unablässigen und neugierigen, die unverschämten und einfühlsamen, die kritischen und verknüpfenden Fragen hinzugehören. Wir – ein Rabbiner und eine christliche Religionspädagogin – haben diese Weisheit auf den Bereich der Theologie und der religiösen Lebensweise übertragen; wir haben eine Reihe von Fragen zusammengestellt, mit denen wir im Unterricht, im Anschluss an Vorträge oder durch Rückfragen auf unsere Veröffentlichungen immer wieder konfrontiert waren. Manche Fragen klangen zunächst provozierend, aber keine war unnötig. Jede brauchte eine aufmerksame Antwort.

Durch solche Erfahrungen motiviert haben wir ein Studienbuch aus Fragen, Antworten und neuen Perspektiven gemacht, die das eigene Forschen und Nachdenken im Unterricht oder in der selbstständigen Weiterbildung anstoßen und befördern sollen. Weil weder das Judentum noch das Christentum bei theologischen, ethischen oder rituellen Überlegungen mit einer Stimme spricht, sind immer mehrere und unterschiedliche Antworten zusammengestellt, progressive und konservative, orthodoxe und liberale, Frauen- und Männeransichten.

Die Namen der Autor/inn/en finden Sie nicht nur unter den jeweiligen Texten, sondern auch noch einmal am Ende des Buches, dort zu einem ausführlichen Personenverzeichnis mit biografischen Informationen und inhaltlichen Querverweisen zusammengestellt. Auf diese Weise können Sie ermitteln, aus welcher Lebenssituation und theo-

Vorwort

logischen Position heraus der Text verfasst wurde. Oft ist das sehr wichtig. Texte, die wir speziell für dieses Buch verfassten, sind entweder grau unterlegt (Levinson) oder kursiv gedruckt (Büchner).
Damit Sie wissen, mit wem Sie sich auf das Geschäft des interreligiösen Fragens einlassen, stellen wir uns vor:

Wir sind Pnina Navè Levinson dankbar. Sie hat unsere Zusammenarbeit in Gang gebracht und diese mit Kritik und wertvollen Vorschlägen bereichert.
Am 3. August 1998 starb sie. Ihrem Gedenken ist dieses Buch gewidmet.

Ich – Nathan Peter Levinson – wurde 1921 in Berlin geboren und erlebte dort als Kind und Jugendlicher die Anfänge des Naziregimes. Nach meinem Abitur begann ich ein Studium an der von Leo Baeck geleiteten liberalen „Lehranstalt für die Wissenschaft des Judentums", musste aber 1941 Deutschland verlassen. Über Polen, Russland, Korea und Japan gelang meinen Eltern und mir die Flucht nach Amerika. Dort setzte ich mein Studium am „Hebrew Union College" fort.
1950 kehrte ich vorübergehend als Rabbiner zurück in meine Geburtsstadt Berlin. Nach einigen Jahren als amerikanischer Militärrabbiner in Japan und Ramstein (Pfalz) wurde ich Gemeinderabbiner und 1964 Landesrabbiner in Baden. Ein große Freude war es für mich, in Heidelberg eine „Hochschule für jüdische Studien" mit begründen zu können. Seit meiner Emeritierung lebe ich in Mallorca und Jerusalem, bin aber häufig zu Vorträgen und Gottesdiensten in Deutschland.

Ich - Frauke Büchner - wurde 1943 in Sachsen geboren und getauft, studierte Germanistik, Philosophie, Pädagogik und evangelische Theologie in Tübingen, Heidelberg und Berlin. Die letztgenannte Wissenschaft wurde mir die liebste. Da ich das Lernen und Lehren als eine Begabung entdeckte, wurde ich Religionslehrerin, später Dozentin in der Ausbildung von Lehrer/inne/n.

Kapitel I:
Streit und Verständigung

Zorn ist ein wütig Ding,
und Grimm ist ungestüm,
aber wer kann vor der Eifersucht bestehen?
Sprüche 27,4

Offene Zurechtweisung ist besser als Liebe,
die im Verborgenen bleibt. *Sprüche 27,5*

Eine freundliche Antwort stillt den Zorn.
Sprüche 15,1

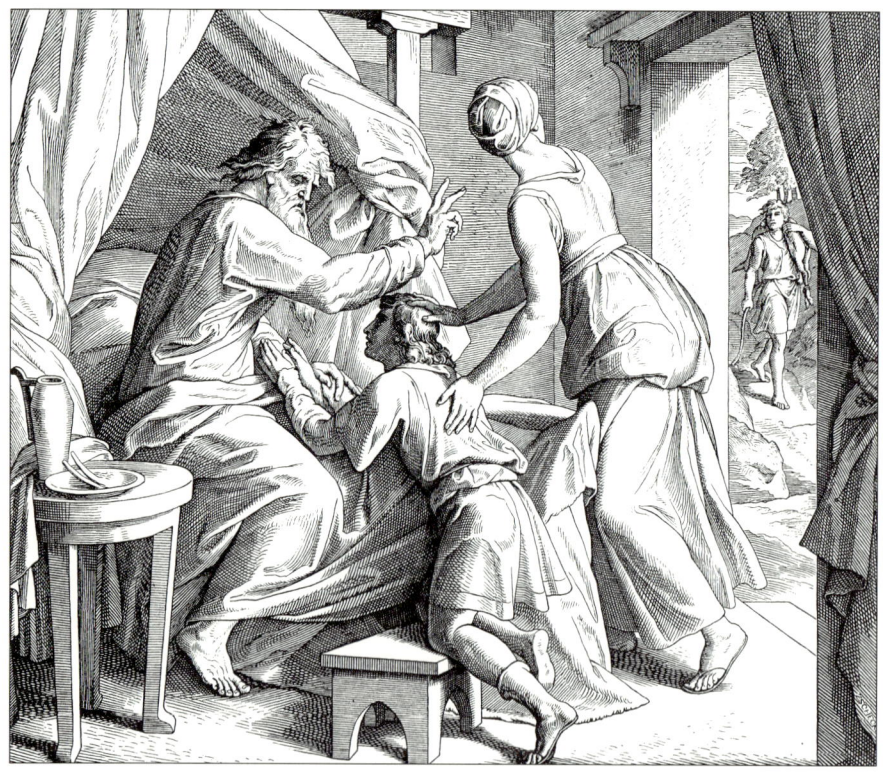

*Julius Schnorr von Carolsfeld, Isaak segnet Jakob vor Esau,
Zeichnung auf Holz zu 1. Mose 27,21–30, Dresden 1860*

Wenn Geschwistern klar wird, dass sie sich die Liebe ihrer Eltern teilen müssen, ist das eine schwer zu verarbeitende Erkenntnis. Im Verhältnis zwischen Juden und Christen ist dies vermutlich die erste und immer wieder wirksame Störung. Darum steht am Anfang unserer „77 Fragen" die Frage nach der „Überheblichkeit" der älteren Schwester, nach der besonderen Erwählung Israels. Provokant ist diese Frage gestellt und nicht ohne Schmerz. (Nr. 1)

Auch die beiden folgenden Doppelseiten nehmen Konflikte auf, die bereits seit Jahrhunderten zwischen Christen und Juden stehen und die Gespräche schwer machen. Es sind die eifersüchtigen Fragen der jüngeren Schwester nach den möglichen theologischen Mängeln der älteren: Fehlen ihr nicht Liebe (Nr. 2) und Nachsichtigkeit (Nr. 3)?

Thema der beiden nächsten Fragen ist das Unterscheiden der verschiedenen Gruppierungen innerhalb des Judentums (Nr. 4) und das deutliche Differenzieren zwischen Juden und Christen (Nr. 5).

Die letzten drei Fragen dieses Kapitels gehen exemplarisch an die Schwierigkeiten heran, die sich dem christlich-jüdischen Gespräch seit „Auschwitz" entgegenstellen: Wie lässt sich das Leiden der Juden mit dem Glauben an den gerechten und barmherzigen Gott vereinbaren? (Nr. 6) Können Juden den Deutschen nach dem, was geschehen ist, überhaupt vergeben? (Nr. 7) Und warum haben die Juden sich nicht gegen die Nationalsozialisten zur Wehr gesetzt? (Nr. 8)

Nicht alle „Beziehungsfragen" zwischen Christen und Juden sind in diesem Kapitel zur Debatte gestellt. Wer sich weitere konfliktreiche Berührungspunkte vornehmen möchte, sei auf folgendes Taschenbuch verwiesen:

📖 *Ich glaube an den Gott Israels. Fragen und Antworten zu einem Thema, das im christlichen Glaubensbekenntnis fehlt, hg.v. Frank Crüsemann/Udo Theissmann u.a., Kaiser, Gütersloh 1998.*

1. Ist die Behauptung von Juden, sie seien von Gott auserwählt, nicht eine Überheblichkeit?

> 1. Die Frage ist provokant gestellt. Welche Gefühle sind hinter der Provokation zu vermuten? Welche anderen Fragen klingen mit?
>
> 2. Was fällt Ihnen zum Wort „Erwählung" an sinnverwandten Begriffen ein? Was assoziieren Sie, wenn Sie die Vokabel „Gottesbund" hören?
>
> 3. Lesen Sie die folgenden Bibeltexte in ihrem Kontext: 1. Mose 9,8-17; 12,1-8; 15,1-21; 2. Mose 4,22; 5. Mose 7,6-12; 26,16-19; Jesaja 41,1-11; 42,6; Jeremia 31,31-34; Hesekiel 36,23; Sacharja 8,3-6. In welcher Situation und in welchem Sinne wird da von „Erwählung" und „Bund" gesprochen?

Nur in Israel hat es einen ethischen Monotheismus gegeben, und wo er späterhin anderwärts zu finden ist, dort ist er unmittelbar von Israel hergekommen.
Die Existenz dieser Religionsform war durch die Existenz des israelitischen Volkes bedingt, und Israel war damit eine der Nationen geworden, die einen Beruf zu erfüllen haben. Das ist es, was die Auserwählung Israels genannt wird.
Es stimmt in bemerkenswerter Weise mit dem wesentlichsten Zuge der israelitischen Religion zusammen, dass auch hier der Gedanke des Gebotes, der Pflicht entscheidend hervortritt. Die Eigentümlichkeit des Berufes wird gefordert, aber keine Exklusivität des Heils verkündet. Das Judentum blieb davor bewahrt, in die religiöse Enge des Begriffes einer allein selig machenden Kirche hineinzugeraten.
Vor dem Bunde, den Gott mit den Stammvätern (*Israels*) und durch sie mit ihren Nachkommen geschlossen, steht der Bund, den Gott durch Noah mit der ganzen Welt gestiftet hat. (*1. Mose 9*)

Leo Baeck 1921

Der Begriff eines auserwählten Volkes bedeutet nicht, dass ein Volk auf Kosten aller anderen Völker bevorzugt wird. Wir behaupten nicht, wir seien ein überlegenes Volk. Das „auserwählte Volk" meint ein Volk, dem sich Gott genähert hat und das Gott erwählt hat. Die Bedeutung des Wortes gilt in Beziehung zu Gott und nicht in Beziehung auf andere Völker. Es bezeichnet nicht eine Qualität, die dem Volk innewohnt, sondern die Beziehung zwischen diesem Volk und Gott.
Unsere Väter, obwohl gequält und verfolgt von Feindseligkeit und Unrecht, hörten nicht auf, sich zu freuen, dass sie Juden waren. ... Woher kommt ein solches Gefühl? ...
Als Teil von Israel sind wir mit einem ... kostbaren Bewusstsein begabt, dem Bewusstsein, dass wir nicht in einem Vakuum leben. Wir leiden niemals unter der ... Furcht vor dem Umhergetriebensein in der Leere der Zeit! Uns gehört die Vergangenheit, darum fürchten wir uns nicht vor dem, was kommt. ... Wir erinnern uns an den Anfang und glauben an das Ende. Wir leben zwischen zwei geschichtlichen Polen: Sinai und Reich Gottes.

Abraham Joshua Heschel 1995

Gott, ich weiß, dass wir dein auserwähltes Volks sind, aber könntest du nicht zur Abwechslung einmal jemand anderen auserwählen? *Scholem Alejchem 1894*

Christen meinten lange Zeit, die Auserwählung sei auf sie als das neue Gottesvolk übergegangen. Wir haben hier also eine Art theologischer Konkurrenz. Daran ist nichts auszusetzen, wenn Auserwählung nicht als Auszeichnung, sondern als Verpflichtung angesehen wird. So sagt auch der Prophet Amos: „Nur euch habe ich erkannt von allen Geschlechtern der Erde, darum will ich an euch ahnden all eure Missetaten!" (Amos 3,2).

Und die Rabbinen erläutern, Gott habe sich am kleinen Berg Sinai und am bescheidenen Dornbusch offenbart, um damit zu zeigen, dass Auserwählung kein Verdienst, sondern Gnade bedeutet. So lesen wir auch im 5. Buch Moses: „Nicht weil ihr mehr seid denn alle Völker, hat der Ewige euch begehrt und euch erkoren, denn ihr seid die wenigsten von allen Völkern." (5. Mose 7,7)

Einige jüdische Theologen haben in der Neuzeit auf den Begriff der Auserwählung verzichtet und ihn aus ihren Gebetbüchern gestrichen, weil er einerseits Unfrieden stiftet und andererseits von Juden als Privileg missverstanden wurde. Andere Juden, aber auch Christen, erachten ihn jedoch theologisch als unverzichtbar.

In der rabbinischen Literatur aus den ersten Jahrhunderten n.Chr. sind folgende Aussagen zu finden:

Die Gottesfürchtigen werden als Israel bezeichnet.
Aus dem Midrasch (einer Lehrerzählung) Mechilta (Maß, Norm) zu 2. Mose 22,20

Ein Nichtjude, der die Tora tut, ist wie ein Hoherpriester.
Sifre (halachisches Lehrbuch) zu 3. Mose 18,5

⇒ Nr. 6:   Welcher Sinn ist im Leiden der Juden zu erkennen?
⇒ Nr. 24: Wozu dient die Beschneidung?
⇒ Nr. 33: Können Frauen Rabbinerinnen werden?
           (Wichtig für diesen Zusammenhang ist besonders die Predigtskizze von Regina Jonas.)
⇒ Nr. 63: Wieso legen Juden die Bibel so spitzfindig aus?
⇒ Nr. 68: Ist der Zionismus nicht eine Art Rassismus?
⇒ Nr. 69: Zeichnen sich die Juden nicht durch Fremdenfeindlichkeit aus?

4. Die oben stehenden Sätze werden von Jüdinnen und Juden als weiterführende Auslegungen der jeweils genannten biblischen Erwählungstexte verstanden. Setzen Sie sich kritisch mit dieser Art der „Auslegung" auseinander.

5. Auch im Neuen Testament spielen die Begriffe „Bund" und „Erwählung", ferner die Verhältnisbestimmungen zwischen Israel und den anderen Völkern eine wichtige Rolle. Untersuchen Sie, welche Bedeutung Jesus in diesem Zusammenhang zugeschrieben wird: Lukas 1,67-80; Epheser 2,13; 3,5-6; Römer 9-11.

Christliche Darstellung von Synagoge und Kirche

Nach gesamtbiblischem Zeugnis hat Gott das jüdische Volk bleibend zu sich in Beziehung gesetzt. Diese Einsicht wird im Neuen Testament bestätigt und kommt besonders deutlich im Römerbrief des Apostels Paulus zum Ausdruck: „Gottes Gaben und Berufung können ihn nicht gereuen" (Röm 11,29). Gottes unverbrüchliche Treue bleibt auch unabhängig von menschlichem Verhalten gültig. Auch wenn die Mehrheit der Juden Jesus als Messias ablehnt, ist Gottes Verheißung über dem von ihm erwählten Volk Israel in Kraft geblieben. Nach neutestamentlichem Zeugnis versteht sich die Kirche als Gemeinschaft derer, die durch Christus zum Volk Gottes aus Juden und Heiden berufen wurden. Es ist deshalb Aufgabe der christlichen Theologie, das Selbstverständnis der Kirche so zu formulieren, dass dasjenige des jüdischen Volkes dadurch nicht herabgesetzt wird.

Erklärung der Evangelisch-Lutherischen Kirche in Bayern zum Thema „Juden und Christen" 1998

6. Die Zeichnung stammt aus einem kirchlichen Lehrbuch des 14. Jahrhunderts. Was lehrt(e) sie? Mit welchen Symbolen gelingt ihr das?

Die Menschen sind nicht für die Erwählung da, sondern die Erwählung für die Menschen. Toleranz, Zusammenarbeit zum Wohle aller, Anerkennung von je anderen religiösen Traditionen sind das unabweisbare Gebot der Stunde. Dies gilt vor allem für die Christen, diese durch Christus ins erste Gottesvolk hinein Assoziierten (Röm 9-11).

Clemens Thoma 1994

5. Mose 7,6-12 macht – in unüberhörbar erotischer Sprache – eine große Liebe publik: die Liebe zwischen dem Gott Israels und seinem Volk. Gott hat sein Herz an Israel gehängt, sich von ihm abhängig gemacht, will nicht ohne sein geliebtes Volk Gott sein.

Dass wir nicht die AdressatInnen dieses Textes sind, das hat die Kirche je länger je weniger ausgehalten. So verdrängte sie Israel aus dieser Liebesbeziehung, um selbst seine Rolle zu besetzen – mit tödlicher Konsequenz: Gottes Liebe musste gescheitert sein, der Bund aufgekündigt, die Treue gebrochen.

Wie können wir Christen und Christinnen jemals der Treue Gottes zu uns gewiss werden, wenn wir ihn Israel gegenüber für treulos halten? Gottes Ja zu Israel verbürgt doch auch uns seine Treue. Es ist ein folgenschweres Missverständnis zu meinen, die Erwählung der einen disqualifiziere die anderen. Die Bibel lässt keinen Zweifel daran, dass Israels Gott sein Herz auch an uns gehängt hat. Doch diese Liebesgeschichte entbehrt der Unmittelbarkeit, die Israel mit seinem Gott verbindet. Seine Liebe zu uns wie unsere zu ihm wird immer eine mittelbare, eine über Israel, über den Juden Jesus von Nazareth vermittelte sein. In ihm hat Gott Ja zu uns gesagt, in der Treue zu Jesus sagen wir Ja zu Gott. Zu unserer Liebesgeschichte mit Gott gehören immer drei.

Magdalene L. Frettlöh 1999

7. Welche pointierten Formulierungen finden die drei christlichen Texte von 1994, 1998 und 1999, um das Verhältnis zwischen Gott, Israel und Kirche für die Gegenwart neu zu bestimmen? Welche dieser positionellen Äußerungen erscheinen Ihnen einleuchtend?

2. Fehlt dem Judentum nicht die Nächstenliebe?

Welches ist der rechte Weg, den der Mensch sich wählen soll? – Er liebe die Zurechtweisung. Solange es sie gibt, kommen ... Güte und Segen über die Welt, und das Böse schwindet.

Talmud, Olat Tamid (tägliche Brandopfer) 28a

1. Lesen Sie Römer 4; Galater 3-4; Matthäus 5,17-19.40-48. Erarbeiten Sie das jeweilige Gesetzesverständnis. Setzen Sie sich dann kritisch mit den Äußerungen Michael Wyschogrods auseinander.

Als ich früher in meiner Laufbahn Paulus studierte, war ich sehr irritiert durch seine Haltung zum Gesetz. Um es ganz offen zu sagen, ich konnte nicht verstehen, wie ein religiös sensibler Jude wie Paulus so über das Gesetz sprechen konnte, wie er es tat. Ich konnte in einem gewissen Maß seine Faszination durch Jesus verstehen, aber ich konnte nicht verstehen, und kann es im Grunde auch jetzt noch nicht verstehen, warum die Faszination durch Jesus ihn zu solcher Feindschaft gegen das Gesetz des Mose geführt hat.

Michael Wyschogrod, Die Auswirkungen des Dialogs mit dem Christentum auf mein Selbstverständnis als Jude, 1990

Die Nächstenliebe, nach Rabbi Akiba das größte der Gebote, findet sich im 3. Buch Mose 19,18. In Vers 34 finden wir außerdem, dass wir den Fremden lieben sollen wie uns selbst. Jesus hat also als guter Jude nur aus der Tora zitiert. Weshalb hier schon immer ein Gegensatz zum Judentum konstruiert wurde, ist rätselhaft. 2. Mose 34,6 ist die Quelle dafür, dass der vierbuchstabige Gottesname, bei Luther als „der Herr" übersetzt, Gott, den gnädigen und barmherzigen bezeichnet, während „Elohim" Gott, den Richter, meint. Ohne beide Eigenschaften, so die Rabbinen, könnte keine geordnete Welt bestehen. Würde Gott sie nur mit Strenge regieren, müssten die Menschen darüber zerbrechen; wenn er nur mit Milde herrschte, gäbe es unzählige Sünden. Daher benötigen wir beide Eigenschaften Gottes.

Das Buch des Propheten Hosea, der eine Dirne heiraten musste und sie immer wieder in Liebe zurücknahm, zeigt uns die beispielhafte göttliche Vergebung. Trotzdem ist Judentum *auch* Gesetzesreligion. Sonst wäre der Glaube nur Sentimentalität und für das tatsächliche Leben ohne Bedeutung.

N. P. Levinson und M. Wyschogrod lassen sich – im Gespräch mit Christinnen und Christen – auf den deutschen Begriff „Gesetz" ein. Dieser wird in der kirchlichen Tradition meist für das hebräische Wort „Tora" eingesetzt. Tora heißt aber eigentlich eher „Lehre", „Wegweisung" oder „Anweisung zum richtigen Leben".

Streit und Verständigung

Rabbi Mosche Löb erzählte: Wie man die Menschen lieben soll, habe ich von einem Bauern gelernt. Der saß mit anderen Bauern in einer Schenke und trank. Lang schwieg er wie die anderen alle, als aber sein Herz vom Wein bewegt war, sprach er seinen Nachbarn an: „Sag du, liebst du mich oder liebst du mich nicht?" Jener antwortete: „Ich liebe dich sehr." Er aber sprach wieder: „Du sagst: Ich liebe dich, und du weißt nicht, was mir fehlt. Liebtest du mich in Wahrheit, würdest du es wissen." Der andere vermochte kein Wort zu erwidern. Ich aber verstand: Das ist die Liebe zu den Menschen, ihr Bedürfnis spüren und ihr Leid tragen.

Martin Buber, Die Erzählungen der Chassidim, 1949

Denn was der Nächste begehrt, sind nicht nur die Lebenserfordernisse jeden Tages, denen die rechte Handlung Gewähr geben will; er trägt auch sein Empfinden in sich, das ebenfalls nach seiner Befriedigung verlangt, er hat sein innerstes Geheimnis, sein Persönliches, ganz wie wir. Er steht vor uns, auf dass wir, wie die Bibel mit einem ihrer edelsten Worte sagt, „seine Seele kennen". Was immer wir ihm tun, wir sollen es auch seinem Herzen tun, um seines Herzens willen und aus unserem Herzen heraus. Wir sollen die Gerechtigkeit üben mit dem Gemüte. Und wenn vielleicht sein leibliches Dasein unser nicht bedarf, so bleibt doch diese Pflicht gegen die Seele.
Das ist es, was die Religion Israels als die Nächstenliebe bezeichnet: „Liebe deinen Nächsten wie dich selbst."
„Liebe den Fremdling wie dich selbst." Sie ist die notwendige Vollendung, die Erfüllung der „Gerechtigkeit".

Leo Baeck 1921

2. Lesen Sie Matthäus 22,34-40. In welchem Verhältnis stehen da „Gesetz" und „Nächstenliebe"?
Ziehen Sie zur Interpretation dieser Bibelstelle die Antworten auf die Frage: „Waren die Pharisäer Heuchler und Gegner Jesu?" (Nr. 62) hinzu.

3. In diesem Zusammenhang ist eine Beschäftigung mit der Bergpredigt (Mt 5-7) interessant. Wenn Sie dazu eine Leseanleitung brauchen, finden Sie diese in dem Studienbuch Religionsunterricht 3: Frauke Büchner, Der Jude Jesus und die Christen, Verlag Vandenhoeck & Ruprecht, Göttingen 1993.

⇒ Nr. 3: *Richten sich Juden nach dem biblischen Grundsatz „Auge um Auge, Zahn um Zahn"?*
⇒ Nr. 9: *Was ist die Tora?*
⇒ Nr. 10: *Was ist der Talmud?*
⇒ Nr. 63: *Wieso legen Juden die Bibel so spitzfindig aus?*

4. Wenn Sie das Christentum mit wenigen Worten inhaltlich charakterisieren müssten, wie würden Sie es bezeichnen?

3. Richten sich Juden nach dem biblischen Grundsatz „Auge um Auge, Zahn um Zahn"?

> 1. Aus welchen Zusammenhängen kennen Sie die Regel „Auge um Auge, Zahn um Zahn"? Was bedeutet die Formel dort?

Es geht nicht um Rache, sondern um das so genannte „Talionsrecht", welches besagt, dass der Verursacher eines Schadens nicht für mehr zur Verantwortung gezogen wird, als dieser Schaden betrug. Allerdings bedeutete der Satz schon in talmudischer Zeit: Wiedergutmachung, Geld-Ersatz, sodass Martin Buber in seiner Bibel-Übersetzung treffend übersetzt: „Zahn-Ersatz für Zahn". Außerdem ist der Verursacher eines gesundheitlichen Schadens zu fünffacher Wiedergutmachung verpflichtet:

> *Die Weisheit, dass die menschlichen Bedürfnisse nach Vergeltung eingeschränkt werden müssen, ist älter als die jüdische Rechtstradition. Bereits in einer orientalischen Textsammlung aus dem 17. Jahrhundert v.Chr. ist folgende Regel zu finden:*
>
> Wenn ein freier Mann das Auge eines freien Mannes zerstört, dann soll man sein Auge zerstören.
>
> *Kodex Hammurabi §195*

1. bei Schäden an nicht nachwachsenden Gliedern für körperlichen Wertverlust
2. Schmerzensgeld
3. Arztkosten
4. Ersatz für Verdienstausfall
5. Entschädigung für die Beschämung.

Die Rabbinen erkannten klar, dass das Talionsgesetz anders nicht durchführbar ist. Kann man dem Anderen ein Auge so ausschlagen, dass er nicht daran stirbt? In diesem Fall wäre er ja ein Mörder! Und außerdem, nehmen wir an, ein Einäugiger schlägt einem Anderen ein Auge aus. Wäre es gerecht, ihm dafür sein einziges Auge auszuschlagen? Deshalb kann die Tora nur meinen: Schadenersatz für Schaden! Aber wer von den Schreiberlingen oder Fernsehkommentatoren, die den Vers ständig zitieren, hat hiervon eine Ahnung?

> 2. Oft wird dieser Text aus dem Kodex Hammurabi verglichen mit dem ähnlich lautenden Satz in der Bibel:
> 2. Mose 21,22-27,
> 3. Mose 24,17-22 und
> 5. Mose 19,15-21.
> Lesen Sie die biblischen Texte in ihrem Zusammenhang und beschreiben Sie, welche Bedeutung jeweils die Formel „Auge um Auge" hat.
> Vergleichen Sie dann den Sinn der biblischen Rechtssätze mit dem der Regel aus dem Kodex Hammurabi.

3. Lesen Sie Matthäus 5,38-39.
Wie versteht Jesus die Tora-Regel „Auge um Auge"?
Spricht er die Täter, die Opfer, die Angehörigen, eine gerichtliche Institution oder allgemein die Gesellschaft an?
Mit welcher der neueren jüdischen Interpretationen dieser Doppelseite ist Jesu Auslegung verwandt?

Nun ist ja der Talmud kein systematisches Gesetzbuch, sondern ein gewaltiges Sammelbecken der Diskussionen, Berichte und Traditionen an den Hochschulen im Land Israel und in Babylonien bis zum 6. Jh. n. (Chr.). Die Systematisierung des Rechts erfolgte vom 9. bis 16. Jh. in einer Reihe von Gesetzbüchern, die bis heute für Juden verpflichtend sind. Hier finden wir u.a. die Pflicht des Vergebens:

„Es ist dem Geschädigten verboten, grausam zu sein und nicht zu verzeihen, denn das ist unjüdisch". (*Maimonides 12. Jh.*)

Ähnliche Verschärfungen der radikalen Ethik betont Joseph Karo (16. Jh.) in seinem Gesetzbuch „Schulchan Aruch", das die Grundlage des heutigen jüdischen Gesetzesverständnisses, vor allem in der Praxis, bildet. Die Gesetze zu „Auge um Auge" befinden sich im 4. Teil. Hier finden wir folgende Paragraphen der jüdischen Kasuistik:

- Wer seine Hand wider seinen Nächsten hebt, heißt „Bösewicht", auch wenn er ihn nicht schlägt.
- Wer einen Anderen geschädigt hat und ihm die fünf Zahlungen leistete, ist nicht entsühnt, bis er ihn um Vergebung bittet, und die darf man ihm nicht grausam verweigern.
- Wer einen anständigen Menschen öffentlich beschämt, verliert die ewige Seligkeit. Dazu bemerkt Rabbi Akiba Eger aus Posen in seinem Kommentar (19. Jh.): Auch wenn der Andere ein verächtlicher Mensch ist, gilt das Verbot.

Pnina Navè Levinson 1991

Viele oberflächliche Vergleiche sind zwischen der Tora und dem babylonischen Kodex Hammurabi gezogen worden. Einige Autoren haben sogar behauptet, Mose habe nur aus dem früheren abgeschrieben. Ein sorgfältiges Studium zeigt jedoch, wie irrig das ist. Das Gesetz des Hammurabi unterscheidet zwischen hohen und niedrigeren gesellschaftlichen Gruppen. Die Strafe für das Ausschlagen des Zahnes eines einfachen Mannes ist viel niedriger, als wenn es sich um einen Aristokraten handelt. Wenn ein einfacher Mann die Tochter eines Kollegen tötet, wird dafür seine eigene Tochter umgebracht. Ein höher Gestellter zahlt für dasselbe Vergehen nur eine geringe Geldbuße. Die Tora macht keine Unterschiede zwischen Arm und Reich, Regierenden und Regierten, Einheimischen und Fremden. Alle werden gleich behandelt.

Roland B. Gittelsohn 1970

⇒ *Nr. 2: Fehlt dem Judentum nicht die Nächstenliebe?*
⇒ *Nr. 9: Was ist die Tora?*
⇒ *Nr. 10: Was ist der Talmud?*
⇒ *Nr. 63: Wieso legen die Juden die Bibel so spitzfindig aus?*

4. Welche Gruppierungen gibt es im heutigen Judentum?

Das Spektrum dieser Richtungen und Gruppierungen reicht von extrem liberal bis ultra-orthodox. Manche umfassen mehr als eine Million Mitglieder, andere nur einige hundert Menschen. Sie bestehen selbstständig nebeneinander, denn es gibt keine oberste Glaubensbehörde. Im Altertum bestand eine solche im Jerusalemer Synhedrion - „Hohen Rat". Die Versuche, einen solchen wieder einzuführen, sind früher und heute gescheitert. Lokal gab und gibt es freiwillig anerkannte Autoritäten für eine oder mehrere Gruppen, wie den britischen orthodoxen Oberrabbiner oder die beiden israelischen Oberrabbiner, einen für westliche und einen für östliche Gemeinden. In England wie in Israel handelt es sich um eine Einrichtung der staatlichen Behörden und nicht um eine interne jüdische Überlieferung solcher Institutionen.

Als neutrale Bezeichnung für die unterschiedlichen Gruppen wird heute zunehmend „Denominationen" benutzt. In dieser Pluralität beanspruchen auch die glaubenslosen Juden ihren Platz, obwohl sie nur selten in ethischen oder humanistischen Vereinen organisiert sind.

Pnina Navè Levinson 1991

Es gehört zu den am weitesten verbreiteten Irrtümern über das Judentum, dass häufig angenommen wird, dieses stelle eine in sich geschlossene Einheit dar.

Ernst Ludwig Ehrlich 1969

Orthodoxe Juden glauben wie viele Christen an Verbalinspiration, d.h. dass sie alle in der Bibel enthaltenen Texte als direkte Offenbarung Gottes betrachten und daher auch die moderne Bibelkritik zurückweisen. **Konservative Juden** sind nach heutigem Sprachgebrauch in Deutschland Juden, die zwar die meisten Gebote der Tora halten, aber wissenschaftliche Zugänge zur Tradition und daher auch zur Bibel erlauben. Die **liberalen Juden** entsprechen ihnen im Wesentlichen, sie stellen aber die Interpretation der rituellen Gebote noch stärker in die Verantwortung der Einzelnen. **Reformjuden** oder **Progressive** sind radikaler, sowohl in der Theologie als auch im Brauchtum. Sie beten meist in der Landessprache, auch ohne die traditionelle Kopfbedeckung, Frauen und Männer sitzen zusammen in der Synagoge, und viele verzichten weitgehend auf die Speisegesetze.

Zwischen den Konservativen und den Reformjuden gibt es in den USA die **Rekonstruktionisten**, die eine naturalistische, mehr soziologisch geprägte Theologie vertreten, eine „Rekonstruktion" des Judentums als Kultur innerhalb einer sich wandelnden Gesellschaft. Sie lehnen jede Metaphysik ab, d.h. Heil gibt es nur als Verbesserung der Zustände in dieser Welt.

1. Finden Sie heraus, zu welcher Richtung die jüdische Gemeinde Ihrer Region gehört.

Streit und Verständigung

In Jerusalem demonstrierten jüngst über 100.000 ultraorthodoxe Juden gegen das oberste Gericht Israels. Dieses hatte die religiösen Rechte der Frauen und der liberalen Juden erweitert.

Freilich, letztlich passt den Ultraorthodoxen die ganze Richtung nicht. Sie wollen, dass ihre Rabbiner das Land regieren und nicht eine demokratisch gewählte Regierung. Das jüdische Gesetz soll auch im modernen Staat gelten und nicht weltliche Gesetze, die ein Parlament verabschiedet und die Gerichte auslegen.

Weil ultraorthodoxe Männer mit ihren Bärten und schwarzen Anzügen so exotisch wirken, sind sie ein beliebtes Motiv für Fotografen und Kameraleute. So bekommt der Zeitungsleser und Fernsehzuschauer den Eindruck, die Ultraorthodoxen repräsentierten das Judentum. Dies aktiviert wiederum das Vorurteil von der jüdischen Gesetzlichkeit, die die Menschen knebelt.

Dabei besteht das Judentum aus unterschiedlichen Konfessionen.

Für die Ultraorthodoxen hat Gott die ersten fünf Bücher der Bibel, die Thora, dem Mose diktiert, und auch die rabbinische Tradition hat göttlichen Charakter. Für die Liberalen dagegen haben Menschen die Bibel und die Tradition geschaffen. Sie enthalten das Wort Gottes, das aber immer wieder neu gesucht werden muss.

Die Stärke der Orthodoxen liegt in ihrem Kampfgeist und ihrer straffen Organisation. Wenn die Liberalen dem nichts entgegensetzen, werden sie unter die Räder kommen und mit ihnen eine menschenfreundliche Form von Religion. Das gilt für das Judentum wie für andere Religionsgemeinschaften.

Jürgen Wandel 1999

⇒ *Zur jüdischen* Orthodoxie *gehören z.B. David Bleich, Ch. H. Donin, M. Friedländer, S. R. Hirsch, H. Wouk und M. Wyschogrod, zu den* Konservativen *A. J. Heschel und L. Jacobs zu den* Liberalen*, L. Baeck, M. Brumlik und S. Ph. De Vries zu den* Progressiven*, bzw. dem* Reformjudentum *S. B. Freehof, R. B. Gittelsohn, K. Kohler, J. J. Petuchowski, J. Soetendorp, M. Swarsenski und M. Zemer, zu den* Rekonstruktionisten *I. D. Eisenstein und M. Kaplan.*
In Kapitel XII finden Sie Kurzbiografien dieser Personen und Hinweise, wo im vorliegenden Buch der „77 Fragen" Texte aus ihrer Feder zu finden sind.

2. P. Navè Levinson spricht von „Denominationen",
J. Wandel von „Konfessionen".
Reden die beiden von derselben „Sache" oder meinen sie Verschiedenes?

3. Setzen Sie sich kritisch und konstruktiv mit dem Hinweis von J. Wandel auseinander, nicht nur im Judentum, sondern auch in anderen Religionen hänge deren Menschenfreundlichkeit am Engagement der Liberalen.

5. Kann man Jude und zugleich Christ sein?

Auf Grund ihres gemeinsamen Ursprungs betrachten sich die Juden überall als Mitglieder einer Familie, sicherlich einer großen Familie, aber nichtsdestoweniger immer noch einer Familie. Die Mitgliedschaft in dieser Familie wird durch die Mutter übertragen. Das Kind jeder jüdischen Frau wird als Familienmitglied betrachtet. Aber die Zugehörigkeit zum Judentum war nie ausschließlich auf die Geburt beschränkt. Sie stand zu allen Zeiten für jedermann offen, und wer den Glauben dieser Familie teilt, wird in sie aufgenommen. Somit wird ein zum Judentum Übergetretener nicht nur Glaubenspartner der Kinder Israels, der ihr Erbe und ihre Privilegien teilt, sondern übernimmt auch deren Bürde und Leiden; indem er die religiösen Pflichten der Gegenwart und die geistigen Aufgaben der Zukunft annimmt, bindet er sich gleichzeitig an die Vergangenheit.

Chajim Halevi Donin 1987

Nach dem jüdischen Gesetz bleibt jemand, der jüdisch ist, dies auch, wenn er zu einer anderen Religion übertritt. Das gilt gleichermaßen für Menschen, die als Juden geboren wurden oder aus freien Stücken Juden geworden sind. Wer eine andere Religion angenommen hat, kann wieder offiziell zum Judentum zurückkehren, ohne ein besonderes Aufnahmeritual. Es genügt eine einfache Erklärung. Aber auch der „Ausgestiegene" hat ein Anrecht auf die Bestattung auf dem jüdischen Friedhof, wenn auch nicht direkt neben frommen Juden, sondern eher an der Mauer.

Zu erwähnen sind einige Ausnahmen: Kinder, die auf Wunsch ihrer Eltern in das Judentum aufgenommen wurden, können bei der religiösen Volljährigkeit (Knaben mit 13 Jahren, Mädchen mit 12) diesen Schritt rückgängig machen, denn sie wurden ja nicht um ihre Meinung gefragt, da sie zu jung waren. Das kann aber nur während eines sehr kurzen Zeitraums geschehen. Die andere Ausnahme betrifft Juden, die sich aus eigener Entscheidung taufen ließen und den Weg als Priester oder Pfarrer gewählt haben. Dazu sagt ein israelisches staatliches Gericht: Man kann nicht zugleich Jude sein und katholischer Priester. – Das entspricht der Praxis, aber nicht dem Religionsgesetz.

Jeder Übertritt von einem Glauben zum anderen sollte lange und sorgfältig überlegt werden.

---

1. Wodurch ist Ihre Identität bestimmt, durch die Zugehörigkeit zu einer Familie, einem Volk, einer Religion, durch das Leben in einem Land, einer Kultur, einer Geschichte, durch eigene Leistungen...?

⇒ Nr. 4: *Welche Gruppierungen gibt es im heutigen Judentum?*
⇒ Nr. 40: *Weshalb richtet sich die Religionszugehörigkeit nach der Mutter?*
⇒ Nr. 49: *Bilden die Juden eine Rasse?*
⇒ Nr. 69: *Zeichnen die Juden sich nicht durch Fremdenfeindlichkeit aus?*

Streit und Verständigung

In Israel gab es den berühmten Fall des Bruders Daniel, der 1962 den obersten Gerichtshof des Staates Israel anrief, um als Jude unter dem Rückkehrergesetz automatisch die israelische Staatsangehörigkeit zu erwerben. Bruder Daniel, Karmelitermönch mit weltlichem Namen Oswald Rufeisen, war als Jude geboren worden, hatte sich um seine ehemaligen Glaubensgenossen verdient gemacht und betrachtete sich als Jude im Sinne des Gesetzes. Natürlich können und konnten Nichtjuden ebenfalls Bürger des Staates Israel werden; aber, wie in anderen Ländern auch, auf dem Wege der Naturalisation. Da der Staat Israel sich als Heimat aller verfolgten Juden betrachtet, brauchen diese keine Wartezeiten zu durchlaufen. Die Richter meinten, Bruder Daniel hätte sich durch seine Taufe außerhalb der jüdischen Gemeinschaft gestellt. Das Rückkehrergesetz sei außerdem weltliches und nicht rabbinisches Recht, und Jude und Christ oder Jude und katholischer Priester gleichzeitig zu sein, sei für das Verständnis des Durchschnittsjuden ein Widerspruch in sich selbst.

Ich habe mit Bruder Daniel lange über seine Situation gesprochen. Er fühlt sich mit dem jüdischen Volk und seiner Geschichte solidarisch. Aber ich meine, dass man Grenzen nicht verschieben darf, dass Menschen irregeführt werden, wenn jemand, der sich als Christ begreift, als Jude auftritt, und dass jene Auftrieb erhalten, die Judentum als eine Art Rasse definieren möchten. Darüber hinaus können wir nicht jenen Judenmissionaren Schützenhilfe leisten, die meinen, erst durch die Taufe werde man ein wahrer Jude.

Nathan Peter Levinson 1987

Einst Oswald Rufeisen, später Bruder Daniel

*Bruder Daniel starb sechsundsiebzigjährig im Juni 1998. Er wurde auf dem katholischen Friedhof in Haifa beerdigt. Zu seiner Beerdigung kamen zahlreiche Jüdinnen und Juden.
In verschiedenen jüdischen Zeitungen wurde er als guter Mensch geehrt. Sein jüdischer Bruder Arieh Rufeisen hielt die sieben Trauer-Tage (Schiwa) für seinen Bruder, obwohl es sonst in Israel nicht üblich ist, für einen „Abtrünnigen" die Totenklage nach jüdischem Ritus zu vollziehen.*

⇒ Kapitel XII:
   Daniel Oswald Rufeisen

Eine Myrte, auch wenn sie im Schilf steht, ist immer noch eine Myrte und wird auch so genannt.

Babylon. Talmud, Traktat Sanhedrin (Oberster Gerichtshof) 44a

Wer das Leben in Israel und in der Diaspora *(in der „Zerstreuung" außerhalb Israels)* aufmerksam betrachtet, stößt recht bald auf die zunächst erstaunliche Sache, dass es kaum eine Gemeinde gibt, welcher keine Proselyten angehören: Menschen, die sich dazu entschieden haben, ihr Schicksal unauflöslich mit dem des jüdischen Volkes zu verbinden. Bereits im biblischen Buch Ruth, das von der legendären Stamm-Mutter des Königshauses David handelt, findet sich die klassische Willenserklärung der Wahljuden aller Zeiten und Orte: „Dein Volk sei mein Volk, dein Gott sei mein Gott" (Ruth 1,16).
Wer Israels Glauben annimmt, ist Mitglied des jüdischen Volkes. Daher lautet die orthodoxe Definition von Juden: Wer als Kind einer jüdischen Mutter geboren ist oder freiwillig das Judentum annimmt. Bedauerlicherweise ist das weitgehend unbekannt.
Innerhalb der Reformbewegung gibt es das Outreach-Programm. Es will Menschen, die keiner Kirche angehören, informieren und ihnen ein geistiges und menschliches Zuhause bieten. Dabei geht es sowohl um Ehepartner/innen von Juden wie um Unverheiratete.

Pnina Navè Levinson 1991

Die Familie Shear-Yashuv lebt in Jerusalem. Das Familienoberhaupt, Aharon Shear-Yashuv, ist Rabbiner, Professor für Philosophie an der Bar-Ylan-Universität in Tel Aviv und Militärrabbiner der israelischen Armee.
Seine Frau Miriam ist algerische Jüdin. Geboren wurde Aharon Shear-Yashuv 1940 in Bochum. Dort ist er als Wolfgang Schmidt christlich getauft worden, und sein erster Berufswunsch war es, evangelischer Pfarrer zu werden. Sein Vater war Angehöriger der Waffen-SS.

Werner Koch: Wie nun ist aus Wolfgang Schmidt Aharon Shear-Yashuv geworden, und wie wird man denn überhaupt Jude, und gibt es keine Vorbehalte im jüdischen Volk oder bei den Rabbinern gegen den Konvertiten, denn der Konvertit ist ja nicht von Geburt an dem auserwählten Volk zugehörig?
Rabbi: Das Judentum ist sehr universal eingestellt. Die biblische Tradition beginnt ja mit der Schöpfungsgeschichte, mit der allgemeinen Weltgeschichte und nicht mit der besonderen Geschichte Israels. Also wenn einer sich zu dem Entschluss durchgerungen hat, Jude zu werden, dann kann er aufgenommen werden. Das ist natürlich kein einfacher Prozess. Ich habe viel gelernt und bin schließlich von einem Rabbinatsgericht aufgenommen worden. Was Ihre zweite Frage angeht, ob es irgendwelche Vorurteile oder Vorbehalte gebe Konvertiten gegenüber. Sollte man vielleicht annehmen, da ich ja aus Deutschland komme, aber im Gegenteil. Ich würde meinen, die Tatsache, dass ich auch als Rabbiner ordiniert worden bin, spricht eben dafür, dass hier von Vorbehalten nicht die Rede sein kann. Der so genannte Konvertit wird also völlig als Jude angesehen. Es gibt hier keine Halbjuden oder Vierteljuden. Jude ist Jude. Es spielt keine Rolle, ob er nun als Jude geboren ist oder von außen gekommen ist.

Interview 1992

„Juden für Jesus", so bezeichnet sich eine kleine Minderheit ehemaliger Juden, die zum Christentum übergetreten sind. Zu ihnen gehört auch das Ehepaar Beresford, das in einem Jerusalemer Vorort wohnt. Shirly (52) und ihr Mann Gary (42) Beresford waren 1986 nach Israel eingewandert. Das aus Zimbabwe stammende Ehepaar hatte sich nach seiner Einwanderung entschlossen, den Glauben der Väter zu verlassen und dem zu folgen, den sie für den Messias halten, nämlich Jesus Christus. Doch bereits seit einiger Zeit haben sie Schwierigkeiten mit der israelischen Einwanderungsbehörde. Diese will sie nicht länger als Olim (Einwanderer nach dem Rückkehrergesetz) anerkennen. Ende vergangenen Jahres haben die Beresfords ihren Prozess gegen die Einwanderungsbehörde verloren. Seitdem droht ihnen die Abschiebung. Doch die Sache ist ziemlich kompliziert. Zwei Söhne der Beresfords leben in einem Kibbuz. Das Ehepaar gab vor Gericht auch an, dass es die jüdischen und nicht die christlichen Feiertage einhält. Auch hätten sie kein Kruzifix im Hause. Sie glaubten aber fest an die jüdischen Ursprünge des Christentums und verehrten den „Rabbi" Jesus. Außerdem betonten sie immer wieder, dass sie sich dem Land Israel verbunden fühlten.

Allgemeine Jüdische Wochenzeitung 1993

Für manche ist es eine Überraschung zu entdecken, dass es Juden gibt, die an Jesus als den Messias glauben. Viele sehen sie als die Opfer der Machenschaften von „Mission" und bestreiten, dass sie noch Juden sind.
Ein Schema des Weges gibt es nicht. Die meisten waren in ihrer Jugend nicht sehr fest in der jüdischen Tradition verwurzelt. Ich „war gerade Jude genug, um unglücklich zu sein, aber nicht genug, um Kraft daraus zu ziehen", ist eine untypische Äußerung. Aber es gibt andere, die orthodox aufgewachsen sind. Dann begegneten sie vielleicht einem Menschen, der einen wichtigen Hinweis gab. Einige entdeckten das Neue Testament ganz für sich allein und erlebten die persönliche Anrede durch Jesus. Manchmal war die Begegnung mit ihm auch durch Visionen und andere wunderbare Ereignisse begleitet. Bei anderen wieder stand der Aspekt der geistigen Auseinandersetzung im Vordergrund.
Die Wege sind also sehr vielgestaltig, die in das persönliche Bekenntnis zu Jesus einmündeten und zu der Konsequenz führten, jetzt als messianische Juden zu leben.

Matthias Dahl 1997

2. Welche Gründe sind denkbar für eine Konversion vom Judentum zum Christentum oder vom Christentum zum Judentum? Welche dieser Gründe halten Sie für akzeptabel? Welche Kriterien haben Sie zur Bewertung dieser Gründe angelegt?

3. Entnehmen Sie den vorliegenden Texten Argumente für eine jüdisch-christliche Existenz. Wie bewerten Sie diese Argumente?

6. Welcher Sinn ist im Leiden der Juden zu erkennen?

Erklärlicherweise musste die Auffassung des Übels je nach der Geistesstufe des Volkes verschiedene Entwicklungsstadien durchmachen. Da erscheint denn zuerst jedes Unglück als Ausfluss göttlichen Zorns und zwar ob der menschlichen Missetaten. Das Übel, das Menschen und Völker trifft, hat somit einen sittlichen Zweck; es ist Strafe. Neben dieser vom Heidentum geteilten Anschauung brach sich die höhere Auffassung Bahn, dass, wie der Vater seinen Sohn straft, so Gott Züchtigungen nicht aus Zorn, sondern zum Zwecke sittlicher Läuterung sendet. Glück verhärtet leicht das Herz; Unglück veredelt es. Im Schmelztiegel des Leides wird das reine Gold der Menschenseele von den Schlacken gereinigt. Den Gerechten treffen Schicksalsschläge, nicht weil er sie verdient, sondern weil Gott ihn als seinen Freund zu größeren Proben der Tugend und des Seelenadels emporheben will. Auf diesem Standpunkt steht das rabbinische Judentum, wenn es die Leiden Prüfungen göttlicher Liebe nennt.

Kaufmann Kohler, Leipzig 1910

Elie Wiesel wurde 1928 in Sighet (Rumänien) geboren. Er hat als Kind Auschwitz und Buchenwald überlebt. In seinem Roman „Der Vergessene" lässt er den Juden Elchanan Rosenbaum, als dieser die ersten Anzeichen der Alzheimer Krankheit an sich spürt, folgendes Gebet sprechen:

Gott von Auschwitz, begreife, dass ich mich an Auschwitz erinnern muss und dass ich auch Dich daran erinnern muss.
Gott der Barmherzigkeit, stürze mich nicht in jenen Abgrund, wo alles Leben, jede Hoffnung und alles Licht vom Vergessen verschlungen wird.
Gott der Wahrheit, denke daran, dass die Wahrheit ohne die Erinnerung zur Lüge wird, weil sie nur die Maske der Wahrheit annimmt.
Gedenke, Gott der Geschichte, dass Du den Menschen geschaffen hast, damit er sich erinnere. Du hast mich in diese Welt gesetzt, Du hast mich bewahrt in der Zeit der Heimsuchung und des Todes, damit ich Zeugnis ablege, aber was für ein Zeuge werde ich sein ohne Gedächtnis?
Du sollst wissen, Gott, dass ich Dich nicht vergessen will. Nichts will ich vergessen, weder die Toten noch die Lebenden. Weder die Stimmen noch das Schweigen. Nicht vergessen will ich die Augenblicke der Fülle, die mein Leben reich gemacht haben, und nicht die Stunden tiefster Not, die mich verzweifeln ließen.
Selbst wenn Du mich vergisst, mein Gott, wirst Du mich nicht so weit bringen, dass ich Dich vergesse.

Elie Wiesel 1989

⇒ Nr. 1: Ist die Behauptung von Juden, sie seien von Gott erwählt, nicht eine Überheblichkeit?

Streit und Verständigung

1. Lesen Sie Richter 10,6-16, Hiob 19,6-27; 36,15-21 und Jesaja 53,3-12. Wie wird in diesen Texten die Frage nach dem Sinn von Leid beantwortet?

Ich gehöre zu denen, die die verschiedenen Antworten zur Verteidigung Gottes strikt ablehnen. Leid ist weder Bestrafung der Juden, noch sind Juden wegen der Sünden anderer noch als Warnung und Mahnung oder um eines jenseitigen Lohnes wegen gestorben. So kann man den Tod der Frömmsten, unter ihnen eine Million Kinder, die nach verlässlichen Augenzeugenberichten aus Ersparnisgründen vor den Augen ihrer Mütter lebend ins Feuer geworfen wurden, nicht erklären. Hitler war nicht die Zuchtrute Gottes. Der einzige Sinn, den ich im Leiden sehen kann, ist der, es niemals wieder geschehen zu lassen. Und dazu ist jeder von uns aufgerufen.

Wer ein „Warum" zu leben hat, erträgt fast jedes „Wie". Es kommt eigentlich nie und nimmer darauf an, was wir vom Leben noch zu erwarten haben, vielmehr lediglich darauf, was das Leben von uns erwartet. Leben heißt letztlich eben nichts anderes als Verantwortung tragen für die rechte Beantwortung der Lebensfragen, für die Erfüllung der Aufgaben, die jedem Einzelnen das Leben stellt, für die Erfüllung der Forderung der Stunde. Nicht Hunger, nicht Krankheit, nicht Folter bringen den Menschen letztlich zur Verzweiflung, sondern die Selbstaufgabe. Die geistige Freiheit des Menschen lässt ihn auch noch bis zum letzten Atemzug Gelegenheit finden, sein Leben sinnvoll zu gestalten.
Victor E. Frankl 1982

Über die literarische Verarbeitung des biblischen Hiob-Motivs haben Jüdinnen und Juden sich intensiv mit der Frage nach dem Sinn von Leid auseinander gesetzt. Wertvolle Hinweise und Textauszüge dazu finden Sie im:
- Studienbuch Religionsunterricht 5: Albrecht Willert, Das Leiden der Menschen und der Glaube an Gott, Vandenhoeck & Ruprecht, Göttingen 1997.

2. Lesen Sie die neutestamentlichen Passionsgeschichten (Matthäus 26-28; Markus 14-16; Lukas 22-24; Johannes 18-20) und einige Passionsliedertexte im Evangelischen Gesangbuch, z.B. Nr. 75, 79 und 81: Welcher Sinn wird darin jeweils dem Leiden Jesu gegeben?

3. Diese Doppelseite enthält für menschliches Leid unterschiedliche Sinngebungen. Welche können Sie rational oder emotional nachvollziehen? Welche dieser Deutungen machen Sie ratlos?

7. Werden die Juden den Deutschen jemals vergeben?

1. Immer wieder fordern Deutsche, die Gräueltaten der Hitlerzeit sollten endlich „vergessen und vergeben" sein. Jüdinnen und Juden fühlen sich durch diese Forderung verletzt. Warum?

Ein berühmter Rabbi fuhr mit der Eisenbahn in eine benachbarte Stadt. Er saß im Abteil mit einigen Studenten zusammen, die sich über ihn lustig machten und ihn am Bart zupften. Er kam am Bestimmungsort an. Dort hatte sich eine große Menschenmenge eingefunden, um den berühmten Mann gebührend zu empfangen. Die Studenten erschraken und baten den Rabbi, ihnen zu verzeihen, aber er weigerte sich. Unter der Menge, die ihn willkommen hieß, befand sich auch sein Sohn, der sich über den Vater wunderte, der sonst immer allen bereitwillig verzieh. Er meinte: „Vater, die Studenten wussten ja nicht, über wen sie sich lustig machten!" „Das ist es ja eben! Wenn sie mich beleidigt hätten, hätte ich ihnen sofort verziehen. Aber sie sahen einen alten Juden in der Ecke des Abteils sitzen, und für den kann ich nicht sprechen!"

Erzählt von Abraham Joshua Heschel, überliefert und notiert von Nathan Peter Levinson 1996

Bei einer Feier zum fünfzigsten Jahrestag der Befreiung von Auschwitz 1995 sprach Elie Wiesel ein Gebet, das damals große Empörung bei einigen Zuhörer/inne/n auslöste:

Barmherziger Gott, hab kein Erbarmen mit denen, die diesen Ort ersonnen haben.
Gnädiger Gott, hab keine Gnade mit den Mördern der jüdischen Kinder.
Vergib weder den Mördern noch ihren Komplizen.
Sieh die langen Schlangen der Kinder am Abend;
sieh die immer größere Schar verängstigter Kinder...
Wenn wir jetzt auch nur ein einziges sehen könnten, würde uns das Herz brechen.
Hat ihr Anblick auch nur einem der Mörder das Herz gebrochen?
Gott, barmherziger Gott, hab kein Erbarmen mit denen, die keines mit den jüdischen Kindern hatten.

Ich beharre auf meiner Überzeugung: Es gibt keine Kollektivschuld. Die Kinder der Mörder sind Kinder und keine Mörder. Wir müssen uns untersagen, sie dafür zu verurteilen, was ihre Väter getan haben; aber wir können sie dafür verantwortlich machen, was sie aus der Erinnerung an die Verbrechen ihrer Väter machen. *Elie Wiesel 1997*

2. Wie kommt Elie Wiesel dazu, einerseits so „unversöhnlich" zu sprechen wie in seinem Auschwitz-Gebet und sich andererseits so deutlich gegen die Rede von der „Kollektivschuld" auszusprechen?

Unser höchster Feiertag ist der Jom Kippur, der Tag der Vergebung und Versöhnung, die jedem Sünder offen stehen. Es gibt keine vererbbare Schuld. Schon der Prophet Ezechiel meinte, dass das alte Sprichwort in Israel nicht mehr benutzt werden solle „Die Söhne haben saure Trauben gegessen und die Zähne der Kinder wurden stumpf" (Ezechiel 18,2; Jeremia 31,29). Jeder soll für seine eigene Schuld zur Verantwortung gezogen werden. Worum es aber geht, ist das Bekennen der Schuld, ihre Wiedergutmachung – so weit dies möglich ist – und der feste Vorsatz, die eingestandenen Missetaten in der Zukunft nicht mehr zu wiederholen. Leider sind diese Vorbedingungen nicht immer und nicht überall gegeben. Zu viele befinden sich noch auf den Wegen ihrer Väter (oder Mütter). Was als obszön betrachtet werden muss, ist die Haltung jener, die den Holocaust abstreiten, als hätte es ihn niemals gegeben. Es gibt wohl kaum ein geschichtliches Ereignis, das gründlicher und besser dokumentiert wurde als die Vernichtung des europäischen Judentums; und jeder, der wissen will, kann sich umfassend informieren. Die Verneinung des Holocaust ist eine perverse Bosheit, die nicht hingenommen werden kann.

Vergeben können wir nur Sünden, die uns gegenüber begangen worden sind. Wir können nicht für andere, auch nicht für die Toten vergeben. Das ist allein Angelegenheit Gottes. Aber mit allen zusammenzuarbeiten und uns mit denen verbunden zu fühlen, die einen neuen Weg gehen wollen, das ist unsere Verpflichtung.

In den letzten Jahren erkannten wir Christen, dass es eigentlich ein Wunder ist, wenn ein Jude nach allem, was seinem Volk und seinen Verwandten und Bekannten an Leid und Unrecht angetan worden ist, eine ihm entgegengestreckte Hand ergreifen kann. Obwohl viele Juden sogar als Erste ihre Hand zur Aussöhnung ausstrecken, müssen andere noch lernen, diesen Schritt zu tun und zu begreifen, dass Aussöhnung nicht Verrat an den Toten bedeutet. Wir Christen müssen allerdings auch lernen, dass wir nur um Aussöhnung, nicht um Vergebung bitten können und nur bitten, nicht fordern können.

Zentralkomitee der deutschen Katholiken 1988

3. Befragen Sie die verschiedenen Generationen Ihrer Familie zu der Frage, wie sie persönlich mit der Schuld der deutschen Nationalsozialisten umgehen.

8. Warum haben die Juden den Nazis keinen Widerstand geleistet?

Auch unter Informierten ist die Auffassung verbreitet, die Juden hätten sich während der Schoah (*nach Jesaja 53*) wie Schafe zur Schlachtbank führen lassen, ohne sich irgendwie zu wehren. Dieser Anschauung liegen offenbar die Bilder von Massenerschießungen in Russland und von der Rampe in Auschwitz zu Grunde, die sich vielen Menschen tief eingeprägt haben.

Von daher erscheint das Verhalten der heutigen Israelis als völlig gegensätzlich zu dem ihrer Verwandten, die in den Bannkreis Hitlers gekommen waren. Heute wird zurückgeschlagen mit aller militärischen Härte, manchmal sogar, noch ehe sich ein Angreifer regt. Das ist eine Lehre, die die heutigen Israeli aus dem Schicksal ihrer Verwandten gezogen haben: Es soll nicht noch einmal zu einem Hingeschlachtetwerden kommen; dagegen muss mit allen Mitteln angegangen werden.

Die peinigenden Erinnerungsbilder aus der Zeit der Schoah haben auch diese Wirkung. Das müssen wir in Deutschland uns immer wieder klar machen.

Arnulf H. Baumann 1997

Ich möchte leben.
Ich möchte lachen und Lasten heben
und möchte kämpfen und lieben und hassen
und möchte den Himmel mit Händen fassen
und möchte frei sein und atmen und schrein.
Ich will nicht sterben. Nein.
Nein.

Selma Meerbaum-Eisinger vor 1942

Juden haben in der Tat Widerstand geleistet – das bekannteste Beispiel ist der Aufstand im Warschauer Ghetto, wo die Juden sich entschlossen, obwohl keine Hoffnung bestand, der Vernichtung zu entgehen, den Nazis die Stirn zu bieten (April 1943). Die Juden konnten fünf Wochen lang in ihrem Ghetto der mächtigsten Militärmacht Europas widerstehen. Widerstand gab es auch in den Ghettos Bialystok, Minsk und Kowno, und auch im Wilnaer Ghetto entschied man sich zu kämpfen.

Dazu muss man sich andererseits zwei Dinge vor Augen halten: Ein durch die Jahrtausende von der Mehrheit drangsaliertes Volk bringt im Allgemeinen nicht die Kraft auf, den Bedrückern mit Gewalt zu begegnen. Und zum anderen: Die NS-Machthaber zogen die Schlinge nur langsam zu. Indem sie anfangs noch gewisse Freiheiten gewährten, gaben sich einzelne Opfer der Illusion hin, es könnte ja nicht schlimmer kommen und die NS-Machthaber würden sich nicht mehr lange halten können. Wie wir wissen, war das eine tragische Fehleinschätzung.

⇒ *Kapitel XII:*
Corrado Cagli, Leo Baeck,
Abba Eban, Primo Levi

Streit und Verständigung

Auf folgende Bücher möchten wir besonders hinweisen:
- Joel König, David. Aufzeichnungen eines Überlebenden, Fischer, Frankfurt a.M. 1988.
- Primo Levi, Wann, wenn nicht jetzt?, dtv, München, 4. Aufl. 1996.
- Arno Lustiger, Zum Kampf auf Leben und Tod. Das Buch vom Widerstand der Juden 1933–1945, Köln 1994.
- Arnold Paucker, Deutsche Juden im Widerstand 1933–1945, Gedenkstätte Deutscher Widerstand, Berlin 1999.

Im jüdischen Informationsblatt des Warschauer Ghettos war am 27. Januar 1943 folgender Aufruf zu lesen:

Im Hinblick auf die letzten Ereignisse im Ghetto rufen wir zum Durchhalten auf. Am einfachsten geschieht das durch dauernden Widerstand mit der Waffe in der Hand. Die Stunde der Erlösung vom Joch unseres schlimmsten Feindes ist nahe. Der Feind erlebt Niederlage auf Niederlage. Er hat nichts mehr zu verlieren und strebt deshalb danach, uns auf so barbarische Weise zu vernichten, wie die Geschichte sie nur kennt. Brüder, lassen wir uns doch nicht wie die Schafe zur Schlachtbank führen! Wer erst in die Waggons einsteigt, der ist für immer verloren. Die Hoffnung auf ein Entkommen ist gering. Aber darum kämpfen wir ja hier. Jedes Haus muss zur Festung werden!

Nachdem aus dem Warschauer Ghetto 300.000 Jüdinnen und Juden zur Ermordung abtransportiert worden waren, leisteten die letzten etwa 60.000 Männer und Frauen 33 Tage lang – mit wenigen ins Ghetto geschmuggelten Waffen – Widerstand. Der SS-General Jürgen Stroop verfasste darüber 1943 einen Bericht:

Es war keine Seltenheit, dass diese Weiber aus beiden Händen mit Pistolen feuerten. Immer wieder kam es vor, dass sie Pistolen und Handgranaten (polnische Eierhandgranaten) bis zum letzten Moment in ihren Schlüpfern verborgen hielten, um sie dann gegen die Männer der Waffen-SS, Polizei und Wehrmacht anzuwenden. ...
Gesamtzahl der erfassten und nachweislich vernichteten Juden beträgt 56.065. Die SS hatte 16 Tote und 85 Verwundete.

Die Forschung geht davon aus, dass gut eineinhalb Millionen jüdischer Männer (und auch viele Frauen) in den alliierten Armeen gegen Hitlerdeutschland gestanden haben, die meisten in der Roten Armee sowie bei den britischen und US-Streitkräften, Hunderttausende davon als Freiwillige; es wären noch mehr gewesen, wenn nicht ein großer Teil der männlichen Juden zum Schutz der jüdischen Einwohner in Palästina hätte zurückbleiben müssen. Im Übrigen kämpften zahlreiche Juden in den Partisanen-Einheiten aller von Hitler in Europa überfallenen Länder. Der jüdische Beitrag im Kampf gegen Nazideutschland und den Faschismus war also beträchtlich.

Hans-Volker Herntrich 1997

Informieren Sie sich darüber, auf welche Weise Juden und Christen den Nationalsozialisten Widerstand geleistet haben. Sie können dazu die Hefte 140, 235 und 247 aus der Reihe: „Informationen zur politischen Bildung" benutzen:

- „Geschichte des jüdischen Volkes", „Deutscher Widerstand 1933–1945" und „Israel". Zu beziehen sind die Hefte über Fanzis-Druck GmbH, Postfach 150740, 80045 München.

Kapitel II: Wissen und Verstehen

So sollt ihr nun heute wissen und zu Herzen nehmen, dass der Herr Gott ist – oben im Himmel und unten auf der Erde – und sonst keiner.

5. Mose 4,39

Wir wissen aber, dass die Tora (*Gottes Weisung in den Geboten der Bibel*) gut ist, wenn sie jemand recht gebraucht.

1. Timotheus 1,8

Aber ihr müsst ja wissen, auf welchem Weg ihr gehen sollt; denn ihr seid den Weg bisher noch nicht gegangen.

Josua 3,4

Ihr sollt wissen von ganzem Herzen und von ganzer Seele...

Josua 23,14

Wenn Menschen verschiedener Religionen sich miteinander über ihre Religionen unterhalten wollen, müssen sie zunächst einige Grundbegriffe der je anderen Religion lernen. Wir haben für das Kennenlernen des Judentums fünf Fragen zusammengestellt.

Was die Tora bedeutet (Nr. 9) und der Talmud enthält (Nr. 10), ist notwendig zu wissen, um den religiösen Argumentationen von Jüdinnen und Juden überhaupt folgen zu können.

Es schließen sich drei Fragen an, die zunächst einmal mit der augenblicklichen Popularität einer bestimmten Richtung des Judentums zu tun haben (Nr. 11–13). Im Zusammenhang des allgemeinen Interesses an esoterischen Bewegungen kamen in den letzten Jahren Kabbala und Chassidismus ins Spiel. Jüdische Zahlenmystik und Ekstase, osteuropäische Weisheits- und Wundergeschichten finden sich in deutschen Bücherregalen. Jiddische Lieder und Klesmer-Musik verkaufen sich gut, live in Konzerten oder als Konserve auf CD, vermutlich weil diese Musik das allgemeine Gefühl verlorener Heimat anspricht und dem Bedürfnis nach differenzierter Unterhaltungsmusik nachkommt. Wir hoffen, dass diese emotionale, von Wissen und Wissenschaft oft ganz unbelastete Hinwendung zu einem Teil der jüdischen Tradition keine Eintagsfliege ist. Es könnte daraus eine für beide Seiten fruchtbare Annäherung an jene Kultur entstehen, welche die osteuropäischen jüdischen Familien zurzeit mitbringen, wenn sie als „Kontingent-Flüchtlinge" nach Deutschland kommen.

Das nebenstehende Lied kann anleiten zu einer tiefsinnigen Verknüpfung zwischen der Freude an jiddischer Folklore und dem Wissen um die Bedeutung der Tora und des Lernens.

Gliklech is, der wos hot gelernt Tojre

Lernt, Kinder, mit grojss Chejschek,
Wi ich sog ajch on.
Wer ess wet gicher fun ajch kenen Iwre,
Der bakumt a Fon!
Sogt-sche Kinderlech...

> Lernt, Kinder, hot nit Mojre,
> Jeder Onhejb is schwer,
> Gliklech is, der woss hot gelernt Tojre,
> Zi darf der Mentsch noch mer?
> Sogt-sche Kinderlech...

As ir wet, Kinder, elter wern,
Wet ir alejn farstejn,
Wifil in di Ojssjess lign Trern
un wifil Geweijn!
Sogt sche Kinderlech...

> As ir wet, Kinder, dem Goluss schlepn,
> Ojssgemutschet sajn,
> Solt ir fun di Ojssiess Trejst schepn,
> Kukt in sej arajn!
> Sog-sche, Kinderlech...

Mark Warschawsky 1898

Hilfen zum Verstehen:

Pripetschik (poln.) – *Ofen*
Schtub – *(Schul-)Stube*
Rebbe – *Lehrer*
Alef-bejss –
das (hebräische) Alphabet
sogt-sche – *sagt es auf*
take (poln.) – *doch*
Komez (hebr.) – *Vokalzeichen*
Chejscheck – *Kraft, Begierde*
gicher – *schneller*
Iwre (Iwrit) –
die hebräische Sprache
Fon – *Fahne (zur Belohnung)*
Mojre – *Bedenken*
Onhejb – *Anfang*
Tojre – *Tora*
Zi darf – *was braucht*
Ojssiess (hebr.) – *Buchstaben*
Trern – *Tränen*
Goluss (hebr.) –
Verschleppung
ojssgemutschet – *ausgepresst*
Trejst – *Trost*

9. Was ist die Tora?

Auf drei Dingen beruht die Welt: auf der Tora, auf dem Gottesdienst und auf den Liebestaten.
Talmud, Sprüche der Väter 1,2

Rabbi Jochanan ben Sakkai sprach: Hast du viel Tora gelernt, so rechne dir das nicht als Verdienst an, denn dafür wurdest du geschaffen.
Sprüche der Väter 2,9

Wo drei an einem Tische sitzen und sprechen dabei Worte der Tora, so ist's, als hätten sie vom Tische Gottes gegessen
(nach Ezechiel 41,22).
Sprüche der Väter 3,3

Mache die Tora nicht zu einem Diadem, um damit zu prahlen, und nicht zum Spaten, um damit zu graben.
Sprüche der Väter 4,7

Folgende Sätze aus den Sprüchen Salomos (4,2 und 3,18) werden am Schabbat-Morgen in der Synagoge beim feierlichen Emporheben der Torarolle gesprochen:

Denn eine gute Lehre gebe ich euch. Verlasst sie nicht. Ein Baum des Lebens ist sie denen, die an ihr festhalten, und die sie erfassen, sind glücklich.

Die Tora, wörtlich „Lehre", ist zunächst der Pentateuch, das sind die fünf Bücher Mose. In erweitertem Sinn sprach man dann von der ganzen hebräischen Bibel und später von der gesamten hebräischen (oder aramäischen) religiösen Literatur als „Tora". Man unterscheidet die schriftliche von der mündlichen, rabbinischen Tora, die zunächst nicht aufgeschrieben werden durfte. Die Tora im engeren Sinn, d.h. das Fünfbuch, wird auf einer Pergamentrolle von einem Toraschreiber (Sofer) geschrieben und in der Synagoge im Torschrein für die Schriftlesung aufbewahrt. Die Torarolle ist an zwei Holzstäben befestigt, sodass sie aufgerollt werden kann. Eine Krone über den oberen Enden der Stäbe hält sie für den Transport und die Aufbewahrung zusammen. Ein Mantel bekleidet die Rolle, ein Schild schützt sie. An den rechten Holzstab wird mit einem Kettchen die Jad (der Zeiger, meist wie eine „Hand" geformt) befestigt. Sie ist beim Lesen zum Zeigen der Zeilen nötig. All dies ist edel und liebevoll gearbeitet.

Eine Rolle, die unbrauchbar geworden ist, wird begraben oder an einem besonderen Ort der Synagoge, der Genisa, zusammen mit alten und beschädigten Gebetbüchern aufbewahrt. Der Grund ist, dass der Gottesname nicht ausgelöscht werden darf.

Die Tora ist der kostbarste Kultgegenstand der Juden.

1. „Auf drei Dingen beruht die Welt: ..."
Führen Sie den Satzanfang aus den „Sprüchen der Väter" (2. Jh. n. Chr.) in Ihrem Sinne fort.

2. Verschaffen Sie sich selbst einen Einblick in das „Klima" der Toravorschriften. Lesen Sie z.B. 2. Mose 23,1-12;
5. Mose 17,14-20; 19,1-10; 20,19f; 22,8; 23,25f; 24,14-22;
3. Mose 25, 35-43.

Wissen und Verstehen

Die Welt besteht nur um des Atems der Schulkinder willen.
Talmud, Schabbat 119b

Geöffnete Torarolle, auf Pergament geschrieben, danebenliegend: Tora-Schild, Zeiger und Kronen

Man setze Kinderlehrer in jede Provinz, in jeden Bezirk, in jede Stadt ein. Die Einwohner einer Stadt, für deren Kinder keine Schule besteht, werden mit dem Bann belegt, bis sie Kinderlehrer einsetzen; tun sie das nicht, so wird die Stadt selbst mit Bann belegt, denn die Welt besteht nur durch den Hauch der Schulkinder. Man beginnt die Kinder in die Schule zu schicken, wenn sie sechs oder sieben Jahre alt sind; je nach der Kraft und der Leibesbeschaffenheit des Kindes. Vor dem sechsten Jahr schicke man sie nicht hin. Der Lehrer sitze und unterrichte sie den ganzen Tag und einen Teil der Nacht, um sie zu gewöhnen, tags und nachts zu lernen.
Moses ben Maimon, auch Maimonides genannt (1135–1204)

Ich will hier einigen typischen Missverständnissen begegnen, die sich an das Wort Tora hängen. Tora wird nämlich im Deutschen mit dem Wort „Gesetz" wiedergegeben. Auf dem Umweg über die von der Kirche übernommene griechische Bibelübersetzung (die Septuaginta) ist diese, den ursprünglichen Sinn von „Lehre, Weisung" verengende Übersetzung ins Deutsche gelangt. Und dieses Wort „Gesetz" ruft bei christlich informierten Bürgern Assoziationen hervor: Gesetz – Gesetzesreligion – Selbstgerechtigkeit – Leistungsfrömmigkeit – Rache – Auge um Auge – Buchstabentreue – Erstarrung – Verwerfung – Zerstörung – Ende.
So haben wir es gelernt, so wird es heute wie eh und je, mit einigen Ausnahmen, weiter gelehrt, in den Grundschulen, an den Hochschulen, in den Religionsbüchern, auf den Kanzeln. Das ist ein Bestandteil des riesigen Berges, der entmutigend vor einem liegt, wenn man einmal angefangen hat, zu lernen, wie es wirklich ist.
Gisela Hommel 1976

3. Lesen Sie Apg 15 und Gal 2. Welche Bedeutung wird den biblischen Speiseregeln und der Beschneidung zugemessen?

Die ersten Christ/inn/en im Land Israel und in Kleinasien waren toratreue Juden und Jüdinnen. Das änderte sich erst, als die christlichen Gemeinden sich weitgehend für heidenchristliche Mitglieder öffneten.

Denn nun musste überlegt werden, ob für die neu Hinzugekommenen, die ihren Alltag ganz in der hellenistischen Kultur lebten, auch Schabbatruhe, Beschneidung und Speiseregeln verbindlich sein sollten. Es gab darüber heftige Auseinandersetzungen, denn die Gemeindeleiter/innen wussten, was zu verlieren war, wenn die jüdischen Lebensbindungen aufgegeben würden.

Unter der Führung des christlichen Juden Paulus aus Tarsus setzten sich diejenigen durch, die die Geltung der Tora relativierten. Das hatte weitreichende Folgen: Wenn einige Weisungen der Tora außer Kraft gesetzt waren, welche Autorität sollten die hebräischen Bücher dann überhaupt noch für den christlichen Glauben haben?

Einem Mann, der Jude werden wollte und Rat bei Rabbi Hillel suchte, antwortete dieser: „Was dir verhasst ist, das tue auch deinem Nächsten nicht an. Das ist die ganze Tora. Der Rest ist Kommentar. Geh und lerne." Tora – das ist das Zentrum, die Hauptsache im Judentum. Wer Judentum verstehen will, muss verstehen, was Tora bedeutet. Auf Deutsch wird Tora oft mit „Gesetz" wiedergegeben. Diese Übersetzung ist falsch und führt zu schwer wiegenden Missverständnissen. Außenstehende meinen dann, im Judentum ginge es nur um die Erfüllung von Paragraphen, und das Ganze sei eine anstrengende und unfrei machende Sache. Tora heißt vielmehr „Weisung, Lehre". Am besten wäre Tora sinngemäß zu übersetzen mit „Anweisung zum richtigen Leben".

Dann kann man also Judentum, seinem Selbstverständnis nach, als eine Gemeinschaft von Menschen verstehen, die ihr Leben nach einer für alle geltenden Regel gestaltet. Wirklich ihr ganzes Leben – also nicht nur gemeinsame religiöse Übungen, Gottesdienste, Gebete und Rituale.

Die Tora ist in ihrem Kern uralt. In unvordenklichen Zeiten hatte Moses sie nach der Überlieferung am Sinai von Gott empfangen und sie den unter seiner Führung durch die Wüste wandernden Gruppen als bindende Regel auferlegt; die Tora hatte diese Gruppen erst zu einem Volk verbunden. Tora ist ein unzerstörbares Band; anders als ein Land kann man sie nicht verlieren. Man kann sie mitnehmen in alle Exile.

Eine Tora, die das ganze Leben einer Gesellschaft von Menschen ordnen kann, muss ein sehr kompliziertes Gebilde sein – so kompliziert wie das Leben selbst. Viele einzelne Bestimmungen leiten den Juden durch den Tag, vom Aufstehen und der Morgenhygiene bis zum Löschen des letzten Lichtes in der Nacht. Andere Vorschriften legen fest, was ein Jude essen und was er meiden muss und wie das Essen zuzubereiten ist, damit es „koscher", d.h. für den menschlichen Verzehr geeignet sei.

Einen toratreuen Juden wird das nicht verwundern: Wenn Gott der Ursprung allen Lebens ist, müssen seine Gesetze auch mit denen des biologischen Lebens übereinstimmen, und es ist gut, sich ihnen anzuvertrauen. Die Tora gestaltet auch den Tagesablauf, der durch drei Gebetszeiten seinen Rhythmus bekommt. Sie regelt die sexuellen Beziehungen der Eheleute, die Erziehung der Kinder, die Probleme, die bei der Ehescheidung entstehen können. Die Tora ordnet aber auch das Zusammenleben der jüdischen Menschen in der Gemeinschaft, in Nachbarschaft, Stadt und Staat. Sie enthält Rechtssatzungen für Streitigkeiten und Strafnormen bei Verbrechen. Sie sichert den Schutz der sozial Schwachen: der Armen, Verwaisten, auch der Fremden. Und so könnten wir noch lange fortfahren.

Man kann sagen: Judentum erweitert die Grenzen der Religion: Alles, auch das Profanste, hat unmittelbar mit Gott zu tun.
Yaakov Ben-Chanan 1997

Es kam im zweiten Jahrhundert darüber zu einem Lehrstreit, in dem der christliche Theologe Markion forderte, auf die gesamte hebräische Schriftentradition zu verzichten. Markions Lehre von zwei unterschiedlichen Göttern, dem menschenfeindlichen Gott der hebräischen Bibel und dem gütigen Vater Jesu Christi, wurde zwar mehrheitlich abgelehnt. Aber eine gewisse Abwertung des „Alten Testamentes" und seiner Lebensregeln blieb erhalten und prägte die weitere christliche Theologie. Man erinnerte sich zwar, dass Jesus die Tora ehrfurchtsvoll gelehrt und ausgelegt hatte, doch der Glaube an die erlösende Kraft seines Sterbens und Auferstehens stellte die Wertschätzung der Tora und der guten Taten der Menschen in den Schatten. Es blieb zwar im Grundsatz unstrittig, dass der christliche Glaube mit einer bestimmten (eben nicht beliebigen) Lebensform und Moral verbunden sei, doch in den Einzelheiten blieben die Regeln meist unklar. – Vom Judentum könnten Christen heutzutage lernen, wie Glaube und Lebensweise, Hoffnung und Tat zusammenpassen und wie sehr dies alles auf Reflexion und Traditionspflege angewiesen ist. Gerade von einer Glaubensgemeinschaft, die immer wieder ihr vor Gott verantwortetes Leben in einer religiös fremden oder desinteressieren Umwelt realisieren musste, wäre zu lernen, wie eine Minderheit zum Wohl dieser Welt beiträgt, ohne sich angepasst in ihr zu verlieren.

⇒ Nr. 2: Fehlt dem Judentum nicht die Nächstenliebe?
⇒ Nr. 4: Welche Gruppierungen gibt es im heutigen Judentum?
⇒ Nr. 10: Was ist der Talmud?
⇒ Nr. 17: Welche Bedeutung haben die Speisegesetze?
⇒ Nr. 24: Wozu dient die Beschneidung?
⇒ Nr. 36: Darf ein Nichtjude die Torarolle berühren?

10. Was ist der Talmud?

Tora (Weisung, Lehre), Nebiim (Prophetenbücher) und Chetubim (Schriften, Literatur) bilden den Tenach, im christlichen Sprachgebrauch „Altes Testament" genannt. Dessen Umfang wurde um 190 v.Chr. festgelegt. Doch die „mündliche Lehre" (Auslegungen der biblischen Schriften, Lebensregeln nach der Tora für die neuen Zeiten und fromme Erzählungen) wuchsen weiter. Um 200 n.Chr. fasste Rabbi Jehuda haNassi dies wiederum in einem Schriftwerk zusammen, das Mischna (Wiederholung) genannt wurde. Der Begriff hängt mit der damals vorrangigen Art des Lernens zusammen, dem erinnernden Wiederholen.

Die Mischna umfasst 6 Bände, in denen Texte zu folgenden Themen zusammengestellt sind: Sera'im (Ackerbau), Mo'ed (Feste), Naschim (Ehefragen), Nesikin (Strafrecht), Kodaschim (Heilige Dinge), Toharot (Taugliche Dinge). Doch auch nach dieser schriftlichen Festlegung ging das Auslegen und Aktualisieren der Tradition weiter. Als Gemara (Studium) wurde dies 200 Jahre später dem älteren Schrifttum hinzugefügt. Mischna und Gemara bilden seitdem zusammen den Talmud (Lehre, Lernen).

Wir unterscheiden den Jerusalemer oder Palästinensischen Talmud vom Babylonischen, der ausführlicher und autoritativer ist. Er wurde um das Jahr 500 n.Chr. abgeschlossen und besteht aus Ergänzungen und Erläuterungen der biblischen Gesetze, da diese oft nur kurze Anweisungen enthalten. So diskutiert der Talmud z.B., was unter der Sabbatruhe zu verstehen ist. Im Aufbau gleicht der Talmud einem Stenogramm, da er die Diskussionen der Rabbinen über viele Jahrhunderte hinweg aufzeichnet, wobei zu jeder biblischen Stelle oft verschiedene und auch widersprüchliche Meinungen zitiert werden. Die verbindliche Entscheidung wurde dann durch Mehrheitsbeschluss festgelegt.

Der Talmud enthält rein gesetzliche (Halacha) wie auch erbauliche Abschnitte (Agada), die miteinander abwechseln. Er ist nicht systematisch oder chronologisch aufgebaut, so dass ergänzende Gesetzessammlungen später notwendig wurden.

Da die halachischen Diskussionen für Laien schwer verständlich waren, wurde der Talmud von nichtjüdischer Seite oft verunglimpft und auch zensiert. Er stand im Mittelpunkt der Hetze während der nationalsozialistischen Zeit, und bis heute ist die Polemik gegen talmudische Gelehrsamkeit nicht verstummt. Andererseits haben schon vor Jahrhunderten christliche Forscher wie Johannes Reuchlin (1455–1522) den Talmud gegen böswillige Angriffe verteidigt. Und das Talmudstudium erfreut sich gegenwärtig unter christlichen Theologiestudenten in Heidelberg und Potsdam großer Beliebtheit.

Wissen und Verstehen

Aufgeschlagen ist die erste Seite des Traktats Berachot (Segnungen) einer Talmudausgabe, die 1520 in Venedig gedruckt wurde.

Im Land Israel wurde um 400 n.Chr. der Jerusalemer Talmud fertig gestellt. 100 Jahre später kam im Zweistromland, wo seit dem Exil große und angesehene Rabbinenschulen bestanden, auch die Arbeit am Babylonischen Talmud zu einem vorläufigen Ende. Doch dann wurden im europäischen Mittelalter weitere Ergänzungen, die Tosafot, hinzugenommen.
Als gebundenes Buch erhielt der Talmud eine besondere Seitengestaltung:
Im Mittelteil der Seiten steht der Mischna-Text unter dem besonders hervorgehobenen Kapitelnamen „maimati".
In der gleichen Kolumne schließt sich die Gemara an. Ihr Beginn ist erkennbar an den beiden einzeln stehenden Buchstaben „gm" – Gemara. Die etwas kürzere Kolumne rechts enthält den so genannten Raschi-Text (den Kommentar des <u>Ra</u>bbi <u>Sch</u>lomo ben <u>I</u>saak) aus dem 11. Jahrhundert. Links sind die anderen mittelalterlichen Tosafot, Ergänzungen, zu sehen. Die abgedruckte Seite zeigt das linke Blatt einer Doppelseite; der Raschi-Kommentar steht immer innen; er ist der rabbinischen Tradition besonders wichtig.

---

1. Die katholische Kirche kennt ähnlich wie das Judentum eine autorisierte Bibelauslegungs- und Lehrtradition. Martin Luther aber verwies durch seine Forderung „sola scriptura" („Allein die Schrift gilt!") und durch seine strikte Ablehnung einer autoritativ vermittelnden Überlieferung jede Generation auf den Wortlaut der Bibel selbst. Was ist damit gewonnen, was ging dadurch verloren?

Aus der halachischen Tradition:

Der folgende Textauszug macht das Lern- und Traditionsprinzip des Talmud deutlich; in historischer Abfolge werden dort verschiedene wichtige Lehrer benannt, dazu jeweils pointierte Aussprüche, die ihre Position charakterisieren:

Mischna: ... Ferner sagte R.(*abbi*) Mathja Heres: Wenn jemand Halsschmerzen hat, so darf man ihm am Schabbat Medizin in den Mund einflößen, weil hierbei ein Zweifel der Lebensgefahr vorliegt, und jeder Zweifel verdrängt den Schabbat. ...

Moses erhielt die Tora vom Sinai und übergab sie Josua; Josua den Ältesten; die Ältesten den Propheten, und die Propheten übergaben sie den Männern der großen Versammlung (*gemeint ist die Lehrerschaft, die bis in die Anfänge der Römerzeit die Lehrautorität in Israel hatte*). Sie sagten drei Dinge: Seid zurückhaltend im Gericht, stellt viele Schüler auf und macht einen Zaun um die Tora (*gemeint sind situationsgemäße Auslegungen, die die Tora bewahren helfen, d.h.: Halacha*).

Schimon der Gerechte gehörte zu den Letzten der großen Versammlung. Er pflegte zu sagen: Auf drei Dingen ruht die Welt, auf der Tora, auf dem Dienst und der Liebestätigkeit.

Antigonos von Soko erhielt (*die Tora*) von Schimon dem Gerechten. Er pflegte zu sagen: Seid nicht wie die Knechte, die ihrem Herrn dienen, um Lohn zu empfangen, sondern seid wie Knechte, die ihrem Herrn dienen, nicht um Lohn zu empfangen. ...

Gemara und Tosafot, die Ergänzungen späterer Zeit, überliefern nun eine Reihe von Lehrmeinungen über den Umgang mit Beschwerden im Mundbereich am Schabbat. Dabei wird auch der begründende Nachsatz der Mischna, der auf die Möglichkeit einer Lebensgefahr verweist, entfaltet:

Man darf für einen Kranken am Schabbat Wasser aufwärmen .... Man sage nicht, man warte damit, denn er könne genesen, vielmehr wärme man es für ihn sofort auf, weil jeder Zweifel der Lebensgefahr den Schabbat verdrängt .... Man braucht dies nicht durch Nichtjuden oder Samaritaner verrichten zu lassen, sondern auch durch bedeutende Männer Israels. ...

Die Rabbanan (*unsere Lehrer*) lehrten: Man darf am Schabbat das Leben retten; je schneller, desto lobenswerter, und man braucht nicht erst bei Gericht um Erlaubnis zu fragen. Zum Beispiel: Sieht man, wie ein Kind ins Meer gefallen ist, so werfe man ein Netz aus und hole es heraus; je schneller desto lobenswerter, und man braucht nicht erst das Gericht um Erlaubnis zu fragen, obgleich man dabei Fische mitfängt. ... Sieht man, wie vor einem Kinde die Tür abgesperrt worden ist, so schlage man sie ein und hole es heraus; je schneller desto lobenswerter, und man braucht nicht erst bei Gericht um Erlaubnis zu fragen, obgleich man dabei Holz zerkleinert.

Mo'ed (Feste), Kapitel Joma (Versöhnungstag) 84b

Aus der (h)aggadischen Tradition:

Ein hoher Beamter sprach einst zu Rabbi Josua, Sohn des Chananja: Ich möchte euren Gott sehen! Er sagte ihm: Du wirst es nicht können. Jener sagte: Ich werde es können. Da stellte ihn Rabbi Josua gegen die Sonne zur Zeit des höchsten Sommers und sagte zu ihm: Betrachte einmal die Sonne; da sagte jener: Ich kann nicht. Hierauf sagte ihm Rabbi Josua: Die Sonne ist nur einer von seinen Dienern, und du sprichst, du kannst sie nicht sehen, und Gott selber willst du sehen?

Kodaschim (Heilige Dinge), Kapitel Chullin (Weltliches) 60a

Die Halacha spricht den Verstand an, die Aggada (*Haggada*) das Herz. Ohne das Herz verkümmert das Gehirn, und ohne das Gehirn verliert sich das Herz im Träumerischen und Irrealen. Halacha und Aggada sind daher gleicherweise wichtig.

Roland Gradwohl 1983

Kostproben aus dem großen Werk des Talmud:

📖 Der Talmud, ausgewählt und übersetzt von Reinhold Mayer, Orbis-Verlag, München 1999.

⇒ Nr. 15: *Ist der Schabbat mit seinen vielen Verboten für die Juden nicht eine Last?*
⇒ Nr. 44: *Dürfen religiöse Juden und Jüdinnen sich scheiden lassen?*
⇒ Nr. 62: *Waren die Pharisäer Heuchler und Gegner Jesu?*
⇒ Nr. 63: *Wieso legen die Juden die Bibel so spitzfindig aus?*

...Jehoschua ben Perachia und Matai aus Arbel erhielten (*die Tora*) von ihnen. Jehoschua von Perachia sagt: Nimm dir einen Lehrer und erwirb dir einen Kollegen und richte jeden Menschen nach der guten Seite.

Matai aus Arbel sagt: Halte dich fern von einem bösen Nachbarn ... und verzweifle nicht im Unglück.

Jehuda ben Tabai und Schimon ben Schetach erhielten (*die Tora*) von ihnen. Jehuda ben Tabai sagt: Mache dich nicht wie die Rechtsanwälte. Wenn die streitenden Parteien vor dir stehen, halte sie beide für schuldig. Wenn sie von dir scheiden, seien sie vor dir wie Gerechte, denn sie haben ja den Rechtsspruch akzeptiert. Schimon ben Schetach sagt: ...

Hillel und Schammai erhielten (*die Tora*) von ihnen. Hillel sagt: ... Wer seinen Namen groß macht, verliert seinen Namen ... . Wenn nicht ich (*für mich*) bin, wer ist für mich? Und wenn ich für mich allein bin, was bin ich? Und wenn nicht jetzt, wann dann?

Und Schammai sagt: Mache deine Tora fest (*lerne zu festen Zeiten*). Rede wenig, aber tue viel und empfange jeden Menschen mit freundlichem Gesicht.

Talmud, Sprüche der Väter I,1-15

2. Auch von Jesus sind halachische Erörterungen und haggadische Reden überliefert. Lesen Sie z.B. Matthäus 5; 12; 13 und unterscheiden Sie jeweils die Halacha von der Haggada.

11. Was ist die Kabbala?

Mystik (griech. myein, die Augen schließen) ist eine in der Geschichte und Gegenwart der Religionen besonders intensive Form religiösen Erlebens und Denkens. Mystische Wahrnehmungen und Deutungen heben die Distanz zwischen dem menschlichen und dem göttlichen Sein auf. So kann Göttliches in allem Weltlichen entdeckt werden. Manche Mystiker/innen versuchen, eine Verschmelzung von Menschlichem und Göttlichem (unio mystica) durch Askese und Meditation, durch Tanz und Ekstase zu begünstigen. Zur mystischen Art von Welterkenntnis und -beschreibung gehört die biblische Rede von der Schechina als „Einwohnung" Gottes in der Welt oder bei einzelnen Menschen. Auch die Weisheit wird in diesem Sinne interpretiert. Da in mystischem Sinne jeder Buchstabe und jede Zahl göttlich „beseelt" sein kann, hat jedes Schriftzeichen der Bibel eine Bedeutung und wird „allegorisch" (bildsinnhaft) interpretiert. Oft sind mystische Gemeinschaften „esoterisch" (innerlich, geheim) und lassen wenig von ihren Erkenntnissen in die nichtmystische Außenwelt dringen.

Die Kabbala (hebr. Überlieferung) ist eine jüdische mystische Bewegung, deren Hauptwerk, der **Sohar**, wohl erst im Mittelalter verfasst, dem talmudischen Meister Simon bar Jochai zugeschrieben wurde. Die Kabbalisten suchten u.a. durch Buchstabendeutung und Zahlenmystik (Gematria) in die wahren Geheimnisse der Schöpfung einzudringen. Man unterscheidet die theoretische von der praktischen Kabbala, die Ähnlichkeiten mit Magie und Alchimie aufweist und den Weisen befähigt, übernatürliche Taten zu vollbringen. Dazu gehören Geisterbeschwörungen und Dämonenaustreibung.

Ihre Blütezeit hatte die Kabbala im 15. Jahrhundert. Eines ihrer Zentren war und ist **Safed** (Zefat in Nordgaliläa). Im Zeitalter des Rationalismus lehnten die meisten Rabbiner die Kabbala als gefährlichen Aberglauben ab. Heute, wo Esoterik zum volkstümlichen Zeitvertreib gehört, erfreut sich die Kabbala wieder großer Popularität. Wissenschaftlich ist die Kabbala vor allem von Gershom Scholem (1897–1982) erforscht worden.

Rabbi Isaak Lurja (1533–1572), der „Adler" der Kabbalisten, nach der Darstellung seines Schülers Rabbi Chajim Vital Calabrese (1543–1620):

Er verstand in der Heiligen Schrift, in dem Talmud und den Kommentaren alles und konnte den Sinn nach der wahren Kabbala auslegen. Er verstand das Mysterium der Schöpfung (Mose 1) und der Theophanie (Ezechiel 1), ebenso die Sprache der Vögel, Bäume und Pflanzen, der Mineralien, des Feuers, ferner die Sprache der Engel.

Auch wusste er, ob ein guter oder böser Geist jemand besessen hielt; er sprach mit diesen und warf sie heraus. Er sprach mit den Seelen von Gerechten, die sich im Körper eines anderen befanden, und sie offenbarten ihm die Geheimnisse des (himmlischen) Königs. Er verstand sich auf die Deutung des Gesichtsausdrucks und der Handlinien und legte die Träume nach ihrer wahren Bedeutung aus. Desgleichen erkannte er, ob sich eine Seele auf erstmaliger oder wiederholter Wanderung befinde. Er wusste, was im Himmel und auf Erden beschlossen sei. Sodann las er auf der Stirn eines Menschen, was dieser denke oder geträumt habe und welchen Text er gelesen habe, wenn er nächtlicherweise ins Paradies aufgestiegen war. Auf der Stirn konnte er auch lesen, ob oder was jener Gutes oder Böses getan oder gedacht habe, und er gab jedem seinen Rat, wie er seine Verfehlungen wieder gutmachen könne.

Selbst sich unsichtbar zu machen, verstand er. Er war voller Heiligkeit, Freundlichkeit und großer Bescheidenheit, aller Tugenden beflissen, voller Sündenscheu und Gottesliebe. Alles, was sonst noch in seinem Busen verborgen war, das haben meine, aber keines anderen Augen geschaut.

Die jüdische Mystik spiegelt wie die Mystik aller Religionen eine Seinserfahrung, die die Subjckt-Objekt-Spaltung der intellektuellen Erkenntnis hinter sich gelassen hat. Ihr Verständnis bietet aber besondere Schwierigkeiten, weil ihr ein in sich geschlossenes kosmologisches System zu Grunde liegt, das mehrere Entwicklungsstufen durchgemacht hat.

Hauptthemen der jüdischen Mystik sind das Sein vor der Schöpfung und das Urlicht über dem sichtbaren Himmel, die Lehre von den zehn Sefirot (Sphären), die vom Göttlichen durchlaufen werden, die Vorstellung himmlischer Lichtfunken in allen irdischen Dingen und ihre Befreiung aus den Verschalungen (kelipot). Ferner Allegoresen (*sinnbildhafte Auslegungen*) des tieferen Schriftsinns der Tora, der sich aus dem Zahlenwert der hebräischen Buchstaben erschließt, wie der biblischen Personen und der ganzen jüdischen Geschichte; alsdann eine ausgedehnte Engel- und Dämonenlehre. Magie und Gegenmagie gehören daher zum Themenkreis der „praktischen Kabbala".

Hans-Joachim Schoeps 1960

1. Lesen Sie Markus 1,12-13;5,1-20; Matthäus 4,1-11.23-25; 6,25-33; 14,34-36; 17,1-9; 21,18-22. Vergleichen Sie diese Beschreibungen der Mächtigkeit Jesu mit dem Bild, das Rabbi Chajim Vital Calabrese von seinem Lehrer zeichnet. Welche Ähnlichkeiten, welche Unterschiede können Sie in den Darstellungen entdecken?

Die im rechts abgedruckten Sohar-Text genannten Rabbinen gehören zu denjenigen Lehrern im Land Israel, die – trotz der römischen Besatzung und gegen die beabsichtigte Zerstörung jüdischer Lehrzentren – die Traditionskette jüdischen Lernens zusammen hielten. Diese Lehrer der ersten drei Jahrhunderte nach Beginn der neuen Zeitrechnung werden – in der damaligen aramäischen Umgangssprache von Jüdinnen und Juden – „Tannaiten" (Wiederholer) genannt, weil sie durch stete Wiederholung und Bewahrung von zentralen Lehrsätzen die Erinnerung an die Überlieferung wach hielten bis die wichtigsten „Wiederholungen" in der Mischna, im Grundbestand des Talmud, festgehalten werden konnten. Um die Personen der Tannaiten und ihre besonderen Lehrweisen rankten sich bald unterschiedliche Legenden und Lerngeschichten, durch welche die späteren Generationen wiederum ihrerseits den Kontakt zu den Lehren der Vergangenheit suchten und fanden.

⇒ *Nr. 10: Was ist der Talmud?*
⇒ *Nr. 12: Was ist Chassidismus?*
⇒ *Nr. 63: Wieso legen Juden die Bibel so spitzfindig aus?*

Einst wanderte Rabbi Simon nach Tiberias, und mit ihm waren Rabbi Josse, Rabbi Jehuda und Rabbi Chija. Da erblickten sie Rabbi Pinchas, der sich ihnen näherte. Sobald sie sich vereinigt hatten, ließen sie sich unter einem der Bäume des Berges nieder, um auszuruhen. Und es sprach Rabbi Pinchas: „Wie wir nun hier sitzen, möchten wir gerne hören von solchen hohen Dingen, von denen du alle Tage sprichst."

Da begann Rabbi Simon mit dem Schriftsatz: „Und er (*Abraham*) ging seinen Wanderzügen nach vom Süden bis Bethel, bis an den Ort, wo sein Zelt am Anfang gewesen war, zwischen Bethel und Ai" (*1. Mose 13,3*).

Warum heißt es: „seinen Wanderzügen nach" und nicht „seinem Wanderzuge nach"? Weil ihrer zwei sind, Abraham und Schechina (*die – weibliche – Einwohnung Gottes in der Welt oder in einem Menschen*). Es soll nämlich jeder Mensch danach streben, dass Männliches und Weibliches stets sich finde …. Wer einen Pfad geht, wo Männliches und Weibliches sich nicht zusammenfinden, von dem sondert sich die Schechina, darum eben richte, wer sich auf einen Weg begibt, ein Gebet an den Allheiligen, dass Er ihm die Schechina selber zugeselle. Hat er aber sein Gebet in rechter Weise verrichtet, dann ziehe er seines Weges, denn die Schechina ist mit ihm, damit Männlich und Weiblich verbunden sei so im Hause wie auf dem Felde.

Und auf der Reise wolle der Mensch seine Taten in Acht nehmen, damit nicht die obere Verbindung sich von ihm scheide und er unvollkommen bliebe in einem Zustand, wo Männlich und Weiblich nicht verbunden sind. Umsomehr zuhause, wo sein Weib mit ihm ist.

Auf dem Weg ist es die obere Verbindung, die ihn schützt und ihn nicht verlässt, bis er in sein Haus zurückkehrt. Dann aber wolle er sich seiner Gattin erfreuen, weil sie es ist, die ihm auch die obere Verbindung möglich gemacht hat. So wolle er dann aus zwei Gründen sich an ihr erfreuen: zum ersten, weil die Freude der ehelichen Verbindung eine Freude der Pflicht ist und als solche eine Freude der Schechina; und dazu noch, weil er damit nach den unteren Regionen den Frieden mehrt.

Ist aber sein Weib schwanger geworden, dann wurde damit aus der oberen Verbindung eine heilige Seele herab gesendet. Und so wird denn dieser Bund „Bund des Allheiligen" genannt. Darum bedarf es der Andacht in der Liebeswonne, gleichwie in der Wonne des Schabbats.

So wenn die Gelehrtenjünger sich über die Woche von ihren Gattinnen trennen, um sich der Tora zu befleißigen, dann gesellt sich zu ihnen die höhere Verbindung und verlässt sie nicht, damit immer während Männlich und Weiblich zusammenfinde. Wenn dann aber der Schabbat kommt, dann wollen sie sich ihrer Gattinnen erfreuen, um der Herrlichkeit der himmlischen Verbindung wegen und um dem Willen des Herrn das Herz zu weihen.

Wenn du aber meinst, dass es wertvoller für den Menschen wäre, wenn er auf die Wanderung geht, als wenn er zu Hause weilt, so merke dagegen das Folgende: In der Zeit, wenn der Mann in seinem Hause weilt, ist die Wurzel seines Hauses seine Gattin, denn um der Gattin willen weicht die Schechina nicht vom Hause.

Aus dem Sohar

Wenn Sie weitere kabbalistische Texte lesen wollen, ist dies möglich:

📖 Der Sohar. Das Heilige Buch der Kabbala. Nach dem Urtext ausgewählt, übertragen und herausgegeben von Ernst Müller, Eugen Diederichs Verlag, München 1993.

⇒ *Wenn Sie sich für die wichtigsten Personen der Kabbala interessieren, finden Sie Informationen im Kapitel XII: Jesaja Halevi Horowitz, Isaak Lurja, Gershom Scholem, Vital Calabrese.*

⇒ *Nr. 37: Wie ist die Beziehung des Judentums zur Sexualität?*

⇒ *Nr. 77: Kennt das Judentum die Seelenwanderung?*

2. Die christliche Theologie des 19. und 20. Jahrhunderts war sehr vorsichtig gegenüber mystischen Strömungen. Sie hat sich mehr den Denkweisen der Aufklärung verpflichtet. Welchen Gefahren ist sie damit entgangen? Welchen Bedürfnissen wurde sie dadurch nicht gerecht?

12. Was ist der Chassidismus?

„Wo wohnt Gott?"
Mit dieser Frage überraschte der Kozker (*Rabbi Menachem Mendel*) einige gelehrte Männer, die bei ihm zu Gast waren. Sie lachten über ihn: „Wie redet ihr! Ist doch die Welt seiner Herrlichkeit voll!" Er aber beantwortete die eigene Frage: „Gott wohnt, wo man ihn einlässt."

Bald nach dem Tode Rabbi Mosches von Kobryn wurde einer seiner Schüler von dem „alten Kozker", Rabbi Mendel, gefragt: „Was war für euren Lehrer das Wichtigste?" Er besann sich, dann gab er die Antwort: „... womit er sich gerade abgab".

Der Baal Schem (*Rabbi Israel ben Elieser*) sprach: „Wenn ich meinen Sinn an Gott hefte, lasse ich meinen Mund reden, was er will; denn alle meine Worte sind dann an ihre obere Wurzel gebunden".

Martin Buber, Chassidische Geschichten, 1949

Der Chassidismus ist eine religiöse Erweckungsbewegung, die in der Mitte des 18. Jahrhunderts von Israel ben Elieser (Baal Schem Tow) in der Ukraine begründet wurde. Sie war eine Reaktion gegen die strenge Betonung des Intellekts und beschäftigte sich mehr und mehr mit Frömmigkeit und Innerlichkeit als mit Lernen und Gelehrsamkeit. Dabei folgte der Chassidismus der mystischen Tradition der Kabbala. Die Chassidim scharten sich um ihre „Rebbes", charismatische Rabbiner, denen auch Wundertaten zugeschrieben wurden. Vor allem um das Wohl ihrer in ärmlichen und oft verzweifelten Lebensumständen befindlichen Anhänger kümmerten sich die charismatischen Rabbiner. Die Chassidim wurden in Osteuropa mitunter bei den Behörden denunziert und in den Bann gelegt.

Martin Buber hat den osteuropäischen Chassidismus der westlichen Welt nahe gebracht, wurde aber deshalb von Seiten der Talmudgelehrten oft angefeindet.

Der heutige Chassidismus in Israel und in den USA ist Teil der Orthodoxie (*Rechtgläubigkeit*).

Als der Baal Schem Tow – das Andenken eines Zaddik (*eines heiligen Gerechten*) sei gesegnet – sah, dass das Band zwischen Himmel und Erde zerschnitten und es unmöglich war, es durch Gebete wieder zu knüpfen, pflegte er es zu erneuern, indem er ein Märchen erzählte.

Rabbi Nachman ben Simcha aus Brazlaw (1772–1811), Urenkel des Baal Schem Tow

⇒ Nr. 4: Welche Gruppierungen gibt es im heutigen Judentum?
⇒ Nr. 11: Was ist die Kabbala?
⇒ Nr. 63: Wieso legen die Juden die Bibel so spitzfindig aus?
⇒ Nr. 77: Kennt das Judentum die Seelenwanderung?

1. Warum erzählen Menschen solche „chassidischen" Geschichten?
2. Wo sind innerhalb der christlichen Tradition spirituelle, charismatische, ekstatische Gruppen zu finden?

⇒ *Kapitel XII: Martin Buber, Yaffa Eliach, Jesaja Halevi Horowitz, Israel ben Elieser, Abraham Joshua Heschel*

Im April 1944 drangen die Deutschen in Satmar ein, errichteten ein Getto und begannen mit dem Abtransport der Juden nach Auschwitz. Einer der meistgesuchten Juden war der Rabbi von Satmar, Rabbi Joel Teitelbaum (1887–1979). Seine Anhänger und Freunde waren sich der ernsten Gefahr, in der das Leben des Rabbi schwebte, bewusst. Man baute dem Rabbi einen Bunker mit einem Eingang, der von seinem Haus durch den angrenzenden Garten erreichbar war.

Eines Tages stürmten die Deutschen das Haus des Rabbi. Drinnen saß auf einem Stuhl, von Büchern umgeben, ein Mann mit vollem, weißem, lang herabwallenden Bart. Der SS-Mann zog seinen Revolver und gab aus unmittelbarer Nähe einen gezielten Schuss auf den alten Mann ab. Die Kugel verfehlte ihr Ziel. Sie sauste haarscharf am Kopf des Mannes vorbei und blieb in einem Buch stecken. „Dein Name!", forderte der SS-Mann, die Pistole immer noch auf ihn gerichtet. „Aschkenasi", erwiderte der alte Mann.

„Wo ist der Rabbiner Teitelbaum?", forschte der SS-Offizier. „Er hat sein Haus vor einiger Zeit verlassen", entgegnete Rabbi Aschkenasi.

Nachdem der Offizier gegangen war, nahm der bleiche, zitternde Rabbi Aschkenasi die Bibel zur Hand, in der die Kugel steckte. Sie war genau bei dem Vers eingedrungen: „Sowohl sie als ihre Söhne waren über die Tore des Hauses des Ewigen ... als Wachen" aufgestellt (1. Chronik 9,23). Für Rabbi Aschkenasi und die anderen Chassidim war die Botschaft klar: Kein Leid würde die treffen, die sich um den Satmarer Rebbe sorgten und über ihn wachten, denn er war der Heilige Tempel und sie waren die Priester, die ihm dienten.

Yaffa Eliach 1985

Die nebenstehende Erzählung stammt aus einer Sammlung von Überlebensgeschichten, die jüdische Studentinnen und Studenten der Universität Brooklyn von ihren Eltern und Großeltern erfragten. Yaffa Eliach, selbst Überlebende des Holocaust, Professorin für Geschichte und Literatur in Brooklyn und Leiterin des „Center for Holocaust Studies" in New York hat die Erzählungen unter dem Titel „Träume vom Überleben" als „Chassidische Geschichten aus dem 20. Jahrhundert" herausgegeben. Im Vorwort schreibt sie dazu:

Seit der Zeit des Baal Schem Tow (*Rabbi Israel ben Elieser*) hat die chassidische Legende die Funktion, die Ordnung wiederherzustellen und den gestörten Kontakt unter den Mitmenschen, zwischen Himmel und Erde zu erneuern.

Tatsächlich sieht es so aus, als ob gerade in dem einzigartigen Charakter der chassidischen Legende die geeignetste Form zu finden war, um mit dem Holocaust fertig zu werden.

Yaffa Eliach 1985

3. Beschreiben Sie die „chassidische Weise" der Bibelauslegung, wie sie sich in der Geschichte aus Satmar exemplarisch zeigt.

13. Was ist Jiddisch?

Die beiden folgenden jiddischen Erzählungen und der Liedtext auf der rechten Seite sind in einer Art Lautschrift wiedergegeben. Vieles ist leichter zu verstehen, wenn man es hörbar liest.

Der lange Fisch

A id in a kapote (*ein Jude in einem langen Rock*) is amol gegangen in Wilne (*Wilna, Litauen*) über'n markt ajnkefen allerhantike sachen. Is er zugegangen zu a tischel mit fisch, a kuk ton (*einen Blick tun*), wossara fisch doss sajnen. Ejn fisch is em gefelen geworen (*hat ihm gefallen*). Ober a hot sach gefault (*er hat sich gescheut*) fregen, wos der fisch kost; hot er sich dem fisch schtilinkerhejt (*stillschweigend*) zugeganwet (*gestohlen*) un em farbalten (*verborgen*) hinter der kapote. Is ober der fisch gewen, kejn anore (*unbeschrien*), a langer, hot men arausgesen dem ek (*Schwanz*) fun fisch unter der kapote. Der fischer hot doss darsen (*gesehen*), macht er zum iden: „Reb id oder (*entweder*) tut on a lengere kapote oder ganwet (*stehlt*) a kirzern fisch!"

Immanuel Olsvanger, Berlin 1936

Jiddisch ist ein mittelhochdeutscher Dialekt, den die Juden nach Pogromen im Mittelalter, wo sie des Ritualmords, der Brunnenvergiftung, der Hostienschändung angeklagt wurden, auf ihrer Flucht nach Osteuropa mitnahmen und durch die Jahrhunderte beibehalten haben. Das Jiddische hat dann slavische und hebräische Elemente mitaufgenommen, aber der deutsche Kern ist geblieben und weist viele Ähnlichkeiten mit anderen deutschen Dialekten, wie dem Alemannischen, auf. Es gibt eine reiche jiddische Literatur mit Autoren wie Schalom Asch, Schalom Alejchem, Isaak Leib Perez, Isaac Bashevis Singer und anderen. Jiddisch wird mit hebräischen Buchstaben geschrieben und weist selbst verschiedene Dialekte auf.

Mit der Vernichtung des osteuropäischen Judentums ist das Jiddische fast ausgestorben, wird aber noch in Israel, USA, Argentinien und größeren Hauptstädten gesprochen. Jiddische Zeitungen gibt es heute kaum noch.

Sajn Krenk (*Seine Krankheit*)
Ejner a id amol gegangen zun a dokter un hot em gesogt asej zum sogen: „Dokterleben, ich hob a sejer schlechte krenk, wos ich lajd fun Ijejwss zoress (*Hiobs Leiden*). Ich red zu sich alejn." Sogt der dokter zunem: „Mejle (*nun*), es is nit asa schreklache krenk, ot wi ir set mich, rejd ich ejch amol zu sich alejn! Ma raasch (*warum der Lärm*)?" Macht der id: „Je, dokter! Ober ir wejst nit, wossara nudnik (*was für ein zudringlicher Schwätzer*) ich bin!"

Immanuel Olsvanger, Berlin 1936

Schpilshe mir a Lidele in Jiddisch

Schpil-she mir a Li-de-le in Jid-disch, Der-
we-kn sol ess Frejd un nischt kejn Chi-desch. As
a-le Men-schn, grojss un kle-ejn, so-ln es farschtejn, Fun Mojl zu Mojl doss Li-de-le sol
gejn. Schpil, schpil, Kle-es-me-erl, schpil,
Wejsst doch woss ich mejn un woss ich wil.
Schpil, schpil, a Li-de-le far mir, schpil a
Ni-gn-dl mit Harz un mit Ge- fil!

A Lidl on Soifzn un on Trern,
Schpil asoj, as alle solln hern,
As alle solln sejn, ich leb un singen ken,
Schener noch un besser wi gewen.
Schpil, schpil, Klesmerl, schpil ...

Schpilshe mir al Lidl wegn Scholem,
Soll schojn sajn Scholem un nischt kejn Cholem,
as alle Velker grojss un klejn,
solln take sich farschtejn,
On Krign un on Milchomes sich bagejn.
Schpil, schpil, Klesmerl, schpil ...

Lomir singen's Lidele zusamen,
Wi gute Frajnd, wi Kinder fun ejn Mamen.
Majn ejnziger Varlang, 's soll klingen
fraj un frank,
Un alemens Gesang ojch majn Gesang.
Schpil, schpil, Klesmerl, schpil ...

Hilfen zum Verstehen:

Chidesch *(hebr.)* –
böse Überraschung

Nigndl *(jidd. Verkleinerungs-
form von dem hebr. Wort
Nigun)* – Liedchen

Scholem *(von hebr.
Schalom)* – Frieden

Cholem *(hebr.)* –
Hirngespinst

Milchomes *(von hebr.
Milchamot)* – Kriege

Lomir – *lasst uns*

In Israel gibt es seit einigen
Jahren Initiativen zur Erhaltung
der jiddischen Sprache. –
Was könnte dem Judentum –
und der allgemeinen
Sprach- und Liedkultur –
verloren gehen, falls das
Jiddische stirbt?

*Eine amüsant zu lesende Ein-
führung in jiddische Sprache und
Kultur mit vielen Textbeispielen
bietet:*

📖 Salcia Landmann, Jiddisch.
Das Abenteuer einer Sprache,
Ullstein, Frankfurt a.M./Berlin
(1986) 1999.

Kapitel III: Zeit und Kalender

Und Gott sprach:
Es werden Lichter an
der Feste des Himmels, die
da scheiden Tag und Nacht
und geben Zeichen, Zeiten,
Tage und Jahre.

1. Mose 1,14

Nach dem Mond rechnet
man die Feste; er ist
ein Licht, das abnimmt und
wieder zunimmt. Er gibt
dem Monat seinen Namen;
er wächst und verändert
sich wunderbar.

Jesus Sirach 43,7-8

Ein Jegliches hat seine Zeit, und alles Vorhaben unter dem Himmel hat seine Stunde: Geboren werden hat seine Zeit, sterben hat seine Zeit; pflanzen hat seine Zeit, ausreißen, was gepflanzt ist, hat seine Zeit; töten hat seine Zeit, heilen hat seine Zeit; abbrechen hat seine Zeit, bauen hat seine Zeit; weinen hat seine Zeit, lachen hat seine Zeit; klagen hat seine Zeit, tanzen hat seine Zeit; Steine werfen hat seine Zeit, Steine sammeln hat seine Zeit; herzen hat seine Zeit, aufhören zu herzen hat seine Zeit; suchen hat seine Zeit, verlieren hat seine Zeit; behalten hat seine Zeit, wegwerfen hat seine Zeit; zerreißen hat seine Zeit, zunähen hat seine Zeit; schweigen hat seine Zeit, reden hat seine Zeit; lieben hat seine Zeit, hassen hat seine Zeit; Streit hat seine Zeit, Friede hat seine Zeit.

Prediger 3,1-8

Synagogenuhr mit Gebetszeiten aus Pisek (Böhmen), um 1870

Die Uhr hat in der Mitte ein laufendes Werk, rechts und links davon befinden sich sechs Zifferblätter, auf denen feststehende Zeiger die täglichen Gebetszeiten anzeigen.

Welche „Zeitphilosophie" zeigt eine solche Uhr?

Zeit und Kalender

Wer etwas über eine andere Religion erfahren will, tut gut daran, auch danach zu fragen, wie die Zeit eingeteilt wird. In ihrem religiösen Zeitgefühl haben Judentum und Christentum viel gemeinsam, da sie beide mit dem Wirken Gottes in der Geschichte der Menschen rechnen. Doch es gibt auch gravierende Unterschiede, die zum Teil eine Folge der unfriedlichen Abgrenzung der Kirche von der Synagoge sind.

So befasst sich die erste Frage dieses Kapitels nicht nur mit den Fakten der unterschiedlichen Jahreszählung und der ähnlichen, aber nicht gleichen Einteilung in Monate und Wochen, sondern auch mit den Gründen der Differenzen. (Nr. 14)

Dann geht es ans Zentrum des Judentums, den Schabbat, und um die Schwierigkeiten, die Christinnen und Christen bis heute damit haben, dass Jüdinnen und Juden trotz der weltweiten Geltung des Sonntags an der Feier des letzten Tages der Woche festhalten. (Nr. 15)

Mit der Frage, ob es so etwas wie ein Weihnachtsfest in der jüdischen Tradition gibt, kommt es zur Auseinandersetzung mit den kulturellen Schnittpunkten der beiden Religionen, zur Wahrnehmung dessen, wie jüdisches und christliches Brauchtum sich gegenseitig beeinflussen. (Nr. 16)

Damit sind keinesfalls alle Kalenderfragen zwischen Juden und Christen behandelt, aber die theologische, soziale und bildungspolitische Bedeutung des Nachdenkens über eine menschenfreundliche Gliederung der Zeit ist damit so weit offen gelegt, dass die Erkenntnisse auch auf andere religiöse Begegnungsfelder im Jahreszyklus übertragen werden können.

Die Zeit ist wie eine Wüste, sie ist großartig, aber nicht schön. Ihre seltsame und schreckliche Macht wird immer gefürchtet, aber selten gepriesen. Dann kommt der siebte Tag, und der Sabbat besitzt eine Glückseligkeit, die die Seele bezaubert, sich in unser Denken einschleicht und es heilt. Es ist ein Tag, an dem die Stunden einander nicht verdrängen. ...

Abraham Joshua Heschel 1951

Dieser Text stammt aus folgendem – insgesamt sehr lesenswertem – Buch:

📖 Abraham Joshua Heschel, Der Sabbat. Seine Bedeutung für den heutigen Menschen, Neukirchener Verlag, Neukirchen-Vluyn (1951) 1990.

Es gibt Kalender, welche nicht nur die christlichen, sondern auch die jüdischen (muslimischen, buddhistischen) Feiertage angeben. Es wäre ein guter Beitrag zur „interreligiösen Aufmerksamkeit", einen solchen Taschenkalender bei sich zu tragen und alltäglich zu wissen, ob Menschen anderer Religionen gerade fasten, trauern, Freudenfeste feiern oder in einer festarmen Zeit leben.

14. Warum feiern Jüdinnen und Juden ihre Feste manchmal gleichzeitig mit den christlichen Feiertagen, manchmal aber zu anderen Zeiten?

Ein jüdischer Gelehrter des Mittelalters errechnete das Alter der Welt, indem er alle menschlichen Lebenszeiten, die in der hebräischen Bibel genannt sind, zusammenzählte und die Jahre vom Ende der biblischen Geschichtsschreibung bis zu seiner Zeit addierte.
Manche Jüdinnen und Juden belächeln heutzutage ihre aus dem Mittelalter stammende – kabbalistische – Jahreszählung „vom Beginn der Welt an" genauso freundlich, wie die unsere, aber sie halten neben dem weltweit benutzten Kalender an dem jüdischen „Luach" fest. Das tun sie mit gutem Grund: Israel und das Judentum sind viel älter als das Christentum mit seiner Zeitrechnung; und wenn Jüdinnen und Juden von einem vorchristlichen und einem christlichen Teil ihrer Geschichte sprechen müssten, ginge geradezu ein Riss durch ihre Geschichte. Es liegt etwas Tröstliches darin, dass es die jüdische Jahreszählung neben der christlichen gibt: Weder der Kirche ist es gelungen, die Synagoge mit ihrem Zeitgefühl zu beseitigen, noch konnte der Nationalsozialismus das jüdische Geschichtsbewusstsein zerstören.

Das Konzil zu Nizäa (325) beschloss, mit den Juden nichts gemeinsam zu haben und änderte daher das Datum des Osterfestes. Ansonsten ist der jüdische Kalender im Gegensatz zum weltlichen ein Mondkalender: Der Monat beginnt bei Neumond. Siebenmal in 19 Jahren wird jedoch ein 13. Monat hinzugefügt (Schaltjahr), um sicherzustellen, dass die Feste zu bestimmten Jahreszeiten gefeiert werden, da das Mondjahr kürzer als das Sonnenjahr ist.

In alten Zeiten rief der Oberste Gerichtshof in Jerusalem zu Beginn der zunehmenden Mondsichel den kommenden Monat aus. Natürlich konnte man nicht mit Sicherheit sagen, ob er neunundzwanzig oder dreißig Tage nach dem letzten Neumond eintreten werde. Sowie der Monat verkündet war, wurden überallhin Boten entsandt, die den jüdischen Gemeinden im ganzen Orient das Datum ihrer Feiertage mitteilten. An Orten, die mehr als eine vierzehntägige Reise von Jerusalem entfernt waren, konnte man den genauen Tag eines Festes nicht wissen. Um es dennoch richtig zu begehen, feierte man es an beiden möglichen Tagen. Mit der Zeit bürgerte sich außerhalb Palästinas überall der Brauch ein, zwei Festtage zu begehen. Und auch heute noch feiern die Juden außerhalb Israels jedes Fest zwei Tage lang, obgleich sie seit 2000 Jahren einen genauen Kalender haben.   *Herman Wouk 1961*

1. Welche Bedeutung hat die Tatsache der christlichen Jahreszählung und die Schreibweise „v.Chr." und „n.Chr." im öffentlichen Bewusstsein? Machen Sie eine repräsentative Befragung dazu und werten Sie diese aus.

Zeit und Kalender

2. Wie weit prägen die kirchlichen Feiertage das „Jahresgefühl" der Menschen in Ihrer Umgebung? Welche Termine jüdischer und muslimischer Jahresfeste sind bekannt?

Für Frauen – besonders in orientalischen Gemeinden – blieb der Neumondstag eine Art Halbfeiertag. Sie verrichten an ihm keinerlei schwere oder schmutzige Arbeit, es ist kein Waschtag, und Frauen ziehen sich schön an. Weshalb aber ist dies ein Ehrentag für Frauen? Weil sie sich einst weigerten, bei dem Götzendienst des Goldenen Kalbes mitzumachen (Ex 32). Als die Männer einen Gott zum Anfassen verlangten, mussten sie das ohne ihre Frauen tun. „Aber das steht doch nicht in der Bibel", könnte mit Recht eingewandt werden. Nein, sondern die Rabbiner fanden es als weiteres Detail im großen Mosaik der Frauenehrung. Sie fanden es grammatikalisch: Die (*für das Standbild*) gespendeten Goldringe kamen aus männlichen Ohren (Ex 32,3)! *(Das besitzanzeigende Suffix des Wortes „Ohren" ist im hebräischen Text maskulin.)*

Pnina Navè Levinson 1992

Der jüdische Kalender ergibt ein anderes Jahres- und Zeitgefühl als der christliche: Während wir z.B. unser Neujahrsfest im Winter feiern und uns darauf freuen, dass die Tage wieder länger werden, feiern Jüdinnen und Juden im frühen Herbst ihren Jahresbeginn, dann, wenn die drei Ernten im Land Israel eingebracht sind und Zeit zum Zurückschauen ist.

Die jüdischen Monate haben 29 bzw. 30 Tage und beginnen jeweils mit dem Neumond – eine Zeiteinteilung, die dem weiblichen Zyklus entspricht.

Unabhängig von der Monatszäsur gibt es im hebräischen Kalender die Wocheneinteilung mit den sieben Tagen, die wir vom Judentum übernommen haben. Die ersten sechs Tage haben keine Namen, sondern werden einfach nummeriert. Der siebte Tag aber ist der „Schabbat" (Ruhe).

Die grundlegenden Kalenderregelungen hat Rabbi Hillel um 130 n.Chr. im Land Israel getroffen. Im Mittelalter wurde dann der Kalender erarbeitet, der bis heute in jüdischen Familien und in Israel gilt.

15. Ist der Schabbat mit seinen vielen Verboten für die Juden nicht eine Last?

Einmal hatte ein frommer Mann eine Kuh, die ihm beim Pflügen half. Aber er verarmte und sah sich gezwungen, sie einem Heiden zu verkaufen. Der Heide pflügte mit ihr sechs Wochentage. Als er sie aber am Schabbat aufs Feld führte, um mit ihr zu pflügen, legte sie sich auf die Erde nieder und wollte keine Arbeit verrichten. Da ging er hin und schlug sie. Aber sie rührte sich nicht von der Stelle.

Als der Heide dies sah, ging er zu jenem Frommen und sagte ihm: „Komm mit und nimm deine Kuh. Sechs Tage habe ich mit ihr gearbeitet. Am Schabbat führte ich sie hinaus, und sie legte sich zur Erde. Sie weigerte sich, irgendeine Arbeit zu verrichten. So sehr ich sie auch schlug, sie rührte sich nicht von der Stelle."

Als der Heide so sprach, verstand der Jude, warum die Kuh keine Arbeit verrichten wollte: weil sie gewöhnt war, am Schabbat zu ruhen.

Da sagte der Fromme zum Heiden: „Komm, ich werde sie aufrichten, und sie wird pflügen."

Als sie zu ihr kamen, flüsterte er ihr ins Ohr: „O Kuh, o Kuh! Solange du in meinem Besitz warst, konntest du am Schabbat ruhen. Aber jetzt haben es meine Sünden verursacht, dass ich dich diesem Nichtjuden verkaufen musste. Ich bitte dich daher, stehe auf und verrrichte den Willen deines Herrn."

1. Lesen Sie 2.Mose 31,17 und Jesaja 58,13f. In welchem Kontext stehen die Sätze? Welches Bild von Schabbat wird dort gezeichnet?

2. Vergleichen Sie 2.Mose 20,8-11 mit 5.Mose 5,12-15. Wie wird das Einhalten des Schabbat jeweils begründet?

Ein Tag der Woche, wo man das Hasten nach Verdienst und materiellen Gütern zugunsten geistiger und spiritueller Erneuerung aufgibt, ist eher ein Segen und eine Freude als eine Last. Der Sabbat ist auch nicht zur Zeitvergeudung da, sondern zum Vertiefen innerlicher Werte, familiärer Bindungen, zum Besuch von Kranken, zur Wiederholung von Gelerntem, zur Freude an den guten Gaben Gottes. Ihm zu Ehren kleidet man sich festlich und genießt schmackhafte Speisen. Nach der chassidischen Tradition erhält der Jude am Sabbat eine zusätzliche Seele, die als göttliche Erleuchtung und Erhebung für diesen einen Tag in ihm wohnt. Der Sabbat wird auch mit einem Gewürz verglichen, welches das Leben schöner und „geschmackvoller" gestaltet.

Das biblische Arbeitsverbot für die Dauer des Sabbat bedeutet nicht nur die Abkehr von mühevoller Beschäftigung, sondern vielmehr das Ablassen vom schöpferischen Tun – in Nachahmung Gottes, der am siebenten Tag der Schöpfung ruhte und dadurch sein Werk vollendete.

Es sind verschiedene Schreibungen des Namens für den siebenten Wochentag gebräuchlich. Das hebräische Wort klingt am ehesten wie „Schabbat". Da im griechischen Text des Neuen Testamentes der erste Buchstabe des Wortes mit einem griechischen S-Laut wiedergegeben wurde, hat sich in der christlichen Tradition „Sabbat" eingebürgert. „Shabbat" ist die jüdisch-amerikanische Schreibung.

Folgendes Buch enthält ein sehr lesenswertes Kapitel zum Schabbat:
📖 Studienbuch Religionsunterricht 1: Ingrid Grill, Das Judentum, Vandenhoeck & Ruprecht, Göttingen 1994, S. 13–43.

Der Sabbat ist zum Lebensquell der jüdischen Volksgemeinschaft geworden und jeder Einzelne, der ihn der Überlieferung getreu hütet, schöpft seine stärkste Lebenskraft aus ihm. Der Sabbat bringt die Menschen zusammen, er befreit von allen Sorgen, von Trauer und Leid, Kranke werden besucht, die Schmerzen gelindert und Wunden geheilt. So ist der Sabbat aufs engste mit der Nächstenliebe verknüpft, zum Wohltäter geworden von Menschen und selbst von Tieren, die gleichfalls an ihm ruhen und liebevoll bedacht werden. Er ist der ewig fordernde Mahner und Erzieher zur Menschlichkeit. Dem Freunde wie dem Fremdling, der in deinen Toren weilt, wie gar dem fremden Unbekannten, der bittend an die Türe klopft, war der menschenwürdig ehrenvolle Platz am Sabbat bereitet. Der Sabbat ist der Tag des Seelenreichtums, der erhöhten Seele.

Simon Gut 1946

Sofort erhob sich die Kuh und war bereit zu arbeiten. Da sagte der Heide zum Juden: „Ich werde dir keine Ruhe lassen, bis du mir sagst, was du ihr getan und was du ihr ins Ohr geflüstert hast. Vielleicht hast du sie verhext?" Da erzählte ihm der Fromme: „Das und das habe ich gesagt."
Als der Heide das hörte, erschrak er und ließ es sich durch den Sinn gehen. „Wenn dieses Geschöpf, das kein Sprech- und Wissensvermögen hat, seinen Schöpfer kennt, muss denn nicht auch ich, den Gott in seinem Ebenbild geschaffen hat und ihm Sinn und Verstand gegeben hat, meinen Schöpfer anerkennen?"
Sofort ging er hin, wurde Proselyt (*d.h. er wurde Jude*), lernte eifrig die Tora und bekam den Namen „Rabbi Jochanan Kuhsohn".

Pessikta Rabbati (Aussprüche der Rabbiner) aus dem 3.–7. Jh. n.Chr.

Annonce aus einer Schweizer Zeitschrift, dem Israelitischen Wochenblatt, vom 4. September 1998:

Ist es möglich, den Shabbat zu halten und trotzdem in Zürich zu arbeiten?
Gelernte Verkäuferin mit PC-Kenntnissen, 27 Jahre alt, verh., lernfähig auch für andere Arbeiten. Suche Arbeit, die mir mit den Hohen Feiertagen sowie dem Shabbat keine Probleme mehr gibt.

3. Die Hohen Feiertage umfassen – je nach Interpretation – maximal 13 Tage im Jahr. Stellen Sie sich vor, die obige Anzeige stünde unter den Stellengesuchen der Zeitung oder Zeitschrift, die Sie gewöhnlich lesen. Welche Reaktion würde der Text bei Ihnen und vermutlich bei anderen Leserinnen und Lesern hervorrufen? Verfassen Sie einen fiktiven Leserbrief.

⇒ *Nr. 62: Waren die Pharisäer Heuchler und Gegner Jesu?*

⇒ *Nr. 63: Wieso legen die Juden die Bibel so spitzfindig aus?*

Warum werden Jüdinnen und Juden eigentlich immer wieder danach gefragt, ob der Schabbat ihnen nicht doch eine lästige Pflicht sei? Warum greift die deutsche Presse es begeistert auf, wenn es in Israel Streit um den Kinobesuch am Freitagabend gibt? Hartnäckig hält sich in christlichen Kreisen das Vorurteil, welches den Schabbat zum freudlosen Tag stempelt. Dabei gehörte gerade Jesus von Nazareth zu denjenigen Juden, die den Schabbat als heilsames Gottesgeschenk wieder entdeckten. So ist im Neuen Testament überliefert, Jesus habe gesagt:

Der Schabbat ist für den Menschen da, nicht der Mensch für den Schabbat.

Markus 2,27

Im Talmud ist ein sehr ähnlicher Spruch des Rabbi Jonathan zu finden:

Der Schabbat ist euren Händen übergeben, und nicht ihr seid seinen Händen übergeben.

Joma (Versöhnungstag) 85b

4. Die neutestamentlichen Evangelien zeigen Jesus als engagierten Tora-Interpreten. Klären Sie seine Position in der Schabbatfrage: Matthäus 12,1ff.9ff; Markus 1,21; 2,23ff; 3,1ff; 6,2; Lukas 4,16.31; 6,1ff; 13,10ff; 14,1ff; Johannes 5,5ff; 7,22ff; 9,14ff.

Kein Mensch auf Erden kann das empfinden, was der Jude fühlt, wenn der Sabbat beginnt. Hier beginnt ja nicht ein „bürgerlicher Ruhetag", an dem der Mensch, müde von der Arbeit der Woche, ausruhen darf. Sabbat ist etwas anderes. Hier ist es, als wenn beim Aufleuchten der Abendsterne am Himmelszelt die Ewigkeit einbreche in die Zeit, als halte die Welt ihren Atem an, als gebiete der Schöpfer selbst dem Werk seiner Schöpfung Ruhe; hier ist es, als sei plötzlich die niedere Erdenwelt geknüpft an jene höhere Welt des reinen, ewigen Sabbatfriedens, vor dessen Antlitz alles Große klein, alles Wichtige nichtig, alles Erregte friedlich wird. Sabbat will den Menschen erlösen aus der Knechtschaft des Alltags, ihn zu sich selbst hinführen, ihm eine höhere Seele schenken.

Manfred Swarsensky 1935

Der Sabbat ist ein Tag der Freude, weil der Mensch an diesem Tag ganz er selbst ist. Das ist der Grund, warum der Talmud den Sabbat die Vorwegnahme der messianischen Zeit nennt und die messianische Zeit den nie endenden Sabbat: den Tag, an dem Besitz und Geld ebenso tabu sind wie Kummer und Traurigkeit; ein Tag, an dem die Zeit besiegt ist und das Sein herrscht. Der moderne Sonntag ist ein Tag des Vergnügens, des Konsums und des Weglaufens vor sich selbst. Man könnte fragen, ob es nicht an der Zeit wäre, den Sabbat als universellen Tag der Harmonie und des Friedens einzuführen, als den Tag des Menschen, der die Zukunft des Menschen vorweg nimmt.

Erich Fromm 1976

5. Setzen Sie sich kritisch und praktisch-konstruktiv mit Erich Fromms Idee vom „universellen Tag der Harmonie und des Friedens" auseinander.

Was geht Christen der jüdische Sabbat an?

Angesichts der Geschichte, in der der Sabbat von christlicher Seite häufig diffamiert und Sabbatruhe zur Diskriminierung und Verfolgung von Juden und Jüdinnen ausgenutzt wurde, ist die in der Frage ausgedrückte Skepsis von jüdischer Seite nur allzu berechtigt: Wollen sich Christen heute unbekümmert auch noch der jüdischen Tradition bemächtigen, den Sabbat dem Volk Israel rauben? Es kann für Christen und Christinnen deshalb nicht darum gehen, angesichts einer maroden Sonntagskultur den Sabbat als gelungenes religiöses Ritual einfach zu übernehmen.

Dass Christen der Sabbat etwas „angeht", ist tatsächlich nicht selbstverständlich, sondern Grund zu höchster Dankbarkeit. Dankbarkeit und Hoffnung darauf, dass Gott – trotz allem – durch sein Handeln an und in Jesus Christus auch uns zu sich und so auch zu seiner Geschichte mit seinem Volk Israel ruft. Am Sonntag erinnern sich Christen und Christinnen daran, dass Gott in der Auferweckung Jesu Christi sein Handeln für die ganze Welt bekräftigt hat. Sabbat und Sonntag verbindet der Gedanke der schöpferischen Ruhe – „Re-creation" im doppelten Sinne: Erinnerung an die Vollendung der Schöpfung im Sabbat Gottes und Utopie der Neuschöpfung aller Kreatur. Den Sonntag vom Sabbat neu zu verstehen und ihn „sabbatlich" zu begehen - dazu fordert heute das Nebeneinander beider Traditionen heraus. Dieses Nebeneinander würde dann nicht Gleichgültigkeit, sondern Achtung und Beziehung zueinander ausdrücken und das Erinnern der anderen Tradition einschließen.

Gabriele Obst 1998

Bereits in der frühen Kirchengeschichte verdrängte der „Auferstehungstag" den Schabbat. Im Jahr 321 erklärte zudem Kaiser Konstantin den Sonntag zum offiziellen wöchentlichen Feiertag des Römischen Reiches. Trotzdem blieb der Argwohn oder auch der Neid der Christen gegenüber dem Schabbat bestehen. So sind in den Schriften der Kirchenväter zahlreiche polemische Äußerungen gegen den „erdhaften" und „verbotebehangenen" Schabbat zahlreich zu finden. Die Augsburger Konfession von 1530, bis heute Bekenntnistext der lutherischen Kirchen, behauptet, die Heilige Schrift selber habe den Schabbat „abgetan" (CA XXVIII).

Heute wird oft im Sinne einer „Aufgeklärtheit" zugunsten der freien Lebensgestaltung ein spiritueller und arbeitsfreier Tag überhaupt für antiquiert und unnötig erklärt. Andererseits finden christliche „Schabbat-Feiern" statt, die allerdings von Jüdinnen und Juden durchweg kritisch angesehen werden. Offenbar ist es kein interreligiös akzeptabler Weg, das eigene rituelle Leeregefühl mit „Raubstücken" aus anderen Religionen zu füllen.

16. Feiern Jüdinnen und Juden Weihnachten?

Der geschichtliche Hintergrund des Chanukka-Festes ist eine dramatische Tempelweihe („Chanukka") im zweiten vorchristlichen Jahrhundert. Das erste Makkabäerbuch (1,20-40.54-63) gibt Auskunft darüber: Der Syrerkönig Antiochus IV. hatte nach der Eroberung des Landes Israel den Jerusalemer Tempel hellenistischen Göttern geweiht und jede religiöse Betätigung im Sinne des Judentums verboten. Es kam daraufhin zu einem verzweifelten jüdischen Aufstand, angeführt von einem Priester Mattatias und seinen fünf erwachsenen Söhnen aus der Familie der Hasmonäer. Die Mattatiassöhne hatten sich nach der Tötung eines syrischen Beamten ins judäische Bergland geflüchtet und kämpften von dort aus gegen die Fremdherrschaft in Jerusalem. Der bewaffnete Kampf von außen hatte wohl vor allem deswegen Erfolg, weil er durch den Widerstand von innen unterstützt wurde.
Dem Mattatiassohn Judas Makkabäus gelang auf diese Weise die Rückeroberung des Tempels am 25. Kislew des Jahres 3588; in unserer Datierung liegt dieser Tag vor der Jahreswende von 164 zu 163 v.Chr. Jedes Jahr feiern Jüdinnen und Juden diesen Tag als ersten Tag des großen Befreiungsfestes „Chanukka".

Im jüdischen Volk sind Reste alter heidnischer Feste zurückgeblieben, Feste, die man feierte mit dem Entzünden von Feuern, Lichtern, die aufriefen zum gemeinsamen Schutzsuchen in den Tagen der wachsenden Finsternis. Wir finden eine eigenartige Bestätigung in der folgenden Talmudstelle: (*Adam sagt:*) „Weh mir, weil ich gesündigt habe, wird mir die Welt verfinstert und wird zurück in Wüste und Öde verwandelt; das ist also der Tod, der vom Himmel über mich verhängt worden ist." Da setzte er sich hin und weinte ihm (Gott) gegenüber. Als aber die Morgenröte aufstieg, sprach er: „Dies also ist der Lauf der Welt" (Babylonischer Talmud, Awoda Sara 8a).

Jacob Soetendorp 1963

In der Mitte des Winters feierten die meisten Völker der nördlichen Hemisphäre ein Lichterfest (Wintersonnenwende). Hier machten auch die Juden keine Ausnahme, obwohl ihr Lichterfest (Chanukka) dann später eine geschichtliche Bedeutung annahm. Das Weihnachtsfest, ebenfalls heidnischen Ursprungs, war wegen der Geschenke, des Weihnachtsbaums und der festlichen Atmosphäre, insbesondere für jüdische Kinder, sehr anziehend, und so hatten viele jüdische Familien einen Weihnachtsbaum, den einige scherzhaft dann Chanukka-Busch nannten. Das achttägige Chanukkafest konnte in der Diaspora nie ganz das Weihnachtsfest ersetzen - eine Tatsache, die vielen jüdischen Eltern, in Vergangenheit und Gegenwart Sorgen machte, von den Rabbinern ganz zu schweigen.

> Forschen Sie nach „heidnischen" und biblischen, nach symbolischen und geschichtlichen Elementen im Weihnachtsfest und seinen Bräuchen.

„Warum durfte ich nicht die Jungfrau Maria spielen?" „Weißt du", sagte sie (*meine Lieblingslehrerin*) endlich, „wir finden, die Jungfrau sollte nicht von einem jüdischen Mädchen gespielt werden." „Warum denn nicht?", fragte ich. „Maria war doch Jüdin." Sie sah mich etwas unglücklich an. „Ja, das stimmt, natürlich war sie Jüdin." „Na also – bitte, bitte!" Aber sie hatte den Kopf geschüttelt und traurig, aber bestimmt gesagt: „Weihnachten ist zu einem christlichen Fest geworden, weißt du, und die Jungfrau Maria ist jetzt ein christliches Symbol – verstehst du?" Ich verstand nicht.

Lilli Palmer 1984

In unserer Familie wurde schon seit den Tagen der Großeltern Weihnachten gefeiert, mit Hasen- oder Gänsebraten, behangenem Weihnachtsbaum, den meine Mutter am Weihnachtsmarkt an der Petrikirche kaufte, und der großen „Bescherung" für Dienstboten, Verwandte und Freunde. Es wurde behauptet, dies sei ein deutsches Volksfest, das wir nicht als Juden, sondern als Deutsche mitfeierten. Eine Tante, die Klavier spielte, produzierte für die Köchin und das Zimmermädchen „Stille Nacht, heilige Nacht". Als Kind ging mir das natürlich ein, und 1911, als ich gerade begonnen hatte, Hebräisch zu lernen, nahm ich das letzte Mal daran teil. Unter dem Weihnachtsbaum stand das Herzl-Bild in schwarzem Rahmen. Meine Mutter sagte: „Weil du dich doch so für Zionismus interessierst, haben wir dir das Bild ausgesucht." Von da an ging ich Weihnachten aus dem Haus.

Gershom Scholem 1977

*Wie das Weihnachtsfest von einer eindrucksvollen Legende geprägt ist, so lebt auch das Chanukkafest von einer wunderbaren Erzählung: Als der Tempel nach seiner Rückeroberung von allen Spuren des heidnischen Kultes befreit war, sollte das Ewige Licht, der Ner Tamid, im heiligen Raum wieder angezündet werden. Doch es stellte sich heraus, dass nur ein einziger Ölkrug noch unaufgebrochen, also rituell rein war. Dieses heilige Öl hätte normalerweise für einen Tag reichen können. Aber durch ein Wunder brannte das Licht im Tempel mit diesem Öl acht Tage lang. Diese Zeit reichte aus, um die Weihefeierlichkeiten („Chanukka") zu vollenden und neues, rituell reines Olivenöl für den Ner Tamid heranzuschaffen.
Wie zum Weihnachtsfest das Bestaunen der wundersamen Geburt des heiligen Kindes gehört, so ist die Chanukka-Freude getragen vom Wunder des nicht zu früh verlöschenden Lichtes. Acht Tage lang dauert das Fest. Zuerst wird nur ein Licht an dem achtarmigen Leuchter angezündet. Am zweiten Abend brennen zwei Lichter und so weiter, bis es am letzten Abend acht sind. Geschenke, Spiele und Lieder gehören dazu.*

⇒ Nr. 68: *Ist der Zionismus nicht eine Art Rassismus?*

Kapitel IV:
Rituale und Lebensregeln

Feste und Bräuche einer Gemeinschaft lassen sich nach ihrem Sinn und ihrer Geschichte mehr oder minder deutlich erklären. Aber eines, das Wichtigste, kann niemals in eine solche Erklärung eingehen: die Wirklichkeit der Feste und Bräuche selbst. Denn keine Wirklichkeit ist wortmäßig, also rational fassbar. Die Wirklichkeit eines Baumes ist nicht das, was wir in noch so feiner Zergliederung über diesen Baum aussagen können. Und doch erfahren wir diese Wirklichkeit unmittelbar und wortlos, wenn wir vor einem Baume stehen. Kenntnisse sind noch kein Wirklichkeitswissen. Trotzdem haben sie, sofern sie nur richtig als Hindeutungen auf eine wesentlichere Ferne verstanden werden, unschätzbaren Wert. Denn ohne Kenntnisse verflüchtigt sich jede Wirklichkeit, deren Gehalt etwas Geistiges ist. Freilich können gerade diese Kenntnisse über die Entstehung und Entwicklung von Bräuchen diesen den ahnungsvollen Glanz rauben, den ihre religiöse Wirklichkeit braucht. Aber das eben ist das Schicksal der überlieferten Bräuche, dass sie am Menschen der jeweiligen Gegenwart sich erproben.

Friedrich Thieberger 1937

Religion ist nicht nur eine Angelegenheit der inneren Überzeugung, sondern hat auch mit der Welt-Anschauung und den greifbaren Kleinigkeiten des alltäglichen Lebens zu tun. Religion gestaltet das soziale Gefüge einer Familie oder einer Gesellschaft in besonderer Weise und fügt den individuellen Lebenslauf in einen gemeinschaftlichen rituellen Zyklus ein.

Daher sind die konkreten Erscheinungsformen fremder Religionen manchmal ängstigend oder irritierend, manchmal belustigend oder abstoßend für diejenigen, die sich darin nicht auskennen. Oft hängen Vorurteile und Vorbehalte gegen eine andere Religion mit dem Bild zusammen, welches sich – ohne genauere Kenntnis der Hintergründe – durch missverständliche Bräuche gebildet hat. Daher ist das klärende Gespräch über Rituale und religiöse Gegenstände für interreligiöse Dialoge nötig.

Verglichen mit dem Christentum scheint das Judentum eine größere Zahl an verbindlichen Lebensregeln und Bräuchen zu besitzen. Einige davon werden in diesem Kapitel unter die Lupe genommen. Beginnend bei den Speiseregeln (Nr. 17) und den besonderen Aufgabenverteilungen zwischen Männern und Frauen (Nr. 18) kommen danach auch religiöse Kleiderordnungen (Nr. 19, 20, 21) und handgreifliche Symbole (Nr. 22, 23) in den Blick. Schließlich geht es um Rituale, die den Lebenslauf von Jüdinnen und Juden begleiten (Nr. 24, 25, 26).

Rituale und Lebensregeln 63

Bar Mizwa mit Tefillin und Tallit vor der Klagemauer in Jerusalem

Bei genauerer Betrachtung und Reflexion jüdischer Riten und Bräuche, bei der Schärfung der Sinne für die Wahrnehmung des Heiligen in den Gerätschaften und Gepflogenheiten des jüdischen Alltags und der besonderen Tage im Lebenslauf wird sicherlich auffallen, dass es auch in der eigenen Lebenswelt wesentlich mehr religiös symbolhafte Elemente gibt, als einem gemeinhin bewusst sind. So trägt die Beschäftigung mit dem Fremden zur Entdeckung, zum Verständnis und darüber hinaus auch zur Wertschätzung des Eigenen bei.

Ausdrücklich für die „Partner im Dialog" zwischen Judentum und Christentum bestimmt ist das folgende Buch. Es setzt keinerlei Kenntnisse der jüdischen Riten voraus, führt aber Schritt für Schritt in immer tiefere Sinnzusammenhänge jüdischer Lebens- und Glaubensweisen hinein:

📖 Pnina Navè Levinson, Einblicke in das Judentum, Bonifatius, Paderborn 1991.

17. Welche Bedeutung haben die Speisegesetze?

1. Gibt es Speisen, welche Sie auf keinen Fall essen? Welche Gründe haben Sie für diese Zurückhaltung?

2. Lesen Sie 2. Mose 22,30; 23,19; 34,26; 3. Mose 11,1-47; 17,10ff; 5. Mose 14,3-21. Was könnte der Sinn solcher Regeln sein?

Die Speisegesetze gehen auf biblische Vorschriften zurück, wobei gewisse Speisen für den menschlichen Genuss als ungeeignet erklärt wurden. Dazu gehören Blut, verendete Tiere, Raubvögel, Säugetiere, die keine gespaltenen Hufe haben und keine Wiederkäuer sind, sowie Kriechtiere, Insekten und Fische ohne Flossen und Schuppen. Da der Mensch eigentlich Vegetarier sein sollte (1. Mose 1,29; 2,16), wurden die Tiere, die er essen durfte, wenigstens eingeschränkt. Die Speisegesetze dienen also der Zügelung menschlicher Begierde.

Die Rabbinen erweiterten die Verbote und gestatteten keine Vermischung von Fleisch mit Milchprodukten, weder bei der Vorbereitung noch beim Essen. Dies geht auf das biblische Verbot zurück, das Böcklein in der Milch der Mutter zu kochen (2. Mose 23,19; 34,26; 5. Mose 14,21). Außerdem muss das Tier auf humane Weise geschlachtet werden, um seine Leiden zu vermindern.

Zur Trennung von Milch- und Fleischprodukten enthält die jüdische Küche doppeltes Geschirr (oft auch zwei Waschbecken und Geschirrspüler) und außerdem extra Geschirr für das Pessachfest, an dem nichts „Gesäuertes" gegessen werden darf. Zum Genuss gestattete Speisen sind „koscher" (rein).

Durch die Speisegebote wird das Essen aus dem rein Animalischen herausgehoben und erhält eine religiöse Weihe. Der Esstisch wird quasi eine Art Altar, dies ganz abgesehen von den gesundheitlichen Vorteilen, die eine koschere Küche bringt.

> Die Gebote sind nur gegeben worden, um den Menschen durch sie zu läutern. Denn was macht es dem Heiligen, gelobt sei Er, aus, ob man ein Tier (*mit einem Schlag*) am Nacken oder (*mit einem Schnitt*) an der Kehle tötet? Deshalb ist der Grund (*der Vorschriften*), den Menschen zu läutern.
>
> *Genesis Rabba (ein Auslegungsbuch zum 1. Buch Mose aus dem 5. Jh. n.Chr.) 44,1*

> Sage nicht, ich mag kein Schweinefleisch, sondern: Ich mag es, aber esse es nicht wegen des Befehls meines himmlischen Vaters.
>
> *Sifre (Lehrbuch aus dem 3. Jh. n.Chr.) zu 3. Mose 2*

⇒ *Nr. 9: Was ist die Tora?*

⇒ *Nr. 58: Warum verzichten die Juden nicht auf das Schachten?*

Rituale und Lebensregeln

Es wäre sehr schlimm, wenn sich jemand mit Reinlichkeit begnügt, die er durch Waschungen und Sauberkeit in der Kleidung erreicht hat, der aber gleichzeitig sonst maßlos ist im Essen und seiner Begierde.

Moses Maimonides 12. Jh.

Die einzige Andeutung, die der biblische Text selbst über die Gründe für all diese Regeln gibt, ist, dass an fast allen Stellen, an welchen die Speisegesetze in der Tora erwähnt werden, wir den Aufruf zur Heiligkeit finden. Kaschrut ist ein gutes Beispiel dafür, wie das Judentum die irdischen Taten, die gewöhnlichsten Handlungen, zu einem religiösen Erlebnis gestaltet.

Chajim Halevi Donin 1987

Das Judentum ist keine „Religion des Speisezettels". Doch seine Speisegesetze (*kaschrut*) erziehen von Kindheit an zur Selbstbeherrschung.

Roland Gradwohl 1994

Mehr zum Thema Speiseregeln (Kaschrut) im heutigen Judentum finden Sie – herausgegeben von orthodoxen Rabbinern – im Internet unter der Adresse http://www.hagalil.com.

Ist genmanipuliertes Fleisch koscher?

Genmanipulation im Rahmen von Züchtungen innerhalb einer Art ist erlaubt, wenn sie zur Krankheitsbekämpfung und Bekämpfung von Erbschaden und Lebensrettung dient. Rettung von Leben hat immer Vorrang. Genmanipulation ist nicht erlaubt, wenn es darum geht, „höherwertige" Merkmale hervorzubringen, und zwar aus drei Gründen:

1. Die Methoden, die dabei angewendet werden, sind meist grausam und werden somit nicht dem Tier gerecht, das Schöpfung Gottes ist.

2. Da die sich aus der Genmanipulation ergebenden Folgen unabsehbar sind, könnte es zu einer Eigendynamik kommen, die „Monster" hervorbringt.

3. Und dies ist der wichtigste Grund: Genmanipulation repräsentiert die Tendenz des Menschen, Kontrolle über die Schöpfung erhalten zu wollen und sich an die Stelle Gottes setzen zu wollen.

Übrigens: Zur Kaschrut von Tieren gehört auch das Verbot, männliche Tiere zu kastrieren, um beim Mästen größere Erfolge zu bekommen.

Aus reformjüdischer Sicht:
Iris Noah 1999

---

3. Stellen Sie aus den Ihnen vorliegenden Kaschrut-Texten eine Liste mit Begründungen für Verbote und Einschränkungen im Bereich der menschlichen Ernährung zusammen. Welche dieser Begründungen erscheinen Ihnen einleuchtend bzw. sinnvoll?

18. Spielen Frauen im religiösen Judentum eine untergeordnete Rolle?

> Ein Mann sollte seine Frau so lieben wie sich selbst und mehr respektieren als sich selbst.
> *Babylon. Talmud, Jewamot („Schwägerinnen", Heiratsregeln) 62b*

> Frauen haben größere Glaubensstärke als Männer.
> *Sifre (Lehrbuch) 27,6*

> Frauen sind barmherzig.
> *Babylon. Talmud, Megilla („Rolle", Regeln zum Lesen der Esterrolle am Purimfest) 14b*

> Und das sind die Rechtssatzungen, die du ihnen vorlegen sollst – Männer und Frauen sind bezüglich der Toragesetze gleich.
> *Babylon. Talmud, Kidduschin (Familiäre Heiligkeitsregeln) 35a und Baba Kamma (Regeln zu Schadensfällen) 15a*

> Jedes zeitgebundene positive Gebot ist für Männer verpflichtend, für Frauen aber nicht.
> *Kidduschin 1,7*

⇒ Nr. 4: Welche Gruppierungen gibt es im heutigen Judentum?

⇒ Nr. 30: Warum sitzen in manchen Synagogen die Frauen getrennt von den Männern?

⇒ Nr. 33 Können Frauen Rabbinerinnen werden?

Das ist eine weit verbreitete Meinung, die sich auf ein zum Schutz der Frau erlassenes Gesetz stützt, welches besagt, dass Frauen von allen Geboten des Tuns befreit sind, die zu einer festgesetzten Zeit verrichtet werden müssen. Natürlich dürfen sie diese ausführen, wenn sie wollen. Da dies aber meist unterlassen wurde, sind die Rechte, die Frauen beanspruchen können, bald in Vergessenheit geraten. Heute, wo Kindererziehung, Haushalte und anderes leichter geworden sind, fordern viele Frauen einen größeren Anteil an religiösen Funktionen. Es gibt dementsprechend heute bereits Hunderte von weiblichen Rabbinern und Kantoren, die den jüdischen Gottesdienst leiten.

Deutschlands erste jüdische Kantorin: die 28-jährige Avitall Gerstetter aus Berin

Egalitäre (*Männer und Frauen gleichstellende*) und feministische Gruppen feiern das Frausein in alten und neuen Ritualen.

Das gemeinsame Tischgebet mit einem Leiter oder einer Leiterin verliert seine männliche Ausrichtung. Der häusliche Kiddusch, Weinsegen, am Freitagabend und bei Beginn der Feiertage ist nach der Halacha eine Pflicht für Frauen, wenn kein Mann anwesend ist, und wird außerhalb der Orthodoxie auch abwechselnd von Mann und Frau durchgeführt. Am Pesach, Ostern, wird von den Rettungstaten der Frauen und ihrer Befreiung seit der Sklavenzeit in Ägypten erzählt. Am Simchat Tora, Torafreudenfest, tanzen Frauen mit der Schriftrolle. Zum Sukkot, Laubhüttenfest, werden Sieben Hirtinnen Israels in Bild, Gesang und Erzählung in die Hütte gerufen anstatt der traditionellen Sieben Hirten. Am Purim, Losefest, lesen Frauen selbst die Esterrolle vor und denken auch an die verstoßene Königin Waschti (Ester 1,9-22).

Die Lebensstationen werden in alten und neuen Formen gefeiert: Dank und Namensgebung für die Neugeborenen, Aufnahme in den Bund des jüdischen Lebens, Verpflichtung als Bat Mizwa, Eintritt der Menstruation, Weggang zum Studium, Tauchbad vor der Hochzeit, Schwangerschaft und Vorbereitung zur Niederkunft. Schmerzliche Erfahrungen werden im rituell gestalteten Freundinnenkreis zur Chance für Trauerarbeit und Neubeginn: nach dem Tod von Nahestehenden; nach einer Fehlgeburt; beim Zerbrechen einer Zweierbeziehung; in den Wechseljahren.

Pnina Navè Levinson 1993

Wenn sie die Gebote auf sich nehmen und vor ihrer Erfüllung den entsprechenden Segensspruch sagen wollen, können sie es tun, und man protestiert nicht ... Wenn die Frau ein positives Gebot halten will, kann sie es tun, und es besteht keinerlei Befürchtung, dass sie einen Segen umsonst sage.

Schlomo ben Isaak („Raschi") 1040-1107

Alle, die rituell unrein sind – sogar Frauen während der Menstruation und sogar Nichtjuden –, dürfen eine Torarolle halten und aus ihr lesen, denn die Worte der Tora können nicht rituell unrein werden.

Moses ben Maimon („Maimonides") 1135-1204

---

1. Lesen Sie Markus 15,40f; Lukas 8,2f; 10,38-42; 21,1-4; Johannes 8,3-11.
Was lässt sich aus diesen neutestamentlichen Texten über die Rolle von Frauen in der Nähe des Juden Jesus ablesen?

2. Wie weit erleben Sie Frauen und Männer in Ihrem Lebensumfeld als gleichberechtigt?

19. Warum tragen manche Juden immer und manche beim Gebet eine Kopfbedeckung?

Ein Christ zieht den Hut, wenn er die Kirche betritt. Das Ablegen des Huts geht zurück auf das Ablegen des Helms. Wer sich unter Freunden wusste, bedurfte seines Helms nicht mehr. Die ursprüngliche Geste des Vertrauens wurde im Laufe der Zeit zur Geste der Höflichkeit. Wer grüßt, lüftet seinen Hut.
Ein Jude bedeckt den Kopf mit einem Hut oder einem Käppchen (kippá) beim Beten, beim Torastudium und während einer Mahlzeit. Mancher Jude geht überhaupt nicht barhäuptig umher. Das ist keine Vorschrift der Tora, sondern ein Brauch. Sein Ursprung wird bei 2. Mose 3,6 gesehen: Mose verbirgt sein Gesicht im Anblick des brennenden Dornbusch, „denn er fürchtet sich, Gott anzublicken". Die Furcht vor Gott ist heute eher eine Ehrfurcht, die Kopfbedeckung daher nicht Schutzvorrichtung, sondern Symbol der Gottesverehrung.

Roland Gradwohl 1994

Das Tragen einer Kopfbedeckung war im alten Rom ein Stigma des Knechts. Freie Menschen gingen barhäuptig. Die Juden nahmen diesen Brauch im Gottesdienst an und beim Gebet und wann immer Gottes Name in Segenssprüchen erwähnt wurde, um zu betonen, dass sie die Diener Gottes seien. Allmählich wurde dies dazu erweitert, dass man auch unter offenem Himmel eine Kopfbedeckung trug. Dies wurde die jüdische Art, Respekt für Gott zu bezeugen.

Chajim Halevi Donin 1987

Das Bedecken des Kopfes beim Gebet (bei vielen auch sonst) geht auf einen Brauch der Juden Babyloniens zurück, der viele Jahrhunderte lang bei den Juden anderer Länder unbekannt war. Es gibt kein derartiges biblisches oder rabbinisches Gebot. Noch im 16. Jahrhundert schrieb eine große rabbinische Autorität (Salomon Lurja), dass er von keinem Verbot wisse, einen Segensspruch ohne Kopfbedeckung zu sagen. Daher hatte die Reformbewegung schon im 19. Jahrhundert die Kopfbedeckung in ihren Synagogen abgeschafft. Allerdings wurde in den letzten Jahren die Kopfbedeckung in den Reformsynagoge meist wieder eingeführt, um nicht als assimilatorisch zu gelten.

⇒ *Nr. 4: Welche Gruppierungen gibt es im heutigen Judentum?*

Drei jüdische Stimmen zur Frage nach der Kopfbedeckung der Männer – und wie viele Antworten bieten sie an? Stellen Sie die in den Texten benannten Begründungen zusammen. Bewerten Sie diese aus Ihrer Sicht.

20. Warum tragen strenggläubige Jüdinnen eine Perücke?

Insbesondere in katholischen Gegenden ist es auch üblich, dass Frauen ihre Haare bedecken, wenn sie in die Kirche gehen. Der Grund ist wohl, dass weibliches Haar für Männer anziehend wirkt. Deshalb gilt der Brauch im Judentum nur für verheiratete Frauen. Sie kommen „unter die Haube". Junge Mädchen dürfen ihr Haar offen tragen.
Bei ultraorthodoxen Juden wird den Frauen bei der Heirat das Haar geschoren. Sie tragen dann ein Tuch oder eine Perücke auf dem Kopf. Bei den heutigen, sehr attraktiven Perücken, wird die ursprünglich moralische Bedeutung allerdings unterlaufen.

Traditionell galt eine Frau mit offenen Haaren als unverheiratet, eine verheiratete Frau ohne Kopfbedeckung wurde als unzüchtig angesehen. Sie musste ihr Haar entweder sehr kurz schneiden oder irgendwie verdecken. Auch mussten Frauen während des Sch'ma-Gebets, ob verheiratet oder nicht, ihr Haar verbergen, sodass in der Praxis alle Frauen in der Synagoge eine Kopfbedeckung trugen bzw. in den meisten orthodoxen Synagogen noch heute tragen.
Wir Reformjuden sind gegen Vorschriften, die Frauen diskriminieren. Da das Reformjudentum die Gleichheit von Mann und Frau betont, weisen wir diesen Teil der Tradition zurück. Frauen müssen weder innerhalb noch außerhalb der Synagoge ihr Haar bedecken. Wenn sie aber aus Gründen der Gleichheit eine Kopfbedeckung wie die Männer tragen wollen, so steht ihnen das frei.
Walter Jacob 1992

Christen beten ohne Hut, Juden mit, aber die Frauen bei beiden tragen als Zeichen der Züchtigkeit oder Modesucht Hüte in Kirche und Synagoge. Konservative Frauen tragen oft anstelle eines Käppchens beim Gebet ein weißes Spitzendeckchen. In manchen egalitären Gemeinden tragen Frauen Käppchen. Das ist auch bei Rabbinerinnen gültig, wo ihre männlichen Kollegen es tun. In einer ständigen Frauenausstellung des Israel-Museums (*in Jerusalem*) ist ein solches speziell angefertigtes Rabbinerinnenkäppchen zu sehen. Das ist allerdings keine feministische Neuerung, wie wir meinen könnten. Ausgestellt sind wunderschöne Käppchen asiatischer Jüdinnen. Ironischerweise werden diese heute oft von westlichen Männern getragen, die sich sonst an das Verbot weiblicher Kleidung halten (Dtn 22,5). Aber sie wissen es nicht ...
Pnina Navè Levinson 1992

„Züchtigkeit" oder „Modesucht" hält P. Navè Levinson für die Motive religiöser jüdischer Frauen, eine Kopfbedeckung zu tragen. Welche Gründe sind daneben denkbar?

21. Wieso ist zum Beten ein Gebetschal nötig?

In der Tora (Deut 22,12) wird das Gebot der Quasten gefolgt von einem (*Gebot*) die Ehefrau betreffend. Man hüllt sich ein in die Wärme und Erleuchtung, die von Gott ausgeht. Dadurch erleben wir die geistige Freude, Gottes Willen zu tun. Jedoch kann man sich ohne Ehefrau des Lebens nicht wirklich erfreuen. Daher ist das Glück, das wir durch die Erfüllung der religiösen Pflicht erfahren, bedingt durch jenes, das wir der Eheschließung verdanken. Daher legen viele den Tallit erst nach der Hochzeit an.

Abraham Chill 1979

Im 4. Buch Mose 15,37ff lesen wir, dass an den Ecken der Kleider Quasten (hebräisch: Zizit) befestigt werden sollten, damit wir bei ihrem Anblick der Gebote Gottes gedenken. Die vier Zizit werden aus stabilen Fäden so angefertigt, dass durch die Zahl der Knoten und Fäden die Summe der biblischen Gebote abgebildet ist. Einige tragen sie nur am Gebetschal während der Morgengottesdienste, andere den ganzen Tag an einer Art Leibchen unter dem Hemd, wobei die Zizit sichtbar sein sollen (4. Mose 15,39). Heute legen auch viele Frauen und Mädchen Wert darauf, den Gebetschal anzulegen. Wenn ein Mensch stirbt, ist er von Verpflichtungen frei, daher werden die Zizit seines Tallit (Gebetsmantels) abgeschnitten.

Ein wichtiger Teil dieses göttlichen Gebots (*4.Mose 15,38*) wird jetzt vollkommen außer Acht gelassen, nämlich: „Und sie sollen an die Quasten der Ecke einen Faden purpurblauer Wolle anbringen". Die Tradition bestimmte genau die Schattierung des Purpurblau's. ... Doch scheint die Farbe selten gewesen zu sein. Nach Abschluss des Talmud haben sich Zweifel ergeben hinsichtlich der genauen Schattierung des Purpurblau, und so hörte allmählich der Gebrauch des Fadens purpurblauer Wolle auf.

Michael Friedländer 1936

Man nimmt den Tallit um, wenn man das Morgengebet verrichtet, zu Haus oder in der Gemeinschaft der Betenden. Man spricht einen Spruch, während man ihn noch an den beiden Enden der Kopfseite hält, die durch ein seidenes Band, Gold- oder Silberstickerei gekennzeichnet ist, spricht die vorgeschriebene Lobpreisung stehend, nimmt den rechten Flügel des Tallit mit den beiden zugehörigen Quasten, schlägt ihn, das Gesicht verhüllend, um die linke Schulter und erinnert sich mit solcher Zeremonie durch ein ausdrückliches Gebet an das Geborgensein des Menschen im Schatten von Gottes Flügeln. <i>Leo Hirsch, vor 1943</i>

⇒ Nr. 9: *Was ist die Tora?*
⇒ Nr. 63: *Wieso legen die Juden die Bibel so spitzfindig aus?*

22. Wozu sind die kleinen Kästchen am Arm und am Kopf betender Juden da?

– Die Lederriemen, die Hülsen und das Pergament sind alle von koscheren Tieren gemacht.
Der Text muss durch einen Schreiber handgeschrieben sein.

– Das Wort T'fillin erinnert an „t'filla", welches „Gebet" bedeutet. Beide Wörter haben dieselbe Wurzel, welche „richten" bedeutet. Gebet und die damit verbundenen rituellen Objekte bezeugen unseren Glauben an die Allgegenwart und das Urteil des Allmächtigen und ermöglichen uns gleichzeitig Selbstuntersuchung und Selbstrichten.

Chajim Halevi Donin 1987

Der Gebrauch der Gebetkapseln (hebr. Tefillin) bezieht sich auf 5. Mose 6,8. Die kleinen Kästchen enthalten vier Abschnitte aus der Tora (2. Mose 13,1-10. 11-16; 5. Mose 6,4-9 und 11,13-21) und werden beim Morgengebet der Wochentage mit Lederriemen an den linken Arm, dem Herzen gegenüber, und an die Stirn gebunden. Es handelt sich um die wörtliche Erfüllung eines sicherlich nur bildlich gemeinten Gebots in 2. Mose 13,9. Die Kapseln werden heute auch von einigen Frauen angelegt.

⇒ Nr. 17: Welche Bedeutung haben die Speisegesetze?

⇒ Nr. 62: Waren die Pharisäer Heuchler und Gegner Jesu?

Lesen Sie Matthäus 23,5 im Zusammenhang.
Was kritisiert Jesus: den Gebrauch von Tefillin und Tallit, den sinnentleerten Umgang mit ihnen, die Pharisäer und Schriftgelehrten, das Judentum?
Was ist Absicht der gesamten Rede Matthäus 23?
Stimmt die (redaktionelle!) Überschrift in Ihrer deutschen Bibelausgabe mit dem Inhalt und der Intention des Kapitels überein?

⇒ *Nr. 18: Spielen Frauen im religiösen Judentum eine untergeordnete Rolle?*

23. Was bedeuten die Röhrchen an den Eingängen jüdischer Wohnungen?

1. Das Wort „Mesusa" bedeutet „Türpfosten" und bezeichnet eine kleine Kapsel, welche – meist ein wenig schräg – neben der Tür einer jüdischen Wohnung angebracht wird. In dieser Kapsel befindet sich – sehr klein auf Pergament geschrieben – der Text des „Schma Israel" (Höre Israel). Lesen Sie die beiden biblischen Vorlagen dieses Bekenntnisses: 5. Mose 6,4-9 und 11,13-21. Welche Textpassage mag den Anlass zur Herstellung von Mesusot (das ist der Plural von Mesusa) gegeben haben?

Mesusa am Eingang zu einem Kindergruppenraum

Den Pergamentstreifen schreibt ein Toraschreiber mit Gänsekiel und dauerhafter Tinte. Gedruckte Texte sind nicht zulässig. Auf der Rückseite des zusammengerollten Pergamentstreifens steht Schaddaj, das bedeutet „Allmächtiger" oder als Abkürzung von drei hebräischen Worten: „Er beschütze die Türen Israels" (*schomer daltot Jisrael*).

Roland Gradwohl 1994

Es sind keine Amulette, obwohl sie im Volksglauben auch als solche angesehen werden, sondern die wörtliche Ausführung von 5. Mose 6,9. Die Türpfostenkapsel enthält eine kleine Pergamentrolle, auf der 5. Mose 6,4-9 und 11,13-21 geschrieben sind. Es ist frommer Brauch, die Kapsel, hebräisch Mesusa, beim Eintreten mit dem Finger zu berühren und diesen zu küssen. Badezimmer, Vorratsräume und Stallungen benötigen keine Mesusa. Auch Synagogen sind von diesem Gebot ausgenommen.

Für die heute weit verbreitete Gepflogenheit, die Mesusa an einem Kettchen um den Hals zu tragen, liegt weder im Gesetz noch im Brauchtum eine Handhabe vor. Für den Soldaten hat sie den Wert eines Amuletts. Bei den Mädchen weist sie unauffällig auf die Religion hin, was vielleicht eine ganz nützliche Andeutung ist.

Herman Wouk 1961

Rituale und Lebensregeln

Jeder heilige Bestimmung tragende Ort, wie z.B. ein Gotteshaus, trägt schon durch seinen Namen seine Weihe und bedarf der Mesusa nicht. Jeder für unreine Verrichtung bestimmte Ort erhält keine Mesusa, dagegen der in der Regel menschlichem Wohnen bestimmte … erhält eine Mesusa. Überall, wo zu befürchten ist, dass mit der Mesusa unwürdiger Mutwillen getrieben wird, ist keine anzuschlagen.
Samson Raphael Hirsch, 1909

Hast du uns darum in der Welt zerstreut,
damit wir immer neu einander finden,
die wir, wie vor Jahrhunderten, so heut'
an uns're Pfosten deinen Namen binden?
Die wir dich suchen in der Zeiten Lauf,
um deinen Namen heilig zu verehren,
um immer, Welle ab und Welle auf,
dein Wesen zu erforschen und zu lehren?
O Herr der Welt, gib uns Barmherzigkeit
und stärke uns're dir geweihten Pfosten
und lass uns drinnen die Zufriedenheit
der alten Zeiten uns'rer Jugend kosten!
Gertrud Marx, Berlin 1919

Über den evangelischen Pfarrer Hermann Maas berichtet N. P. Levinson, dieser habe 1933 am Eingang zu seiner Wohnung in Heidelberg eine Mesusa befestigt und diese während der ganzen Nazizeit dort gut sichtbar belassen, damit jeder Jude und jede Jüdin wissen konnte, dass hier Hilfe und Zuflucht zu finden seien. 1935 schloss H. Maas sich dem Bruderrat der „Bekennenden Kirche" an, knüpfte internationale Kontakte zum Schutz einzelner jüdischer Familien und wagte offene Proteste gegen die Deportation der badischen und pfälzischen Juden nach Frankreich. Trotzdem konnte er bis 1943 im Pfarramt bleiben. 1944 wurde er zur Zwangsarbeit in Frankreich verpflichtet. Nach dem Krieg begann er sofort mit der christlich-jüdischen Versöhnungsarbeit.

2. Auch in der christlichen Tradition gibt es religiöse Schutz- und Segenszeichen oder -sprüche an den Türen und Häusern. Was bedeuten z.B. die Buchstaben „C M B", wenn sie am 6. Januar von den Sternsinger/inne/n über die Tür geschrieben werden?

24. Wozu dient die Beschneidung?

Apologeten (*Verteidiger*) meinen, die Beschneidung habe ihre Wurzeln in afrikanischen Stammesriten oder wirklichen medizinischen Vorteilen, andere beziehen sie auf Blut-Rituale, Kastrationsursprünge oder Initiations-Bräuche. Was auch immer daran stimmen mag, das Judentum hat daraus eine zutiefst bewegende Feier im Leben der Familie gemacht – für die Eltern, die anderen Kinder, die Freunde und Verwandten. Der Beschneider (Mohel) ist ein gelernter Experte (nicht unbedingt ein Arzt). Er muss das Kind sorgfältig untersuchen, denn ein schwaches oder krankes Kind darf nicht beschnitten werden. Sonst findet die Zeremonie am achten Tage statt. Da der Tag am Abend beginnt, ist die Beschneidung, wenn das Kind Montag abends geboren wurde, am nächsten Dienstag; wenn die Geburt Montagmittag stattfand, am kommenden Montag. Wenn die Beschneidung aufgeschoben wurde, darf sie nicht am Sabbat oder Feiertag stattfinden.

The second Jewish catalog 1976

Die Beschneidung der Männer, „B'rit Mila" (Bund der Beschneidung), fußt auf 1. Mose 17 (vgl. auch 3. Mose 12, 3 und 2. Mose 4, 25). Sie ist religiöses Grundgebot der Juden, aber auch der Muslime. Die Beschneidung wird bei vielen Völkern praktiziert, meist aber erst als Initiationsritus vor der Hochzeit.

Sie findet im Judentum am achten Tag nach der Geburt statt und symbolisiert den Bund Israels mit Gott. Die Beschneidung ist mit der Namensgebung verbunden. Nach der Zeremonie wird ein festliches Mahl eingenommen, bei dem der Beschneider (Mohel) der Ehrengast ist. Auch der Prophet Elia, der Vorbote des Messias und Eiferer für den Bund, ist ein unsichtbarer Gast bei jeder Beschneidung, und ein besonderer Stuhl ist für ihn reserviert.

Die Beschneidung der Frauen ist im Judentum unbekannt.

Die Kirche hat den 1. Januar als Beschneidungsfest Jesu angesehen. Paulus hat die Beschneidung der Heidenchristen abgelehnt (Galater 5, 1-6; vgl. auch Lukas 2, 21, Römer 2, 25 und 1. Korinther 7, 18).

Selbstverständlich musste man für die Beschneidung, war sie erst einmal eingeführt, auch eine Erklärung finden – eine Erklärung im Sinne der modernen jüdischen Theologie: Der Körperteil des Menschen soll „gezeichnet" werden, durch welchen er die Welt bauen oder sie zugrunde richten kann – ein Hinweis auf die Bindung des Menschen an Gott, sein Mitarbeiter an den Werken der Schöpfung.

Jacob Soetendorp 1963

Rituale und Lebensregeln 75

Juden wie Christen fragen oft, ob Mädchen denn überhaupt zur Gemeinde zählen. Knaben würden doch durch die Beschneidung in den Bund aufgenommen. Die Antwort lautet: Anders als im Christentum sind alle Kinder jüdischer Mütter durch ihre Geburt bereits jüdisch. Dazu bedarf es keines Rituals.

Pnina Navè Levinson 1992

Sucht man rückblickend die Institution der Beschneidung zu würdigen, so zeigt sich deutlich, dass sie zum Überleben des jüdischen Volkes entscheidend beigetragen hat. Der jüdische Knabe ist von allem Anfang an in eine Gemeinschaft gestellt, die in ihrer Kontinuität einzigartig ist und ihm das Gefühl der Geborgenheit und Sicherheit zu schenken vermag. *Roland Gradwohl 1984*

⇨ Nr. 1: Ist die Behauptung von Juden, sie seien von Gott auserwählt, nicht eine Überheblichkeit?
⇨ Nr. 15: Ist der Schabbat mit seinen vielen Verboten nicht eine Last?

Es gibt im Judentum durchaus andere wichtige Bundeszeichen neben der Beschneidung:
– Lesen Sie 2.Mose 24,3-8 und 31,12-17. Welche „Zeichen" sollen Israel und Gott dauerhaft miteinander „verbinden"? Was unterscheidet diese „Bindungen" vom Bund der Beschneidung?
– Lesen Sie 1.Mose 9,1-17. Wem gilt hier die Bundespartnerschaft Gottes?

25. Gibt es im Judentum die Taufe?

Das Tauchbad, hebräisch Mikwe, entspricht dem ursprünglichen lebendigen Wasser, dem Meer, von dem alles Leben kommt, dem Schoß der Welt, der amniotischen (*Fruchtwasser-*)Flut, auf der das noch ungeborene Kind sich wiegt. Um wiedergeboren zu werden, muss man in diesen Schoß zurückkehren und im lebendigen Wasser „versinken". Wir gehen in die Mikwe, wie ein Kind die Welt betritt. Wir stehen im Wasser, die Füße etwas auseinander, die Arme ausgestreckt und die Finger gespreizt. Auch die Lippen sollten leicht geschlossen sein wie die Augen. Dann beugen wir die Knie, sodass der ganze Körper samt Kopf und allen Haaren von Wasser bedeckt ist. Jetzt kommen wir hoch. Und an diesem Punkt sagt man den Segensspruch. Das tut auch der Konvertit, denn die Mikwe ist der letzte Schritt des Übertritts, die Wiedergeburt eines Nichtjuden als Jude. Nach dem Segensspruch folgt ein zweites Untertauchen. Jetzt sind wir rein. Wir haben den eigenen Tod und die Wiedergeburt erfahren.

The Jewish catalog 1973

Die Taufe ist seit biblischen Zeiten ein jüdischer Ritus und von hier aus auch im Christentum wesentlicher Bestandteil des Glaubenslebens geworden. Noch heute besitzt jede jüdische Gemeinde ein Tauchbad, das für Proselyten und bei Frauen nach ihren monatlichen Tagen vorgeschrieben ist. Auch einige orthodoxe jüdische Männer suchen vor dem Sabbatanfang und vor den Feiertagen das Tauchbad auf.

In vielen deutschen Städten, in denen einmal jüdische Gemeinden existierten, werden immer wieder solche Tauchbäder gefunden.

Vollkommenes Untertauchen des ganzen Körpers ist vorgeschrieben (wie bei einigen christlichen Gruppen). Allerdings ist man schon bei der Geburt Jude und nicht erst durch die Taufe. Nur bei Proselyten bekommt die Mikwe die Bedeutung eines Eintrittsritus.

Es handelt sich um einen geistigen Reinigungsprozess gemäß dem Wort des Propheten Ezechiel: „Ich will reines Wasser über euch gießen, auf dass ihr rein werdet" (36,25). Besonders die Essener in Qumran betonten diese Reinigungsbäder, und über sie sind sie – vielleicht durch Johannes den Täufer – in das Christentum gekommen.

Welche Bedeutung hat die Taufe heutzutage in den christlichen Glaubensgemeinschaften?

Das hebräische Wort „Mikwe" kann auch „Hoffnung" heißen. Durch diese Doppelbedeutung ergeben sich bedeutungsvolle Assoziationen und Sprachspiele:

Zum Wort Rabbi Akibas, Gott sei das Tauchbad Israels, sagt der Kozker Rabbi (*Menachem Mendel*): Das Tauchbad übt seine seelenläuternde Kraft nur aus, wenn man ganz untertaucht, dass kein Haar hervorsieht. So soll man in Gott untertauchen.

Martin Buber, Die Erzählungen der Chassidim, 1949

26. Was ist Bar Mizwa?

Der Begriff „Bar Mizwa" – wörtlich „Sohn der Pflicht" bezieht sich auf den Knaben, der die religiöse Volljährigkeit nach Vollendung seines 13. Lebensjahres erreicht hat. In der Umgangssprache ist „Bar Mizwa" auch Bezeichnung der Zeremonie oder der damit verbundenen Feier. Bei Mädchen heißt sie „Bat Mizwa" (Tochter der Pflicht) und findet ein Jahr früher statt. Die Zeremonie besteht meist aus dem erstmaligen Aufrufen zur Schriftlesung, oft in Verbindung mit der Lesung aus einem der Bücher der Propheten (Haftara). Auch Gebetsschal (Tallit) und Gebetkapseln (Tefillin, nur an Arbeitstagen) können jetzt angelegt werden; und mit der Volljährigkeit zählt man auch zur notwendigen Zehnzahl der Beter (zum Minjan).

Die Feier für die Batmizwa (*die Tochter der Pflicht*) ist bedeutend jünger als jene für den Barmizwa (*den Sohn der Pflicht*). Liberal-religiöse Kreise führten sie im 19. Jahrhundert in Frankreich, Deutschland und Italien ein. Das Mädchen nimmt aktiv am Gottesdienst teil, und nicht nur passiv wie in orthodoxen Synagogen. Aber auch dort hat sich die Batmizwa-Feier eingebürgert. Der Rabbiner spricht zur Batmizwa. Das eigentliche Fest findet dann im Familien- und Freundeskreis statt. Batmizwa und Barmizwa sind keine Konfirmation (Firmung) im christlichen Sinne, keine „Bekräftigung" des Glaubens. Auch ohne bewusste Willensentscheidung, lediglich durch das erreichte Alter, ist ein Mehr an religiösen Pflichten fällig.
Roland Gradwohl 1994

Meine Bar Mizwa im November 1934 war eine aufregende Angelegenheit. Ich las die Geschichte vom alten König David, der in die Jahre gekommen war und fror. So suchte man für ihn ein schönes junges Mädchen, das ihn wärmen und seine Lebensgeister wieder erwecken sollte (1. Könige 1,1-4). Das war sicherlich ein bewährtes Hausmittel; ob sich die Erzählung für einen Bar-Mizwa-Knaben eignete, muss dahingestellt bleiben. Das alles sang ich auf Hebräisch vor, was den Vorteil hatte, dass es doch kaum einer verstand. Familie und Freunde waren gerührt, und man vergoss manch stille Träne. Jedenfalls war ich nicht stecken geblieben. Zur Feier selbst wurde unsere Wohnung „auf den Kopf gestellt". Tag und Nacht wurde gebacken und gekocht. Ein Riesenbüfett wurde aufgebaut, unzählige Teller und Gläser ausgeborgt und die ganze Verwandtschaft, Juden und Nichtjuden, eingeladen.
Wenn ich mir heute vorstelle, wie winzig und verloren ich mich vor dem Pult in der gewaltigen Neuen Synagoge gefühlt habe, packt mich noch jetzt die Angst.
Nathan Peter Levinson 1996

Welche Rechte und Pflichten werden durch Konfirmation und Firmung erworben?

Kapitel V:
Die Synagogengemeinde

Das griechische Wort „Synagoge" (Versammlung) stammt aus der hellenistischen Zeit, in der diese Institution eine große Bedeutung bekam. Die hebräische Bezeichnung ist „Bet Knesset" (Haus der Versammlung). Im jiddischen Sprachgebrauch heißt es „Schul", meint aber nicht nur den Lernort, sondern auch den Raum der Gemeinschaft, des Gottesdienstes und des alltäglichen Betens.

Synagogen sind selbstständige, nicht durch eine höhere Instanz weisungsgebundene Institutionen. Sie werden gegründet, sobald eine genügend große Gruppe von Jüdinnen und Juden dies wünscht und in der Lage ist, die Arbeit zu organisieren, die Synagoge zu erhalten und zu beaufsichtigen. Jede Synagogengemeinde wählt sich ihre Vorsteher und Funktionäre selbst und ist unabhängig von anderen Gemeinden, auch wenn es vielfältige Kooperationen gibt. Obwohl in der rituellen Praxis jede Synagogengemeinde grundsätzlich an den jüdischen Rechtskodex gebunden ist, hindert dies sie nicht, in diesem vorgegebenen Rahmen eigene rituelle, soziale und personelle Absprachen zu treffen und für sich festzulegen.

Rabbiner/innen spielen als Lehrautorität in der Synagoge eine große Rolle. Aber sie sind abhängig von der Wahl durch eine Gemeinde und können bei Streitigkeiten abgewählt werden. Nicht jede Gemeinde kann sich einen eigenen Rabbiner oder eine eigene Rabbinerin finanziell leisten. So teilen sich manche Gemeinden das Gehalt eines Rabbiners oder einer Rabbinerin.

Die Mitgliedschaft in einer Synagogengemeinde ist mit der Zahlung eines Beitrages verbunden, welcher – wie die Kirchensteuer – den finanziellen Möglichkeiten der Betroffenen entspricht.

Juden können jede Synagoge in der Welt besuchen, sofern sie sich an die dort geltenden rituellen Regeln halten.

Die Synagogengemeinde

Dieses Kapitel behandelt nach der kurzen informativen Einführung nicht nur Wissensfragen, sondern vor allem Verständnis- und Bewertungsprobleme, die auftauchen, wenn von außen her in eine Synagogengemeinde hineingeschaut wird. So geht es um die Beobachtung einer etwas ungewohnten Ordnung und Bewegtheit in der Synagoge (Nr. 27, 28), um die Frage der „Zehn Männer", die notwendig sind, um einen Gottesdienst zu feiern (Nr. 29) und um die Beteiligung der Frauen (Nr. 30). Dann wenden wir uns der Position und den Verpflichtungen von Rabbinern zu (Nr. 31) und der Frage, wie weit Frauen zu diesem Amt zugelassen werden (Nr. 32). Da der „Priester" im Judentum eine etwas andere Bedeutung hat als in der katholischen Kirche, wird auch dieser Begriff untersucht (Nr. 33).

Für jüdisch-christliche Begegnungen ist es wichtig zu wissen, unter welchen Bedingungen Nichtjuden an jüdischen Gottesdiensten teilnehmen können (Nr. 34). Recht speziell, aber zugleich sehr spannend ist die Frage, ob Nichtjuden die Torarolle anfassen dürfen (Nr. 35).

Vor einem Gottesdienstbesuch in einer jüdischen Gemeinde ist es sinnvoll, sich über ein angemessenes Verhalten und über die Grundstruktur eines Freitagabendgebets oder eines Gottesdienstes am Samstagvormittag zu informieren – auch wenn damit zu rechnen ist, dass jede Gemeinde ihre eigenen Verabredungen hat. Das nachfolgend genannte Buch enthält eine leicht verständliche Einführung in die Grundidee des jüdischen Gottesdienstes und eine klare Übersicht über die Abfolge des Ritus, über die Pflichten und Befugnisse der beteiligten Personen und über die rituellen Gegenstände, die in jeder Synagoge anzutreffen sind:

📖 Chajim Halevi Donin, Jüdisches Leben. Eine Einführung zum jüdischen Wandel in der modernen Welt, Morascha, Jerusalem/Zürich 1987, S. 192–215.

Das nebenstehende Foto zeigt einen betenden Juden mit Tefillin, Tallit und Siddur („Ordnung"), einem Text- und Gebetbuch für den Gottesdienst und die häuslichen Feiern des Judentums. Im Hintergrund sind einige Steine der Klagemauer zu sehen.

27. Wieso ist der jüdische Gottesdienst so laut und wenig geordnet?

Das Morgengebet an Wochentagen besteht aus folgenden Teilen:
1. *Segenssprüche, Kaddisch (Gotteslob)*
2. *Dichtung (vorwiegend Psalmen), Kaddisch*
3. *Bekenntnis (u.a. das Sch'ma Israel)*
4. *Das Achtzehnbittengebet, Kaddisch*
5. *Bußgebete*
6. *Schlussgebet, Kaddisch*

Am Schabbat entfallen die Bußgebete und alle Texte, die um etwas bitten. Im Mittelpunkt des Gottesdienstes am Schabbat-Morgen stehen die Aushebung der Tora und die Schriftlesung. Manchmal gibt es eine Predigt.
Ein vollkommener Gottesdienst kann nur stattfinden, wenn zehn religionsmündige Juden aktiv teilnehmen. Egalitäre, auf Gleichberechtigung bedachte Gemeinden zählen dabei auch die Frauen mit.
Weder zur Leitung, noch zur musikalischen Gestaltung des Gottesdienstes ist ein Rabbiner oder eine Rabbinerin notwendig. Auch die Predigt kann ein Gemeindemitglied halten.

Täglich besuchte man die Synagoge und fühlte sich dort wie „zu Hause". So entstand eine Atmosphäre der Vertraulichkeit, die nichts mit mangelnder Ehrfurcht zu tun hat. Das ist der Grund dafür, dass vor allem in der alten „Schul" alle durcheinander sprachen, jeder auf seine Weise den Vorsänger begleitete und ihm oft im Gesang vorauseilte; denn hier, in dieser Gemeinde, an diesem Ort, da war man „zu Hause". Gott allein ist hier Herr und Meister, der den Gläubigen versteht und darum auch für alles ein väterliches Verzeihen findet.
Jacob Soetendorp 1963

Im 19. Jahrhundert war den emanzipierten Juden die Atmosphäre des traditionellen jüdischen Gottesdienstes eher peinlich und sie suchten sich durch Angleichung an den evangelischen Gottesdienst auch hierin zu assimilieren. Deutsche Predigt und deutsche Gebete wurden eingeführt, Orgel und gemischter Chor; die Gebete wurden gekürzt; und der Synagogendiener oder „Schammes" sorgte für Ruhe und „Benehmen". Natürlich litten darunter die Unmittelbarkeit und der Überschwang des traditionellen Gottesdienstes. Heute versucht man selbst in den Kirchen, der Formalität – und oft auch Kälte – Einhalt zu gebieten, da die „übertünchte Höflichkeit Europas" einen Verlust an Innigkeit und Gottesnähe mit sich brachte. Der Gesang, die Freude und der religiöse Tanz der chassidischen Frömmigkeit ist dagegen ein Gewinn für wirkliche Religiosität, und die Atmosphäre einer „Judenschule" ist nur von daher zu begreifen und zu schätzen.

Mit welchen Adjektiven lassen sich christliche Gottesdienste treffend beschreiben?

28. Warum führen manche Juden beim Gebet rhythmische Bewegungen aus?

Die Bewegungen dienen der Konzentration, wie auch bei einigen christlichen Gruppen (Quäker, Shaker). Dies kann bei Gefühlsüberschwang beinahe ekstatische Züge annehmen. Als Schriftbeweis dient Psalm 35,10: „Alle meine Gebeine werden sprechen: Lobet Gott!".

Schon im 11. Jahrhundert wurde im arabischen Spanien das Schaukeln als typisches Kennzeichen des jüdischen Gottesdienstes vermerkt. Auch in einem der theologischen Klassiker dieser Zeit, bei Rabbi Judah Halevi's „Kusari", wird die Frage angesprochen. Ursprünglich habe es nicht genügend Heilige Texte für die gesamte Gemeinde gegeben, sodass zehn und mehr Personen sich einen einzigen Text teilen mussten. Jeder musste sich deshalb kurz zum Lesen niederbeugen und sich dann schnell wieder erheben, um auch die anderen hineinschauen zu lassen. Dies führte zu einem ständigen Sich-Niederbeugen und Wiederaufrichten. Daraus wurde durch ständiges Beobachten und Imitieren eine Gewohnheit. Das klingt plausibel, wenngleich ein wenig prosaisch. Zur selben Zeit, da der „Sohar" geschrieben wurde, verfasste, ebenfalls in Spanien, Rabbi Jacob ben Ascher, genannt der Baal Ha-Turim, einen Kommentar, der sich unter anderem mit dem Schaukeln befasst. Er leitet die Sitte direkt aus der Tora ab, und zwar aus Exodus 19,16, wo es heißt: Und es erbebte alles Volk. Das Schaukeln beim Gottesdienst geschehe in Erinnerung an dieses Beben. *Eliezer Segal 1997*

Rabbi Simon bar Jochai wird von seinen Schülern gefragt und er antwortet: Hört die Seele auch nur ein einziges Wort der Tora, so wird ein Licht gezündet sein und es ist unmöglich, stille zu bleiben, sondern wie die Flamme einer Lampe, schwingt der Körper hin und her. *Sohar III, S. 218b*

⇒ *Nr. 11: Was ist die Kabbala?*
⇒ *Nr. 12: Was ist der Chassidismus?*

1. Welche Körperhaltungen und Gesten sind im Verlauf christlicher Gottesdienste üblich?

2. Lesen Sie Psalm 86 frei stehend und bewegen Sie sich auf Ihrem Platz so, wie der Text es Ihnen eingibt. Reflektieren Sie anschließend Ihre Lese- und Körper-Erfahrung.

29. Weshalb kann ein jüdischer Gottesdienst nur mit zehn erwachsenen Männern durchgeführt werden?

Die Frage liegt nahe: Ist nicht der religiöse Wert des Gemeindegebets geringer als der des individuellen Gebetes? Gewiss kann man ein „vorgeschriebenes" Gebet nicht im gleichen Sinne beten wie das persönliche, das der Unmittelbarkeit des Augenblicks entströmt. Es kann darum beim Gemeindegebet oft die Unmittelbarkeit, die Innerlichkeit, die Hingabe und Andacht fehlen, es kann nur Lippenwerk sein, wird es nur als auferlegte Pflicht empfunden. Nichts ist wahrer Religion fremder! ... Das Gemeindegebet muss aber nicht ein Gebet geringeren Wertes gegenüber dem persönlichen sein. Gerade im Gebet der Gemeinde enthüllt sich die Eigenart jüdischer Religiosität. Der Charakter des jüdischen Gemeindegebets ist vornehmlich auch ein sozialer. So gewiss vor Gott nur immer die „eine Seele" stehen kann, so reißt das Gebet der Gemeinde den Einzelnen aus seiner Vereinzelung heraus und führt ihn durch die Gemeinschaft betender Juden zur Gemeinschaft mit Gott.

Manfred Swarsensky 1935

Man kann und soll natürlich auch allein beten. Wenn es aber um einen Gemeindegottesdienst geht, dann muss die Frage gestellt werden: Was bildet eine „Gemeinde"? Ein einziges Mal wird in der Bibel eine Gemeinde im Zusammenhang mit einer Zahl erwähnt: 4. Mose 13–14; dort ist von zehn Männern die Rede. Heutzutage werden in nichtorthodoxen Gemeinden auch Frauen bei der Zehnzahl, dem so genannten „Minjan", mitgezählt.

Minjan heißt eigentlich Zahl und bezeichnet die Mindestzahl von zehn religionsmündigen männlichen Betern. Sie stellen die Öffentlichkeit dar, in welcher die volle Liturgie gebetet wird: Öffentlichkeit beginnt mit Zehn (Babylonischer Talmud, Sanhedrin 74b). Eine Zehnerzahl wird biblisch als kleinste politische Einheit mit eigenem Leiter genannt: zehn Familien (Ex 18,21).
Offensichtlich bestehen Probleme in kleinen Gemeinschaften. Manche gestatten dann das Mitzählen eines Knaben, der noch nicht religionsmündig ist. Nach einer palästinensischen Tradition gab es Umstände, unter denen auch sieben Männer genügten (Traktat Sofrim 10,7). Danach richtete man sich zeitweilig im Jemen. Da der traditionelle Minjan eine Verpflichtung der Männer ist, werden Frauen nicht mitgezählt. Sie sind freigestellt, weil es sich um Gebote handelt, die an eine feste Zeit gebunden sind.

Pnina Navè Levinson 1992

Matthäus 18,20 wird meist dafür angeführt, dass ein christlicher Gottesdienst auch mit weniger als 10 Besucher/inne/n stattfinden kann. Trotzdem gilt nicht jede Versammlung zweier oder dreier Christen als Gottesdienst. Was also ist für einen christlichen Gottesdienst konstitutiv?

→ Nr. 26. Was ist Bar Mizwa?

30. Warum sitzen in manchen Synagogen die Frauen getrennt von den Männern?

Das entspricht einer traditionellen Auffassung von Schicklichkeit und ist daher bis heute in manchen Kirchen ebenfalls Brauch. Im Jerusalemer Tempel hatten Frauen ihren eigenen Bereich und in antiken Synagogen waren bestimmte Bankreihen für sie vorgesehen. Einige Archäologen vermuteten das Vorhandensein von Frauenemporen, das hat sich jedoch nicht bestätigt. Diese wurden vermutlich erst unter islamischem Einfluss üblich. In nichtorthodoxen Synagogen wurde diese Sitzordnung abgeschafft.

Meine Erfahrung als Jüdin veränderte sich abrupt, als ich sieben oder acht Jahre alt war. Mir wurde gesagt, dass ich nicht länger neben meinem Vater in der Synagoge sitzen könne, da ich nun „ein großes Mädchen" sei und bei den Frauen zu sein habe. Als Teenager diskutierte ich mit Freunden meiner Eltern, die am Jüdischen Theologischen Seminar lehrten, über die Teilnahme von Frauen an Synagogengottesdiensten. Sie sagten, dass eine Frau auf der Bima (*dem Podest mit dem Tora-Tisch*) Männer ablenken würde und dass, wenn Frauen im Minjan gezählt würden, Männer nicht mehr in die Synagoge kämen. Mehr und mehr wurde mir bewusst, dass die Frauenfrage im Judentum nicht einfach war. Mein Vater sagte: „Zeige mir eine Person, die keine Probleme hat, und ich zeige dir einen Narren." Ich mag die Auseinandersetzung und die Konflikte, ich würde nicht in einem Paradies der Narren leben wollen.

Susannah Heschel 1989

Merkwürdig ist dabei, dass diese Trennung mehr die Folge einer kulturgeschichtlichen Entwicklung denn ein uralter Grundsatz ist. In den ältesten Zeiten wurde es nicht als falsch empfunden, wenn eine Frau aus der Tora vorlas. Nur einige Sekten gestatteten es nicht, dass Frauen in demselben Raum ihren Platz einnahmen wie die Männer.
Erst im Mittelalter wuchs sich die Trennung immer mehr aus – bis hin zur Errichtung besonderer Emporen und Galerien oder gar getrennter Räume. Der Grund dafür liegt wohl einerseits im Judentum selbst, das ja für die Frau stets eine sehr große Wertschätzung hegte, jedoch meinte, die wichtigste Aufgabe der Frau läge auf einem anderen Gebiet, das sie darum freistellte von den Pflichten des Mannes. Andererseits liegt der Grund in der kulturgeschichtlichen Entwicklung außerhalb des Judentums; dort neigte man dazu, der Frau immer weniger Wert und Würde zuzuerkennen. Doch heute sollte man die nach Geschlechtern getrennte Anordnung der Sitzplätze in einer Synagoge nur noch als Beachtung einer altehrwürdigen Tradition ansehen.

Willem Zuidema 1983

Finden Sie Argumente für und gegen die aktive Teilnahme von Frauen am Gottesdienst.

31. Was ist ein Rabbiner?

Der Titel und die Berufsbezeichnung Rabbiner stammen von dem hebräischen Ehrentitel „Raw" oder „Rabbi", der sich mit „Meister" oder „mein Meister" übersetzen lässt. Ursprünglich, d.h. im klassischen Palästina und Babylonien wurden damit hervorragende Gelehrte und besonders die Lehrhaus-Vorsitzenden ausgezeichnet. Diese waren keine Priester und sind von den Priestern (Kohanim, Aaroniden) im Tempel zu Jerusalem sowie den diesen unterstellten Diensttuenden am Heiligtum (Leviten) streng zu unterscheiden. Schon im 3. Jahrhundert wurde der Titel auch auf Leiter des Gottesdienstes und der Gemeinden angewandt. Bis zur Neuzeit fungierten als Rabbiner oft Persönlichkeiten, die ihren Lebensunterhalt als Handwerker oder Kaufleute erwarben und ihre Rabbinerfunktion ehrenamtlich ausübten. Im Mittelalter gab es auch Rabbiner, die beamtenähnliche Funktionen (z.B. Steuereinziehung bei Juden) hatten; als solche wurden sie zuweilen auch „Judenbischof" genannt.

Blätter zur Berufskunde 1969
(In der aktuellen Auflage taucht der Beruf nicht auf.)

Ein Rabbiner ist ein Gesetzeslehrer, den eine oder mehrere jüdische Gemeinden als geistigen Leiter berufen. Seine Aufgabe ist das Lehren und Auslegen der biblischen und nachbiblischen Schriften sowie die Erstellung religionsgesetzlicher Gutachten. In Ländern, wo den Juden von Staats wegen eine juristische Autonomie zugebilligt wurde, hatten die Rabbiner auch richterliche Aufgaben. Im modernen Israel spielen sie auf dem Gebiet des Personenstandsrechts eine Rolle.

In westlichen Ländern hat der Rabbiner meist die Funktionen eines Geistlichen übernommen mit den gleichen Amtspflichten wie die religiösen Vertreter anderer Konfessionen. So leitet er die Gottesdienste, predigt in der Landessprache, amtiert bei Eheschließungen, Beerdigungen und Bar/Bat-Mizwa-Feiern, kümmert sich um Seelsorge und beaufsichtigt die Religionslehrer, rituellen Schlächter und andere Gemeindefunktionäre. Die Gebete werden allerdings meist von einem speziell ausgebildeten Vorbeter vorgetragen, der sowohl über eine angenehme Stimme als auch über ein weites liturgisches Wissen verfügen muss. Dieser, der Chasan, der auch oftmals von einem Chor, in nichtorthodoxen Gemeinden auch von einer Orgel begleitet wird, untersteht ebenfalls dem Rabbiner. In Deutschland musste früher aufgrund staatlicher Anweisungen ein Gemeinderabbiner promoviert haben und Amtskleidung (Talar und Beffchen) tragen.

Welche Ämter in den katholischen und evangelischen Gemeinden entsprechen dem Amt des Rabbiners?

32. Darf ein Rabbiner heiraten?

Wir kennen nur einen großen Rabbiner im Talmud, der ehelos war, und er entschuldigte sich deswegen. Der Talmud diskutiert in allen Einzelheiten, welches die beste Nacht für eheliche Freuden sei. Es ist nicht ohne Bedeutung, dass sie (*die Weisen Israels*), besonders für die Rabbiner, den Sabbat empfehlen. Ein Rabbiner des Mittelalters rechtfertigt das damit, dass eine heilige Sache an einem heiligen Tage auszuführen sei.

Roland B. Gittelsohn 1970

Die Heirat ist ein biblisches Gebot (1. Mose 1,28) und schließt Rabbiner nicht aus, im Gegenteil! Es wird, besonders auch aus moralischen Gründen, erwartet, dass er heiratet. Die Anstellung eines unverheirateten Rabbiners (oder auch Kantors) wäre auch heute noch in vielen Gemeinden, insbesondere wenn sie traditionell sind, undenkbar. Deshalb sind jüdische Denker, wie Schalom Ben-Chorin, der Meinung, auch Jesus sei verheiratet gewesen, wie die meisten seiner rabbinischen Kollegen.

Jesus wurde von seinen Jüngern und der großen Gemeinde seiner Nachfolger als Rabbi angeredet. Ein unverheirateter Rabbi ist kaum denkbar ... Wir müssen uns nun fragen: Wenn Jesus unverheiratet gewesen wäre, hätten dann nicht seine Jünger ihn nach diesem Mangel gefragt, hätten vor allem nicht seine Gegner ins Treffen gegen ihn geführt, dass er die erste Pflicht - „Seid fruchtbar und mehret euch!" - des rabbinischen Pflichtenkatalogs in seinem Leben unerfüllt gelassen hat?

Schalom Ben-Chorin 1967

Ein Vergleich der beiden jüdischen Lehrer Jesus und Paulus, denen sich das spätere Christentum und die Kirchen sich verdanken, mit ihren zeitgenössischen Kollegen, zeigt:

1. *Sie waren – nach Auskunft der neutestamentlichen Quellen – nicht verheiratet.*
2. *Jesus und Paulus haben sich nicht als Leiter eines Lehrhauses, das die alltägliche Versorgung der Schüler nötig gemacht hätte, etabliert. Vielmehr haben sie das unstete Leben eines Wanderlehrers geführt.*
3. *Sie waren beide erfüllt von der Erwartung des bald anbrechenden Gottesreiches und – damit verbunden – dem Ende dieser Weltverhältnisse. Unter dieser Prämisse ist wohl 1.Korinther 7 zu verstehen.*
4. *Jesus hat nicht grundsätzlich gegen die Ehe geredet. So lässt der Evangelist Johannes Jesus seine öffentliche Wirksamkeit bei einer Hochzeitsfeier beginnen (Johannes 2,1-12). Im Matthäusevangelium ist der Schutz der Ehe, bzw. der verheirateten Frauen ein wichtiges Thema (Matthäus 5,27-28.31-32; 19,3-9).*

Informieren Sie sich über die geschichtliche Herkunft und den Sinn des Zölibats, des Heiratsverbots für kirchliche Amtsträger, in der christlichen Tradition.

33. Können Frauen Rabbinerinnen werden?

Kann die Frau das rabbinische Amt bekleiden?"
So hieß das Thema der Examensarbeit, mit der Regina Jonas 1930 an der liberalen „Hochschule für die Wissenschaft des Judentums" zu Berlin ihr Studium abschloss. Nach mündlichen Prüfungen in den Fächern Religionsphilosophie, Jüdische Geschichte, Allgemeine Religionsgeschichte, Pädagogik und Talmudische Wissenschaft erhielt sie die Gesamtnote „gut".
Sie wurde 1935 ordiniert und von der jüdischen Gemeinde zu Berlin offiziell ins Beamtenverhältnis übernommen. Ihre Einstellungsurkunde wies sie aber nicht ausdrücklich als Rabbinerin aus, sondern als Lehrerin mit der Verpflichtung zur seelsorgerlichen Tätigkeit. Nachdem viele ihrer männlichen Kollegen verhaftet, deportiert oder emigriert waren, versorgte sie zusätzlich die verwaisten Gemeinden.
1942 wurde sie zusammen mit ihrer Mutter nach Theresienstadt deportiert.

Die Frau ist vom Schöpfer mit größerer Einsicht ausgestattet als der Mann.

Babylonischer Talmud, Nidda (Frauenfragen) 45

In nichtorthodoxen Gemeinden in den USA, England und Israels gibt es bereits Hunderte von Rabbinerinnen, die in ihren Gemeinden segensreich wirken. Die erste Rabbinerin war Regina Jonas in Berlin, die auf dem liberalen Rabbinerseminar der „Hochschule für die Wissenschaft des Judentums" ausgebildet, aber dort nicht ordiniert wurde. Das Rabbinerdiplom erhielt sie durch Rabbiner Max Dienemann in einer Privatordination, die von dem Leiter der Hochschule, Rabbiner Leo Baeck, gebilligt wurde. In Berlin amtierte Frau Rabbiner Jonas in den Altersheimen der Gemeinde und gab Religionsunterricht. Auch wurde sie durch ihre religionsgesetzlichen Vorträge bekannt. Sie wurde von den Nazis nach Theresienstadt und von dort nach Auschwitz deportiert. Victor Frankl berichtet über ihre aufopfernde Tätigkeit im KZ. Die erste Frau, die von einem Rabbinerseminar ordiniert wurde, war Sally Priesand (Cincinnati, 1972). In Oldenburg und Braunschweig amtiert jetzt die Schweizerin Bea Wyler als Rabbiner. Da jetzt (seit 1983) nicht nur Angehörige der Reformbewegung, sondern auch konservative Frauen ordiniert werden, ist abzusehen, dass es bald auch Rabbinerinnen geben wird, die sich als orthodox definieren.

⇒ *Nr. 18: Spielen Frauen im religiösen Judentum eine untergeordnete Rolle?*

Die Verflechtung von gesellschaftlichen und religiösen Gewohnheiten betrifft auch die Frage, ob Frauen ordiniert werden können, um als Rabbiner die geistige Leitung von jüdischen Gemeinden und Institutionen zu übernehmen. Es bedurfte der Integration von Frauen in vielen anderen Berufen und leitenden Stellungen, bis diese Frage unverkrampft behandelt und anschließend bejaht werden konnte. Und auch hier gilt: Wie es sich christelt, so jüdelt es sich. Es sind also zweierlei Hürden zu nehmen, die interne jüdische einerseits und die umweltliche der Mehrheit im jeweiligen Staat andererseits. Dabei gibt es bekanntlich unterschiedliche jüdische Einstellungen zur Wertigkeit von angeblich unverrückbaren geheiligten Traditionen. Seit 1972 wurden über 300 Frauen ordiniert. Jugendliche in ihren Gemeinden wissen als Selbstverständlichkeit, dass Männer und Frauen Rabbiner/innen sind, dass sie ihre Identität nicht verleugnen müssen; und wenn die Rabbinerin schwanger ist, arbeitet sie bis zum Baby-Urlaub ebenso wie Frauen in anderen Berufen. An allen Hochschulen, die ihnen offen stehen, nimmt die Zahl der Rabbinatsstudentinnen von Jahr zu Jahr zu und bildet bereits mehr als die Hälfte jener, die an diesem für Juden dringend benötigten Beruf interessiert sind.

Pnina Navè Levinson 1992

Erkunden Sie:
Seit wann gibt es in den evangelischen Kirchen die Ordination von Frauen? Welche Gründe hat die katholische Kirche, Frauen von der Priesterweihe auszuschließen?

Im Archiv des Konzentrationslagers Theresienstadt ist das Konzept einer Predigt von Regina Jonas erhalten. Da heißt es:

Unser jüdisches Volk ist von Gott in die Geschichte gesandt worden als ein „gesegnetes Volk". Von Gott „gesegnet" sein heißt, wohin man tritt, in jeder Lebenslage, Segen, Güte, Treue spenden – Demut vor Gott, selbstlose, hingebungsvolle Liebe zu seinen Geschöpfen erhalten die Welt. Diese Grundpfeiler der Welt zu errrichten, war und ist Israels Aufgabe.

Folgendes Buch möchten wir besonders empfehlen:
Elisa Klapheck, Fräulein Regina Jonas – Kann die Frau das rabbinische Amt bekleiden?, Hentrich & Hentrich, Teetz 1999.

Natürlich existiert noch die Gefahr, dass, statt das weibliche Element zu betonen, die Frauen versuchen die Männer nachzuahmen. Jedoch, trotz einiger Zeichen in diese Richtung, ist es vernünftig anzunehmen, dass dies nur zeitweilig so ist, und dass sich die Frauen bald als Frauen verstehen werden; nicht als dienende Randfiguren im Leben des jüdischen Volkes, sondern als gleichberechtigt in jeder Beziehung.

Dow Marmur 1982

34. Was ist ein Priester im Judentum?

Zur Zeit des Jerusalemer Tempels hatte ein Priester folgenden Ritus zu vollziehen:

Wird er (*der Priestersegen* 4. Mose 6,22-27) in feierlicher Form erteilt, so ruft der Vorsänger die Priester mit lauter Stimme auf, den Segen zu sprechen. Sie haben sich schon vorher mit Hilfe der Leviten die Hände gewaschen. Becken und Kanne sind im Besitz jeder Synagoge, oft in schöner Ausführung in Silber. Außerdem legen die Priester die Lederschuhe ab wegen des Bibelwortes „Zieh deine Schuhe aus, denn der Ort, wo du stehst, ist heiliger Grund" (2. Mose 3,5). Bevor sie den Segen sprechen, stehen sie versammelt auf der Plattform vor der heiligen Lade. Sowie der Vorsänger das Wort Kohanim ausspricht, drehen sie sich zum Volk um, sie haben den Gebetsschal über den Kopf gezogen und beide Hände so vor das Gesicht erhoben, dass die Handflächen dem Volk zugekehrt sind und die Finger in ganz besonderer Weise gespreizt werden.

Ulrich Gerhardt 1980

1. Welche Aufgaben hat ein Priester im katholischen Christentum?

Und der Ewige sprach zu Mose: Sprich zu Aron und seinen Söhnen: So sollt ihr die Kinder Israels segnen – sagt ihnen: Es segne dich der Ewige und behüte dich. Es lasse der Ewige dir sein Angesicht leuchten und begnadige dich. Es wende der Ewige dir sein Angesicht zu und gebe dir Frieden. Mögen sie meinen Namen auf die Kinder Israels legen; und Ich werde sie segnen.

4. Mose 6,22-27 (Übersetzung aus dem Lehrbuch von Ch.H. Donin)

Der Kohen, „Priester", ist Nachkomme von biblischen Priesterfamilien. Er ist kein Rabbiner. Er ist nicht einmal Geistlicher, und er hat nur eine gottesdienstliche Funktion: das Segnen der Gemeinde an den drei Wallfahrtsfesten (in Jerusalem täglich). Dafür erhält er keine Bezahlung und er ist auch sonst kein angestellter Gemeindefunktionär. Das Priestertum ist erblich, vom Vater auf den Sohn und ist mit keinem Studium besonderer Gelehrsamkeit oder Berufung verbunden. Der Priester hat einen Brotberuf und ist auch sonst an keine besonderen Vorschriften gebunden, außer an das Verbot, sich an einem Toten zu verunreinigen (das wirft ernsthafte Probleme beim Medizinstudium auf) oder eine geschiedene Frau zu heiraten. Er muss nämlich rituell rein bleiben, um bei einem wieder aufgebauten Tempel eventuell seine priesterlichen Funktionen (vor allem das Opfern) wieder ausführen zu können. Liberale Juden, die die Wiederherstellung des Opferdienstes aus theologischen Gründen ablehnen, haben diese einschränkenden Priestergesetze aufgehoben. Orthodoxe Juden richten sich auch heute noch danach. Als Privileg wird der Priester in der Synagoge als erster zur Toralesung aufgerufen. Auch dies entfällt meist in liberalen Gemeinden.

Die Synagogengemeinde

2. Auf jüdischen Friedhöfen zeigen die Grabsteine von Männern, die den Namen Kohen, Kuhn, Kohn trugen, oft das obige Symbol. Was ruft es in Erinnerung?

Der Status des heutigen Kohen wurde seit langem von führenden Vertretern des jüdischen Gesetzes in Frage gestellt. Schon im 14. Jahrhundert unterschied Isaak ben Scheschet zwischen den früheren Priestern und dem jetzigen Kohen. Er meinte, dass die heutigen Priester, die ja keinen Beweis für ihre Abstammung vorweisen können, ihre besonderen Privilegien oder auch Pflichten nicht den Gesetzen, sondern allenfalls dem Brauch bzw. der Tradition verdanken. Salomon Luria, Autorität des 16. Jahrhunderts, sagte ausdrücklich, dass wegen der häufigen Verfolgungen und Vertreibungen der Juden die ursprünglichen Familien der Priester in den meisten Fällen die Reinheit ihrer Abstammung nicht aufrechterhalten konnten. Wenn daher das Reform-Judentum die Unterschiede zwischen einfachen Israeliten und dem Kohen außer Acht lässt, verzichtet es nicht so sehr auf die Tradition, sondern gibt vielmehr ein Konzept auf, dessen Gültigkeit eminente Rabbiner des Öfteren in Zweifel gezogen haben.

Israel Bettan 1943

... ein Kohen darf sich nie an einem Leichnam „verunreinigen". Er darf ihn also nicht berühren, sich ihm nicht nähern, noch darf er sich unter dem gleichen Dach befinden. Damit wurde der Kohen durch das Tempelleben sorgfältig von allen anderen unterschieden und ausgesondert. Die einzige Ausnahme ist die nächste Familie, Eltern, Kinder, Geschwister oder Frau oder ein Leichnam, den sonst niemand anders betreuen würde. In diesem Fall ist die letzte, noch höhere Pflicht, wichtiger als alles andere. Selbst nachdem der Tempel untergegangen war, wurden diese Vorschriften genau befolgt. Aber auch andere Vorschriften regeln das Leben der Nachkommen Aarons im Alltag für alle Zeiten. Zum Beispiel sind ihnen gewisse Ehen verboten, wie die Heirat mit einer geschiedenen Frau, die den übrigen Söhnen Israels durchaus erlaubt ist.

Simon Ph. De Vries 1927

3. Erarbeiten Sie sich aus den vorliegenden Texten eine Übersicht über die unterschiedlichen Pflichten und Privilegien der Priester im antiken Judentum und in den heutigen Denominationen.

35. Dürfen Nichtjuden an einem jüdischen Gottesdienst teilnehmen?

Wenn wir der Logik, die zwischen der obligatorischen Liturgie und den zusätzlichen Gebeten und Erklärungen unterscheidet, folgen, ergeben sich folgende Möglichkeiten für Muslime, Christen oder andere Nichtjuden, an einem jüdischen öffentlichen Gottesdienst teilzunehmen:

1. durch alles, was keine besondere Erklärung von ihnen erwartet, wie z.B. als Teil einer Hochzeits-Prozession oder als einer der freiwilligen Sargträger,
2. durch die Lesung besonderer zusätzlicher Gebete bei nichtliturgischen stadtweiten feierlichen Anlässen, wie Gedenkfeiern oder Ähnlichem,
3. durch das Sprechen von Gebeten bei Familienfesten wie Bar/Bat-Mizwa, bei einer Hochzeit oder Beerdigung.

Alle diese Gebete und Aussagen sollten der Atmosphäre des Gottesdienstes entsprechen und auf keinen Fall christologische Elemente enthalten.

American Reform Responsa 1983

Wir haben doch nichts dagegen, wenn ein Nichtjude an einem jüdischen Gottesdienst teilnimmt und zusammen mit Juden betet. Seit den Tagen König Salomos waren Nichtjuden bei jüdischen Gottesdiensten willkommen (1. Könige 8, 41f) und ihre Opfer konnten zusammen mit denen von Juden dargebracht werden (Babylonischer Talmud, Menachot 73b). Da wir Gebete als den Ersatz für die Opfer betrachten, ist es vollkommen in Ordnung, wenn Nichtjuden die jüdischen Gebete zusammen mit Juden sprechen, insbesondere Christen, die seit dem frühen Mittelalter als Noachiden (*vgl. 1. Mose 9,1-11*) angesehen werden.

Walter Jacob 1987

Als Gäste dürfen Nichtjuden natürlich teilnehmen; gottesdienstliche Funktionen können sie allerdings nicht ausführen, außer in einigen Reformgemeinden Amerikas. Bei christlich-jüdischen Gottesdiensten, wie sie auch in Deutschland stattfinden, halten christliche Geistliche mitunter die Predigt oder lesen Gebete bzw. biblische Texte vor, so wie Rabbiner gebeten werden, in Kirchen zu predigen oder an interkonfessionellen Gottesdiensten teilzunehmen. Einige jüdische Gemeinden versuchen allerdings, die nichtjüdische Besucherzahl zu begrenzen, damit die eigenen Beter keine Minderheit werden und sich dann nicht mehr heimisch fühlen. Das ist insbesondere in jüdischen Gemeinden in Deutschland heute ein Problem. Trotzdem versucht man im Rahmen der Möglichkeiten, Gäste freundlich aufzunehmen.

> Welches Interesse könnten Nichtjuden am Besuch eines jüdischen Gottesdienstes haben? Wie beurteilen Sie diese Interessen?

⇒ Nr. 1: Ist die Behauptung von Juden, sie seien von Gott auserwählt nicht eine Überheblichkeit?

36. Darf ein Nichtjude die Torarolle berühren?

Einer intakten Torarolle gegenüber bezeugt man besondere Heiligkeit und große Ehre. Jeder, der eine Torarolle sieht, während er geht, muss vor ihr stehen bleiben und alle bleiben stehen, während er (*der Träger der Rolle*) steht, und wenn sie an ihren Platz kommt, küsst man sie und bringt auch die Kinder, sie zu küssen und sie ihnen lieb zu machen. Und wer eine Torarolle aus dem Schrein auf das Vorlesepult bringt, nehme sie mit dem rechten Arm und gebe sie auch dem Vorbeter in die Rechte. Und man lege sie nicht auf die beschriebene Seite, das zeigt fehlende Ehrfurcht. Alle, die kultisch unrein sind, dürfen sie anfassen und in ihr lesen, denn die Worte der Tora nehmen keine kultische Unreinheit an. Nur dass die Hände nicht unsauber sein sollen, sondern man wasche sie vorher, und dann kann man sie berühren. Man sollte aber die Torarolle nicht mit bloßen Händen anfassen, sondern mit einem Tuch.

Ira D. Eisenstein 1968

Auch unter Juden gibt es abergläubische und durch nichts zu begründende Ansichten. Dazu gehört die Meinung einiger, dass Nichtjuden – oder auch Frauen – eine Torarolle nicht anfassen dürfen. Eine solche Auffassung ist völlig aus der Luft gegriffen und bezeugt nur eine unzeitgemäße Furcht vor Frauen oder Nichtjuden.

Wer heilige Schriften zerstört, übertritt das Verbot von Dtn 12, 4: „Tuet nicht so dem Ewigen, Deinem Gotte", und man muss den Buchbindern wehren, die in die Einbände Blätter von heiligen Schriften kleben; auch muss man sehr darauf achten, wenn man alte heilige Bücher einem nichtjüdischen Buchbinder gibt, sie neu zu binden, dass man die alten Einbände zurücknimmt, dass sie der Handwerker nicht für ein unheiliges Buch nehme.

Schelomo Ganzfried 1932

Toratexte enthalten die Buchstaben des unaussprechlichen Gottesnamens JHWH. Da dieser nicht missbraucht werden soll (2. Mose 20,7; 5. Mose 5,11), darf auch das Material unbrauchbar gewordener Torarollen nicht zweckentfremdet werden. Verbrauchte Rollen werden in besonderen Lagerräumen (Genisot) aufbewahrt oder beerdigt.

⇒ Nr. 9: Was ist die Tora?
⇒ Nr. 69: Zeichnen sich die Juden nicht durch Fremdenfeindlichkeit aus?

Wovor soll nach I.D. Eisenstein und Sch. Ganzfried eine Torarolle geschützt werden? Welchen Schutz hat sie nicht nötig?

Kapitel VI:
Sexualität, Ehe und Familie

Die Gebote sind nicht um ihrer selbst willen da, sie zeigen vielmehr dem Menschen einen Weg, sein Leben zu heiligen und sich Gott zu nähern.
Die Frage, ob das Befolgen eines bestimmten Gebotes zur Heiligung des Lebens beiträgt, sollte als Kriterium für den Sinn und Wert jeder religiösen Handlung im täglichen Leben dienen. ...
Wenn wir die Entwicklung der jüdischen Tradition verfolgen, erkennen wir, dass sie immer den Ausgleich anstrebte, nach aufgeklärter Religiosität suchte und sich in der Regel radikalen Ansätzen verweigerte. Diese Grundtendenz der Tradition müssen wir in jeder Epoche aufspüren. Es reicht nicht zu entscheiden, was uns heute liegt. Jüdische Tradition beruht, wie jede Tradition, auf der Weitergabe von einer Generation an die nächste. ...
Das persönliche Gewissen ... macht einen Teil unserer Gottesebenbildlichkeit aus; es drückt sich nicht nur im Verhalten gegenüber Mitmenschen aus, sondern auch darin, wie man die Gebote hält. ...
Dennoch gibt es in der Diskussion um das Halten der Gebote auch einen Moment, in dem der Jude seine Verantwortung gegenüber der ganzen jüdischen Gemeinschaft ausdrücken muss.
Ein Jude kann für sich allein kein volles jüdisches Leben führen. Viele Gebote lassen

O, ich lernte an deinem süßen Munde
Zu viel der Seligkeiten kennen!
Schon fühl' ich die Lippen Gabriels
Auf meinem Herzen brennen...
Und die Nachtwolke trinkt
Meinen tiefen Cederntraum.
O, wie dein Leben mir winkt!
Und ich vergehe
Mit blühendem Herzeleid
Und verwehe im Weltraum,
In Zeit,
In Ewigkeit,
Und meine Seele verglüht in den Abendfarben
Jerusalems.
Else Lasker-Schüler (*1869) 1901

Du bist so gut. Drum komm zurück – du sollst mich um die Schultern fassen, wir wollen glühn so wie ein Traum, wir wollen blühn, wie Baum nach Baum aufblühen wird dicht bei uns.
Ich will dann lachen. Und dann klingt die ganze Luft – die Sonne klingt. Das Wasser klingt, es klingt die Nacht – so hör, ich hab' für dich gelacht.
Selma Meerbaum-Eisinger (*1924) 1941

Vereint waren wir die ganze Zeit
wie eine gute brauchbare Schere.

Nachdem wir uns trennten, wurden wir
wieder zwei scharfe Messer
ins Fleisch der Welt gesteckt,
jedes an seinem Platz.
Jehuda Amichai (*1924) 1980

An der Einstellung zu Sexualität und Familienplanung scheiden sich die Geister in den christlichen Kirchen sehr deutlich. So ist es interessant, jüdische Äußerungen zu diesen Themen kennen zu lernen; doch auch hier sind – wie in allen ethischen Fragen – sehr unterschiedliche jüdische Meinungen und Redeweisen zu finden (Nr. 37). Daher sind dem Kapitel (in den Randspalten dieser Doppelseite) einige allgemeine Thesen zum Umgang mit Tora und Halacha (der rabbinischen Auslegungstradition) vorangestellt. Einzelne Gedichte mögen daran erinnern, dass sich der Themenbereich der Liebesbeziehungen und -störungen nicht allein in der Sprache der Wissenschaft behandeln lässt.

Zum Problem der Empfängnisverhütung (Nr. 38) und des Abbruchs einer Schwangerschaft (Nr. 39) präsentiert das Kapitel alte und neue jüdische Texte, die sich um gültige Regelungen, aber auch um den situationsgemäßen Schutz des Lebens und der Lebensqualität bemühen. Mit hinein in diesen Fragenkomplex gehört die Diskussion der Religionszugehörigkeit, denn diese ist im Judentum u.a. auch eine „Familienangelegenheit". (Nr. 40)

Aufschlussreich ist es zu beobachten, in welcher Weise sich Jüdinnen und Juden zu solchen ethischen Fragen äußern, die es zu den Zeiten von Bibel und Talmud noch gar nicht gab: Samenspende (Nr. 41) und biologische Leihmutterschaft (Nr. 42). Auch die andere Perspektive ist ergiebig: Wie gelingt es, uralte biblische und talmudische Lebensregeln z.B. zur Mehrehe (Nr. 43), zur Ehescheidung (Nr. 44) und zur Homosexualität (Nr. 45) angesichts völlig veränderter sozialer Verhältnisse traditionsgetreu und zugleich gegenwartsbezogen zu interpretieren?

sich nur zusammen mit anderen und in einer gewissen Öffentlichkeit erfüllen – etwa in der Gemeinde oder in der Familie. Für israelische Bürger existiert darüber hinaus die Gemeinschaft des jüdischen Staates; sie fordert die Erfüllung bestimmter bürgerlicher Pflichten, die für einen religiösen Juden in Israel den Stellenwert von Geboten haben können. ... Wenn wir nach allgemeinen Prinzipien suchen, mit Hilfe derer ein Mensch in den Geboten eine Bedeutung für sein Leben heute finden kann, behandeln wir im Grunde die uralte Frage nach dem Sinn der Gebote.

Moshe Zemer 1999

37. Wie ist die Beziehung des Judentums zur Sexualität?

Es ist nicht gut, dass der Mann allein sei; ich will ihm eine Gehilfin machen, die ihm zur Seite steht.
1. Mose 2,18

Darum verlässt der Mann seinen Vater und seine Mutter, hängt an seinem Weibe, dass sie ein Wesen werden.
1. Mose 2,24

Und die Finger, die verhalten zärtlich ziehen
über seidenweiche warme Haut,
sind wie Menschen, die,
als sie das Glück geschaut,
fast vergessen hätten, es zu fassen,
und es doch im letzten Augenblick gefasst.
Ganz so ängstlich wollen sie
die anderen nicht lassen
und sie flattern über sie in wilder Hast,
die bei der Berührung weich
in Liebe sich verwandelt.

Selma Meerbaum-Eisinger (*1924) 1941

1. Die beiden biblischen Texte beschreiben die Beziehung der Geschlechter aus der Perspektive eines Mannes. Formulieren Sie so um, dass die Sichtweise weiblich wird oder so, dass Mann und Frau gemeinsam wahrgenommen werden.

2. Lesen Sie das Hohe Lied der Liebe im Alten Testament. Es ist eine relativ ungeordnete Ansammlung von Liebesgedichten und von einzelnen Zeilen, mal aus weiblicher, mal aus männlicher Sicht. Fügen Sie aus den vorhandenen Bruchstücken einen Dialog zusammen. Ergänzen Sie, was Ihnen zu fehlen scheint. Glätten Sie den Sprachduktus, bis ein „eigenes" Liebesgedicht entsteht.

Als mehr diesseitige Religion hat das Judentum eine natürliche, unverkrampfte, positive Beziehung zur Sexualität. Sexuelle Tätigkeit ist kein „Kompromiss mit dem Fleisch", sondern eine Mizwa, eine religiöse Pflicht, die es wie alle anderen religiösen Aufgaben zu erfüllen gilt. Die Frau besitzt ein verbrieftes Recht auf ihre sexuelle Befriedigung, sonst kann sie auf einer Scheidung bestehen. Sabbat und Feiertage, die religiöse Höhepunkte darstellen, sind besonders für das jüdische Eheleben von Bedeutung. Sexuelle Themen werden in Bibel und Talmud mit großer Offenheit behandelt. In den Gesetzesbüchern wird auch genau festgelegt, welche sexuellen Pflichten, je nach Berufstätigkeit, die Männer ihren Frauen schulden. In gewissen mystisch-kabbalistischen Kreisen wurde allerdings auch die Askese praktiziert, obwohl dies der Haltung des normativen Judentums nicht entspricht.

⇒ Nr. 11: Was ist die Kabbala?
⇒ Nr. 32: Darf ein Rabbiner heiraten?

Eine Phänomenologie der Wollust

Die Liebkosung ist eine Seinsweise des Subjekts, in der das Subjekt in der Berührung mit einem anderen über diese Berührung hinausgeht. Soweit die Berührung Empfindung ist, hat sie Teil an der Welt des Lichtes. Es ist nicht das Samtweiche oder die angenehme Wärme dieser in der Berührung gegebenen Hand, die von der Liebkosung gesucht wird. Dieses Suchen der Liebkosung stellt, gerade dadurch, dass die Liebkosung nicht weiß, was sie sucht, ihr Wesen dar. Sie ist wie ein Spiel mit etwas, das sich entzieht, wie ein Spiel, das absolut ohne Entwurf und Plan ist, ein Spiel nicht mit dem, was das Unsrige und was zu einem Wir werden kann, sondern mit etwas Anderem, etwas immer Anderem, immer Zu-Kommendem. Die Liebkosung ist die Erwartung dieser reinen Zukunft, dieser Zukunft ohne Inhalt. Sie ist gebildet aus dieser Steigerung des Hungers, aus immer reicheren Verheißungen, die neue Perspektiven auf das Ungreifbare eröffnen. Kann man dieses Verhältnis des Eros zum Anderen als ein Misslingen charakterisieren? Ja, wenn man das Erotische durch das „Ergreifen", durch das „Besitzen" oder durch das „Erkennen" charakterisieren will. Im Eros gibt es nichts von all dem oder das Misslingen von all dem. Wenn man den Anderen besitzen, ergreifen und erkennen könnte, wäre er nicht der Andere.

Emmanuel Lévinas 1979

Kein Mann ohne Weib
und kein Weib ohne Mann
und beide nicht ohne Gott.

Midrasch (Kommentar),
Bereschit Rabba 22, 11. Jh. n. Chr.

Sex wurde im Judentum zwar nie vergöttert. Aber er wurde eindeutig bejaht. Man denke an das Hohelied, die schönste Liebesdichtung der Weltliteratur. Und an das strenge Talmudgebot, Kinder jung zu verheiraten, und zwar mit ebenfalls jungen Partnern, die ihnen gefielen. Wer seine Tochter einem alten Freier ausliefert, der macht sie nach rabbinischer Auffassung zur Hure. Und Verwitwete sollen nach kurzer Trauerzeit unbedingt wieder heiraten. Nicht im Traum fiel es den Rabbinern jemals ein, im Sex etwas Sündiges oder gar Schmutziges zu sehen. Und ein Zölibat darf sich einer nur selbst, für kurze Zeit, als Strafe auferlegen – niemals etwa seinen Söhnen oder Töchtern. Bleibt die Frage, wie konnte es bei solchen Wurzeln Jesu zu der sexfeindlichen Ausrichtung des Christentums kommen?

Salcia Landmann 1996

---

3. Die Liebe der Menschen hat in der Philosophie von E. Levinas eine transzendierende, über sich selbst hinausweisende Perspektive. Wie weit können Sie – aus eigener Erfahrung – solche Gedanken emotional und kognitiv nachvollziehen?

4. Lesen Sie das „Hohe Lied der Liebe" im Neuen Testament: 1. Korinther 13. Welche Antworten lassen sich daraus auf S. Landmanns Fragen ableiten?

38. Wie ist die jüdische Haltung zur Geburtenkontrolle?

Permanente Sterilisation ist verboten. Das Abbinden der Eileiter ist meist erlaubt, da sie operativ wieder verbunden werden können. Die Rhythmus-Methode ist, weil sie in Verbindung mit der niddah (der Enthaltsamkeit während und nach der Monatsblutung) einen weit gehenden Verzicht auf Sex bedeuten würde, verboten. Coitus interruptus wird erlaubt, wenn die Insemination eine Gefahr für die Gesundheit der Frau bedeuten würde. Kondome sind nicht erlaubt, weil sie den normalen Verkehr stören. „Und sie werden ein Fleisch" (Gen 2,24). Das Diaphragma ist erlaubt, es stört den Verkehr nicht, tötet das Sperma nicht künstlich ab. Spermizide werden von einigen Autoritäten abgelehnt, weil das Sperma chemisch abgetötet wird. Intrauterine Spiralen u.Ä. werden kontrovers beurteilt, weil nicht sicher ist, ob sie eine Abtreibung des Ei's bewirken, nachdem es befruchtet wurde, oder ob sie verhüten, dass das Ei befruchtet wird. Die Pille oder andere orale Kontrazeptiva, die nicht dauerhaft die Fruchtbarkeit ändern, sind den Frauen erlaubt. Zusammengefasst: Hundert Faktoren kommen bei jeder Entscheidung ins Spiel. Und genau so sollte es sein.

Blue Greenberg 1983

Wegen des Gebots „Seid fruchtbar und mehret euch" (1. Mose 1,28) ist Männern, denen nach biblischer Exegese die führende Rolle bei der Fortpflanzung zufällt, eine Geburtenkontrolle verboten. Sie ist aber Frauen unter gewissen Umständen, wie nach schweren Geburten, gestattet. Dabei ist die „Pille" im Allgemeinen vorzuziehen. Nach der Geburt eines männlichen und eines weiblichen Kindes ist auch der Mann zu keiner weiteren Zeugung verpflichtet. Es ist nicht verboten, eine Frau zu heiraten, die unfruchtbar ist, denn Nachkommenschaft ist nicht der einzige Grund für eine Eheschließung. Das Judentum hat jede Verstümmelung des Menschen abgelehnt. So sind Kastration und Sterilisation prinzipiell verboten. Da sich das Gebot 1. Mose 1,28 nach rabbinischer Auslegung aber nur an den Mann wendet, kann sich die Frau einer Sterilisierung unterziehen, wenn sie zum Beispiel eine schwere Geburt gehabt hat und jetzt für die Zukunft eine Schädigung fürchtet, denn „man ist nicht verpflichtet, sich zu zerstören, um die Welt zu bevölkern."

In einer Zeit, wo das Wichtigste das Überleben war, haben jüdische Autoritäten die Geburtenkontrolle eher ablehnend eingeschätzt. In unserer Zeit hat der Massenmord an den Juden Europas einige Juden dazu geführt, ähnlich zu reagieren. Im Gegensatz zu der katholischen Haltung war das nicht eine Frage der Tradition, die hier eher erleichternd entscheidet, sondern eine Frage des Überlebens.

Roland B. Gittelsohn 1970

> Besorgen Sie sich aktuelle kirchliche Stellungnahmen zum Thema und untersuchen Sie deren Argumentationen. Auf welche religiöse Traditionen beziehen sie sich?

39. Erlaubt das Judentum Schwangerschaftsabbrüche?

Schwangerschaftsabbrüche sind nur bei Gefahr für das Leben oder die Gesundheit der Mutter gestattet (medizinische Indikation). Juristisch wird der Fötus dann als „Verfolger" angesehen, dessen man sich erwehren darf. Wenn jedoch bei der Geburt bereits der Kopf des Kindes erscheint, darf kein Eingriff mehr geschehen, der das neue Leben gefährden würde, denn man zieht ein Leben nicht einem anderen vor. Vor der Geburt ist der Fötus noch nicht als eigene Persönlichkeit zu betrachten, sondern als Teil der Mutter.

Während jede Abtreibung, die nicht im Interesse der Mutter erfolgt, abzulehnen ist, wird der Entschluss der Frau selbst nicht als kriminelles Delikt angesehen. Hier unterscheidet sich die jüdische von der katholischen Moraltheologie. Das ist auch der Grund, weshalb katholische Frauen bei einer Entbindung oft jüdische Krankenhäuser katholischen vorziehen: Das bestehende Leben hat vor dem werdenden Priorität.

Auch noch nach der Geburt wird ein Kind, das vor dem 30. Tage stirbt, nicht als lebensfähig angesehen. Sterbegebete werden nicht gesagt.

Abtreibung ist eine Angelegenheit, die für viele jüdische Frauen von besonderer Belastung ist. Einerseits ist es für viele Feministinnen unerträglich, dass von Männern gemachte Gesetze, ob religiös oder nicht, über eine so wesentliche Sache wie die Autonomie der Wahl ihrer Fortpflanzung, entscheiden soll. Andererseits kann aus historischen Gründen die „Freiheit der Wahl" Ängste mit sich bringen, die nichtjüdischen Frauen unbekannt bleiben. Was, wenn ein Kind für große Taten bestimmt ist, wenn es der Messias ist!
Susan Weidman Schneider 1984

> Unsere Weisen haben entschieden, dass, wenn eine Schwangere bei der Geburt Schwierigkeiten bekommt, das Kind in ihr durch Drogen oder chirurgischen Eingriff entfernt werden darf, denn es wird als Angreifer angesehen, der ihr ans Leben will. Aber sobald der Kopf erscheint, darf man ihm nichts mehr antun, denn wir wählen nicht zwischen zwei Menschen.
> *Moses Maimonides 12. Jh.*

> Ein physisch oder psychisch krankes Kind hat dasselbe Recht auf Leben wie ein gesundes, denn es wird als Person angesehen.
> *Lord Immanuel Jakobovits 1962*

> In Israel wird nach staatlichem, nicht nach rabbinischem Recht entschieden. Auf die illegale Abtreibung mit tödlichem Ausgang (*seitens der Mutter*) stehen harte Strafen. Erfolgt sie jedoch „in gutem Glauben", um das Leben der Frau zu retten, so wird sie nicht geahndet.
> *Roland Gradwohl 1997*

Um wessen Schutz bzw. Recht geht es in den vorliegenden Argumentationen jeweils?

40. Weshalb richtet sich die Religionszugehörigkeit nach der Mutter?

Früher war alles viel einfacher: Ein Kind hatte *einen* natürlichen Vater und *eine* natürliche Mutter. Die Vaterschaft konnte gelegentlich umstritten sein; in Zeiten vor Blutgruppen- und DNA-Tests galt deshalb in manchen Gesellschaften, auch der jüdischen, als letztes, weil unbestreitbares Indiz, der Status der Mutter. Jüdisch ist, wer Kind einer jüdischen Mutter ist.
Seither hat sich jedoch die Medizin und insbesondere die Reproduktionstechnologie weiterentwickelt. Ein Kind kann heute zwei biologische Mütter haben. Und damit stellen sich auch neue halachische Fragen.
Die Rede ist von der so genannten Leihmutterschaft. Bei diesem Verfahren wird fruchtbaren Frauen, die auf Grund uteraler Komplikationen ein Kind nicht austragen können, ebenso die Mutterschaft ermöglicht wie unfruchtbaren Frauen, die selbst keine Eier produzieren können. ... Was ist, wenn beispielsweise die austragende Mutter jüdisch ist, die genetische aber nicht oder umgekehrt?

Miryam Z. Wahrman 1997

Diese Vorschrift ist wahrscheinlich dem römischen Recht entnommen. Der dahinterstehende Grund ist wohl, dass die Identität des Erzeugers nicht immer feststeht. Einige identitätsstiftende Merkmale werden allerdings durch die väterliche Linie bestimmt, so der Status des erblichen Priestertums oder der religiöse Name.

Wir betrachten die Geburt nicht als bestimmenden Faktor in der Religionszugehörigkeit von Kindern aus Mischehen. Wir unterscheiden zwischen Abstammung und Identität. Die Erziehung war immer ein starker Faktor jüdischer Identität. In der Vergangenheit konnten wir bei den meisten Kindern ein Minimum an jüdischer Erziehung voraussetzen. Heute gehört fast die Hälfte der jüdischen Bevölkerung zu keiner jüdischen Gemeinde, und die Kinder erhalten keinerlei jüdische Erziehung. Deshalb erklärt die „Central Conference of American Rabbis", dass das Kind mit auch nur einem jüdischen Elternteil als Jude gilt. Dies ist durch angemessene und gegenwärtige formale Zeichen jüdischer Identität bei Kindern von Mischehen unter Beweis zu stellen. Diese bestehen aus dem Eintritt in den Bund, einem hebräischen Namen, Tora-Lernen, Bar oder Bat Mizwa. Für andere, nicht mehr im Kindesalter, die eine jüdische Zugehörigkeit wollen, können andere Aktivitäten oder Erklärungen nach Beratung mit dem Rabbiner festgelegt werden.

Central Conference of American Rabbis 1983 (Reform)

⇒ Nr. 24: Wozu dient die Beschneidung?
⇒ Nr. 26: Was ist Bar Mizwa?

Klären Sie für Ihre eigene Person die Frage nach „Abstammung" und „Identität". Was bedeutet Ihnen das Ergebnis dieser Überlegung?

41. Ist ein durch Samenspende gezeugtes Kind ehelich, auch wenn der Ehemann der Mutter nicht der Spender ist?

Die meisten Gesetzeslehrer betrachten ein durch Samenspende gezeugtes Kind als ehelich und den Vorgang nicht als Ehebruch, wenn keine sexuellen Praktiken dabei eine Rolle gespielt haben. Der Ehemann der Frau wird dann auch als Vater des Kindes angesehen. Der Spender sollte möglichst ein Nichtjude sein, um die Möglichkeit eines Inzest gering zu halten.

Da es viele moralische, juristische und religiöse Probleme im Zusammenhang mit Samenspenden gibt, muss man sich fragen, weshalb ein Paar, das kinderlos bleibt, nicht einfach adoptiert. Der psychologische Stress der Frau, die sich oft als Ehebrecherin fühlt, wie der emotionale des Mannes, dessen Männlichkeit in Frage gestellt ist, wären verschwunden. Es gibt aber auch Gründe, weshalb eine Frau es vorzieht, ihr eigenes Kind zur Welt zu bringen. Da ist zunächst das Bedürfnis, schwanger zu werden. Zweitens: Mann und Frau durchleben gemeinsam die Vorbereitungen bis zur Geburt, die Schwangerschaft und die Entbindung. Drittens: Das Kind ähnelt den Geschwistern und mindestens einem Elternpartner. Viertens: Adoptiveltern fürchten ständig das Erscheinen der wirklichen Mutter; eine Angst, die bei einem durch Samenspende gezeugten Kind nicht vorhanden ist. Und endlich: Samenspenden werden oft von Akademikern gewonnen.

Fred Rosner / David Bleich 1979

In die Frage nach der Ehelichkeit von Kindern, die durch eine – außereheliche – Samenspende gezeugt wurden, ist in orthodox-jüdischen Gesellschaften so brisant, weil es den biblisch-talmudischen Begriff der „Mamserim" (Singular: Mamser) gibt. Das sind Kinder, die „im Ehebruch gezeugt" wurden.
Sie gehören – nach der Auslegung mancher Toralehrer – nicht zum engeren Kreis der „Gemeinschaft Gottes"; sie dürfen sich nicht mit einem Partner oder einer Partnerin aus einer „guten" jüdischen Familie" verheiraten. In Israel gibt es Mamser-Listen, in denen vor einer Eheschließung nachgeschaut werden kann. Diese Listen sind aber für nicht-orthodoxe Familien und Gemeinden gegenstandslos.

Prüfen Sie die fünf Argumente, welche F. Rosner und D. Bleich für die Zeugung eines Kindes durch fremde Samenspende aus der Perspektive der Frau anführt. Wiegen sie die möglicherweise entstehenden Probleme auf?

⇒ *Nr. 4: Welche Gruppierungen gibt es im heutigen Judentum?*
⇒ *Nr. 41: Was sagt das Judentum zum Problem der Leihmutterschaft?*

42. Was sagt das Judentum zum Problem der Leihmutterschaft?

Den ersten Hinweis zum Thema finden wir in Genesis 1,28: „Seid fruchtbar und mehret euch, füllet die Erde und bezwinget sie!", wird dort den Menschen aufgetragen. Zwei Aussagen sind darin verknüpft: zum einen das Gebot, sich zu vermehren, Kinder zu bekommen. Zum anderen aber auch die Pflicht, mit Geist und Wissen sich die Erde untertan zu machen. In der Verknüpfung bedeutet dies zunächst einmal ein grundsätzliches Placet zu Hilfsmaßnahmen bei der Vermehrung.

Dies kann nicht verwundern, litten doch drei der vier biblischen Urmütter an Unfruchtbarkeit: Sara, Rebecca und Rachel. Und von Rachel wird auch die erste Nutzung „künstlicher" Mittel berichtet. In Genesis 30,14 bringt Ruben seiner Mutter Lea Alraunen vom Feld. Rachel bittet ihre Schwester Lea um diese Alraunen und wird später, mit Hilfe der Pflanzen Mutter eines Sohnes – Joseph.

Unfruchtbarkeit ist auch für viele jüdische Paare heutzutage ein Problem. Doch sind sie nicht mehr, wie einst Rachel, auf Hilfe von Kräutern angewiesen. Ihnen stehen technische Möglichkeiten offen, das Gebot der Vermehrung zu erfüllen.

Miryam Z. Wahrman 1997

Das Problem ist kein neues, da es bereits in der Bibel vorkommt, dass Frauen für andere Kinder aufziehen (1. Mose 30,3 und 50,23). Weder die Gesetze des Staates Israel noch jüdische Theologen nehmen eine derart ablehnende Haltung gegenüber der Leihmutterschaft ein wie deutsche Gesetzgeber, die allerdings auch keine jüdischen Theologen hierzu befragten.

Zunächst ist der Wunsch nach Kindern würdig und legitim. Bereits das erste biblische Gebot (1. Mose 1,28) beinhaltet dies. Wenn man Frauen zumutet, Kinder zur Adoption freizugeben, sollte man nicht plötzlich bei der Leihmutterschaft moralische Bedenken haben. Dies für Geld zu tun, ist zwar kein hoch stehendes Motiv, aber wenn gegen Bezahlung eine in sich wertvolle und wünschenswerte Leistung erbracht wird, gibt es vom Standpunkt der jüdischen Moraltheologie aus keine ernsten Bedenken. Anders liegt der Fall bei Frauen, die aus kosmetischen Gründen eine eigene Schwangerschaft vermeiden wollen. Dem sollte durch den Gesetzgeber, wenn möglich, Einhalt geboten werden.

Trotz aller mahnenden Zeigefinger ist alles gut, was uns zu mehr Menschlichkeit bringt. Ist es nicht merkwürdig, dass man die Menschen zwingen will, ungewünschte Kinder in die Welt zu setzen, aber andererseits den Eltern, die Kinder wünschen, diese vorenthält?

> Benennen Sie die Kriterien und Argumentationswege, welche der Rabbiner N.P. Levinson und die jüdische Biologin M.Z. Wahrman zur Bewertung der Leihmutterschaft finden. Wie weit wären solche Gedankengänge in nichtjüdischen (innerchristlichen/ deutschen) Diskussionen erfolgreich vorzubringen?

43. Darf ein Jude mehrere Frauen heiraten?

In der Frage, ob Einehe den Vorrang vor Bigamie oder Polygamie hat, gibt es von der Bibel her zwei mögliche Antworten: der Schöpfungsbericht legt die Einehe nahe, die Vätergeschichten rechtfertigen mehrere Frauen. Die biblischen Bestimmungen beziehen sich auch auf letztere – etwa im Erbrecht, wo der Erstgeborene von einer weniger geliebten Frau nicht zugunsten des Sohnes der Lieblingsfrau benachteiligt werden darf (Dtn 21,15-17). Aufgrund der biblischen Vorgaben und der entsprechenden Wirklichkeit in nahöstlichen Ländern sind Fragen der legitimen Bigamie Teil des rabbinischen Familienrechts. Jedoch ist von keinem Talmudmeister bekannt, dass er mehrere Frauen zugleich hatte. Im mitteleuropäischen Judentum wurde die ohnehin nicht vorhandene Bigamie im 11. Jahrhundert für unstatthaft erklärt.

Pnina Navè Levinson 1993

Die Polygamie war in der Bibel und ist auch heute noch bei orientalischen Juden anzutreffen. Allerdings zeigen die biblische und die rabbinische Literatur, dass die Monogamie als die vorzuziehende Lebensart galt. Rabbenu Gerschom, Mainz um das Jahr 1000, „Leuchte des Exils" genannt, hatte die Polygamie für den europäischen Kulturbereich verboten. In Israel ist sie heute illegal – was bei Juden, die aus dem Jemen oder anderen orientalischen Ländern stammen, Probleme schafft. Eine Ausnahme ist der Fall, wo aus schwerwiegenden Gründen – bei Geisteskrankheit der Frau oder sonst gewichtigen Gründen – eine Scheidung unmöglich ist. Mit der Unterschrift von 100 Rabbinern kann möglicherweise eine zweite Frau geheiratet werden.

---

1. Lesen Sie 1. Mose 1,27; 2,21-25; 3,1-24. Wie wird die Beziehung zwischen Mann und Frau beschrieben?

2. Lesen sie 1. Mose 16,1-16; 21,1-21; 26,34f.; 29,1-30; 30,1-24. Welche Schwierigkeiten ergeben sich innerhalb der ehelichen Beziehungen? Wie werden die Probleme gelöst?

Der Talmudweise Rabbi Ami empfiehlt am Ende des 3. Jh. n.d.Z. die Auszahlung der im Ehevertrag vorgesehenen Geldsumme, also die Scheidung, wenn sich ein Ehemann mit einer zweiten Frau verheiraten will. In späterer Zeit wird es üblich, „Bedingungen" in den Ehevertrag aufzunehmen, die die Einehe sicherstellen sollen. In einem Dokument aus dem Jahr 1107 verpflichtet sich der Bräutigam, „keine zweite Frau zu Lebzeiten der Ehefrau zu heiraten und in seinem Haushalt keine Dienstbotin anzustellen, die von der Gattin abgelehnt wird". Eine für alle Juden geltende Vereinbarung wurde allerdings nie erreicht.

Roland Gradwohl 1995

44. Dürfen religiöse Jüdinnen und Juden sich scheiden lassen?

Rabbi Idi erzählte, es lebte einst eine Frau in Sidon, die zehn Jahre mit ihrem Mann zusammen war, aber kein Kind gebar. Sie gingen zu Rabbi Simon bar Jochai und baten um Scheidung. Er sprach zu ihnen: „Wie euer Zusammenkommen mit einem Bankett begann, so möget ihr euch auch mit einem Bankett trennen." Sie stimmten zu und machten ein Bankett. Die Frau gab ihrem Mann mehr als genug zu trinken. Als er wieder zu sich kam, sagte er zu ihr: „Meine Tochter, nimm, was dir am kostbarsten ist, und kehre damit in deines Vaters Haus zurück." Was tat sie? Als er eingeschlafen war, befahl sie ihren Dienern, ihn auf seiner Matratze in das Haus ihres Vaters zu bringen. In der Mitte der Nacht wachte er auf und fragte: „Wo bin ich?" Sie antwortete: „Im Hause meines Vaters". „Was habe ich hier zu tun?" „Hast du mir nicht gestern gesagt, das Kostbarste in das Haus meines Vaters zu nehmen? In der ganzen Welt gibt es nichts Kostbareres für mich als dich!"

Midrasch (Lehrerzählung/ Kommentar) zum Hohenlied

Nach dem Buchstaben des Eherechtes hat der Mann Vorrechte. Diese betreffen die Scheidung bei Versagen der Ehe oder Kinderlosigkeit. Zur Scheidung ist der biblisch vorgeschriebene Scheidebrief notwendig. Dieser kann durch den Mann ausgehändigt werden, sodass man vermuten könnte, die Frau habe kein Scheiderecht. Dies wurde jedoch durch die Rabbinen des Talmud zugunsten der Frau geändert. Außer den Scheidungsgründen des Mannes, wie Untreue oder Missachtung der jüdischen Lebensregeln, gibt es auch die der Frau, wie Impotenz oder Vernachlässigung durch den Ehemann. Um leichtsinnige Scheidungen zu erschweren, wurden die Männer bei der Eheschließung auf hohe Alimentepflichten festgelegt, die sich nach dem rabbinischen Recht und den Angaben in der Ketubba (der Hochzeitsurkunde) richten. Fehlverhalten der Frau brachte sie um diese Einkünfte. Fehlverhalten des Mannes führte zu strikten Maßnahmen des Gerichtshofes, um ihn zur Scheidung und zur Auszahlung zu bewegen. – Das Bewusstsein, dass die Ehe beim Misslingen kein Gefängnis auf Lebenszeit bedeutet, führte zu einer gelasseneren Haltung als dort, wo Scheidung entweder unmöglich oder aber allzu leicht war. Jedenfalls sind diese Bestimmungen Teil der Lehre von der menschlichen Würde und sollten möglichst in diesem Zusammenhang gesehen werden. Wie jedes Rechtssystem hat auch das jüdische Eherecht mehrere Punkte, die aus heutiger Sicht bedenklich scheinen. Auf's Ganze gesehen, entspricht es dem sprichwörtlich guten und innigen jüdischen Familienleben.

Pnina Navè Levinson 1993

Die Scheidung wird als Unglück angesehen, denn „sogar der Altar gießt Tränen darüber aus" (Talmud, Gittin 90b). Aber ein „Ende mit Schrecken ist besser als ein Schrecken ohne Ende". Wenn sich auch ein Mann in biblischen Zeiten relativ leicht von seiner Frau trennen konnte, so haben die Rabbiner dies später immer schwieriger gemacht und dafür gesorgt, dass eine Frau nicht ohne ihren Willen geschieden werden konnte und dass bereits in der Eheurkunde (Ketubba) Vorsorge für ihren Unterhalt nach dem Tode des Mannes oder einer Scheidung festgeschrieben wurde. Eine Ketubba kann sehr leicht aufgesetzt werden. Ein Scheidebrief jedoch ist so schwer zu schreiben, dass ein versierter Toraschreiber dafür benötigt wird. Bei dem kleinsten Fehler – etwa in der Orthographie eines der Wohnorte – wird das Dokument für ungültig erklärt. Das wurde so geregelt mit der Absicht, einen Ehemann vom Schreiben eines Scheidebriefs möglichst abzuhalten.

Die jüdische Scheidungsprozedur muss von einem Rabbinatsgericht, bestehend aus drei Rabbinern, beaufsichtigt werden. Zusätzlich sind ein Schreiber und zwei Zeugen notwendig. Es wird in hebräischen Buchstaben handschriftlich ein Scheidungstext (Get) angefertigt. Dieser enthält keine Angaben zu den Scheidungsgründen. Der Get wird zum Zeichen, dass er benutzt wurde, eingerissen und beim Rabbinatsgericht aufbewahrt. Die Geschiedenen erhalten einen Freilassungsbrief (Pitur), der ihnen das Recht gibt, sich wieder zu verheiraten.

Israelische Frauenorganisationen haben am 1. März (*1999*) vor dem Oberrabbinat in Jerusalem gegen eine Diskriminierung von Frauen durch das religiöse Scheidungsrecht demonstriert. Es gebe heute in Israel rund 10.000 Frauen, die von ihren Männern zwar verlassen wurden, aufgrund der Rechtslage jedoch nicht geschieden werden können, berichtet die Zeitung „Haaretz". Zu dieser Personengruppe werden den Angaben zufolge auch Frauen gerechnet, denen das rabbinische Gericht eine Scheidung gestattet, deren Männer aber nicht in die Scheidung einwilligten.
Nach jüdischem religiösen Recht kann eine Ehe nur mit dem Einverständnis des Ehemanns geschieden werden. In Israel gibt es keine zivilen Standesämter. Die Demonstration fand am traditionellen Frauentag der jüdischen Feministinnen statt. Die Frauen fordern eine Änderung des religiösen Gesetzes, die den Gerichten in Extremfällen eine Zwangsscheidung gegen den Willen der Männer ermöglicht.

Evangelischer Pressedienst 1999

Setzen Sie sich kritisch mit Pnina Navè Levinsons Behauptung auseinander, das jüdische Scheidungsrecht schaffe eine gelassenere Haltung gegenüber der Ehe als es in solchen Gesellschaften möglich ist, wo Scheidung entweder unmöglich oder zu leicht gemacht werde.

45. Wie ist die Haltung des Judentums gegenüber Homosexuellen?

> 1. Lesen Sie die folgenden Torastellen zum Thema:
> 1. Mose 1,28; 2,24; 3. Mose 18,22; 20,13. Möglicherweise ist weibliche Homosexualität in 3. Mose 18,3 angedeutet.
> In welcher Weise können diese Dokumente maßgeblich für heutige Moral und Rechtsprechung sein?

Die mündliche Tradition (*der Talmud*) weitet die Vorkehrung gegen die Homosexualität aus. „Ein Unverheirateter soll kleine Kinder nicht unterrichten ... R. Jehuda sagte: Zwei unverheiratete Männer sollen nicht unter einer Decke schlafen. Die Weisen erlauben dies", weil „die Israeliten nicht der Homosexualität verdächtigt waren." Das hat sich freilich geändert. Im 16. Jh. schreibt R. Joseph Karo: „In diesen (unseren) Generationen, da sich die Gesetzesbrecher mehren, soll man das Zusammensein mit einem einzelnen Mann meiden."

Roland Gradwohl 1995

Im orthodoxen Denken betrachtet man die Homosexualität immer noch als eine freiwillig gewählte Perversion oder Modeerscheinung. Allmählich beginnt hier und da in den nichtorthodoxen Richtungen eine Sicht als nicht freiwillig gewähltes So-Sein eines bestimmten Prozentsatzes der Frauen und Männer in jeder Gesellschaft. Daher wird von verschiedenen Seiten die Anerkennung als Minderheit mit gleichen Rechten gefordert. Da diese meist verweigert werden, gründeten Homosexuelle in den USA seit 1972 eigene Reformsynagogen und führen private Trauungen gleichgeschlechtlicher Paare durch. Eine weitere Diskussion entstand, weil Homosexuelle an den nichtorthodoxen Rabbinerseminaren studieren. Die Reformrabbiner setzten 1989 eine Fachkommission ein. In dieser wurde im Sommer 1990 beschlossen, dass Homosexuelle ordiniert werden.

Pnina Navè Levinson 1992

> 2. Lesen Sie die neutestamentlichen Texte, welche in kirchlichen Verlautbarungen meist zur Bewertung von Homosexualität herangezogen werden: Römer 1,26f; 1. Korinther 6,9-11 und 1. Timotheus 1,10.
> Welche „biblische Weisung" würden Sie aus den Texten ablesen?

Die Haltung der Bibel ist eindeutig. Homosexualität wird als „Gräuel" mit den strengsten Strafen belegt. Auch das Reformjudentum, das sonst für Gleichheit und Toleranz eintritt, ist hier gespalten. Die Bildung eigener homosexueller Gemeinden wird meist abgelehnt, desgleichen eine religiöse Heirat zwischen gleichgeschlechtlichen Paaren. Andererseits tritt man für die Rechte Homosexueller in der Gesellschaft ein und bekämpft jegliche Diskriminierung oder Kriminalisierung. Provozierende Aktionen neueren Stils auf den Straßen und in der breiten Öffentlichkeit stoßen meist auf Ablehnung religiöser Beobachter.

Februar 1993. Aufregung in der Knesset, dem israelischen Parlament. Eine Abgeordnete, die für die rechtliche Gleichstellung von Homosexuellen und Lesbierinnen eintritt, zitiert 2. Sam 1,26. Es handelt sich um einen Vers aus der Totenklage Davids für König Saul und dessen Sohn Jonathan (1. Sam 31,1-4). Jonathan, der Königsohn, ist seit langem Davids Busenfreund gewesen, obschon ihm klar war, dass nicht er, sondern David auf dem Thron Israels sitzen würde (20,30f). Die Freundschaft (18,2; 20,17) wurde durch kein Gefühl der Eifersucht getrübt. In der Totenklage von 2. Sam 1,26 spricht nun David die folgenden Worte: „Weh ist mir um dich, mein Bruder Jonathan! Wie sehr warst du mir zugetan. Wunderbarer war mir deine Liebe als die Liebe von Frauen." Aus dem Vers folgert die Abgeordnetete: „David und Jonathan waren homosexuell." Es entsteht ein großer Tumult. Er führt beinahe zu einem Misstrauensantrag gegen die Regierung, deren Koalition die Dame angehört.

In der Tat und Wahrheit handelt es sich um eine innige Freundschaft zwischen Verbündeten und Waffengefährten und nicht um ein erotischsexuelles Liebesverhältnis zwischen Männern. David hatte vier Gattinnen und Nebenfrauen. Allenfalls wäre David also bisexuell gewesen, doch dies müsste erst noch erhärtet werden. Bis dahin hängt die These der Knessetabgeordneten in der Luft.
Roland Gradwohl 1997

Im Staat Israel entschied ein Bezirksgericht im Januar 1993, dass der Partner eines homosexuellen EL-AL-Stewards (*eines Angestellten der israelischen Fluggesellschaft*) Anspruch auf jene Vergünstigungen (beispielsweise einen Freiflug) erheben kann, die einem Partner in einem heterosexuellen Verhältnis zustehen.
Roland Gradwohl 1995

Die Konferenz der reformierten Rabbiner in den USA hat sich bei ihrer Tagung in Greensboro im US-Bundesstaat North Carolina für die Segnung schwuler und lesbischer Partnerschaften ausgesprochen. Die Ausgestaltung der Gottesdienste bleibt den rund 1800 Rabbinern überlassen. Sie sollten ein „angebrachtes jüdisches Ritual" finden, heißt es in dem Beschluss. Der Sprecher der Rabbinerkonferenz erklärte, nicht Homosexualität sei sündhaft, sondern Vorurteile gegen Homosexuelle. Dem reformierten Judentum gehören etwa 1,5 Millionen amerikanischer Juden an.
Deutsches Allgemeines Sonntagsblatt 2000

---

3. Lassen Sie sich von zwei politischen Parteien der Bundesrepublik Deutschland die aktuellen Diskussionsgrundlagen zum Grundgesetzparagraphen 135 schicken und vergleichen Sie die Argumentationswege. Wie weit spielen darin religiöse Motive eine Rolle?

⇨ *Nr. 4: Welche Gruppierungen gibt es im heutigen Judentum?*

Kapitel VII:
Statistik und Identität

„Colloquio" von Corrado Cagli, 1962

Vom Judentum zu reden, ohne wenigstens eine ungefähre Vorstellung davon zu haben, wie viele Jüdinnen und Juden es weltweit und in Deutschland gibt, ist eigentlich nicht möglich. So wenden wir uns der Frage nach den Zahlen zu, auch wenn dies Trauer oder wenig geklärte Gefühle hervorruft. (Nr. 46)

Das Problem der Benennung der Menschen, die zur Schicksalsgemeinschaft des Judentums gehören, ist nicht mit einem Satz zu lösen. Die schriftlichen Traditionen verschiedener Zeiten bieten unterschiedliche Begriffe: Hebräer, Israeliten, Israelis, Juden. Welche Bezeichnung stimmt für welche Epoche der Geschichte und heute? Und was klingt bei jedem dieser Namen an Bedeutung und Missverständlichkeit mit? (Nr. 47)

Danach kommt eine besonders heikle Frage, nämlich die, wie es möglich ist, Jude und Deutscher zugleich zu sein. Dies hat nicht nur eine (völker)rechtliche, sondern auch eine historisch-soziale Dimension. Alte und (sehr) junge Juden und Jüdinnen kommen dabei zu Wort. (Nr. 48)

Zuletzt geht es in diesem Kapitel um den komplizierten Begriff der „Rasse", welcher im Bereich der deutschen Geschichte eine grauenvolle Rolle gespielt hat, aber durchaus weiterhin benutzt wird. (Nr. 49)

Das Lesen ist wie ein Gespräch mit den Jüdinnen und Juden, die in den folgenden Büchern zu Wort kommen:

- Peter Sichrowsky, Wir wissen nicht, was morgen wird. Wir wissen nur, was gestern war. Wir – junge Juden in Deutschland und Österreich, Kiepenheuer & Witsch, Köln 1985.
- Herlinde Koelbl, Jüdische Portraits. Photographien und Interviews, Fischer, Frankfurt a.M. (1989) 1998.
- Silke Mertins, Zwischentöne. Jüdische Frauenstimmen aus Israel, Orlanda Frauenverlag, Berlin 1992.

46. Wie viele Juden gibt es in der Bunderepublik und weltweit?

Juden hatten stets eine Tendenz, in größeren Städten zu wohnen. Auch in der Diaspora setzte sich diese Tendenz immer wieder durch. Das antike Rom beherbergte zeitweise 40.000 Juden und das ägyptische Alexandrien zählte mehr jüdische Einwohner als Jerusalem in seinen besten Tagen. Schätzungen nennen 200.000 als niedrigsten Wert. Ende des 18. Jahrhunderts ragte Amsterdam mit einer Gemeinde von 23.400 Mitgliedern hervor. Zu Anfang des 19. Jahrhunderts konnte Hamburg mit 6.430 Mitgliedern noch als die größte jüdische Gemeinde Deutschlands gelten.

Die entscheidenden demographischen Veränderungen des 20. Jahrhunderts hängen mit der Schoa, der Gründung des Staates Israel, dem Kommunismus in Osteuropa und mit der wachsenden Assimilation zusammen. Der von Deutschland ausgehenden Vernichtung in den Jahren 1939–45 fielen nach qualifizierten Schätzungen 5.950.000 Juden zum Opfer.
Das waren zwei Drittel des europäischen Judentums.

Peter Honigmann 1992

1991 betrug die Zahl der in den jüdischen Gemeinden der Bundesrepublik registrierten Juden ungefähr 30.000. Nachdem eine größere Anzahl von Juden aus der früheren Sowjetunion in Deutschland Aufnahme gefunden hat, dürfte die Zahl der Juden auf 80.000 gestiegen sein. (Zum Vergleich: Es leben heute in der Bundesrepublik 2,7 Millionen Muslime.)
Weltweit gibt es ca. 14 Millionen Juden.
Vor 1933 lebten in Deutschland über eine halbe Million Juden, von ihnen 170.000 allein in Berlin. Juden haben eigentlich niemals nach der Zahl, der Quantität oder Statistik gefragt. Denn wenn sie das getan hätten, wäre ihr Überleben illusorisch gewesen. Schon zur Zeit der Makkabäer kämpften sie einen zahlenmäßig aussichtslosen Kampf, wie es auch das Gebetbuch beschreibt: „Du gabst die Starken in die Hand der Schwachen, die Vielen in die Hand der Wenigen, ... die Frevler in die Hand derer, die sich mit der Lehre beschäftigten." Und schon im 5. Buch Mose lesen wir, dass die Erwählung Israels nicht auf eine zahlenmäßige Überlegenheit zurückzuführen war, „denn ihr seid das kleinste unter den Völkern" (5. Mose 7,7).
Die Existenz des jüdischen Volkes ist keine mathematische, sondern eine metaphysische Angelegenheit. Deshalb ist die Fragestellung: „Wie viele seid ihr eigentlich?" illegitim.

⇒ *Nr. 48: Kann man Jude und zugleich Deutscher sein?*

Gehen Sie auf Spurensuche. Wie viele Jüdinnen und Juden haben vor 1933 in Ihrer Region gewohnt? Wie viele Mitglieder hat die jüdische Gemeinde in Ihrer Nähe zurzeit?

47. Was ist der Unterschied zwischen Juden, Israelis, Israeliten und Hebräern?

Israelis sind Bürger des Staates Israel. Sie können Muslime, Juden, Christen oder Angehörige anderer Religionsgemeinschaften sein. **Juden** wie **Israeliten** sind Mitglieder der jüdischen Religion. Sie können nicht gleichzeitig auch einer anderen Religion angehören. Deshalb kann es auch keine jüdisch anerkannten „Juden für Jesus" geben bzw. „messianische Juden". **Hebräer** bezieht sich meist auf die Juden in der Bibel, wie „Abraham, der Hebräer" oder Jona: „Ich bin ein Hebräer!". Der Begriff „**mosaisch**" wurde oft gebraucht, um Juden z. B. auf Zeugnissen zu kennzeichnen. Der Begriff ist missverständlich, da das Judentum kein „Mosaismus" ist, sondern eine nachmosaische Entwicklung durchlaufen hat.

Jude geht auf das hebräische Jehuda (Juda) zurück. Juda ist der vierte Sohn Leas, der ersten Gattin des Stammvaters Jakob, und späterer Stammvater des vierten der zwölf Stämme Israels. Wer in Judas Stammgebiet lebt, ist Judäer. Was bedeutet der Name Jehuda und damit auch der Name Jude? Jehuda ist von der Wurzel j-h-d, „Preisen, danken" abgeleitet und besitzt als erstes Element den Gottesnamen J-H. Lea wählt den Namen für ihr Kind: „Dieses Mal will ich Gott preisen" (1. Mose 29,35).

Spätbiblisch wird Jehuda zur aramäischen Kurzform Jehud (Daniel 2,25; 5,13). Jehuda, Juda, Jehud und dann das deutsche Jude bedeuten so viel wie „Gott sei gepriesen" oder „Gott sei gedankt". *Roland Gradwohl 1994*

> Welche Assoziationen weckt das Wort „Jude" bei Ihnen? Denken Sie über die mögliche Herkunft Ihrer Assoziationen nach.

In der christlichen Bibelwissenschaft werden die Nachkommen Abrahams, Isaaks und Jakobs „Hebräer" genannt, und zwar im Allgemeinen bis zur Begründung des Staates Israel unter den Königen Saul, David und Salomo. Dann spricht man von den „Israeliten". Nach der Teilung des Staates wird vom „Nord- und Südreich" geredet oder von „Israel" und „Juda". Vom babylonischen Exil an nennen christliche Theologen die exilierten Judäer „Juden", ungeachtet dessen, dass es unter den Makkabäern und Herodes wiederum einen Staat Israel gab.

Diese historisch-kritisch orientierte Verabredung stimmt nicht mit dem biblischen Sprachgebrauch überein. Da werden z.B. im Exodusbuch die Moseleute – von der eigenen Zeit in die Vergangenheit zurückblickend – auch schon „Israeliten" genannt. Und das Wort „Jude" kommt erst im Esterbuch vor, wo es um Ereignisse in der Perserzeit geht.

⇒ Nr. 5: Kann man Jude und zugleich Christ sein?

48. Kann man Jude und zugleich Deutscher sein?

Trotz ihrer internationalen Verknüpfung zu einer Glaubensgemeinschaft sind Juden immer Patrioten gewesen und scheinen ein Gleichgewicht zwischen Vaterlandsliebe und Menschheitsverbundenheit erreicht zu haben. Dieses Gleichgewicht tut der Menschheit not, als Gleichgewicht gegen die Auswüchse des Nationalismus.

Leo Trepp 1999

Ich heiße Hadar und wurde vor 14 Jahren in Israel geboren. Seit sieben Jahren leben ich und meine Familie in Frankfurt (*am Main*). Bis vor zwei Jahren war mir eigentlich nicht richtig bewusst, dass ich in einem Land lebe, wo vor 50 Jahren Tausende von Juden getötet wurden.
Ich ging (zunächst) in eine jüdische Schule. Mit zwölf Jahren kam ich auf eine deutsche Schule. Nach dem ersten Jahr auf dem Gymnasium war ich schließlich so zufrieden, dass ich es bereute, dass meine Eltern mich erst ab der siebten Klasse in eine deutsche Schule schickten. So lernt man andere Religionen und Länder kennen. Man bessert auch manchmal seine Meinung über Deutsche.

▪ 1. Wie sind Sie zu Ihrer Nationalität gekommen?
▪ 2. Wie hängen Ihre Nationalität und Ihre Weltanschauung bzw. Konfessionalität zusammen?

Jude-sein ist eine Religionszugehörigkeit oder wenn man will, eine Schicksalsgemeinschaft. Als Bürger eines Landes besitzt man eine politische Zugehörigkeit oder Staatsbürgerschaft, die durch einen Pass, eine Kennkarte oder einen Personalausweis festgestellt wird. Der Mensch hat natürlich verschiedene Interessen und Loyalitäten. Diese können harmonisch nebeneinander bestehen. Bei Interessenkonflikten sollte eine Wahl zwischen den verschiedenen Interessengebieten stattfinden. Man ist also nicht zuerst Jude und dann Deutscher, Franzose oder Spanier. Man ist beides: Jude und Deutscher oder Franzose ... Und beides sollte sorgfältig auseinander gehalten werden.
Qualitativ sind die Staatsangehörigkeit „deutsch" und die Volkszugehörigkeit „jüdisch" nicht zu vergleichen, und daher schließen sie sich auch gegenseitig nicht aus.
Juden in Deutschland, so weit sie deutsche Staatsangehörige sind, sind nicht nur Mitglieder des jüdischen Volkes, sondern gehören auch zur deutschen Nation, genauso wie amerikanische Juden der amerikanischen Nation angehören, französische der französischen. Es ist also ein Unding, so wie es oft geschieht, von einem deutsch-jüdischen Gespräch zu sprechen. Solange es sich auf beiden Seiten um Deutsche handelt, ist es höchstens ein christlich-jüdisches oder nichtjüdisch-jüdisches Gespräch ...

⇒ Nr. 46: *Wie viele Juden gibt es in der Bundesrepublik und weltweit?*
⇒ Nr. 57: *Sind und bleiben Juden nicht doch Fremde in Deutschland?*

Nach 1945 gab es nur noch ungefähr 25.000 Jüdinnen und Juden in Deutschland: Die so genannten „displaced persons" aus Osteuropa, die zunächst in Lagern (z.B. Bergen-Belsen) waren und dann in Deutschland blieben, Juden aus Mischehen, die nicht deportiert worden waren, Juden, die aus Konzentrationslagern in Osteuropa zurückkamen, und einige Tausend, die im Untergrund überlebt hatten. Viele wanderten in den ersten Jahren nach dem Krieg ins Land Israel und in die USA aus. Ungefähr 10.000 Israelis ließen sich (vorübergehend) in Deutschland nieder. Bis 1989 war das Durchschnittsalter der jüdischen Gemeinden in Deutschland so hoch geworden, dass ihr Ende zu befürchten war. Erst die Aufnahme von Juden und Jüdinnen aus Osteuropa nach 1989 ließ die Zahl der Gemeindemitglieder in Deutschland auf fast 80.000 anwachsen.

Bis vor etwa 20 Jahren war die Redensart gängig, Juden lebten auf gepackten Koffern in Deutschland. Die Koffer sind ausgepackt. Das Leben kommt weitgehend einer Normalität nahe, die allerdings immer wieder in Frage gestellt wird, wenn antisemitische Vorgänge geschehen. Von diesen gibt es gerade in letzter Zeit zunehmend mehr, weil die Tabus verschwinden.

Heute ist die Situation der Juden in Deutschland schwer einzuschätzen. Die Generation, die den Holocaust durchlitten und überlebt hat, stirbt aus. Die zweite Generation assimiliert sich, ohne sich voll zu integrieren, und die russischen Juden müssen sich erst langsam daran gewöhnen, dass sie in einer westlichen Demokratie leben. Es wird daher noch zwei Jahrzehnte dauern, bis die innere Struktur der jüdischen Gemeinden ihren Weg gefunden hat. Diese Entwicklung wird natürlich auch davon abhängen, in welcher Weise den Juden in Deutschland die Integration gelingt, was nicht nur ihrem Willen entspringt, sondern auch der politischen Kultur in der Bundesrepublik.

Ernst Ludwig Ehrlich 1999

Mitte 1992 begannen Brandanschläge auf Asylbewerberheime. Viele haben demonstriert. Man hat immer öfter über Rechtsextremismus in der Schule geredet. Ausländer wurden befragt, wie sie sich in Deutschland fühlen. Und plötzlich wurden im Fernsehen Interviews mit Juden ausgestrahlt. Ich bemerkte, dass viele meiner Freunde mich fragten, ob ich wegen dieser Nazis nach Israel umziehen werde. Viele Familien überlegten, ob sie nach Israel ziehen sollten. Ich verstand das irgendwie nicht. Ausländer sind doch nicht immer Juden und Juden sind nicht immer Ausländer. Jeder kann doch daran glauben, woran er glauben will. Da können doch nicht ein paar Typen, in diesem Fall Nazis, auftauchen und einem verbieten, einen Glauben zu besitzen, den sie selbst missachten. Manchmal glaube ich, dass es Leute gibt, die den Unterschied zwischen „ein Ausländer zu sein" und „einen Glauben zu besitzen", gar nicht kennen.
Ich denke aber noch lange nicht daran, dieses Land jetzt einfach so zu verlassen. Ich sehe es zwar nicht als mein Heimatland, aber ich habe hier mein halbes Leben verbracht und ich gebe jetzt nicht so schnell alles wieder auf.

Hadar, 14 Jahre, 1995

Jung, jüdisch, deutsch

„Woran erkennt man denn überhaupt Juden?", fragt Julia Friedrich unverblümt die Schüler einer neunten Klasse aus Ost-Berlin, die sie durch Eingangshalle, Männervestibül und Vorsynagoge führt. „Dunkle Haare" und „krumme Nase" kommt als Antwort zurück – „das klassische Stürmer-Bild", kommentiert sie später. „Sie wissen es eben nicht besser. Aber das lässt sich ja beheben."
Seit eineinhalb Jahren erklärt sie Besuchergruppen aus aller Welt die Geschichte des Hauses.
„Die meisten, vor allem die Jugendlichen aus Marzahn oder Treptow, haben in ihrem Leben noch keinen einzigen Juden gesehen. Deshalb sind sie vorurteilsgeprägt, aber auch offener und direkter als Erwachsene."
Stets sorgt eine eigenartige Mischung aus Neugier und Befangenheit dafür, dass die Ebene der musealen Information rasch verlassen wird und die Grundakkorde anklingen: Auschwitz, Holocaust-Mahnmal, Walser/Bubis-Streit, Israel und, oft im Flüsterton vorgetragen: „Juden in Deutschland – wie ist das überhaupt?"
Schließlich kommt es heraus: Das blonde „Kindchen", wie ältere Frauen Julia Friedrich titulieren, ist selbst Jüdin, geboren und aufgewachsen im grünen Westen Berlins. „Plötzlich kann man das Schild ‚Vorsicht!' aufleuchten sehen, die meisten treten im Geiste einen Schritt zurück, die Befangenheit wächst." Und es stimmt ja: Vor fast 60 Jahren wurden hunderttausende solcher Kindchen in die Vernichtungslager deportiert.
Dabei versucht gerade diese junge Deutsche aus Berlin-Wilmersdorf, die viele nichtjüdische Freunde hat und „deutsche Pünktlichkeit und Verlässlichkeit" schätzt, so sachlich wie möglich zu bleiben. Doch unweigerlich und wider Willen fungiert sie als Projektionsfläche für alle möglichen Ressentiments und Ängste, Schuldgefühle und Erlösungswunsche.

In der – als Torso – renovierten „Neuen Synagoge" an der Oranienburger Straße in Berlin-Mitte ist ein Museum und – im Obergeschoss – ein neuer Betsaal – entstanden. Eine jüdische Studentin – Julia Friedrich – erklärt den Besucher/innen, was zu sehen ist und was sie darüber wissen sollten. Ihre Erklärungen, aber auch ihre eigene Person konfrontieren die Besucher/innen mit der Nazi-Vergangenheit und dem heutigen Judentum in Berlin. Allerdings zwingen die Fragen, die Bemerkungen und das Schweigen J. Friedrich auch zum eigenen Nachdenken.

Julia Friedrich

Statistik und Identität

„Wie kannst du als Jüdin überhaupt hier leben?", fragen jüdische Besucher aus Amerika. Ihre Antwort ist eindeutig: Sie fühlt sich wohl in Berlin. „Deutschland ist meine Heimat", sagt sie, „hier wird meine Sprache gesprochen, hier leben meine Freunde." Und, nicht ohne Ironie: „Deutschland braucht seine Juden – zum Beweis der Läuterung und als unfreiwillige moralische Instanz."

Freilich kennt sie auch junge Juden, „die sich auf ihrem Jüdisch-Sein ganz humorlos ausruhen" und ernsthaft an ihre selbst entwickelte Sicherheitsformel glauben: „In Deutschland kann dir als Jude nichts passieren" – eben weil schon alles passiert ist. Verrückte Dialektik der Geschichte.

Julia Friedrich mag dieses arrogante Elitebewusstsein nicht, das Herkunft und Religion plötzlich selbst zum wesentlichen Unterscheidungsmerkmal erklärt und seinerseits die Schoah mythisch überhöht. Viele von ihnen, etwa die Mitglieder im jüdischen Studentenverband, leben fast ausschließlich in einem homogenen jüdischen Freundes- und Bekanntenkreis.

Julia Friedrich jedenfalls lebt selbstbewusst inmitten jener Widersprüche und Ambivalenzen, die sie bei sich wie bei anderen kritisch registriert.

Reinhard Mohr 1999

Hallo! Ich heiße Benni und gehe auf die Jüdische Schule. Ich bin Jude und fühle mich als deutscher Jude eigentlich o.k., weil ich blonde Haare habe und so nicht wie ein Ausländer aussehe. Aber wenn man gefragt wird, wird's schwer. Ich antworte nur Leuten, die ich kenne oder die vom Fernsehen oder vom Radio oder von der Zeitung sind. Den anderen antworte ich: „Das geht Sie/euch nichts an!"

Benni, 5. Klasse, Berlin 1995

Z.B. unter „www.zeit.de" (Suche: „Juden in Deutschland" o.Ä.) finden Sie weitere Informationen. Wenn Sie das Thema besonders interessiert oder Sie ein Referat anfertigen wollen, empfehlen wir:

📖 Micha Brumlik (Hg.), Junge Juden und ihre Zukunft in Deutschland, Bleicher, Gerlingen 1998.

⇒ *Ziehen Sie den Text von Martin Buber aus Nr. 52 (Zerstreuung) hinzu.*

3. Stellen Sie die jüdischen Bedenken gegenüber jüdischer Existenz in Deutschland, wie sie sich in den Texten spiegeln, zusammen. Setzen Sie sich kritisch und konstruktiv damit auseinander.

4. Welche Gründe äußern Hadar und Julia, trotz aller Schwierigkeiten in Deutschland zu bleiben? Was erscheint Ihnen davon verständlich und nachfühlbar?

49. Bilden die Juden eine Rasse?

⇒ Nr. 56: Was sind die Gründe für den Antisemitismus?

Den Begriff *Rassenhygiene* prägte der Rassenkundler Alfred Ploetz 1895. Unter Berufung auf Darwin und seine Schule postulierte Ploetz den Kampf ums Dasein als einzige Möglichkeit einer Verbesserung der zivilisierten Rassen. Als praktische Maßnahmen zur Erreichung dieses Zieles sah er unter anderem die frühe und vollständige staatliche „Ausjätung" sowie die Verhinderung der Fortpflanzung „Minderwertiger" und die Bekämpfung der „Keimgifte" (Tuberkulose, Syphilis und Alkoholismus) vor.
Sein Schüler Fritz Lenz wurde 1923 in München Inhaber der ersten Professur für Rassenhygiene und 1933 Professor für Eugenik (*Erbgesundheitslehre*) in Berlin. Im selben Jahr erschien seine Schrift „Die Rasse als Wertprinzip", die neben den Schriften des Rassentheoretikers Arthur Graf Gobineau und Housten Stewart Chamberlain, mit ihrer Verherrlichung der germanischen Rasse, großen Einfluss auf die Rassenideologie und die Weltanschauung Hitlers und der Nationalsozialisten hatte.
Die Nationalsozialisten forderten neben der Verhinderung der Fortpflanzungsmöglichkeit für Erbkranke und „Minderwertige" vor allem das Verbot der Vermischung von Ariern und Juden, die als Parasitenklasse deklariert

Aus seinen Schmarotzerinstinkten heraus hält der Jude seine eigene Rasse rein und greift zugleich die Wirtsvölker im Kern ihrer Existenz, im Bestand ihres rassischen Seins an. Denn nur wenn die rassische Grundlage der Völker durch Rassenmischung zerstört ist, kann er sich frei und ungehemmt entfalten. Zwischen den rassenbewussten Völkern und den Juden kann es daher niemals einen Ausgleich, sondern immer nur Kampf geben.

Heinrich Himmler, Reichsführer der SS

Wir sehen in Rasse, Volkstum und Nation uns von Gott geschenkte und anvertraute Lebensordnungen, für deren Erhaltung zu sorgen uns Gottes Gesetz ist. Daher ist der Rassenvermischung entgegenzutreten.
In der Judenmission sehen wir eine schwere Gefahr für unser Volkstum. Sie ist das Eingangstor fremden Blutes in unseren Volkskörper. Die Heilige Schrift weiß auch etwas zu sagen von heiligem Zorn und sich versagender Liebe. Insbesondere ist die Eheschließung zwischen Deutschen und Juden zu verbieten.

Aus den Richtlinien der „Deutschen Christen" 1932

…Vor allem aber verpflichte ich die Führung der Nation und die Gefolgschaft zur peinlichen Einhaltung der Rassengesetze und zum unbarmherzigen Widerstand gegen die Weltvergifter aller Völker, das internationale Judentum.

gegeben zu Berlin, den 29. April 1945, 4.00 Uhr
gez. Adolf Hitler
Aus dem Testament Adolf Hitlers

Die meisten Anthropologen lehnen die Behauptung ab, dass es eine wissenschaftlich feststellbare Beziehung zwischen rassischen und kulturellen Eigenschaften gebe, und sind sich darüber einig, dass es nicht möglich ist, eine Rasse als „überlegen" oder „minderwertig" zu bezeichnen. Die nationalsozialistischen Rassepolitiker sprachen von der Überlegenheit der „arischen Rasse", ohne sich darum zu kümmern, dass der Begriff „arisch" allein auf einen gemeinsamen Sprachursprung hinwies.

Eleonore Sterling 1965

Juden haben keinen gemeinsamen biologischen Ursprung, da in der Vergangenheit ganze Völker wie die Idumäer und später die Chasaren zum Judentum übergetreten sind. Aber auch Einzelne wie das Königshaus von Adiabene mit der Königin Helena und ihren beiden Söhnen nahmen den jüdischen Glauben an. Durch die Jahrhunderte der Verfolgungen, Zwangstaufen und Vergewaltigungen hat eine große Vermischung stattgefunden, sodass von einer einheitlichen Herkunft nicht mehr die Rede sein kann.

Deshalb fallen auch so viele Juden, insbesondere aus Osteuropa, durch blaue Augen und blondes Haar auf, während die Juden aus Äthiopien oder Indien die typischen Merkmale ihrer Herkunft aufweisen.

Die meisten Juden sind heute also auch keine Semiten, wobei diese Bezeichnung keine Rasse, sondern eine Sprachfamilie bezeichnet. Die Rassenlehre der Nationalsozialisten ist daher eine unwissenschaftliche Irreführung.

wurden. Mit der Machtübernahme 1933 setzte die „rassenhygienische Erneuerung des deutschen Volkes" ein. Das Gesundheitswesen wurde gesetzlich vereinheitlicht, Beratungsstellen für Erb- und Rassenpflege wurden eingerichtet, deren leitende Ärzte zentral geschult wurden. Ein „Reichsausschuss für Volksgesundheit" versorgte Schulen, Partei und staatliche Stellen mit entsprechendem Unterrichtsmaterial. Zudem wurden in jedem Gau neben den Gesundheitsämtern noch rassenpolitische Ämter der NSDAP eingerichtet. Ihre Leiter waren in der Regel die Dozenten für Rassenhygiene an den Universitäten der betreffenden Gaue. Im Biologieunterricht der Gymnasien spielte die Rassenhygiene eine wichtige Rolle, und im Staatsexamen für Mediziner wurde sie Hauptfach.

Willi Dreßen 1990

In welchen Zusammenhängen spielt die Unterscheidung von „Rassen" gegenwärtig eine Rolle?

Kapitel VIII: Jesus von Nazaret

Das Bild von der Anbetung des gekreuzigten Christus ist – von außen wie von innen sichtbar – in der Marienkirche in Frankfurt a.d. Oder zu finden. Es stammt aus dem Jahr 1370. Unter den Anbetenden ist ein Jude zu sehen – gekennzeichnet durch den „Judenhut".

Welche bleibenden theologischen Provokationen gehen – für Juden einerseits, für Christen andererseits – von einem solchen kirchlichen Fensterbild aus?

Über die Bedeutung des Juden Jesus von Nazaret für den Glauben an Gott, den Einzigen, kann zwischen Juden und Christen bis heute nicht ohne Emotionen und nicht ohne gegenseitige Vorsicht geredet werden. Zu viel ist an beiderseitigen Kränkungen und grauenvollen Pogromen von Christen gegen Juden geschehen. Hier sind wir im Zentrum der schwierigen Fragen zwischen Christentum und Judentum.

Wir beginnen mit einer Auseinandersetzung um den Vorwurf aus der Geschichte der christlichen Kirche, Juden hätten die Kreuzigung Jesu verursacht und ausgeführt. Zwar sind die historischen Umstände dieser Hinrichtung längst geklärt, dennoch schwelt die alte christliche Unterstellung immer noch in kirchlichen Argumentationen und macht die Kommunikation mit Jüdinnen und Juden schwer. (Nr. 50)

Es wird dann die Frage aufgenommen, ob Jesus wirklich der Messias sei. Das jüdische „Nein" war für Christen immer schwer auszuhalten und ist auch heute noch die härteste Herausforderung an Christen im Gespräch mit Juden. (Nr. 51)

Anschließend geht es um Einzelheiten: Gibt es nicht doch irgendeinen Zusammenhang zwischen der faktischen Zerstreuung der Juden auf der ganzen Welt und ihrer Ablehnung des christlichen Messias? (Nr. 52) Wie wirkt – nach allem, was vermeintlich im Namen des Gekreuzigten geschehen ist – das kirchliche Kreuzsymbol auf Juden? (Nr. 53) Werden Jesus und die Christen in jüdischen Gebeten beleidigt? (Nr. 54) Und überhaupt: Sind Juden trotz der Gesprächsbereitschaft einzelner den Christen nicht doch feindlich gesinnt? (Nr. 55)

Aus jüdischer Perspektive:

Mitten hinein in die Polemik und in den Streit um die Bedeutung des Juden Jesus führt das folgende – weniger theologisch als journalistisch geschriebene – Buch:

📖 Salcia Landmann, Jesus und die Juden oder die Folgen einer Verstrickung, Ullstein, Frankfurt a.M. 1989.

Aus christlicher Perspektive:

Weniger streitbar als Salcia Landmann, aber durchaus aufmerksam für die Differenzen zwischen dem jüdischen und dem christlichen Jesusbild zeigt sich das folgende Buch eines christlichen Theologen:

📖 Klaus Wengst, Jesus zwischen Juden und Christen, Kohlhammer, Stuttgart 1999.

50. Sind die Juden schuld am Tod Jesu?

1. Lesen Sie die Passionsgeschichten der vier Evangelien. Welches Bild von der Chronologie der Ereignisse entwerfen die christlichen Schriftsteller?
Wie charakterisieren sie die beteiligten Personen?
Welches Jesusbild lassen sie entstehen?

Zur Einschätzung der Person des römischen Statthalters Pontius Pilatus kann Ihnen der folgende Lexikonartikel eine Hilfe sein. Er benutzt neben den Evangelien auch römische und jüdische Geschichtsdarstellungen:

Pilatus, Pontius
Der fünfte röm. Statthalter in Judäa; er wurde von Kaiser Tiberius im Jahr 26 n.Chr. berufen und war zehn Jahre im Amt.
Unter der Oberaufsicht der Legaten (*Gesandten*) von Syrien amtierten die Statthalter in Judäa weitgehend unabhängig. Ihr Amtssitz war Cäsarea, während der jüd. Hauptfeste jedoch, zur besseren Kontrolle der öffentlichen Ordnung in der Stadt Jerusalem.
Die vier Evangelien berichten, dass P. Jesus zum Tode verurteilte, obwohl er persönlich von seiner Unschuld überzeugt war.
Wir wissen über P. mehr als über die anderen frühen Statthalter Roms in Judäa, weil er als einziger römischer Statthalter ausführlich von den berühmten Geschichts-

Zunächst: Die Juden haben mit Sicherheit Jesus nicht gekreuzigt, denn die Kreuzigung war keine jüdische Tötungsart. Sicher gab es unter denen, die mit den Römern zusammenarbeiteten – und das war die Priesterkaste der Sadduzäer – auch Juden, die vor einem „jüdischen König" Angst hatten, denn dieser würde von den Römern als Aufrührer angesehen werden. Das einfache Volk aber war auf Seiten Jesu, wie die Evangelien berichten. Eine Geschichtsschreibung durfte auch am Ende des Jahrhunderts die Römer nicht provozieren, und so sind die Evangelien anti-jüdisch und pro-römisch gefärbt. Alle Schuld wurde den Juden angelastet und der aus der Geschichte als furchtbarer Tyrann bekannte Pontius Pilatus wäscht nach der Berichterstattung der Evangelien seine Hände in Unschuld. Trotzdem finden wir auch im Neuen Testament Hinweise darauf, dass zum Beispiel Rabbi Gamliel auf der Seite der Apostel stand (Apostelgeschichte 5,34ff), und Gamliel war einer der Pharisäer, denen Jesus wahrscheinlich am nächsten stand. Sie werden deswegen als Feinde Jesu geschildert, weil es zur Zeit der Abfassung der Evangelien keine Sadduzäer mehr gab.

Jesus wurde nicht gekreuzigt, weil er gegen das Establishment war, weil er die Frauen verteidigte oder sich mit den Armen solidarisch erklärte. Das alles traf auch auf die Pharisäer zu. Er musste wie die meisten jüdischen Märtyrer sterben, weil er den Römern und deren Vasallen ein Dorn im Auge war. Deshalb haben die Römer ihn umgebracht. Die Verhandlungen vor dem Synhedrion, dem obersten jüdischen Gerichtshof, und dem Hohen Priester in Jerusalem haben nach Meinung der meisten Wissenschaftler so, wie die Evangelien es schildern, niemals stattgefunden.

Man sollte das Kind nicht mit dem Bade ausschütten und den im NT aus alles anderen als honorigen Gründen verherrlichten Pilatus nun umgekehrt zum Alleinschuldigen an Jesu Kreuzigung erklären. Er war mit Sicherheit kein psalmenzitierender Jesus-Sympathisant und über seine Korruptheit, Geldgier und Bösartigkeit sind wir aus außerbiblischen Quellen eindeutig orientiert.

Aber gerade im Zusammenhang mit Jesus kann man ihm nichts vorwerfen. Jesus war ihm vom Sanhedrin (*dem obersten jüdischen Gerichtshof*) als angeblicher Rebell überstellt worden. Pilatus hat sich mit Jesus sicher nicht über Fragen der Moral unterhalten, wie uns die Evangelisten weismachen wollen – Jesus und Pilatus hätten sich vermutlich nicht einmal sprachlich miteinander verständigen können. Selbst wenn er Jesus befragt und dieser jede Schuld verneint haben sollte – welchen Grund hätte Pilatus gehabt, ihm zu glauben?

Wenn also heute vereinzelte gutmeinende Christen die Meinung verbreiten, einzig der Römer Pilatus – und kein einziger Jude – sei schuld gewesen an Jesu Kreuzigung, so ist das reiner Unsinn. Nicht im Traum wäre es dem römischen Statthalter eingefallen, einem harmlosen jüdischen Wanderprediger wegen einer rein innerjüdischen Randale im Tempelhof („Tempelreinigung") nachzuziehen, wenn ihn der Sanhedrin nicht als Widerstandskämpfer gegen Rom denunziert hätte. Der Sanhedrin allein trug an Jesu Kreuzestod Schuld. Das Justizverbrechen der Priesterclique an Jesus ist in alle Ewigkeit unlöschbar. Das jüdische „Volk" jedoch hat sich nie an ihm vergangen.
Salcia Landmann 1996

schreibern jener Zeit, Philo und Josephus, erwähnt wird. Sie beschreiben P. als unnachgiebig, grausam, selbstsüchtig und hart. Eine der ersten Amtshandlungen des P. war der Befehl an die Garnison von Jerusalem, mit den militärischen Feldzeichen, die das Bild des Kaisers trugen, in die Stadt einzumarschieren. Diese Kaiserbilder waren ein Verstoß gegen das Zweite Gebot, und nach hartnäckigem Protest konnten die Juden schließlich erreichen, dass P. die Bilder wieder entfernen ließ. Später finanzierte er den Bau einer Wasserleitung nach Jerusalem ausgerechnet mit Geldern aus dem Tempelschatz. Die Gewalt, mit der er gegen Proteste und Revolten vorging, kostete viele Menschenleben.

P. stürzte, als er eine samaritan. Volksmenge auf dem Berg Garizim blutig auflöste und die Häupter der Samaritaner bei Vitellius, dem röm. Legaten in Syrien, protestierten. P. wurde abgesetzt und von Kaiser Caligula nach Vienne in Südfrankreich verbannt, wo er 41 n.Chr. starb.

Jerusalemer Bibellexikon 1990

Juden sind die verhassten Mörder Christi, und für den Mord an Gott gibt es keine Sühne, keine Nachsicht und keine Vergebung. Die Christen dürfen in ihrer Rache nicht nachlassen; denn die Juden müssen für immer in Knechtschaft leben. Gott hat die Juden stets gehasst. Wer sich mit ihnen einlässt, wird ausgeschlossen sein am Tage des Gerichtes. Es ist die Pflicht aller Christen, den Juden zu hassen.

Johannes Chrysostomus (um 354–407)

Kreuzesannagelung durch Personen, die durch ihre – im Mittelalter verordnete – Kopfbedeckung als Juden erkennbar sind, christliche Buchillustration, Lüttich um 1300

Die Juden, die Christus töteten und nicht an ihn glauben wollten, wurden von den Römern vertrieben und in die ganze Welt zerstreut.

Aurelius Augustinus als Bischof von Hippo Regius, Nordafrika (354–430)

Der Christusmord, dieses ist das Verbrechen, um dessentwillen die jüdische Nation schon seit siebzehnhundert Jahren unter dem göttlichen Fluche seufzet.

Sigmund v. Storchenau in einem christlichen Lehrbuch 1773

2. In welcher Weise und mit welchen Absichten befassen sich die Autor/inn/en der Texte und der Buchillustrator mit der Frage nach der Schuld nach dem Tod Jesu? Welche Darstellungen bzw. Argumentationen erscheinen Ihnen einleuchtend und hilfreich?

Viele Christinnen und Christen antworten auch heute noch auf die Frage, was sie von den Juden wissen, zuerst: „Sie haben Jesus gekreuzigt". Derartige Reaktionen, hinter denen der alte antisemitische Vorwurf des „Gottesmordes" zu sehen ist, zeigen, dass die Frage nach dem Prozess Jesu noch immer ein belastendes Problem der christlich-jüdischen Beziehungen darstellt.

Wie ist es zu einem solchen verzerrten christlichen Geschichtsbild gekommen? Es ist vor allem die Sicht und die Beschreibung der Evangelien, die den Pilatus entlasten und die Juden beschuldigen. Alle Evangelisten bemühen sich zu verschweigen, dass die Todesstrafe über Jesus von Pilatus, dem Statthalter des römischen Kaisers, verhängt worden ist. Dies Bemühen findet seine Erklärung in der Notlage, in der die Kirche – spätestens seit dem Kaiser Nero – sich befand. Angesichts der Verfolgungen von Juden und Christen durch Rom hatten die Evangelisten Anlass, sich um die Gunst oder mindestens die

Duldung der Staatsmacht zu bewerben, deren Repräsentant der war, der Jesus von Nazareth hatte als „Judenkönig" – wie die Kreuzesinschrift sagte – ans Kreuz schlagen lassen.

Mit Eindeutigkeit kann gesagt werden: Die politisch-rechtliche Verantwortlichkeit für den Tod Jesu lag bei Rom; die politischen und religiösen jüdischen Autoritäten waren Handlanger Roms. Das jüdische Volk aber stand im Passionsgeschehen auf der Seite Jesu. Ein Kollektivschuldvorwurf ist eine Absurdität – aus historischen ebenso wie aus sozialpsychologischen Gründen. Wer würde aufgrund der neueren Forschungen etwa den Franzosen immer und ewig den Tod der Heiligen Johanna von Orleans vorwerfen? Halten wir uns vielmehr an die theologische Deutung vom Kreuz Christi, die sowohl im Neuen Testament als auch in der Tradition der Kirche verkündet, dass Jesus in einem endzeitlichen Heilsgeschehen nach dem Willen Gottes zur Erlösung der Menschen gelitten hat und gekreuzigt wurde. In der theologischen Deutung ist darum verantwortlich an diesem Geschehen zum einen die Gesamtheit der Menschen beteiligt, die durch ihre Schuld der Erlösung bedarf, zum anderen Gott, der die Menschheit nicht in ihrer Schuld umkommen lässt, sondern sie erlöst, indem er „seinen Sohn in den Tod dahingibt" (Röm 4,25; 8,32; 1. Kor 15,3; Phil 2,8f).

Dieses „Wort vom Kreuz" – wie Paulus es im ersten Korintherbrief (1,18) nennt – wird verkündigt, damit die Angesprochenen ihre Schuld vor Gott erkennen und die ihnen geschenkte Erlösung im Glauben annehmen.

Leonore Siegele-Wenschkewitz 1998

Auf, auf, sammelt euch, rüstet euch mit Mut und Kraft gegen die Feinde unseres Glaubens, es ist Zeit, das Geschlecht der Christusmörder zu unterdrücken, damit sie nicht Herrscher werden über euch und unsere Nachkommen, denn stolz erhebt schon die Juden-Rotte ihre Häupter und spottet, dass wir unsere Knie beugen für den, den sie gewürgt, darum nieder mit ihnen, ehe sie unsere Priester kreuzigen, unsere Heiligtümer schänden, noch haben wir die Macht und die Gewalt ist in unseren Händen, darum lasst uns jetzt ihr sich selbst gefälltes Urteil an ihnen vollstrecken, laut dem sie geschrien: Sein Blut komme über uns und unsere Kinder! Auf, wer getauft ist, es gilt der heiligsten Sache, fürchtet nichts und zögert keine Stunde, den Streit für den Glauben offen zu wagen. Diese Juden, die hier unter uns leben, die sich wie verzehrende Heuschrecken unter uns verbreiten, das sind Kinder derer, die da schrien: Kreuzige, kreuzige. Nun auf zur Rache! Unser Kampfgeschrei sei Hepp! Hepp!! Hepp!!! Aller Juden Tod oder Verderben, ihr müsst fliehen oder sterben.

Antisemitische Proklamation 1819

51. Warum glauben die Juden nicht an Jesus als den Messias?

Der hebräische Begriff „Maschiach" (aramäisch „Messias", griechisch „Christos") bedeutet „der Gesalbte" und bezog sich zunächst einmal auf die Könige Israels. In den Zeiten der Fremdherrschaften im Land Israel verbanden sich mit diesem Wort unterschiedliche Erlösungshoffnungen.

Kosibas Sohn regierte zweieinhalb Jahre. Er sagte zu den Gelehrten: Ich bin der Messias. Sie sagten zu ihm: Von dem Messias steht geschrieben, dass er riecht, wo das Recht ist. Als sie an ihm sahen, dass er nicht riechen konnte, wo das Recht ist, töteten sie ihn (ließen sie ihn als Messias fallen).

Talmud,
Sanhedrin (Gerichtshof) 93b

Schimon, der Sohn Kosibas stammte wohl (wie Jesus, vgl. Matthäus 1,1ff) aus der Familie Davids. Er führte im Jahr 132 n.Chr. als „Fürst Israels" den jüdischen Aufstand gegen die römischen Besatzungstruppen.
Rabbi Akiba rief ihn als Messias aus. In diesem Zusammenhang wurde der Name „Bar Kosiba" in „Bar Kochba" umgewandelt, was „Sternensohn" heißt. Er fiel 135 n.Chr. im Kampf gegen die römischen Truppen; dadurch blieben die messianischen Hoffnungen auf seine Person unerfüllt.

Was alle jüdischen Messiasbegriffe gemeinsam haben, ist der Gedanke, dass der Messias einen Wandel in der Art des auf dieser Erde gelebten Lebens, nicht nur des inneren Lebens des Einzelnen, herbeiführt. Kriege und Verfolgungen müssen aufhören. Gerechtigkeit und Friede sollen herrschen. Schließlich ist für die Juden Jesus nur einer in der langen Kette von Männern, für die im Laufe der Geschichte messianische Ansprüche erhoben worden sind. Es gab noch andere zu seiner Zeit; es gab noch viele seither. Der Synagoge blieb nur die Möglichkeit, solche Prätendenten (*in die engere Wahl gezogene Personen*) an ihren eigenen Früchten zu beurteilen.

Aber wenn behauptet wird, Jesus habe einen neuen Messias-Begriff eingeführt, dann hat die Kirche nahezu zweitausend Jahre lang ihre Zeit damit vergeudet, dass sie den zweifelnden Juden zu „beweisen" suchte, Jesus habe in der Tat die „alttestamentlichen Prophezeiungen erfüllt". Die jüdische Heilsgeschichte sieht im Exodus (*Auszug*) aus Ägypten das Urbild der messianischen Erlösung. Wie der Erstere (*Exodus*) neben einer geistigen Transformation auch eine echte leibliche Befreiung mit sich brachte, so kann auch die Letztere (*die messianische Erlösung*) nicht echt sein, wenn sie nicht beides einschließt.

Jakob J. Petuchowski 1963

⇒ Nr. 5: Kann man Jude und zugleich Christ sein?
⇒ Nr. 50: Sind die Juden schuld am Tod Jesu?
⇒ Kapitel XII: Rabbi Akiba ben Josef

Jesus von Nazaret

Fast immer, wenn ich mit Christen zusammenkomme, wird an mich die Gretchenfrage gerichtet, wie wir Juden es mit Jesus halten. Dabei ist die Antwort eine einfache: In dem Augenblick, wo Juden Jesus als den Messias anerkennen, hören sie auf, Juden zu sein, denn dann sind sie ja Christen.

Wenn ich die Frage nach der Bedeutung Jesu aus jüdischer Sicht aufnehme, möchte ich zunächst folgende Punkte herausstellen:

1. Es ist eine sonst immer gültige Wahrheit, dass jemand, der etwas nicht glaubt, sich nicht verteidigen muss, warum er etwas nicht glaubt. Vielmehr müssen die Glaubenden deutlich machen, warum etwas geglaubt werden sollte.

2. Christen selber sind im Blick auf das Verständnis Jesu sehr gespalten. Sie haben viele sich ausschließende Meinungen über Jesus von Nazareth, sodass man, ohne verletzen zu wollen, sagen kann: Die Christen sollten sich doch zunächst einmal selber klar werden über die Person des Jesus von Nazaret.

3. Der Nationalsozialismus hatte, wie wir heute wissen, auch Wurzeln im christlichen Antijudaismus. Da der Name Jesu jahrhundertelang judenfeindlich missbraucht wurde, sind in der Erinnerung und im Gefühl der Juden leider sein Name und das Symbol des Kreuzes mit Verfolgung und Tod von Jüdinnen und Juden verbunden.

Zur Zeit, da Rabbi Menachem im Lande Israel wohnte (*nach 1777*), ereignete es sich, dass ein törichter Mann, ohne bemerkt zu werden, den Ölberg bestieg und vom Gipfel aus in die Schofarposaune stieß. Im aufgeschreckten Volk sprang die Kunde herum, dies sei das Schofarblasen, das die Erlösung verkündige. Als das Gerücht zu den Ohren Rabbi Menachems kam, öffnete er das Fenster, sah in die Welt hinaus und sprach: „Da ist keine Erneuerung."

Martin Buber 1949

Der Schofar ist ein Widderhorn, dessen Spitze geöffnet ist; dadurch entsteht ein Blasinstrument mit durchdringendem Ton, ursprünglich wohl als Warnsignal vor Feuer, Krieg und anderen Katastrophen benutzt, dann aber auch zur Ankündigung des neuen Jahres und der zugesprochenen Vergebung am Versöhnungstag. Auch die Ankunft des Messias wird unter Schofar-Tönen erwartet.

---

1. Erarbeiten Sie sich aus den Texten dieser Doppelseite die Besonderheiten jüdischer Messias-Hoffnung.

2. Welche Gefühle erweckt das „jüdische Nein" gegenüber der christlichen Messianologie bzw. „Christologie" bei Ihnen? Formulieren Sie diese Empfindungen in einem fiktiven Brief an J. Petuchowski oder N.P. Levinson.

> 3. Welche Rolle spielt in Ihrer Gottesvorstellung die Person Jesus von Nazaret?

Zur Zeit Jesu herrschte in Israel eine gespannte Endzeit-Stimmung. Man erwartete das baldige Eingreifen Gottes, der seinem Volk Israel zu Hilfe kommen und es von der Unterdrückung und Fremdherrschaft befreien würde. Viele einzelne Prediger, aber auch kleinere und größere Gemeinschaften bereiteten sich auf diese Endzeit vor: durch Fasten und Beten, durch eine asketische Lebensführung, durch ein besonders sorgsames Achten auf die Gebote Gottes, durch Änderung des gesamten Lebensstils u.Ä. Zu diesem Personenkreis gehörten auch Johannes der Täufer und Jesus von Nazareth mit ihrer anfänglich wohl sehr kleinen Anhängerschar. Es war verbreitete Überzeugung, dass dem Anbruch der Endzeit bestimmte Zeichen vorausgehen und auch bestimmte Personen, die in der Geschichte Israels eine wichtige Rolle gespielt hatten, am Ende der Tage wieder erscheinen würden wie Mose und Elia. Eine besondere Rolle in den endzeitlichen Erwartungen spielte eine Gestalt, die im Laufe der jüdischen Geschichte immer mehr an Bedeutung gewann: der Messias.

Zwei Fragen sind zu beantworten:
Erste Frage: Ist für heutige Christen das Bekenntnis zu Jesus als dem Messias Israels notwendig und zeitgemäß? Man könnte argumentieren, der Messias-Titel sei im damaligen kulturellen Kontext wichtig und unverzichtbar gewesen, um ein Bekenntnis zu Jesus zu formulieren. Heute befindet sich das Christentum hauptsächlich in anderen kulturellen Kontexten, entsprechend zeitgemäße und adäquate Begriffe und Titel sind zu entwickeln. Dazu ist zu sagen: Das uranfängliche Bekenntnis „Jesus Christus", d.h. Jesus von Nazareth ist der erwartete Messias Israels, ist unaufgebbar für Christen aus allen kulturellen Kontexten. Dieses Bekenntnis hat in der langen Geschichte des Christentums verhindert, dass die Person Jesu enthistorisiert und mythisiert wurde, d.h.: In diesem Bekenntnis wird festgehalten, dass Jesus wirklich und ganz Mensch war, ein Jude aus dem Volk Israel. ...

Zweite Frage: Kann denn aus diesem Bekennen ein Auftrag zur Judenmission abgeleitet werden? Die Antwort lautet: Nein. Die entscheidenden neutestamentlichen Passagen, in denen die Rolle der Juden nach Jesu Tod und Auferweckung zur Sprache kommt, sind Röm 9-11 und der Epheserbrief. Von dort her ist die Frage der Judenmission zu entscheiden. Dort wird aber kein Zweifel daran gelassen, dass Israel Gottes auserwähltes Volk ist und bleibt. Seine Beziehung zum Heil in Jesus bleibt allein Gottes Geheimnis. Im Epheserbrief wird die Bedeutung Jesu darin erfasst, dass er den Zaun zu den Menschen aus den „Völkern", den „Nicht-Juden" niedergerissen hat. Durch ihn (*Jesus*) finden auch „Nicht-Juden" Zugang zu Gott. Mission hat sich darum auf „Nicht-Juden" zu beziehen.

Dietrich Neuhaus 1998

Eines Tages wurde mir klar, dass Christen ein besseres Verhältnis zum Judentum erst bekommen können, wenn sie ein *jüdisches Nein* in theologischen Angelegenheiten nicht nur tolerieren, sondern als substanzhaltigen Widerspruch zum Ganzen ihres Lehrens von Gott, Welt und Mensch bejahen. Ich dachte dabei nicht an eine theologische Dialektik zwischen Christentum und Jüdischem, etwa das jüdische Nein als Antipoden (*Gegenpol*) eines christlichen Ja – was dann doch nur auf gegenseitige Aufhebung und Unterwerfung in Synthesis (*Zusammenschluss*) hinauslaufen würde. Ich lernte jüdisches Nein als Entgiftung, nämlich Entmächtigung der christlich-theologischen Positivität erkennen, als Schule zur geistigen und seelischen Gewaltfreiheit der Kirche. Dabei folge ich nicht postmodernem Pluralismus der Gleichgültigkeit. Ich sehe Juden und Christen einander verbissen nahe, in einem eigenen, nicht pluralisierbaren Herausforderungs- und „Bewältigungs"-Verhältnis. Bei geschichtlich und geistig-seelisch so komplexen Gebilden wie dem geschichtlichen Judentum und dem geschichtlichen Christentum ist klar, dass sich für ihre Beziehungsprobleme eine Fülle von Parallelen aus anderen Beziehungen finden lassen; aber die Eigenart dieser Beziehung lässt kein Ausweichen in Allgemeinbegriffe zu, hier muss über zweitausend Jahre hin Punkt für Punkt notiert und revidiert, mindestens korrigiert werden.

Friedrich-Wilhelm Marquardt 1998

Für die Zeit Jesu kann man davon ausgehen, dass verschiedene Stränge in der Vorstellung vom Messias verknüpft sind: Er ist König aus Davids Haus, er ist der Hohepriester Israels, er ist der endzeitliche Prophet. Jesus hat den Titel „Messias" nicht auf sich selbst bezogen. In einigen wenigen Aussprüchen redet er vom kommenden „Menschensohn", aber v.a. in der 3. Person, sodass er auch eine andere Person gemeint haben könnte. Die Frage nach Jesu Selbstbewusstsein, also danach, was er denn über sich selber dachte, wer er sei, ist historisch nicht zu beantworten.

Dietrich Neuhaus 1998

4. Warum hält D. Neuhaus so entschieden am Messiastitel für Jesus von Nazaret fest?

5. Worin besteht für F.-W. Marquardt die heilsame Seite des jüdischen „Nein" zum christlichen Messiasglauben?

6. Die Evangelien geben keine Auskunft über Jesu Selbstverständnis, aber darüber, wie die frühen christlichen Gemeinden ihn gesehen haben. So lassen die Evangelisten zwei Menschen aus der Umgebung Jesu ausdrücklich sagen: Du bist der Christus bzw. der Messias (Johannes 11,27 und Markus 8,29; Matthäus 16,16; Lukas 9,20). Welche Personen sind es? Was mag ein Messiasbekenntnis aus dem Munde dieser beiden Menschen der frühen Christenheit bedeutet haben?

52. Wurden die Juden zur Strafe für die Ablehnung Jesu unter die Völker zerstreut?

> 1. Wem könnte daran gelegen sein, die Tatsache, dass viele Juden außerhalb des Landes Israel leben, als Strafe Gottes zu erklären?
>
> 2. Lesen Sie die Texte 1. Mose 28,14f und 5. Mose 4,27 in ihrem Kontext. In welcher Situation, bzw. in welchem Sinne wird hier von der Unbehaustheit und Fremdlingschaft gesprochen?

Im Judentum gibt es die Ansicht, die Zerstreuung der Juden sei eine Strafe für ihre vielen Sünden; dieses Bekenntnis hat Eingang in das Gebetbuch gefunden. Anderseits aber betonten bereits talmudische Lehrer, dass Israel nur zerstreut wurde, um die Gottesbotschaft unter die Völker zu bringen. Eine andere, sehr modern klingende Erklärung der Rabbinen betont sogar, dass durch die Zerstreuung ein Teil des Volkes immer überleben wird.

Die Zerstreuung der Juden aber als göttliche Wohltat anzusehen, wie das im vorigen Jahrhundert in Europa lebende assimilierte Juden betonten, war für Zionisten indiskutabel. Ihnen ging es – angesichts des sich verbreitenden Antisemitismus – um die Versammlung der Judenheit an einem für sie sicheren Ort.

Von einigen Ultra-Orthodoxen wird der Holocaust als Strafe angesehen. Alle derartigen Erklärungsversuche sind aber für die Mehrheit der Juden unannehmbar.

> Rabbi Elasar sagte:
> „Gott hat Israel nur unter die Völker zerstreut, damit sich viele Proselyten ihnen anschließen." Rabbi Hoschaja sagte: „Gott hat Israel begnadet, indem er es unter die Völker zerstreute."
>
> *Babylon. Talmud, Pessachim (Regeln zum „Pesachopfer") 87b*

> So teuer ist Israel seinem Gott, dass er auch in der Fremde bei ihm ist. Gottes Herrlichkeit weilte bei ihm in Ägypten, in Babel, in Elam, in Edom (Rom), und er wird auch aus dem Exil mit ihnen zurückkehren.
>
> *Babylon. Talmud, Megilla (Regeln zum Verlesen der Ester-"Buchrolle") 29a*

Und um unserer Sünden wegen wurden wir verbannt aus unserem Lande und entfernt von unserem Boden, und wir können nicht ausüben unsere gottesdienstlichen Pflichten in deinem erwählten Hause, dem erhabenen, dem heiligen Hause, darüber dein Name genannt ist, wegen der Gewalt, die gegen deinen Tempel feindlich sich gewandt hat ...

Zusatzgebet am Neujahrstag

⇒ Nr. 50: Sind die Juden schuld am Tod Jesu?

⇒ Nr. 51: Warum glauben die Juden nicht an den Messias?

⇒ Nr. 66: Welche Bedeutung hat das Land Israel mit seiner Stadt Jerusalem für die Juden?

⇒ Nr. 68: Ist der Zionismus nicht eine Art Rassismus?

⇒ Nr. 67: Wollen die Juden den Felsendom in Jerusalem zerstören, um dort wieder ihren Tempel zu bauen?

Und das ist das Geheimnis, warum über Israel verhängt ist, dass alle Völker der Welt es versklaven: Es soll aus den Völkern jene göttlichen Funken herausholen, die unter sie gefallen sind. Und darum war es notwendig, Israel in alle vier Winde zu zerstreuen, damit es alle emporhebe.

Chajim Vital um 1600

Was die Juden anbetrifft, die Jesus dem Tode überantworteten und nicht an ihn glauben wollten, so wurden sie verjagt aus ihrem Land durch die Römer und über die ganze Erde zerstreut.

Augustinus 4./5. Jh. n.Chr.

Zerstreuung ist erträglich und zuweilen sogar sinnreich, wenn es irgendwo eine Sammlung, eine wachsende heimatliche Mitte gibt, ein Stück Erde, wo man nicht in der Zerstreuung, sondern in der Sammlung ist und von wo aus der Geist der Sammlung in alle Stätten der Zerstreuung hinauswirken kann. Von da aus ist die Frage unseres jüdischen Schicksals unablösbar an die Möglichkeit der Sammlung, diese aber an Palästina gebunden.

Martin Buber 1938

Die Juden haben ihrem König die Anerkennung verweigert. Sie haben ihn beschimpft, verurteilt und gekreuzigt. Sie haben damit Nein gesagt zu Gott. Und Gott hat ihnen das Land genommen, das er ihnen als Zeichen der Verheißung gegeben hatte. Sie sind auf der Oberfläche der Erde zerstreut, ohne ein Gebiet, in dem sie sich einwurzeln können.

Jean Bosc 1949

Wie jeder Mensch ohne den Glauben an Jesus Christus ein Minus in seinem Leben hat, einen Schaden und einen Verlust, so erst recht das Volk Israel. Aus seinem Unglauben entstand das Unglück, das gipfelte in der Zerstörung Jerusalems im Jahre 70. n.Chr. und in der Zerstreuung unter die Völker, die noch immer anhält.

Heinrich Wiesemann 1965

⇒ Nr. 11: *Was ist die Kabbala?*
⇒ Nr. 48: *Kann man Jude und zugleich Deutscher sein?*
⇒ Nr. 57: *Sind und bleiben Juden nicht doch Fremde in Deutschland und überall auf der Welt?*

3. Welche Begründungen finden die jüdischen Autoren für die Heimatlosigkeit von Jüdinnen und Juden? Welche Gedankenführungen leuchten Ihnen ein, welche bleiben Ihnen fremd?

4. Wo liegt Ihre „heimatliche Mitte"? Was bedeutet sie Ihnen?

5. Fragen Sie Menschen in Ihrer Umgebung, die ihr Heimatland verlassen mussten, nach den Gründen der Emigration. Wie weit spielen religiöse Motive und Begründungen dabei eine Rolle?

6. Überprüfen Sie Logik und Absicht der kirchlichen Argumentationen von Augustinus, J. Bosc und H. Wiesemann.

53. Was bedeutet den Juden das Kreuzsymbol?

Pinchas E. Lapide berichtet von einem archäologischen Fund im Land Israel, der eine neue Auseinandersetzung einiger Jüdinnen und Juden mit der Kreuzigung Jesu verursachte:

Es handelte sich um das Skelett eines Mannes, dessen durchbohrte Hand- und Fußknochen sowie andere Indizien einwandfrei bewiesen, dass er vor rund 2000 Jahren von den Römern am Stadtrand Jerusalems gekreuzigt worden war. Es handelte sich um einen etwa dreißigjährigen Mann, ungefähr 1,67 Meter groß, dem Körperbau und den Fingern nach offenbar ein Schriftgelehrter, dem nach der Kreuzigung, die mittels Nägeln von ca. 14 cm Länge erfolgte, ein würdiges Begräbnis in einem Felsengrab zuteil wurde. Dass er, nach der Inschrift auf dem Sarkophag, Jochanan Ben Chagkol hieß, bewies, dass diese grausamste aller Todesstrafen nichts Vereinzeltes war, sondern zum Schicksal vieler jüdischer Rebellen wurde, wie Josephus Flavius und andere Schriftsteller es belegen. Warum das Licht der Weltgeschichte nur auf ein einziges Kreuz gefallen ist, ist eine Frage, die eine wachsende Anzahl von israelischen Studenten und Wissenschaftlern beschäftigt.

Pinchas E. Lapide 1974

Das Kreuz, ursprünglich ein Zeichen des Lebens, wurde seit dieser Zeit (*der Zeit Jesu*) und das Mittelalter hindurch ein Zeichen des Todes, das einen Schatten der Sünde über die christliche Welt und einen Schatten des Terrors auf den Juden warf.

Kaufmann Kohler 1910

Natürlich haben Jahrhunderte der Judenverfolgung ihre Spuren in der Psyche der Juden hinterlassen. Es gibt aber für eine Ablehnung des Kreuzes, wo dies nicht dem Gottesdienst dient, keine Stütze in der jüdischen Tradition. Nur die Anbetung des Kreuzes ist den Juden untersagt. Jeder andere Gebrauch wie als Auszeichnung, Schmuckstück oder sogar der kommerzielle Handel mit Kreuzen ist nicht verboten. Es sind genügend jüdische Märtyrer von den Römern gekreuzigt worden, um die „abergläubische Furcht vor dem Nazarener" (wie es Martin Buber sagt) endlich abzulegen.

Einen Mann sehen wir vor uns, der in allen den Linien und Zeichen seines Wesens das jüdische Gepräge aufzeigt, in ihnen so eigen und klar das Reine und Gute des Judentums offenbart, einen Mann, der als der, welcher er war, nur aus dem Boden hervor seine Schüler und Anhänger, so wie sie waren, erwerben konnte, einen Mann, der hier allein, in diesem jüdischen Bereiche durch sein Leben und in seinen Tod gehen konnte – ein Jude unter Juden.

Leo Baeck 1938

1. Wo und wie kommt das Kreuzsymbol in Ihrer Lebenswelt vor?
2. Sehen Sie Ihre Interpretation des Kreuzes durch die jüdischen Äußerungen angegriffen? Schreiben Sie ggf. eine Erwiderung.

54. Werden Jesus und die Christen in jüdischen Gebeten beleidigt?

Immer wieder wird behauptet, dass Juden im Alenu, dem Eingangsgebet am Schabbatmorgen, und in der Amida, dem Achtzehnbittengebet, Jesus und die Christenheit verspotteten. Obwohl diese Gebete vor der Gründung des Christentums verfasst wurden und die „beleidigenden" Worte des Alenu wörtlich vom Propheten Jesaja (30,7 und 45,20) stammen, strichen christliche Zensoren im Mittelalter sie aus dem jüdischen Gebetbuch.

Die Judenchristen führten (*in den ersten christlichen Jahrhunderten*) eine missionarische Aktivität unter den Juden aus, die sich nach dem Fall des Tempels verstärkte, da dessen Zerstörung von den Christen als eine Strafe der Juden für die Zurückweisung Jesu angesehen und dargestellt wurde. Die Rabbinen ordneten daher eine gesellschaftliche Trennung von den Judenchristen an. Da diese in die Synagoge kamen, um dort die Betenden zu beeinflussen, wurde ein Zusatz im „Achtzehngebet" eingefügt. In ihm wurde Gott angefleht, die Sektierer zu bestrafen und zu vernichten. Da die Judenchristen auf dieses Gebet nicht mit „Amen" – so sei es – antworten konnten, mussten sie dem Gottesdienst fernbleiben. Dies war der jüdische Widerstand gegen die Missionsversuche.
Leo Trepp 1999

An uns ist es zu rühmen den Herrn des Alls, zu huldigen dem Weltenschöpfer, dass er uns nicht hat sein lassen wie die Völker der Erde und uns nicht gleichgestellt den Geschlechtern des Erdbodens, dass er unser Teil nicht gleichgemacht dem ihren und unser Los dem ihrer Scharen, denn sie – die Heidenvölker – beugen sich nieder vor dem Leeren und Nichtigen (Jesaja 30,7) und beten zu einem Gott, der nicht hilft (Jesaja 45,20). Und wir beugen das Knie und bücken uns und bekennen vor dem König, dem Weltenkönig, dem Heiligen, gelobt sei Er ...
Anfang der Alenu, des gottesdienstlichen Schlussgebetes

... Mein Gott bewahre meine Zunge vom Bösen und meine Lippen vor trügerischer Rede. Auch wenn sie mich schmähen, lass mich sanftmütig bleiben. Meine Seele sei stille, wie Staub, gegen alle. Weite mein Herz durch Deine Lehre und lass meine Seele Deinen Geboten folgen. Wenn sie Böses wider mich sinnen, vereitle Du ihren Plan und mache Du ihren Anschlag zunichte. Auf dass gerettet werden, die Dich lieben, hilf Du mit Deiner Gotteskraft und erhöre mich. ... Amen.
Aus der Amida, dem Achtzehnbittengebet

Prüfen Sie, ob die beiden in der rechten Randspalte abgedruckten Auszüge aus den zentralen Gebetstexten des Judentums einen für Sie unerträglichen Affront gegen den Glauben an Jesus Christus oder das Christentum enthalten.

55. Sind die Juden den Christen gegenüber feindselig eingestellt?

R. Meir sagt: Ein Nichtjude, der sich mit der Tora beschäftigt, ist dem Hohenpriester gleich zu achten, denn es heißt (Lev 18,5): „Das sind die Pflichten, die der Mensch tun soll und mit ihnen leben." Es heißt nicht „Priester, Leviten und Israeliten", sondern es heißt: „der Mensch".

Babylon. Talmud, Baba Kamma („erste Pforte", das erste Kapitel mit Regeln zum strafrechtlichen Umgang mit Beschädigungen) 38a

Jesus habe ich von Jugend auf als meinen großen Bruder empfunden. Dass die Christenheit ihn als Gott und Erlöser angesehen hat und ansieht, ist mir als eine Tatsache von höchstem Ernst erschienen, die ich um seinet- und meinetwillen zu begreifen suchen muss, gewisser denn je ist mir, dass ihm ein großer Platz in der Glaubensgeschichte Israels zukommt und dass dieser Platz durch keine der üblichen Kategorien umschrieben werden kann.

Martin Buber 1962

In der Kindheit habe ich das Christentum sehr negativ betrachtet, weil die Kirche uns verfolgt hat und wir durch Christen sehr gelitten haben. Diese Sicht hat sich während meiner Gymnasialzeit geändert: Ich wurde offener, war aber etwas zwiespältig und hatte eine verschwommene Einstellung gegenüber Christen. Während meiner Arbeit in Amerika und Afrika hat sich das dann aber grundlegend geändert: Ich habe Christen kennen gelernt, die sich für andere Menschen geopfert und ihnen wirklich geholfen haben. Dort hat sich bei mir eine richtige Begeisterung für das Christentum entwickelt. Heute habe ich ein positives Verhältnis zur Kirche.

Avi Primor 1998

Während vieler Jahrhunderte gab es christliche Judenfeindschaft, die sich in zahllosen Pogromen, Vertreibungen, Entrechtungen und Vernichtungen äußerte. Daher haben Juden von Christen keine besonders gute Meinung entwickeln können. Wo immer aber in den christlichen Ländern den Juden Toleranz und Gleichberechtigung zugestanden wurde, hat sich auch die Haltung der Juden den Christen gegenüber geändert. Natürlich hat der Holocaust diesen Prozess wieder zurückgeworfen. Es gibt aber Anzeichen, dass heute auf beiden Seiten ein neuer Anfang in den Beziehungen zwischen Juden und Christen angestrebt wird. Solche Bemühungen sind in Deutschland besonders bei den Jugendlichen, die von der Vergangenheit weniger belastet sind, zu verzeichnen. Auch haben die Gesellschaften für christlich-jüdische Zusammenarbeit viel zur Verbesserung der Beziehungen beigetragen. Bedeutende jüdische Theologen wie Martin Buber, Leo Baeck und Abraham Joshua Heschel haben den Dialog zwischen Juden und Christen nachhaltig beeinflusst.

Sicher sind Judentum und Christentum an mindestens drei wesentlichen Punkten unvereinbar: Jüdischer Monotheismus und christliche Trinitätslehre, jüdischer Glaube an die Transzendenz Gottes und christliche Inkarnationslehre, jüdischer Messianismus und Christologie der Kirche stellen kontradiktorische (*gegensätzliche*) Positionen dar, und auch das Gesetzesverständnis in Judentum und Christentum ist nicht auf einen Nenner zu bringen.

Obwohl dem so ist, bleiben Ausgangs- und Zielpunkt beider Heilslehren die gleichen. Der Weg führt von der Offenbarung zur Erlösung und kann, bei Erkenntnis der Verschiedenheit der Wegrichtung, gemeinsam gegangen werden. Vom selben Aufbruch her kann dasselbe Ziel auf verschiedenen Wegen erreicht werden.

Zweimal steht in der prophetischen Botschaft der Imperativ: „Brechet euch einen Neubruch" (Jer 4,3; Hos 10,12). Es ist auffällig, dass diese Erschließung des neuen Ackerlandes *zweimal* angeführt wird. Sollten wir es nicht auf uns beide beziehen, auf Christen und Juden? Ist es nicht unsere Aufgabe, im – uns gemeinsam anvertrauten – Acker des biblischen Wortes, von beiden Seiten her, neu umzupflügen, um so in der Erschließung des Neulandes im alten Bereich einander zu begegnen?

Schalom Ben-Chorin 1999

⇒ *Nr. 2: Fehlt dem Judentum als Gesetzesreligion nicht die Nächstenliebe?*

⇒ *Nr. 3: Richten sich Juden auch heute noch nach dem biblischen Grundsatz „Auge um Auge, Zahn um Zahn"?*

⇒ *Nr. 9: Was ist die Tora?*

⇒ *Nr. 51: Warum glauben die Juden nicht an Jesus als den Messias?*

1. Was mag einen Juden, eine Jüdin am Christentum „begeistern"?

2. Klären und überprüfen Sie die von Sch. Ben-Chorin benannten Unvereinbarkeiten zwischen Judentum und Christentum im Bereich der Gotteslehre, der Messiashoffnung und des Gesetzesverständnisses.

3. Was ist gemeint, wenn Sch. Ben-Chorin im Zusammenhang der theologischen Gemeinsamkeiten zwischen Juden und Christen von „Offenbarung" und „Erlösung" spricht?

Kapitel IX:
Religiöse und rassistische Feindschaft gegen Juden

FRANKFURTER ISRAELITISCHES
GEMEINDEBLATT
Amtliches Organ der Israelitischen Gemeinde

11. Jahrgang Frankfurt a. M., April 1933 Nr. 8

An die Gemeindemitglieder

In dieser schweren Zeit ist es uns ein tiefes Bedürfnis, ein Wort an unsere Gemeinde zu richten. Jeder darf überzeugt sein, dass wir mit unserer ganzen Kraft bemüht sind, in Verbindung mit den anderen Gemeinden Deutschlands für die staatsbürgerliche Gleichberechtigung der deutschen Juden einzutreten, den in Not Geratenen beizustehen und den Fortbestand unserer Gemeinde zu sichern.

Nichts kann uns die tausendjährige Verbundenheit mit unserer deutschen Heimat rauben, keine Not und Gefahr kann uns dem von unseren Vätern ererbten Glauben abspenstig machen. In Besonnenheit und Würde wollen wir für unsere Sache einstehen.

Wenn keine Stimme sich für uns erhebt, so mögen die Steine dieser Stadt für uns zeugen, die ihren Aufschwung zu einem guten Teil jüdischer Leistung verdankt, in der so viele Einrichtungen vom Gemeinsinn der Juden künden, in der aber auch das Verhältnis zwischen jüdischen und nichtjüdischen Bürgern stets besonders eng gewesen ist.

Verzagt nicht! Schliesst die Reihen! Kein ehrenhafter Jude darf in dieser Zeit fahnenflüchtig werden. Helft uns, das Vätererbe zu bewahren, und wenn die Not der Zeit den Einzelnen hart anfasst, so gedenkt der Worte, die wir am bevorstehenden Pessachfest, dem Fest der Befreiung, von altersher sprechen: „Von Geschlecht zu Geschlecht sind sie gegen uns aufgestanden, uns zu vernichten. Aber der Heilige, gelobt sei Er, hat uns aus ihrer Hand errettet."

Frankfurt a. M., 30. März 1933 **Vorstand der Israelitischen Gemeinde**

Fächerübergreifende Projektidee:

Stellen Sie unter dem Titel „Legenden, Lügen, Vorurteile" eine Ausstellung zur Judenfeindschaft zusammen, die informiert, ohne das Bedürfnis nach sensationellen Grausamkeiten zu bedienen

Nach den Gründen der Feindschaft gegen Juden zu suchen, bedeutet, genau hinzuschauen in die Bereiche der Geschichte und Kultur, welche mit Bestürzung, Scham oder dem Wunsch nach Vergessen verbunden sind.
Wir beginnen bei der Klärung der Begriffe „Judenfeindschaft", „Antijudaismus", „Antisemitismus" und fragen nach den Zusammenhängen zwischen diesen feindlichen Bewegungen. (Nr. 56) Dann geht es um eine Reihe von konkreten Vorwürfen, Unterstellungen oder offenen Lügen, wie sie gegen Juden besonders in Europa immer wieder vorgebracht werden: Bleiben sie als Juden „Fremde", wo immer sie leben? (Nr. 57) Warum passen sie sich nicht einfach den Gewohnheiten ihrer Umgebung an, sondern fallen durch „befremdliche" Riten auf? (Nr. 58) Was ist wahr an der Behauptung, das Judentum habe mit dem Kommunismus paktiert und auf diese Weise Deutschland und Europa geschadet? (Nr. 59) Wieso wird den Juden zugleich vorgeworfen, sie gehörten zur „Hochfinanz"? (Nr. 60) Wieso hat Martin Luther sich negativ über sie geäußert? (Nr. 61) Warum protestieren Juden, wenn jemand „pharisäerhaft" genannt wird? (Nr. 62) Ist die jüdische Art, die Bibel auszulegen, nicht doch ein wenig spitzfindig, eben „pharisäerhaft"? (Nr. 63) Wie können Juden an einen Gott glauben, der die Opferung eines Kindes fordert? (Nr. 64) Und schließlich: Sind Juden in ihren Gelübden und Verträgen wirklich zuverlässsig? (Nr. 65)

Legenden sind oft attraktiver als die Wirklichkeit, Vorurteile bequemer als rationale Weltsicht, und historische Lügen dienen als Waffen in der politischen Auseinandersetzung, wenn Argumente fehlen.

Wolfgang Benz 1993

Diese Beobachtungen waren Anlass, ein – lesenswertes – „Wörterbuch" aus 91 kurzen Artikeln zusammenzustellen:

- Wolfgang Benz, Legenden, Lügen, Vorurteile. Ein Wörterbuch zur Zeitgeschichte, dtv, München 1993.

Auf zwei instruktive Bildbände sei in diesem Zusammenhang hingewiesen:

- Nachum Tim Gidal, Die Juden in Deutschland von der Römerzeit bis zur Weimarer Republik, Könemann, Köln 1997.
- Heinz Schreckenberg, Die Juden in der Kunst Europas. Ein historischer Bildatlas, Vandenhoeck & Ruprecht/ Herder, Göttingen/Freiburg u.a. 1996.

56. Was sind die Gründe für den Antisemitismus?

> 1. Wie verstehen und benutzen Sie den Begriff „Antisemitismus"? Stimmt dies mit der folgenden Sprachregelung überein?

Zur deutlicheren Abgrenzung unterscheiden wir zwischen allgemeiner Judenfeindschaft, religiös-christlichem Antijudaismus und rassistischem Antisemitismus.
Die allgemeine **Judenfeindschaft**, d.h. die antijüdische Xenophobie (*Angst vor Fremden*) aufgrund ethnischer, sozialer, politischer oder kultureller Distanz, gibt es seit der Antike. Mit **Antijudaismus** bezeichnen wir die pseudobiblisch-theologisch begründete Ablehnung des Judentums, die sich seit der Zeit des Urchristentums bis in die Gegenwart verfolgen lässt.
Der Begriff **Antisemitismus** ist erst seit der 2. Hälfte des 19. Jahrhunderts bekannt. Im strengen Sinn ist damit die rassisch-biologische Weltanschauung gemeint, die vom unüberbrückbaren Gegensatz zwischen der „semitischen" Rasse und der indogermanischen „arischen" Herren-Rasse ausgeht, eine Unterscheidung, wie sie zuerst der französische Graf Joseph Arthur Gobineau vertreten hat.
Der moderne Rassenantisemitismus muss zutiefst verstanden werden als Teil der Gegenwehr gegen die von der Aufklärung allgemein eingeleiteten Emanzipationsbewegungen. Soweit protestantische Theologen in den letzten

> In Alexandrien gab es immerfort Unruhen seitens der Einheimischen gegen das jüdische Volk, seit der Zeit, wo Alexander von der bereitwilligen Unterstützung seitens der Juden bei der Unterwerfung der Ägypter Gebrauch gemacht und ihnen als Lohn für die Waffenbrüderschaft das Recht gegeben hatte, in der Stadt Wohnsitz zu nehmen mit gleichem Recht wie die Griechen. Als die Römer von Ägypten Besitz ergriffen, duldeten weder der erste Caesar noch einer seiner Nachfolger die Schmälerung der von Alexander her bestehenden Rechte der Juden. Jedoch kamen ständig Zusammenstöße zwischen ihnen und den Griechen vor. Als nämlich die Alexandriner eine Volksversammlung hielten wegen der Abordnung einer Gesandtschaft an Nero, strömten mit den Griechen auch zahlreiche Juden in das Amphitheater. Sobald aber ihre Gegner sie bemerkten, riefen sie sofort laut: „Feinde" und „Spione"; dann stürzten sie auf sie los, um sich ihrer zu bemächtigen.
>
> Josephus Flavius 66 n.Chr.

> Man muss die Juden fliehen, wie eine die ganze Welt bedrohende Pest; man muss die Märtyrer nachahmen, die die Juden hassten, weil sie Christus liebten. Denn man kann das Opfer (*Jesus Christus*) nicht lieben, ohne die Mörder (*die Juden*) zu hassen.
>
> Johannes Chrysostomus 387

> Was nützt es, in den entferntesten Gegenden die Feinde des Christentums aufzusuchen, wenn die gotteslästerlichen Juden, weit schlimmer als die Sarazenen, in unserer Mitte ungestraft das Christum und die Sakramente schmähen dürfen. Doch fordre ich nicht, die Fluchbeladenen dem Tode zu weihen! Gott will nicht, dass sie ausgerottet würden, sondern sie sollen wie der Brudermörder Kain zu großen Qualen, zu größerer Schmach, zu einem Leben ärger als der Tod

aufbewahrt bleiben. Sie sind abhängig, elend, seufzend, furchtsam und flüchtig und sollen es bleiben, bis sie sich zu ihrem Heile bekehren.

*Petrus Venerabilis um 1150
in einem Brief an König Ludwig VII. von Frankreich*

Die Juden sind und bleiben ein Volk im Volke, ein Staat im Staate, ein Stamm für sich unter einer fremden Rasse. Alle Einwanderer gehen zuletzt in dem Volke auf, unter welchem sie wohnen; die Juden nicht. Dem germanischen Wesen setzen sie ihr ungebrochenes Semitentum, dem Christentum ihren starren Gesetzeskult entgegen. Wir können sie darum nicht verurteilen; solange sie Juden sind, können sie gar nicht anders. Aber wir müssen uns mit klarer Erkenntnis vor den Gefahren schützen, die in einer solchen Vermischung liegen.

Adolf Stoecker 1879

hundert Jahren den Begriff „Antisemitismus" benutzt haben, gehen sie mehr von einem geistigen bzw. sittlichen „Rassebegriff" aus. Volk und Volkstum sind für sie eher geschichtliche als biologistische Begriffe, wenngleich eine eindeutige Klärung im Einzelfall nicht immer leicht fällt.
Im Judenhass der Weimarer Zeit und des Dritten Reiches waren alle drei aus der Geschichte bekannten Formen der Judenfeindschaft virulent.

*Eberhard Röhm/
Jörg Thierfelder 1990*

Das Wort „Semit" geht auf den Namen „Sem" zurück. Sem war der älteste Sohn Noahs (vgl. 1. Mose 5,32).

Die folgende Collage aus Bildern und Texten stammt aus dem Kinderbuch „Trau keinem Fuchs auf grüner Heid' und keinem Jud' bei seinem Eid", Stürmer Verlag, 1935:

Jeder fünfte Deutsche ist nach einer Erhebung des Forsa-Instituts latent antisemitisch eingestellt. Dies gelte für Ost- wie für West-Deutsche, ergab eine Studie im Auftrag der Hamburger Zeitung „Die Woche". Die Vorurteile gegenüber Juden waren jedoch umso geringer ausgeprägt, je jünger die Befragten waren. Während 10% der 14- bis 24-Jährigen als antisemitisch einzustufen sind, liegt diese Quote nach den Ergebnissen der Meinungsforscher bei den 25- bis 49-Jährigen bei zwölf Prozent. Bei den 50- bis 65-Jährigen steigt sie auf 28 und bei den über 65-Jährigen auf 38 Prozent. Antijüdische Einstellungen wurden bei den Anhängern aller politischen Richtungen festgestellt. Bei den Befragten, die sich selbst als politisch „rechts" einordnen, liegt der Anteil mit 44 Prozent am höchsten, in der Mitte bei 20 Prozent und bei denjenigen, die sich für „links" halten, bei elf Prozent. Das Institut hatte bei 2005 Befragten verborgene antisemitische Einstellungen mit zahlreichen Einzelfragen erforscht. Gefragt wurde unter anderem nach der Macht und dem Einfluss der Juden, nach besonderen Eigenschaften und nach angeblichen Versuchen, aus der NS-Vergangenheit Vorteile zu ziehen.

Die Zeichen der Zeit 1999

Nicht die Erfahrung schafft den Begriff des Juden, sondern das Vorurteil fälscht die Erfahrung. Wenn es keinen Juden gäbe, der Antisemit würde ihn erfinden.

Jean-Paul Sartre 1946

Die tieferen Motive des Judenhasses wurzeln in längst vergangenen Zeiten, sie wirken aus dem Unbewussten der Völker und ich bin darauf gefasst, dass sie zunächst nicht glaubwürdig erscheinen werden. Ich wage die Behauptung, dass die Eifersucht auf das Volk, welches sich für das erstgeborene, bevorzugte Kind Gottvaters ausgab, bei den anderen heute noch nicht überwunden ist, so als ob sie dem Anspruch Glauben geschenkt hätten. Ferner hat unter den Sitten, durch die sich die Juden absonderten, die der Beschneidung einen unliebsamen, unheimlichen Eindruck gemacht, der sich wohl durch die Mahnung an die gefürchtete Kastration erklärt und damit an ein gern vergessenes Stück der urzeitlichen Vergangenheit rührt. Und endlich das späteste Motiv dieser Reihe, man sollte nicht vergessen, dass alle diese Völker, die sich heute im Judenhass hervortun, erst in späthistorischen Zeiten Christen geworden sind, oft durch blutigen Zwang dazu getrieben. Man könnte sagen, sie sind alle „schlecht getauft", unter einer dünnen Tünche von Christentum sind sie geblieben, was ihre Ahnen waren, die einem barbarischen Polytheismus huldigten. Sie haben ihren Groll gegen die neue, ihnen aufgedrängte Religion nicht überwunden, aber sie haben ihn auf die Quelle verschoben, von der das Christentum zu ihnen kam. Ihr Judenhass ist im Grunde Christenhass.

Sigmund Freud 1950

Jede Form des Antisemitismus ist grundsätzlich „abstrakt", weil sie sich nicht aus wirklichen Eigenschaften der Juden ableitet; gleichzeitig aber hat sie überaus reale Auswirkungen.

Daniel Jonah Goldhagen 1996

Fremdenhass, Ausgrenzung und Neid richten sich nicht nur auf Juden, sind aber gegen sie besonders häufig anzutreffen, und zwar hauptsächlich in christlichen oder von Christen beeinflussten Ländern (der moderne muslimische Judenhass hat politische Gründe). Das Christentum, das als Sekte innerhalb des Judentums entstand, musste ständig seine Daseinsberechtigung gegenüber diesem unter Beweis stellen. Die weitere Existenz des Judentums nach der Christianisierung Europas war für Christen ein ständiges Ärgernis. Man suchte zu beweisen, dass das Judentum überholt und moralisch dem Christentum unterlegen sei, denn wenn die ethischen Lehren praktisch identisch waren, wozu brauchte man dann überhaupt das Christentum?

Diese defensive Linie wurde von den meisten christlichen Theologen verfolgt. Auf diesen theologischen Antijudaismus war der Judenhass bis zur Zeit der nationalsozialistischen Rassenlehre aufgebaut. Erst nach den Gräueln des Holocaust besann sich ein sensibler gewordenes Christentum auf seinen jüdischen Ursprung und sah ein, was seine „Lehre der Verachtung" (Jules Isaac) an Verbrechen hervorgebracht hatte.

Da direkte Judenfeindschaft unter uns weitgehend tabuisiert ist, tritt nach wie vor vorhandene Judenfeindschaft gerne unter einem Deckmantel auf, der erlaubt, allgemein akzeptierte Vorbehalte gegen Juden weiter zu verbreiten. Es handelt sich um subtile Formen der Nichtwahrnehmung, der Ausgrenzung und der Beseitigung von Juden und Judentum. Judenfeindlichkeit entspringt dort, wo das Vorhandensein von Juden und Judentum, ihre Lebendigkeit und Vielfältigkeit, ihr Recht auf Eigenständigkeit einfach nicht wahrgenommen wird und stattdessen aus lebendigen Subjekten benutzte Objekte für fremde Zwecke werden.

Albrecht Lohrbächer 1998

⇒ Nr. 1: *Ist die Behauptung von Juden, sie seien von Gott auserwählt, nicht eine Überheblichkeit?*
⇒ Nr. 49: *Bilden die Juden eine Rasse?*
⇒ Nr. 57: *Sind und bleiben die Juden nicht doch Fremde in Deutschland und überall auf der Welt?*

2. Stellen Sie die in Text- und Bildform geäußerten Gründe der Feindschaft gegen Juden zusammen und versuchen Sie, ein eigenes Bild von diesem Phänomen zu gewinnen.

3. Welche konstruktiven Formen des Umgangs mit Juden und Judentum lassen sich gegen die negative Beschreibung A. Lohrbächers entwickeln?

57. Sind und bleiben Juden nicht doch Fremde in Deutschland und überall auf der Welt?

Aus den Reichsjahrbüchern von Einhard (770-840), dem Geschichtsschreiber Karls des Großen:

Man meldete, dass der Jude Isaak, welchen der Kaiser vor vier Jahren zu dem vorgenannten König der Perser (Kalif Harun al Raschid) mit Landtfrid und Sigismund, seinen Gesandten, geschickt hatte, mit großen Geschenken zurückgekehrt war. Landtfrid und Sigismund waren nämlich beide auf dieser Reise gestorben. Im Oktober dieses Jahres kam der Jude Isaak aus Afrika mit einem Elefanten zurück und landete in Porto Venere, einem Hafen im Golf von Spezia; und weil er des Schnees wegen die Alpen nicht überschreiten konnte, so überwinterte er in Vercelli.
In diesem Jahr, am 20. Juli, kam Isaak mit dem Elefanten und den übrigen Geschenken, die von dem Perserkönig geschickt worden waren, und übergab zu Aachen alles dem Kaiser. Der Elefant hatte den Namen Abulabaz.

Aus den Einhard-Annalen

⇒ *Nr. 48: Kann man Jude und zugleich Deutscher sein?*
⇒ *Nr. 49: Bilden die Juden eine Rasse?*
⇒ *Nr. 52: Wurden die Juden zur Strafe für die Ablehnung Jesu unter die Völker zerstreut?*

Den Stadtverwaltern in Köln, allen Behörden, erlauben wir durch allgemeines Gesetz, die Juden zur Kur (*zu städtischen Amtsgeschäften*) zu berufen. Damit ihnen aber eine Entschädigung für den früheren Brauch (*ihrer Befreiung von jeder Amtstätigkeit*) verbleibt, so wollen wir jeweils zweien oder dreien das Vorrecht gewähren, durch keinerlei Berufungen in Anspruch genommen zu werden.
Kaiser Konstantin der Große 321 n. Chr.

Juden in Deutschland sind nicht fremd, sondern alteingesessen. Die jüdische Gemeinde in Köln nimmt schon im 10. Jahrhundert eine hervorragende Stellung ein. Desgleichen gibt es im 10. Jahrhundert eine Gemeinde in Mainz, und wir kennen Privilegien für Speyer und Worms aus dem 11. Jahrhundert. Da die Juden also schon damals fest ansässig waren, sind sie schon früher, – nach der oben abgedruckten Quelle bereits im dritten oder vierten Jahrhundert – mit den Römern eingewandert. Das bedeutet aber, dass die Juden bereits vor der Ansiedlung der meisten deutschen Stämme in Deutschland ansässig waren.

Ich war also Jude! Ich war ein anderer! Ich war nicht ein Mensch wie alle! Fremd hier und fremd dort, fremd über jede Vorstellung! Fremdheit, das Erzgefühl meines Lebens. *Franz Werfel (1890-1945)*

1. Wieso kann N.P. Levinson von der Alteingesessenheit der Juden in Europa reden und F. Werfel von seinem Fremdheitsgefühl als Jude?

2. Welche Hindernisse stehen der religiösen, sozialen und kulturellen Integration der Jüdinnen und Juden, die zurzeit aus Osteuropa nach Deutschland kommen, entgegen?

58. Warum verzichten die Juden nicht auf das Schächten?

Da im Paradies, dem Idealzustand, keine Tiere getötet wurden, sollten wir eigentlich alle Vegetarier sein. Erst nach der Sintflut wurde das Töten von Tieren zwecks Nahrungsaufnahme gestattet, aber mit vielen Schutzmaßnahmen im Interesse der Tiere versehen. Eine davon ist das Schächten, wobei nur eine begrenzte Anzahl von Tieren für den Genuss erlaubt wurden, die von einem gottesfürchtigen Experten geschlachtet werden müssen. Dabei muss das Schlachtmesser von besonderer Schärfe sein. Durch den Blutsturz verliert das Tier sofort das Bewusstsein und es wird ihm kein unnötiger Schmerz zugefügt.

⇒ *Nr. 9: Was ist die Tora?*
⇒ *Nr. 17: Welche Bedeutung haben die Speisegesetze?*
⇒ *Nr. 56: Was sind die Gründe für den Antisemitismus?*

Unsere Feinde, bewusst und unbewusst von einem Gefühl erfüllt, das Judentum am Lebensnerv treffen zu können, entdecken in sich eine Sorge um das notleidende Tier. Dieselben Menschen, die grausamer Waidlust und barbarischen Treibjagden zujubeln, die die grobderben Hausschlachtungen als unentbehrliche Weihnachtsfreude verherrlichen, treten als Ankläger gegen unsere Religion auf, die als erste unter allen die Schonung des Tieres proklamiert, die dem Menschen verbietet das Brot zu brechen, bis er den Haustieren Nahrung gereicht, die eine peinlich genaue, von Rücksicht und Zartheit erfüllte Vorschrift bei der Tötung zur Pflicht macht und jede willkürlich lieblos getötete Kreatur zum Genusse verbietet. Taub gegen die Stimme der größten Physiologen wollen sie in rein mechanischen Entblutungszuckungen einen Beweis der Qualen des verendeten Tieres erblicken.

Verein zur Förderung ritueller Speisehäuser e.V., Hamburg, 1982

1. Lesen Sie 1. Mose 1,29; 2,16; 9,1-7; 3. Mose 7,26; 17,10-16. Welche Anweisungen für den Umgang mit Tierblut können Sie daraus ablesen? Welche Begründungen finden Sie?

2. Prüfen Sie die beiden jüdischen Plädoyers für das Schächten. Welche Argumentation überzeugt Sie am ehesten?

59. Haben sich die Juden nicht auch dadurch unbeliebt gemacht, dass einige von ihnen Kommunisten waren?

Slánsky-Prozess, antisemit. Schauprozess in der CSSR (heute CSFR) vom 20. bis 27.11.1952.
Der Hauptangeklagte war Rudolf Slánsky (1901–1952), der seit 1945 als Generalsekretär die kommunist. Partei (KPC) zur mitgliederstärksten Partei der CSSR ausbaute und damit eine der Voraussetzungen für die Machtübernahme der Kommunisten 1948 schuf. Mit Billigung Stalins wurde Slánsky 1951 verhaftet. Das Tribunal gegen Slánsky war einer der stalinistischen Schauprozesse, die willkürlich inszeniert wurden, um nationalkommunistische Strömungen in den Führungseliten der sowjetischen Satellitenstaaten zu beseitigen und sie unter die Kontrolle moskautreuer Stalinisten zu bringen.
Elf der Beschuldigten, unter ihnen Slánsky, wurden am 3.12.1952 hingerichtet.
Der Slánsky-Prozess gab das Signal für eine Reihe von judenfeindlichen Willkürakten der Justiz. Hunderte von tschechischen Juden wurden inhaftiert oder in Arbeitslager deportiert.

Bernhard Vogt 1992

Diese Meinung war Teil der nationalsozialistischen Propaganda und wird heute wieder in Polen, Ungarn und in der früheren Sowjetunion gegen die Juden ins Schild geführt. Natürlich gab es unter den Kommunisten auch Juden, wie in allen anderen Parteien. Aber genauso wurden die Juden des Kapitalismus geziehen, und auch das war nicht falsch, denn Juden sind so, wie alle anderen Menschen auch. Dass Karl Marx ein getaufter Jude war, ist eine historische Tatsache, aber gänzlich irrelevant, da er ein fanatischer Gegner des Judentums war. Unbestreitbar ist, dass sich Juden sozialistischen Zielen verbunden fühlten, da die Bibel, und hier besonders die Propheten, als erste den Krieg gegen Ausbeutung, Unmenschlichkeit und Unterdrückung der Armen geführt hatten (vgl. den Propheten Amos).
Interessant ist in diesem Zusammenhang, dass Stalin 1952 durch den Slánskyprozess einen antisemitischen Propagandafehler beging, der auch auf die frühere DDR übergriff. Erst dann begriffen viele jüdische Kommunisten, dass sie es nicht mit einem idealistischen „Edelkommunismus" zu tun hatten, sondern mit einem verbrecherischen Regime.

> Verschaffen Sie sich über verschiedene Lexikonartikel einen Einblick in die Biografien prominenter jüdischer Kommunisten, z.B. Karl Marx, Moses Hess, Ernst Bloch. Auf welche Weise ist in ihrem Lebenswerk die jüdische Tradition mit den kommunistischen Ideen verbunden?

60. Hat man die Juden gehasst, weil sie reich waren?

In fast allen Jahrhunderten waren Juden in ihrer Berufswahl benachteiligt. Wenn sie Grund und Boden besaßen, war es ihnen unmöglich, ihre Felder Gewinn bringend zu bestellen, da ihnen das Halten von nichtjüdischen Sklaven verboten war. Ein Handwerk konnten sie nicht ausüben, da sie von den Zünften ausgeschlossen waren. Es blieb ihnen neben dem Arztberuf, den daher viele Juden ausübten, nur das Hausieren und der Geldhandel. Der letztere hatte den Vorteil, dass man Geld leicht transportieren konnte, und das war bei den vielen Verfolgungen oft lebensrettend. Christen überließen Juden den Geldhandel, weil ihnen selbst das Zinsnehmen aus religiösen Gründen verboten war. Dass die meist hohen Zinsen den Hass wiederum schürten, liegt auf der Hand. Die Zinsen mussten unverhältnismäßig hoch sein, weil das Risiko für die jüdischen Geldverleiher fast untragbar war und sie von den Landesherren und anderen Machthabern ständig als Einnahmequelle ausgenutzt, oder besser, ausgepresst wurden. Und wenn ein Fürst oder eine Stadt die Schulden an die Juden nicht zurückzahlen konnte, wurde schnell ein Pogrom angezettelt. Die Juden wurden vertrieben und ihre Güter konfisziert. Das war ein sich stets wiederholendes Szenario.

„In ihrem Besitz sind die Geldadern, Bank und Handel", so der Berliner Hofprediger Adolf Stoecker 1879 in seiner ersten antisemitischen Rede. Von Stoecker über Hitler bis hin zu den heutigen Rechtsextremen spielt die Frage „Überfremdung" der Wirtschaft durch die Juden eine zentrale Rolle in der antisemitischen Propaganda. Bewusst wird der Eindruck erweckt, die Wirtschaft werde von der jüdischen Minderheit einseitig beherrscht, und der volkstümlichen Vorstellung vom reichen, wuchertreibenden Juden wird neue Nahrung gegeben. Tatsächlich „beherrschten" die Juden etwa in der Weimarer Republik nur wenige eher unbedeutende Spezialbranchen. Bei der von der völkischen Propaganda als „jüdische Hochfinanz" bezeichneten Gruppe von reichen jüdischen Großbürgern handelte es sich um nicht mehr als 100 Familien.
Juliane Wetzel 1992

Ich will heute wieder Prophet sein. Wenn es dem internationalen Finanzjudentum in und außerhalb Europas gelingen sollte, die Völker noch einmal in einen Weltkrieg zu stürzen, dann würde das Ergebnis nicht ... der Sieg des Judentums sein, sondern die Vernichtung der jüdischen Rasse in Europa.
Adolf Hitler am 30. Januar 1939

Prüfen Sie die Lokalgeschichtsschreibung Ihres Wohnortes oder Landkreises, was sich über die Berufe und den sozialen Status der Jüdinnen und Juden ermitteln lässt.

61. War Luther ein Judenfeind?

**Der junge Luther:
offen für die Juden**

Den Schwerpunkt seiner akademischen Lehrtätigkeit hatte er im Alten Testament; mit seiner Übersetzung desselben in die deutsche Sprache hat er es tief in der evangelischen Christenheit verankert. Allerdings verstand er das Alte Testament ganz als christliches Buch; für ihn redete in der gesamten Bibel der Eine Gott und Vater Jesu Christi.
Von seinen biblischen Studien aus kam er schon früh auf die Feststellung, dass die Juden das Alte Testament als ihre Bibel hatten; er hatte seine Übersetzung ja bewusst auf den hebräischen Urtext und damit den jüdischen Kanon bezogen, nicht auf die gebräuchliche lateinische Übersetzung, die Vulgata, mit ihrem erweiterten Kanon. Dabei stieß er auch auf die vorurteilsgeladene antijüdische Stimmung in der damaligen Christenheit.
Er kam zu der Überzeugung, dass es an der feindseligen Haltung der Kirche gelegen haben müsse, dass die Juden sich noch immer dem Glauben an Jesus Christus verschlossen.

Arnulf H. Baumann 1996

Unsere Narren, die Päpste, Bischöfe, Sophisten und Mönche haben bisher also mit den Juden verfahren, dass, wer ein guter Christ gewesen, hätte wohl mögen ein Jude werden. ...
Denn sie haben mit den Juden gehandelt, als wären es Hunde und nicht Menschen, haben nichts mehr tun können als sie schelten und ihr Gut nehmen, wenn man sie getauft hat. Wenn die Apostel, die auch Juden waren, so mit uns Heiden gehandelt hätten, wie wir Heiden mit den Juden, es wären nie Christen unter den Heiden geworden. Und wenngleich wir uns sehr rühmen, so sind wir dennoch Heiden, und die Juden von dem Geblüt Christi. Wir sind Schwäger und Fremdlinge, sie sind Blutsfreunde, Vettern und Brüder unseres Herrn.

Martin Luther 1523

Erstlich, dass man ihre Synagoge oder Schule mit Feuer anzünde, und was nicht verbrennen will, mit Erde überhäufe und beschütte, dass kein Mensch einen Stein davon sehe ewiglich.
Zum anderen, dass man auch ihre Häuser desgleichen zerbreche und zerstöre. Dafür mag man sie etwa unter ein Dach oder Stall tun wie die Zigeuner, auf dass sie wissen, sie seien nicht Herren in unserem Lande ...
Zum dritten, dass man ihnen nehme alle ihre Betbüchlein und Talmudisten, darin solche Abgötterei, Lügen, Fluch und Lästerung gelehrt wird.

Zum vierten, dass man ihren Rabbinern bei Leib und Leben verbiete, hinfort zu lehren.
Zum fünften, dass man den Juden Geleit und Straße ganz und gar aufhebe, denn sie haben nichts auf dem Lande zu schaffen. Sie sollen daheim bleiben.
Zum sechsten, dass man ihnen den Wucher verbiete und nehme ihnen alle Barschaft und Kleinod und lege es zur Verwahrung beiseite. Und dies ist die Ursache: Alles, was sie haben, haben sie uns gestohlen und geraubt durch ihren Wucher, weil sie sonst keine andere Nahrung haben. Solches Geld soll man dazu brauchen, wenn ein Jude sich ernstlich bekehrt.
Zum siebenten, dass man den jungen, starken Jüdinnen und Juden in die Hand gebe Flegel, Axt, Karst, Spaten, Rocken, Spindel und lasse sie ihr Brot verdienen im Schweiß ihrer Nasen, wie Adams Kindern (1. Mose 3,19) auferlegt ist. Denn es taugt nicht, dass sie uns verfluchte Gojim wollten im Schweiße unseres Angesichts arbeiten lassen und sie, die heiligen Leute, wollten es hinter dem Ofen mit faulen Tagen, Festen und Pomp verzehren.

Martin Luther 1543

Sie sind unsere öffentlichen Feinde, hören nicht auf, unseren Herrn Christum zu lästern, heißen die Jungfrau Maria eine Hure, Christum ein Hurenkind, uns heißen sie Wechselbälge oder Mondkälber, und wenn sie uns alle töten könnten, täten sie es gerne. Und tun auch oft, sonderlich sich für die Ärzte ausgeben, ob sie gleich ja zu Zeiten helfen, denn der Teufel hilft's doch zuletzt versiegeln. So können sie die Arznei auch, so man in Welschland kann, die man einem ein Gift beibringet, davon er in einer Stunde, in einem Monat, in einem Jahr, ja in zehn oder zwanzig Jahren sterben muss. Die Kunst können sie.

Aus Martin Luthers letzter Predigt am 15.2.1546

Der spätere Luther: Angst vor den Juden

Doch nun begann eine Geschichte enttäuschter Hoffnungen. Unter Juden regte sich die Hoffnung, Luther wolle die Christen zum Judentum hinführen. Abgesandte wurden zu Luther geschickt, um seine Ziele zu erkunden. Luther war umgekehrt der Hoffnung, er könne die Juden mit seinen freundlichen Worten dazu reizen, sich dem Christenglauben zu öffnen. Es stellte sich sehr schnell heraus, dass die jahrhundertealte Feindschaft nicht mit wenigen Worten zu überwinden war, am wenigsten um den Preis der Selbstaufgabe der Juden. Die wechselseitige Enttäuschung gab der freundlichen Einstellung Luthers schon einen ersten Stoß. Anderes kam hinzu.
Es gab Meldungen, dass Christen, die von der Reformation ergriffen waren, die Feier des Sabbat einführten – als so genannte Sabbatisten – und auch sonst dem Judentum zuneigten, vor allem im heutigen Tschechien. – Die Türken erschienen vor den Toren Wiens und blieben eine ständige Bedrohung von außen. Und den Juden wurden gute Verbindungen zum Islam nachgesagt. Auch das nagte an Luther.

Arnulf H. Baumann 1996

Hinzu kamen gesundheitliche Probleme. Luther wurde von mancherlei Gebrechen und Krankheiten geplagt, die ihm viel zu schaffen machten. Der Elan der frühen Jahre war dahin. Im Zusammenhang mit den Ängsten um sein Werk drängte sich immer stärker der Verdacht auf, dass alle Unruhe und Fehlschläge ein Werk der Juden seien. Die Hassbilder seiner Kindheit, die er in jüngeren Jahren hatte überwinden wollen, nahmen immer stärker von ihm Besitz. Seine Äußerungen über die Juden wurden immer giftiger. Am Schluss ließ er kaum eine Gelegenheit aus, gegen Juden und Judentum zu hetzen.
Das war der Weg eines der ganz Großen in der Geschichte der Christenheit: Er war kein Heiliger, sondern ein Mensch in seinem Widerspruch. Wir Christen – nicht nur die Lutheraner – verdanken ihm sehr viel. Aber Luther hat sich auch in Vielem maßlos gezeigt, in der Grobheit seiner Ausdrucksweise, in der Maßlosigkeit seines späteren Urteils über die Juden. Schließlich und endlich hat er sich wieder von den uralten Ängsten der Christenheit vor den Juden einholen und überwältigen lassen. Das können wir nur aus tiefstem Herzen bedauern.

Arnulf H. Baumann 1996

Luther war anfangs den Juden gegenüber freundlich eingestellt, denn er erwartete, dass sie sich einem „gereinigten" Christentum anschließen würden. Damals schrieb er das Buch „Dass Jesus Christus ein geborener Jude sei" (1523). Hierin gab er der bisherigen Kirche die Schuld dafür, dass sich die Juden noch nicht zum Christentum bekehrt hatten.

Luthers Freundschaft schlug aber in den bittersten Hass um, als die Juden überhaupt nicht daran dachten, jetzt Lutheraner zu werden. Dazu kamen einige schlechte Erfahrungen mit Juden sowie judaisierende Sekten in seinem Kreis. In seiner Schrift „Von den Juden und ihren Lügen" (1543) verfolgt er die Juden mit derber Sprache.

Er nimmt viel vom späteren nationalsozialistischen Programm voraus; unter anderem fordert er, die Synagogen der Juden zu verbrennen, ihre Häuser zu zerstören und sie zum Frondienst zu zwingen. Auch sollten den Juden ihre heiligen Schriften fortgenommen und das Beten verboten werden. Außerdem verlangte er die Vertreibung der Juden und forderte die Raubritter zu Überfällen auf.

Er war im vollen Sinn des Wortes Antisemit.

⇒ *Nr. 54: Werden Jesus und die Christen in jüdischen Gebeten beleidigt?*

⇒ *Nr. 56: Was sind die Gründe für den Antisemitismus?*

1. Diskutieren Sie die These N. P. Levinsons, Martin Luther sei „im vollen Sinn des Wortes Antisemit" gewesen.

Julius Streicher, Herausgeber des Hetzblattes „Der Stürmer", sagte als Angeklagter des Nürnberger Kriegsverbrecherprozesses: „Wenn das Gericht Martin Luthers Buch ‚Von den Juden und ihren Lügen', in Betracht ziehen würde, dann säße sicher heute Martin Luther an meiner Stelle auf der Anklagebank."

Luther hat sich an den mittelalterlichen Vorwürfen, die Juden würden Brunnen vergiften, Hostien schänden und Kinder töten, nicht beteiligt. Ebenso wenig kann man ihm nachsagen, er habe – wie die Nazis – die Juden als gefährliches Volk oder als minderwertige Rasse gehasst.

Je länger, je mehr war Luther überzeugt, dass die Weltlage sich dem Ende zuneigen, dass der universale Endkampf zwischen Christus und Satan begonnen hat. Er fürchtete, dass sich jetzt der Teufel mit dem Papst, den Türken, den Juden und allen Heuchlern (Ungläubigen) zusammentut, um das Offenbarwerden der Wahrheit zu verhindern. Luthers Judenfeindschaft ist als Teil seiner apokalyptischen Geschichtsschau zu verstehen, die er mit anderen spätmittelalterlichen Theologen teilt. Es sind auch nicht die Juden als solche, denen er den Kampf angesagt hat, sondern die Juden als „Gottesfeinde".

Luther hat nie aufgehört, trotz seiner Hassausbrüche, die Nähe der Juden zu suchen. In seiner letzten Schrift – drei Tage vor seinem Tod verfasst – schreibt er: „Wir wollen die christliche Liebe an den Juden üben und für sie beten, dass sie sich (doch) bekehren."

Luther war kein Antisemit im modernen Sinne. Dennoch ist nicht zu bestreiten, dass seine antijüdischen Schriften zu den dunkelsten Kapiteln in seinen Werken zählen.

Eberhard Röhm 1998

Luthers Angst um die Existenz der Kirche wurde so stark, dass er es nicht mehr fertig brachte, die Zukunft in Gottes Hand zu stellen, sondern dass er im Vorgriff auf das, was er als Gottes zukünftiges Gericht verstand, die weltliche Gewalt aufrief, dieses Gericht in der Gegenwart vorwegzunehmen. Damit überschritt er die Grenzen der menschlichen Autorität, ganz zu schweigen von der Liebe. Die Konsequenzen dieser Haltung sind immer noch wirksam. Die Lektion, die die Kirche mitten im Massenmord unseres Jahrhunderts zu lernen hatte, zwingt uns dazu, eine tief gehendere, nüchternere und zugleich christlichere Haltung zu suchen.

Erklärung des Lutherischen Weltbundes 1970

2. Was bedeutet es für Sie persönlich, von der Judenfeindschaft des alten Martin Luther zu wissen?

62. Waren die Pharisäer Heuchler und Gegner Jesu?

In einer der wichtigsten Perioden des Judentums nannten sich viele im Volke die „Abgesonderten", die „Pharisäer"; aber das sollte, wie die klassische Erklärung dafür lautet, nur bedeuten: „abgesondert von den Sünden und heidnischen Gräueln". Im Sittlichen fühlten sie sich getrennt und wollten sie getrennt sein und anders sein, und ohne den Willen, anders zu sein, gibt es in dieser Welt keine Entscheidung für das Sittliche.
Leo Baeck 1921

In ihm (*dem Pharisäertum*) ist der großartige Versuch gemacht worden, die Religion ganz zur Religion des Lebens zu machen, des Lebens des Einzelnen und der Gesamtheit, damit die Religion nicht nur neben dem Menschen, neben der Gemeinschaft, neben dem Staate hergehe. Mit dem Gedanken der Heiligkeit ist hier Ernst gemacht worden, unbedingter Ernst mit der Forderung, jeden Tag, auch den Alltag, zur Idee hinzuführen, mit der Forderung, in der die Pharisäer ihre Aufgabe und ihr Recht fanden: „Ihr sollt euch heiligen und heilig sein!".
Der heroische Versuch ist hier unternommen worden, dem Gottesreiche den Boden zu bereiten.
Leo Baeck 1938

Diese Meinung geht auf das Matthäus-Evangelium (Kapitel 23) zurück, wo die Pharisäer als Heuchler bezeichnet werden. In Wirklichkeit bezieht sich diese Wortwahl auf einen innerjüdischen Streit. Die Pharisäer waren die volkstümlichen Vertreter der Juden zur Zeit Jesu, im Gegensatz zu der aristokratischen Priesterpartei der Sadduzäer. Da es die Letzteren zur Zeit der Abfassung der Evangelien nicht mehr gab, werden oft Pharisäer genannt, obwohl die Polemik gegen die Sadduzäer gerichtet war. Die Pharisäer waren jedoch, auch nach dem Zeugnis der Apostelgeschichte, auf der Seite der Christen (vgl. Apostelgeschichte 5,34ff). Natürlich gibt es bei allen Religionen solche, die ihre Frömmigkeit zur Schau stellen, und dies hat Jesus mit Recht gebrandmarkt, wie auch andere Gelehrte seiner Zeit es taten. Wenn Jesus irgendeiner Partei nahe stand, dann waren es die Pharisäer, von deren Lehre sich die seine kaum unterscheidet. Wir können zu fast allen Worten Jesu Parallelen in pharisäischen Quellen finden.

Der Pharisäismus war die Anwendung der prophetischen Lehren auf das Leben. Aber neben dem bewusst Erfassten lag die tiefere Bedeutung ihres Werkes darin, ihre Religion instandgesetzt zu haben, in ihrem jahrhundertelangen Martyrium in der Zukunft auszuharren. Sie verrichteten ihr Werk in ihren Tagen trotz des Spottes und des Übelwollens der nichtjüdischen Welt. Die Rabbiner führten das Werk fort, das die Pharisäer begonnen hatten, und durch die Arbeit beider wurde das Judentum über die Jahrhunderte sicher hindurchgetragen.
Travers Herford 1928

In den vier Evangelien erscheinen die Pharisäer als die besonderen Gegner Jesu, weshalb für die Christen der Begriff „Pharisäer" geradezu zu einem Schimpfwort geworden ist. Nun hat es gewiss zwischen Angehörigen der Pharisäer-Gruppe und Jesus Auseinandersetzungen gegeben, speziell auch über Fragen der Halacha (*der lebenspraktischen Bibelauslegung*). Doch darf dabei nicht das genuine Wollen der Pharisäer übersehen werden; ihr Ziel war vor allem ein zweifaches: 1. Heiligung des Alltags, 2. Bewahrung Israels vor der Assimilation an die Heiden. Was das „Feindbild" angeht, das in den Evangelien vom „Pharisäer" entwickelt wird, so ist zu beachten, dass die Evangelien, von Markus vielleicht abgesehen, erst nach der Katastrophe des Jahres 70 n. Chr. geschrieben wurden und die Pharisäer als einzige Gruppe im damaligen Judentum sie einigermaßen heil überstanden haben. Das hatte zur Folge, dass Judentum und Pharisäismus weitgehend identifiziert wurden, was sich auch im „Antijudaismus" der Evangelien spiegelt, weil nun die „Pharisäer" gewissermaßen als *die* Gegner des Christentums galten. Die Christenheit muss endlich lernen, über die Pharisäer, auch wenn es einst zu heftigen Konflikten zwischen ihnen und Jesus gekommen ist, gerecht zu denken und ihr genuines Wollen zur Kenntnis zu nehmen und die Pharisäer nicht als „Heuchler" zu betrachten. Es muss auch festgehalten werden, dass die Pharisäer in den Passionsberichten nicht erwähnt werden. Die führenden Prozessgegner Jesu, wie der Hohe Priester, gehörten zur einflussreichen Gruppe der Sadduzäer.

Franz Mußner 1995

1. Untersuchen Sie die Jesuskapitel verschiedener Religionsbücher für die Sekundarstufe I auf ihr Pharisäer-Bild hin. Machen Sie – sofern es Ihnen nötig erscheint – Veränderungsvorschläge.

2. Schulbücher lassen sich korrigieren, wenn sie nicht mehr den neueren wissenschaftlichen Erkenntnissen entsprechen. Doch wie ist mit jenen neutestamentlichen Texten umzugehen, in denen die Pharisäer – polemisch und ganz und gar unhistorisch – als Gegner Jesu dargestellt sind: z.B. Markus 2,23-28; 10,1-12; Matthäus 12,1-8; 19,1-12; 23,1-36; Lukas 6,1-5?
Es ist nicht üblich, den Wortlaut von Bibeltexten zu verändern. Hier muss es also darum gehen, die jeweilige Text-Interpretation zu leisten, den Unterschied zwischen einem kollegialen Auslegungsstreit in der Jesuszeit und einer späteren Abgrenzungspolemik der christlichen Schriftsteller deutlich zu machen.
Wählen Sie einen der oben angegebenen Evangelientexte aus und versuchen Sie eine solche „differenzierende" Interpretation.

⇒ *Nr. 15: Ist der Schabbat mit seinen vielen Verboten für die Juden nicht eine Last?*

⇒ *Nr. 50: Sind die Juden schuld am Tod Jesu?*

63. Wieso legen Juden die Bibel so spitzfindig aus?

Die biblischen Gesetze, deren Ursprung auf die Gotteserscheinung am Sinai zurückging, durften nicht von Menschen aufgehoben werden. ...
Was indessen gestattet war, ist eine Adaption an neue Verhältnisse. Der Gesetzeskern blieb jeweils unangetastet, die Gesetzesaussage jedoch wurde auf neue Weise erklärt. Ein Beispiel soll uns das Verständnis dieses Tatbestandes erleichtern. Bis in die Zeit der Hasmonäerkämpfe um die Mitte des 1. Jhds. v.d.Z. war es nicht gestattet, am Sabbat Krieg zu führen, selbst nicht zum Schutze des eigenen Lebens. Vielen wurde das Verbot zum Verhängnis, da sie von den Feinden gerade am Ruhetag angegriffen wurden. Die Praxis musste geändert werden. Von dem Vers in 3. Mose 18,5 ausgehend: „Darum sollt ihr meine Satzungen und meine Vorschriften halten. Der Mensch, der danach tut, wird durch sie leben, ich bin der Ewige" stellten die Meister den Grundsatz auf: „Lebensgefahr verdrängt den Sabbat". Im Falle einer Lebensgefahr werden sämtliche Sabbatgesetze hinfällig. Es ist nicht bloß gestattet, am Sabbat zu kämpfen, sondern es ist des Juden Pflicht, es zu tun.

Roland Gradwohl 1973

Schon früh in biblischer Zeit und besonders danach wurde es wegen sich verändernder Zeitumstände schwer, die biblischen Vorschriften wortwörtlich zu befolgen. Sollte man am Sabbat, wo biblisch das Feueranzünden verboten ist, im Kalten und Dunklen sitzen? Und konnte man, wie es biblische Vorschrift ist, jedes siebente Jahr alle Schulden löschen? Wie konnte so eine fortschrittliche Wirtschaft, ein Bank- und Zinswesen entstehen? Es gab nur die Wahl zwischen Nicht-Befolgung der Vorschriften oder ihrer Auslegung. Die zweite Möglichkeit wurde gewählt. Um die Bibel nicht zur Bürde werden zu lassen und sie menschenfreundlich auszulegen, kam es zuweilen zu „spitzfindigen" juristischen Konstruktionen. Solange man aber die Bibel nicht fallen lassen wollte, gab es keine andere Wahl. Aber da die Bibel nicht nur zum Predigen, sondern zur Anweisung für das tägliche konkrete Leben diente, entwickelte sich die – Uneingeweihten oft als weit hergeholt und im Text kaum angelegt erscheinende – Weise biblischer Auslegung.

Bedeutsam genug wird von den Rabbinern der Unterschied zwischen dem Judentum und jeder anderen Bibelreligion darin gefunden, dass, während Letztere am toten Buchstaben sich anklammert, das Erstere in der nie schriftlich fixierten überlieferten Wortdeutung den Schlüssel besitzt, die Schriftwahrheiten immer neu zu erfassen. In ganz anderem Sinne als im Christentum ist sonach die Heilige Schrift Offenbarungsquell des Judentums. Es ist der ewig schöpferische Geist, der nie ganz zum Stillstand kommt, der im Judentum die Schrift zum lebendigen Quell macht.

Kaufmann Kohler 1910

⇒ Nr. 9: Was ist die Tora?
⇒ Nr. 10: Was ist der Talmud?
⇨ Nr. 11: Was ist die Kabbala?

An folgendem Beispieltext aus dem Talmud (Baba Kamma, „Die erste Pforte" – Regeln zum Umgang mit Beschädigungen – 83b) zeigt Rabbiner Leo Trepp, wie talmudische Auslegungsweise „funktioniert":

Mischna: Wer seinem Nächsten eine Verletzung zufügt, hat fünffache Ersatzzahlungen zu leisten, nämlich für den zugefügten Schaden, die Schmerzen, die Heilungskosten, die versäumte Zeit und ein Reuegeld.
Gemara: Ist diese Anordnung angebracht? Sagt denn nicht der Allbarmherzige (Gott): (dass der Schaden anderweitig abgebüßt werden müsse, nämlich durch) Auge (um) Auge?
(Eine solche Antwort) hat keinen Sinn, denn uns wurde gelehrt, du könntest annehmen, dass jemand, der einem anderen das Auge geblendet hat, nun selbst geblendet würde, oder (dass) demjenigen, der eine Hand (eines anderen) abgehackt hat, die eigene Hand abgehackt werden müsse. (Das ist jedoch nicht der Fall, denn wir lesen in der Schrift:) „Wer einen Menschen schlägt (soll bestraft werden) und: wer ein Tier erschlägt (muss Ersatzzahlung leisten). (In beiden Fällen ist die biblische Terminologie die gleiche, daher müssen beide Fälle gleich behandelt werden.) Gleich wie bei einem Tier eine geldliche Ersatzzahlung angeordnet wurde, so auch im Falle eines Menschen: Ein geldlicher Ersatz ist vorgesehen.
Leo Trepp 1969

Die eingeklammerten Teile habe ich hinzugefügt, um den Sinn deutlicher zu machen.

Wir müssen diese (*Talmud-*)Stelle (*Baba Kamma 83b*) nun zu verstehen suchen. Es handelt sich nicht um Haarspalterei. In allen rechtlichen Fällen muss zuerst der Wortlaut des Gesetzes auf jede Einzelheit hin geprüft werden. Darüber hinaus lernen wir noch etwas sehr Wichtiges. Das Prinzip „Auge um Auge" kam in der Frühzeit aus dem Codex des Hammurabi in die Bibel. Es war ungerecht, denn was sollte man zum Beispiel mit einem Schuldigen tun, der nur ein Auge besaß? Die Rabbinen konnten, im Gegensatz zu der modernen Auffassung, nicht zugeben, dass irgendein Wort in der Schrift überholt sei. Es bestand daher nur die Möglichkeit, die Schrift so zu deuten, dass sie in Einklang mit dem Rechtsgefühl des Judentums gebracht wurde. Das bedeutete allerdings, dass man zeigen musste, dass der göttliche Gesetzgeber niemals eine wörtliche Auslegung des Satzes im Auge hatte, sondern lediglich meinte: Das Auge des Schuldigen muss von nun an im Dienste des Geschädigten stehen und muss als dessen Auge dienen, mit anderen Worten, der Schuldige muss durch seine Arbeitskraft den Verlust des Geschädigten finanziell tragen.
Leo Trepp 1969

In welcher Weise leitet die christliche Tradition Verhaltensregeln aus der hebräischen Bibel ab?

64. Wie können Juden an einen Gott glauben, der die Opferung eines Kindes forderte?

Zum strittigen Text 1. Mose 22,1–13:

Die Verse 3–12a und 13 bewahren die Erinnerung an eine Zeit auf, da es üblich war, in ausweglosen Situationen der Gottheit das Wichtigste zum Opfer anzubieten: das Kind. Nicht nur die Bibel, auch andere antike Quellen (z.B. Philo und Lukian) berichten von solchen religiösen Verzweiflungstaten. Die Vorfahren Israels haben sich offenbar früh von diesem Ritus getrennt und jene Geschichte tradiert, in der Gott selbst das Kind zurückweist und stattdessen das Opferlamm nimmt. Damit war das rituelle Kinderopfer für Israel außer Kraft gesetzt. Spätere Generationen haben die Erzählung wohl nicht mehr als Lehrstück zum Opferkult nötig gehabt, sondern blickten auf den mittlerweile berühmten Abraham. Dadurch wurde zum Thema, was zuvor nur eine Wegbeschreibung war: der opferwillige Gehorsam. In der Zeit des babylonischen Exils konnte nun die uralte Erzählung mit den drei neuen Sätzen als exemplarische und hoffnungsvolle Prüfungsgeschichte gehört werden.

1. Lesen Sie 1. Mose 22,1-13 ohne die beiden ersten Verse und ohne den zweiten Teil des Verses 12! Skizzieren Sie den Handlungsablauf der verbleibenden Erzählung.

2. Was verändert sich am Sinn der Geschichte, wenn die Verse 1-2 und 12b wieder hinzukommen?

Zunächst: Isaak wurde nicht geopfert. Deshalb sprechen Juden von der „Akeda", der „Bindung" Isaaks.
Christen benutzen den Begriff „Opferung Isaaks", weil sie hier bereits das Vorbild für die Opferung Jesu durch den Vater Gott sahen.
Religionsgeschichtlich betrachtet finden wir in Genesis 22 wahrscheinlich eine sehr alte Quelle für den Protest gegen das Kindesopfer, das bei den Nachbarn Israels zum feststehenden Ritual gehörte und auch durch die Israeliten praktiziert wurde (im Moloch-Kult im Hinnom Tal).
Für die traditionelle jüdische Schrifterklärung bedeutete die Erzählung einen Höhepunkt der Gottergebenheit sowohl auf der Seite Abrahams als auch Isaaks. Für viele moderne Juden ist die Geschichte Beispiel einer nicht mehr zeitgemäßen Opfermentalität.

3. Schreiben Sie die Erzählung 1. Mose 22 aus der Perspektive Isaaks oder Saras um. Wie weit verändert sich der Inhalt der Geschichte durch den Wechsel der Perspektiven?

4. Welche Überschrift(en) trägt die Erzählung in christlichen Bibelausgaben? Welche Interpretation des Textes wird durch die jeweilige Überschrift nahe gelegt?

1. Mose 22 ist Lesetext und Predigttext am jüdischen Neujahrsfest. Zu Rosch Haschana 1966 fragte Nathan Peter Levinson angesichts der Kriege in Biafra, Vietnam und im Nahen Osten, in wessen Auftrag und in welcher Verantwortung Väter ihre Söhne an Traditionen und Interessen binden. Auf diese Weise wurde die Erzählung von der Bindung Isaaks zu einem kritischen Text zwischen den Generationen:

Wir scheinen sehr weit entfernt zu sein von jenen Zeiten, wo Väter ihre Söhne dem Moloch und anderen Dämonen als Opfergaben darbrachten. Aber sind wir es wirklich? Auch heute noch bringt eine Vätergeneration ihre Kinder auf den vielen Altären als Opfer dar. Eine Vätergeneration entzieht sich dem Idealismus der Jugend durch Hinweise auf Wohlstand, auf materielle Güter, auf das Hier und Jetzt. Und dieses Hier und Jetzt zeigt uns ein Bild unserer Zeit, das abgestumpft ist gegen Mord und Unheil, gegen die Versklavung der Massen, gegen die wirtschaftliche Erniedrigung der Völker. Was ist das für eine Welt, in der die Knaben immer und immer wieder in den Krieg geschickt werden, der dann als patriotische Pflicht, als Kampf gegen den aggressiven Feind, als Notwehr hingestellt wird? Dass dahinter solide Interessen einer Vätergeneration stehen, die lieber ihre Kinder opfert, als etwas von ihrem Wohlstand abzugeben, bleibt meist unbemerkt.

Das ist die Bedeutung der so genannten Opferung Isaaks für die Gegenwart: dass sie keine Opferung war, sondern im Gegenteil der Beginn einer neuen Zeit. Wenn wir Abraham sein werden und wenn wir aufhören, Kinder darzubringen auf den vielen Altären, dann werden wir das Glück unserer Kinder sehen, und ihr Glück wird unser eigenes sein.

Nathan Peter Levinson 1966

Damals schwor Gott dem Abraham: „Weil du dies getan hast, mir deinen Sohn, deinen einzigen, nicht vorenthalten hast, segne ich dich und will deine Nachkommen vermehren wie die Sterne des Himmels, wie den Sand am Meerufer" (1. Mose 22,15-17).
Dazu berichtet die Legende: Abraham wusste, wie notwendig dieser Schwur Gottes war. Denn Isaaks Nachkommen würden sündigen, und wollte Gott nach der Strenge des Gerichtes handeln, so wären sie gewiss nicht würdig, vor ihm zu bestehen. Das konnten sie nur aus Gottes Liebe und Erbarmen. Deshalb bat Abraham um dieses Versprechen und sagte: Herr der Welt, wenn Isaaks Söhne Böses tun und sündig sind, so gedenke ihrer wegen der Fesselung und richte sie nicht in Strenge, sondern in Erbarmen! Da willigte Gott ein und sprach zu Israel: Lasset am Neujahrstag den Hornton des Widders erschallen, so gedenke ich der Fesselung Isaaks, und ihr werdet mir sein wie Isaak, der sich hingeben wollte.

Pnina Navè Levinson 1991

Gott (Elohim) spricht zu Abraham: „Nimm doch deinen Sohn, deinen einzigen, den, den du lieb hast, den Isaak, und geh hin in das Land Moria und opfere ihn dort zum Ganzopfer auf einem Berge, den ich dir sagen werde" (1. Mose 22,2). Darauf vertrauend, dass Gott seinen Verheißungen (vgl. 1. Mose 12,2f u.a.) treu bleibt, gehorcht Abraham diesem Auftrag – und macht die Erfahrung, dass Gott sich selbst ins Wort und ihm in den Arm fällt, dass er das Opfer, das er gefordet hat, nicht annimmt. Der das Leben seines Sohnes fordernde Gott (Elohim, V. 1.3.8.9.12) zeigt sich Abraham als der lebensrettende Gott Israels (JHWH, V. 10.14-16). Abraham war bereit, *Gott* seinen Sohn zu opfern, Gott als dem *einzigen*, der dieses Opfer von ihm verlangen darf. Gott *allein* das Recht zuzugestehen, Menschenopfer zu fordern, heißt, sie jedem anderen gegenüber zu verweigern. (Wenn wir davon sprechen, dass ein Unfall Todesopfer gefordert hat, dann haben wir sie immer schon gebracht – wem?!). Doch der Gott Israels will das Opfer nicht, das er gefordert hat, er braucht es nicht, er nimmt es nicht an und bestreitet damit ein für alle Mal auch jeder anderen Instanz das Recht, Menschenopfer zu fordern.

Magdalene L. Frettlöh 1998

Braucht Gott Opfer?

Wer so fragt, übersieht und verharmlost nicht, dass Menschen unter uns zu Opfern werden oder sich selbst in die Opferrolle begeben. Er nimmt sie wahr, (an)erkennt sie als „victims" und fragt zugleich, was diese Opfer mit Gott zu tun haben bzw. Gott mit ihnen. Mehr noch: Wer so fragt, leitet dazu an, bestehende Opfersysteme nicht länger religiös zu verklären, sondern sie differenziert zu analysieren:

> Wer bringt das Opfer dar (Opferspender)?
> Durch wen wird das Opfer dargebracht (Opfervollzieher)?
> Wem wird das Opfer dargebracht (Opferempfänger)?
> Wer ist das Opfer?
> Wem kommt das Opfer zugute (Opfernutznießer)?

Im Sinne dieses so genannten „Opferaktionsschemas" kann die Frage „Braucht Gott Opfer?" zunächst helfen, lebensfeindliche Opferverhältnisse aufzudecken, Opferforderungen im Namen Gottes nicht als selbstverständlich *gott*gewollt hinzunehmen und widerspruchslos zu erfüllen, kurzum: der Identifizierung oder der Verwechslung von „victim" und „sacrifice" zu wehren.
Braucht Gott Opfer? Stellen wir diese Frage zunächst im Blick auf das prominenteste Opfer im Christentum, auf den gekreuzigten Jesus von Nazareth. Nicht *Gott* braucht dieses Opfer, sondern die *Welt* braucht es, wir brauchen es: Es resozialisiert uns, die wir immer wieder den guten Willen Gottes und die von ihm gewährten gerechten Lebensordnungen verfehlen, gegenüber Gott und untereinander, bringt unser Leben zurecht, eröffnet uns unverdiente, neue Lebensmöglichkeiten, die wir uns nicht selber schaffen können.

Denn Gott rechnet uns – hier greift der Gedanke der Stellvertretung – Jesu Toragehorsam so an, als sei er unser eigener, lässt *Jesu* Treue als *unsere* Treue gelten und lässt uns so teilhaben an seiner Gerechtigkeit und seiner Lebensfülle. Im Blick auf Jesus können wir also nicht länger von einem Opfer reden, das Gott gefordert oder gar selbst dargebracht hat, sondern nur von einer freiwilligen Lebenshingabe an den Willen Gottes, die Gott anerkennt, aber – nicht annimmt!

Denn *Gott* braucht ein solches Opfer für sich selbst nicht. Es ist das Bekenntnis zur *Auferweckung des Gekreuzigten*, das unmissverständlich deutlich macht: Gott will dieses Opfer nicht. Auferweckung des Gekreuzigten heißt: *Annahme des Opfers verweigert.* Gott lässt dieses Opfer zurückgehen, er gibt Jesus sein Leben zurück und gibt damit gleichsam zu Protokoll: Ich bin kein Gott, der Menschenopfer braucht! Mit der Auferweckung des Gekreuzigten erklärt Gott ein für alle Mal die Selbstaufopferung Jesu zum *letzten Opfer* im Namen Gottes.

Auf das Opfern darf sich *keiner* berufen, der immer noch Opfer im Namen Gottes fordert, macht er damit doch die Auferweckung des Gekreuzigten zunichte. Und zugleich: Auf das Opfer Jesu darf sich *jede(r)* berufen, die (der) nach Gottes Eingreifen für das Recht derer schreit, die unschuldig, mitschuldig oder selbstverschuldet in die Opferrolle geraten sind. Denn die Auferweckung des Gekreuzigten ist vor allem anderen ein Handeln Gottes an dem, der unter Einsatz seines ganzen Lebens für die Gerechtigkeit zum *Opfer brutaler Gewalt* geworden ist. In der Auferweckung gibt Gott Jesus Recht. Und er setzt *die* ins Recht, die wie Jesus ihr Leben riskieren, damit niemand mehr zum Opfer wird.

Magdalene L. Frettlöh 1998

Im Koran steht die Geschichte von der Fesselung des Kindes unter dem Motiv der Gehorsamsprüfung von Vater und Sohn durch Allah (Sure 37,99-111): Abraham erfährt in einem Traum, er müsse seinen – gerade arbeitsfähigen – Sohn opfern. Der Vater spricht mit seinem Kind offen über das Dilemma; der Sohn fügt sich freiwillig dem Willen Allahs. Vater und Sohn dokumentieren gemeinsam ihre Ergebenheit durch die tiefe Gebetsbeugung (= Islam), bei der die Stirn die Erde berührt. Daraufhin gilt die Prüfung als bestanden. Von Opfervorbereitungen ist nicht die Rede. „Islam" tritt hier an die Stelle des antiken Kinderopfers.
Da der Name des Sohnes in der 37. Sure nicht genannt ist, wird die Koranstelle meist bezogen auf Abrahams ersten Sohn Ismael (von der Mutter Hagar), als dessen Nachkommen sich die Moslems sehen.

5. Welche Bedeutung hat – nach den hier zum Thema wiedergegebenen Interpretationen – die „Fesselung des Sohnes" in der jüdischen, christlichen und muslimischen Auslegungstradition? Stellen Sie eine tabellarische Übersicht her. Welche Erklärungen erscheinen Ihnen einleuchtend, welche bleiben Ihnen fremd? Woran liegt die Befremdlichkeit?

65. Dürfen Juden Gelübde und Verträge brechen?

Am besten, heilsamsten und vernunftgemäßesten wäre es ja, gar nicht zu schwören, wenn der Mensch bei jeder Aussage so wahr zu sein lernte, dass die Worte als Eide gelten könnten. Der zweitbeste Weg aber ist wahr schwören; denn der Schwörende steht gleich im Verdacht, als ob man ihm nicht recht trauen dürfte. Darum soll man (im Schwören) zögern und langsam sein, denn vielleicht ist es noch möglich, durch Aufschub den Eid ganz zu vermeiden. Zwingt aber eine gewisse Notwendigkeit dazu, dann muss alles, was dabei in Betracht kommt, sorgfältig und nicht oberflächlich erwogen werden. Es ist doch keine kleine, wenn auch aus Gewohnheit geringschätzig behandelte Sache .... Denn ein Zeugnis Gottes ist der Eid, aber Gott zum Zeugen anzurufen für eine Lüge, ist durchaus frevelhaft.

Philo von Alexandrien 1. Jh. n.Chr.

Diese Frage kann eigentlich nur jemand stellen, der vom „Kol nidre", dem großen Vergebungsgebet vom Abend des Versöhnungstages, weiß, es aber nicht vollständig kennt. Darum sei der Text hier abgedruckt:

Mögen wir von allen Gelübden und Verpflichtungen freigesprochen werden, die wir Gott gegenüber vergeblich machen werden von diesem Versöhnungstag an bis zum nächsten Versöhnungstag, der zu unserem Wohle kommen möge; von den Aufgaben und Versprechungen, die wir nicht erfüllen können, von der Einsatzbereitschaft, die wir besser nicht aufgebracht, und von den Unternehmungen, die wir besser nicht angefangen hätten.

Wir bitten darum, dass wir Vergebung erhalten und freigesprochen werden von unserem eigenen Versagen. Alle Versprechen, die wir unseren Mitmenschen gemacht haben, bleiben erhalten. Möge Gott uns aber von den leeren Versprechungen freisprechen, die wir in unserer Dummheit Gott gegenüber machen. Möge Gott uns vor ihren Konsequenzen bewahren.

Lege uns nicht auf solche Gelübde fest!
Lege uns nicht auf solche Verpflichtungen fest!
Lege uns nicht auf solche leeren Eide fest!

Kol nidre

Es ist sehr gut, wenn ein Mensch überhaupt nicht schwört. Hat er geschworen, so muss er den Eid erfüllen.

Moses Maimonides 12. Jh.

1. Etwa zur gleichen Zeit, da der jüdische Religionsphilosoph Philo seine Betrachtungen zum Dekalog schrieb, formulierte der Judenchrist Matthäus, was zum Thema „Schwören" aus dem Munde des Lehrers Jesus überliefert war. Lesen Sie zum Vergleich Matthäus 5,33-37.

2. In welchen Lebensbereichen spielen heutzutage Schwüre, Eide oder Gelübde eine Rolle? Welche Bedeutung haben sie dort jeweils?

Wenn wir bei Gott schwören, so rufen wir Gott zum Zeugen an dafür, dass unsere Worte wahr sind. Doch ist ein solches Zeugnis nur dann erforderlich, wenn unserer Aussage kein Glauben geschenkt wird. Schwören wir, bevor wir wissen, ob man uns glaubt oder nicht, so zeigen wir, dass wir nach unserer eigenen Schätzung nicht glaubwürdig sind. Und oft hat man beobachtet, dass in der Tat denen am wenigsten zu glauben ist, die am meisten schwören. Am schlimmsten ist der Meineid, das Falschschwören; d.h. schwören, dass etwas der Fall ist, ohne dass man weiß, ob es wahr ist oder obwohl man weiß, dass es nicht wahr ist. Dies ist ein schweres Verbrechen und wird eine „Entheiligung des göttlichen Namens" genannt.

Michael Friedländer 1936

Das Kol-Nidre-Gebet, bzw. die Formel „Mögen wir von allen Gelübden und Verpflichtungen freigesprochen werden", bezieht sich nur auf Gelübde, die man Gott gegenüber auf sich nimmt und die vielleicht unbedacht waren und deren Ausführung sich als nicht möglich erweist. Es ist Zeichen besonderer Vorsicht und Genauigkeit und findet keine Anwendung auf Versprechen, Schwüre oder Verpflichtungen, die man anderen Menschen gegenüber auf sich genommen hat. Schwüre sind eine sehr heilige Angelegenheit, und besondere Sorgfalt ist hier notwendig. Ausdruck dafür ist 3. Mose 19,12, wo wir lesen, dass Falschschwören den Namen Gottes entheiligt, und es spielt keine Rolle, ob man den Schwur einem Juden oder Nichtjuden gegenüber geleistet hat.

3. Lesen Sie biblische Schwurgeschichten: 1. Mose 21,22-34; 24,1-66; 49,28 – 50,13. Welchen Sinn hat der Schwur jeweils? Wodurch ist seine Verbindlichkeit garantiert?

Die Bibel nennt viele Schwüre. Ehe Abraham seinen Diener Elieser auf Brautschau aussendet, damit er für den Sohn Isaak eine passende Frau suche, lässt er ihn einen Eid ablegen. Wenn es um Wesentliches geht, etwa um ein Treuebündnis zwischen Abraham und Abimelech, ist ein Schwur am Platz. Den Ort des Schwures kennt man bis heute: Beerscheva („Schwur-Brunnen"). Joseph schwört seinem Vater Jakob, dass er ihn in Kanaan bestatten werde. Es trifft nicht zu, dass ein frommer Jude nie schwört. Verboten ist nur der falsche Schwur, wobei gilt: „Dein Ja sei ein ehrliches Ja, dein Nein sei ein ehrliches Nein." Ferner: „Man rede nicht eines mit dem Mund, ein anderes mit dem Herzen" (*Talmud Baba mesia 49a*).
Schwören ist eine heikle Sache. Manch einer glaubt sich seiner Behauptung sicher und täuscht sich doch.

Roland Gradwohl 1994

Kapitel X: Israel

So spricht der HERR:
Ich kehre wieder auf den Zion zurück und will zu Jerusalem wohnen. Es sollen hinfort wieder sitzen auf den Plätzen Jerusalems alte Männer und Frauen.
Und die Plätze Jerusalems sollen voll sein von Knaben und Mädchen, die dort spielen. *Sacharja 8,3-5*

Und Ich will fröhlich sein über Jerusalem und Mich freuen über Mein Volk. Man soll in ihm nicht mehr hören die Stimme des Weinens noch des Klagens. Sie werden Häuser bauen und sie bewohnen, sie werden Weinberge pflanzen und ihre Früchte essen. *Jesaja 65,19.21*

Einmal saß ich auf einer Treppe bei einem Tor der Davidszitadelle, zwei schwere Körbe neben mir. Eine Gruppe Touristen stand dort um einen Führer herum, ich diente ihnen als Orientierungspunkt. „Seht ihr diesen Mann da mit den Körben? Ein Stück rechts von seinem Kopf befindet sich ein Bogen aus der römischen Zeit. Ein Stück rechts von seinem Kopf." Doch er bewegt sich, er bewegt sich! Ich sprach in meinem Herzen: Die Erlösung wird nur kommen, wenn man ihnen sagt: Seht ihr dort den Bogen aus der römischen Zeit? Nicht wichtig. Aber daneben, etwas nach links und weiter nach unten, sitzt ein Mann, der Obst und Gemüse für seine Familie gekauft hat.
Jehuda Amichai 1980

Wenn Juden und Christen miteinander über ihre Lebensweise und ihren Glauben reden, kommen sie zwangsläufig irgendwann zum Thema „Israel". Und spätestens an dieser Stelle geht plötzlich der gesicherte Boden aus theologischen Lehrmeinungen und Textinterpretationen verloren. Es kommen Politik und Tagespresse in den Blick, Rechtsanspruch und Fanatismus, Zerstörung und Wiedergutmachung, Liebe zum Land und Sehnsucht nach dem alltäglichen Frieden.

Es hat wenig Sinn – eingedenk der Tatsache, dass die Ermordung und Vertreibung der Juden vor 1945 fast ohne christlichen Widerspruch geschah – zu allen politischen Fehlentscheidungen des jungen Staates Israel zu schweigen. Es wäre aber auch unangemessen, sich zum allwissenden Schiedsrichter zwischen Juden und palästinensischen Arabern zu erheben. Doch vielleicht können Deutsche besonders gut verstehen und beurteilen, wie wichtig für beide Völker ein eigener Staat als Schutzgehäuse gegen Angriffe von außen und als Raum zur Heilung der inneren Wunden ist.

Der heutige Staat Israel ist eine politische Größe; er stellt sich aber zugleich in den Rahmen der Geschichte des erwählten Volkes. Die Christen haben die Verpflichtung, den völkerrechtlich gültigen Beschluss der Vereinten Nationen von 1947 anzuerkennen, der den Juden ein gesichertes Leben in einem eigenen Staat ermöglichen soll. Zugleich haben die Christen sich aber nachdrücklich für einen sachgemäßen Ausgleich zwischen den berechtigten Ansprüchen beider, der palästinensischen Araber und der Juden einzusetzen. Weder dürfen allein den palästinensischen Arabern die Folgen des Konfliktes auferlegt sein, noch darf allein Israel für die Auseinandersetzung verantwortlich gemacht werden. *EKD-Denkschrift 1975*

Hinter diese Formulierungen der „Evangelischen Kirche in Deutschland" (EKD) sollte ein christliches Schul- und Studienbuch u.E. in seinem Israel-Kapitel nicht zurückfallen.

So fragen wir nach der Bedeutung Jerusalems für Jüdinnen und Juden, aber auch danach, warum diese Stadt zugleich für Christen und Muslime etwas Besonderes ist (Nr. 66). Es geht in diesem Zusammenhang um das Problem des „Tempelplatzes", auf dem zwei berühmte muslimische Gebäude stehen und – rein äußerlich besehen – den Wiederaufbau des jüdischen Tempels verhindern. Aber liegt es überhaupt im allgemeinen jüdischen Interesse, den Jerusalemer Tempel wieder zu errichten? (Nr. 67) Der Zionismus kommt auf den Prüfstand (Nr. 68) und mit ihm der Vorwurf gegen Juden, sie grenzten Andere aus (Nr. 69).

Zwei verschiedene Unterstellungen aus der gegenwärtigen Anti-Israel-Polemik (Nr. 70 und 71) versuchen wir auf die Ebene der Sachinformationen zurückzuholen und geben solchen jüdischen Stimmen das Wort, die um korrekte und vernünftige Vereinbarungen bemüht sind, ohne an den winzigen Schritten der Friedensarbeit zu resignieren.

Nicht nur junge Israelis müssen sich, wenn sie ihren Dienst in der Armee antreten, überlegen, wie sie ihre Ausbildung an der Waffe mit dem fünften Gebot vereinen. Aber ihnen steht in Israel immer der Ernstfall des Krieges, einer Grenzstreitigkeit oder eines Attentates vor Augen (Nr. 72). Auch das Nachdenken über die Todesstrafe, die es in Israel zumindest theoretisch gibt, gehört in diesen Zusammenhang (Nr. 73).

Drei Bücher des christlichen Theologen Michael Krupp, der seit dreißig Jahren in Jerusalem lebt, führen durch die Geschichte jüdischer Existenz im Land Israel:

- Die Geschichte der Juden im Land Israel vom Ende des Zweiten Tempels bis zum Zionismus, GTB, Gütersloh 1993.
- Zionismus und Staat Israel. Ein geschichtlicher Abriss. GTB, 3. Auflage, Gütersloh 1992.
- Die Geschichte des Staates Israel von der Gründung bis heute, GTB, Gütersloh 1999.

Wer sich über die Fragen dieses Kapitels hinaus mit den Schwierigkeit, als Deutsche/r im Streit um Israel / Palästina mitzureden, befassen will, der /dem sei das folgende Buch empfohlen:

- Gisela Dachs, Deutsche, Israelis und Palästinenser. Ein schwieriges Verhältnis. Mit Beiträgen bekannter Nahostkorrespondenten und einem Vorwort von Joschka Fischer, Palmyra, Heidelberg 1999.

66. Welche Bedeutung hat das Land Israel mit seiner Stadt Jerusalem für die Juden?

1. Lesen Sie Psalm 122; 137 und Jesaja 60. Aus welcher Perspektive wird jeweils auf Jerusalem oder das Land Israel geschaut? Welches Bild wird jeweils entworfen? Welche Gefühle entstehen in Ihnen beim Lesen? Welche Bedeutung mögen diese Texte für Überlebende des Holocaust und ihre Kinder haben?

> Zehn Maße der Schönheit kamen in die Welt; neun für Jerusalem und eines für den Rest der Welt.
>
> *Babylon. Talmud, Kidduschin (Regeln zu Verlobung und Heirat) 49b*

> Die Atmosphäre des Landes Israel macht die Menschen weise.
>
> *Babylon. Talmud, Baba Batra („letzte Pforte", Regeln zum Umgang mit Grundbesitz) 158b*

> Jerusalem ist das Licht der Welt, wie geschrieben steht: Nationen werden in deinem Lichte wandeln (Jes. 60,3). Wer ist das Licht Jerusalems? Der Heilige, gelobt sei er, wie geschrieben steht: Der Ewige wird dein immer währendes Licht sein (Jes. 60,15).
>
> *Genesis Rabba (großer Genesiskommentar aus dem 5. Jh. n. Chr.) 59*

Die Stadt Jerusalem wird 657 Mal in der hebräischen Bibel erwähnt, im Koran nicht ein einziges Mal. Dreimal täglich beten fromme Juden um ihre Rückkehr in die heilige Stadt, dazu im täglichen Tischgebet, im Trauerzeremoniell und bei fast allen religiösen Gelegenheiten. Die jüdischen Feiertage sind nach den klimatischen Bedingungen des Landes Israel ausgerichtet und die messianische Zeit beinhaltet die Rückkehr der Juden in das Land Israel. Auch die Auferstehung der Toten ist an die Heilige Stadt gebunden (Ezechiel 37). In jedem Zeitalter sind Juden, wenn ihnen das möglich war, in das Land Israel zurückgekehrt, und viele pilgerten wenigstens gegen Ende ihres Lebens nach Jerusalem, um dort begraben zu werden. In der Diaspora wird Verstorbenen ein Beutel mit Israel-Erde in den Sarg gelegt, damit sie quasi in heiliger Erde ruhen können. Die Verbindung der Juden mit der Stadt Jerusalem und dem Land Israel ist nicht nur eine Angelegenheit heiliger Stätten oder historischer Erinnerung. Sie ist eine tatsächliche, konkrete, existenzielle Tatsache.

Die Juden sind heute mit der Frage konfrontiert: Wie lebt man in der Stadt Gottes, im Land der Bibel? Wir fragen nach dem Leben in der Sphäre des Heiligen, während Deutsche nach dem Leben im Angesicht des Teuflischen fragen. Unsere Aufgaben sind einander diametral entgegengesetzt, aber vielleicht sind unsere ebenso komplex wie die für die Deutschen, die im Lande von Auschwitz leben müssen und nicht wissen, wie.

Susannah Heschel 1998

Die Bevölkerung von Jerusalem

Jahr	insgesamt	Juden	Moslems	Christen
1870	22.000	11.000	6.500	4.500
1946	165.000	99.500	33.500	32.000
1967	268.000	196.500	60.500	11.000
1996	602.000	421.000	164.000	16.500

Nach Angaben des Statistischen Amtes Israels vom Frühjahr 1999 leben etwa 36 Prozent aller Juden in Israel, das sind 4,8 Millionen von weltweit 13 Millionen Juden.

Im Jahr 1003 v.Chr. hat König David Jerusalem zur Hauptstadt seines Reiches gemacht. Danach war Jerusalem für rund 1000 Jahre die Hauptstadt des jüdischen Volkes, unterbrochen nur durch das babylonische Exil im 6. Jahrhundert vor Christus. Auch nach der Eroberung der Stadt durch die Römer im Jahr 70 n.Chr. wurde Jerusalem für rund 1900 Jahre niemals die Hauptstadt eines nichtjüdischen Staates. Nach der Staatsgründung am 14. Mai 1949 ist Jerusalem wieder zur Hauptstadt des einzigen jüdischen Staates erklärt worden. Seit 1950 hat die Knesset, das israelische Parlament, seinen Sitz in Jerusalem; 1966 ist das jetzige Parlamentsgebäude eingeweiht worden.
1980 hat die Knesset das „Grundgesetz: Jerusalem, Hauptstadt Israels" verabschiedet. Hierin werden Israels Rechte und Pflichten bezüglich der Hauptstadt Jerusalem festgelegt.
Während der jordanischen Besatzung von 1948 bis 1967 war Jerusalem für 19 Jahre eine durch Betonmauern und Stacheldraht geteilte Stadt. Heute ist das gesamte Jerusalem frei für alle Menschen.

Chaim Herzog in einer Rede als Israels Staatspräsident am 7. November 1992

Meine geliebten Kinder, sagt jedem, der die Absicht hegt, ins Heilige Land zu gehen, er solle sich in Jerusalem niederlassen. Doch nehme niemand an, dass ich diesen Rat gebe, weil ich selbst mich dort niederlassen werde. Nein! Doch gebe ich diesen Rat in aller Aufrichtigkeit, weil dort alles gut ist und es an nichts mangelt. Die Stadt ist von einer Mauer umgeben und eingeschlossen. Sie ist so groß wie Lwow. Was aber am wichtigsten ist: Sie ist besonders heilig und das Tor des Himmels. Ich vertraue fest darauf, dass der Ewige durch mich viel Kenntnis der Tora verbreiten lassen wird, sodass das Wort in Erfüllung gehen darf: Von Zion wird die Tora ausgehen.

Jesaja Halevi Horowitz 1621

⇒ *Nr. 46: Wie viele Juden gibt es in der Bundesrepublik Deutschland?*

⇒ *Nr. 57: Sind und bleiben Juden nicht doch Fremde in Deutschland und überall auf der Welt?*

2. Gibt es ein Land oder eine Stadt, an die Sie sich heimatlich oder in anderer Weise emotional gebunden fühlen? Woher kommt diese Bindung? Hat sie eine religiöse Dimension? Ist es für Sie wichtig (irgendwann einmal) dort zu leben?

Dass der Glaube an Gott etwas mit der Beziehung zu einem Land gemein haben sollte, ist Christen im Allgemeinen keine Frage wert. Das liegt an der Neigung von Christen, ihre Gottesbeziehung zu spiritualisieren und zu verinnerlichen. Allein Juden können die Frage stellen und vielleicht auch beantworten, ob sich in der Rückkehr in das Land Verheißungen erfüllen. Würden Christen es tun, sie beanspruchten abermals für sich das Recht, Juden zum Gegenstand ihrer theologischen Beurteilung zu machen.

Durch die Jahrhunderte hindurch wollen Juden dem Gebot des Gottes Israels gerade dadurch treu bleiben, dass sie im Lande Israel leben. Ist es darüber hinaus nicht Christenpflicht, für das Überlebensrecht von Juden einzutreten, das sie selbst auf Grund geschichtlicher Erfahrungen nur in Erez Jisrael (*Land Israel*) verwirklichen können? Davon darf Christen auch nicht die Sorge um eine gerechte Lösung des Anspruchs des palästinensischen Volkes auf sein Land entbinden. Die innerjüdische Selbstkritik darf nicht von Christen gegen die Juden benutzt werden.

Dieter Vetter 1992

Im Neuen Testament wird die Beziehung zwischen Jesus und Jerusalem spannungsreich dargestellt: Er sei in einem kleinen Ort in der Nähe geboren worden (Mt 2,1; Lk 2,4). Weder der König noch seine Berater hätten verstanden, wo das Kind zu finden sei. Dagegen hätten Fremde aus dem Morgenland (Mt 2,1ff) und einfache Hirten (Lk 2,8ff) es in Bethlehem besucht. Zum Beschneidungsfest (Lk 2,21ff) und zu den Feiertagen sei seine Familie mit ihm in die Stadt gereist. Bereits als Kind habe Jesus dort im Tempel gelehrt (Lk 2,41ff). Hauptwirkungsort aber blieb Galiläa. Allerdings sei Jesus kurz vor seinem Tod wie ein König vom Ölberg her nach Jerusalem hineingezogen (Mk 11,1ff; Mt 21,1ff; Lk 19,28ff; Joh 12,12ff). Den Verkaufsrummel im Tempel habe Jesus scharf kritisiert (Mk 11,12ff; Mt 21,10ff; Lk 19,45ff). Er habe die Vernichtung Jerusalems geahnt und beklagt (Mt 23,37ff; Lk 13,34ff). Seine Verurteilung durch die römischen Behörden fand in Jerusalem statt (Mk 15,2ff; Mt 27,11ff; Lk 23,2ff; Joh 18,33ff). Und vor den Toren der Stadt wurde er gekreuzigt (Mk 15,10ff; Mt 27,31ff; Lk 23,26ff).

Die ersten christlichen Gemeindeversammlungen fanden in Jerusalem statt (Apg 1,12ff; 15). Die Gemeinden Kleinasiens spendeten Geld für die Jerusalemer Christen (1. Kor 16,1-4). Doch nach der Zerstörung der Stadt durch die Römer im Jahr 70 n. Chr. verlor sie für die Christen ihre Heilsbedeutung. Die Bindung an Jesus Christus trat an die Stelle eines heiligen Ortes. So konnte in der späteren christlichen Theologie gesagt werden:

Es gibt, nachdem der Messias Israels erschienen ist, keinen heiligen Berg, keine heilige Stadt und kein heiliges Land mehr, die man auf der Landkarte als solche bezeichnen könnte. *Karl Barth 1948*

Erst die Erkenntnis, dass die nationalsozialistische Verfolgung auch diejenigen Jüdinnen und Juden traf, die sich von ihren heiligen Orten innerlich gelöst und in die deutsche „aufgeklärte" Kultur integriert hatten, lässt die Bedeutung eines „heiligen Ortes", der zugleich Schutzort ist, wieder vernünftig erscheinen. Ein Problem ist heutzutage eher, dass auch viele Christen diesen Ort wieder für sich entdecken und in eine neue ortstheologische Konkurrenz zum Judentum in Israel treten.

Im Koran wird Jerusalem nicht ausdrücklich erwähnt. Aber einige Verse beziehen sich auf diese Stadt. Die Erwähnung des Heiligtums, das von den Feinden der Kinder Israels zerstört wird (*Koran Sure 17,8*), meint sicherlich den Tempel zu

Jerusalem. Auch wird die „fernste Moschee" in Sure 17,1 in der islamischen Tradition auf Jerusalem bezogen, und dies im Zusammenhang der Nachtreise Muhammads von Mekka nach Jerusalem, von wo aus er dann seine Himmelsreise unternommen hat. Weiter enthalten die Verse 2,142-152 Angaben über die Haltung der islamischen Gemeinde in Bezug auf Jerusalem: Muhammad erhält die Anweisung, nicht mehr wie bislang in Richtung Jerusalem zu beten, sondern nunmehr in Richtung der Ka'aba in Mekka.

Damit lässt sich feststellen, dass Jerusalem für den Koran eine Heilige Stadt der Juden und der Monotheisten gewesen ist, dass die Stadt mit der Geschichte der Ursprünge des Islam verknüpft ist. Die Eroberung Jerusalems durch die muslimischen Truppen erfolgte unter dem Kalifen ‚Umar im Jahr 638. Von da an gilt Jerusalem als Teil des „Hauses des Islam", d.h. des islamischen Gebietes, das gegen die Feinde der Muslime verteidigt werden muss und an die Nicht-Muslime nicht verloren gehen darf.

Die Geschichte der Stadt bis in unsere Tage hinein ist durch die politischen Ereignisse und Wirren der verschiedenen Epochen markiert. Jerusalem, die Stadt des Friedens, ist heute Gegenstand des Streites zwischen Juden und Arabern.

Adel Theodor Khoury 1991

Neve Schalom
Wahat al Salam

Zwei Namen – einen hebräischen und einen arabischen – trägt ein Dorf zwischen Jerusalem und Tel Aviv. Der Name, dem Bibelvers Jesaja 32,18 entnommen, bedeutet „Wohnstätte des Friedens".

37 jüdische, christliche und muslimische Familien wohnen dort. Sie haben erkannt, dass die Geschichte Juden und Araber zwingt, auf demselben Fleck Erde miteinander auszukommen. Sie wollen dies in ihrem Dorf bewusst praktizieren, z.B. mit einer gemeinsamen demokratischen Verwaltung, deren Leitung wechselweise in arabischer und jüdischer Verantwortung liegt.

Sie haben eine für alle Kinder des Dorfes gemeinsame Schule eingerichtet, die auch für externe Schüler/innen offen ist. Aber auch sie müssen sich zur Koexistenz verpflichten, was nicht ausschließt, dass immer wieder Konflikte ausgetragen werden müssen. Es gibt weder eine Synagoge, noch eine Kirche und auch keine Moschee im Dorf, dafür aber einen gemeinsamen „Hain des Schweigens".

Unter http://nswas.com sind weitere Informationen zu finden.

67. Wollen die Juden den Felsendom in Jerusalem zerstören, um dort wieder ihren Tempel zu bauen?

Denn ich verlange Liebe und kein Opfer und Erkenntnis Gottes mehr als Dankopfer.

Hosea 6,6

Aus dem Tischgebet:
Erbaue Jerusalem, deine heilige Stadt, bald und in unseren Tagen. Gepriesen seist du, Ewiger, unser Gott; du regierst die Welt.
Du bist Gott, der Ursprung unseres Lebens und die Quelle unserer Kraft. Du bist mächtig, du lässt Neues entstehen, du erlöst, du hast alles geschaffen, du bist für uns heilig, wie du für Jakob heilig warst. Du behütest uns, wie du Israel behütet hast. Du regierst die Welt in Güte und ernährst alles, was lebt. ...

Besorgen Sie sich einen Stadtplan von der Altstadt Jerusalems. Informieren Sie sich über die Lage von Felsendom, El-Aksa-Moschee, Westmauer des Herodianischen Tempels, Grabes- und Erlöserkirche. Markieren Sie die Orte, an denen Pilger oder Bildungsreisende der verschiedenen Religionen aufeinander treffen.

Juden beten in der Tat dreimal täglich um den Wiederaufbau des Tempels. Den Tempel von Jerusalem aber in der Gegenwart und Realität wieder aufzubauen, das würde zu einem Krieg mit der gesamten arabischen Welt führen. Es gibt eine Tradition, nach der der dritte Tempel erst in der messianischen Zeit durch Gott auf wunderbare Weise auf die Erde heruntergebracht werden wird.

Nichtorthodoxe Juden lehnen aus theologischen Gründen die Wiederherstellung des Opferdienstes ab. Dieser wurde – sagen sie – schon von den Propheten Israels bekämpft. Rationalistische Religionsphilosophen (im Mittelalter z.B. Maimonides) betrachteten ihn als ein Zugeständnis an das einfache Volk und nicht als den idealen Gottesdienst.

Leider gibt es heute im ultraorthodoxen Judentum Fanatiker, die den Tempeldienst wieder aufnehmen wollen. Sie bereiten Kultgegenstände für den Tempel vor und weben Kleider für die Priester, die einmal im Tempel Dienst tun sollen. Diese jüdischen Fanatiker werden – nebenbei gesagt – von christlichen Ölmillionären finanziell unterstützt, die den Wiederaufbau des Tempels mit dem zweiten Kommen Jesu verbinden.

Glücklicherweise gibt es auch orthodoxe Juden, die auf die Einführung des Opferdienstes eher verzichten möchten. Dafür haben sie zwei gewichtige Gründe: Menschenleben sind wichtiger als noch so wünschenswerte Kulthandlungen, und außerdem: Wer kann heute behaupten, ein reiner Spross des Priestertums zu sein, um dann den Tempeldienst ausführen zu dürfen?

Freut euch mit Jerusalem und seid fröhlich über die Stadt, alle, die ihr sie lieb habt! Freut euch mit ihr, alle, die ihr über sie traurig gewesen seid. Denn so spricht der HERR: Siehe ich breite aus bei ihr den Frieden wie einen Strom und den Reichtum der Völker wie einen überströmenden Bach. *Jesaja 66,10.12*

Es ist unmöglich, plötzlich von einem Extrem ins andere zu gehen. Damals war es bei allen Menschen üblich, und so waren die Israeliten aufgewachsen, Gott durch Opfer und Weihrauch zu dienen. In seiner Weisheit befahl Gott uns nicht, das alles aufzugeben, denn das wäre gegen die menschliche Natur gewesen, das aufzugeben, woran er (*der Mensch*) gewöhnt ist, sondern er (*Gott*) übertrug das, was früher dem Dienst wirklicher oder vorgestellter Wesen gedient hatte, auf sich und ließ in seinem Namen Tempel und Altäre errichten. Dabei begrenzte er die Zeiten, die Orte und die Personen, die für den Opferdienst tauglich waren. Nur das Gebet kann überall und durch jeden dargebracht werden. Deshalb tadeln auch die Propheten diejenigen, die den Opferdienst übertreiben, denn er sei nicht das Wesentliche und Gott würde ihn nicht fordern (vgl. 1. Samuel 15,22; Jesaja 1,11; Jeremia 7,22f. usw.). *Moses Maimonides (1135-1204)*

Der erste Tempel Jerusalems wurde in der Zeit König Salomos (um 950 v.Chr.) gebaut und im Jahr 586 von den babylonischen Streitkräften zerstört. Zum Wiederaufbau gab der persische König Kyros im Jahr 538 v.Chr. den Auftrag; die Ausführung ging schleppend voran. Der unter den Juden umstrittene König Herodes (37–4 v.Chr.) ließ diesen zweiten Tempel prachtvoll renovieren. Im Jahr 70 n.Chr. wurde das Gebäude von den römischen Truppen zerstört. Heutzutage ist nur noch die Westmauer der Tempelplatzbefestigung zu sehen.

So fremdartig unserem ganzen religiösen Denken und Fühlen der Opferdienst erscheint, dem gesamten Altertum war er zum ausschließlichen Mittel des Verkehrs mit der Gottheit geworden. Es sprach sich darin auf höherer Erkenntnisstufe eine doppelte Idee aus: die Idee der Selbsthingabe, die die dargebrachte Gabe oder das in Rauch zum Himmel aufsteigende Brandopfer versinnbildlichte, und die Idee der Begütigung und Versöhnung der zürnenden oder übel gesinnten Gottheit, zu deren Zweck die verschiedenen Entsündigungsopfer dargebracht wurden. Eine wirklich höhere Bedeutung aber erhalten die Sündopfer im mosaischen Kultus dadurch, dass ihrer Darbietung ein Sündenbekenntnis vorangeht. Hier tritt in der Tat der Einzelne mit seinem Flehen um Verzeihung in unmittelbare Beziehung zu Gott, wenn auch der Priester das Werk der Sühne zu vollziehen hat.

Kaufmann Kohler 1910

68. Ist der Zionismus nicht eine Art Rassismus?

Das in der Einleitung (S. 157) angegebene Zionismus-Buch von Michael Krupp eignet sich als Grundlage für ein Referat zur Geschichte des Zionismus.

Zionismus ist die Bewegung jüdisch-nationaler Erneuerung, die die Rückkehr der Juden zum Zion und die Wiederherstellung Zions für die Juden, letzten Endes in einem souveränen Staat, anstrebt („Zion" ist einer der biblischen Namen für Jerusalem und ein Synonym für das Land Israel.) Zionssehnsucht ist den Gebeten und Ritualen des Judentums eigen. Und das Vertrauen in die göttliche Verheißung, dass Juden schließlich in das Land Israel zurückkehren werden, ist ein grundlegender Gedanke des messianischen Glaubens des Judentums. Die nationale Bewegung jedoch, die Zionismus genannt wird, ist ein Produkt der Moderne. Eine weltweite zionistische Organisation wurde 1897 in Basel auf dem ersten Zionistenkongress gegründet. Dieser Kongress formulierte auch das politische Ziel, eine „öffentlich rechtliche Heimstätte in Palästina für das jüdische Volk zu schaffen".

Gideon Shimoni 1997

Am 10. November 1975 definierte die Vollversammlung der Vereinten Nationen auf Betreiben arabischer und anderer Staaten den Zionismus als „eine Form von Rassismus und rassistischer Diskriminierung". Dies wurde einige Jahre später wieder zurückgenommen. Die Begründung war u.a. das „Rückkehrergesetz", das jedem Juden und seiner Familie automatisch bei seiner Einwanderung die israelische Staatsbürgerschaft garantiert. Israel versteht sich als Zufluchtshafen für alle verfolgten Juden. Wenn es diesen Staat früher gegeben hätte, wäre eine Judenvernichtung dieses Ausmaßes wohl nicht möglich gewesen. Der Vorwurf des Rassismus ist daher eine besonders niederträchtige Bosheit, denn die Gründung des Staates Israel war eine Antwort auf den Rassismus unserer Zeit, der im Holocaust gipfelte. Der Zionismus ist daher die Befreiungsbewegung des jüdischen Volkes. Die UNO hat die Befreiungsbewegungen vieler Staaten akzeptiert, selbst wenn sie niemals eine nationale Identität vorher besessen hatten und diese jetzt durch Terror forcieren wollen. Nur das jüdische Volk wurde hier ausgesondert.

⇒ *Nr. 40: Weshalb richtet sich die Religionszugehörigkeit nach der Mutter?*

⇒ *Nr. 49: Bilden die Juden eine Rasse?*

⇒ *Nr. 57: Sind und bleiben Juden nicht doch Fremde in Deutschland und überall auf der Welt?*

⇒ *Nr. 66: Welche Bedeutung hat das Land Israel mit seiner Stadt Jerusalem für die Juden?*

⇒ *Nr. 69: Zeichnen die Juden sich nicht durch Fremdenfeindlichkeit aus?*

Israel

Hatikwa – *Hoffnung* – wurde die Hymne der zionistischen Bewegung genannt. Es ist die Nationalhymne des Staates Israel geworden:

Solange im innersten Herzen eine jüdische Seele lebt und gegen Osten vorwärts schaut, ein Auge gen Zion, ist unsere Hoffnung noch nicht verloren, die uralte Hoffnung, zurückzukehren in das Land unserer Vorfahren, in die Wohnstätte Davids.
Naftali Imber 1886

Zionismus ist etwas anderes als jüdischer Nationalismus. Zion ist mehr als Nation. Zionismus ist das Bekenntnis zu einer Einheit. „Zion" ist keine Gattungsbegriff wie „Nation" oder „Staat", sondern ein Name, die Bezeichnung für etwas Einziges und Unvergleichliches. Es ist auch keine bloße geographische Bezeichnung, sondern es ist von jeher ein Name für etwas, was an einem geographischen Ort des Planeten werden soll.
Martin Buber 1929

1. Jeremia 31 wird von vielen Jüdinnen und Juden als Text angegeben, wenn es um die biblische Herkunft und das „religiöse Klima" der Zionsidee geht. Lesen Sie das Kapitel laut und notieren Sie anschließend sofort Ihre Assoziationen. Informieren Sie sich dann über den geschichtlichen Hintergrund dieser Prophetenrede. Welche Wirkung mögen die Worte in der Zeit ihrer Entstehung gehabt haben?
Welche Hoffnungen konnten spätere jüdische Generationen daraus schöpfen?
Welche Gefahren können von dem Text ausgehen?

2. 1999 zog der israelische Premierminister Ehud Barak erstmals eine Veränderung des bis dahin uneingeschränkten Einwanderungsrechtes, welches auch für nicht-jüdische Verwandte und Ehepartner/innen von Jüdinnen und Juden gilt, in Erwägung. Informieren Sie sich über den Fortgang dieser staatspolitischen Überlegungen und ggf. über die rechtlichen Veränderungen.

⇒ *Kapitel XII: Martin Buber, Theodor Herzl, Simon Ph. de Vries*

69. Zeichnen sich die Juden nicht durch Fremdenfeindlichkeit aus?

Obgleich es der natürlichen Tendenz einer Familie entspricht, ihre Exklusivität zu bewahren und sich in ihrem Handeln auf sich selbst zu beschränken, verschloss sich diese besondere Familie (*das Judentum*) niemals gegen außen. Zwar war sie in Zeiten der Verfolgung manchmal gezwungen, sich in einem Akt der Selbstverteidigung zurückzuziehen, im Allgemeinen aber richteten sich ihre Bestrebungen nach außen und waren für die Welt als Ganzes bestimmt. Als der Tempel in Jerusalem gebaut wurde, sahen die Juden in ihm „ein Haus des Gebets für alle Völker" (Jesaja 56,7, s. auch 1. Könige 8,41-43).

In der Betonung und Achtung der Besonderheiten widerspiegelte diese einzigartige Familie die edelste Form des Universalismus. Der dem israelitischen Glauben innewohnende Universalismus findet seinen Ausdruck nicht nur in dessen Theologie und dessen Vision der Zukunft, sondern gerade in der Zusammensetzung seines Volkes. Dieses scheinbar „exklusive" Volk umfasst Menschen aller Hautfarben und ein enormes Spektrum an kulturellem Gedankengut.

Chajim Halevi Donin 1987

Diese Meinung hatte man schon in der Antike und zwar aus gutem Grund: Wegen der Speisegesetze aßen die Juden nicht mit Fremden und sonderten sich von ihnen auch wegen ihres Götzendienstes und ihres oft frivolen Lebensstils ab. Und weil sie ihre Idole ablehnten, wurden sie auch des Atheismus beschuldigt. Und trotzdem wird kein Gebot in der Tora öfter wiederholt als das der Fremdenliebe: „Denn ihr wisst ja, wie es dem Fremden zumute ist, denn Fremde wart ihr im Lande Ägypten." Wie kann man diesen Widerspruch erklären? Der Fremde soll geliebt, der Götzendiener bekämpft werden; denn mit dem Götzendienst verbanden sich Brutalität und Menschenhass. Alle Menschen tragen das göttliche Antlitz, denn im Ebenbild Gottes sind alle erschaffen, nicht im Ebenbild Baals oder Molochs. Wir würden gut daran tun, unsere Fremden und Gastarbeiter so zu behandeln, wie es die Bibel uns einschärft.

> 1. Lesen Sie 2. Mose 22,20; 23,9; 3. Mose 19,33f; 24,22; 5. Mose 27,19. Welcher Umgang mit Fremden ist in diesen Toraweisungen geboten? Welche Begründungen werden für solches Verhalten Fremden gegenüber angegeben? Wer ist Garant dieser „Fremdengesetze"?

Die Fremden werden von Gott geliebt und überall hat sie die Tora gleichgestellt.

Mechilta (aramäisch: Maß, Auslegung) zu Exodus 21,8

Rabbi Simon ben Lachisch lehrt: „Wer das Recht des Fremden leugnet, hat gleichsam das Recht Gottes geleugnet."

Babylon. Talmud, Chagiga (Bestimmungen zu den drei Wallfahrtsfesten) 5a

⇒ Nr. 1:   Ist die Behauptung von Juden, sie seien von Gott auserwählt, nicht eine Überheblichkeit?
⇒ Nr. 2:   Fehlt dem Judentum nicht die Nächstenliebe?

Der Wert einer Gesetzgebung kann an ihren die Fremden betreffenden Vorschriften gemessen werden. Neben dem Glauben an einen einzigen Gott hat das Judentum den Glauben an eine einzige, unteilbare Menschheit postuliert. Hier liegt die Einzigartigkeit des jüdischen Bekenntnisses. Die beiden Aussagen hängen zusammen: Wo *ein* Gott die Menschen schafft, werden alle zu Brüdern. „Warum wurde bloß ein einziger Mensch (= adam) geschaffen? Um dich zu lehren, dass jeder, der einen einzigen Menschen tötet, gleichsam die ganze Welt vernichtet hat. Ferner: wegen des Friedens unter den Menschen. Damit keiner zum anderen sagen kann: Mein Vater ist größer als der deine" (Mischna Sanhedrin IV,5). Umgekehrt legt die Einheit aller Menschen die Glaubensvorstellung nahe, dass auch Gott eins sein müsse.

Die Völker der Antike, die, mit Ausnahme Israels, dem Polytheismus verschrieben waren, besaßen unwillkürlich ein divergierendes Menschenbild. Wer zur Volksgemeinschaft zählte, war vollwertiger Mensch, der andere gehörte zu einer minderwertigen Gruppe. Der nazistische Mythos vom höheren Wert des eigenen Bluts konnte auf alte mythische Vorbilder zurückgreifen. Für Israel hingegen gab es keine Möglichkeit zur Differenzierung und Wertung. Alle Menschen waren Geschöpfe des ein-einzigen Gottes. Jede Rassendiskriminierung widersprach dieser fundamentalen Haltung.

Der Grundsatz der Nächstenliebe wird nach dem ausdrücklichen Gebot der Tora auf den Fremden ausgedehnt (3. Mose 19,33-34).

Roland Gradwohl 1976

Was bedeutet in diesem Zusammenhang die Bezeichnung „Goi" (Plural „Gojim")?

Das hebräische Wort heißt „Volk" und ist eigentlich wertneutral. So wird Israel als „goi kadosch", „heiliges Volk" bezeichnet (2.Mose 19,6). Da der Plural meist auf Heidenvölker Anwendung fand, wurde „Gojim" dann auch oft im herabwürdigenden Sinne gebraucht. Darum wird der Begriff in Israel zunehmend vermieden und die anderen Völker werden „Amim" genannt.

Nathan Peter Levinson 2000

2. Lesen Sie 5. Mose 4,6; Psalm 67,3f; 96,3; Jesaja 8,23; 26,2. In jedem der Texte kommt das Wort „Goi" im Singular oder Plural vor.
Welches Wort wählt jeweils Ihre deutsche Bibelübersetzung?

3. Welchen Klang hat das Wort „Fremde/r" in der deutschen Sprache und in der augenblicklichen Situation in Deutschland? Wer gilt in Ihrer Umgebung als „Fremde/r"?
Wo und in welchen Situationen fühlen Sie sich „fremd"?

⇒ Nr. 57: Sind und bleiben Juden nicht doch Fremde in Deutschland und überall auf der Welt?

70. Sind die Palästinenser nicht „die Juden" von heute, da ihnen die Israelis das Existenzrecht im Land zwischen Mittelmeer und Jordan bestreiten?

Palästina ist seit der Altsteinzeit besiedelt. Im 7. Jahrtausend v.Z. hatte Jericho bereits städtischen Charakter mit Befestigungsanlagen. Seit Beginn des 3. Jahrtausends bestanden in Palästina zahlreiche Stadtstaaten, die von semitischen Einwanderern und einer älteren nichtsemitischen Bevölkerung bewohnt waren. Während des 2. Jahrtausends v.Z. geriet das Gebiet in den Einflussbereich benachbarter Mächte, u.a. der Hethiter und der Ägypter. Zwischen dem 14. und 12. Jahrhundert v.Z. wanderten die Israeliten in das Landesinnere und die Philister in den Küstenstreifen ein. Im 10. Jahrhundert konstituierte sich das israelitische Königtum, das um 930–926 v.Z. in die Teilstaaten Israel und Juda zerfiel. 731/722 v.Z. wurde Israel von den Assyrern, 597/586 v.Z. Juda von den Babyloniern erobert. In den folgenden Jahrhunderten wechselte mehrmals die Oberherrschaft über Palästina. Im Jahr 63 v.Z. wurde es römisch. Nach der Niederwerfung des letzten großen jüdischen Aufstands (Bar Kochba, 135 n.Z.) gaben die Römer der Provinz Judäa den Namen Palästina, um die Erinnerung an alles Jüdische auszulöschen. Nach der Teilung des Römischen Reichs gehörte das Gebiet zum Byzantinischen Reich. 636 eroberten die islamischen Araber das Land.

„Jerusalem". Zunehmend breitet sich weltweit die feste Meinung aus, dies sei die legitime Hauptstadt der Palästinenser, die ihnen, zusammen mit dem ganzen Land, von jüdischen unbefugten Invasoren entrissen worden sei. Wie ein Lauffeuer verbreitete sich die Auffassung, die Juden hätten kein Recht, sich über Hitler zu beklagen, denn seit sie ihrerseits die Macht in Händen hätten, gingen sie gegen ihnen nicht genehme Teile der Bevölkerung, obendrein „die wahren Besitzer und Ureinwohner", genauso brutal vor. Im Namen der Humanität müsse man sich mit den Palästinensern solidarisieren.

Salcia Landmann 1996

Das Land Israel war niemals „judenrein". Viele der um 135 n. Z. aus Jerusalem vertriebenen Juden siedelten sich in Galiläa an, wie dortige Ausgrabungen beweisen. Aber auch was Jerusalem betrifft, so gab es schon im vorigen Jahrhundert dort mehr Juden in der Altstadt als Christen oder Muslime. 75 Prozent der heutigen arabischen Bevölkerung des Landes sind selber Einwanderer oder Kinder von Einwanderern der letzten hundert Jahre.

Das Wort Palästina, von den Römern geprägt, um den Juden den Anspruch auf das Land Israel abzusprechen, wird heute wieder im gleichen Sinne gebraucht. Dabei war es während vieler Jahre Teil der Namen jüdischer Organisationen wie „Jewish Agency for Palestine", „Palestine Economic Corporation", „Palestine Post" und vieler anderer.

Es gab weder im ottomanischen Reich noch im englischen Mandatsgebiet Nationalstaaten.

⇒ Nr. 68: Ist der Zionismus nicht eine Art Rassismus?
⇒ Nr. 69: Zeichnen sich die Juden nicht durch Fremdenfeindlichkeit aus?
⇒ Nr. 71: Sollten die Juden, die selber in ihrer Geschichte unter Verfolgung gelitten haben, die Palästinenser nicht besser behandeln?

Ich glaube nicht an die Möglichkeit eines perfekten Friedens. Ich arbeite vielmehr für einen kläglichen, nüchternen, unvollkommenen Kompromiss zwischen einzelnen Menschen und Gemeinschaften, die immer getrennt und unterschiedlich sein werden, die aber gleichwohl fähig sind, ein unvollkommenes Miteinander herbeizuführen. Rabbi Nachman aus Brazlaw (1772-1810) sagte: „Das Wesen des Friedensstifters liegt darin, zwei Gegner zusammenzubringen. Erschrick niemals, wenn du zwei Parteien siehst, die einander vollständig entgegengesetzt sind." Dem kann ich nur hinzufügen, dass allein der Tod vollkommen ist. Der Frieden ist wie das Leben selbst, kein Ausbruch der Liebe, sondern nicht mehr und nicht weniger als ein gerechter und vernünftiger Kompromiss unter Gegnern.

Es ist absolut notwendig, dass Israelis und Palästinenser Frieden schließen; nicht aus Gründen von Schuld und Versöhnung, sondern aus Gründen des Überlebens. Wir, die Israelis, sind in Israel, um dort zu bleiben. Die Palästinenser sind in Palästina und sie werden nicht fortgehen. Wir müssen zumindest vernünftige Nachbarn werden. Obwohl ich mich für die Aufteilung eines kleinen Landes unter zwei Nationen einsetze, bin ich doch davon überzeugt, dass dies nur ein aus der Notwendigkeit geborener Schritt ist. Ich halte Nationalstaaten für schlechte, unzureichende Systeme.

Amos Oz 1992

1099 gründeten die Kreuzfahrer ihr Königreich Jerusalem; es wurde 1187 von Saladin vernichtet. Die Kreuzfahrer konnten sich an den Küsten Palästinas noch bis 1291 halten. Danach gehörte Palästina zu Ägypten. Seit 1517 war das Land ein Teil des Osmanischen Reichs. Neben der überwiegend arabisch-islamischen Bevölkerung hatte das Land stets auch eine Anzahl jüdischer Bewohner. Im letzten Viertel des 19. Jahrhunderts begann die organisierte Einwanderung von Juden nach Palästina.
Im Ersten Weltkrieg eroberte Großbritannien das Gebiet, versprach 1917 in der Balfour-Deklaration den Juden Unterstützung bei der Errichtung einer „nationalen Heimstätte" in Palästina, machte aber gleichzeitig den Arabern Hoffnung auf die Einbeziehung des Gebietes in ein unabhängiges arabisches Staatswesen.

Douglas Bokovoy / Michael Wolffsohn 1992

Schreiben Sie die Geschichte Israels/Palästinas, die in den Randspalten nur bis 1917 aufgezeichnet ist, möglichst weit in die Gegenwart fort. Prüfen Sie dabei Ihre Quellen auf proisraelische oder propalästinensische Tendenzen hin.

71. Sollten die Juden, die selber in ihrer Geschichte unter Verfolgung gelitten haben, die Palästinenser nicht besser behandeln?

Seiner Majestät Regierung betrachtet die Schaffung einer nationalen Heimstätte in Palästina für das jüdische Volk mit Wohlwollen und wird die größten Anstrengungen machen, um die Erreichung dieses Zieles zu erleichtern. Es soll nichts getan werden, was die bürgerlichen und religiösen Rechte bestehender nichtjüdischer Gemeinschaften in Palästina ... beeinträchtigt.

Aus der Balfour-Deklaration von 1917

Die Geschichte lehrt, dass Menschen unter Verfolgung nicht besser werden, eher umgekehrt. Aber abgesehen davon, geht es den Palästinensern im Staat Israel, wo sie als Bürger auch im Parlament vertreten sind, unvergleichlich besser als in den arabischen Ländern, wo es wenige hinzieht. Terroristen, die Frauen und Kinder umbringen, würden in jedem arabischen Staat zum Tode verurteilt werden. 1997 wurde im palästinensischen Autonomiegebiet mehrfach die Todesstrafe durch Schergen an Arabern ausgeübt, die Grundstücke an Juden verkauften.

Sehen Sie sich diese Juden (*hier in Israel*) an. Sie sind aus dem Irak, aus Kurdistan, aus Nordafrika gekommen. Sie stammen aus Ländern, wo sie misshandelt, gefoltert, geschlagen wurden. Sie hatten sich daran gewöhnt, hilflose Opfer zu sein. Hier müssen wir ihnen zeigen, dass das jüdische Volk einen Staat besitzt und eine Armee, die nicht länger tatenlos zusehen, wenn sie geschmäht und misshandelt werden. An uns liegt es, sie wieder aufzurichten und ihnen zu zeigen, dass ihr Angreifer nicht ungeschoren davonkommen; dass sie Bürger eines souveränen Staates sind, der für ihr Leben und ihre Sicherheit die Verantwortung trägt.

David Ben Gurion 1955 nach einem Terroranschlag auf eine jüdische Hochzeitsgesellschaft

Israel ist für mich immer noch ein Krankenhaus für Verwundete. Auch die hier geboren wurden, tragen Verletzungen in sich. Wäre Israel zwischen Holland und Belgien geschaffen worden, wäre der Normalisierungsprozess vermutlich leichter gewesen. Aber wir sind in einer Region, die sich außerdem von einer jahrhundertelangen Erniedrigung erholen muss. Denn Juden und Araber ... sind beide auf unterschiedliche Weise Opfer des christlichen Europa: die Araber durch Kolonialismus und Ausbeutung, die Juden durch Verfolgung und schließlich Massenmord.
Die Sprache der europäischen Politiker und Intellektuellen sollte eine heilende statt beleidigende sein. Und wenn ich letztlich die blutige Geschichte Europas vergleiche, dann finde ich, dass die Europäer noch nicht in einer Position sind, um Juden und Arabern moralische Lektionen zu erteilen.

Amos Oz 1996

Israel

Der arabisch-israelische Konflikt entzieht sich vulgärer Schwarz-Weiß-Beurteilung. Zu viel rechter Anspruch hat sich mittlerweile auf beiden Seiten mit großem, teils barbarischem Unrecht vermengt. Und dennoch liegt hier keine Symmetrie vor: Nicht nur hat sich historisch die jüdisch-zionistische Selbstbestimmung, die nach dem Grauen des Holocaust einen kaum noch hinterfragbaren Impetus gewann, auf dem Rücken der Palästinenser vollzogen, sondern – weitaus gravierender für eine mögliche aktuelle Annäherung zwischen beiden Seiten – es ist nun mal Israel, das ein Jahrzehnte währendes Okkupationsregime errichtet hat; es ist Israel, das sich der Selbstbestimmung der Palästinenser rigoros widersetzt; es ist Israel, das die militärisch-territorialen Resultate des Sechstagekrieges, teils mythisch-religiös, teils expansionsideologisch verklärt, kanonisiert und verfestigt hat; und es ist dementsprechend zunächst einmal Israel, das den Teufelskreis der Gewalt wenn nicht beherrscht, so doch weitgehend bestimmt.

Konnte man von Israel erwarten, dass es den Holocaust aufgrund einer in der Opfer-Perspektive wurzelnden ethischen Gedenkmatrix erinnert? Wohl kaum.

Moshe Zuckermann 1998

In der 12. Klasse eines arabischen Gymnasiums in Israel wurden Nationalsozialismus und Holocaust behandelt.

Ein Schüler sagte:
„Das ist genau das Gleiche, dort (*im Hitlerstaat*) wie hier! Der Staat (*Israel*) will die Araber loswerden, will uns vernichten!"

„Vernichten?"

Er überlegte einen Augenblick:
„Gut, wenn auch nicht körperlich, dann aber unseren Geist! Er will unsere Geschichte und Literatur vernichten. Hindert uns daran, etwas über unsere nationalen Dichter zu lernen! Löscht uns aus, moralisch betrachtet!"

Während er sprach, wurde er zunehmend aufgeregter:
„Sie wollen, dass wir uns in der Gesellschaft assimilieren, dass wir Israelis werden, dass wir von den arabischen Völkern abgeschnitten werden, dass wir vergessen, was das ist, ein Palästinenser! Ist das in deinen Augen vielleicht keine Vernichtung?"

Dieses Gespräch ist aufgezeichnet in folgendem Buch:

📖 David Grossmann, Der gelbe Wind, Droemersche Verlagsanstalt, München 1990.

Untersuchen Sie aktuelle Nahostberichte in den Medien auf ihre Sprache hin. Ist sie – im Sinne von Amos Oz – eher „heilend" oder eher „beleidigend"? In welcher Richtung sympathisiert die Berichterstattung vorwiegend?

⇒ Nr. 6: *Welcher Sinn ist im Leid der Juden zu entdecken?*
⇒ Nr. 73: *Wie ist die jüdische Haltung zur Todesstrafe?*

72. Verstoßen Juden bei ihren Aktionen in Israel nicht ständig gegen das Gebot „Du sollst nicht töten"?

Am Sabbat begannen die *(römischen)* Soldaten den Kampf *(gegen die Juden und Jüdinnen, die aus dem belagerten Jerusalem weg in die Wüste gezogen waren)*; so starben die Juden mit ihren Frauen, Kindern, etwa tausend Menschen; auch ihr Vieh kam mit ihnen zusammen um.
Als Mattatias *(ein Priester, Anführer des jüdischen Widerstandes)* und seine Anhänger das erfuhren, hielten sie für die Toten eine große Trauerfeier ab. Sie sagten zueinander: Wenn wir alle so handeln, wie unsere Brüder gehandelt haben, und nicht gegen die fremden Völker für unser Leben und unsere Gesetze kämpfen, dann vertilgen sie uns bald von der Erde. Und sie beschlossen noch am gleichen Tag: Wenn uns jemand am Sabbat angreift, werden wir gegen ihn kämpfen, damit wir nicht alle umkommen wie unsere Brüder in den Höhlen.

1. Makkabäer 2,38-41 (nach der christlichen Einheitsübersetzung)

Stehe nicht untätig beim Blut deines Nächsten, ich bin der Ewige.

3. Mose 19,16 (nach jüdischer Übersetzung)

Es gibt kein Gebot „Du sollst nicht töten!". Der hebräische Text sagt: „Du sollst nicht morden!"; und das ist ein Unterschied. Mord ist eine menschenverachtende und kriminelle Tat. Töten kann notwendig sein, wenn es darum geht, sich oder andere vor einem Angreifer zu schützen. Es ist nirgendwo geboten, sich umbringen zu lassen; im Gegenteil, die jüdische Tradition lehrt: „Wenn jemand aufsteht, um dich zu erschlagen, dann komme ihm zuvor!" Man kann sich nicht unter Hinweis auf seine Friedfertigkeit aus der Verantwortung stehlen. Unter Umständen muss man sein eigenes Leben auf's Spiel setzen, um einen anderen zu verteidigen. Juden sind daher keine Pazifisten „um jeden Preis". Sie haben sich geschworen, nicht noch einmal einen Holocaust über sich ergehen zu lassen. Nur wenn man sich dies vergegenwärtigt, versteht man auch die Politik des Staates Israel.

Der nationale Selbstmord ist keine internationale Verpflichtung.

Abba Eban in einer Rede als Außenminister Israels

Fragen Sie Christen, die im Zweiten Weltkrieg Soldat waren, wie sie damals für sich das (nach lutherischer Zählung) fünfte Gebot ausgelegt haben.

73. Wie ist die jüdische Haltung zur Todesstrafe?

In der Bibel ist die Todesstrafe bei vorsätzlichem Mord vorgeschrieben, es wurde aber alles versucht, sie nicht auszuführen. So lesen wir im Talmud: „Ein Synhedrion (oberster Gerichtshof), der einmal in sieben Jahren ein Todesurteil fällte, wurde barbarisch genannt." Rabbi Eleasar ben Asarja sagte: „einmal in siebzig Jahren". Rabbi Tarfon und Rabbi Akiba sagten: „Wenn wir Mitglieder des Synhedrions wären, würde keiner jemals zum Tode verurteilt werden." Rabbi Simeon ben Gamliel sagte: „In diesem Falle würden sich jene, die Blut vergießen, in Israel vermehren" (Makkot 1,10).

Im Staat Israel wurde die Todesstrafe auch praktisch abgeschafft. Außer Adolf Eichmann wurde noch keiner hingerichtet. Nach Terrorangriffen, insbesondere auf Frauen und Kinder, wird jedoch der Ruf nach der Todesstrafe immer lauter.

In der weiteren Entwicklung der biblischen Ethik deuteten die Schriftgelehrten die Todesstrafe fast völlig weg. Sie erklärten als Grundgesetz „Bewahret meine Gesetze und Verordnungen, die der Mensch tue um zu leben. Ich bin der Ewige" (3.Mose 18,5) und fügten als Deutung hinzu: „Der Mensch soll nicht durch Gottes Gesetze sterben!"

Pnina Navè Levinson 1991

Nach der Tora gibt es für gewisse Verbrechen gegen Gott oder Menschen die Todesstrafe. Sie war und ist in vielen Ländern noch heute gebräuchlich. Sie durchzuführen war jedoch im alten Israel äußerst schwierig, da nur aufgrund von zwei Zeugen eine Verurteilung erfolgen konnte, und nach den Rabbinen mussten Zeugen nicht nur erklären, dass sie persönlich bei dem Verbrechen zugegen gewesen waren, sondern dass sie auch den Täter gewarnt und zurückzuhalten versucht hatten. Die jüdische Geschichte kennt keine Beispiele, dass einige, die nach der Tora für gewisse Verbrechen hätten zur Todesstrafe verurteilt werden können, diese auch tatsächlich erhielten. Dafür war neben den juristischen Problemen auch der gesellschaftliche Druck verantwortlich. Eine Abschreckung war es wohl auch, dass bei einer Verurteilung zur Steinigung der Ankläger oder Zeuge den ersten Stein werfen musste.

Louis und Rebecca Barish 1961

---

1. Verschaffen Sie sich einen Überblick über diejenigen Staaten, in denen die Todesstrafe gilt und angewendet wird.

2. Mit welcher Begründung wird in Deutschland die Wiedereinführung der Todesstrafe gefordert?

Kapitel XI:
Tod und Ewiges Leben

Rechts sind drei der insgesamt 19 Bilder zu sehen, welche – wie ein Lehrbuch – die Stationen jüdischer Fürsorge für einen sterbenden oder gestorbenen Menschen zeigen.
Sie stammen aus dem 18. Jahrhundert.
Heutzutage sterben viele Menschen nicht mehr zu Hause, sondern im Krankenhaus. Dennoch halten Jüdinnen und Juden an der Pflicht (Mizwa) des Krankenbesuches fest und lassen Sterbende möglichst nicht allein. Mit ihnen oder stellvertretend für sie soll zuallerletzt das Sch'ma Israel, das jüdische Glaubensbekenntnis gesprochen werden. Die Verwandten reißen, sobald sie merken, dass der Tod eingetreten ist, einen Riss in ihre Kleidung.
Der oder die Tote wird sorgfältig gewaschen und mit einem einfachen weißen Gewand bekleidet. Das sollte nicht ein professionelles Institut erledigen, sondern die Chewra Kaddischa (die heilige Gemeinschaft): Männer (für einen verstorbenen Mann) oder Frauen (für eine verstorbene Frau) aus der Gemeinde. In einer einfachen Holzkiste soll der oder die Verstorbene so schnell wie möglich beerdigt werden, nicht aber am Schabbat oder am ersten Tag eines Festes.
Die Trauerfamilie soll sieben Tage („Schiwe") keiner Arbeit nachgehen und sich ganz der Trauer überlassen. Dabei versorgen Gemein-

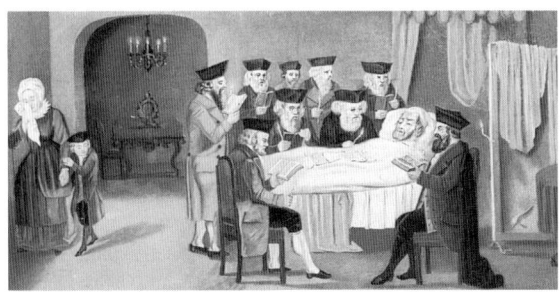

Bild 1, 2 und 16 der „Chewra Kaddischa" von Prag, entstanden um 1780, vollständig zu sehen im Staatlichen Jüdischen Museum zu Prag

Tod und Ewiges Leben 175

In der Art, wie Menschen mit dem Sterben und dem Tod umgehen, zeigt sich die Tragfähigkeit oder Brüchigkeit ihrer Religion oder Weltanschauung. Darum befassen wir uns nun zum Schluss auch damit, wie Jüdinnen und Juden mit den Grenzen des Lebens umgehen, welche Rituale sie dafür entwickelt haben und welche Zuversicht ihnen ihre Religion gibt. Wie immer ist dies zugleich Anlass über eigene Erfahrungen, Riten und Hoffnungen nachzudenken.

Wir beginnen beim äußeren Erscheinungsbild eines jüdischen Friedhofes und der erstaunlichen Entdeckung, dass er außer den Blumen, die natürlicherweise wachsen, keinen Blütenschmuck enthält. Warum ist das so? Es fallen die kleinen Steinchen auf, die offensichtlich nicht nur zufällig auf den Grabsteinen und daneben liegen. Welcher Sinn ist dahinter verborgen? (Nr. 74) Wie Menschen einer anderen Religion über die Verbrennung der Toten denken, ist sicherlich interessant zu erfahren (Nr. 75). Doch am meisten wird die Frage interessieren, welche Hoffnungen es im Judentum über den Tod hinaus gibt. Glauben Jüdinnen und Juden an die Auferweckung der Toten? (Nr. 76) Gilt die menschliche Seele als unsterblich? Und kann sie im Körper eines anderen Menschen wieder geboren werden? (Nr. 77)

Mit diesen „letzten" Fragen schließt unser Buch. Aber damit ist das Gespräch nicht zu Ende. Eigentlich kann es jetzt erst recht beginnen.

demitglieder die Trauernden mit den notwendigen Dingen des Lebens.
Der älteste Sohn (oder die älteste Tochter) des oder der Verstorbenen soll das Kaddisch (Heilig) sprechen, zuerst täglich, später jeweils am jährlichen Todestag der Mutter oder des Vaters.
Das Kaddisch ist ein uralter aramäischer Text, der weder Tod noch Trauer erwähnt, sondern die Sprechenden der Heiligkeit Gottes anvertraut:

Verherrlicht und geheiligt werde Gottes großer Name in der Welt, die Gott nach eigenem Ratschluss schuf. Gottes Reich erstehe in eurem Leben und zu euren Zeiten und im Leben ganz Israels schnell und bald. Darauf sprecht: Amen. Gottes großer Name sei gepriesen, immerzu und in Ewigkeit! Gottes Name sei gepriesen und gelobt, Gottes Name sei verherrlicht und erhoben. Gottes Name sei verehrt und gerühmt, Gottes Name sei gefeiert und besungen. Gepriesen sei er über allem Lob und jedem Lied, hoch über allem Preis und jedem Trost in der Welt.

Erster Teil des Kaddisch

74. Warum legen die Juden kleine Steine auf die Gräber, pflanzen aber keine Blumen an?

Ich bin davon überzeugt, dass die kleinen Steine die letzten Reste der großen Blöcke sind, die einmal vor den Eingang der Gräber gerollt wurden. In einer Verschiebung werden sie jetzt zum Ersatz für den primtiven Brauch, der einmal für die Beerdigung wichtig war. Die vielen kleinen Kieselsteine sind ein Ersatz für den einen großen Felsbrocken. Es ist, als ob der Überlebende, der das Grab eines Verwandten besucht und so seine Pietät für den Toten zeigt, sich vor ihrer Eifersucht oder Feindschaft schützt, indem er diese Steine an ihren Ort stellt und so die Toten daran hindert zu entfliehen. Die Psychoanalyse nennt solche Rituale zweigesichtig, denn zuerst finden die positiven und liebevollen Gefühle ihren Ausdruck, und später werden die negativen, gefürchteten und feindlichen Aspekte der ambivalenten Haltung manifest. *Theodor Reik 1963*

Es gibt ein absolutes Verbot, aus den Gräbern Verstorbener einen Nutzen zu ziehen, etwa dort Gemüse anzupflanzen oder Blumen zu kultivieren. Das geht auf die Abgrenzung von den Bräuchen alter Völker oder Stämme zurück, die aus den Knochen der Toten Nutzgegenstände wie Trinkgefäße herstellten; aber auch von den Nazis werden solche Untaten berichtet. Nichtorthodoxe Friedhöfe erlauben jedoch heutzutage Anpflanzungen, da dies ja geschieht, um die Toten zu ehren und nicht, um einen Nutzen daraus zu ziehen. So sieht man auch in Israel auf vielen Gräbern Blumenschmuck.

Statt Blumen werden oft Steine auf Gräber gelegt. Vielleicht geht der Brauch auf die Wüstenzeit zurück, wo Gräber durch Steine gegen wilde Tiere oder auch Witterungseinflüsse geschützt wurden. Möglichst sollten die Ruhestätten der Toten in Frieden gelassen und nicht unnötig gestört werden.

Ehrfurchtsvoll legen heute das Kind und der Freund einen Stein auf das Grabmahl der Lieben: ihre „Karte". *Leo Trepp 1999*

> Welche Regeln und Gewohnheiten gibt es zur Grabpflege auf christlichen Friedhöfen? Welcher Sinn ist darin zu entdecken?

... als das Komitee der Militärrabbiner (*in Israel*) nach seiner Meinung befragt wurde (und es besteht aus Vertretern aller drei religiösen Richtungen), ob es in Ordnung wäre, die Gräber der Gefallenen mit Blumen zu schmücken, bejahte es dies mit dem Hinweis, dass es sich nur um eine zeitweilige Bepflanzung handele und dass sie nicht dem Vergnügen der Lebenden, sondern der Ehre der Toten diene. *Solomon B. Freehof 1974*

75. Erlaubt das Judentum die Feuerbestattung?

Die Thora enthält kein ausdrückliches Gesetz darüber. In der ganzen Bibel gibt es keine einzige Vorschrift, die sagt, dass die sterblichen Reste eines Toten beerdigt werden müssen. Weder kann eine Stelle dazu zur Bekräftigung angeführt werden, noch kann diese Interpretation durch irgendeine entkräftet werden. Und doch: Das Judentum besteht auf einer Beerdigung. Das jüdische Empfinden, in der Schulung des Judentums jahrhundertelang geformt und gebildet, wehrt sich gegen die Leichenverbrennung. Und es wird sich auch in Zukunft dagegen wehren. Wer möchte, dass das historische Judentum der Thora im Geist der Väter fortlebt, wird die Einäscherung in keiner Weise befürworten können noch dürfen.

Aus liberaler Sicht: Simon Ph. De Vries 1933

Das jüdische Entsetzen vor der Feuerverbrennung wurde bereits von Tacitus erwähnt, der zu dem, was ein unterscheidendes Merkmal war, bemerkte, dass Juden ihre Toten begruben und nicht verbrannten.

Maurice Lamm, New York 1975

In dieser Generation des Holocaust reagieren wir empfindlich auf die schrecklichen Bilder, die im Zusammenhang mit der Verbrennung von Menschen auftauchen.

Central Conference of American Rabbis, New York 1980

Verbrennung ist verboten; Tote müssen in der Erde begraben werden. Der biblische Satz, „denn Erde bist du und zu Erde kehrst du wieder" (Gen 3,19), wird von der Tora noch stärker betont, wenn sie schreibt: „Denn auch ihn hast du an demselben Tage zu begraben." (Dtn 21,23)

Aus orthodoxer Sicht: Chajim Halevi Donin 1987

Eine Frage, die in einer Reihe orthodoxer Responsa (*Antworten*) diskutiert wird, ist die, ob die Asche einer kremierten (*feuerbestatteten*) Person auf einem jüdischen Friedhof bestattet werden kann. Einige Autoritäten verbieten, andere erlauben dies.

Louis Jacobs, Jerusalem 1973

Orthodoxe Juden lehnen die Feuerbestattung als unbiblisch ab, während liberale Theologen auf 1. Samuel 31,12 und Amos 6,10 verweisen. Es gab daher in der Vergangenheit immer in größeren jüdischen Gemeinden Urnenfriedhöfe. In den letzten Jahrzehnten ist jedoch wegen der Krematorien der Nazis der Widerstand gegen die Feuerbestattung bei Juden allgemein gewachsen.

Fragen Sie bei einem Bestattungsinstitut und bei einem Priester oder einer Pfarrerin bzw. einem Pfarrer in Ihrer Wohngegend danach, welche Gründe von den Hinterbliebenen für oder gegen eine Feuerbestattung angegeben werden.

76. Glauben die Juden an das Leben nach dem Tode?

> 1. Lesen Sie Jesaja 26,16-19 und Daniel 12,1-2. In welchem Sinne wird da von Tod und „Auferstehen" bzw. „Ewigem Leben" gesprochen?

Rabbi Elieser sagte „Die Völker (*d.h. die Nichtjuden*) werden keinen Anteil an der künftigen Welt haben, denn es heißt: Die Gottlosen müssen ins Totenreich kehren, alle Heiden, die Gottes vergessen (*Psalm 9,16*)". Der erste Teil des Verses bezieht sich auf die Gottlosen Israels. Doch Rabbi Josua sagte zu ihm: Der Vers sagt: „Die Heiden, die Gottes vergessen", daher besagt dies, dass es rechtschaffene Menschen in anderen Völkern der Welt gibt, die Anteil an der zukünftigen Welt haben.

Tosefta Sanhedrin („Ergänzung" zum Kapitel „Gerichtshof" der Mischna) 13,2

Die zweite Strophe der Amida, des jüdischen Hauptgebetes, das es bereits in der Jesuszeit gab, lautet in deutscher Übersetzung folgendermaßen:

Du bist die nie erschöpfende Kraft, du schenkst Leben angesichts des Todes. Vielfältig sind deine Wege zu helfen.
Die Lebenden ernährst du in Güte. In großem Erbarmen schaffst du Leben angesichts des Todes. Du stützt die Fallenden. Du heilst die Kranken. Du machst die Gebundenen los und hältst die Treue denen, die im Staube schlafen. Wer ist wie du, der solche Kraft hätte, und wer ist dir gleich? Du, Gott, hast Macht über Tod und Leben, und du lässt Hilfe sprossen. Du bist treu, Leben angesichts des Todes zu schaffen. Gepriesen seist du, Ewiger. Du schenkst Leben angesichts des Todes.

Raw (*Rabbi Schela*) pflegte zu sagen: In der zukünftigen Welt wird man weder essen noch trinken, weder zeugen noch Geschäfte machen, es wird weder Eifersucht noch Hass noch Konkurrenz geben, sondern die Gerechten werden mit ihren Kronen auf dem Kopf sitzen und die Schönheit der göttlichen Gegenwart genießen.

Babylon. Talmud, Berachot („Segenssprüche") 17a

Die hebräische Bibel beschäftigt sich wenig mit dem Leben nach dem Tode. Sie betont mehr das gerechte Leben im Hier und Jetzt. Dennoch haben die Rabbinen des Talmud den biblischen Texten Hinweise auf die Wiederauferstehung entnommen; und im späteren Judentum ist die Wiederbelebung der Toten eine Art Dogma geworden. Sie ist auch im dreimal täglichen Hauptgebet (der Amida) enthalten.

> 2. Was assoziieren Sie, wenn Sie die Formel „Leben angesichts des Todes" hören? Halten Sie Ihre Assoziationen schriftlich fest.

> 3. Klären Sie die Bedeutung der Begriffe „Auferstehung" bzw. „Wiederauferstehung", „Wiederbelebung" bzw. „Auferweckung der Toten" und „Ewiges Leben".

Die Sicht des Todes hängt von unserem Verständnis des Lebens ab. Wenn wir das Leben begreifen als ein Wunder, als ein Geschenk, bar jeder Erklärung, dann hört der Tod auf, eine radikale, vollkommene Negation dessen zu sein, was Leben bedeutet. Denn Leben und Tod sind Teile eines großen Mysteriums, des Mysteriums des Seienden, des Mysteriums der Schöpfung. Über und jenseits der Kostbarkeit meiner eigenen Existenz liegt das Wunder ihrer Beziehung zu dem unendlichen Mysterium des Seienden oder der Schöpfung.

Der Tod ist nicht einfach ein Zuendekommen des Lebens, er ist auch das Eintreten, er ist ein Anfang. Und dann gibt es das Mysterium meiner eigenen Existenz. Das Problem, wie und ob ich nach meinem Tod sein werde, ist zutiefst verbunden mit dem Problem, wie und wo ich war vor meiner Geburt. Das Mysterium eines Lebens nach dem Tode ist nur zu verstehen im Zusammenhang mit einer Präexistenz. Eine Seele kommt nicht von Nirgendwo her. Geht sie denn dann unter und löst sich in Nichts auf? Werden Seelen zu Staub? Wird der Geist zu Asche? Wie können Seelen, fähig, unsterbliche Worte zu bilden, unsterbliche Schöpfungen des Gedankens und der Kunst, sich vollkommen auflöse, auf immer verschwinden?

Abraham Joshua Heschel 1974

5. Lesen Sie Markus 12,18-27. Welches Problem bringen die Sadduzäer gegen den Glauben an die Auferstehung der Toten vor? Mit welchen Argumenten tritt Jesus ihnen entgegen?

Zur Zeit Jesu hofften die meisten Juden auf die Auferweckung der Toten am Ende dieser Welt und den Beginn der kommenden Welt. Nur eine Gruppe im Judentum teilte diese Hoffnung nicht: die Sadduzäer. Das wird daher gekommen sein, dass die Sadduzäer als die Aristokratie des jüdischen Volkes recht gut lebten, während die Mehrzahl der Juden unter Ausbeutung und Ungerechtigkeit der römischen Besatzung litt. Leute wie die Sadduzäer, die in diesem Leben alles haben, machen sich erfahrungsgemäß nicht viele Gedanken über das, was nach dem Leben kommt. Die Leidenden des jüdischen Volkes aber hofften darauf, dass Gott, weil er gerecht ist, einen Ausgleich für die Ungerechtigkeit in diesem Leben schaffen wird. Jesus verkündigte den Armen, dass das erhoffte Reich Gottes nahe sei. Also teilte Jesus die Hoffnung der Mehrzahl seines Volkes auf die Auferweckung der Toten.

Tobias Kriener 19988

4. In welcher Weise ist für A. J. Heschel das „Mysterium eines Lebens nach dem Tode" mit dem Glauben an Gott verknüpft?

77. Kennt das Judentum die Seelenwanderung?

⇒ Nr. 11: Was ist die Kabbala?
⇒ Nr. 12: Was ist Chassidismus?

In den Tagen des heiligen Baal-Schem (*Rabbi Israel ben Elieser*), lebte in Miedzobosz ein Talmudgelehrter, der Tag und Nacht studierte. Er war sehr arm und lebte mit seiner ganzen Familie von der Mildtätigkeit der Leute. Als aber die Kinder erwachsen waren, sagte das Weib zu ihm: „Es ist nicht schön, dass unsere großen Töchter (*mangels Mitgift*) noch unverheiratet umhergehen. In unserer Stadt lebt ja der heilige Baal-Schem, der schon so vielen Menschen geholfen hat. Lass deinen Stolz, beuge dich vor dem heiligen Rabbi, und es wird dir geholfen werden."
Der Gelehrte war ein Gegner der chassidischen Lehre und glaubte nicht an die Wunderkraft des heiligen Rabbi. Doch was sollte er tun, da seine Frau ihm keine Ruhe gab und auch die Not sehr schwer war? Er ging also zum Baal-Schem und erzählte ihm von seiner großen Not.
Der Baal-Schem sagte ihm darauf: „Fahre in die Stadt Kasimierz und erkundige dich nach einem Handwerker mit Namen so und so." In diesem Handwerker werde er ein Heilmittel für seine Not finden und er werde dann seine Lage recht verstehen.
Der Gelehrte wanderte daher zu Fuß, bis er in Kasimierz anlangte. Und wie der Gelehrte in ein Bethaus kam, traf er dort sehr viele Men-

In der jüdischen Mystik spielt die Seelenwanderung eine wichtige Rolle. Ursprünglich als Strafe gedacht, wurde sie später als Möglichkeit angesehen, Sünden zu korrigieren und eine Läuterung zu vollziehen. Nicht nur Lebewesen, sondern auch materielle Substanzen enthalten göttliche Funken nach der Lehre der Kabbala, und alles ist in einem ständigen Wechsel begriffen. Eine Seele kann auch mit einer anderen „schwanger" werden, die dann bei ihrer Erlösung Hilfe leisten kann. Dies kann allerdings zu einer quälenden Besessenheit führen, sodass die Seele, die von einer anderen als Dibbuk (Dämon) Besitz ergriffen hat, exorziert, ausgetrieben werden muss. Dies alles ist ein wichtiger Teil der Volksfrömmigkeit, insbesondere in chassidischen Kreisen und bei orientalischen Gemeinden.

Zum Charisma (*zur besonderen Begabung*) chassidischer Meister gehört, dass sie bei Ratsuchenden den genauen Herkunftsort der Seele erkennen und entsprechend die Problematik aufschlüsseln. Es wird gelehrt, dass viele Seelen nicht ihre Aufgabe erfüllen, die der Person zugedacht sind. Die Seele nimmt im Kontakt mit der Welt Schaden. Sie kann daher nach dem Tod nicht ruhen und abwarten, bis alle Seelen ihren gottgewollten Dienst erfüllt haben, sondern sie wird im Körper einer anderen Person wieder geboren, re-inkarniert (*in einen Körper zurückversetzt*), um zu versuchen, die Fehler der Vergangenheit zu korrigieren. So trägt fast jeder das Erbe früherer Existenz.

Pnina Navè Levinson 1993

⇒ Kapitel XII: Isaak Lurja.

> Welche Religionen haben eine Lehre von der Seelenwanderung entwickelt? Was bedeutet sie jeweils für das Lebensgefühl der Menschen?

Als er (*Rabbi Nachman*) nun erkannte, dass der Tod ihm nah kam, wollte er nicht mehr in Brazlaw bleiben, sondern beschloss, nach Uman überzusiedeln, um dort zu sterben und dort begraben zu werden. In Uman waren wenige Jahre vor seiner Geburt, 1768, die Banden der Hajdamaken eingedrungen, denen die von den Juden und den Polen gemeinsam verteidigte Festung durch Hinterlist und Verrat zugefallen war, hatten die ganze Judenschaft hingemordet und die Leichen in Haufen über die Stadtmauer geworfen. Es war Rabbi Nachmans Glaube, eine Folge seiner von der späteren Kabbala übernommenen und weiter ausgebildeten Seelenwanderungslehre, dass von den vielen Tausenden, die zu Uman vor ihrer Zeit erschlagen worden waren, eine große Schar von Seelen an den Ort ihres Todes gebunden sei und nicht emporsteigen könne, bis eine Seele zu ihnen käme, der die Macht gegeben sei, sie zu heben. Er fühlte in sich die Berufung, die Harrenden zu erlösen und wollte daher an ihrer Stätte sterben und sein Grab neben dem ihren haben, dass über den Gräbern das Werk sich vollziehe.

Martin Buber, Geschichten des Rabbi Nachman, 1906

schen, und er begann sie sofort nach dem Handwerker auszufragen. Die Leute sagten ihm aber: „Was erkundigt ihr euch nach diesem Bösewicht? Als er vor sechzig Jahren starb, freute sich die ganze Stadt."
Der Gelehrte war sehr bestürzt und machte sich auf den Heimweg, ohne Hilfe gefunden zu haben. Als er erschöpft zu Hause anlangte, begab er sich zu dem heiligen Baal-Schem, um ihn zu fragen, warum er ihn nach Kasimierz geschickt hatte. Darauf antwortete ihm Baal-Schem: „Wisse, dass du dieser Bösewicht bist, der vor sechzig Jahren gestorben ist und der jede Sünde, die es nur gibt, auf dem Gewissen hatte! Und nun frage ich dich: Willst du wirklich, dass es dir gut gehe und dass du Reichtum und Ansehen genießest, wo du alle die Sünden abbüßen musst, die du in deinem ersten Dasein getan hast? Denn die Not, die du jetzt leidest, ist nur eine Sühne für die großen Sünden deines früheren Daseins!"

Aus den Sagen der Chassidim

Wenn ich an Seelenwanderung glaubte, würde ich wohl manchmal denken können, unter den neuen Bedingungen der Forschung eine Art Reinkarnation Johannes Reuchlins, des ersten Erforschers des Judentums, seiner Sprache und seiner Welt und speziell der Kabbala zu sein, des Mannes, der vor fast fünfhundert Jahren die Wissenschaft vom Judentum in Europa ins Leben gerufen hat. *Gershom Scholem 1969*

Kapitel XII: Personen

Das ist das Schwerste: ...
zu denken,
dass man wie Rauch
ins Nichts zerfließt.

Selma Meerbaum-Eisinger 1941

Rabbi **Akiba ben Josef** lebte von (ca.) 50 bis 136 n.Chr. im Land Israel. Erst mit 40 Jahren soll er sein Studium begonnen haben. Seine Ehefrau habe ihn dazu ermuntert. Er kam zu der Erkenntnis, dass in der Tora (den fünf Mosebüchern) nichts überflüssig geschrieben sei und somit jedes Schriftzeichen ihres Textes einen Sinn habe.
Da er im Zusammenhang eines jüdischen Aufstandes gegen die römische Besatzungsmacht im Land Israel einen Messias („Bar Kochba" – Sternensohn) ausrief, wurde er von den Beauftragten Hadrians festgenommen, gefoltert und ermordet. Der jüdischen Tradition gilt Rabbi Akiba als Märtyrer. Ähnlich wie von Jesus wird auch von ihm erzählt, er sei von Gott bereits auferweckt und in den Himmel aufgenommen worden.

⇒ Nr. 2 (Nächstenliebe), Nr. 25 (Tauchbäder), Nr. 51 (Messias)

Rabbi **Ami ben Nathan** war im 3. Jahrhundert ein hoch angesehener Lehrer in Tiberias.

⇒ Nr. 43 (Polygamie)

Jehuda Amichai wurde 1924 in Würzburg geboren und wuchs in einer orthodoxen Familie auf. Er bekam den Judenhass seiner Schulkameraden und Lehrer schon vor Beginn der Hitlerzeit zu spüren. 1935 emigrierte die ganze Familie nach Palästina. Seit 1937 lebte Jehuda Amichai in Jerusalem. Im Zweiten Weltkrieg war er Soldat in einer palästinensischen Truppe der englischen Armee. Nach 1945 war er Kommandosoldat in den israelischen Befreiungskriegen. Danach wurde er zunächst Lehrer, dann Hochschullehrer für hebräische Literatur. Als Schriftsteller erhielt er 1982 den wichtigsten Literaturpreis Israels. Er starb im Jahr 2000.

⇒ Kapitel VI (Einleitung), Kapitel X (Einleitung)

Antigonos von Soko

⇒ Nr. 10 (Talmud)

Schalom Asch, geboren 1880 in Kotno (Polen), wurde durch seine ostjüdischen Milieuschilderungen berühmt. Er behandelte aber auch Themen, die zwischen Juden und Christen eine Rolle spielen, z.B. „Maria" und „Der Nazarener". 1957 starb Sch. Asch in London.

⇒ Nr. 13 (Jiddisch)

Aurelius Augustinus wurde als Sohn einer frommen Christin im Jahr 354 in Tagaste (Numidien, Nordafrika) geboren. 387 ließ er sich taufen und erhielt bereits 395 das Bischofsamt. Seine Schriften beeinflussten die gesamte abendländische Theologie und Philosophie. Berühmt sind bis heute vor allem seine „Confessiones" (Bekenntnisse), religiöse Betrachtungen über die eigene innere Entwicklung bis zum Entschluss, sich taufen zu lassen, und seine Reflexionen „De civitate Dei" (Über den Gottesstaat), in denen er die Geschichte als einen Kampf zwischen Gottesstaat und Weltstaat interpretiert. Augustin war ein Förderer des Mönchtums, welches sich zu seiner Zeit im Abendland und in Nordafrika rasch ausbreitete. Verschiedene Orden

Personen

der „Augustiner" gehen auf seine Initiative zurück. Er starb 430 in Hippo Regius (Nordafrika).

⇒ Nr. 50 (Kreuzigung), Nr. 52 (Zerstreuung)

Leo Baeck, geboren 1873, begann seine Rabbinerausbildung an der konservativen Hochschule in Breslau. Er wechselte aber zur liberalen „Hochschule für die Wissenschaft des Judentums" in Berlin. Nach Abschluss seines Studiums amtierte er in den jüdischen Gemeinden Oppeln, Düsseldorf und Berlin. Im Ersten Weltkrieg diente er als Feldrabbiner in der deutschen Armee. Nach Kriegsende arbeitete er in hoher Verantwortung für verschiedene jüdische Organisationen in Deutschland und wurde bald zum führenden Repräsentanten des deutschen Judentums. Während des Zweiten Weltkrieges hielt er Kontakt zu einer antifaschistischen Widerstandgruppe. Als er 1943 nach Theresienstadt deportiert wurde, versuchte er dort jüdisches Gemeindeleben zu erhalten und zu begleiten. Nach seiner Befreiung aus dem Konzentrationslager verließ er Deutschland und lebte als Professor für Religionsgeschichte in London und in den USA. Er starb 1956 in London. Bis heute gelten seine Schriften als wichtige Zeugnisse des liberalen Judentums.

⇒ Vorwort, Nr. 1 (Erwählung und Gottesbund), Nr. 2 (Nächstenliebe), Nr. 8 (Widerstand), Nr. 33 (Rabbinerinnen), Nr. 53 (Kreuzsymbol), Nr. 55 (Feindseligkeit), Nr. 62 (Pharisäer)

Louis Barish war viele Jahre Militärrabbiner in der amerikanischen Armee. Er schrieb vor allem über jüdische Liturgie (Lehre vom Gottesdienst) und über die Aufgaben eines „Rabbiners in Uniform". Er ist mit Rebecca Barish verheiratet.

⇒ Nr. 73 (Todesstrafe)

Rebecca Barish war Bibliothekarin und Lehrerin in New York City. Später profilierte sie sich in der Erwachsenenbildung.

⇒ Nr. 73 (Todesstrafe)

Karl Barth, geboren 1886 in Basel (Schweiz), wurde 1911 Pfarrer in Safenwil (Aargau), 1921 Professor, zunächst in Göttingen und Münster, dann 1930 in Bonn. Er bezeichnete sich selbst als religiösen Sozialisten. Berühmt wurde er vor allem wegen seiner Entfaltung einer protestantischen dialektischen Theologie. Er gehörte zu den Begründern der „Bekennenden Kirche"; 1935 wurde er deshalb vom NS-Staat aus dem Beamtenverhältnis entlassen. Seitdem wirkte er bis 1962 an der Universität Basel. Er hinterließ eine umfangreiche „Kirchliche Dogmatik", an der er von 1932 bis zu seinem Tode 1968 arbeitete.

⇒ Nr. 66 (Jerusalem)

Arnulf H. Baumann wurde 1932 in dem deutschsprachigen Dorf Klösnitz in Bessarabien (heute Ukraine) geboren. 1951–1957 studierte er evangelische Theologie in Erlangen, Tübingen, Heidelberg, Göttingen und in den USA. Durch Kindheitserlebnisse angestoßen und durch das Studium in den USA motiviert widmete er sich intensiv der Klärung des Verhältnisses zwischen Christen und Juden. 1973–2000 war er Mitglied und stellvertretender Vorsitzender der Studienkommission Kirchen und Judentum der EKD und hat in allen drei Denkschriften zum Thema mitgearbeitet (⇒ Kapitel X, Einleitung). Aber auch in anderen Gremien hat er zu diesen Fragen eine wichtige Stimme. Bis zu seiner Pensionierung 1997 war er Direktor des Diakonischen Werkes Wolfsburg e.V.

⇒ Nr. 8 (Widerstand), Nr. 61 (Luther)

Yaakov Ben-Chanan, geboren 1922 in Riga, studierte zunächst Geschichte, Philosophie und Theologie in Rostock und Leipzig, später auch Medizin und Theaterwissenschaften. Nach langjähriger Tätigkeit als Arzt in Berlin, Kassel und Fürstenwalde übernahm er 1987 einen Lehrauftrag für jüdische Geschichte und Kultur an der Universität Kassel. Seit 1995/96 lebt und lehrt er in Berlin.

⇒ Nr. 9 (Tora)

Schalom Ben-Chorin wurde 1913 in München geboren; sein Name war damals **Friedrich Rosenthal**. Er lebte und arbeitete bis 1935 in seiner Geburtsstadt als Religionsphilosoph, Theologe und Publizist. Nach mehreren Verhaftungen durch die Gestapo rettete er sein Leben durch die Flucht aus Deutschland. In Jerusalem nahm er sein publizistisches Pseudonym als neuen Namen an: Schalom (Frieden) Ben-Chorin (Sohn der Freiheit). Dessen Bedeutung wurde zum roten Faden seiner Bücher und seiner Vortragstätigkeit im Bereich des interreligiösen Dialogs. Schalom Ben-Chorin starb 1999.

⇒ Nr. 32 (Heiratspflicht der Rabbiner),
   Nr. 55 (Feindseligkeit)

David Ben Gurion wurde 1886 in Polen geboren. Seit 1904 war er Mitglied einer zionistischen Organisation. 1906 ging er nach Palästina und arbeitete dort zunächst als Landarbeiter, später als Journalist und Berufspolitiker. 1915 wurde er von der türkischen Administration aus Palästina ausgewiesen und blieb bis 1918 in New York. Nach seiner Rückkehr ins Land Israel arbeitete er dort bis zur Staatsgründung im Bereich der jüdischen Selbstverwaltung. Er verlas 1948 die Unabhängigkeitserklärung des Staates Israel.
1949-53 und 1955-63 war er Ministerpräsident und Verteidigungsminister. 1970 zog er sich aus der Politik zurück. Er schrieb danach u.a. „Israel, Geschichte eines Staats". Er starb 1973 in Tel Aviv-Jaffa.

⇒ Nr. 71 (Juden und Palästinenser)

Wolfgang Benz ist Professor an der Technischen Universität Berlin.

⇒ Kapitel IX (Einleitung)

Israel Bettan, geboren 1889 in Kowno, emigrierte 1907 in die USA. 1912 bis 1922 war er Rabbiner in Chaleston (West Virginia), danach Professor für Midrasch und Homiletik am Hebrew Union College. Er starb 1957.

⇒ Nr. 34 (Priester)

David Bleich, geboren 1936, ist Professor für Jura und Leiter einer orthodoxen Talmud-Hochschule (Jeschiwa) in den USA. Besonders im Bereich der Medizinethik hat seine Stimme große Autorität.

⇒ Nr. 41 (Väter)

Ernst Bloch, geboren 1885 in Ludwigshafen, stammte aus einem assimilierten jüdischen Elternhaus. Er studierte Philosophie, Germanistik, Physik und Musik. Er verfaßte politische Artikel gegen den Krieg und gegen das Wilhelminische Deutschland. Von 1917 bis 1919 zog er sich in die Schweiz zurück. Dort erarbeitete er seine Schrift „Geist der Utopie" und legte mit ihr den Grund zu einer Metaphysik des Utopischen, die er später (1954/55) in seinem Hauptwerk „Das Prinzip Hoffnung" weiterführte. 1933 mußte er Deutschland zum zweiten Male verlassen, nun aber, weil er Jude war. Er lebte bis 1948 im Exil, zunächst wieder in der Schweiz, dann in Österreich und Prag, schließlich in den USA. Er arbeitete als Journalist und philosophischer Schriftsteller. Um eine Professur im Fach Philosophie in Leipzig zu übernehmen, kehrte er nach

Deutschland zurück. Doch der DDR-Staat stellte ihn 1957 unter Berufs- und Veröffentlichungsverbot. So verließ er 1960 die DDR und arbeitete als Gastprofessor in Tübingen. Dort war er für die 68er-Studentenbewegung ein wichtiger Gesprächspartner. 1967 erhielt er den Friedenspreis des deutschen Buchhandels. Er starb 1977.

⇒ Nr. 59 (Kommunismus)

Douglas Bokovoy

⇒ Nr. 70 (Palästina)

Jean Bosc

⇒ Nr. 52 (Zerstreuung)

Micha Brumlik ist Pädagogikprofessor in Heidelberg. Als Vertreter des liberalen Judentums erweist er sich immer wieder als wichtiger und kritischer Partner im interreligiösen Gespräch.

⇒ Nr. 48 (Loyalität)

Martin Buber, geboren 1878 in Wien, wuchs in der polnisch-ukrainischen Stadt Lemberg (Lwow) auf und studierte in Straßburg. Von 1898 an war er in der zionistischen Bewegung aktiv, forderte aber gegen Theodor Herzl vom kulturzionistischen Standpunkt aus, dass vor jeder politischen Maßnahme die geistige Erneuerung des Judentums geschehen müsse. Den jüdischen Siedlern in Palästina riet er ausdrücklich, sich mit den arabischen Nachbarn friedlich und fair zu verständigen.
Bubers Nacherzählungen chassidischer Geschichten (1906 ff) haben zur weltweiten Entdeckung der ostjüdischen Spiritualität beigetragen.

1923 erschien sein Hauptwerk „Ich und Du", in dem er seine dialogische Theologie darlegte und sich zugleich von erstarrten Lebensformen innerhalb des Judentums abwandte. Auch die mit Franz Rosenzweig zusammen unternommene „Verdeutschung" der Bibel" (1926ff) versucht das Dialogische der Texte zu zeigen.
1938 emigrierte M. Buber nach Palästina. Er starb 1965 in Jerusalem.

⇒ Nr. 2 (Nächstenliebe), Nr. 12 (Chassidismus), Nr. 25 (Tauchbäder), Nr. 51 (Messias), Nr. 52 (Zerstreuung), Nr. 53 (Kreuzsymbol), Nr. 55 (Feindseligkeit), Nr. 68 (Zionismus), Nr. 77 (Seelenwanderung)

Corrado Cagli, geboren 1910 in Ancona, studierte an der Accademia di Belle Arti in Rom. Er erhielt schnell zahlreiche Aufträge zur Gestaltung von offiziellen Räumen, Gebäuden und offenen Plätzen in Italien, musste aber, mitten aus einer sehr aktiven künstlerischen Arbeit herausgerissen, 1938 vor den Faschisten fliehen. Zunächst konnte er sich in Paris in Sicherheit bringen, doch auch diese Stadt musste er 1940 wegen der nationalsozialistischen Verfolgung der Juden verlassen. Er konnte sich nach New York retten und fand dort als bildender Künstler Arbeit. Von 1941 bis 1945 kämpfte er als amerikanischer Soldat in der Normandie, in Belgien und schließlich in Deutschland gegen die deutsche Armee und die nationalsozialistische Diktatur. Er war dabei, als das Konzentrationslager von Buchenwald geöffnet wurde. Was er dort mitansehen musste, hat er in zahlreichen Zeichnungen festgehalten und später veröffentlicht.

⇒ Nr. 8 (Widerstand), Kapitel VII (Einleitung)

Rabbi Chija kam am Ende des zweiten oder am Anfang des dritten Jahrhunderts nach Beginn der neuen Zeitrechnung aus Babylonien ins Land Israel. Er wird zu den Tannaiten (aramäisch – Lehrer, Wiederholer) gezählt, zu denjenigen Rabbinen, welche die Kontinuität jüdischer Lehrtradition in der schweren Zeit der römischen Besatzung gewährleisteten. Lehrsprüche der Tannaiten sind in der Mischna, im Grundbestand des Talmud, zu finden.

⇒ Nr. 11 (Kabbala)

Abraham Chill

⇒ Nr. 21 (Tallit)

Gisela Dachs, geboren 1963, studierte in Paris Literaturwissenschaft und Philosophie. Nach anfänglicher Tätigkeit als Auslandsredakteurin bei der französischen Tageszeitung „Libération" wurde sie 1990 politische Redakteurin bei der Wochenzeitung „Die Zeit". Seit 1994 arbeitet sie als Israelkorrespondentin der „Zeit" und des Zürcher „Tages-Anzeigers" in Jerusalem.

⇒ Kapitel X (Einleitung)

Matthias Dahl ist evangelischer Pfarrer in Flensburg.

⇒ Nr. 5 (Judenchristen und Konvertiten)

Simon Ph. De Vries war 48 Jahre lang Rabbiner der liberalen jüdischen Gemeinde von Haarlem in den Niederlanden und einer der ersten religiösen Zionisten. Im Frühjahr 1944 starb er im Konzentrationslager Bergen-Belsen.

⇒ Nr. 34 (Priester), Nr. 75 (Feuerbestattung)

Rabbiner **Max Dienemann**

⇒ Nr. 33 (Rabbinerinnen)

Rabbiner **Chajim Halevi Donin** gehört der orthodoxen Seite des Judentums an.

⇒ Nr. 5 (Judenchristen und Konvertiten), Nr. 19 (Kopfbedeckung der Männer), Nr. 22 (Tefillin), Nr. 34 (Priester), Nr. 69 (Exklusivität), Nr. 75 (Feuerbestattung)

Willy Dreßen arbeitet an der Zentralen Stelle der Landesjustizverwaltungen Ludwigsburg.

⇒ Nr. 49 (Rasse)

Abba Eban wurde 1915 in Kapstadt geboren. Er hat u.a. in Cambridge Orientalistik studiert. 1938–1940 war er dort Lehrbeauftragter, bis er als Soldat in den Zweiten Weltkrieg geschickt wurde. Von 1942 an war er als britischer Soldat in Palästina stationiert. Er wurde dort Mittelsmann zwischen den in Palästina ansässigen Juden, den neuen jüdischen Einwanderern und der britischen Mandatsregierung. Bald nach der Gründung des Staates Israel wurde er israelischer Botschafter in den USA. 1960–1963 war er Erziehungsminister in der Knessset, 1964/65 stellvertretender Ministerpräsident, 1966–1974 Außenminister.

⇒ Nr. 72 (Das Tötungsverbot)

Rabbi **Akiba Eger** wurde 1761 in Eisenstadt (Ungarn) geboren, trat als orthodoxer Rabbiner und Lehrer wiederholt gegen verschiedene Reformbestrebungen im Judentum auf, kümmerte sich selbst aber auch um die Modernisierung der Lehrpläne in den jüdischen Schulen und setzte sich für die deutsche Sprache anstelle des Jiddischen als Umgangssssprache ein. Er starb 1837 in Posen.

⇒ Nr. 3 (Auge um Auge)

Ernst Ludwig Ehrlich, geboren 1921, konnte 1943 aus Deutschland in die Schweiz fliehen und dort überleben. Er blieb nach dem Krieg in der Schweiz, suchte aber von dort aus als einer der ersten jüdischen Theologen das Gespräch mit den Christinnen und Christen auch in Deutschland.

⇒ Nr. 4 (Gruppierungen), Nr. 48 (Loyalität)

Einhard (770-840) stammte aus adeliger Familie, wurde im Kloster Fulda erzogen und zum Urkundenschreiber ausgebildet. 796 kam er als Hofbaumeister an den Hof Karls des Großen.

⇒ Nr. 57 (Die „Fremden")

Ira D. Eisenstein ist ein bedeutender Vertreter der rekonstruktionistischen Bewegung innerhalb des Judentums, welche versucht, das Judentum als Kultur zu „rekonstruieren" und es zugleich den Erfordernissen der modernen Welt lebendig anzupassen.

⇒ Nr. 36 (Nichtjuden an der Torarolle)

Rabbi El(e)asar ben Asarja, geboren Ende des ersten Jahrhunderts nach Beginn der neuen Zeitrechnung, stammte aus einer sehr reichen Priesterfamilie. Er soll erst 18 Jahre alt gewesen sein, als er – nach einem Konflikt im Lehrhaus Javne – vorübergehend zum Patriarchen ernannt wurde. Als Lehrer soll er versöhnlich und kompromissbereit gewesen sein.

⇒ Nr. 52 (Zerstreuung)

Yaffa Eliach, geboren 1938, stammt aus einer berühmten litauischen Rabbinerfamilie. Als vierjähriges Kind überlebte sie zusammen mit ihrem Vater das Massaker, mit dem die deutschen SS-Leute und ihre litauischen Kollaborateure die jüdische Gemeinde von Eishyshok ausrotteten. Y. Eliach ist Professorin für Geschichte und Literatur am Brooklyn College. Als Holocaust-Forscherin wurde sie durch wichtige geschichtsdidaktische Projekte weltbekannt.

⇒ Nr. 12 (Chassidismus)

Rabbi Elieser

⇒ Nr. 76 (Leben nach dem Tod)

Gary Fink

⇒ Nr. 24 (Beschneidung)

Victor Emil Frankl (1905-1997) war Professor für Neurologie und Psychiatrie in Wien, wurde u. a. berühmt durch seine „Sinn-Lehre", eine „Logotherapie" gegen die Sinn-Leere im Lebensgefühl der modernen westlichen Gesellschaften.

⇒ Nr. 6 (Leid), Nr. 33 (Rabbinerinnen)

Solomon B. Freehof (1892-1990) war der bedeutendste Halachist (Fachmann in lebenspraktischen Auslegungen von Tora und Talmud) der Reformbewegung. Er war Präsident der Welt-Union für das progressive Judentum und der Central Conference of American Rabbis.

⇒ Nr. 74 (Gräber)

Magdalene L. Frettlöh ist wissenschaftliche Assistentin an der Evangelisch-Theologischen Fakultät der Ruhr-Universität Bochum.

⇒ Nr. 1 (Erwählung und Gottesbund), Nr. 64 (Die Fesselung des Sohnes)

Sig(is)mund Schlomo Freud, geboren 1856 in Freiberg, hat seinen jüdischen Vornamen nie verwendet und seinen Rufnamen schon in der Studentenzeit gekürzt. Von 1860 bis zu seiner Emigration 1938 lebte er mit nur kurzen Unterbrechungen in Wien. Nach einem ausgiebigen Medizinstudium hatte er sich der Psychotherapie zugewandt. 1902 wurde er Professor an der Universität Wien. In immer größerer Distanz zur naturwissenschaftlich orientierten Psychiatrie entwickelte er eine Theorie von der menschlichen Psyche, deren

Verfassung das Ergebnis eines wechselseitigen Prozesses physiologischer und sozialer Einflüsse sei. Die Religion sieht S. Freud in diesem Zusammenhang als psychisches Produkt, das – kulturgeschichtlich gesehen – mit dem Eintritt des Menschen aus dem Naturzustand in eine kulturelle Ordnung entstanden sei. Auch den jüdischen Monotheismus erklärt S. Freud kulturgeschichtlich: Mose habe ihn aus Ägypten als Abstraktion des Pharaonenkultes mitgebracht. Freud starb 1939 in London.

⇒ Nr. 56 (Antisemitismus)

Michael Friedländer, geboren 1833 in Posen, war 45 Jahre lang Rektor des Jews College in London, des wichtigsten orthodoxen Rabbinerseminars in England. Er war Experte in jüdischen Kalenderfragen. Als Orientalist übersetzte er Schriften von Moses Maimonides in die englische Sprache. Er starb 1910.

⇒ Nr. 21 (Tallit), Nr. 65 (Gelübde)

Julia Friedrich

⇒ Nr. 48 (Loyalität)

Erich Pinchas Fromm wurde im Jahr 1900 in Frankfurt am Main geboren. Seine Mutter wollte aus ihm einen berühmten Pianisten machen, sein Vater schickte ihn zum Talmud-Unterricht. Nach dem Abitur setzte E. Fromm das Talmud-Studium in Heidelberg fort, in Kombination mit Jura. 1922 promovierte er mit einer Arbeit über „Das jüdische Gesetz" und legte dessen Bedeutung für das Überleben des jüdischen Volkes ohne eigene Nation dar. 1924 wandte er sich der freudschen Psychonanalyse zu, veränderte diese aber für sich zu einer „Sozialpsychologie". Der Nationalsozialismus vertrieb ihn 1934 aus Deutschland. 1940 wurde er amerikanischer Staatsbürger, begründete das William Alanson White Institute in New York und wurde 1962 Professor an der New York University. Intensive Kontakte mit dem Zen-Buddhisten Daisetz T. Suzuki brachten E. Fromm zu einer interessanten Synthese aus buddhistischer Toleranz und jüdischer Lebenshaltung. Er starb 1980 in Lugano (Schweiz).

⇒ Nr. 15 (Schabbat)

Rabbi Gam(a)liel war ein Enkel Rabbi Hillels, lebte im 1. Jahrhundert nach Beginn der neuen Zeitrechnung. Er war einer der am meisten geachteten Toralehrer seiner Zeit. Zeitweise amtierte er als Oberhaupt (Nassi) des Obersten Gerichts, des Synhedriums. Von ihm stammt die Verordnung, dass im Fall der Lebensgefahr am Schabbat Arbeiten verrichtet werden dürfen.

⇒ Nr. 50 (Kreuzigung)

Schelomo Ganzfried (1804–1886) war Talmud-Gelehrter und Autor u.a. des „Kizzur Schulchan Aruch", eines volkstümlichen Lehrbuches zur jüdischen Lebensführung.

⇒ Nr. 36 (Berühren der Torarolle)

Ulrich Gerhardt

⇒ Nr. 34 (Priester)

Rabbenu **Gerschom ben Jehuda** (auch „Leuchte des Exils" genannt) lebte um 1000 in Mainz und leitete dort ein jüdisches Lehrhaus. Seine Verordnungen gegen Polygamie und seine Reformen des jüdischen Scheidungsrechtes zugunsten der Frauen wurden maßgeblich im mitteleuropäischen Judentum. Mit seinem Namen ist auch die rechtliche Garantie des Briefgeheimnisses verbunden.

⇒ Nr. 43 (Polygamie)

Personen

Nachum Tim Gidal, geboren 1909 in München, starb 1996 in Jerusalem. Nach dem Studium der Geschichte, Kunstgeschichte und Nationalökonomie an den Universitäten München, Berlin und Basel wurde er Fotoreporter. Bis 1933 arbeitete er für die „Münchener Illustrierte Presse", dann musste er emigrieren. Nach einigen Jahren als Fotoreporter in London und New York erhielt er einen Lehrstuhl im Bereich der visuellen Kommunikation. Von 1971 an lehrte er an der Hebräischen Universität Jerusalem.

⇒ Kapitel IX (Einleitung)

Roland B. Gittelsohn gehörte zum Reform-Judentum, war Militär-Rabbiner und Pädagoge. Er war Päsident der „Conference of American Rabbis".

⇒ Nr. 3 (Auge um Auge), Nr. 32 (Heiratspflicht der Rabbiner), Nr. 38 (Geburtenkontrolle)

Daniel Jonah Goldhagen ist Professor an der Harvard Universität.

⇒ Nr. 56 (Antisemitismus)

Rabbiner **Roland Gradwohl** starb 1998 im Alter von 67 Jahren in Jerusalem. Er war Chefkorrespondent der Zürcher Zeitschrift „Israelitisches Wochenblatt" und freier Mitarbeiter an verschiedenen Rundfunkanstalten in Deutschland und in der Schweiz.

⇒ Nr. 10 (Talmud), Nr. 17 (Speisegesetze), Nr. 19 (Kopfbedeckung der Männer), Nr. 23 (Mesusa), Nr. 24 (Beschneidung), Nr. 26 (Bar/Bat Mizwa), Nr. 39 (Schwangerschaftsabbruch), Nr. 43 (Polygamie), Nr. 45 (Homosexualität), Nr. 47 (Namen), Nr. 63 (Bibelauslegung), Nr. 65 (Gelübde), Nr. 69 (Exklusivität)

Blue Greenberg lebt mit ihrem Ehemann und fünf Kindern in Riverdale (New York).

⇒ Nr. 38 (Geburtenkontrolle)

Ingrid Grill unterrichtet Evangelische Religionslehre und Deutsch an einem Gymnasium in Bayern.

⇒ Nr. 15 (Schabbat)

David Grossmann

⇒ Nr. 71 (Juden und Palästinenser)

Simon Gut

⇒ Nr. 15 (Schabbat)

Travers Herford (1860–1950) war christlicher Theologe, widmete sich zugleich dem Studium des Talmud und der Theologie der Pharisäer.

⇒ Nr. 62 (Pharisäer)

Hans-Volker Herntrich ist als evangelischer Theologe Mitherausgeber der Zeitschrift „Friede über Israel".

⇒ Nr. 8 (Widerstand)

Theodor Herzl (1860–1904) lebte und arbeitete als Rechtsanwalt und Schriftsteller in Wien. Mit seinem Buch „Der Judenstaat" (1896) und mit seiner Einberufung des ersten Zionistenkongresses (1897) gab er den Anstoß für den politischen Zionismus.

⇒ Nr. 16 (Chanukka)

Chaim Herzog, geboren 1918 in Belfast, lebte von 1935 bis zu seinem Tod 1997 im Land Israel. Von 1948 bis 1962 diente er in der israelischen Armee, war danach Anwalt und Journalist und wurde 1983 als Kandidat der Arbeiter-Partei Staatspräsident von Israel.

⇒ Nr. 66 (Land Israel und Jerusalem)

Abraham Jos(c)hua Heschel (1907 in Warschau – 1972 in New York) stammte aus einer chassidischen Familie. Er studierte in Berlin und promovierte 1933 mit einer Aufsehen erregenden Arbeit über „Die Prophetie", eine Phänomenologie prophetischer Gotteserfahrungen. 1937 berief ihn Martin Buber als seinen Nachfolger ins Jüdische Lehrhaus Frankfurt am Main. Doch bereits 1938 wurde A.J. Heschel von den Nationalsozialisten nach Polen ausgewiesen. Von dort aus gelang ihm die Flucht über England in die USA. Von 1940 bis 1945 lehrte er Religionsphilosophie und Theologie am Hebrew Union Colleg in Cincinnati (Ohio), danach am konservativen Jewish Theological Seminary in New York. A.J. Heschel hat sich in der amerikanischen Bürgerrechtsbewegung der 60er-Jahre politisch engagiert und war im interreligiösen Gespräch maßgeblich an den Vorbereitungen zum 2. Vatikanischen Konzil beteiligt. Er gehört zu den großen Mystikern der modernen jüdischen Theologie.

⇒ Nr. 1 (Erwählung und Gottesbund), Kapitel III (Einleitung), Nr. 55 (Feindseligkeit), Nr. 76 (Leben nach dem Tode)

Susannah Heschel, Tochter von Abraham Joshua Heschel, ist Professorin für Judaistik. Sie versteht sich selbst als progressive feministische Theologin und Religionsphilosophin, der die Tradition wichtig ist. Doch sowohl bei den radikalen Feministinnen als auch in orthodoxen Kreisen stößt sie mit dieser Zusammenschau jüdischer Richtungen auf Schwierigkeiten.

⇒ Nr. 30 (Frauenemporen), Nr. 66 (Land Israel und Jerusalem)

Rabbi Hillel wurde im ersten vorchristlichen Jahrhundert geboren. Er kam in seinem 40. Lebensjahr aus Babylon ins Land Israel und wurde dort einer der führenden Männer der pharisäischen Bewegung. Es gibt eine auffallende Ähnlichkeit zwischen einigen seiner Lehrsprüche, die im Talmud aufbewahrt sind, und den Jesusworten, welche durch die neutestamentlichen Evangelien tradiert sind. Rabbi Hillel starb im Jahr 20 n.Chr.

⇒ Nr. 9 (Tora), Nr. 10 (Talmud), Nr. 14 (Jahresfeste)

Leo Hirsch (1903 in Posen – 1943 in Berlin) war bis 1933 Feuilletonredakteur beim „Berliner Tageblatt". 1939 wurde er Dramaturg am Theater des Jüdischen Kulturbunds in Berlin, einer Selbsthilfeorganisation jüdischer Künstler, denen das Arbeiten in der deutschen Kulturöffentlichkeit durch die Nationalsozialisten verwehrt war. Nach der erzwungenen Auflösung des Kulturbundes 1941 arbeitete L. Hirsch in der Bibliothek der Berliner jüdischen Gemeinde. 1942 wurde er zur Zwangsarbeit eingezogen und starb an deren Folgen.

⇒ Nr. 21 (Tallit)

Heinrich Himmler (1900–1945)
⇒ Nr. 49 (Rasse)

Samson Raphael Hirsch wurde 1808 in Hamburg geboren. Nach seinem Studium der klassischen Sprachen, der Geschichte und der Philosophie in Bonn wurde er 1830 Rabbiner, zunächst in Oldenburg, später in Emden und in Nikolsburg (Mähren). 1851 berief die orthodoxe Gemeinde in Frankfurt am Main ihn als ihren Rabbiner. Dort blieb er bis zu seinem Tode 1888. S. R. Hirsch war der bedeutendste Theoretiker und Organisator der Neuorthodoxie in Deutschland, versuchte überlieferten Glauben und Weltoffenheit des Judentums miteinander zu verknüpfen.

⇒ Nr. 4 (Gruppierungen), Nr. 23 (Mesusa)

Adolf Hitler (1889–1945)

⇒ Nr. 49 (Rasse), Nr. 60 (Reichtum)

Gisela Hommel (geb. 1929 in Köln) ist als christliche Theologin und Religionspädagogin freie Autorin und Mitarbeiterin in verschiedene Buch-Verlagen, Zeitschriften und Rundfunkanstalten.

⇒ Nr. 9 (Tora)

Peter Honigmann leitet das jüdische Archiv in Heidelberg, welches Auskunft gibt über jüdische Gemeinden und Einzelpersonen in Deutschland.

⇒ Nr. 46 (Zahlen)

Jesaja Halevi Horowitz wurde um 1565 in Prag geboren. Als Rabbiner amtierte er kurze Zeit in Frankfurt am Main. 1621 wanderte er ins Land Israel aus, wo er ebenfalls als Rabbiner arbeitete. Durch die Kabbala versuchte er seine Gemeinde spirituell zu beleben. Er starb 1630 in Tiberias.

⇒ Nr. 66 (Land Israel und Jerusalem)

Rabbi **Hoschaja Rabba** lebte um 200 nach Beginn der neuen Zeitrechnung zunächst in Sepphoris (Zippori), später in Caesarea. Er war ein Schüler Rabbi Chijas. Rabbi Hoschaja unternahm weite Reisen, um die Toralehren aus den Schulen des Landes Israel in die Diaspora (Zerstreuung) zu bringen.

⇒ Nr. 52 (Zerstreuung)

Rabbi **Idi** lebte und lehrte im 4. oder 5. Jahrhundert nach Beginn der neuen Zeitrechnung in Babylonien.

⇒ Nr. 44 (Scheidung)

Naftali Imber

⇒ Nr. 68 (Zionismus)

Jules Isaac (1877–1963) war französischer Generalschulinspektor. Nach seiner Entlassung aus dem öffentlichen Dienst wurde er aktiv in der Résistance. Er ist einer der bedeutendsten Historiker der Geschichte des Antisemitismus. Seine wichtigsten Veröffentlichungen waren „Jesus und Israel (1947) und „Die Genesis des Antisemitismus".

⇒ Nr. 56 (Antisemitismus)

Rabbi **Isaak ben Scheschet Perfet**, geboren 1326 in Barcelona, war 1370–77 Rabbiner von Saragossa, später Leiter einer Jeschiwa, einer orthodoxen Talmudschule, in Valencia. 1391 wurde er nach Algier vertrieben und kümmerte sich dort um die Integration der jüdischen Flüchtlinge.

⇒ Nr. 34 (Priester)

Rabbi **Israel ben Elieser** (1700–1760), auch **Baal Schem Tow** genannt, gilt als der Begründer des osteuropäischen Chassidismus.

⇒ Nr. 12 (Chassidismus),
    Nr. 77 (Seelenwanderung)

Louis Jacobs, geboren 1920, war zunächst orthodoxer Rabbiner und Dozent am orthodoxen Jews College in London. Er brach dann aber mit der englischen Orthodoxie und wandte sich der liberalen Richtung des Judentums zu. Er lehrte u.a. am liberalen Leo-Baeck-College in London.

⇒ Nr. 75 (Feuerbestattung)

Rabbi **Jacob ben Ascher**, genannt der **Baal Ha-Turim**, wurde 1270 in Deutschland geboren, wanderte nach Spanien aus. Er versuchte die spanischen und die franko-deutschen Traditionen des Judentums in Einklang zu bringen. Sein Leben lang weigerte er sich, ein Rabbinat anzunehmen, und lebte bis zu seinem Tod im Jahr 1343 in Armut.

⇒ Nr. 28 (Gebetshaltung)

Walter Jacob, geboren 1930 in Augsburg, war Präsident der „Central Conference of American Rabbis". Er erhielt als progressiver Halachist das Große Verdienstkreuz für seine Arbeit in der Bundesrepublik Deutschland.

⇒ Nr. 20 (Kopfbedeckung der Frauen),
 Nr. 35 (Nichtjuden im Gottesdienst)

Immanuel Jakobovits, geboren 1921 in Königsberg, absolvierte in London und New York sein Rabbinerstudium. Als Oberrabbiner des British Commenwealth of Nations war er seit 1966 häufig mit allgemeinen politischen und ethischen Problemen befasst. Die englische Königin ernannte ihn zunächst zum „Sir", später zum „Lord". Er starb 1999.

⇒ Nr. 39 (Schwangerschaftsabbruch)

Rabbi **J(eh)os(ch)ua ben Perachia** war Präsident (Nassi) des Hohen Rates (Synhedriums) in Jerusalem. Um 160 vor Beginn der neuen Zeitrechnung erlitt er den Märtyrertod.

⇒ Nr. 10 (Talmud)

Rabbi **Jehuda** gehörte zu den Toralehrern (aramäisch: Tannaiten) des 3. Jahrhunderts nach Beginn der neuen Zeitrechnung.

⇒ Nr. 11 (Kabbala)

Rabbi **Jehuda ben Tabai** war im 2. Jh. vor Beginn der neuen Zeitrechnung Vorsitzender (Nassi) des Hohen Rates in Jerusalem.

⇒ Nr. 10 (Talmud), Nr. 45 (Homosexualität)

Rabbi **J(eh)uda(h) Halevi**, geboren vor 1075 in Toledo, ausgebildet als Arzt, gilt als der bedeutendste jüdische Dichter des Mittelalters. Unter dem Kurztitel „Kusari" fand sein „Buch der Begründung und des Beweises zur Verteidigung des missachteten Glaubens" große Verbreitung. Es ist geschrieben in der Form eines Gespräches zwischen einem Philosophen und dem König Al Chasari (Kusari) um die Wahrheit der drei monotheistischen Religionen.

⇒ Nr. 28 (Gebetshaltung)

Johanan ben Sakkai flüchtete während des jüdischen Aufstandes gegen die römische Besatzung (66–70 nach Beginn der neuen Zeitrechnung) aus Jerusalem und begründete später in Javne ein Lehrhaus, welches zur Basis des rabbinischen Judentums wurde. Um seine Flucht und die Entstehung des Lehrhauses ranken sich zahlreiche Legenden. Darin wird er den Pharisäern und der Schule Hillels zugeordnet, aber auch als Mystiker beschrieben.

⇒ Nr. 9 (Tora)

Johannes Chrysostomus (um 350–407) lebte zunächst als Asket in den Bergen oberhalb von Antiochia (heute: Antakya/Türkei), kehrte aber 378 aus gesundheitlichen Gründen ins städtische Leben zurück. Seinen Beinamen Chrysostomus (Goldmund) erhielt er wegen seines von der Kunst der Rhetorik geprägten Predigtstils. 386/87 veröffentlichte er acht Reden gegen die Judaisierung von Christen, welche als „Apologetik", als Verteidigung des Christentums, großen Anklang fanden. Die Texte enthalten in einprägsamer Kürze alle Antijudaismen, welche die Kirche danach jahrhundertelang pflegte: Durch den Gottesmord (an Jesus) seien die Juden verflucht, zur ewigen Heimatlosigkeit und Rechtlosigkeit verdammt; es gäbe für sie keine Hoffnung auf Erlösung. In seiner Arbeit als Bischof von

Konstantinopel war Chrysostomus nicht so erfolgreich wie in seiner schriftstellerischen Tätigkeit.

⇒ Nr. 50 (Kreuzigung),
Nr. 56 (Antisemitismus)

Regina Jonas wurde 1902 im Berliner Scheunenviertel geboren. Ihr Vater starb, als sie 12 Jahre alt war, an Tuberkulose. Ihr Wunsch, Rabbinerin zu werden, wurde von der rabbinischen Gelehrtenwelt mit Befremden aufgenommen. Die orthodoxe Ausbildung blieb ihr verschlosssen, so absolvierte sie ihr Studium an der liberalen Hochschule in Berlin. 1935 wurde sie ordiniert und erhielt zwei Jahre später eine feste Anstellung als Lehrerin und Seelsorgerin. 1941 wurde sie zur Zwangsarbeit in einer Berliner Kartonagenfabrik eingezogen, 1942 nach Theresienstadt, dann nach Auschwitz deportiert und dort ermordet. Ihre wichtigsten Papiere, darunter auch ihre Examensarbeit, hatte sie vor ihrer Deportation bei der jüdischen Gemeinde zur Aufbewahrung abgegeben, wo sie erhalten blieben.

⇒ Nr. 33 (Rabbinerinnen)

Rabbi **Jonathan**

⇒ Nr. 15 (Schabbat)

Josephus Flavius ist der römische Name des Juden **Josef ben Matthitjahu**, geboren im Jahr 37 oder 38 nach Beginn der neuen Zeitrechnung; er stammte aus dem Jerusalemer Priesteradel, schloss sich aber bereits in seiner Jugend den Pharisäern an. 64–66 wirkte er erfolgreich als Diplomat in Rom. Als es zum jüdischen Aufstand gegen die römische Besatzung kam, kämpfte er als Feldherr in Galiläa. Nach seiner Gefangennahme im Jahr 67 sagte er dem römischen Oberkommandanten Vespasian die Kaiserwürde voraus – und wurde zwei Jahre später freigelassen. Nach der Eroberung Jerusalems durch Titus im Jahr 70 stellte Josephus sich als Geschichtschreiber in römische Dienste. Er starb am Ende des ersten Jahrhunderts.

⇒ Nr. 50 (Kreuzigung), Nr. 53 (Kreuzsymbol, Nr. 56 (Antisemitismus)

Rabbi **Josse** gehörte wie R. Simon ben Chalefta, R. Chija und R. Jehuda zu den Toralehrern des 3. Jahrhunderts.

⇒ Nr. 11 (Kabbala)

Rabbi **Josua**

⇒ Nr. 76 (Leben nach dem Tod)

Rabbi **J(eh)os(ch)ua ben Chananja** gehörte zur zweiten Generation der Tannaiten (aramäisch – Wiederholer, Lehrer). Er lehrte zwischen 90 und 130 nach Beginn der neuen Zeitrechnung im Norden des Landes Israel.

⇒ Nr. 10 (Talmud)

Rabbiner Mordechai Kaplan (geb. 1881 in Litauen, gest. 1983 in New York) stammte aus einer orthodoxen jüdischen Familie, die bereits Ende des 19. Jahrhunderts nach Amerika emigrierte. M. Kaplan sah, dass viele seiner jüdischen Zeitgenossen traditionelle Anschauungen des Judentums nicht mehr mit den neuen (natur)wissenschaftlichen Erkenntnissen in Einklang bringen konnten. So entwickelte in seinem 1934 erschienenen Buch „Judentum als Zivilisation" die Idee einer „Rekonstruktion" des Judentums als eigenständiger religiöser Kultur innerhalb einer sich wandelnden modernen Welt. Unter dem Einfluss kulturzionistischer Ideen verwarf er alle transzendenten und metaphysischen Elemente im Judentum zugunsten eines innerweltlichen jüdischen Fortschrittsglaubens. Aus seinen

Ideen entwickelte sich über dreißig Jahre später der Rekonstruktionismus als eigenständige Richtung im Judentum.

⇒ Nr. 4 (Gruppierungen)

Joseph ben Efraim Karo, geboren 1488 in Toledo, lebte zunächst in Portugal, wurde aber 1497 von dort vertrieben. Er flüchtete in die Türkei. Dort kam er mit der Kabbala in Berührung. 1538 reiste er über Ägypten ins Land Israel und ließ sich im kabbalistischen Zentrum Safed (Zefat) nieder. Er übernahm dort die Leitung einer Jeschiwa, eines jüdischen Lehrhauses, und wurde Vorsitzender des Bet Din, des Rabbinatsgerichts.

⇒ Nr. 3 (Auge um Auge),
Nr. 45 (Homosexualität)

Adel Theodor Khoury, geb. 1930 im Libanon, erhielt 1953 die Priesterweihe der katholischen Kirche. Seit 1970 ist er Professor für Religionswissenschaft innerhalb der Katholischen Theologie an der Universität Münster.

⇒ Nr. 66 (Land Israel und Jerusalem)

Elisa Klapheck ist Chefredakteurin der Zeitschrift „jüdisches berlin".

⇒ Nr. 33 (Rabbinerinnen)
Werner Koch

⇒ Nr. 5 (Judenchristen und Konvertiten)

Herlinde Koelbl, geboren 1939 in Lindau, ist freie Photographin und arbeitet als solche für verschiedene deutsche und amerikanische Zeitungen.

⇒ Kapitel VII (Einleitung)

Joel König ist das literarische Pseudonym von **Ezra BenGershôm**. Er wurde 1922 in Würzbug als Rabbinersohn geboren. 1943 gelang ihm die Flucht aus Deutschland. Er studierte in Jerusalem Biochemie und war von 1953 bis 1960 wissenschaftlicher Mitarbeiter an den Universitäten Cambridge, Wiskonsin und Amsterdam. Von 1960 bis 1986 arbeitete er als Chef des biochemischen Labors in einem Kinderkrankenhaus in Rotterdam. Seit seiner Pensionierung lebt er in Jerusalem.

⇒ Nr. 8 (Widerstand)

Kaufmann Kohler (1843–1926) stammte aus einer jüdisch-orthodoxen Familie in Fürth. Bereits im Studium hatte er „radikalere" Ideen entwickelt. 1885 war er beteiligt an der Entwicklung eines Programms des Reform-Judentums in Pittsburgh. Dazu gehörte die Konzentration auf den Gottesglauben und die Ethik, die Abschaffung der hebräischen Sprache im Gottesdienst und die Relativierung der Speisegesetze. Das Judentum wurde als Glaubensgemeinschaft definiert.

⇒ Nr. 6 (Leid), Nr. 53 (Kreuzsymbol), Nr. 63 (Bibelauslegung), Nr. 67 (Tempel)

Konstantin der Große, geboren um 288 n. Chr. in Naissus (Nisch), stellte als römischer Kaiser (306–337) das Christentum (als religio licita) unter den besonderen Schutz seines Reiches, ohne zunächst selbst Christ zu sein. Erst kurz vor seinem Tod (337) ließ er sich taufen. Er verlegte seinen Regierungssitz von Rom nach Konstantinopel. Bis heute gehört er zu den verehrten Heiligen der armenischen, griechischen und russischen Kirchen.

⇒ Nr. 57 (Die „Fremden")

Tobias Kriener, geboren 1956, ist als evangelischer Theologe zurzeit Hausmann.

⇒ Nr. 76 (Leben nach dem Tode)

Michael Krupp, geboren 1938, ist evangelischer Theologe, zugleich qualifiziert im

Bereich der Judaistik und der Islamwissenschaft. Seit 1970 ist er kirchlicher Beauftragter für das interkonfessionelle Gespräch der drei monotheistischen Religionen in Jerusalem. Er lehrt an der Hebräischen Universität Jerusalem und ist Mitarbeiter des Evangelischen Pressedienstes (epd) für Israel.

⇒ Kapitel X (Einleitung)

Maurice Lamm geboren 1930, war 1954-56 Militärrabbiner in der US Army, wurde in dieser Position ausgezeichnet und ist heute ein wichtiger und verständlicher Wegweiser in den Fragen nach den Lebensgrenzen.

⇒ Nr. 75 (Feuerbestattung)

Salcia Landmann wurde 1911 in Zolkiew (Ostgalizien) geboren. Sie studierte Philosophie, Psychologie, Kunstgeschichte und Jura. Ihre Doktorarbeit schrieb sie über den Philosophen Martin Heidegger. Seit ihrer Kindheit lebt sie in St. Gallen (Schweiz). Sie war als Journalistin tätig, ist jetzt freie Schriftstellerin.

⇒ Nr. 13 (Jiddisch), Kapitel VIII (Einleitung), Nr. 50 (Kreuzigung), Nr. 70 (Palästina)

Pinchas E. Lapide wurde 1922 in Wien geboren. Ihm gelang 1940 die Flucht aus dem KZ und die Einwanderung nach Palästina. In Jerusalem studierte er Romanistik. Eine Zeitlang arbeitete er als Journalist und Diplomat im Dienste Israels. 1972 wurde er Institutsleiter und Professor in Jerusalem. Seit 1969 kam er zu Vorträgen und Seminaren nach Deutschland. In Göttingen und Wuppertal lehrte er regelmäßig als Gastprofessor und war ein wichtiger Gesprächspartner im jüdisch-christlichen Dialog. Er starb 1997.

⇒ Nr. 53 (Kreuzsymbol)

Else Lasker-Schüler (1869-1945) wurde in Elberfeld geboren, heiratete 1894 den Arzt und Schachweltmeister Berthold Lasker. Mit ihm zog sie nach Berlin. Sie war als Schriftstellerin dem deutschen Expressionismus eng verbunden, doch 1933 floh sie, nachdem sie von einer Gruppe Nazis blutig geschlagen worden war, nach Zürich. 1939 emigrierte sie nach Palästina. Sie liegt in Jerusalem auf dem Friedhof am Ölberg begraben.

⇒ Kapitel VI (Einleitung)

Primo Levi, geboren 1919 in Turin, promovierte 1941 an der Universität seiner Heimatstadt zum Doktor der Chemie – wenige Monate bevor die „Rassengesetze" alle Jüdinnen und Juden von den italienischen Unterrichtsstätten ausschlossen. Im September 1943 floh er vor den deutschen Besatzungstruppen ins Aostatal und gründete dort eine Partisanengruppe. Im Dezember wurde er gefangen genommen und nach Auschwitz deportiert. Nach der Befreiung aus dem Konzentrationslager im Januar 1945 verbrachte er mehrere Monate in Internierungslagern in Weißrussland und in der Ukraine. Erst im Oktober konnte er nach Italien zurückkehren. Er schrieb mehrere Romane, in denen er das Erlebte darzustellen versuchte. 1987 setzte er seinem Leben ein Ende.

⇒ Nr. 8 (Widerstand)

Emmanuel Lévinas (1906-1995) wurde in Kaunas (Kovno in Litauen) als Kind einer sehr frommen jüdischen Familie geboren. Sein Vater war Buchhändler. Zum Philosophie-Studium ging E. Levinas zunächst nach Straßburg, dann nach Freiburg, wo er mit besonderem Interesse Vorlesungen bei Edmund Husserl und Martin Heidegger hörte. Seine Doktorarbeit schrieb E. Lévinas über die „Theorie der Intuition in der Phänomenologie E. Husserls". Als frisch Promovierter wechselte er nach Paris und machte dort innerhalb der philosophischen Fakultät die Phänomenologie bekannt. 1931 erhielt er die französische Staatsbürgerschaft. Von 1934 bis 1939 arbeitete er als Lehrer an einer jüdischen Schule und im Bereich der Lehrerausbildung, wurde aber im September 1939 zum Dienst in der französischen Armee eingezogen. Bald nach der deutschen Invasion geriet er in deutsche Kriegsgefangenschaft und überlebte in einem Speziallager für jüdische Gefangene zunächst in der Lüneburger Heide, dann in Ostpreußen. Nach seiner Befreiung erfuhr E. Lévinas, dass seine gesamte Familie in Litauen ermordet worden war.

Er arbeitete von 1946 an zunächst als Dozent, dann als Rektor innerhalb der jüdischen Lehrerausbildung in Frankreich. Zugleich begann er ein intensives Talmudstudium und hielt von 1957 an selbst Talmudvorlesungen. 1962 wurde er Professor an der Universität Paris-Nanterre; 1973 folgte die Berufung an die Sorbonne.

⇒ Nr. 37 (Sexualität)

Albrecht Lohrbächer, geboren 1943, ist Pfarrer und Schuldekan in Weinheim.

⇒ Nr. 56 (Antisemitismus)

Isaak Lurja (Aschkenasi) ben Salomon, geboren 1534 in Jerusalem, musste nach dem Tod seines Vaters, eines deutschen Juden, zusammen mit seiner Mutter seine Geburtsstadt verlassen. Sie zogen nach Kairo, wo Isaak Lurja erstmals mit der Kabbala in Berührung kam. Er lebte mehrere Jahre als Eremit in der Wüste. 1569/70 kehrte er ins Land Israel zurück, setzte sein Kabbala-Studium in Zefad (Safed) fort und wurde schließlich selbst Kabbala-Lehrer. Sein wichtigster Schüler war Chajim Vital Calabrese, der seine Reden aufzeichnete und über sein Leben berichtete.

Nach Isaak Lurjas Schöpfungslehre gingen aus der Selbstbeschränkung Gottes (Zimzum) zehn Dimensionen oder Gefäße der Welt (Sefirot) hervor. Dabei sei auch ein übernatürlicher Mensch (Adam Kadmon) entstanden, von dessen Gesicht Licht in die Sefirot gekommen sei. Dieses Licht habe einen Teil der Sefirot zerspringen lassen, wodurch die materielle Welt entstehen konnte. In ihr und damit auch in den Menschen seien nun Lichtfunken enthalten, die in einem komplizierten Läuterungs- und Erlösungsprozess zu ihrer Heimat zurückkehren können. Zu diesem Prozess gehören z.B. die Einhaltung der Toraregeln, das Leben im Land Israel, die Gebete und das Studium der heiligen Schriften. Auf dem Weg in die Lichtheimat sind Seelenwanderungen möglich, am Ende wird der Messias erscheinen.

Isaak Lurja starb 1572 an einer Seuche.

⇒ Nr. 11 (Kabbala)

Salomon Lurja (Luria), geboren 1510 in Posen, war um 1550 Rabbiner und Leiter einer Talmudschule in Prag. Später lehrte er in Brest-Litowsk und Lublin. Eine allzu haarspalterische Dialektik der Schriftauslegung lehnte er ab. Er war der Vater von Isaak Lurja.

⇒ Nr. 34 (Priester), Nr. 19 (Kopfbedeckung der Männer)

Martin Luthers Biografie (1483–1546) ist sorgfältig und gut lesbar dargestellt in: Richard Friedenthal, Luther. Sein Leben und seine Zeit, Piper, München 1967ff.

⇒ Nr. 61 (Luther)

Pfarrer **Hermann Maas**, geboren 1877, studierte evangelische Theologie in Halle, Straßburg und Heidelberg. Er interessierte sich sehr bald für das Judentum und die Schwierigkeiten von Jüdinnen und Juden in Europa. So nahm er 1903 am 6. Zionistenkongress in Basel teil. Der zunehmende Antisemitismus in der Zeit der Weimarer Republik bewog ihn, dem „Verein zur Abwehr des Antisemitismus" beizutreten. 1933 brach er zu einer dreimonatigen Palästina-Reise auf. Als er zurückkehrte, war er heftiger Kritik ausgesetzt. Er wurde Mitglied der „Bekennenden Kirche". In Zusammenarbeit mit seinem Kollegen Heinrich Grüber in Berlin gelang ihm die Rettung vieler Jüdinnen und Juden. Dies blieb weder der Kirchenleitung noch den staatlichen Stellen vollständig verborgen. So wurde er kirchlicherseits am 1. Juli 1943 in den Ruhestand versetzt und vom Staat zur Zwangsarbeit in Frankreich verpflichtet. Unmittelbar nach dem Krieg setzte H. Maas sich bereits für die Versöhnung mit dem jüdischen Volk und für eine „Wiedergutmachung" ein. Als erster christlicher Deutscher wurde er 1949 von dem noch jungen Staat Israel offiziell eingeladen und geehrt. 1970 starb Hermann Mass in Heidelberg. Zu seiner Beerdigung sagte N. P. Levinson als Landesrabbiner von Baden: „Prälat Maas war nicht nur seiner Familie geschenkt, sondern uns allen war er geschenkt."

⇒ Nr. 23 (Mesusa)

Marcion (oder **Markion**), geboren etwa 85 n. Chr., war ein reicher Reeder in Sinope am Schwarzen Meer (in der heutigen Türkei). Nach 138 schloss er sich in Rom der christlichen Gemeinde an, wurde aber 144 von dieser als Irrlehrer (Häretiker) ausgeschlossen. Er starb um 160. Marcion hing einem strengen theologischen Dualismus an, unterschied u.a. kategorisch zwischen dem „Gesetz", das er vor allem im Alten Testament zu finden glaubte, und dem „Evangelium", der frohen Botschaft, die er in den Paulusbriefen und im Lukasevangelium ausgesprochen sah. Seine Gotteslehre trennt den Schöpfergott der Juden vom Erlösergott der Christen. Bis ins 3. Jh. wirkten seine Lehren im Christentum nach. Und bis heute erschwert der markionistische Dualismus die Gespräche zwischen Christen und Juden.

⇒ Nr. 9 (Tora)

Dow Marmur wurde 1835 in Polen geboren. Er entkam dem Holocaust über Schweden nach England. Vom liberalen Leo-Baeck-Institut wurde er zum Rabbiner ordiniert und erhielt nach einigen Berufsjahren in England einen Ruf an den Holy Blossom Temple in Toronto (Kanada).

⇒ Nr. 33 (Rabbinerinnen)

Friedrich-Wilhelm Marquardt, geboren 1928 in Eberswalde, lebt als emeritierter Professor für evangelische Theologie in Berlin. Er hat sich intensiv um eine „christliche Theologie nach Auschwitz" bemüht.

⇒ Nr. 51 (Messias)

Gertrud Marx wurde 1851 in Düsseldorf als Tochter der jüdischen Familie Simon geboren. Gertrud Simon heiratete früh und gebar zwölf Kinder, von denen zwei starben. Sie lebte ganz in der jüdischen Tradition mit den Festtagen und den hebräischen Texten der Bibel, war aber zugleich in der Gefühlswelt der deutschen Literatur zu Hause. Sie versuchte jüdische Frömmigkeit und deutsches Sprachempfinden in ihren Gedichten und Prosaschriften miteinander zu vereinen. 1916 starb sie in Königsberg.

⇒ Nr. 23 (Mesusa)

Die Biografie von **Karl Marx** (1818–1883) ist leicht durch Lexika oder Geschichtsbücher zu erschließen.

⇒ Nr. 59 (Kommunismus)

Rabbi **Matai aus Arbel** (bei Tiberias) gehört zu den Rabbinen, die in der Zeit zwischen 160 v. Chr. bis 30 n. Chr. im Land Israel lehrten und jeweils eine zeitlang Vorsitzende im Hohen Rat waren.

⇒ Nr. 10 (Talmud)

Rabbi **Mathja (ben) Heres** lehrte im zweiten Jahrhundert nach Beginn der neuen Zeitzählung in Rom.

⇒ Nr. 10 (Talmud)

Reinhold Mayer, geboren 1926, ist Orientalist, Judaist und evangelischer Theologe. Er war Pfarrer, später Lehrer für Judaistik an der Universität Tübingen.

⇒ Kapitel II (Einleitung)

Selma **Meerbaum-Eisinger** wurde 1924 in Czernowitz (damals Rumänien) geboren und starb 1942 an Fleckthyphus und Entkräftung im SS-Arbeitslager Michailowska. 57 Gedichte hat sie in einem Büchlein hinterlassen, das sie selbst „Blütenlese" nannte und ihrem Freund Lejser Fichmann widmete.

⇒ Nr. 8 (Widerstand), Kapitel VI (Einleitung), Nr. 37 (Sexualität)

Rabbi **Meir** war Schüler des berühmten Rabbi Akiba und lebte wie dieser im 2. Jh. n.Chr.; Elie Wiesel hat aus den Lehrsprüchen und Erzählungen, die von und über diesen rabbinischen Meister im Talmud überliefert sind, ein Psychogramm erarbeitet (Die Weisheit des Talmud. Geschichten und Portraits, Herder, Freiburg/Basel/Wien 1992, S. 210ff): „Rabbi Meir ist eine sanfte ausgeglichene Natur, ein wenig verloren in der Welt .... Sein eigentliches Zuhause ist das Lehrhaus. Er vergräbt sich in seine Bücher, glaubt an Gott und unterwirft sich seinen Gesetzen. Er nimmmt sie an. Der göttliche Wille lenkt auch seinen Willen." (S. 211) Seit dem Mittelalter wird gesagt, R. Meir liege bei Tiberias begraben.

⇒ Nr. 55 (Feindseligkeit)

Rabbi **Menachem Mendel von Kozk** war einer der großen Chassidim Ostpolens. Er starb 1859.

⇒ Nr. 12 (Chassidismus), Nr. 25 (Tauchbäder)

Rabbi **Menachem Mendel von Witebsk** (Weißrussland) zog 1777 mit dreihundert Schülern nach Palästina und ließ sich zunächst in der Kabbalistenstadt Safed (Zefad) im Norden des Landes nieder. Später lebte und lehrte er in Tiberias am See Genezaret. Dort starb er im Jahr 1788.

⇒ Nr. 51 (Messias)

Silke **Mertins**, geboren 1965, studierte in Mainz und Jerusalem Kulturwissenschaften und Politik. Sie lebt und arbeitet als freie Journalistin in Frankfurt am Main.

⇒ Kapitel VII (Einleitung)

Reinhard **Mohr** ist Redakteur beim „Spiegel" im Bereich Kultur und Gesellschaft.

⇒ Nr. 48 (Loyalität)

Rabbi **Mos(ch)e Ben Israel von Kobryn** (geboren 1784) gehört zu jenen Chassidim Osteuropas, die im ekstatischen Beten die Nähe Gottes fanden. Er war bekannt wegen seiner Wahrheitsliebe, seiner Demut und seiner Ergebenheit im Leiden.

⇒ Nr. 12 (Chassidismus)

Rabbi **Mosche Löb von Sasow** gehört zu den großen Chassidim Osteuropas. Er starb 1807.

⇒ Nr. 2 (Nächstenliebe)

Moses ben Maimon (Maimonides) wurde 1135 im spanischen Cordoba als Sohn eines jüdischen Richters geboren und erhielt eine umfassende rabbinische und allgemeine

Bildung. Vermutlich wurde er samt seiner Familie zwangsgetauft. 1160 floh er nach Marokko. Von dort aus ermutigte er in zahlreichen Sendschreiben andere zwangsgetaufte jüdische Familien. 1165 musste er wiederum fliehen und kam über Palästina nach Ägypten, wo Jüdinnen und Juden damals Asyl erhielten. Nach dem Tod seines Vaters und seines Bruders, der als Kaufmann die gesamte Familie ernährt hatte, praktizierte Maimonides als Arzt in der Nähe von Kairo. Dort verfasste er wichtige Kommentarwerke und stellte dreizehn verbindliche Glaubensregeln für das jüdische Leben auf. 1185 wurde er vom Sultan zum Hofarzt ernannt. Wichtige medizinische Schriften und eine breit angelegte Philosophie des Judentums entstanden in dieser Zeit. Seine arabisch verfassten Werke wurden bereits zu seinen Lebzeiten ins Hebräische übersetzt. Er starb 1204 in Kairo, doch sein Leichnam wurde ins Land Israel überführt und in Tiberias bestattet.

⇒ Nr. 3 (Auge um Auge), Nr. 9 (Tora), Nr. 17 (Speisegesetze), Nr. 18 (Die Rolle der Frauen), Nr. 39 (Schwangerschaftsabbruch), Nr. 65 (Gelübde), Nr. 67 (Tempel)

Franz Mußner, geboren 1916 in Oberbayern, lehrte als Professor für Exegese des Neuen Testaments bis zu seiner Emeritierung innerhalb der katholischen Fakultät an der Universität Regensburg. Er hat das Umdenken der katholischen Kirche bezüglich ihres Verhältnisses zum Judentum sehr vorangebracht.

⇒ Nr. 62 (Pharisäer)

Rabbi **Nachman aus Brazlaw** (1772–1810) war ein Urenkel des berühmten Israel ben Elieser (Baal Schem Tow) und hielt sich selbst für den Träger einer messianischen Seele. Er war überzeugt davon, in der freien Natur die unmittelbare Nähe zu Gott und die ursprüngliche Lebensharmonie zu finden. Mehrere seiner Reisen führten ihn nach Palästina. Seine Reiseerinnerungen sind in den Werken seiner Schüler festgehalten. Bis heute gibt es in Jerusalem die „Brazlawer Chassidim", die sich als seine Nachfolger begreifen.

⇒ Nr. 12 (Chassidismus), Nr. 70 (Palästina), Nr. 77 (Seelenwanderung)

Pnina Navè Levinson, geboren 1921 in Berlin, konnte sich 1935 – als Schülerin – durch die Flucht nach Palästina retten. In Jerusalem studierte sie Literaturwissenschaft und arbeitete sich später in theologische Fragestellungen ein.
Sie kam mit vielen Vorbehalten in den sechziger Jahren wieder nach Deutschland. Durch Vorträge und Seminare wurde sie aber bald zu einer wichtigen Partnerin im jüdisch-christlichen Gespräch.
Die Pädagogische Hochschule Heidelberg ehrte sie durch die Verleihung des Professorinnentitels. Pnina Navè Levinson starb 1998 in Jerusalem.

⇒ Nr. 3 (Auge um Auge), Nr. 4 (Gruppierungen), Nr. 14 (Jahresfeste), Nr. 18 (Die Rolle der Frauen), Nr. 20 (Kopfbedeckung der Frauen), Nr. 24 (Beschneidung), Nr. 29 (Minjan), Nr. 33 (Rabbinerinnen), Nr. 43 (Polygamie), Nr. 44 (Scheidung), Nr. 45 (Homosexualität), Nr. 64 (Die Fesselung des Sohnes), Nr. 73 (Todesstrafe), Nr. 77 (Seelenwanderung)

Dietrich Neuhaus, geb. 1952, ist evangelischer Pfarrer und Studienleiter an der Evangelischen Akademie Arnoldsheim.

⇒ Nr. 51 (Messias)

Iris Noah

⇒ Nr. 17 (Speisegesetze)

Gabriele Obst, geboren 1965, ist Akademische Rätin an der Universität Bielefeld. Sie ist spezialisiert auf systematische und religionspädagogische Fragestellungen im Bereich der christlichen Theologie.

⇨ Nr. 15 (Schabbat)

Immanuel Olsvanger, geboren 1888 in Polen, besuchte die Universitäten von Königsberg und Bern, promovierte im philologischen Fachbereich und spezialisierte sich auf die jiddische Sprache und Kultur. Er starb 1961 in Jerusalem.

⇨ Nr. 13 (Jiddisch)

Amos Oz, geboren 1939 in Jerusalem, wuchs im Kibbuz Chulda auf. 1958 bis 1961 diente er in der israelischen Armee. 1966 schickte ihn der Kibbuz zum Studium der Literatur und Philosophie an die Hebräische Universität in Jerusalem. A. Oz kehrte zunächst als Lehrer in den Kibbuz zurück, studierte aber später in Oxford weiter. Seit einigen Jahren lebt und arbeitet er in der Negev-Stadt Arad, zwei Autostunden von Tel Aviv und Jerusalem entfernt. Er ist einer der bekanntesten israelischen Schriftsteller der Gegenwart, daneben Mitbegründer der Friedensbewegung Schalom Achschaw (Frieden jetzt). 1992 erhielt er für sein Engagement gegen Fanatismus, Gewalt und Gleichgültigkeit den Friedenspreis des deutschen Buchhandels.

⇨ Nr. 70 (Palästina), Nr. 71 (Juden und Palästinenser)

Lilli Palmer ist der Künstlername von **Lilli Marie Peiser**, die 1914 in Posen als Tochter eines Arztes geboren wurde. Wie ihre Mutter machte sie eine Schauspielausbildung. Am Hessischen Landestheater in Darmstadt erhielt Lilli Palmer ihr erstes Engagement. Doch 1932 wurde ihr als Jüdin „aus rassepolitischen Gründen" eine Anstellung am Frankfurter Schauspielhaus verweigert. Daraufhin reiste sie nach Paris und fand dort eine Erwerbstätigkeit im Kabarett. Daneben arbeitete sie sich in das Filmgeschäft ein und erhielt schließlich auch Filmrollen in London und Hollywood. 1954 kehrte sie nach Deutschland zurück und wurde eine wichtige Gestalt im deutschen Nachkriegsfilm. 1974 verlieh Gustav Heinemann ihr das große Verdienstkreuz, 1978 erhielt sie den Deutschen Filmpreis in Gold. Sie veröffentlichte mehrere Romane und einen Geschichtenband. 1986 starb sie in Los Angeles.

⇨ Nr. 16 (Chanukka und Weihnachten)

Paulus, geboren um 10 n. Chr. in dem kleinasiatischen Hafenstädtchen Tarsus (heute in der Türkei), gehörte einer wohlhabenden jüdischen Familie an, die das römische Bürgerrecht besaß. Neben dem lateinischen Namen Paulus trug er den hebräischen Namen: Saul. Er erhielt eine Ausbildung als Tuchmacher. Mit ungefähr 19 Jahren reiste er nach Jerusalem, um bei dem pharisäischen Lehrer Gamaliel zu studieren. Paulus entwickelte sich zunächst zu einem entschiedenen Gegner der neu entstehenden Sekte der Christen, wandte sich aber nach einem Bekehrungserlebnis bei Damaskus (um 32 n. Chr.) selbst dieser Gemeinschaft zu. Um 45 n. Chr. begann er mit christlicher Missionstätigkeit und machte den Aufbau und die Betreuung von Christengemeinden, in denen sich Heiden und Juden zusammenfinden konnten, zu seiner Lebensaufgabe. Er starb – vermutlich als Märtyrer – zwischen 64 und 67 n. Chr. in Rom.

⇨ Nr. 2 (Nächstenliebe), Nr. 9 (Tora)

Isaak Leib Perez wurde 1851 in der Nähe von Lublin geboren. Als Rechtsanwalt war er von 1889 an Sekretär der jüdischen Gemeinde in Warschau. Er hat sich besonders durch seine Dramen innerhalb der jiddischen Literatur einen Namen gemacht (z.B. „Die goldene Kette", „Die Nacht auf dem alten Markt"). Er starb 1915.

⇨ Nr. 13 (Jiddisch)

Personen

Petrus Venerabilis (1094–1156) war Benediktinermönch und seit 1122 Abt von Cluny (Frankreich). Er gilt bis heute als wichtiger apologetischer (die Angelegenheiten der Kirche verteidigender) Theologe und wurde von der katholischen Kirche heilig gesprochen.

⇒ Nr. 56 (Antisemitismus)

Jakob J. Petuchowski (1925–1991) war Professor für jüdisch-christliche Studien am Hebrew Union College Cincinnati/Ohio. Er gehörte der progressiven Reformbewegung an.

⇒ Nr. 51 (Messias)

Philo(n) wurde um 20 v.Chr. in Alexandria geboren. Im Jahr 40 n.Chr. leitete er eine Gesandtschaft nach Rom, um die Rechte der Jüdinnen und Juden in Alexandria garantieren zu lassen. Er entwarf in griechischer Sprache eine von Platon beeinflusste Philosophie des Judentums. Auf die Kirche wirkte besonders nachhaltig seine Methode der allegorischen Schriftauslegung. Er starb um 50 in Alexandria.

⇒ Nr. 50 (Kreuzigung), Nr. 64 (Die Fesselung des Sohnes), Nr. 65 (Gelübde)

Pontius Pilatus war 26–36 n.Chr. römischer Prokurator von Judäa.

⇒ Nr. 50 (Kreuzigung)

Rabbi **Pinchas** gehörte zu den „Tannaiten" (aramäisch – Wiederholer, Lehrer), deren Lehrsprüche in die Mischna, den Grundbestand des Talmud aufgenommen wurden. R. Pinchas lebte im 2./3. Jahrhundert n.Chr. vermutlich in Lydda.

⇒ Nr. 11 (Kabbala)

Rabbinerin **Sally Priesand**

⇒ Nr. 33 (Rabbinerinnen)

Avi Primor, geboren 1935 in Israel, studierte 1952–1955 Politikwissenschaften und Internationale Beziehungen an der Hebräischen Universität in Jerusalem. 1955–1957 leistete er seinen Militärdienst. Seit 1961 arbeitete er neben seinen universitären Lehrverpflichtungen im diplomatischen Dienst. Seit November 1993 ist er Botschafter des Staates Israel in Deutschland.

⇒ Nr. 55 (Feindseligkeit)

Theodor Reik, geboren 1888 in Wien, studierte in seiner Heimatstadt Psychologie, Germanistik und Romanistik. Seine psychoanalytische Praxis in Berlin musste er 1934 verlassen; er emigrierte nach Holland. Doch auch dort war er vor den Nationalsozialisten nicht sicher, sodass er 1938 Europa ganz verließ und sich in den Vereinigten Staaten als Psychoanalytiker vor allem im Grenzbereich zwischen Psychologie und Theologie profilierte.

⇒ Nr. 74 (Gräber)

Johannes Reuchlin, geboren 1455 in Pforzheim, arbeitete zunächst als Advokat in Tübingen. 1502 wählte ihn der Schwäbische Reichskreis zum Richter. Vom jüdischen Leibarzt des Kaisers lernte er Hebräisch und wurde in die Kabbala eingewiesen. 1506 veröffentlichte er ein hebräisches Lehrbuch und wurde daraufhin als Hebräischkenner zu einem Gutachten über den Talmud verpflichtet, das allerdings nicht so negativ ausfiel, wie seine kirchlichen Auftraggeber es erwartet hatten. Als Jurist wies J. Reuchlin mahnend darauf hin, dass die Juden als Untertanen des Heiligen Römischen Reiches unter dessen Schutz stünden. Er kam zu folgendem Resümee: „Und zu letzt so sol ain cristen mensch den iuden lieb haben als seinen nechsten, das alles ist inn den rechtenn gegrünndt" (Augenspiegel). Papst Leo X. ließ sich von Gegnern J. Reuchlins 1520 zu einer Verurteilung seiner Lehren bewegen. So wurde dem Gelehrten an der Universität nur noch der Griechisch- und Hebräischunterricht erlaubt. Er starb 1522 in Stuttgart.

⇨ Nr. 10 (Talmud), Nr. 77 (Seelenwanderung)

Eberhard Röhm, geboren 1928, ist evangelischer Theologe und arbeitet als Schulbuchautor und Dozent in der Pfarrer- und Religionslehrerfortbildung. Er ist spezialisiert auf kirchengeschichtliche Themen des 20. Jahrhunderts.

⇨ Nr. 56 (Antisemitismus), Nr. 61 (Luther)

Fred Rosner, geboren 1935 in Berlin, lebt seit 1949 in den USA. Er ist medizinischer Leiter im Queens Hospital Center und Professor für Medizin der Staatsuniversität von New York. Er hat im Judentum eine gewichtige Stimme im Bereich medizinischer Ethik.

⇨ Nr. 41 (Väter)

Daniel Oswald Rufeisen wurde 1922 als Sohn jüdischer Eltern im polnischen Zywiez geboren. Bei der Flucht vor den einmarschierenden deutschen Soldaten wurde die Familie auseinander gerissen, sodass sich der 17-jährige Oswald von 1939 an allein durchschlagen musste. Seine perfekten Deutsch- und Russisch-Kenntnisse halfen ihm zu überleben: Er wurde Dolmetscher bei einem Polizeiwachtmeister, dem er glaubhaft versichern konnte, er entstamme einer polnisch-deutschen Familie. Um nicht entlarvt zu werden, musste er widerspruchslos grauenvolle Untaten an Jüdinnen und Juden mitansehen, konnte aber auch mehreren hundert Juden zur Flucht verhelfen. Er verhinderte durch eine „falsche" Übersetzung auch ein Massaker an einem weißrussischen Dorf. Als seine jüdische Identität offenbar wurde, ließ sein Vorgesetzter ihn fliehen. O. Rufeisen fand Unterschlupf in einem polnischen Karmeliterkloster. Die Mönche lieferten ihn nicht aus, als offenbar wurde, dass er Jude war. Dankbar las er das Neue Testament, das ihm zur Lektüre gegeben wurde. Nach einigen Jahren wurde er „Bruder Daniel". Sein Orden schickte ihn ins Karmeliterkloster nach Haifa. Dort bemühte er sich um die Rechte der „hebräischen Christen" in Israel, versuchte aber auch Gesprächskontakte zwischen christlichen, jüdischen und muslimischen Gesprächspartnern herzustellen. Er starb 1998.

⇨ Nr. 5 (Judenchristen und Konvertiten)

Jean-Paul Sartre (1905–1980) lehrte zwischen 1931 und 1939 Philosophie in den Universitäten in Le Havre, Paris und Berlin. 1941 schloss er sich aktiv der Résistance, der französischen Widerstandsbewegung gegen den Nazismus, an. Von 1952 bis 1956 war er Mitglied in der Kommunistischen Partei. Wegen seiner engagierten und erfolgreichen Romane, Schauspiele und philosophischen Werke wurde er 1964 zum Nobelpreis für Literatur vorgeschlagen. Er wies diese Ehre zurück.

⇨ Nr. 56 (Antisemitismus)

Rabbi **Schammai**, geboren um 50 v. Chr., war von Beruf ursprünglich Baumeister, wurde später aber einer der großen Lehrer Israels, um den sich ehrfurchtsvolle Legenden bildeten. Um 30 n. Chr. starb er. Ein Teil seiner Schüler schloss sich der Gruppe der römerfeindlichen Zeloten an.

⇨ Nr. 10 (Talmud)

Rabbi **Schela**, auch kurz **Raw** (aramäisch: großer Meister) genannt, lehrte im 3. Jh. n.Chr. zunächst im Land Israel, dann in Babylon.

⇨ Nr. 76 (Leben nach dem Tod)

S(ch)im(e)on der Gerechte war vermutlich um 300 v. Chr. Hoherpriester in Jerusalem.

⇨ Nr. 10 (Talmud)

Schimon bar (aramäisch: Sohn) **Kosiba** wurde von Rabbi Akiba im 2. Jh. n.Chr. im Land Israel zum Messias ausgerufen und in diesem Zusammenhang „**Bar Kochba**" (Sternensohn) genannt.

⇒ Nr. 51 (Messias), Nr. 70 (Palästina)

Rabbi **Schimon ben Schetach** gehörte zu den Rabbinen aus der Zeit von 160 v.Chr. bis 30 n.Chr., die im Land Israel lehrten und vermutlich jeweils eine zeitlang den Vorsitz im Hohen Rat hatten. Möglicherweise war er ein Bruder der Königin Salome Alexandra, die zwischen 76 und 67 v. Chr. Israel regierte. Rabbi Schimon soll sich am königlichen Hof erfolgreich für die Belange der pharisäischen Partei eingesetzt haben.

⇒ Nr. 10 (Talmud)

Rabbi **Sch**lomo ben Isaak (1040–1107) wird meist mit der Abkürzung seines Titels und Namens benannt: **Raschi**. Nach einem Talmudstudium in Worms und Speyer begründete er 1070 in seiner Heimatstadt Troyes (Frankreich) ein eigenes Lehrhaus. Seine Bibel- und Tamud-Kommentare bekamen schnell eine derart große Bedeutung, dass sie den mittelalterlichen Talmud-Abschriften als eigene Spalte hinzugefügt wurden. Bis heute gehören die Raschi-Auslegungen zur Pflichtlektüre in den Talmudschulen.

⇒ Nr. 10 (Talmud),
  Nr. 18 (Die Rolle der Frauen)

Wolfgang Schmidt, 1940 in Bochum geboren und christlich getauft, konvertierte zum Judentum, wurde Israeli und nahm den Namen **Aharon Shear-Yashuv** an. Er ist Professor für Philosophie in Tel Aviv und Militärrabbiner der israelischen Armee. Er wohnt mit seiner Familie im jüdischen Viertel der Jerusalemer Altstadt.

⇒ Nr. 5 (Judenchristen und Konvertiten)

Hans-Joachim Schoeps, geboren 1909 in Berlin, vertrat 1934 in seiner Schrift „Wir deutschen Juden" eine deutlich antizionistische Position. 1938 musste er Deutschland verlassen und emigrierte nach Schweden. Bereits 1946 kehrte er nach Marburg zurück, habilitierte sich und erhielt 1947 einen Lehrstuhl für Religions- und Geistesgeschichte in Erlangen, wo er bis zu seinem Tod im Jahre 1980 lehrte.

⇒ Nr. 11 (Kabbala)

Scholem Alejchem (hebr.: Friede sei mit euch!) ist der Künstlername des jiddischen Schriftstellers **Schalom Rabinowicz**. Er wurde 1859 in der Ukraine geboren. Seine erste Erzählung veröffentlichte er in einer jiddischen Wochenzeitung in St. Petersburg. Es folgten zahlreiche Satiren. 1888 begründete er in Kiew die Literaturzeitschrift „Die jüdische Volksbibliothek", in der seine ersten Romane in Fortsetzungen erschienen. Pogrome zwangen Schalom Rabinowicz 1905, nach Amerika auszuwandern. Immer wieder kehrte er aber besuchsweise nach Europa zurück. 1916 starb er in New York. Nach seinem Roman „Tewje der Milchmann" entstand 1964 am Broadway das Musical „Fiddler on the roof", das in Deutschland meist unter dem Namen „Anatevka" auf die Bühnen kommt.

⇒ Nr.1 (Erwählung und Gottesbund), Nr. 13 (Jiddisch)

Gerhard Gershom Scholem, geboren 1897 in Berlin, studierte Mathematik, Religionsgeschichte, Philosophie und orientalische Sprachen in Berlin, Jena, Bern und München. 1922 promovierte er im Bereich der kabbalistischen Theologie. Als überzeugter Zionist wanderte er 1923 nach Palästina aus, wurde 1925 Dozent, später Professor für jüdische

Mystik und Kabbala an der Hebräischen Universität in Jerusalem. Er starb 1982 in Jerusalem.

⇒ Nr. 11 (Kabbala), Nr. 16 (Chanukka und Weihnachten), Nr. 77 (Seelenwanderung)

Heinz Schreckenberg, geboren 1928 in Essen, studierte Griechisch, Latein, Philosophie und Archäologie. Er ist Lehrbeauftragter an der Universität Münster. Als engagierter Katholik arbeitet er wissenschaftlich vor allem im Bereich des antiken Judentums und Christentums.

⇒ Kapitel IX (Einleitung)

Eliezer Segal

⇒ Nr. 28 (Gebetshaltung)

Gideon Shimoni ist Professor für die Beziehungen zwischen Israel und der Diaspora an der Philosophisch-Historischen Fakultät der Hebräischen Universität in Jerusalem.

⇒ Nr. 68 (Zionismus)

Peter Sichrowsky, geboren 1947, studierte Pharmazie, Chemie und Philosophie. Er lebt als Schriftseller in Wien.

⇒ Kapitel VII (Einleitung)

Leonore Siegele-Wenschkewitz, geboren 1944, war Professorin für Historische Theologie an der Universität Frankfurt und Direktorin der Evangelischen Akademie Arnoldsheim. Sie starb 1999.

⇒ Nr. 50 (Kreuzigung)

Sigmund von Storchenau

⇒ Nr. 50 (Kreuzigung)

Rabbi **Simon bar Jochai**, Schüler Rabbi Akibas, gehörte – wie sein Lehrer – im 2. Jahrhundert n.Chr. zu den entschiedenen Gegnern der römischen Fremdherrschaft im Land Israel und wurde deshalb zum Tode verurteilt. Er konnte allerdings der Hinrichtung entfliehen und lebte 13 Jahre mit seinem Sohn Elasar in einer Höhle in Obergaliläa. Zu der wundersamen Errettung entstanden zahlreiche Legenden, u.a. auch die, Rabbi Simon habe in der Bergeinsamkeit die – mittelalterliche – kabbalistische Schrift, den Sohar verfasst.

⇒ Nr. 11 (Kabbala), Nr. 28 (Gebetshaltung), Nr. 44 (Scheidung)

Rabbi **Simon ben Chalefta** war ein Freund des Rabbi Chija und wohnte in der Nähe von Sepphoris (Zippori, Galiläa). Er gehörte zu den Lehrern des 2./3. Jahrhunderts, deren Lehrsprüche in die Mischna, den Grundbestand des Talmud, aufgenommen wurden.

⇒ Nr. 11 (Kabbala)

Simon ben Lachisch, geboren um 200 nach Beginn der neuen Zeitrechnung war zunächst Mitglied der Gelehrtenschule in Sepphoris (Zippori), dann in Tiberias. Er starb im Jahr 275.

⇒ Nr. 69 (Exklusivität)

Isaac Bashevis Singer, geboren 1904 in Polen, wollte ursprünglich – wie sein Vater – Rabbiner werden, entschloss sich aber nach dem Abschluss des Studiums für die Journalistenlaufbahn. 1935 emigrierte er in die USA. Seine Karriere als Schriftsteller begann mit Fortsetzungsromanen in jiddischen Zeitungen. 1970 erhielt er den Nobelpreis für Literatur. Er starb 1991 in Miami (Florida).

⇒ Nr. 13 (Jiddisch)

Personen

Rudolf Slánsky, geboren 1901, baute nach 1945 als Generalsekretär die kommunistische Partei der CSSR zur mitgliedstärksten Partei des Landes aus und schuf so die Voraussetzung für die Machtübernahme durch die Kommunisten im Jahr 1948. Mit Billigung Stalins wurde R. Slánsky 1951 entmachtet und verhaftet. Der Prozess gegen die ehemaligen Funktionäre wurde als Schauprozess u.a. gegen Zionismus und Kosmopolitentum geführt. R. Slánskys jüdische Herkunft diente dabei als Alibi. Er wurde 1952 hingerichtet. Der Prozess wurde zum Auftakt judenfeindlicher Willkürakte der Justiz. 1963 wurde das Urteil gegen R. Slánsky offiziell aufgehoben.

⇒ Nr. 59 (Kommunismus)

Jacob Soetendorp, geboren 1914 in Amsterdam, war liberaler Rabbiner in Holland.

⇒ Nr. 16 (Chanukka und Weihnachten), Nr. 24 (Beschneidung), Nr. 27 (Gottesdienst)

Eleonore Sterling, geboren 1925, konnte sich 1938 aus Deutschland in die USA retten. Ihre Eltern wurden in Auschwitz ermordet. Sie studierte zunächst an der Colombia University Soziologie, später in Frankfurt am Main Politologie. 1968 wurde sie Professorin an der Pädagogischen Hochschule in Osnabrück. Ihr bekanntestes Buch heißt „Er ist wie du" (erschienen 1958). Sie starb 1968.

⇒ Nr. 49 (Rasse)

Adolf Stoecker (1835–1909) studierte evangelische Theologie in Halle und Berlin und engagierte sich in den sozialen Aufgaben der Kirche. 1874 wurde er Hofprediger in Berlin. 1877 übernahm er die Leitung der Berliner Stadtmission und ist deshalb bis heute für die evangelische Kirche eine wichtige Persönlichkeit. Er formulierte für seine 1878 ins Leben gerufene „Christlich-soziale Arbeiterpartei" folgende Aufgabe: „Kräftigung des christlich-germanischen Geistes ..., um dem Überwuchern des Judentums im germanischen Leben ... entgegenzutreten".

⇒ Nr. 56 (Antisemitismus), Nr. 60 (Reichtum)

Jürgen Stroop, geboren 1895 in Detmold, war als SS-General verantwortlich für den Sieg seiner Brigade über die jüdischen Widerstandskämpfer/innen im Warschauer Ghetto im Mai 1943. Der Kampf hatte einen Monat lang gedauert. J. Stroop wurde 1947 von einem US-Militärgericht wegen der Erschießung alliierter Piloten zum Tode verurteilt, anschließend nach Polen ausgeliefert, dort noch einmal zum Tode verurteilt und 1952 in Warschau hingerichtet.

⇒ Nr. 8 (Widerstand)

Manfred Swarsensky wurde 1906 in Pommern geboren. Er studierte an der liberalen „Hochschule für die Wissenschaft des Judentums" in Berlin und wurde einer der beliebtesten Rabbiner Berlins. Der Nationalsozialismus zwang ihn 1940 zur Auswanderung nach Madison (Wisconsin). Bei seiner Pensionierung wurden – ihm zum Dank – dort 10.000 Bäume gepflanzt. Er starb 1981.

⇒ Nr. 15 (Schabbat), Nr. 29 (Minjan)

Cornelius Tacitus (55–120) war römischer Geschichtenschreiber.

⇒ Nr. 75 (Feuerbestattung)

Rabbi **Joel Teitelbaum** (1887–1971)

⇒ Nr. 12 (Chassidismus)

Friedrich Thieberger

⇒ Kapitel IV (Einleitung)

Jörg Thierfelder, geboren 1938, ist Professor für evangelische Theologie an der Pädagogischen Hochschule Heidelberg.

⇒ Nr. 56 (Antisemitismus)

Clemens Thoma, geboren 1932, ist christlicher Theologe, Professor für Bibelwissenschaft und Judaistik in Luzern.

⇒ Nr. 1 (Erwählung und Gottesbund)

Leo Trepp wurde 1913 in Mainz geboren. Sein Studium absolvierte er in Frankfurt am Main, Berlin und Würzburg. 1934 bekam er eine Lehrerstelle am staatlichen Gymnasium in Würzburg. 1935 und 1936 predigte er in der jüdischen Gemeinde Berlin. Von 1936 bis 1938 war er Landesrabbiner von Oldenburg, wo er eine jüdische Volkshochschule einrichtete. In der Pogromnacht vom 9. zum 10. November 1938 wurde er verhaftet und in das Konzentrationslager Sachsenhausen deportiert. Durch einen Einspruch des Chief Rabbi von England wurde er befreit und konnte nach England, später in die USA emigrieren. Er studierte weiter an der Harvard University und an der Berkley University in Kalifornien und wurde dort Professor für Philosophie und Geisteswissenschaften am Napa College.

⇒ Nr. 48 (Loyalität), Nr. 54 (Abgrenzungssprüche), Nr. 63 (Bibelauslegung), Nr. 74 (Gräber)

Dieter Vetter, geboren 1931, ist als christlicher Theologe Professor für Didaktik des Alten Testaments, für Hebräisch und Judentumskunde an der Ruhr Universität in Bochum.

⇒ Nr. 66 (Land Israel und Jerusalem)

Chajim Vital Calabrese (1543–1620), Schüler des großen Kabbalisten Jitzchak Lurja, schrieb in Safet (Zefat) jeden Lehrsatz seines Meisters mit; diese Mitschriften sind erhalten. Chajim Vital hatte – wie sein Lehrer – messianische Traum-Visionen. Sie waren verbunden mit Hoffnungen auf die Wiederherstellung des Tempels von Jerusalem.

⇒ Nr. 11 (Kabbala), Nr. 52 (Zerstreuung)

Bernhard Vogt

⇒ Nr. 59 (Kommunismus)

Miryam Z. Wahrman, Gründerin und Leiterin des ersten In-Vitro-Befruchtungslabors in New York City, ist Professorin für Biologie am William Paterson College in Wayne, New Jersey/USA.

⇒ Nr. 40 (Kinder und Mütter),
  Nr. 42 (Leihmutterschaft)

Jürgen Wandel war Redakteur bei der kirchlichen Wochenzeitung „Deutsches Allgemeines Sonntagsblatt".

⇒ Nr. 4 (Denominationen)

Mark Warschawsky (1848–1907) lebte als Rechtsanwalt in Kiew. Er improvisierte zunächst Melodien und Liedtexte, ohne sie aufzuzeichnen. Erst durch den jiddischen Dichter Scholem Alejchem, mit dem er gemeinsame Dichterlesungen und Liederabende machte, ließ er sich zur Veröffentlichung seiner Werke überreden.

⇒ Kapitel II (Einleitung)

Susan Weidman Schneider

⇒ Nr. 39 (Schwangerschaftsabbruch)

Klaus Wengst ist Professor der Theologie in Bochum und dort Fachmann für neutestamentliche Exegese.

⇒ Kapitel 8 (Einleitung)

Franz Werfel, geboren 1890 in Prag, stammte aus einer jüdischen Kaufmannsfamilie. Im Ersten Weltkrieg diente er als Soldat; danach arbeitete er als freier Schriftsteller in Wien. Dort heiratete er 1929 Alma Mahler. 1938 gelang ihm die Emigration aus Österreich über Frankreich und Spanien in die USA. Er gehört zu den Dichtern des Expressionismus. 1945 starb er in Beverly Hills (Kalifornien).

⇒ Nr. 57 (Die „Fremden")

Juliane Wetzel arbeitet an der Technischen Universität Berlin.

⇒ Nr. 60 (Reichtum)

Elie(eser) Wiesel wurde am 30. September 1928 in Sighet (Rumänien) geboren. Seine Eltern Sarah und Schlomo Wiesel hatten in der kleinen Stadt am Fuß der Karpaten einen Lebensmittel-Laden. Der Großvater führt den Jungen in die Geschichten-Welt des Chassidismus ein. Als 1944 die deutschen Truppen Sighet besetzten, wurde der fünfzehnjährige Schüler zunächst nach Auschwitz, später nach Buchenwald deportiert. Seine Familie kam in den Lagern zu Tode, er allein überlebte. Nach dem Krieg wurde er in ein Lager für verwaiste jüdische Jugendliche nach Frankreich geschickt und entschloss sich nach dem Abitur für eine Journalistenausbildung. Er arbeitete für verschiedene Zeitungen in Paris, Tel Aviv und New York. 1958 erschien sein erstes Buch, welches für seine zunächst unaussprechlichen Erfahrungen im KZ eine Sprache suchte: „Die Nacht". Es folgten weitere Romane und Theaterstücke, Gedichtbände und Kommentarwerke zur biblischen und talmudischen Tradition. Er wurde von Präsident Jimmy Carter zum Vorsitzenden der Holocaust-Kommission berufen, die Konzepte zum rechten Gedenken der Schoah entwickeln sollte. Doch über das Erinnern hinaus weist Elie Wiesel auf Unmenschliches in der Gegenwart hin und fordert eine intelligente Moralität. 1986 erhielt er in Stockholm den Friedensnobelpreis.

⇒ Nr. 6 (Leid), Nr. 7 (Schuld und Aussöhnung), Kapitel XII (Rabbi Meir)

Heinrich Wiesemann

⇒ Nr. 52 (Zerstreuung)

Albrecht Willert unterrichtet Evangelische Religionslehre und Deutsch an einem Gymnasium in Datteln und ist Fachleiter für Evangelische Religionslehre am Studienseminar Recklinghausen.

⇒ Nr. 6 (Leid)

Michael Wolfssohn, geboren 1947 in Tel Aviv, kam 1954 nach Berlin. Er promovierte in Geschichte und arbeitete sich intensiv in die Ursachen und Erscheinungen des sogenannten Nahostkonfliktes ein. Mit seinen differenzierten Darstellungen aktueller politischer Ereignissen stößt er oft auf Widerstand und Feindschaft.

⇒ Nr. 70 (Palästina)

Herman Wouk, geboren 1915, gehört zum orthodoxen Judentum. Er unterrichtete Englisch an der Yeshiva University in New York City und war Vize-Präsident der Fifth-Avenue-Synagoge.

⇒ Nr.14 (Jahresfeste), Nr. 23 (Mesusa)

Rabbinerin **Bea Wyler**

⇒ Nr. 33 (Rabbinerinnen)

Michael Wyschogrod wurde 1928 als Sohn einer ungarisch-jüdischen Familie in Berlin geboren. 1939 musste er seine Geburtsstadt verlassen. Er wurde Professor der Philosophie am Baruch College der City University in New York. Er gehört dem orthodoxen Judentum an. Seit 1975 ist er Direktor des Institute for Jewish-Christian Relations. Als Gastprofessor lehrt er auch an verschiedenen Universitäten Israels, der Schweiz, Deutschlands und Amerikas.

⇒ Nr. 2 (Nächstenliebe)

Mos(c)he Zemer, geboren 1932 in Amerika, absolvierte am Hebrew Union College in Cincinnati, danach in Jerusalem und Los Angeles sein Rabbinerstudium. 1963 siedelte er nach Israel über, wurde dort zum Mitbegründer der Bewegung für progressives Judentum. In drei Gemeinden amtiert er als Rabbiner. Er ist Präsident des rabbinischen Gerichts der progressiven Gemeinden in Israel und Direktor des „Instituts für zeitgemäße Halacha".

⇒ Kapitel VI (Einleitung)

Mos(c)he Zuckermann, geboren 1943 in Jerusalem, ist Professor für Geschichte und Philosophie an der Universität in Tel-Aviv.

⇒ Nr. 71 (Juden und Palästinenser)

Willem Zuidema, geboren 1932, studierte evangelische Theologe und Judaistik in Amsterdam, Münster und Jerusalem. Als Dozent für Judaistik an der Universität Brüssel und als Studiensekretär für jüdisch-christliche Beziehungen der Reformierten Kirche in Holland widmete er sich intensiv dem interreligiösen Dialog.

⇒ Nr. 30 (Frauenemporen)

Quellenverzeichnis

o. = oben u. = unten M. = Mitte R. = Randspalte

1. Texte:

S. 14 R.: Leo Baeck, Das Wesen des Judentums, Fourier Verlag, Wiesbaden 1995⁶, S. 69f. – S. 14: Abraham Josua Heschel, Gott sucht den Menschen, Neukirchener Verlag, Neukirchen-Vluyn 1995, S. 327 (gekürzt). – S. 15: Scholem Alejchem, Tewje, der Milchmann 1894. – S. 16 R.: Erklärung der Evangelisch-Lutherischen Kirche in Bayern zum Thema „Juden und Christen", München 1998, Amtsblatt für die Evangelisch-Lutherische Kirche in Bayern, Nr. 1/1999, S. 8 (übernommen aus: Kirche und Israel. Neukirchener Theologische Zeitschrift 1/1999, Neukirchener Verlag, S. 76.) – S. 17: Clemens Thoma, Artikel „Erwählung", Lexikon der christlich-jüdischen Begegnung, Verlag Herder, Freiburg i.Br. 1994, S. 112. – S. 17: Magdalene L. Frettlöh, Gott hat sein Herz an Israel gehängt, in: Deutsches Allgemeines Sonntagsblatt Nr. 28 v. 9. Juli 1999, S. 24 (gekürzt). – S. 18 R.: Michael Wyschogrod, Die Auswirkungen des Dialogs mit dem Christentum auf mein Selbstverständnis als Jude, in: Kirche und Israel. Neukirchener Theologische Zeitschrift 2/1990, S. 136ff. – S. 19: Martin Buber, Die Erzählungen der Chassidim, Manesse-Verlag, Zürich 1949, S. 533 (gekürzt). – S. 19 R.: Leo Baeck, Das Wesen des Judentums, Fourier Verlag, Wiesbaden 1995⁶, S. 234. – S. 20 R. : Codex Hammurabi § 195. – S. 21: Pnina Navè Levinson, Einblicke in das Judentum, Bonifatius Verlag, Paderborn 1991, S. 160. – S. 21 R.: Roland B. Gittelsohn, The Modern Meaning of Judaism, Cleveland 1970, S. 84 (Übersetzung von N.P. Levinson, © Harper Collins Publishers, New York). – S. 22 R.: Pnina Navè Levinson, Einblicke in das Judentum, Bonifatius Verlag, Paderborn 1991, S. 21 (gekürzt). – S. 22: Ernst Ludwig Ehrlich, Die geistige Gestalt des heutigen Judentums, München 1969, S. 15. – S. 23: Jürgen Wandel, Freiheit in Gefahr. Zur Sache, in: Deutsches Allgemeines Sonntagsblatt Nr. 8 v. 19. Februar 1999, S. 20. – S. 24 R.: Chajim Halevy Donin, Jüdisches Leben, Zionistische Weltorganisation/Verlag Morascha, Jerusalem/Zürich 1987, S. 8. – S. 25: Nathan Peter Levinson, Ein Rabbiner in Deutschland, Bleicher Verlag, Gerlingen 1987, S. 98f (gekürzt). – S. 26 R.: Pnina Navè Levinson, Juden aus Wahl. Ein Kapitel jüdischer Existenz, in: Israel und Kirche heute, Verlag Herder, Freiburg/Basel/Wien 1991, S. 337ff (gekürzt). – S. 26: Deutsche Schicksale. Eine Dokumentation in Text und Bild von Werner Koch, Insel Verlag, Frankfurt a.M./Leipzig 1992, S. 71ff (gekürzt). – S. 27: Allgemeine Jüdische Wochenzeitung 18.3.1993 (gekürzt). – S. 27 R.: Matthias Dahl, Juden, die an Jesus glauben, in: Friede über Israel 2/1997, S. 89 (gekürzt). – S. 28 R.: Kaufmann Kohler, Grundriss einer systematischen Theologie des Judentums, Leipzig 1910, S. 132 (gekürzt). – S. 28: Elie Wiesel, ... und das Meer wird nicht voll, Hoffmann und Campe, Hamburg 1997, S. 549f (gekürzt). – S. 29 R.: Victor E. Frankl, ... und trotzdem Ja zum Leben sagen, Kösel-Verlag, München 1982, S. 125ff (gekürzt). – S. 30/31: Elie Wiesel, ... und das Meer wird nicht voll, Hoffmann und Campe Hamburg 1997, S. 331 (gekürzt). – S. 30: Nathan Peter Levinson, Ein Ort ist, mit wem du bist, Edition Hentrich, Berlin 1996, S. 76. – S. 30 R.: Elie Wiesel, ... und das Meer wird nicht voll, Hoffmann und Campe, Hamburg 1997, S. 255. – S. 31 R.: Zentralkommitee der deutschen Katholiken 1988. – S. 32 R.: Arnulf H. Baumann, Jüdischer Widerstand, in: Friede über Israel 2/1997, S. 51 (gekürzt). – S. 32: Selma Meerbaum Eisinger, Poem, in: dies. Ich bin in Sehnsucht eingehüllt, S. S. Fischer Verlag, Frankfurt a.M. 1984, S. 50f. – S. 33: Informationsbulletin des Ghettos Nr. 912, 27. Januar 1943, Archiv Ringelblum, abgedruckt u.a. bei Joseph Wulf, Kampf und Tod im Ghetto Warschau, Bonn 1958. – S. 33: Stroop-Bericht, in: Joseph Wulf, Vom Leben, Kampf und Tod im Ghetto Warschau, Bundeszentrale für Heimatdienst, Bonn 1960, o.S. – S. 33 R.: Volker Herntrich, Wehrlos in ihr Schicksal ergeben?, in: Friede über Israel 2/1997, S. 53 (gekürzt). – S. 37: Moses ben Maimon, Mischne Tora, Hilchot Talmud Tora 2,1 (gekürzt). – S. 37 R.: Gisela Hommel, Der siebenarmige Leuchter, Pfeiffer Verlag, München 1976, S. 85 (gekürzt). – S. 38/39: Yaakov Ben-Chanan, Die Tora-Anweisung zum richtigen Leben, in: Detlev Herbst, Jüdisches Leben im Solling, Schlieper Verlag, Uslar 1997, S. 5f (gekürzt). – S. 43: Roland Gradwohl, Was ist der Talmud. Einführung in die „Mündliche Tradition" Israels, Calwer Verlag, Stuttgart 1989², S. 29. – S. 44/45: Isaak Lurja, in: Julius Höxter, Quellenbuch, Verlag Morascha, Zürich 1983, S. 13 (gekürzt). – S. 45 R.: Hans Joachim Schoeps, Jüdische Geisteswelt, Melzer Verlag, Köln 1960, S. 107 (gekürzt). – S. 46/47: Der Sohar. Das Heilige Buch der Kabbala. Nach dem Urtext ausgewählt, übertragen u. herausgegeben v. Ernst Müller, Eugen Diederichs Verlag, München 1993. – S. 48 R.: Martin Buber, Chassidische Geschichten, Manesse-Verlag, Zürich 1949, S.

784f, 647, 131. – S. 48: Nachman ben Simcha, Vorrede zu den Legenden, aufgezeichnet v. Naftali Hertz Sternhartz, in: Yaffa Eliach, Träume vom Überleben, Verlag Herder, Freiburg/Basel/Wien 1997², S. 16. – S. 49/49 R.: Yaffa Eliach, Träume vom Überleben, Verlag Herder, Freiburg/Basel/Wien 1997², S. 87f, 16ff (gekürzt). – S. 50 R./50: Immanuel Olsvanger, Reijte Pomeranzen, Berlin 1936, S. 50, 62. – S. 53 R.: Abraham Joshua Heschel, Der Sabbat, Neukirchener Verlag, Neukirchen-Vluyn 1990, S. 19. – S. 54 u.: Herman Wouk, Er ist mein Gott, Krüger Verlag, Hamburg 1961, S. 83. – S. 55: Pnina Navè Levinson, Eva und ihre Schwestern, Gütersloher Verlagshaus, Gütersloh 1992, S. 180 (gekürzt). – S. 57 o.: Simon Gut, in: Die Feste Israels, hg. v. Verband israelitischer Religionslehrer und Kantoren in der Schweiz, Redaktion Fribourg, Basel 1946, S. 121. – S. 57 u.: Israelitisches Wochenblatt vom 4. September 1998, Verlag Manfred Marx, Zürich. – S. 57 R.: Pessikta Rabbati 14, in: Ursula Rudnick/Michael Wermke, Geborgen unter Gottes Flügeln, Arbeitshilfen Gymnasium 9, RPI Loccum, o.J., S. 46f. – S. 58 o.: Manfred Swarsensky, Das jüdische Jahr, Verlag Ernst Kostenbaum, Berlin 1935, S. 39. – S. 58 u.: Erich Fromm, Haben oder Sein. Die seelischen Grundlagen einer neuen Gesellschaft, Deutsche Verlagsanstalt, Stuttgart 1977, S. 58 (gekürzt). – S. 59: Gabriele Obst, in: Ich glaube an den Gott Israels, Gütersloher Verlagsanstalt, Gütersloh 1998, S. 127f. – S. 60 o.: Jacob Soetendorp, Symbolik der jüdischen Religion, Gütersloher Verlagshaus, Gütersloh 1963, S. 194. – S. 61 o.: Lilli Palmer, 2 Mal Lilli, Droemersche Verlagsanstalt, München 1984, S. 35. – S. 61 u.: Gershom Solem, Von Berlin nach Jerusalem, Suhrkamp Verlag, Frankfurt a.M. 1977, S. 41f. – S. 62 R.: Friedrich Thieberger/Else Rabin, Jüdisches Fest und Jüdischer Brauch, Athenäum Verlag, Königstein im Taunus 1985³, S. 7. – S. 64: Mosche Zemer, Jüdisches Religionsgesetz heute. Progressive Halacha, Neukirchener Verlag, Neukirchen-Vluyn 1999, S. 147ff. – S. 65 o.: Moses Maimonides, Der Führer der Verirrten, III, 33. – S. 65 M.: Chajim Halevi Donin, Jüdisches Leben, Verlag Morascha, Zürich 1987, S. 105ff (gekürzt). – S. 65 u.: Roland Gradwohl, Frag den Rabbi, Calwer Verlag, Stuttgart 1995², S. 21 (geringfügig gekürzt). – S. 65 R.: Iris Noah, in: taz v. 16./17.1.1999. – S. 67: Pnina Navè Levinson, Einführung in die rabbinische Theologie, Wissenschaftliche Buchgesellschaft, Darmstadt 1993³, S. 126. – S. 67 R.o.: Schlomo Ben Isaak, Siddur Raschi §267, S. 127f, in: Mosche Zemer, Jüdisches Religionsgesetz heute. Progressive Halacha, Neukirchener Verlag, Neukirchen-Vluyn 1999, S. 148. – S. 67 R.u.: Moses Maimonides, Von den Gebetsriemen, der Mesusa und der Torarolle 10,8, in: Mosche Zemer, Jüdisches Religionsgesetz heute. Progressive Halacha, Neukirchener Verlag, Neukirchen-Vluyn 1999, S. 150. – S. 68 R.: Roland Gradwohl, Frag den Rabbi, Calwer Verlag, Stuttgart 1995², S. 11 (gekürzt). – S. 68 o.: Chajim Halevi Donin, Jüdisches Leben, Zionistische Weltorganisation/Verlag Morascha, Jerusalem/Zürich 1987, S. 190 (gekürzt). – S. 69 u.: Walter Jacob, Questions an Reform Jewish Answers, © Central Conference of American Rabbis, New York 1992, S. 20f (Übersetzung von N.P. Levinson). – S. 69 R.: Pnina Navè Levinson, Eva und ihre Schwestern, Gütersloher Verlagshaus, Gütersloh 1992, S. 141 (gekürzt). – S. 70 R.o.: Abraham Chill, The Minhagim, © Sepher-Hermon-Press, New York 1979, S. 21 (Übersetzung von N.P. Levinson, mit freundlicher Genehmigung). – S. 70 R.u.: Michael Friedländer, Die jüdische Religion, Verlag Goldschmidt, Frankfurt 1936, S. 259f. – S. 70 u.: Leo Hirsch, Jüdische Glaubenswelt, Verlagsbuchhandlung Goldschmidt, Basel 1978, S. 12. – S. 71 R.: Chajim Halevy Donin, Jüdisches Leben, Zionistische Weltorganisation/Verlag Morascha, Jerusalem/Zürich 1987, S. 155. – S. 72 R.: Roland Gradwohl, Frag den Rabbi, Calwer Verlag, Stuttgart 1995², S. 13 (gekürzt). – S. 72 u.: Herman Wouk, Er ist mein Gott, Krüger Verlag, Hamburg 1961, S. 177 (gekürzt). – S. 73 o.: Samson Raphael Hirsch, Horeb, Jisroels Pflichten in der Zerstreuung 1837, Neudruck Frankfurt a.M. 1909, S. 165. – S. 73 u.: Gertrud Marx, Jüdische Gedichte, Verlag Ernst Kostenbaum, Berlin 1919, S. 69. – S. 74 R.: The second Jewish catalog, © Jewish Publication Society of America, Philadelphia 1976, S. 23ff (gekürzt), (Übersetzung von N.P. Levinson). – S. 74 u.: Jakob Soetendorp, Symbolik der jüdischen Religion, Gütersloher Verlagshaus, Gütersloh 1963, S. 13. – S. 75: Roland Gradwohl, Grundgesetze des Judentums, Calwer Verlag, Stuttgart 1984, S. 59. – S. 75 R.: Pnina Navè Levinson, Eva und ihre Schwestern, Gütersloher Verlagshaus, Gütersloh 1992, S. 194. – S. 76 R.: The Jewish catalog, © Jewish Publication Society of America, Philadelphia 1973, S. 170 (Übersetzung von N.P. Levinson). – S. 76 u.: Martin Buber, Die Erzählungen der Chassidim, Manesse-Verlag, Zürich 1949, S. 784. – S. 77 u.: Roland Gradwohl, Frag den Rabbi, Calwer Verlag, Stuttgart 1995², S. 25. – S. 77 R.: Nathan Peter Levinson, Ein Ort ist, mit wem du bist, Edition Hentrich, Berlin 1996, S. 16. – S. 80 o.: Jacob Soetendorp, Symbolik der jüdischen Religion, Gütersloher Verlagshaus, Gütersloh 1963, S. 105f. – S. 81: Eliezer Segal, in: Allgemeine Wochenzeitung des Judentums, 30. Oktober 1997, S. 16 (gekürzt). – S. 81 R.: Der Sohar, III, S. 218b, in: Philip S. Berg, Kabbalah for the Layman, Research Centre of Kabbalah, New York 1982, S. 142 (Übersetzung von N. P. Levinson). – S. 82 R.: Manfred Swarsensky, Das Jüdische Jahr, Verlag Ernst Kostenbaum, Berlin 1935, S. 23f. – S. 82 u.: Pnina Navè Levinson, Eva und ihre Schwestern, Gütersloher Verlagshaus, Gütersloh 1992. – S. 83 u.: Susannah Heschel, in: Diana Blettner, Lori Grinkler (Hg.), The invisible Thread, Jewish Publication Society of America, Philadelphia 1989, S. 22ff (Übersetzung von Ursula Rudnick, in: Geborgen unter Gottes Flügeln, RPI Loccum 1997, S. 101f, gekürzt). – S. 83 R.: Willem Zuidema, Gottes Partner, Neukirchener Verlag, Neukirchen-Vluyn 1983, S. 53. – S. 84 R.: Blätter zur Berufskunde, Band 3, hg. v. Bundesanstalt für Arbeit, Nürnberg 1969. – S. 85 o.: Roland B. Gittelsohn, The modern meaning of Judaism, Harper Collins, Cleveland 1970, S. 100 (Übersetzung v. N.P. Levinson; © Harper Collins Publishers, New York). – S. 85 u.: Schalom Ben Chorin, Bruder Jesus, List Verlag, München 1967, S. 127 (gekürzt). – S. 87: Pnina Navè Levinson, Eva und ihre Schwestern, Gütersloher Verlagshaus, Gütersloh 1992, S. 168ff. – S. 87 R.o.: Regina Jonas, Predigt-Konzept, Archiv Terezin, in: Jüdische Frauen im 19. und 20. Jahrhundert, Rowohlt Verlag, Reinbek bei Hamburg 1993, S. 198. – S. 87 R.u: Dow Marmul, Beyond Survival – Reflections on the Future of Judaism, © Darton, Longman & Todd Ltd, London 1982, S. 117; mit freundlicher Genehmigung der Verleger. – S. 88 R.: Ulrich Gerhardt, Jüdisches Leben im jüdischen Ritual, Verlag Lambert Schneider, Heidelberg 1980, S. 100. – S. 88 o.: Chajim Halevy Donin, Jüdisches Leben, Zionistische Weltorganisation/Verlag Morascha, Jerusalem/Zürich 1987, S. 209. – S. 89: Israel Bettan, in: Jahrbuch der © Central Conference of American Rabbis, New York 1943, S. 85f (Übersetzung v. N.P. Levinson). – S. 89 R.: S. Ph. De Vries, Jüdische Riten und Symbole, Fourier Verlag, Wiesbaden 1981, S. 36f. – S. 90 R.: American Reform Responsa, © Central Conferene of American Rabbis, New York 1983, S. 23f (Übersetzung von N.P. Levinson). – S. 90 o.: Walter Jacob, Contemporary American Reform Responsa, © Hebrew Union College Press, New York 1987, S. 195f (Übersetzung von N.P. Levinson, mit freundlicher Genehmigung). – S. 91: Judah Davis Eisenstein, Ozar Dinim Uminhagim (A Digest of Jewish Laws and Customs), Tel Aviv 1968, S. 299 (Übersetzung von N.P. Levinson). – S. 91 R.: Selomo Ganzfried, Kizzur Schulchan Aruch, Verlag Hofmann, Kassel 1932, S. 158. – S. 92, 93 R.: Moshe Zemer, Jüdisches Religionsgesetz heute. Progressive Halacha, Neukirchener Verlag, Neukirchen-Vluyn 1999, S. 69ff. – S. 92 o.: Else Lasker-Schüler, Sulamith, (1901), in: Ost und West, in: Gedichte, bearbeitet v. Jürgen Skodzoki, Suhrkamp Verlag, Frankfurt a.M. 1996. – S. 92 M.: Selma Meerbaum-Eisinger, aus dem Gedicht „Rote Nelken", „Blütenlese" (1941), in: Ich bin in Sehnsucht eingehüllt, Fischer Taschenbuchverlag, Frankfurt a.M. 1984, S. 63 – S. 92 u.: Jehuda Amichai, Ein liebendes schmerzendes Lied, in: Wie schön sind deine Zelte, Jakob. Gedichte, Piper Verlag, München/Zürich 1992. – S. 94 o.: Selma Meerbaum-Eisinger, aus dem Gedicht „Hände", in: Ich bin in Sehnsucht eingehüllt, Fischer Taschenbuchverlag, Frankfurt a.M. 1984, S. 58. – S. 95: Emmanuel Lévinas, Die Zeit und der Andere, Felix Meiner Verlag, Hamburg 1995³, S. 59f (gekürzt). – S. 95 R.: Salcia Landmann, Jesus starb nicht in Kaschmir. Ohne Kreuzestod kein Christentum, Verlag Herbig, München 1996. – S. 96 R.: Blue Greenberg, How to run a traditional jewish household, © Simon & Schuster New York 1983, S. 261ff. – S. 96 u.: Roland B. Gittelsohn, The modern meaning of Judaism, Harper Collins, Cleveland 1970, S. 114f (Übersetzung von N.P. Levinson, gekürzt; © Harper Collins Publishers, New York). – S. 97 u.: Susan Weidman Schneider, Jewish and female: Choices and charges in our lives today, Simon & Schuster, New York 1984, (Übersetzung von N.P. Levinson). – S. 97 R.o.: Moses Maimonides, Mord und Lebenserhaltung 1,9. – S. 97 R. M.: Lord Immanuel Jakobovits, The Jewish Review, 14. November 1962, © Jewish Federation of Portland, Oregan (Übersetzung von N.P. Levinson). – S. 97 R.u.: Roland Gradwohl, Frag den Rabbbi noch einmal, Calwer Verlag, Stuttgart 1997, S. 41. – S. 98 R.: Miryam Z. Wahrmann, Die doppelte Mame, in: Allgemeine Jüdische Wochenzeitung v. 12.6.1997. – S. 98: Central Conference of American Rabbis, New York, 1983 (Übersetzung von N.P. Levinson). – S. 99 u.: Fred Rosner und David Bleich, Jewish Bioethics, © Hebrew Publishing Company, New York 1979, S. 106 (Übersetzung von N.P. Levinson, gekürzt). – S. 100 R.: Miryam Z. Wahrman, Mame, Tate, Petrischale. Judentum und moderne Reproduktionstechnologie, in: Allgemeine Jüdische Wochenzeitung v. 29.5. 1997 (gekürzt). – S. 101 o.: Pnina Navè Levinson, Einführung in die rabbinische Theologie, Wissenschaftliche Buchgesellschaft, Darmstadt 1993³, S. 65f. – S. 101 R.: Roland Gradwohl, Frag den Rabbi, Calwer Verlag, Stuttgart 1995², S. 90. – S. 102: Pnina Navè Levinson, Einführung in die rabbinische Theologie, Wissenschaftliche Buchgesellschaft, Darmstadt 1993³, S. 67. – S. 103 R.: epd, Frankfurt 11.3.1999, abgedruckt in: Friede über Israel. Zeitschrift für Kirche und Judentum, 3/99, S. 128. – S. 104 R.: Roland Gradwohl, Frag den

Rabbi, Calwer Verlag, Stuttgart 1995², S. 28 (gekürzt). – S. 104 o.: Pnina Navè Levinson, Eva und ihre Schwestern, Gütersloher Verlagshaus, Gütersloh 1992, S. 115f. – S. 105/105 R.: Roland Gradwohl, Frag den Rabbi noch einmal, Calwer Verlag, Stuttgart 1997, S. 53 (gekürzt), 28. – S. 105 R.u.: Deutsches Allgemeines Sonntagblatt Nr. 14, 7. April 2000, S. 23. – S. 108 R.: Peter Honigmann, in: Neues Lexikon des Judentums, Gütersloher Verlagshaus, Gütersloh 1992. – S. 109 u.: Roland Gradwohl, Frag den Rabbi, Calwer, Stuttgart 1994, S. 18 (gekürzt). – S. 110 R.o.: Leo Trepp, Die Juden. Volk, Geschichte, Religion, völlig überarbeitete und erweiterte Neuausgabe, Rowohlt Verlag, Reinbek bei Hamburg 1999, S. 185f. – S. 111: Ernst Ludwig Ehrlich, Juden in Deutschland, in: Friede über Israel 2/1999, S. 53ff (gekürzt). – S. 111 R.: Hadar, in: Ich bin, was ich bin, ein Jude. Jüdische Kinder erzählen, hg. v. Alexa Blum u.a., Kiepenheuer & Witsch, Köln 1995, S. 3428ff (gekürzt). – S. 113: Reinhard Mohr, in: Der Spiegel v. 6.9.1999, S. 90 (gekürzt). – S. 113 R.: Benni, in: Ich bin, was ich bin, ein Jude. Jüdische Kinder erzählen, hg. v. Alexa Blum u.a., Kiepenheuer & Witsch, Köln 1995, S. 34. – S. 114, 115 R.: Willi Dressen, in: Legenden, Lügen, Vorurteile. Ein Wörterbuch zur Zeitgeschichte, hg. v. Wolfgang Benz, dtv, München 1993⁴, S. 167f (gekürzt). – S. 114 o.: Rassenpolitik, Heinrich Himmler, Reichsführer der SS, Hauptamt, Berlin, S. 8 (gekürzt). – S. 114 M.: Eberhard Röhm/Jörg Thierfelder, Evangelische Kirche zwischen Kreuz und Hakenkreuz. Bilder und Texte einer Ausstellung, Calwer Stuttgart 1981, S. 25 (gekürzt). – S. 114 u.: Adolf Hitler 1949. – S. 115 o.: Eleonore Sterling, B´nai B´rith, in: Littera Judaica, Europäische Verlagsanstalt, Hamburg 1965, S. 280 (gekürzt). – S. 118, 199 R.: Jerusalemer Bibellexikon, Hänssler Verlag, Neuhausen/Stuttgart 1990, S. 700f (gekürzt). – S. 119: Salcia Landmann, Jesus starb nicht in Kaschmir. Ohne Kreuzestod kein Christentum, Verlag Herbig, München 1996, S. 208f (gekürzt). – S. 120 R.o.: Johannes Chrysostomus, in: Rudolf Pfisterer, Von A bis Z. Quellen zu Fragen um Christen und Juden, Schriftenmissions-Verlag, Gladbeck 1971, S. 208. – S. 120 R. M.: Aurelius Augustinus, in: Rudolf Pfisterer, Im Schatten des Kreuzes, Reich Verlag, Hamburg 1966, S. 33. – S. 120 R.u.: Sigimund von Storchenau, in: Kenneth Hooker, Antijudaistische Polemik in christlichen Handbüchern, in: Jüdisch-christliches Forum, Basel 1963, Nr. 32, S. 16. – S. 120, 121: Leonore Siegele-Wenschkewitz, Sind die Juden schuld am Tod Jesu?, in: Ich glaube an den Gott Israels, Gütersloher Verlagshaus, Gütersloh 1998, S. 82ff (gekürzt). – S. 121 R.: Antisemitische Proklamation 1819, in: Eleonore Sterling, Er ist wie du, Verlag Chr. Kaiser, München 1956, S. 189 (gekürzt). – S. 122: Jakob J. Petuchowski, Der christlich-jüdische Dialog aus jüdischer Sicht, in: Lutherische Rundschau, Stuttgart 4/1963, S. 456f (gekürzt). – S. 123 R.o.: Martin Buber, Die Erzählungen der Chassidim, Manesse-Verlag, Zürich 1949, S. 293. – S. 124/125 R.: Dietrich Neuhaus, War Jesus der erwartete Messias?, in: Ich glaube an den Gott Israels, Gütersloher Verlagshaus, Gütersloh 1998, S. 59f, 61f. – S. 125: Friedrich-Wilhelm Marquardt, Mein Israel?, in: 21 erbetene Interventionen, hg. v. Micha Brumlik, S. Fischer Verlag, Frankfurt a.M. 1998, S. 41f. – S. 126 u.: Zusatzgebet am Neujahrstag, in: Michael Sachs, Das Gebetbuch der Israeliten, Frankfurt 1926, S. 598. – S. 127 o.: Chajim Vital, Sefer Halikkutin, 89b. – S. 127 M.: Martin Buber, in: Mahatma Gandhi/Martin Buber, Juden, Palästina und Araber, Ner-Tamid-Verlag, München 1961, S. 16. – S. 127 R.o.: Augustinus, in: Rudolf Pfisterer, Von A bis Z. Quellen zu Fragen um Christen und Juden, Schriftenmissions-Verlag, Gladbeck 1971, S. 95. – S. 127 R. M.: Jean Bosc, Paris 1949, in: Rudolf Pfisterer, Von A bis Z. Quellen zu Fragen um Christen und Juden, Schriftenmissions-Verlag, Gladbeck 1971, S. 95. – S. 127 R.u.: Heinrich Wiesemann, Das Heil für Israel, Stuttgart 1965, in: Rudolf Pfisterer, Von A bis Z. Quellen zu Fragen um Christen und Juden, Schriftenmissions-Verlag, Gladbeck 1971, S. 95. – S. 128 R.: Pinchas E. Lapide, Der Rabbi von Nazareth, Spee-Verlag, Trier 1974, S. 129f (gekürzt). – S. 128 o.: Kaufmann Kohler, Jewish Theology, Cincinnati (1910) 1943, Macmillan, New York 1918, S. 438 (Übersetzung von N.P. Levinson). – S. 128 u.: Leo Baeck, Das Evangelium als Urkunde jüdischer Glaubensgeschichte, Berlin 1938, S. 70. – S. 129: Leo Trepp, Die Juden. Volk, Geschichte, Religion, vollständig überarbeitete und erweiterte Neuausgabe, Rowohlt Verlag, Reinbek bei Hamburg 1998, S. 209. – S. 129 R.o.: Alenu, Siddur (Übersetzung von N.P. Levinson). – S. 129 R.u.: Amida, Siddur, in: Das jüdische Gebetbuch, Bd. 1, hg. v. Jonathan Magonet/Walter Homolka, Gütersloher Verlagshaus, Gütersloh 1997, S. 101. – S. 130 R.u.: Avi Primor in einem Gespräch mit Joachim Kudleck am 28. November 1998, in: Israel heute – Christen an der Seite Israels e.V., Berlinerstraße 12., 34289 Zierenberg, Dezember 1998, S. 9. – S. 130 o.: Martin Buber, Zwei Glaubensweisen, Werke, Bd. 1, Heidelberg 1962, S. 657 (gekürzt). – S. 131: Schalom Ben-Chorin, Die Entstehung des Christentums aus dem Judentum, in: Rundbrief des Denkendorfer Kreises vom 30. Oktober 1999, S. 16f. – S. 132: Frankfurter Israelitisches Wochenblatt. Amtliches Organ der israelitischen Gemeinde vom 30. März 1933, in: Nachum Tim

Quellenverzeichnis

Gidal, Die Juden in Deutschland von der Römerzeit bis zur Weimarer Republik, Verlag Könemann, Augsburg 1997, S. 424. – S. 133 R.: Wolfgang Benz, Legenden, Lügen, Vorurteile. Ein Wörterbuch zur Zeitgeschichte, dtv, München 1993[4], S. 5. – S. 134, 135 R.: Eberhard Röhm/Jörg Thierfelder, Juden – Christen – Deutsche, Bd. 1, Calwer Verlag, Stuttgart 1990, S. 406, Anm. 1 (gekürzt). – S. 134 o.: Josephus Flavius, bell. II 18,7-8. §§ 487-495, in: Johannes Leipoldt/Walter Grundmann, Umwelt des Christentums, Bd. 2, Evangelische Verlagsanstalt, Berlin 1972[3], S. 253f (gekürzt). – S. 143 M.: Johannes Chrysostomus, in: Rudolf Pfisterer, Von A – bis Z. Quellen zu Fragen um Juden und Christen, Schriftenmissions-Verlag, Gladbeck 1971, S. 13. – S. 134 u., 135 o.: Petrus Venerabilis, in: Rudolf Pfisterer, Von A – bis Z. Quellen zu Fragen um Juden und Christen, Schriftenmissions-Verlag, Gladbeck 1971, S. 14 (gekürzt). – S. 135 M.: Adolf Stoecker am 19.9.1879, in: Schlaglichter: Kirche. Schabbat. Jesus. Christlich-jüdische Themen als Ausstellungstexte auf Kirchentagen, hg. v. Ev. Arbeitskreis Kirche und Israel. Neukirchener Theologische Zeitschrift in Hessen und Nassau, Theodor-Storm-Str.10, 64646 Heppenheim, Tel. 0652-71270, Fax: 06252-72606. – S. 136 R.: Die Zeichen der Zeit, Lutherische Monatshefte 2/99 S. 49. – S. 136 o.: Jean-Paul Sartre, in: Betrachtung zur Judenfrage, 1946. – S. 136: Sigmund Freud, Der Mann Moses und die monotheistische Religion, Gesammelte Werke, Bd. 16, London 1950, S. 197f. – S. 137 o.: Daniel Goldhagen, Hitlers willige Vollstrecker. Ganz gewöhnliche Deutsche und der Holocaust, Siedler Verlag, o.O.u.J., S. 53. – S. 137 R.: Albrecht Lohrbecher, Wo beginnt Judenfeindschaft?, in: Ich glaube an den Gott Israels, Gütersloher Verlagshaus, Gütersloh 1998, S. 136 (gekürzt). – S. 138 R.: A 801 und A 802 aus den Einhardi Annales, den Reichsjahrbüchern von Einhard, in: Julius Höxter, Quellenbuch zur Jüdischen Geschichte und Literatur, Verlag Morascha, Zürich 1983, S. 190. – S. 138 o.: Kaiser Konstantin der Große, Codex Theodosianus, 11. Dezember 321, in: Julius Höxter, Quellenbuch zur Jüdischen Geschichte und Literatur, Verlag Morascha, Zürich 1983, S. 190. – S. 138 u.: Franz Werfel, in: Die Woche vom 8. Mai 1998, S. 25. – S. 139 u.: Verein zur Förderung ritueller Speisehäuser, Hamburg e. V., in: Joseph Carlebach, Ausgewählte Schriften , Bd. 1, Olms Verlag, Hildesheim 1982, S. 640. – S. 140 R.: Bernhard Vogt, in: Neues Jüdisches Lexikon, Bertelsmann Lexikon Verlag, Gütersloh 1992, S. 425f (gekürzt). – S. 141 u.: Adolf Hitler, abgedruckt in: Michael Krupp, Zionismus und Israel, Gütersloher Verlagshaus, Gütersloh 1992, S. 103. – S. 141 R.: Juliane Wetzel, Artikel: „Juden in der Deutschen Wirtschaft", in: Legenden, Lügen Vorurteile, dtv, München 1993[4], S. 102ff (gekürzt). – S. 142-144 R.: Arnulf H. Baumann, Dialog mit Juden – trotz oder mit Luther?, in: Friede über Israel. Zeitschrift für Kirche und Judentum 2/96, S. 57ff (gekürzt). – S. 142 o.: Martin Luther, Dass Jesus ein geborener Jude sei, Wittenberg 1523, WA 11,315 (gekürzt). – S. 142 u., 143 o.: Martin Luther, Von den Juden und ihren Lügen, Wittenberg 1543, WA 53,523f (gekürzt). – S. 143 u.: Martin Luther, Seine letzte Predigt, Eisleben am 15.2.1546, WA 51,195. – S. 145: Eberhard Röhm, Martin Luther und die Juden, in: Grundkurs Judentum, Calwer Verlag, Stuttgart 1998, S. 67f (gekürzt). – S. 145 R.: Erklärung des Lutherischen Weltbundes 1970. – S. 146 R.o.: Leo Baeck, Das Wesen des Judentums, Fourier Verlag, Frankfurt a.M. 1995[6], S. 45. – S. 146 R.u.: Leo Baeck, Die Pharisäer, in: Aus drei Jahrtausenden, Verlag Mohr Siebeck, Tübingen 1958, S. 235. – S. 146 u.: R. Travers Herford, Die Pharisäer, Verlag Gustav Engel, Leipzig 1928, S. 288 (gekürzt). – S. 147: Franz Mußner, Theologie nach Auschwitz, in: Kirche und Israel. Neukirchener Theologische Zeitschrift 1995/1, S. 13f (gekürzt). – S. 148 R.: Roland Gradwohl, Bibel und Talmud, Deutscher Evangelischer Kirchentag, Düsseldorf 1973, unveröffentlichtes Manuskript (gekürzt). – S. 148 u.: Kaufmann Kohler, Theologie des Judentums, Leipzig, 1910, S. 12. – S. 149/ 149 R.: Leo Trepp, Das Judentum, Rowohlt Verlag, Reinbek bei Hamburg 1970, S. 153f (gekürzt), 153f (gekürzt). – S. 151: Nathan Peter Levinson, Ein Rabbiner erklärt die Bibel, Verlag Chr. Kaiser, München 1982, S. 62f (gekürzt). – S. 151 R.: Pnina Navè Levinson, Einblicke in das Judentum, Bonifatius Verlag, Paderborn 1991, S. 188f. – S. 152 R./152, 153: Magdalene L. Frettlöh, Braucht Gott Opfer, in: Ich glaube an den Gott Israels, hg. v. Frank Crüsemann u.a., Gütersloher Verlagshaus, Gütersloh 1998, S. 53f (gekürzt), 50f (gekürzt). – S. 154 R.: Philo von Alexandrien, Über den Dekalog. – S. 154: Kol Nidre, in: Das jüdische Gebetbuch, hg. v. Jonathan Magonet/Walter Homolka, Gütersloher Verlagshaus, Gütersloh 1997, S. 289. – S. 154 u.: Moses Maimonides, Hilchot schewuot 12,1-2, in: Roland Gradwohl, Frag den Rabbi, Calwer Verlag, Stuttgart 1995[2], S. 95. – S. 155 o.: Michael Friedländer, Die jüdische Religion, Verlag Goldschmidt, Basel 1936, S. 197. – S. 155 R.: Roland Gradwohl, Frag den Rabbi, Calwer Verlag, Stuttgart 1995[2], S. 17. – S. 156 R.u.: Jehuda Amichai, Touristen, in: Schalwa gdola, Schocken Publishing House, Tel Aviv 1980, abgedruckt in deutscher Übersetzung in: Jehuda Amichai, Wie schön sind deine Zelte Jakob. Gedichte, Verlag

Piper, München/Zürich 1992², S. 149. – S. 156: EKD-Denkschrift „Christen und Juden" 1975, in: Die Denkschriften der Ev. Kirche in Deutschland, Bd. 1/2, Gütersloher Verlagshaus, Gütersloh 1981², S. 46f (gekürzt). – S. 158 u.: Susannah Heschel, Juden beten nicht den Boden an, in: Mein Israel, hg. von Micha Brumlik, Fischer Taschenbuchverlag, Frankfurt a.M. 1998, S. 116f. – S. 159 o.: Tabelle: Israel heute – Christen an der Seite Israels e.V. Dezember 1998, S. 11. – S. 159: Chaim Herzog, in: Israel heute – Christen an der Seite Israels e.V. Dezember 1998, S. 11. – S. 159 R.: Jesaja Halevi Horowitz, A. Ja'ari, Igerot Eretz Jisrael 1943 (Übersetzung von N.P. Levinson). – S. 160 R.: Dieter Vetter, Die Bedeutung des Landes in der jüdischen Überlieferung, in: Kirche und Israel. Neukirchener Theologische Zeitschrift 2/1992, S. 107, 116. – S. 160 u.: Karl Barth, Kirchliche Dogmatik II,1, Evangelischer Verlag Zollikon, Zürich 1948, S. 542 (gekürzt). – S. 161: A.Th. Khoury, Islam-Lexikon, Verlag Herder, Freiburg 1991, S. 415f (gekürzt). – S. 162 R.: Das jüdische Gebetbuch, Bd. 1, hg.v. Jonathan Magonet/Walter Homolka, Gütersloher Verlagshaus, Gütersloh 1997, S. 599. – S. 163 o.: Moses Maimonides, Führer der Verirrten III, 32. – S. 163 R.: Kaufmann Kohler, Jüdische Theologie, Hildesheim 1979, S. 198. – S. 164 R.: Gideon Shimoni, Die zionistische Revolution, in: Kirche und Israel. Neukirchener Theologische Zeitschrift 1/1997, S. 3 (gekürzt). – S. 165 u.: Martin Buber, Kampf um Israel, in: Michael Krupp, Zionismus und Staat Israel, Gütersloher Verlagshaus, Gütersloh 1992, S. 96 (gekürzt). – S. 166 R.: Chajim Halevy Donin, Jüdisches Leben, Zionistische Weltorganisation/Verlag Morascha, Jerusalem/Zürich 1987, S. 8f. – S. 167: Roland Gradwohl, Grundgesetze des Judentums, Calwer Verlag, Stuttgart 1984, S. 82f. – S. 167 R.: Nathan Peter Levinson, bisher unveröffentlichter Text, 2000. – S. 168, 169 R.: Douglas Bokovoy/Michael Wolffsohn, Artikel „Palästina" in: Neues Lexikon des Judentums, Bertelmann Lexikon Verlag, Gütersloh 1992, S. 353f (gekürzt). – S. 168 o.: Salcia Landmann, Jesus stammt nicht aus Kaschmir, Verlag Herbig, München 1996, S. 269. – S. 169: Amos Oz, Ich glaube nicht an die Möglichkeit eines perfekten Friedens (Rede in der Frankfurter Paulskirche), in: Frankfurter Allgemeine Zeitung Nr.231 v. 5. Oktober 1992 (gekürzt). – S. 170 R.o.: Auszug aus der Belfour-Deklaration, in: Harald Neifeind, Der Nahostkonflikt, Wochenschau-Verlag, Schwalbach 1999, S. 61. – S. 170 R.u.: David Ben Gurion in einer Rede nach einem Terroranschlag palästinensischer Freischärler auf eine Hochzeitsgesellschaft im Moshav Pattish im Jahr 1955, in: Harald Neifeind, Der Nahostkonflikt, Wochenschau-Verlag, Schwalbach 1999, S. 190f. – S. 170 u.: Amos Oz, in: Die Zeit v. 27.12.1996, S. 6. – S. 171: Moshe Zuckermann, Über soldatische Gewaltmenschen und Kinder, in: Mein Israel, hg. v. Micha Brumlik, S. Fischer Verlag, Frankfurt a.M. 1998, S. 145f. – S. 171 R.: Gespräch in einem arabischen Gymnasium, in: David Grossmann, Der gelbe Wind, Droemersche Verlagsanstalt, München 1990, S. 16. – S. 172 R.: 1. Makkabäer 2, 38-41, christliche Einheitsübersetzung 1985. – S. 172/ 173: Nathan Peter Levinson, Atomwaffen und Gewissen, Verlag Herder, Freiburg 1983, S. 26. – S. 172 u.: Abba Eban nach mündlicher Tradition durch Nathan Peter Levinson. – S. 173 u.: Pnina Navè Levinson, Einblicke in das Judentum, Bonifatius Verlag, Paderborn 1991, S. 158. – S. 173 R.: Louis u. Rebecca Barish, Varieties of Jewish Belief, © Jonathan David Publishers, New York 1961, S. 230, www.jdbooks.com (Übersetzung von N.P. Levinson, mit freundlicher Genehmigung). – S. 175 R.u.: Anfang des Kaddisch, in: Das Jüdische Gebetbuch, hg. v. Jonathan Magonet/Walter Homolka, Gütersloher Verlagshaus, Gütersloh 1997, S. 55. – S. 176 R.: Theodor Reik, Pagan Rites in Judaism from sex initiation, magic, moon-cult, © Farrar, Straus & Giraux, New York 1964, S. 48 (Übersetzung von N.P. Levinson). – S. 176 M.: Leo Trepp, Die Juden. Volk, Geschichte, Religion, Rowohlt Verlag, Reinbek bei Hamburg 1999, S. 389. – S. 176 u.: Solomon B. Freehof, Contemporary Reform Responsa, Hebrew Union College Press, Cincinnati 1974, S. 285 (Übersetzung von N.P. Levinson). – S. 177 o.: S. Ph. De Vries, Jüdische Riten und Symbole, Fourier Verlag, Wiesbaden 1981, S. 305f (gekürzt). – S. 177 M.: Chajim Halevy Donin, Jüdisches Leben, Zionistische Weltorganisation/Verlag Morascha, Jerusalem/Zürich 1987, S. 305. – S. 177 R.o.: Maurice Lamm, The Jewish Way in Death and Morning, © J. David Publishers, New York 1996, S. 56f, www.jdbooks.com (Übersetzung von N.P. Levinson, mit freundlicher Genehmigung). – S. 177 R. M.: Central Conference of American Rabbis, Responsa Committee, 1980, in: American Reform Responsa, Harper Collins, New York 1983, S. 347f (Übersetzung von N.P. Levinson, © Harper Collins, New York). – S. 177 R.u.: Louis Jacobs, What does Judaism say about ..., Keter Publishing House, Jerusalem 1973, S. 104 (Übersetzung von N.P. Levinson). – S. 178 R.: 2. Strophe der Amida, in: Das jüdische Gebetbuch, Bd. 1, hg. von Jonathan Magonet/Walter Homolka, Gütersloher Verlagshaus, Gütersloh 1997, S. 93. – S. 179: Abraham J. Heschel, Death as Homecoming, in: Jack Riemer, Jewish Reflections on Death, Schocken Books, New York 1974, S. 59 (Übersetzung von N.P. Levinson). – S. 179 R.: Tobias Kriener, Ist die Auferweckung der Toten

Quellenverzeichnis

eine Hoffnung nur für Christen, in: Ich glaube an den Gott Israels, Gütersloher Verlagshaus, Gütersloh 1998, S. 137f (gekürzt). – S. 180, 181 R.: Alfred Pfaffenholz, Das Paradies ist freitags im Badehaus, Patmos Verlag, Düsseldorf 1995, S. 205ff. – S. 180 u.: Pnina Navè Levinson, Einführung in die rabbinische Theologie, Wissenschaftliche Buchgesellschaft, Darmstadt 1993, S. 79f. – S. 181: Martin Buber, Rabbi Nachman von Bratzlaw, in: Werke, Band III, Heidelberg 1963, S. 897. – S. 181 u.: Gershom Scholem, Die Erforschung der Kabbala von Reuchlin bis zur Gegenwart, Pforzheim 1969. –

2. Lieder

S. 35: „Gliklech is, der wos hat gelernt Tojre": Mark Warschawsky, gest. 1907, in: Hai und Topsy Frankl, Jiddische Lieder, Fischer, Frankfurt a.M. 1981, S. 125f. – S. 51: „Schpilshe mir a Lidele ...": Hai & Topsy Frankl, Jiddische Lieder, Fischer Taschenbuch Verlag 1981, S. 29f (mit geringfügigen Veränderungen in der Schreibweise), Stim, Stockholm. – S. 165: Nationalhymne des Staates Israel „Hatikwa", M.: Naphtali Herz Imber, gest. 1909, mit Klaviersatz von Leo Kopf: Nachum Tim Gidal, Die Juden in Deutschland, Könemann Augsburg 1997, S. 305. –

3. Bilder

S. 11: Autorenfotos. – S. 12: Julius Schnorr von Carolsfeld, in: Die Bibel in Bilder, Leipzig 1906[11], S. 31. – S. 16: „Synagoge und Kirche", Miniatur in einer Handschrift der französischen Übersetzung des „Rationale divinorum officiorum" des Wilhelm Durandus d.Ä., entstanden im 14. Jh., Paris, BA, Ms. 2002, folio 2, in: Heinz Schreckenberg, Die Juden in der Kunst Europas. Ein historischer Bildatlas, Vandenhoeck & Ruprecht/Verlag Herder, Göttingen/Freiburg, Basel, Wien 1996, S. 63. – S. 25 R.: Bruder Daniel, in: Israelitisches Wochenblatt Nr.37 v. 11. September 1998, Verlag Manfred Marx, Zürich S. 57. – S. 37: Torarolle: Autorenfoto. – S. 41: Talmudseite: Die erste Seite des Traktats Berachot der Talmud-Ausgabe von Daniel Bomberg, gedruckt 1520 in Venedig. – S. 52: Synagogenuhr aus Pisek (Böhmen), um 1870 (17.111), Prag, Das Jüdische Museum in Prag. – S. 63: Foto: Henny Elster, Halle (für dieses Buch zur Verfügung gestellt). – S. 66: Foto: Margrit Schmidt, Avitall Gerstetter in der Synagoge der Oranienburger Str. in Berlin, egalitärer Gottesdienst, in: Deutsches Allgemeines Sonntagsblatt Nr. 26 v. 30. Juni 2000, S. 18. – S. 71: „Junge in Gebetskleidung": Autorenfoto. – S. 72: „Mesusa": Autorenfoto. – S. 75: Gary Fink, Some of my best Friends are Jewish, Finkstrom Productions, 16526 West 78th Str., Suite 430, Eden Prairie MN 55346, USA, in: Allgemeine Jüdische Wochenzeitung v. 20. August 1998. – S. 79: Foto: Jens Schulze, Hannover. – S. 89: Segnende Hände: Autorenfoto. – S. 106: Corrado Cagli, Colloquio 162, 52x68, in: Corrado Cagli, la notte dei cristalli, testo critico di H. Wurm e C. Benincasa, etrice Magma, Roma 1975, S. 210. – S. 112: Julia Friedrich, Foto: W. Bellwinkel, in: Der Spiegel v. 6.9.1999, S. 90. – S. 116: Ein Jude (mit Judenhut) betet zum Gekreuzigten, Glasgemälde im Chorfenster der Marienkirche zu Frankfurt an der Oder, um 1370, in: Heinz Schreckenberg, Die Juden in der Kunst Europas, Vandenhoeck & Ruprecht/Verlag Herder, Göttingen/Freiburg, Basel, Wien 1996, S. 247. – S. 120: Kreuzigungsbild: Initiale einer Handschrift aus Lüttich, um 1300, Münster, Westfälisches Landesmuseum, Inv.-Nr. WKV Kdz 2862, in: Heinz Schreckenberg, Die Juden in der Kunst Europas Vandenhoeck & Ruprecht/Verlag Herder, Göttingen/Freiburg, Basel, Wien 1996, S. 184, Nr. 1. – S. 135: Kinderbuch „Trau keinem Fuchs auf grüner Heid' und keinem Jud' bei seinem Eid", Stürmer Verlag 1935, in: Heil Hitler, Herr Lehrer, hg. v. der Arbeitsgruppe Pädagogisches Museum, Rowohlt Verlag, Hamburg 1983, S. 102. – S. 142: Bild vom jungen Luther: Ausschnitt aus einem Gemälde von Lukas Cranach d.Ä., in: R. Friedenthal, Luther, Piper Verlag, München 1983[11], Cover. – S. 145: Bildnis Martin Luthers von Lukas Cranach d.J. um 1570 (Ausschnitt), hängt im Ausbildungszentrum Wolfsberg der Schweizerischen Bankgesellschaft, in: Martin Luther und die Reformation in Deutschland, Ausstellungskatalog des Germanischen Nationalmuseums Nürnberg, 1983, S. 440. – S. 174: Den kranken Mann besuchend (12.843/1), Gebete am Totenbett (12.843/2), Jährliches Gebet am Grab von Rabbi Loew (12.843/16), Das Jüdische Museum in Prag. – S. 182: Porträtfoto Jehuda Amichai, © Isolde Ohlbaum, München. – S. 187: Porträtfoto Yaffa Eliach; in: Yaffa Eliach, Träume vom Überleben, © Verlag Herder, Freiburg 1997. – S. 190: Porträtfoto Susannah Heschel, © epd-bild / Iris Kacsmarczyk – S. 193: Porträtfoto Regina Jonas, © 1993 by Rowohlt Taschenbuch Verlag GmbH, Reinbek. – S. 195: Porträtfoto Salcia Landmann, © Foto aus Archiv der F.A. Herbig Verlagsbuchhandlung GmbH, München. – S. 198: Porträtfoto Selma Meerbaum-Eisinger, Copyright © 1980 by Hoffmann und Campe Verlag, Hamburg. – S. 201: Porträtfoto Avi Primor, mit freundlicher Genehmigung der Botschaft des Staates Israel, Berlin. – S. 203: Porträtfoto Gerhard Gershom Scholem, © Gidal–Bildarchiv im Steinheim-Institut, Duisburg. – S. 207: Porträtfoto Elie Wiesel; in: Elie Wiesel, Und das Meer wird nicht voll, Hoffmann und Campe, Hamburg 1996, Cover.

Der Verlag hat sich bemüht, die Rechteinhaber aller verwendeten Materialien ausfindig zu machen. Leider ist dies nicht in allen Fällen gelungen. Der Verlag ist für weitere Hinweise dankbar.

Martin Meyer-Pyritz
Im Einsatz

Martin Meyer-Pyritz
Im Einsatz

Droste Verlag

Bibliografische Informationen der Deutschen Nationalbibliothek
Die Deutsche Nationalbibliothek verzeichnet diese Publikation
in der Deutschen Nationalbibliografie; detaillierte bibliografische Daten
sind im Internet über http://dnb.d-nb.de abrufbar.

© 2009 Droste Verlag GmbH, Düsseldorf
Umschlag: Droste Verlag unter Verwendung eines Fotos
der Brandschutztrainingsanlage HEAT Düsseldorf
Druck und Bindung: CPI – Clausen & Bosse, Leck
ISBN 978-3-7700-1336-4

www.drosteverlag.de

Inhalt

Grußwort 6

Vorwort 8

Oh du fröhliche … 13

Der Sockenmann 31

Unter CSA 55

(K)ein Sommermärchen 76

Der Profi 122

Popeye oder der stärkste Mann von Feuerwache 7 133

Einsatz für den Bolzenschneider 157

Neues von Iconos 166

Gefangen in der Unterwelt 170

Der Kaschmir-Kanzler 180

Der brennende Reisebus 199

Ein Weihnachtsmarkt bei der FF-Kaarst 207

Carlos, die Silvesterknaller und der gnadenlose Meik 214

(K)ein Wintermärchen 240

Einundzwanzig Meter über Normalnull 269

Anhang 298

Grußwort

Sucht man in der heutigen Zeit nach Helden, dann stößt man zwangsläufig auf das Berufsbild des Feuerwehrmanns. Überall in der Welt sind Feuerwehrleute im Einsatz, um Menschenleben oder materielle Güter zu retten. In Katastrophensituationen springen sie ein und riskieren oft die eigene Gesundheit. Weniger spektakulär – aber sehr anrührend – erscheint es dann, wenn es bei einem Einsatz manchmal nicht um Menschen-, sondern um Tierleben geht. Das Bild des verzweifelt strampelnden Entenkükens – gefangen in einem Gullydeckel – zeigt, dass ein Feuerwehrmann in den unterschiedlichsten Situationen des Lebens Retter in der Not sein kann mit großem Mut und offenem Herzen.

Diese Erfahrung aus dem Alltag eines Berufsfeuerwehrmanns verarbeitet Martin Meyer-Pyritz nun auch in seinem achten Roman. Wie spannend, traumatisch und emotionsgeladen sich die kleinen und großen Einsätze auswirken können, spiegelt sich in diesem Buch wider.

Ich wünsche allen Leserinnen und Lesern viel Freude bei dieser Lektüre, die realitätsnah die Arbeit der Feuerwehren schildert und wissenswerte Informationen mit spannender Unterhaltung kombiniert. Dadurch lernen wir die großartige Arbeit dieser vielen „Helden des Alltags" besser kennen und schätzen – beschrieben aus dem Blickwinkel des Autors Martin Meyer-Pyritz, der ein ganzes Berufsleben lang als Feuerwehrmann in Düsseldorf tätig war. Ihm und allen seinen Berufskollegen in Düsseldorf gelten mein Dank und meine Anerkennung.

Dirk Elbers
Oberbürgermeister der Landeshauptstadt Düsseldorf

Vorwort

Liebe Leserinnen und Leser,

> *Es ist nicht genug zu wissen,
> man muss es auch anwenden.
> Es ist nicht genug zu wollen,
> man muss es auch tun.*
>
> *Johann Wolfgang von Goethe*

Diese Worte des großen deutschen Dichters, gleichsam feinsinnig wie streng strukturiert zu Papier gebracht, bringt der für seine Lebensfreude bekannte Rheinländer in seiner unnach-

ahmlichen sprachlichen Ausdrucksweise zwar etwas deftiger, aber nichtsdestotrotz genauso präzise auf den Punkt: „Nicht quake – make!", sagt er.
Als gebürtiger Ratinger zähle ich ebenfalls zu dieser rheinländischen Spezies, jenem Menschenschlag, der das Herz auf dem rechten Fleck trägt und dessen Mundwerk ob seines freimütigen Mitteilungsbedürfnisses oft gar nicht mehr stillstehen will. Unzweifelhaft treffen auf mich wohl beide Kernaussagen gleichermaßen zu. In meiner Eigenschaft als Buchautor, aber noch mehr von meinem angeborenen Naturell her, *quake* ich. Aber in meiner Eigenschaft als Feuerwehrmann habe ich, zumindest im Einsatz, fürs Quaken keine Zeit, da *make* ich!

Als im Oktober 1998 zum ersten Mal mein Buch *Der Feuerwehrmann* erschien, trug ich eine große Vision in meinem Herzen, wollte ich doch von dem Erlös der verkauften Bücher ein komplettes SOS-Kinderdorf bauen lassen. Ich hatte dies öffentlich in den Medien verkündet oder, um im Jargon zu bleiben, ich *quakte*. Wenngleich Sie, meine lieben treuen Leserinnen und Leser, das Buch auch fleißig gekauft haben, reichte es dennoch bei Weitem nicht, ein solches Projekt zu verwirklichen. Von dieser Erkenntnis, dass man nicht so mir nichts, dir nichts Bestsellerautor wird, hatte ich damals noch keine Ahnung. Im Grunde genommen bin ich sehr blauäugig an die ganze Sache herangegangen. Dennoch wurde mein erstes Buch *Der Feuerwehrmann* ein großer Erfolg, sodass ich von den ersten tausend, erstaunlich schnell verkauften Exemplaren je 5,- DM an UNICEF spenden konnte. Doch wieso UNICEF? Hatte ich meinen Traum, ein SOS-Kinderdorf zu bauen, etwa schon wieder aufgegeben? Nein, das nicht. Aber 1998 übernahm die Landeshauptstadt die Schirmherrschaft für UNICEF, und als schreibender Feuerwehrmann Düsseldorfs war es mir eine Ehrensache, mich an dieser Aktion zu beteiligen.
Als am 21. Januar 1999 die damalige Oberbürgermeisterin Marlies Smeets auf der Abschlussveranstaltung im Rahmen der

„boot 99" an die UNICEF-Botschafterin Sabine Christiansen eine Million siebenhundertsechsundfünfzigtausend fünfhunderteinundachtzig Mark und neunundsiebzig Pfennige (1.756.581,79 DM) überreichte, zählten meine 5.000,- DM ebenfalls dazu. Nachdem mir klar wurde, dass ich meine eigene Vision nicht so schnell erfüllen konnte, habe ich mehrere andere Hilfsprojekte unterstützt.
Nach nunmehr sieben, im Düsseldorfer Droste Verlag veröffentlichten Büchern (die Überforderung an mich als Selbstverleger wurde sehr schnell zu groß) sowie einem Hörbuch, halten Sie heute mein achtes Buch in der Hand. Ich bin mir sehr wohl bewusst, dass Bücher auch verliehen werden, man sagt, im Schnitt vier bis sechs Mal. Ich spreche hier wohlgemerkt nicht von Büchern aus Leihbüchereien, sondern aus Privatbesitz. Übrigens, ich leihe und verleihe natürlich selber auch Bücher und möchte Sie hier nicht davon abhalten, weiter so zu verfahren, ist es doch ungemein wichtig, dass eine Nation liest. Sollten Sie aber künftig ein Buch von mir ausleihen, so richte ich an Sie, liebe Leserinnen und Leser, eine große Bitte: Weisen Sie auf mein Anliegen hin. Berichten Sie von dem Bücher schreibenden Feuerwehrmann, der eine Vision hat, die nur erfüllt werden kann, wenn viele Menschen seine Bücher kaufen. Wer mich kennt, weiß, dass hinter dieser Bitte kein billiger Werbegag steckt. Ich habe bisher zu meinem Wort gestanden und stehe auch heute dazu.
Aber was nutzt alles *Quake* – man muss es auch *make*!
Sätze wie: Gemeinsam sind wir stark, Einer für alle, alle für Einen, sind keine hohlen Metaphern, sie enthalten eine tiefe Wahrheit. Bei meinen Einsätzen als Feuerwehrmann erlebe ich immer wieder, wie viel eine hoch motivierte Gruppe erreichen kann. Nicht von ungefähr lautet der Wahlspruch der Feuerwehren: Gott zur Ehr, dem Nächsten zur Wehr.
In diesem Sinne versuche ich auch mein Leben zu gestalten. Mit meinen Büchern habe ich eine kleine Vorgabe geliefert. Da es nun von Ihnen abhängt, ob wir meine Vision gemeinsam

verwirklichen, rufe ich auch Ihnen den rheinisch aufmunternden Spruch zu:

Nicht quake – make!

So meine lieben Leserinnen und Leser. Jetzt aber erst einmal viel Freude und spannende Unterhaltung beim Lesen neuer Einsätze der Feuerwehr Düsseldorf und meiner Feuerwehrkameraden, die, wie in allen meinen vorhergegangenen Büchern, wieder mit ihrem richtigen Namen genannt werden.

Ihr Feuerwehrmann und Buchautor
Martin Meyer-Pyritz

Oh du fröhliche …

Der kräftige Nordostwind, der in den letzten Tagen das Wettergeschehen dominiert hatte, flaute in dieser Nacht erstmalig ab. Vermutlich hätten die Feuerwehrmänner sonst die dunklen Brandwolken, die unter dem gesamten Dachüberstand hervorquollen, nicht als so bedrohlich empfunden. Die besorgten Blicke, die sie sich zuwarfen, waren nicht unbegründet. Solche schwarzgrauen, watteartigen Brandgase können mitunter überraschend schnell durchzünden und damit zu einer ernsthaften Bedrohung für die Einsatzkräfte werden. Es wäre nicht der erste Discounter dieser Bauart, der danach bis auf die Grundmauern niedergebrannt wäre.

Der brennende Papiermüllcontainer stand auf der linken Seite. Es war offensichtlich, hier hatte das Feuer seinen Anfang gefunden. Verdächtig erschien den Feuerwehrmännern sein geöffneter Deckel. Unglücklicherweise stand der Container so dicht am Gebäude, dass die hoch aufschießenden Flammen auf das Holz, das den Dachüberstand von unten abschloss, übergegriffen hatten. Angesichts der Tatsache, dass der Brandrauch auf allen Seiten unter dem Dach hervorquoll, musste der Brand schon einige Zeit vor ihrem Eintreffen ausgebrochen sein. Der Einsatzleiter schickte lediglich einen einzelnen Mann mit einem C-Rohr zur Brandbekämpfung des Containers vor und ordnete an, dass ein erweiterter Trupp unter Atemschutz mit Wasser am Rohr durch den Haupteingang in den Verkaufsraum eindringen sollte. Mit Feuerwehräxten schlugen die Männer auf die verglaste Eingangstüre ein. Aber die Sicherheitsgläser der Tür hielten ihren kräftigen Schlägen noch eine ganze Weile stand.

Endlich hatten sie es geschafft und leuchteten in den dahinter liegenden Verkaufsbereich. Er war vollständig verqualmt. Nachdem der Trupp in dem undurchdringlichen Dunkel verschwunden war, beging der Feuerwehrmann, der den Auftrag bekommen hatte, den Container zu löschen, gleich mehrere gravierende Fehler. Allein, ohne Pressluftatmer und ohne die schützende Atemschutzmaske hatte er sich viel zu nah an den brennenden Container herangewagt. Zudem richtete er jetzt sein Strahlrohr mit Vollstrahl in die auflodernden Flammen und löste damit einen gewaltigen Flash-Over aus. Der schlagartig sich ausbreitende Feuerball wäre ihm dabei fast zum Verhängnis geworden. Völlig entnervt ließ er sein Strahlrohr fallen und lief zu seinem Einsatzleiter, der, am Löschfahrzeug stehend, das Geschehen mit entsetztem Blick verfolgt hatte. Aber anstatt aus seinen eigenen Fehlern gelernt zu haben, schickte er den Mann wieder allein und immer noch ohne Atemschutzgerät zurück. Dann überschlugen sich die Ereignisse. Der offenbar überforderte Einsatzleiter hatte die Brisanz der Lage völlig unterschätzt, denn innerhalb des Verkaufsraums gab es jetzt eine Rauchgasdurchzündung und der von ihm eingesetzte Trupp konnte nur mit viel Glück entkommen. Auf allen Vieren kamen die Männer hektisch aus dem zerstörten Eingangsbereich hervorgekrochen, wo sie sich stolpernd erhoben und aus dem Gefahrenbereich rannten. Nach einigen Metern rissen sie die Panikreißverschlüsse ihrer HUPF-Jacken auf und eine regelrechte Dampfwolke entstieg ihren überhitzten Körpern.

„Okay, so viel zu dem, was man alles verkehrt machen kann. Ihr könnt das Licht jetzt wieder einschalten."
Ich blinzelte, als die Deckenbeleuchtung wieder aufflammte und den gerade noch verdunkelten Unterrichtsraum erhellte.
„Und, irgendwelche Kommentare eurerseits zu diesem Film?"
„Ja, mich würde interessieren, wer den Film gemacht hat.

Die Feuerwehr wird das ja wohl kaum selbst gewesen sein, oder?"

„Richtig. Von der Feuerwehr stammt er nicht. Übrigens 'ne gute Frage, über die sich auch schon andere vor dir den Kopf zerbrochen haben. Die Bildqualität ist, das habt ihr ja selber sehen können, nicht so hervorragend. Wir vermuten …", der Kollege aus der Abteilung des Vorbeugenden Brandschutzes, der diesen Unterricht auf der Dienstgruppenleiterfortbildung hielt, hob wie abwehrend die geöffneten Hände, „… aber das ist wirklich nur eine Vermutung, dass derjenige, der diese Aufnahmen ins Netz gestellt hat, möglicherweise auch derjenige ist, der den Laden oder zumindest den Container angezündet hat."

„Und, hat man ihn geschnappt?"

„Meines Wissens nicht."

„Und wie ist das Ganze dann ausgegangen?"

„Das will ich euch gerne sagen. Wenige Minuten nach der Rauchgasdurchzündung, also nachdem die Feuerwehrmänner rausgekrochen waren, ist der gesamte Laden wie ein Kartenhaus in sich zusammengebrochen." Für einen Moment ließ er seine betonten Worte auf uns einwirken und kam dann auf sein eigentliches Unterrichtsthema zu sprechen. „Ich habe euch dieses aus dem Internet heruntergeladene Filmchen übrigens nicht gezeigt, damit ihr euch hier über die Fehler der Kollegen mokiert. Fehler machen wir selber. Viel wichtiger ist, dass wir daraus lernen, und Männer, und ich betone das noch einmal ausdrücklich, aus dem Gezeigten kann man eine ganze Menge lernen.

Beschäftigen wir uns also nicht damit, warum der Kollege völlig allein mit unzureichender Ausrüstung versucht hatte, den Container mit einem Vollstrahl zu löschen. Ich gehe davon aus, dass ihr als Dienstgruppenleiter wisst, dass man mit einem falsch eingesetzten Vollstrahl einen Flash-Over auslösen kann … richtig?"

Beifälliges Nicken.

„Gut, dann komme ich jetzt zu der Kernfrage. Wer von euch

hätte genau wie dieser Einsatzleiter seine Leute zum Löschen in den Verkaufsraum geschickt?

Ihr schweigt? Dann will ich euch etwas sagen. In den letzten Jahren hat es in Deutschland bereits mehrere ähnlich verlaufende Brände gegeben. Und immer traf es solche Discounter, die alle nach dem gleichen Prinzip aufgebaut sind. Stichwort Nagelplattenbinder. Schon mal gehört?"

Er ließ eine bautechnische Erklärung folgen, die bei meinen Kollegen und mir gelindes Erstaunen, um nicht zu sagen Entsetzen hervorrief.

„Früher wurden Dachstühle noch in alter handwerklicher Zimmermannstradition aufwendig miteinander verzinkt und verzapft. Eine grundsolide Bauweise, die, wie alte Fachwerkhäuser eindrucksvoll belegen, Jahrhunderte überdauern. In der heutigen Zeit verwendet man überwiegend Lochplatten aus verzinktem Metall. Statiker berechnen dazu exakt, wie viele Nägel an welchen Knotenpunkten und Verbindungsstellen eingetrieben werden müssen. Diese Bauweise ist weit weniger aufwendig und damit kostengünstiger. Noch billiger ist die Bauweise mit den sogenannten Nagelplattenbindern. Sämtliche Dachstühle von Discountern wie Lidl, Aldi und Co. sind damit zusammengezimmert. In neuester Zeit gehen leider auch andere Bauherren dazu über, solche Billigverbindungen einzusetzen. Hier werden Balken einfach stumpf aneinander geschlagen und mit krallenübersäten Blechplatten verbunden, die an ein Fakirbrett erinnern. Diese Nagelplatten erlauben schnellste und einfachste Bauweisen. Solange es nicht brennt, stellen sie auch keine Gefahr dar. Aber im Brandfall können diese Verbindungen für uns als Einsatzkräfte lebensgefährlich werden. Die Blechkrallen glühen ziemlich schnell aus, dabei lösen sich die Verbindungen und die gesamte Konstruktion stürzt innerhalb weniger Sekunden in sich zusammen.

Untersuchungen solcher Brände haben gezeigt, dass spätestens eine Viertelstunde nach Ausbruch des Feuers das komplette Gebäude in sich zusammenbricht." Er legte erneut eine längere Pause ein, um die Aussage seiner Worte auf uns wirken zu lassen.

„Fünfzehn Minuten, Männer, manchmal sogar noch weniger! Und jetzt frage ich euch noch mal: Wer von euch würde da seine Männer noch reinschicken? Denkt daran, ihr seid die ersten vor Ort und ihr müsst eine Entscheidung treffen. Aber es ist allein eure Entscheidung."

„Also ich würde auf jeden Fall reingehen. Schließlich sind wir die Feuerwehr. Wir können doch schlecht draußen stehen bleiben und zusehen, wie die Kunden da drin umkommen oder sich in ihrer Panik gegenseitig zu Tode trampeln."

„Keine Frage. Da gebe ich dir völlig Recht. Solange der Laden geöffnet hat und Kundenverkehr herrscht, müssen wir rein. Da gibt es nichts. Im Übrigen sind die Maße der Verkaufsflächen und die Anzahl der Ausgänge, also auch die Notausgänge, so berechnet, dass alle Kunden im Brandfall rechtzeitig herauskommen."

„Trotzdem müssen wir alles kontrollieren. Kann ja sein, dass da noch irgendwo zwischen den Gängen Menschen, warum auch immer, zurückgeblieben sind. Ich möchte jedenfalls nicht derjenige sein, dem der Staatsanwalt später vorwirft, seine Pflicht vernachlässigt zu haben."

„Okay, okay. Ich denke, darüber brauchen wir nicht weiter zu diskutieren. Wovon ich rede, sind Brände, die gewöhnlich erst nachts ausbrechen, also dann, wenn kein Kundenverkehr mehr herrscht."

„Also Brandstiftung!"

„Jaaa, nicht unbedingt. Es könnten ja auch technische Defekte einen Brand verursachen. Wobei das für unsere jetzige Betrachtung nicht von Bedeutung ist. Ich möchte euch viel mehr dafür sensibilisieren, eure eigenen Männer nicht sinnlos zu opfern." Der Referent des VB stützte seine Hände auf das Schreibpult, beugte sich weit vor und erklärte eindringlich: „Was glaubt ihr denn, was die Discounter machen, nachdem wir das Feuer gelöscht haben?"

Erneutes Schweigen.

„Na, die lassen mal eben zwei Caterpillar anrollen, und dann wird, was noch stehen geblieben ist, in Grund und Boden gefahren. Die Ware ist ohnehin verdorben. Was nicht Raub der Flammen wurde, ist eh nur noch eine unverkäufliche, von Brandgasen dioxinbelastete Versicherungsmasse. Und dafür sollen wir unser Leben riskieren? Überlegt euch das genau. Ich kann keinem von euch sagen, was er an der Einsatzstelle zu tun hat, aber wenn ich an eurer Stelle wäre, würde ich da niemanden mehr hineinschicken. Jedenfalls nicht nachts, wenn da kein Kunde mehr drin ist."

„Hm."

„Ja Martin?"

„Ich frag mich nur, wenn diese Läden so schnell zusammenklappen, warum bauen die dann überhaupt so'n Scheiß?"

„Na weil es billig ist! Was meinst du, wie viel Geld so eine große Verkaufsfläche in herkömmlicher Bauweise kosten würde, oder die nach einem Brand anfallenden Renovierungskosten? Der Brandschutt ist eh Sondermüll. Also … Ruckzuck weg mit dem ganzen Schwindel und neu gebaut. Das rechnet sich für die, glaube es mir."

Wochen später nach dieser DGL-Fortbildung verließ ich kurz vor sechs Uhr morgens unser Haus, um zur Feuerwache zu fahren. Viele Dinge in unserem Alltag laufen ja nach ganz bestimmten Ritualen ab, so auch bei mir. Die ersten Schritte legte ich noch betont langsam zurück und lauschte darauf, dass dieses satte, metallische Klicken in meinem Rücken erklang.

Schl…klck!

Sehr gut. Der automatische Türschließer hatte seiner Bestimmung entsprechend die Haustüre zugezogen. Ich setze meinen Weg im normalen Schritttempo fort, verlasse den schmalen, quer vor dem Haus verlaufenden Fußweg und erreiche nach wenigen Schritten die Spielstraße mit den kleinen Einfamilienhäusern. Normalerweise halten deren Bewohner ihre Jalousien um diese frühe Zeit geschlossen. Nicht so heute. Unter den halb hochgezogenen Lamellen werfen dezent leuchtende Lichterketten ihren warmen Lichtschein in die kleinen gepflegten Vorgärten. Selbst der triste Garagenhof, der sonst im tiefsten Dunkel liegt, wird heute von tausend funkelnden Sternen am nachtklaren Firmament in ein silbriges Licht getaucht.

Ich schließe auf und lasse das Garagentor in die Höhe schwingen. Wäre heute ein x-beliebiger Wochentag, so würde ich, statt mit dem Wagen zur Arbeit zu fahren, zum nahe gelegenen Bahnhof laufen und in die S-Bahn steigen. Aber heute war kein x-beliebiger Wochentag. Heute war der 26. Dezember und Weihnachten, da fährt die eh schon unpünktliche Bahn noch später als sonst. Auf jeden Fall zu spät für mich, wenn ich meine Feuerwache pünktlich erreichen möchte, und das muss ich; denn mein Dienst beginnt genau wie für alle anderen achthundert Düsseldorfer Feuerwehrmänner um sieben Uhr. Das bedeutet: Spätestens Punkt sieben Uhr hat sich jeder Feuerwehrmann umgezogen in der Fahrzeughalle einzufinden, denn dann wird der für die anstehende 24-Stunden-Schicht verbindliche Dienstplan vorgelesen. Jener Dienstplan, der bereits einen Tag zuvor geschrieben wurde und für jedermann sichtbar am Schwarzen Brett aushing.

Diesen Plan schreiben und vorlesen, gehört mit zu meinen Aufgaben. Ich bin Hauptbrandmeister und Dienstgruppenleiter auf der ersten Tour der Feuerwache 7 im Düsseldorfer Stadtteil Wersten. Die Feuerwache 7 ist eine Zugwache. Eine von insgesamt zehn Wachen der Berufsfeuerwehr in der Landeshauptstadt, vorausgesetzt, man zählt die Feuerlöschbootstation im Hafen als eigenständige Wache mit ein. Allerdings gäbe es auch keinen triftigen Grund, meine „schwimmhäutigen" Kollegen nicht dazuzuzählen. Sie sind schließlich genauso Feuerwehrmänner wie wir, die „Landratten", nur dass sie neben der feuerwehrtechnischen Ausbildung zusätzlich über eine Spezialausbildung verfügen, die sie berechtigt, den meistfrequentierten Fluss Deutschlands, den Rhein, mit dem größten darauf verkehrenden Feuerlöschboot zu befahren, während wir uns an Land in stinkenden Dieselfahrzeugen durch den dichten Stadtverkehr oder über vollgestopfte Autobahnen quälen müssen. Und obwohl das eine wahrlich nervenaufreibende Tätigkeit ist, alarmmäßig, also mit eingeschalteten Sondersignalen ein Feuerwehrgroßfahrzeug zum Einsatz zu kutschieren, ist der Maschinistenposten bei Feuerwehrmännern heiß begehrt. Dabei spielt es nur eine untergeordnete Rolle, ob man hinter dem Lenkrad eines 18 Tonnen schweren Löschgruppenfahrzeugs, eines mit 5000 Litern Löschwasser beladenen Tanklöschfahrzeugs oder einer Drehleiter von 30 Metern Steighöhe über die Straßen „donnert" – die große Verantwortung und der Adrenalinausstoß ist überall gleich hoch.

Ein Feuerwehrmaschinist muss seine wachsamen Augen überall haben, muss die unmöglichsten Reaktionen der anderen Verkehrsteilnehmer quasi schon im Voraus erahnen. Und davon gibt es reichlich. Hier nur eine kleine Auswahl: Da gibt es erschrockene Autofahrer, die, wenn sie uns endlich, aber natürlich viel zu spät in ihrem Rückspiegel bemerkt haben, unter dem laut tönenden Martinshorn zusammenzucken und irrationale Bremsmanöver durchführen. Und es gibt notorische Ampelraser, die selbst dann noch über eine Kreuzung brettern, wenn der gesamte übrige Verkehr längst steht, um uns unsere gesetzlich zugestandene Vorfahrt zu gewähren. Und natürlich gibt es auch noch diese abgefahrenen Diskoheinis in ihren aufgemotzten Blechkisten, die überhaupt nichts hören, und Brummifahrer, die Zeitung lesend zielsicher dem nächsten Stauende zurasen. Nicht zu vergessen die unzähligen Teenys, die sich mit Rap, Hip-Hop, Heavy Metal und allem, was die elektronische Unterhaltungsindustrie sonst noch so zu bieten hat, ihre Ohren volldröhnen. Diese, dem Leben zumindest kurzzeitig entrückten Peoplechen „taumeln" ebenso gedankenverloren wie manch schwerhörige Alte, ohne nach rechts oder nach links zu sehen, mit verzückten Gesichtern über die Straße. Sie alle, nebst jenen übermütigen Fahrradfahrern, denen unsere Verkehrsregeln so unbekannt scheinen wie das altindische Sanskrit, addiert mit weiteren „Wahnsinnigen", muss der Maschinist eines im Einsatz befindlichen Feuerwehrfahrzcugs ständig im Blick haben!

Zufrieden wischte ich mir mit dem Handrücken über den Mund. Zufrieden deshalb, weil ich gerade in Ruhe mein zweites halbes Brötchen verspeist hatte, ohne dass mich ein Alarm aus der Frühstückspause gerissen hätte. Für meine Männer und mich wäre eine abrupte Unterbrechung beim Frühstück nichts Außergewöhnliches, schließlich fragen die Feuer bei uns nie vorher freundlich an, ob wir gerade Frühstückspause haben oder nicht. Wenn es alarmiert und der Vierfachgong durch sämtliche Räume und Gänge schallt, bleiben uns maximal neunzig Sekunden Zeit. Danach müssen wir die Wache verlassen haben – egal ob es Tag oder Nacht ist! Und solche Alarme kommen verdammt oft vor. Im Schnitt fährt die Düsseldorfer Feuerwehr jedes Jahr 100.000 bis 120.000 Mal zum Einsatz!

Unsere Frühstückspause beginnt um 9.00 Uhr und geht eine halbe Stunde. Diesmal waren wir verschont geblieben. Die nächste offizielle Pause ist mittags von 12.30 bis 14.30 Uhr. Die meisten Kollegen legen sich, genau wie ich, nach dem Essen ein wenig aufs Ohr. Schließlich steht uns ja noch die lange Nacht bevor, und erfahrungsgemäß passieren genau dann die größten Einsätze. Und vor Weihnachten, da geben wir uns keinen Illusionen hin, machen die Einsätze auch nicht Halt.

Jochen, der Maschinist des ersten Fahrzeugs, warf mir einen fragenden Blick zu.

„Wie sieht's aus, Chefe? Hast du gleich Zeit? Wir müssten tanken fahren. Unser LF ist nur noch halb voll."

„Von mir aus. Wann wolltest du los?"

Jochen, der in Wirklichkeit Dieter Mass heißt, den aber alle wegen seiner Namensähnlichkeit mit dem legendären Rennfahrer Jochen Maas nur Jochen rufen, zuckte gleichgültig die Schultern.

„Sag du's. Du bist der Boss."

„Okay, dann lass uns direkt nach dem Frühstück fahren."

„Machst du 'ne Durchsage?"

Da ich sowieso zu meinem DGL-Büro gehen musste, nickte ich. Im Vorraum hängt meine Alarmjacke und dort stehen auch meine Feuerwehrstiefelsachen mit der übergestülpten dicken Einsatzhose, ohne die ich nicht von der Wache fahre, selbst dann nicht, wenn es nur zum Tanken gehen sollte. Hier befinden sich auch der Alarmdrucker und das Schaltpult mit der Rundspruchanlage. Sehr gut erinnere ich mich an längst vergangene Zeiten, da bildete dieser Raum (einen ähnlichen besitzt jede Feuerwache) die kleine, hauseigene Zentrale. Hier verrichteten die Zentralisten ihre 24-Stunden-Schicht. Über das Schaltpult steuerten sie die Hallen- und Hoftore, deren Bedienung, nachdem man diese Posten wegrationalisiert hatte, automatisiert wurde. Früher lösten die Zentralisten auch die Alarme aus, schalteten je nach Bedarf die diversen Beleuchtungen im Wachgebäude ein und schlossen, nachdem der Löschzug den Feuerwehrhof verlassen hatte, die Fahrzeughallentore. In den Achtzigern erfolgte die große Rationalisierungswelle. Heute erinnert nur noch das Tableau für die Rundspruchanlage an diese Zeiten, die nachfolgende Generationen nicht mehr kennengelernt haben.

Auf genau solch einem Tableau drückte ich jetzt einen der weißen rechteckigen Knöpfe und sprach meine Durchsage in das kurze, fest verschraubte Mikrofon:

„Achtung! Besatzung 7-46-1 zum Fahrzeug, tanken. Ich wiederhole. 7-46-1 fährt zum Tanken."

Mehr brauchte ich nicht zu sagen. Die Männer des ersten Löschgruppenfahrzeugs waren jetzt ausreichend informiert. Jeder, der zur Besatzung gehörte, wusste, dass er mitfahren musste, und würde sich umgehend in der Fahrzeughalle einfinden. Die vier, bestehend aus dem Angriffstrupp und dem Wassertrupp, würden, falls sie es nicht schon vorher getan hatten, ihre Alarmausrüstung ins Fahrzeug stellen, einsteigen und anschließend mit dem Maschinisten bei mir vorfahren. Das Einzige, was ich jetzt noch tun musste, war, die Leitstelle anzurufen, um ihr mitzuteilen, dass wir Tanken fahren möchten. Dieser Anruf ist wichtig, denn ohne die Genehmigung der Rettungsleitstelle verlässt kein Alarmfahrzeug die Feuerwache.

Die Rettungsleitstelle befindet sich auf dem Gelände der Hauptfeuerwache an der Hüttenstraße. Hier in der Innenstadt laufen sämtliche Fäden zusammen. Jeder Notruf, den ein Bürger innerhalb des Stadtgebietes tätigt, wird von einem Disponenten entgegengenommen und umgehend an die entsprechenden Feuerwachen oder andere Dienststellen weitergeleitet. Die Disponentenplätze in dem hochmodernen quaderförmigen Bau, der erst vor wenigen Jahren in Dienst genommen wurde, sind rund um die Uhr besetzt. Verglichen mit unserem menschlichen Organismus stellt die Rettungsleitstelle das zentrale Nervensystem der Landeshauptstadt von NRW dar. Eine ausgeklügelte Technik sorgt dafür, dass selbst bei Stromausfall oder dem Zusammenbruch des normalen Telefonnetzes die Kommunikation zu anderen wichtigen Stellen erhalten bleibt. Jede Fahrzeugbewegung wird exakt registriert. Egal ob ein Rettungswagen einen Patienten von A nach B transportiert, egal ob sich ein Löschgruppenfahrzeug, eine Drehleiter oder ein Tanklöschfahrzeug von welcher Feuerwache auch immer irgendwo im Einsatz befindet, und egal ob eines der vielen Sonderfahrzeuge von der Umweltschutzwache ausrückt oder das Feuerlöschboot den Rhein stromauf- oder stromabwärts schippert –, stets ist die Leitstelle darüber informiert oder muss informiert werden. Das gilt auch, wenn man wie wir die Wache nur zum Tanken verlassen möchte.

Ganz in der Nähe unserer Feuerwache befindet sich eine große Tankstelle mit Zapfsäulen an mehreren parallel verlaufenden Fahrspuren. Die linke Spur ist ausschließlich LKWs vorbehalten, trotzdem stand hier ein PKW. So was kommt öfter vor, aber spätestens dann, wenn der Fahrer die voluminöse Zapfpistole zieht, erkennt er, dass er hier verkehrt ist. Der junge Mann, der heute bei unserem Eintreffen die Zapfsäule blockierte, hatte jedoch nicht die Absicht zu tanken. Er lehnte, die Arme lässig auf das Wagendach gestützt, neben der geöffneten Fahrertür und schaute, als wartete er auf jemanden, in Richtung Kassenraum.

Jochen grinste mich schelmisch an. „Mal sehen, wie lange der da noch so ruhig stehen bleibt."

Im Schritttempo ließ er unser großes LF näherrollen. Der Mann tat, als würde er uns überhaupt nicht bemerken.

„Was meinst du, soll ich mal kurz das Horn laufen lassen?", feixte Jochen.

„Bloß nicht!", entrüstete ich mich.

„War doch nur Spaß."

Im Grunde stellte der Fahrer mit seinem geparkten PKW kein wirkliches Problem dar, vermutlich würde er eh gleich wegfahren. Aber es ärgerte mich doch, dass der Typ so gar nicht reagierte. Schließlich parkte er genau vor der einzigen LKW-Zapfsäule. Jochen rollte noch ein Stück weiter.

„Sag mal, will der nicht oder kann der nicht? Der sieht uns doch."

Ich hob beschwichtigend die Hand. „Nicht aufregen Jochen, ich regel das."

Nachdem ich die Seitenscheibe hinuntergekurbelt hatte, steckte ich den Kopf aus dem Fenster.

„Hallo! Sie stehen hier vor der LKW-Zapfsäule. Würden Sie bitte ein Stück weiter vorfahren!"

Keine Reaktion.

„*Hallo!* Wir möchten hier tanken!"

Erst jetzt wendete der Fahrer den Kopf, das aber ganz gemächlich, und warf mir einen langen Blick zu. So einen von der Sorte: He, was quatschst du mich an? Du siehst doch, dass ich hier stehe!

Aber tatsächlich schwieg er und wendete sich genauso gemächlich wieder ab.

„Hallo, fahren Sie bitte Ihren Wagen weg, das ist kein Parkplatz!"

Keine Reaktion. Ich zog den Kopf wieder herein und sah Jochen an. „Sag mal, spinnt der? Der behandelt uns ja geradezu, als wären wir Luft für ihn."

Jochen platzte fast der Kragen. Er schlug mit der Hand auf den Lenkradkranz.

„Eh, das gibt's doch gar nicht. Guck mal, jetzt zündet sich der Typ sogar noch 'ne Zigarette an!"

„Okay, das reicht. An 'ner Tankstelle rauchen und das unter den Augen der Feuerwehr. Das ist mehr als dreist. Ich steig jetzt aus."

„Lass dich bloß nicht provozieren!", hörte ich Jochen noch rufen, aber dafür war es schon zu spät. Mein Sinn für Zartgefühl hatte sich soeben verabschiedet.

Aus der Nähe betrachtet war der junge Mann gar kein junger Mann mehr, eher gesetztes, aber auf jugendlich getrimmtes Mittelalter. Uns trennten nur noch wenige Schritte. Der Mann musste mein Kommen bemerkt haben, zeigte aber immer noch keine Reaktion.

„Hallo, Sie stehen hier an der Tanksäule für LKW. Im Übrigen mache ich Sie darauf aufmerksam, dass das Rauchen aus Sicherheitsgründen hier verboten ist."

„Verpiss dich!"

„Äh, wie bitte? Was sagten Sie da gerade?"

Jetzt bequemte sich der Mann, sich mir zuzudrehen.

„Verpiss dich, hab ich gesagt! Kümmer dich um deinen eigenen Scheiß, verstanden?"

Der Typ grinste mich frech an. War ich vor dieser unverschämten Äußerung noch anderer Meinung gewesen, so fand ich jetzt, dass er ein regelrechtes Ohrfeigengesicht hatte. Es zuckte mir in den Händen. Der Typ zog demonstrativ an seiner Zigarette. Er schien zu wissen, was in mir vorging, denn er kam jetzt um seine geöffnete Wagentür herum, pflanzte sich breitbeinig vor mir auf, reckte das Kinn herausfordernd vor und warf den Kopf in den Nacken. „Wat is, Jünken, juckt dir vielleicht die Fresse?"

Nein, mir juckte nicht die „Fresse", aber ich hatte mächtige Lust, diesem Maulhelden selber das anzubieten, was ihm da gerade im Kopf herumspukte.

Reiß dich zusammen, Martin, reiß dich zusammen. Du trägst die Uniform dieser Stadt. Und außerdem ist heute Weihnachten, da prügelt man sich nicht.

„Machen Sie die Zigarette aus und fahren Sie Ihren Wagen weg, Sie behindern die Feuerwehr."

Der Typ beugte sich ein wenig vor und hielt die Hand ans Ohr: „Wat hasse jesacht, he?"

„Sie haben mich schon recht gut verstanden. Wenn Sie keinen unnötigen Ärger wollen, befolgen Sie lieber meine Anordnung."

„Ärger? Ich jeb dir gleich Ärger." Er kam einen bedrohlichen Schritt näher.

Im Laufe meiner Jahre bei der Feuerwehr war ich mehrfach in ähnliche Situationen gekommen, und fast immer hat es sich als richtig erwiesen, bei solchen Burschen keine Schwäche zu zeigen. War mir vorhin schon mein Zartgefühl abhanden gekommen, so hatte ich spätestens jetzt auch noch die Uniform und Weihnachten vergessen.

Na ja, nicht ganz, aber jedenfalls war ich nicht gewillt, vor diesem aufgeblasenen Gockel den Schwanz einzuziehen. Wenn der Typ es wirklich darauf ankommen ließe, so beschloss ich ihm eine handfeste Lektion zu erteilen, die er so schnell nicht vergessen sollte. Ich nahm eine unverdächtig aussehende Grundstellung ein, die mich in die Lage versetzt, einen Angreifer ruckzuck von den Beinen zu holen. Indes, das Schicksal hatte anders entschieden. In jeder Hand ein Sixpack, kam sein Kumpel aus der Tankstelle. „Abmarsch, Kalle!"

Aha, mein Maulheld hieß also Kalle.

Mit den Worten: „Na Jünken, da hasse ja noch ma Glück jehabt", drehte der sich um, schnippte die Zigarette zu Boden und stieg in seinen Boliden. Die Türen knallten, der Motor röhrte auf und dann donnerten die zwei mit ihrer flüssigen

Weihnachtsmahlzeit davon. Hinter mir streckte jetzt Jochen den Kopf aus dem Fahrerfenster und rief lachend: „He, Sie da!"

Ich drehte mich um. „Ja Sie, machen Sie gefälligst Platz. Sie behindern die Feuerwehr beim Tanken!"

Auf der Rückfahrt war dieser kleine Zwischenfall natürlich *das* Gesprächsthema unter meinen Männern, und das ging auch noch auf der Wache so weiter. Während die Jüngeren so ihre Zweifel hegten, wussten einige ältere Kollegen wahre Horrorgeschichten von mir zu berichten. „Ich sage euch, der Martin hätte den Kerl glatt umgehauen." Oder: „Der Typ kann von Glück reden, dass sein Kumpel kam. Unser DGL ist nämlich ein Tier, der andere hätte keine Chance gehabt." Solche und ähnliche Kommentare verbreiteten eine höchst belustigende Weihnachtsstimmung, wobei sehr viel Ironie in den Worten meiner Kollegen mitschwang. Ironie, an der ich nicht ganz unschuldig war. Prangt an meiner Spindtüre doch ein Foto, das mich als Taekwondokämpfer mit schwarzem Gürtel bei einem Bruchtest zeigt.

Und meinen ledernen Boxsack, den ich von Feuerwache 6 zur Feuerwache 7 mitgenommen habe, traktiere ich schließlich auch unter den „entsetzt" blickenden Augen der Kollegen. Nur gut für mich, dass sich dieser unschuldige Boxsack nicht wehren kann.

Apropos Weihnachten. Einige Tage vor dieser Tankstellengeschichte befanden wir uns wie die meisten Menschen in diesem Land im alljährlichen Weihnachtstrubel. Wir wollten natürlich auch diesmal wieder einen richtig schön geschmückten Tannenbaum haben. Von der Dienststelle gab es einen gewissen Betrag, der in der DGL-Kasse verwahrt wurde. Den Baum hatten wir schon gekauft, aber als es galt, den Christbaumschmuck anzubringen, zogen unsere Jungfeuerwehrmänner, die alter Tradition gemäß den Baum zu schmücken hatten, lange Gesichter. Sie weigerten sich. Mit dem Zeug sei kein Staat mehr zu machen. Besonders die für eine Feuerwache unrühmlich geflickte

Lichterkette hätte ja wohl endgültig ihr Leben ausgehaucht. Und die verblichenen Kugeln – na ja. Unser Tagesdienst, der ihnen die Arbeit aufgetragen hatte, sah die Sache weniger dramatisch.

Nach einigem Hin und Her tauchten die zerstrittenen Parteien bei mir im Büro auf.

„Die Sachen sind doch noch gut. Ich weiß überhaupt nicht, was die jungen Burschen haben. Immer wollen die alles gleich neu kaufen."

„Der ganze Kram ist doch nur noch Schrott", konterten die jungen Kollegen. „Ihr alten Säcke seid bloß zu geizig, ein paar Euros zu investieren."

Nachdem ich mir das Wortgeplänkel eine Weile angehört hatte, kürzte ich die Sache ab. „Und, was soll *ich* eurer Meinung nach jetzt machen?"

„*Du* musst nur das Geld rausrücken."

„Ah! Und was ist mit der Kantinenkasse?"

„Die Kantine ist pleite. Da ist kein einziger Cent mehr drin." Jochen, der auch unsere in Eigenregie geführte Kantine leitet, war mitgekommen und zuckte die Schultern. „Du kennst das doch, Chef. Zum Jahresende ist immer Ebbe. Alles aufgefressen und versoffen."

„Und jetzt?"

„Ja, DGL-Kasse. Was sonst? Für unseren Weihnachtsbaum wirst du doch wohl noch 'n paar Mäuse lockermachen."

Es verstand sich von selbst, dass ich aus der DGL-Kasse einige Mäuse für diesen Zweck lockermachte. Und meine Kollegen, die nichts anderes erwartet hatten, wussten auch sogleich, wo sie den Christbaumschmuck einkaufen wollten. „Hier", Uli griff in seine Hosentasche und präsentierte einen Werbeprospekt. „Die haben gerade Superaktionspreise. Billiger kriegen wir die Sachen nirgendwo."

Zehn Minuten später verließ unser Kombi die Wache in Richtung schwedisches Möbelhaus. Es war mir ganz lieb, dass Uli gefahren war, denn erstens war Oberbrandmeister

Ulrich Hein ein grundsolider, gestandener Familienvater, von dem ich erwarten durfte, dass er wusste, wie ein ordentlicher deutscher Christbaum geschmückt wird, und zweitens war er für seine Sparsamkeit bekannt. Ich durfte daher davon ausgehen, von dem Geld, das ich ihm mitgegeben hatte, noch etwas wiederzusehen.

Wir standen gerade zu mehreren im Tagesraum und diskutierten darüber, wo nun der Baum und wo der Fernseher stehen sollte, da riss Uli die Türe auf. „Melde mich vom Weihnachtseinkauf zurück!", rief er freudestrahlend und schwenkte eine überdimensionale Tüte aus braunem Packpapier in seiner Hand. Sofort drängten wir uns erwartungsvoll um ihn.

„Zeig mal, zeig mal!" „Ruhig Leute, ganz ruhig." Uli schob uns zur Seite und stellte sich neben einem Tisch in Position. Dann langte er in die Tüte, in eine wohlgemerkt sehr sehr große Tüte. „Also … da hätte ich einmal rote Kugeln."

„Rote Kugeln, sehr schön."

„Und ich habe noch einmal Kugeln."

„Aha, wieder rote."

Uli sah in unsere erwartungsvollen Gesichter. Er machte es wirklich spannend. Endlich griff er wieder in die Tüte. „Und dann habe ich noch mal rote Kugeln."

„Äh, schon wieder rote?"

Unseren leise krittelnden Unterton missachtend, lief Ulis Bescherung weiter. „Und hier habe ich …?"

„Noch mal Kugeln?"

„Jaaa! Aber … diesmal … blaue. Und … noch mal blaue."

„Na toll, Kugeln dürften wir jetzt also genug haben. Und was ist da sonst noch drin?" Die Tüte war nämlich noch lange nicht leer. Uli zauberte nach und nach Schachteln mit kleinen Holzfigürchen sowie weiteren Glitzerschmuck wie silberne und bunt schillernde Sterne hervor.

„Wow! Und das hast du alles für die zwanzig Euro bekommen?" Ich starrte ungläubig auf die aufgebaute Pyramide aus bunten Schachteln. Der Christbaumschmuck hätte locker für drei oder sogar vier Weihnachtsbäume gereicht. „Hast du denn auch an eine neue Lichterkette gedacht?"

Uli sah mich vorwurfsvoll an. „Selbstverständlich. Hier! Sogar zwei." Während er demonstrativ auf zwei Schachteln zeigte, die mir vermutlich ob meiner Faszination über die vielen Kugeln entgangen waren, setzte er noch einen drauf und legte triumphierend einige Münzen auf den Tisch. „Wie du siehst, habe ich sogar noch etwas überbehalten und …" Uli zwängte sich erneut durch unsere Reihen, öffnete die Tür vom Tagesraum, bückte sich, indem er uns seinen Hintern entgegenstreckte, griff kurz um die Ecke und hielt uns triumphierend eine zweite, ebenfalls sehr sehr große Tüte entgegen. „Tatatata!"

Oh oh. Unser kreuzbraver Uli war offensichtlich in einen nie zuvor gekannten Kaufrausch verfallen. „Das sind alles Strohsterne", erklärte er stolz. „Aber ganz tolle. Die musste ich einfach noch mitnehmen. Guckt mal…" Er schien gar nicht zu merken, dass wir uns schockiert ansahen. Uli befand sich noch immer in einem euphorischen Rausch, denn nachdem er auch diese Riesentüte vor unseren hervorquellenden Augen ausgepackt hatte, rief er begeistert: „Und das alles für unter zwanzig Euro! Na was sagst du, Chef?"

Darauf tat es einen lauten Schlag und der Tagesdienst bestimmte zwei Kollegen, die den in Ohnmacht gefallenen DGL in sein Büro tragen mussten. Als ich wieder zu mir kam, schmückten die jungen Kollegen bereits den Baum (Schmuck war ja jetzt reichlich vorhanden). Die anderen Männer wuchteten die „bescheidenen Reste" des Christbaumschmuckeinkaufs in einen Kellerraum, wo sie für weitere Generationen von Feuerwehrmännern eingelagert wurden.

PS: Zu Ulis Ehrenrettung bekenne ich hier freimütig, dass wir auf unserer Wache noch nie zuvor einen so hübsch geschmückten Weihnachtsbaum hatten – und das für unter zwanzig Euro!

Der Sockenmann

Für diejenigen Leserinnen und Leser, die den Ablauf auf unserer Feuerwache nicht kennen, gebe ich zum besseren Verständnis hier noch einmal eine kurze Schilderung.

Unsere Feuerwache ist an allen dreihundertfünfundsechzig Tagen im Jahr rund um die Uhr besetzt. Dabei fahren wir ein Zweischichtensystem. Beginn ist jeweils morgens sieben Uhr. Sind die vierundzwanzig Stunden vorüber, löst uns die andere Tour ab. Diese Ablösung erfolgt positionsbezogen. Wer seinen Ablöser hat, kann nach Hause gehen, selbst wenn es noch nicht sieben Uhr ist. Wer bis dahin noch keinen Ablöser hat, muss sich, genau wie diejenigen, die gerade ihre Schicht beginnen, zu der morgendlichen Verlesung des Dienstplanes in der Fahrzeughalle einfinden. Dann entscheidet der Dienstgruppenleiter, was geschieht. Meist entlasse ich den Kollegen mit einigen freundlichen Worten. Sollte jedoch, wie es neulich geschah, eine Fahrgemeinschaft von gleich vier Mann im Stau auf der Autobahn festsitzen, dann müssen die Kollegen der alten Tour so lange warten, bis die fehlenden eintreffen und die vorgesehene Mannschaftsstärke erreicht ist. Zum Glück kommt so etwas sehr selten vor. Viel größer ist die Wahrscheinlichkeit, dass sich um sieben Uhr noch einige Fahrzeuge im Einsatz befinden. In solch einem Fall rufe ich die Leitstelle an und erkundige mich, wie lange die Kollegen noch draußen tätig sind. Dauert der Einsatz länger, wird an der Einsatzstelle abgelöst.

Aber egal zu welcher Tages- oder Nachtzeit es alarmiert, wir haben eine äußerst enge Zeitvorgabe. Innerhalb von neunzig Sekunden müssen wir die Feuerwache verlassen haben. Solche extrem kurzen Ausrückezeiten erreicht man natürlich nur, wenn man sich wie wir während der gesamten vierundzwanzig Stunden auf der Feuerwache befindet. Manch ein Feuerwehrmann verbringt daher mehr Zeit mit den Kollegen auf der Wache als mit seiner eigenen Familie. Es dürfte daher nicht verwundern, dass unsere Feuerwache für viele ein zweites Zuhause ist. So eine Feuerwache ist ein kleines, autarkes System. Hier arbeiten und leben wir zusammen. Jede Wache verfügt über eine eigene Küche, in der für alle gekocht wird. Wir haben gleich mehrere Aufenthaltsräume, in denen wir auch gemeinsam essen. Die täglich anfallenden Arbeiten vergibt der Tagesdienst. Für jede Schicht bestimme ich einen Hauptbrandmeister mit dieser Aufgabe. Er verteilt die Arbeiten an die Mannschaft. Wir sind zwar kein Produktionsbetrieb, aber auf einer Feuerwache gibt es immer etwas zu tun. Reinigungs- und Putzarbeiten gehören genauso dazu wie Fahrzeugpflege, kleinere Reparaturen an Haus und Hof sowie feste Arbeiten in den wachinternen Werkstätten. Wir verfügen über eine Schlosserei und eine Tragenwerkstatt, in der sämtliche Krankentragen und Stühle aller Düsseldorfer Rettungsfahrzeuge repariert und gewartet werden. Weiterhin obliegt unserer Wache die Wartung, Prüfung und Pflege aller tragbaren Leitern. Ich könnte noch weitere Arbeiten anführen, aber ich denke, dass Sie auch jetzt schon einen kleinen Einblick gewonnen haben, was bei uns so ansteht. Die primären Aufgaben bilden natürlich die Einsätze, und um dafür fit zu sein, wird ständig geübt und trainiert. In regelmäßigen Abständen besuchen alle Feuerwehrmänner Fortbildungsveranstaltungen, die überwiegend an der Feuerwehrschule stattfinden. Solche Fortbildungen sind meist ein Mix aus theoretischem und praktischem Unterricht. Bei Seminaren, die über mehrere Tage gehen, wird man vom 24-Stunden-Dienst freigestellt und drückt stattdessen täglich die Schulbank. Besonders hohe Anforderungen werden hierbei an das Rettungsdienstpersonal gestellt, aber dazu später mehr.

Wie schon erwähnt, ist eine Feuerwache kein Produktionsbetrieb, darum läuft hier alles etwas gemächlicher ab. Ein *Käffchen* zwischendurch gehört genauso dazu wie die unvermeidliche Zigarettenpause, auch wenn seit der neuen Gesetzesverordnung nur noch außerhalb des Gebäudes gepafft werden darf. Sport steht natürlich auch auf dem Programm. Die Stadt hat eigens für ihre Feuerwehrleute drei Fitnesstrainer engagiert, die zwei Mal die Woche mit uns trainieren. Darüber hinaus haben wir uns in den weitläufigen Kellerräumen in Eigenleistung einen wachinternen Fitnessraum eingerichtet. Hier in unserer Eisenkammer, wo noch echter Männerschweiß fließt, werden an diversen Hanteln die Muckis gestählt. Dank einiger Ergometer und einem guten Crosstrainer kommt das kardiogene Ausdauertraining ebenfalls nicht zu kurz. Und sollte ein Kollege den Wachkoller kriegen oder mal schlecht drauf sein, so kann er seinen Frust an dem bereits erwähnten Boxsack abreagieren, der hängt nämlich ebenfalls hier unten. Einige Unermüdliche trainieren sogar noch in den späten Abendstunden. Stört ja keinen. Anders an unserem Billardtisch, der in der Eingangshalle steht und der auch sehr gerne genutzt wird. Hier ist allerdings um zweiundzwanzig Uhr Feierabend. Das laute Klackern der Kugeln würde sonst diejenigen stören, die sich um diese Zeit schon in ihr Bett zurückgezogen haben.

Bett? Wieso Bett?, fragen Sie.

Ja, dachten Sie etwa allen Ernstes, wir müssten vierundzwanzig Stunden ohne Unterbrechung durcharbeiten?

Nein, nein, so knallhart sind wir Feuerwehrmänner nun doch nicht. Wir müssen zwar vierundzwanzig Stunden auf der Wache präsent sein, aber der reguläre Arbeitsdienst endet um 18.00 Uhr, danach beginnt die Bereitschaftszeit. Dennoch kommt es natürlich immer wieder vor, dass wir uns komplette Nächte um die Ohren schlagen, aber das ist Gott sei Dank nicht die Regel. Alle Einsätze, die vor Mitternacht passieren, zählen wir sowieso nicht, und kleinere Vorkommnisse wie brennende Mülltonnen tauchen zwar in der Statistik auf, werden von uns aber ebenfalls nicht mitgerechnet.

Entgegen unserer Befürchtungen war es den ganzen Tag ruhig geblieben. Das heißt: Nur für den Löschzug war es ruhig geblieben, unsere Rettungswagen hatten wie gewöhnlich auch heute ihr übliches Quantum an Einsätzen gefahren.

Nach einem vorzüglichen Weihnachtsessen (unser Küchenchef hatte sich wieder einmal selbst überboten) mit anschließendem geselligem Beisammensein hatte ich mich zu vorgerückter Stunde in mein Zimmer zurückgezogen. Wie gewöhnlich ließ ich trotz der tiefen Temperaturen das Fenster sperrangelweit aufstehen. Da ich auch die Vorhänge nicht zuzog, konnte ich durch die kahlen Äste des großen Ahorns den Nachthimmel beobachten. Das Fenster zeigt genau nach Norden. In dieser Nacht trieb ein kalter Wintersturm gewaltige Wolkengebilde vor sich her. Der Abendstern, der in klaren Nächten hereinfunkelt, wurde von ihnen immer wieder verdeckt. Hier, im dunklen Zimmer liegend zur Ruhe gekommen, beobachtete ich das faszinierende Naturschauspiel. Unwillkürlich musste ich an den Schöpfer denken, der diese einzigartige Welt erschaffen hatte. Manch anderer wäre angesichts der frostigen Wetterlage vermutlich zu einer weniger christlichen und eher nüchternen Betrachtungsweise gelangt. Wie viel Freude, Glück und Zufriedenheit entgeht unserer hektischen Gesellschaft, all jenen Menschen, die zunehmend die frohe Botschaft Gottes ablehnen oder nie kennengelernt haben und die sich selbst an einem Fest wie diesem nur den oberflächlichen Vergnügungen oder dem hemmungslosen Konsum hingeben. Während meine philosophischen Gedanken wie die Wolkengebilde am Himmel dahintrieben, fielen mir die müden Augen in immer kürzeren Zeitabständen zu, bis ich schließlich einschlief.

Schlag null Uhr eins riss mich der Feueralarm aus dem Schlaf. Über alle Flure und in sämtliche Räume schallte der

Vierfachgong. Obwohl ich sofort hellwach war, hatte ich jegliches Zeitgefühl verloren und hätte schwören können, schon mehrere Stunden geschlafen zu haben. Allerdings erinnerte ich mich genau, dass ich unmittelbar vor dem Einschlafen, das musste so gegen 23.50 Uhr gewesen sein, noch einmal auf die Uhr geschaut hatte. Seither waren also gerade mal zehn Minuten vergangen. Erstaunlich!

Mit dem ersten Knacken des Lautsprechers flog meine Bettdecke zur Seite. Unmittelbar nach diesem charakteristischen Geräusch saß ich schon auf der Bettkante. Als der Vierfachgong aus dem Lautsprecherkasten ertönte, streifte ich mir bereits die Strümpfe über. Sämtliche Handgriffe liefen in mechanischer Routine ab. Nachdem die Leitstelle die ersten ausrückenden Fahrzeuge aufrief, rannte ich bereits gegen den Strom meiner Kollegen, die in die Fahrzeughalle eilten, in Richtung Büro. Für eine kurze Zeit erhellte das Alarmlicht sämtliche Flure und Gänge. Bevor es sich wieder automatisch ausschaltete, mussten wir längst die Wache verlassen haben. Neunzig Sekunden können dann verdammt knapp werden. Besonders, wenn man mitten in der Nacht aus dem Schlaf gerissen wird.

Anfänglich war ich bei Alarmierungen um den großen Billardtisch und weiter an der Küche vorbei durch den Tagesraum gelaufen, jenen Raum, in dem derzeit unser Christbaum steht. Von dort gelangte ich auf den Gang mit den Ruheräumen der RTW-Besatzungen und weiter in die kleine Fahrzeughalle, hinter der sich der bereits beschriebene Vorraum mit dem Alarmdrucker anschließt. Irgendwann glaubte ich, wertvolle Sekunden einsparen zu können, wenn ich das Wachgebäude über den Haupteingang verlassen und parallel mit der Hausfront nach vorne laufen würde. Genau das tat ich jetzt. Kaum draußen, blies mir ein eisiger Wind entgegen. Aus dem warmen Bett gerissen und ohne wärmende Jacke empfand ich die Winterkälte als besonders frostig. Nur gut, dass ich höchstens dreißig Meter weit laufen musste. Aus den Lautsprechern erfolgte immer noch die Aufzählung des Leitstellendisponenten: „Einsatz für Zug 7 und den C-Dienst Feuerwache 6. Gertrudisplatz X, vermutlich Kellerbrand. Es rücken aus: von Feuerwache 7, 7-46-1, 7-44-1, 7-33-1 und der RTW 7-83-1. Von Feuerwache 6 der C-Dienst 7-11-1."

Noch während meines Sprints zog ich den Schlüsselbund vom Hosengürtel, dann stand ich zitternd vor der verschlossenen Tür. Obwohl mich der Weg nur wenige Sekunden durch die Kälte geführt hatte, waren meine Finger wie steif gefroren. Entsprechend umständlich bemühte ich mich, den Generalschlüssel ins Schloss zu stecken. Und dann musste ich plötzlich auch noch ganz dringend zur Toilette. So ein Mist. Auf einmal ging mir das alles nicht schnell genug. Ich fummelte immer noch mit dem verdammten Schlüssel herum. Ah, endlich gelang es mir aufzuschließen. Schnell huschte ich in den nachts nur spärlich erhellten Raum und presste meine klammen Finger für ein, zwei Sekunden an die wohlige Wärme des alten gusseisernen Heizkörpers. Der Druck auf die Blase war kaum mehr auszuhalten. Beim nächsten Nachteinsatz würde ich jedenfalls wieder durch das Gebäude laufen, schwor ich mir und war heilfroh, dass es hier vorne eine Toilette gab. Ich ließ die Türe offen stehen. Während ich mich von meiner drückenden Last befreite, hörte ich plötzlich Stimmen. *Schitte, die RTW-Besatzung*, schoss es mir durch den Kopf.

„Mann, pinkel schneller, ich muss auch mal!"

Ja ja, ich mach ja schon.

Die Uhr lief gnadenlos weiter und wir befanden uns im Feueralarm, da zählt jede Sekunde. Sobald ich mit erleichterter Miene aus der engen Toilette trat, quetschte sich Thorsten mit gequältem Gesichtsausdruck an mir vorbei. Ohne weitere Zeitverzögerung stieg ich in die bereitstehenden Stiefel und zog die darübergestülpte Überhose hoch. Eine dunkelblaue Hose aus flammfestem Stoff mit Kniepolstern aus schnittfestem Keflar, die wir aus Sicherheitsgründen immer ein bis zwei Nummern größer nehmen, damit sich zwischen dem Hosenstoff und der eigenen Haut ein isolierendes Luftpolster bilden kann, was bei einer eng anliegenden Hose nicht möglich wäre. Für Feuerwehrmänner, die in oft weit über 800 Grad Celsius heiße Kellerbrände geschickt werden, ist das allein Grund genug, auf Röhrenjeans zu verzichten. Solch eine „schlabberige" Hose kann aber auch zum Problem werden. So waren mir einmal während des Einsatzes die Hosenträger unter meiner dreiviertellangen HUPF-Jacke von den Schultern gerutscht, woraufhin mir die unselige Überhose bis in die Kniekehlen sackte, mit der Folge, dass ich kaum mehr laufen konnte. Liegt vielleicht auch daran, dass ich trotz fortgeschrittenen Alters über keinen ausgeprägten Männerbauch verfüge, über dem sich die Hose festspannen könnte. Unverschämterweise gibt es dazu widersprüchliche Meinungen. Auf jeden Fall lege ich seit diesem unrühmlichen Vorfall die fest mit der Hose vernähten Hosenträger nur noch über Kreuz an. Man lernt eben ständig dazu.

Durch den Gang zur Toilette war ich in Zeitverzug gekommen. Längst hatte der komplette Löschzug der Feuerwache 7 die Fahrzeughalle verlassen und kam vorgefahren. Jetzt aber hurtig rein in die Jacke, Reißverschluss hoch und den darüberliegenden Klettverschluss geschlossen, und meine auf ein Meter zweiundachtzig verteilten dreiundachtzig Kilogramm verwandelten sich in eine optisch vorgetäuschte, breitschultrige Kampfmaschine von mindestens einhundert Kilo Lebendgewicht. Nur schade, dass ich das Feuer damit nicht beeindrucken konnte.

„Hier, deine Depesche."
Wolle, der zweite Mann vom RTW-Team, drückte mir das Alarmschreiben in die Hand und hielt die Türe auf. Sofort blies mir wieder der eisige Wind entgegen. Ich wäre viel lieber in der wohligen Wärme geblieben, aber es gab kein Zurück, und ich rannte um das mit laufendem Motor wartende LF herum.
„Man sieht sich!", rief Wolle. Seine weiteren Worte gingen im Sturm unter.
Ja, wir würden uns sehen, gleich an der Einsatzstelle, zu der die RTW-Besatzung ebenfalls alarmiert worden war. Eilig klet-

terte ich in das hohe Führerhaus und ließ mich auf den Beifahrersitz fallen. „Bäh, so ein kaltes Sauwetter!" Es schüttelte mich.

„Kalt, wieso kalt? Mir ist nicht kalt."

Ich warf Jochen einen skeptischen Blick zu: „Das meinst du doch nicht im Ernst, oder?"

„Klar meine ich das ernst. Hier drin ist es doch mollig warm." Er grinste mich vielsagend an und betonte: „Man sollte natürlich auch nicht draußen durch die Kälte rennen."

„Ich musste aber raus."

„Selber schuld", erwiderte Jochen lakonisch.

„Waaas?"

„Na ja, was rennst du auch draußen lang. Der Theo ist früher immer durchs Gebäude gelaufen."

„So bin ich aber schneller", verteidigte ich mich.

„Davon haben wir aber nix gemerkt."

„Ich musste noch aufs Klo", warf ich entschuldigend ein.

„Ja ja, das Alter", dehnte er spöttisch.

„Von wegen Alter, das waren die kalten Füße."

„Sag ich doch. Aber du brauchst keine Angst zu haben, Martin, wir sind doch alle bei dir."

„Du kannst mich mal …"

Jochen schaltete die Sondersignale ein. Wir fuhren im Konvoi. Vorneweg unser LF 24, dicht dahinter folgte die Drehleiter mit Gunther Brings als Leiterführer und danach das zweite Löschgruppenfahrzeug, ein LF 16 mit Stefan Wagner als Gruppenführer. Der RTW bildete den Schluss. Gespenstisch zuckten die Blaulichter durch die dunkle Nacht und unsere Martinshörner veranstalteten dazu ein Höllenspektakel. Lediglich das pressluftbetriebene Starktonhorn blieb unangetastet. Weitere Rücksicht konnten wir auf die schlafenden Menschen nicht nehmen, denn ganz ohne Martinshorn zu fahren wäre zu riskant gewesen. Zumal unsere Strecke etliche kleine Straßen kreuzten, aus denen trotz der mitternächtlichen Stunde immer noch Autofahrer kamen. Unsere Einsatzstelle lag im Zentrum von Eller. Nachdem wir links aus der Wache gefahren und die A 46 überquert hatten, passierten wir nach achthundert Metern die Unterführung der S-Bahn-Linie 6. Unmittelbar darauf bogen wir schon in die Bernburger Straße. Von hier waren es höchstens noch dreihundert Meter. Ich sah auf die Uhr.

„He Jochen! Null null sieben Uhr – du bist die perfekte James-Bond-Zeit gefahren, genial."

„Hast du was anderes erwartet?"

Nein, eigentlich nicht, aber mir war auch bewusst, dass wir dieselbe Strecke am Tag nie so schnell hätten zurücklegen können.

Gemäß unseren Standardeinsatzregeln, die für solche Brände galten, fuhr Jochen eine B-Schlauch-Länge, also zwanzig Meter an dem bewussten Hauseingang vorbei, ehe er unser LF stoppte. Dadurch erhielt die nachfolgende Drehleiter ausreichend Bewegungsfreiraum, sich auf ihrem hoffentlich nicht benötigten Aktionsradius zu entfalten. Die Angriffstrupps beider LFs, bestehend aus je zwei Mann, hatten während der Anfahrt ihre Pressluftatmer angelegt und sich komplett ausgerüstet, sodass ich sie sofort einsetzen konnte. Dieser Zeitgewinn kann in brisanten Situationen ungemein wichtig sein, denn je nachdem was uns vor Ort erwartet, zählt buchstäblich jede Sekunde. Hatten wir eben noch lockere Sprüche geklopft, so nahm uns jetzt der Ernst der Situation voll in Anspruch.

Es brannte im Keller eines viergeschossigen Mehrfamilienhauses. Dunkler Brandrauch zog aus der offenen Haustüre. In der Nähe stand eine kleine Gruppe von Menschen, sie diskutierten aufgeregt. Offensichtlich die Hausbewohner, wie ich aus ihrer unzureichenden Bekleidung folgerte. Einige hatten zumindest einen Bademantel an, aber andere trugen lediglich ein Nachthemd oder einen Schlafanzug – und das bei dieser Wetterlage! Unabhängig von dieser zweifellos gefährdeten Gruppe schien die Einsatzlage recht eindeutig zu sein. Aber das war nur der erste Eindruck. Und wenn der auch wenig problematisch schien, so bedeutete das keinesfalls, dass diese Einsatzstelle deshalb weniger gefährlich werden könnte als bei einer unübersichtlichen Einsatzlage. Noch gab es zu viele offene Fragen, und die Dynamik eines Brandes unterliegt ihren eigenen Gesetzmäßigkeiten. Als Einsatzleiter muss man sich daher möglichst schnell ein umfassendes Bild von der Gesamtsituation machen, um Gefahrenschwerpunkte zu ermitteln. Ein Gefahrenpunkt war natürlich die Ursache des ganzen Desasters, also der Kellerbrand. Aber was sich zurzeit genau in dem uns unbekannten Keller abspielte, was und wie viel brannte, konnte nur der unter Atemschutz und mit Wasser am Rohr vorgehende Angriffstrupp feststellen. Dessen Rückmeldung musste ich also abwarten. Einen zweiten und oft unterschätzten, aber viel schwerwiegenderen Gefahrenpunkt bildete die Verqualmung des Treppenhauses. Es wäre nicht das erste Mal, dass flüchtende Menschen in solch einem lebensgefährlichen Brandrauch die Orientierung verlieren, in Panik geraten oder in die Irre laufen und schon nach wenigen Atemzügen in der hochtoxischen Umgebungsluft zusammenbrechen würden. Es ist daher ein absolutes Muss für jeden Feuerwehreinsatzleiter, das Treppenhaus unverzüglich absuchen zu lassen. Hier stand der offensichtlichste Gefahrenschwerpunkt unübersehbar vor unseren Augen. Es waren die aus Angst vor dem Feuer geflüchteten Menschen, die in ihrer unzureichenden Bekleidung schutzlos im eiskalten nächtlichen Wintersturm ausharrten. Wenn ich keine Erfrierenden haben wollte, musste ich unverzüglich handeln.

Solange der C-Dienst noch nicht eingetroffen war, übernahm ich die Funktion des Zugführers und als solcher bestand meine Aufgabe darin, die Lage zu erkunden und Struktur in unseren Angriff zu bringen. Ich erteilte erste Befehle. Meine Männer waren allesamt Profis. Die meisten hatten schon etliche Kellerbrände gelöscht, und im Prinzip wusste jeder, welche Aufgabe er zu erfüllen hatte.

„Erster Angriffstrupp mit C-Rohr zur Brandbekämpfung in den Keller vor! Zweiter Angriffstrupp zur Kontrolle des Treppenhauses vor! Wassertrupp zwei, Lüfter in Stellung bringen! Wassertrupp eins! Schafft die Hausbewohner in unsere Mannschaftsräume!"

Mehr konnte ich in diesen ersten Minuten für diese frierenden Menschen nicht tun. Aber zumindest waren sie dann nicht mehr der klirrenden Kälte ausgesetzt. Die Mannschaftsräume unserer Löschgruppenfahrzeuge sind zwar nicht gerade geräumig zu nennen, aber gut beheizt und darauf kam es an. Bis jetzt hatten wir es nur mit diesem kleinen Grüppchen zu tun, sollten aber noch weitere Personen dazukommen, würde der Platz in unseren Fahrzeugen nicht mehr reichen und dann bekäme ich ein weiteres Problem. So weit wollte ich es erst gar nicht kommen lassen. Ich drückte deshalb die Sprechtaste meiner Florentine und funkte meinen Maschinisten an:

„Jochen, gib mal 'ne Rückmeldung zur Leitstelle. Kellerbrand. Ein C-Rohr, vier PA. Und die sollen uns für die frierenden Menschen den GKTW von Wache 6 schicken!"

„Verstanden Chef, ein C-Rohr, vier PA und den GKTW zur Einsatzstelle", kam die Bestätigung aus dem Funkgerät.

Ein kurzer Blick überzeugte mich, dass der Angriff lief. Von der Feuerlöschkreiselpumpe des ersten Löschfahrzeuges schlängelten sich bereits die ausgerollten und prall gefüllten B-Schläuche bis zu einem vor dem Hauseingang abgelegten Verteiler. Soeben kuppelte der Angriffstrupp die erste C-Leitung an und begab sich mit Wasser am Rohr zur Brandbekämpfung in den verqualmten Keller.

Stefan Wagner kam zu mir gelaufen. „Der Angriffstrupp des zweiten LF ist unter PA zur Erkundung im Treppenhaus."

„Sehr gut, Stefan. Was ist mit dem Lüfter?"

„Wird gerade in Stellung gebracht."

Kaum hatte er den Satz zu Ende gesprochen, hörte ich auch schon das laute tiefe Brummen des benzinbetriebenen Motors, dessen mächtiger Ventilator einen starken Luftstrom in das Treppenhaus presste.

„Bringt auch noch den zweiten Ventilator in Stellung. Das verstärkt die Wirkung."

Ich drehte mich erstaunt um. Wer erteilte mir denn da gute Ratschläge? Ah, Peter Küpperbusch war eingetroffen. Als C-Dienst würde er jetzt die Einsatzleitung übernehmen. Während Stefan die Aufstellung des zweiten Lüfters veranlasste, erstattete ich einen ersten Lagebericht.

„Als wir hier eintrafen, standen einige Hausbewohner draußen. Ich habe sie in unseren Fahrzeugen untergebracht. Der erste Angriffstrupp ist unter PA mit einem C-Rohr zur Brandbekämpfung im Keller, der zweite Angriffstrupp kontrolliert das Treppenhaus."

„Was ist mit dem Sicherungstrupp für deine eigenen Leute?"

„Rüstet sich gerade aus."

„Die Drehleiterbesatzung?"

„Hat sich bislang um die Bewohner gekümmert, ist aber jetzt frei."

„Heizungssystem?"

„Ölzentralheizung."

„Also kein Gas?"

„Kein Gas."

„Sehr gut. Und … gab es schon erste Rückmeldungen von den eingesetzten Trupps?"

„Bisher nicht, die sind aber auch gerade im Gebäude."

Der C-Dienst schien mit dem bisherigen Verlauf des Einsatzes zufrieden.

„Noch was Peter, für den Fall, dass wir weitere Hausbewohner unterbringen müssen, habe ich vorsorglich den GKTW von Wache 6 angefordert. Unsere beiden LFs sind nämlich schon rappelvoll. Ich hoffe, meine Entscheidung findet deine Zustimmung."

Peter nickte eifrig. „Ja, ja klar, wir können die Leute ja schlecht hier draußen frieren lassen. Im Übrigen, wenn es notwendig gewesen wäre, hätte ich auch kurzfristig 'nen Linienbus konfisziert."

„Ich weiß, war damals ja selber dabei, als du das getan hast."

Meine Florentine meldete sich wieder.

„7-1 für Angriffstrupp kommen!"

„7-1 hört, kommen!"

„Feuer gelöscht. Es handelte sich um einen Kabelbrand unter der Kellerdecke. Schick uns mal den Manni runter. Wir brauchen hier 'nen Elektriker, kommen."

Peter Küpperbusch, der die Rückmeldung mitgehört hatte, beugte sich zu mir: „Sag denen, dass die Stadtwerke eh gerade eingetroffen sind. Sobald der Keller wieder rauchfrei ist, werden die sich darum kümmern."

„Okay."

„Angriffstrupp für 7-1 kommen."

„Hört."

„Die Leute von den Stadtwerken sind hier. Wenn ihr das Feuer aushabt, kommt wieder raus. Ende."

Kurz nach diesem Funkgespräch erschien der Angriffstrupp wieder an der Oberfläche. In der Kälte der Nacht dampften meine aufgeheizten Kollegen wie zwei wandelnde, rauchende Schlote. Ich ging auf sie zu.

„Und?"

Carsten Heine, der Angriffstruppführer winkte ab und erklärte: „Der Verrauchung nach zu urteilen, hatten wir zuerst angenommen, es würde da unten richtig knistern. Das Ganze war aber nur 'ne Riesenschweinerei. Irgendwelche Kabel, die unter der Kellerdecke verlaufen, sind total verschmort. Ich kann dir aber nicht sagen, warum."

„Und deshalb wolltest du den Elektriker?"

„Genau."

„Na ja, gleich werden sich die Stadtwerke darum kümmern. Wir lüften noch 'ne Weile und dann dürfen die runter. Ist ja schließlich auch ihr Job."

„Dann können wir die Geräte ablegen, oder?"

Ich nickte. „Erschreckt euch aber nicht. In beiden LF sitzen nämlich noch die Hausbewohner."

„Schätze, die Leute werden sich eher vor uns erschrecken."

Mit diesen Worten zogen die beiden lachend ab. Vermutlich hatte Carsten Recht. So rußgeschwärzt wie sie aussahen, dazu die Gesichter immer noch unter der Atemschutzmaske, ähnelten sie eher schrecklichen Aliens als menschlichen Wesen.

Einige der Hausbewohner hatte es indes nicht mehr in unseren gut geheizten Mannschaftsräumen gehalten. Als Carsten und Markus die Türe öffneten, hatten sie die Feuerwehrfahrzeuge schon wieder verlassen. Wohin sie gegangen waren, oder ob sie wieder irgendwo draußen in der Kälte ausharrten, vermochte ich nicht zu sagen. Zum einen hatte ich keine Kenntnis von ihrem Verschwinden erhalten, zum anderen hätte ich sie auch nicht daran gehindert noch hindern dürfen. Es waren schließlich erwachsene Menschen.

Unter denjenigen, die es vorgezogen hatten, das Ende des Einsatzes doch lieber in unseren gut geheizten Feuerwehrfahrzeugen abzuwarten, befand sich ein jüngerer Mann, der nur Socken an den Füßen trug. Ich schätze, er war völlig kopflos aus dem Haus gerannt und hatte in seiner Panik versäumt, sich festes Schuhwerk anzuziehen. Neben ihm saß nur noch ein Mann, der ein Kleinkind in den Armen hielt, welches notdürftig in eine Decke gewickelt war. Das Kind schlief und die beiden Männer schienen trotz ihres gemeinsamen Schicksals, das sie hierher verschlagen hatte, keinen Grund zu sehen, miteinander zu sprechen. Schweigend und mit ausdruckslosen Gesichtern starrten sie vor sich hin.

Inzwischen waren einige weitere Minuten verstrichen. Der Angriffstrupp des zweiten LF, den ich mit der Kontrolle des Treppenhauses beauftragt hatte, war längst zurückgekehrt und berichtete, dass das Treppenhaus wieder komplett rauchfrei sei. Den meisten Schaden hatte der Brandrauch natürlich im Keller angerichtet. Hier waren sämtliche Decken und Wände, die Treppenstufen und der Fußboden geschwärzt. Überall erkannte man die Abdrücke unserer Feuerwehrstiefel. Aber auch das Erdgeschoss und die untere Etage waren in Mitleidenschaft gezogen worden. Weiter hinauf hielt sich der Schaden in Grenzen. Das war hauptsächlich ein Verdienst unserer beiden Lüfter, die wir unmittelbar nach unserem Eintreffen aufgestellt hatten. Dank des kräftigen Luftstroms ihrer Ventilatoren hatten wir die weitere Schadenausweitung durch den gefährlichen Brandrauch auf die oberen Etagen verhindern können. Jetzt schickten sich die Männer der Stadtwerke an, der Brandursache auf den Grund zu gehen. Zwei meiner Kollegen hatten sich mit großen tragbaren Scheinwerfern ausgerüstet und begleiteten sie, die Übrigen bauten derweil alles, was bei diesem Einsatz erforderlich gewesen war, wieder zurück. Besonders sorgfältig mussten wir mit dem Löschwasser verfahren, das in den eingesetzten Feuerwehrschläuchen steckte. Dort wo es unkontrolliert auf die Straße lief, bildeten sich großflächige Pfützen, die sich in der frostigen Nacht sofort in spiegelglatte Eisflächen verwandelten.

„Seht zu, dass das Wasser direkt in die Gullys läuft!", rief ich deshalb laut, „und streut die Pfützen gründlich ab, sonst gefriert das alles sofort zu Eis!"

Eigentlich hätte ich mir die Worte sparen können, denn die Maschinisten hatten längst auf die besondere Wetterlage reagiert und entsprechend Schaufeln und Behälter mit Streugut bereitgestellt.

Mit den Worten: „Ich schätze, du brauchst mich hier ja wohl nicht mehr", hatte sich Peter Küpperbusch verabschiedet. Allerdings nicht ohne mir mit einem Augenzwinkern anzudrohen, dass er mich in dieser Nacht nicht noch einmal sehen wolle.

„An uns soll's nicht liegen!", hatte ich ihm hinterhergerufen, dann begab ich mich zu meinem LF, wo ich den wartenden Menschen selber die gute Botschaft bringen wollte, dass das Feuer gelöscht sei und sie wieder zurück in ihre Wohnungen durften. Jochen, mein Maschinist, hatte alle Schläuche von der Feuerlöschkreiselpumpe abgekuppelt. Zwangsläufig hatte sich durch das auslaufende Wasser um und unter unserem LF ebenfalls eine gefährliche Eisfläche gebildet.

„Pass auf, das ist sauglatt hier!", rief Jochen, als er mich kommen sah.

„Warum streust du nicht?"

„Hab ich doch längst. Nutzt aber nichts."

In der Tat hatte er seinen Maschinistenplatz vorsorglich mit einigen Schaufeln Granulat abgestreut. Aber jetzt, nachdem unser Einsatz beendet war, musste er unbedingt die Pumpe entwässern, ansonsten könnte das Metallgehäuse bei dem strengen Frost Schaden nehmen. Damit dies nicht geschah, hatte Jochen die entsprechenden Knöpfe gedrückt, woraufhin das Pumpenwasser unter dem Löschfahrzeug auf die Straße pladderte. Sofort bildete sich über dem zuvor ausgestreuten Granulat eine neue Eisschicht, auf der ich wie auf Eiern ging.

„Dann schmeiß mir wenigstens mal 'n paar Schüppen hier an die Seite. Ich will den Leuten sagen, dass sie wieder in ihre Wohnungen können. Aber wenn die aussteigen und uns hier ausrutschen …"

„Vergiss es. Die meisten sind eh schon gegangen. Ist, glaube ich, keiner mehr drin."

„Egal, mach."

„Aye aye Chef, hier, pass auf!"

Und schon prasselte eine satte Ladung grobkörnigen Granulats auf mich zu. Ich schaute betroffen an mir hinunter. Meine eben noch schwarzen Feuerwehrstiefel inklusive der unteren Hosenbeine waren schlagartig von einer staubgrauen Schicht bedeckt. Jochen lachte: „Du hast es selber so gewollt!"

So ein frecher Hund – das war wieder typisch Feuerwehr. Dann musste ich doch in mich hineinlachen, kümmerte mich aber nicht weiter um mein angeschlagenes Äußeres. Schließlich ist ein Feuerwehrmann kein Dressman, erst recht nicht, wenn er im Einsatz ist. Außerdem hatte ich Wichtigeres zu tun, als mich um die ergrauten Stiefel eines DGL zu kümmern, selbst wenn es die meinen waren. Ich öffnete daher die hintere Tür von unserem LF.

Um das nun Folgende zu verstehen, muss man sich die Höhenverhältnisse eines Löschgruppenfahrzeugs vor Augen halten. Ich selber stand ja auf der Straße und der Einstieg zum Mannschaftsraum liegt mit seinen zwei sehr hohen Stufen gut einhundertzehn Zentimeter höher. Weil ich meinen Blick nicht sogleich nach oben richtete, schaute ich genau gegen die Beine derer, die sich dort drinnen befanden. Und weil das so war, erkannte ich mit untrüglichem Kennerblick, dass es zumindest einen Menschen gab, dem es zweifelsfrei noch schlechter ging als mir. Während ich mich nur über ein paar staubige Stiefel beklagen konnte, besaß der mir am nächsten sitzende Mann nicht einmal Schuhe! Sein Alter war schwer einzuschätzen. Vielleicht so fünfundzwanzig, sechsundzwanzig. Er war hager, das zerknitterte Hemd hing ihm aus seinen ausgebeulten Jeans. Seine Füße steckten lediglich in einem Paar traurig anmutender Socken, aus denen mindestens zwei vorwitzige Zehen treuherzig hervorblickten. Wir Rheinländer nennen das *de Kerl hät Kartoffeln inne Socken*. Neben ihm saß noch ein zweiter Mann, der Schuhe trug und ein Kleinkind auf dem Arm hielt, das jetzt fürchterlich zu schreien begann. Vielleicht weil ich die Türe aufgemacht hatte und damit Kälte hereinkam? Oder weil es gerade wachgeworden war und genau wie ich bemerkte, dass es hier drinnen penetrant nach Schweißsocken roch. Also wenn ich Kleinkind wäre und in diesem Mief ausharren müsste, ich hätte bestimmt auch geschrien, aber ganz laut.

Aber weil ich schon groß bin, und sich solch ein Gebrüll für einen Mann meines Standes nicht gehört, schwieg ich, genau wie die beiden Männer, die ebenfalls schweigen.

Eine Atemschutzmaske wäre jetzt nicht das Schlechteste, ging es mir durch den Kopf. Doch dann besann ich mich meiner hoheitlichen Aufgabe, trat aber sicherheitshalber zuvor einen Schritt aus dem Dunstkreis der Socken zurück.

„So, Sie dürfen jetzt wieder in Ihre Wohnungen. Wir haben das Feuer gelöscht und unseren Einsatz beendet."

„Geht nicht", antwortete der Sockenmann, ohne eine Miene zu verziehen.

Ich sah verwundert zu ihm hoch. „Wieso geht das nicht?"
„Is alles voller Qualm", erwiderte er lakonisch.
„Jetzt nicht mehr", betonte ich. „Wir haben das ganze Treppenhaus gründlich gelüftet. Sie können wirklich wieder ganz beruhigt in Ihre Wohnungen zurückgehen."
„Nich in meine."
„Und warum nicht in Ihre?"
„Sachte ich doch bereits. Is alles voller Qualm."
Hmm. Fast war ich versucht zu fragen, ob der Typ im Keller wohnen würde, aber ich hielt mich zurück. „Und was veranlasst Sie anzunehmen, dass bei Ihnen alles verqualmt sein könnte?"
„Weil ich janz oben unter dem Dach wohne, Mann."
Irgendwie beschlich mich das Gefühl, dass ich es hier mit einem schweren Fall zu tun hatte. Dieser sture Sockenheini schien mir nicht ganz sauber zu ticken, weshalb ich ihm jetzt mit samtweicher Stimme zu erklären versuchte, dass meine Kollegen das Treppenhaus wirklich ganz gründlich kontrolliert hatten.
„Glauben Sie mir, da ist nirgendwo mehr Rauch."
Socke schüttelte weiterhin den Kopf und blickte stur geradeaus.
Oha, schwerer Fall.
Plötzlich riss er den Kopf herum und starrte mich vorwurfsvoll an.
„Bei ... mir ... is ... noch ... Rauch ... verstanden!"
Er betonte jedes Wort einzeln, wobei in seiner Stimme jetzt eine gewisse Aggressivität mitschwang. Vorsichtshalber nickte ich brav.
Ganz schwerer Fall!
Unerwartet schaltete sich jetzt der zweite Mann in unser Gespräch ein.
„Brandrauch ist doch gefährlich, oder?"
„Jaaa", dehnte ich und spürte, dass das Gespräch eine Wendung nahm, die mir nicht gefallen wollte. Um dem entgegen-

zuwirken, behauptete ich möglichst überzeugend: „Jetzt ist aber kein Brandrauch mehr da."

„Für Kinder soll Brandrauch ja noch viel gefährlicher sein als für Erwachsene."

Ruhig bleiben Martin … bleib ganz ruhig.

„Jaaa … das stimmt schon. Aber wie gesagt, wir haben alles gründlich gelüftet. Da besteht jetzt überhaupt keine Gefahr mehr."

Na bitte, anscheinend hatte ich wenigstens den Mann mit dem Kind überzeugen können, denn er erhob sich. Schon wollte er sich an Socke vorbeidrängen, da meldete der sich lautstark zu Wort: „Von mir aus kannse ja inne Wohnung gehen, aber dat Lilli kommt nich mit, Paul. Dat Balch bleibt hier, klar? Nich solange dat noch alles voll Qualm is." Damit entriss er dem anderen das Kind.

Oh oh, ganz ganz schwerer Fall!

Ich blickte verwundert. „Ach, die Herren kennen sich?"

„Wat dajegen?"

„Äh, nö", beeilte ich mich zu sagen, „aber zu wem gehört denn nun das Kind?"

„Ich bin der Vatter", brummte Socke, „un dat Lilli jehört mir."

Wie zur Bestätigung nickte der andere eifrig. Er hatte sich im Übrigen wieder gesetzt.

„Und wer von Ihnen bewohnt die Dachgeschosswohnung?"

Der Schuhbesitzer deutete auf Socke.

„Also gut", wendete ich mich freundlich an Socke, „dann schlage ich vor, wir beide gehen jetzt einmal gemeinsam nach oben und Sie überzeugen sich davon, dass in Ihrer Wohnung alles in Ordnung ist – einverstanden?"

Socke wog, den Kopf gefährlich hin- und herpendelnd, ab.

„Kannst mir dat Lilli ja solange noch mal jeben."

Dat Lilli hatte während unseres überaus aufschlussreichen Gesprächs ununterbrochen fleißig weiter gebrüllt. An den *duftenden* Socken konnte es nicht mehr liegen, konstatierte ich, denn durch die offene Türe war mittlerweile so viel frische Luft hereingekommen, dass ein anderer Grund vorherrschen musste. Bisher hatten die beiden seltsamen Herren an Lillis Gebrüll keinen Anstoß genommen, aber wie aus heiterem Himmel entwickelte Socke plötzlich Vatergefühle und zankte mit seinem Sitznachbarn: „Mann Paul, siehse nich, dat dat Lilli friert? Wat meinse wohl, warum dat die janze Zeit so schreit?"

„Wat sachse mir dat? Bin ich der Vatter oder du? Hätt's ja auch mal wat zum Anziehen für deine Tochter mitnehmen können. Ich han wenigstens 'ne Decke jenommen."

Schon befürchtete ich, die zwei würden sich in die Haare geraten, denn Socke rastete jetzt völlig unerwartet aus und schrie: „Weg, Platz da! Ich muss wat Warmes für mein Kind holen!"

Sprach's und sprang wie ein Irrer aus dem LF. Fast hätte er mich dabei über den Haufen gerannt. Ich fand kaum Zeit, mich seitlich in Sicherheit zu bringen.

„Halt, warte, die Schlüssel!", rief Paul ihm nach (wie ich später erfuhr, war er sein Schwager).

„Hab ich!", schrie Socke zurück und stürmte, ohne sich umzusehen, in seiner offenherzigen Fußbekleidung auf den Hauseingang zu – ich hinterher.

So schnell wie Socke rannte ich allerdings nicht. Schließlich wollte ich den Hauseingang, in dem er soeben verschwunden war, heil erreichen. Dabei musste ich neidlos anerkennen, dass seine schweißgetränkten Socken, zumindest auf diesem gefährlich glatt vereisten Untergrund, meinen Feuerwehrstiefeln haushoch überlegen waren. Die Kollegen, die den Mann ins Haus hatten stürmen sehen, warfen mir fragende Blicke zu, solche von der Art: *Was war denn das für ein Irrer?* Im Vorbeilaufen erklärte ich: „Ich geh mal mit dem hoch. Angeblich soll in der Dachgeschosswohnung noch Brandrauch sein."

Als ich die ersten Treppenstufen erreichte, fegte Socke schon die übernächste Etage hinauf.

„He Mann! Jetzt warten Sie doch!"

Ich hätte genauso gut gegen die Wand reden können. Socke

stürmte weiter in geradezu atemberaubendem Tempo die Treppe hinauf. Ganz dicht schien der wirklich nicht zu sein. Vielleicht wäre es doch besser, zwei Kollegen nachkommen zu lassen? Aber genauso schnell, wie mir der Gedanke gekommen war, verwarf ich ihn auch wieder. Der Typ mochte vielleicht durchgeknallt sein, war aber bestimmt nicht gewalttätig. Wie falsch ich mit meiner Einschätzung lag, sollte ich schon wenige Sekunden später erfahren.

Während meine Kollegen draußen die letzten Schläuche aufrollten, wurde es über mir laut. Zuerst ertönte ein lautes Rummsen, unmittelbar darauf hörte ich jemand lauthals fluchen. „Mist! Verdammter Mist! So eine dämliche Türe!" Und dann wieder dieses Rummsen. Gleich ein, zwei Mal hintereinander: *Rumms! Rumms!*

Das konnte nur Socke sein. Ich hechtete jetzt auch die Treppenstufen hinauf und so erreichte ich schnell den letzten Treppenabsatz. Dort blieb ich wie angewurzelt stehen. Über mir stand der durchgeknallte Typ vor seiner Dachgeschosswohnung und hob gerade das Bein, um zum wiederholten Male gegen die Türe zu treten.

Wieso trat er dagegen? War das überhaupt seine Wohnung?

„Halt! Was soll das! Ich denke, Sie haben einen Schlüssel?"

Aber der durchgeknallte Typ reagierte nicht. Erneut krachte sein Fuß gegen die Tür. Holz splitterte, Socke schrie auf, und dann steckte sein Fuß in dem eingetretenen Türblatt fest.

Ich funkte: „Jochen, ist die Polizei noch da?"

„Ähhh ... ich glaube, die fährt gerade wieder ab."

„Halt sie auf! Die sollen zu mir nach oben zur Dachgeschosswohnung kommen. Und schick zwei Mann mit Aufbruchwerkzeug hoch. Der irre Sockenmann tritt gerade seine eigene Türe ein."

Der irre Sockenmann war indes nicht untätig geblieben. Während ich noch funkte, hatte er unter wildem Fluchen und heftigem Gezerre seinen Fuß wieder befreien können und hob tatsächlich zu einem neuen Versuch an. Ne, das kann doch wohl nicht wahr sein! Aber es war wahr. Ehe ich es verhindern konnte, krachte sein Fuß schon wieder gegen die Tür. Diesmal hatte er Erfolg. Phhhaff! Scheppernd fiel das ausgerissene Schließblech auf den Boden und mit einem Schwung flog die Tür nach innen auf. Ein dunkles Türloch gähnte ihm entgegen. Socke drehte sich triumphierend um. „Na bitte, sonst klappt das immer beim ersten Mal!"

Schon wollte er in dem dunklen Loch verschwinden, da war ich bei ihm und hielt ihn mit festem Griff am Arm zurück.

„Moooment. Bevor ich Sie hier reinlasse, müssen Sie mir erst mal erklären, was das hier eben sollte?" Ich deutete demonstrativ auf das Loch in der eingetretenen Tür. „Ich denke, Ihnen gehört die Wohnung? Wieso treten Sie dann Ihre eigene Türe auf? Sie sagten doch, Sie hätten einen Schlüssel."

„Mach ich immer so", erwiderte er trotzig und versuchte sich von meinem Griff zu befreien. Aber ich hielt ihn fest. „Was machen Sie immer so? Sie wollen mir doch nicht weismachen, dass Sie ständig Ihre eigene Türe auftreten."

„Na klar Mann", grinste Socke jetzt. „Und außerdem können Sie mich ruhig loslassen."

Da er jetzt etwas ruhiger geworden war und auch das irre Flackern aus seinen Augen verschwunden war, gab ich seinen Arm frei.

„So, jetzt aber mal im Ernst. Was sollte das hier?" „Mann, sag ich doch ... okay, ich hab natürlich auch'n Schlüssel. Aber wenn nich ... na ja, dann mach ich's eben so." Er zeigte mit dem Finger direkt neben den Türknauf. „Hier, genau da musste hintreten. Dat hat zigmal funktioniert. Nur heute nich. Verdammte Kacke! Scheißtüre."

Oh oh, ging es etwa schon wieder los? Ich packte ihn erneut am Arm. „Und das Loch? Haben Sie sonst auch immer Löcher in die Türe getreten?" Die Erwähnung des Lochs hatte schlagartig ernüchternde Wirkung. Ich ließ den Arm wieder los und Socke schlug die Hände über dem Kopf zusammen. „Scheiße, verdammte Scheiße! Was hab ich nur gemacht? Oh Scheiße, Scheiße, Scheiße. Wenn das meine Frau sieht. Was mach ich nur, was mach ich nur?" Mit einem Mal war aus dem wild gewordenen Sockenmann ein jammerndes Häuflein Elend geworden. Fast wollte mir der Mann schon leidtun, da zischte er völlig überraschend in die Wohnung, verschwand irgendwo in dem dunklen Flur (der übrigens nur dunkel war, weil nirgendwo Licht brannte).

„He, kommen Sie zurück! Bevor Sie sich nicht ausgewiesen haben, dürfen Sie hier gar nicht rein!"

Weiter hinten flammte ein schwaches Licht auf. Im Dämmerschein erkannte ich Sockes Gestalt, wie er gebeugt in der Schublade einer Kommode kramte.

„He Mann, Sie sollen zurückkommen!"

„Wat is?", kam es aus der Dunkelheit zurück. „Denken Sie etwa, ich würde meine eigene Bude anzünden wollen? Ich hol nur meinen Personalausweis."

Tatsächlich kam er unmittelbar darauf mit dem Ausweispapier zu mir zurück.

„Hier, kannste selber gucken." Socke schlug die Seite mit dem Passfoto auf. „Siehse, dat bin ja wohl ich, ne?", triumphierte er, „also is dat auch meine Bude." Nach dieser messerscharfen Schlussfolgerung trat er wieder nach draußen, um seine zerstörte Tür zu bejammern. Just in diesem Moment kamen zwei uniformierte Polizisten die Treppe hinauf. Ihnen folgten meine Kollegen mit dem Aufbruchwerkzeug. Ich sah ihre fragenden Blicke und winkte ab:

„Nicht mehr nötig. Ihr könnt das Werkzeug wieder runterbringen. Der junge Mann hier", ich zeigte auf Socke, der jetzt etwas zerknirscht wirkte und mit hängenden Schultern neben mir stand, „hat die Türe bereits mit seinem ganz speziellen Ersatzschlüssel geöffnet."

Die nachfolgende Szene möchte ich hier etwas abkürzen. Socke musste sich einige unangenehme Fragen von den Polizisten gefallen lassen. Deren Fragen waren jedoch harmlos im

Vergleich zu dem, was ihm blühte, als auf einmal seine Frau erschien. Kleinlaut ließ der Maulheld die geharnischte Strafpredigt über sich ergehen. Nach seinen Erklärungen zogen die beiden Polizisten, ohne weiter tätig geworden zu sein, wieder ab. Socke war genug gestraft, fanden sie. Und weil von dem angeblichen Brandrauch hier oben nicht die geringste Spur zu bemerken war (weiß der Kuckuck, was sich Socke in seinem wirren Hirn zusammenfantasiert hatte), gab es für uns ebenfalls nichts mehr zu tun. Zwei Minuten später saß ich wieder neben meinem Maschinisten im LF und betätigte ein letztes Mal die Funktaste: „Abmarsch, Männer. Sehen wir zu, dass wir noch 'ne Mütze Schlaf bekommen."

In geordneter Formation fuhr der Löschzug 7 zurück zur Wache. Diesmal allerdings ohne Blaulicht und Martinshorn.

Unter CSA

Letzte Woche erst hatte er dreißigtausend Liter einer hochgiftigen Chemikalie bis nach Litauen gefahren. Heute war es ein anderer brisanter Stoff – na und? Morgen würde er wieder irgendeine ähnliche Fuhre übernehmen. Für Gerhard Hansen spielte es keine Rolle, welches Teufelszeug hinten in seinem Kesselwagen schwappte. Als wesentlich unangenehmer empfand er diesen Zeitdruck, unter dem sie heute alle standen. Das war zu seiner Zeit noch anders gewesen. Vor nunmehr über zwanzig Jahren hatte es zwar auch schon Termindruck gegeben, aber längst nicht in diesem Ausmaß. Früher, ja früher, da waren die Straßen aber auch noch nicht so überfüllt wie heute! Heute konnte man fahren wann und wo man wollte, die Straßen und ganz besonders die Autobahnen waren immer vollgestopft. Trotzdem war er weiterhin mit Leib und Seele Trucker geblieben. Anfänglich hatte er Baumaterialien gefahren. Später hatte er die Spedition gewechselt. Von der Zeit an bekam er nur noch Ladungen mit sogenannten gefährlichen Stoffen und Gütern zugewiesen. Die dazu nötigen Gefahrgut-Scheine besaß er, und nach all den Jahren unfallfreien Fahrens besaß er ebenfalls das volle Vertrauen seines Chefs.

„Hier deine Ladepapiere, Gerhard." Sein Chef, mit dem er sich duzte, reichte die Plastikmappe mit den Ladepapieren über den Schreibtisch. Es folgte der übliche Spruch:

„Und fahr mir gefälligst anständig. Es ist zwar dein Arsch, der in die Luft fliegt, aber mein Truck und meine Ladung, kapiert?"

„Klar Bruno", grinste Hansen und klemmte sich die Mappe unter den Arm. Bevor er das Büro verließ, drehte er sich noch einmal um und erklärte trocken: „Kannst ja meine Alte auf Schadenersatz verklagen, falls ich deine Karre vor die Wand fahren sollte."

„Mal den Teufel nicht an die Wand, Gerhard, der Truck ist fast neu."

„Und was ist mit mir, he?"

Sein Chef lachte und winkte ab. „Uninteressant. Zu alt, kein TÜV, keine AU. Sei froh, dass ich dich überhaupt noch für mich fahren lasse."

Zehn Minuten später verließ der bereits am Abend zuvor beladene Kesselwagenauflieger den Hof der Spedition in Richtung Autobahn. Am Heck prangte die rechteckige, orangefarbene Warntafel, die ihn als Gefahrguttransporter kennzeichnete. Die darauf aufgedruckten schwarzen Ziffern verrieten Fachkundigen die Stoffart, die er transportierte, sowie grundlegende Informationen über deren Gefahrenpotenzial. Zusätzlich klebten Gefahrenzettel an dem Auflieger, deren Piktogramme jedem anderen Verkehrsteilnehmer unmissverständlich signalisierten, welche gefährliche Fracht da in seinem Kessel lagerte. Bei ihm handelte es sich um zwei Reagenzgläser, deren Flüssigkeit auf eine Metallplatte und auf eine menschliche Hand tropfte. Die kleine 8 darunter stand für eine ätzende Substanz.

Hansen sah auf seine alte abgewetzte Junghans, die er seit undenklichen Zeiten an seinem linken Handgelenk trug. Die Zeitvorgabe ging in Ordnung. Es war jetzt exakt 9.55 Uhr. Er fühlte sich fit und ausgeruht und hoffte, die Ladung in spätestens vier Stunden termingerecht am Zielort Düsseldorf übergeben zu können. Bin froh, dass das Wetter mitspielt, dachte er und lenkte sein Gefährt auf die Auffahrt zur Autobahn. Letzte Woche hatten sie noch Glatteis gehabt, nichts Ungewöhnliches für den Wintermonat Januar. Aber heute herrschten schon wieder mildere Temperaturen und der Himmel über ihm war wolkenlos. Dreieinhalb Stunden und eine dreiviertel Thermoskanne später änderte sich von einer Minute auf die andere die Wetterlage. Der bislang offene Himmel hatte sich völlig zugezogen und sah aus, als würde er jeden Moment seine Schleusen öffnen. Aber der Regen blieb aus. Hansen konnte das nur lieb sein, denn die Autobahn wies tiefe Spurrillen auf. Da ist Fahren bei Regen weiß Gott kein Vergnügen. Zu allem Übel war auch die Temperatur wieder rapide gefallen, da würde der Regen schnell zu Eis gefrieren. Hansen sah erneut auf seine Uhr. Nur noch zwanzig Kilometer bis Düsseldorf. Vielleicht schaffe ich es ja noch im Trockenen. Wenn es in der Stadt keinen Stau gab, so sagte er sich, müsste er eigentlich pünktlich eintreffen.

Renate Briehl hatte vor einiger Zeit die Mittagsschicht übernommen. Frauen gehörten bei der Rheinbahn längst zum gewohnten Alltagsbild. Das war damals, als sie angefangen hatte, noch nicht so gewesen. Damals waren Frauen hinter dem Lenkrad eines Linienbusses eher die Ausnahme. Renate konnte sich noch sehr gut an ihre Zeit in der Fahrschule erinnern. Sie war mächtig nervös auf dem alten Fahrersitz hin- und hergerutscht und hatte so manchen Bock geschossen. Heute war das bestenfalls noch eine nette Geschichte, die sie bereitwillig denjenigen erzählte, die sie hören wollten. Der moderne Fahrersitz, auf dem sie jetzt saß, konnte mit dem damaligen kaum mehr verglichen werden. Mit einer pneumatischen Luftfederung ausgestattet, bot der ergonomisch geformte Sitz einen Komfort, von dem Busfahrer früher nicht einmal träumen konnten.

Renate genoss es jeden Tag aufs Neue, auf diesem bequemen Sitz hinter dem Steuer Platz zu nehmen. Sämtliche Bedienelemente lagen griffnah und waren ihr längst in Fleisch und Blut übergegangen. Und ihre Strecke kannte sie eh wie aus dem Effeff. Schon als Kind war es ihr Traum gewesen, Fahrgäste durch die Stadt zu kutschieren, und heute, in diesem schicken Bus der neuesten Generation, bereitete ihr das besonders viel Freude.

„Leute fahrt mir bloß vorsichtig", warnte ihr Dienststellenleiter, als sie zu mehreren die Schicht antraten. „Die ungewöhnlich warmen Temperaturen von heute früh sind schon wieder extrem gefallen. Falls es Regen gibt, und es sieht ganz so aus, ist Glatteis angesagt."

Gemeinsam mit ihren Kollegen verließ Renate den Kantinenraum und warf einen prüfenden Blick zum Himmel. Bis vor kurzem war der Himmel noch blau gewesen, aber jetzt war er tief verhangen. Dazu fegte ein unangenehm kühler Nordostwind dunkle Wolken über die Stadt hinweg. Der Regen musste jeden Moment einsetzen. Renate zog fröstelnd die Schultern zusammen und eilte über den Hof. Kaum hatte sie hinter dem Steuer Platz genommen, da klatschten auch schon die ersten dicken Regentropfen satt gegen ihre Windschutzscheibe. Froh, ihren Bus gerade noch rechtzeitig trockenen Fußes erreicht zu haben, startete sie den Dieselmotor. Der Regen hatte schnell an Intensität zugelegt. Noch störte Renate das nicht, schließlich saß sie hier drinnen ja trocken und vor allen Wetterunbillen geschützt. Sie schaltete den Scheibenwischer an. Der Regen wurde immer heftiger. Ihr Scheibenwischer arbeitete schon auf Stufe drei und die Sicht wurde immer schlechter.

Kurz nach dreizehn Uhr erhielt die Rettungsleitstelle der Berufsfeuerwehr die Wetterwarnung „Eisregen" übermittelt. Unmittelbar darauf leitete sie die Warnung als Lautsprecherdurchsage an alle Feuerwachen weiter. Zu diesem Zeitpunkt saßen wir, die Männer der Feuerwache 7, gemeinsam beim Mittagessen im Tagesraum.

Ich lauschte der Durchsage und warf einen zweifelnden Blick aus dem Fenster.

„Na, wenn die sich da man nicht vertan haben. Ist doch überhaupt keine Wolke am Himmel zu sehen."

„Vielleicht zieht das Unwetter ja von der anderen Seite auf."
„Meinst du?"

Zehn Minuten später bestanden keine Zweifel mehr. Eine dunkle Front hatte sich in unserem Rücken aufgebaut und zog von einem kräftigen Wind getrieben über das Wachgebäude hinweg.

„Okay Leute", rief der Tagesdienst. „Alle sofort die Fenster schließen. Und kontrolliert auch die Fenster in den Räumen der RTW-Besatzung, die sind nämlich raus!"

War ich gerade noch von meinen Kollegen umringt, so saß ich nun mutterseelenallein am Tisch. Als Dienstgruppenleiter musste ich ja auch nicht mit den anderen durch das gesamte Wachgebäude eilen, um Fenster zu schließen. Aber dann fiel mir ein, dass ich in meinem Büro selber ein Fenster auf Kipp stehen hatte. Und weil außer mir nur noch der Gruppenführer des zweiten LF und der Tagesdienst einen Schlüssel zu diesem Büro besitzen und sich beide an der Aktion Fenster bereits beteiligten, stand ich jetzt doch auf.

Auf meinem Weg über den langen Gang zum Büro hatten sich die dunklen Wolken inzwischen zu einer einzigen, bedrohlich wirkenden, dunklen Fläche zusammengezogen. Ursprünglich hatte ich vorgehabt, mich in der Mittagspause ein wenig aufs Ohr zu legen, aber die Erfahrungen vieler Jahre sprachen dagegen. Ich hatte schon viele ähnliche Wetterumstürze erlebt, die häufig dazu führten, dass wir kurz nach einem solchen Wolkenbruch ausrücken mussten. Meist zu Verkehrsunfällen, oder zu irgendwelchen überschwemmten Kellern oder Unterführungen, in denen dann jene Autofahrer festsaßen, die die Tiefe der vollgelaufenen Senken schlichtweg unterschätzt hatten. Für uns Feuerwehrmänner sind diese Einsätze nicht ungefährlich. Weniger wegen der Arbeit, die uns vor Ort erwartet, als vielmehr wegen der übrigen Verkehrsteilnehmer. Denn die rasen teilweise trotz schlechter Sichtverhältnisse genauso unvernünftig weiter, als gäbe es gar keine Gefahr. Wie oft hatte ich mich in all den Jahren schon über solche rücksichtslosen Verkehrsteilnehmer geärgert. Menschen, die gedankenlos an unserem mit Blaulicht und Martinshorn alarmmäßig fahrenden Löschzug oder Rettungswagen vorbeibretterten, während wir unsere Geschwindigkeit den extremen Verkehrs- und Wetterverhältnissen angepasst hatten. Und wir hatten es weiß Gott eilig. Aber wie soll schon der berühmte

Professor Sauerbruch zu seinem Fahrer gesagt haben: „Fahren Sie langsam und vorsichtig, wir wollen schließlich heil ankommen."

Als ich mein Büro aufschloss, wehte mir ein unangenehm kalter Luftzug entgegen und der Sturm peitschte bereits erste dicke Regentropfen gegen die auf Kipp stehende Fensterscheibe. Rasch schloss ich das Fenster und betrachtete den dunklen Himmel. Vielleicht hatten wir ja doch Glück und die Unwetterfront zog schnell über uns hinweg. So etwas hatte es ja schließlich auch schon gegeben. Ob ich mich doch etwas hinlegen sollte? Ich hatte schließlich auch noch die lange Nacht vor mir.

Indes, die Frage erübrigte sich. Während ich noch den dunklen sturmgepeitschten Wolken nachschaute, riss mich der Vierfachgong aus meinen Illusionen.

„ABC-Einsatz. VU mit Tankwagen. Im Brühl, Ecke Heyestraße in Gerresheim! Es rücken aus: 1-6-1; 1-82-1; 4-11-1; 4-46-1; 7-11-1; 7-24-1; 7-46-1; 7-83-1; 7-83-4; 8-33-1; 8-46-1; 10-11-1; 10-56-1; der AB-Gefahrgut und der Löschzug Umweltschutz.

Die Aufzählung der ausrückenden Fahrzeuge durch die Leitstelle wollte überhaupt kein Ende nehmen. Vierzehn Fahrzeuge, fünf davon allein schon von meiner Wache, dazu der komplette Zug der Feuerwache Umweltschutz. Das bedeutete, dass wir in den nächsten Minuten im Stadtgebiet nicht nur einen Höllenlärm verursachen, sondern etliche andere Verkehrsteilnehmer auch ganz schön ins Schwitzen bringen würden.

ABC-Alarm mit Tankwagen – solange wir noch nichts Genaueres wussten, konnte sich hinter diesem Alarmierungsstichwort alles Mögliche verbergen. Vom relativ harmlosen Unfall ohne Austritt einer unter Umständen relativ ungefährlichen Ladung bis zum Supergau, den sich natürlich niemand von uns wünschte, wenngleich wir genau dafür ausgebildet sind!

A steht hier für atomare Gefahrstoffe; B für biologische Gefahrstoffe und C für chemische Gefahrstoffe. Egal in welchem Aggregatzustand, fest, flüssig oder gasförmig, es wird alles transportiert. Und wenn es kracht, sind wir, die Männer der Feuerwache 7, die Spezialisten, die gerufen werden. Wir sind dann diejenigen, die im Fall der Fälle mit Atemschutzgeräten auf dem Buckel und in hermetisch abdichtenden Chemikalienschutzanzügen an vorderster Front das Schlimmste verhindern müssen. Dafür werden alle nur erdenklichen Szenarien immer und immer wieder in theoretischen und praktischen Übungen durchgespielt. Wir üben Leckagen abzudichten, auslaufende Chemikalien in untergezogenen Planen oder in speziellen Behältnissen aufzufangen, umzufüllen und abzupumpen. Darauf sind wir also geschult, und dafür sind wir mit dem nötigen Equipment ausgerüstet und … es gibt keine andere Institution in Deutschland, die uns diese besch… Arbeit abnehmen könnte, wollte oder würde.

Fairerweise muss hier aber auch gesagt werden, dass die Stadt Düsseldorf in nichts an Ausbildung und Ausrüstung ihrer Feuerwehr gespart hat. Bei aller Schwierigkeit in der Sache, das Equipment, über das wir verfügen, zählt zu dem Besten, das derzeitig auf dem Markt angeboten wird. Das Gleiche gilt auch für die Fahrzeuge und die gesamte Ausstattung der Umweltschutzwache, mit deren Einsatzkräften wir bei solchen und ähnlichen Unglücksfällen Hand in Hand zusammenarbeiten. Darüber hinaus ist die BF-Düsseldorf in einer außerordentlich vorteilhaften Lage. So kann sie sich nicht nur jederzeit fachlichen Rat bei der werkseigenen Henkel-Feuerwehr einholen, sondern erhält auf Anforderung auch direkte Unterstützung durch die Einsatzkräfte dieser Werkswehr, die dem TUIS-Verband Deutscher Chemischer Industrien angeschlossen ist und mit der sich die Zusammenarbeit in der Vergangenheit schon mehrfach bestens bewährt hat. Damit diese gute Zusammenarbeit auch weiterhin so reibungslos funktioniert, halten wir, die Feuerwache 7 und die Henkelfeuerwehr, regelmäßig gemeinsame Übungen ab.

An der Ausfahrt Mettmann hatte Gerhard Hansen die A3 verlassen. Er befuhr jetzt die Bergische Landstraße. Kurz bevor er den Gallberg erreichte, über den diese Straße mit starkem Gefälle in engen Windungen direkt in den Düsseldorfer Stadtteil Gerresheim hinabführt, setzte der Eisregen ein. Hansen schaltete sofort mehrere Gänge herunter und drosselte die Drehzahl seines Motors. Wegen der Unfallträchtigkeit in den engen Kurven galt ein Überholverbot für alle. Außerdem waren nur vierzig km/h Höchstgeschwindigkeit erlaubt. Hansen fuhr dreißig. Die steil geneigte Straße hatte sich innerhalb von Sekunden in eine spiegelglatte Fläche verwandelt. Hansen spürte, wie sein schwerer Kesselauflieger mächtig schob. Einem hinter ihm fahrenden PKW-Fahrer schien das zu langsam zu sein – er hupte und setzte immer wieder zum Überholen an.

Obwohl sein Truck mit Winterreifen ausgestattet war, spürte Hansen, wie der Auflieger ihn immer stärker gegen den unbefestigten Seitenstreifen schob. „Idiot!", rief er laut und fuhr noch langsamer. Der Fahrer hinter ihm hupte wie verrückt, aber Hansen ließ sich nicht beirren. Er war heilfroh, seinen Truck jetzt wieder auf Kurs gebracht zu haben, und hielt sein geringes Tempo. Als er die Sohle des Gallbergs erreicht hatte, wo er vor der roten Ampel zum Stehen kam, wischte er sich einige Schweißperlen von der Stirn. Der PKW-Fahrer hielt direkt neben ihm. Hansen ignorierte dessen wütende Blicke. *So ein Schwachkopf*, brummte er vor sich hin. *Gut, dass ich mich nicht von diesem Arsch habe treiben lassen. Das hätte verdammt leicht in die Hose gehen können.*

Die Ampel schaltete auf Grün. Hansen bog links ab, der PKW fuhr geradeaus.

Gut, dass er weg ist ... der Spinner.

In den wenigen Minuten, seit der Eisregen eingesetzt hatte, hatten die Scheibenwischer große Ansammlungen von Schneekristallen in den Ecken der Windschutzscheibe zusammengeschoben, dazu bullerte das Heizgebläse auf Hochtouren. Trotzdem war die Sicht miserabel. Hansen lenkte den Truck nur noch im Zuckeltempo durch die engen Straßen von Düsseldorf-Gerresheim. Sie waren hier genauso spiegelglatt wie am Gallberg, aber zumindest hatte er dessen gefährliches Gefälle heil hinter sich gebracht. Einen kurzen Moment war Hansen geneigt, mit seinem Truck einfach am Straßenrand anzuhalten, um das Schlimmste vorüber zu lassen. Einfach abwarten, bis dieser Scheißeisregen vorbei wäre. Aber wer weiß, wie lange der noch anhielt, und dass sich die Straßenverhältnisse danach bessern würden, war eher unwahrscheinlich. Hansen verwarf den Gedanken und fuhr weiter. Minuten später erreichte er eine Eisenbahnüberführung. Der Eisregen hatte tatsächlich nachgelassen und seine Reifen hatten inzwischen auch wieder ganz gut Griff gefunden. Der steile Anstieg zu der Brückenauffahrt, der sich Hansen jetzt näherte, stimmte ihn dennoch skeptisch. Mehrere Autofahrer, die schon eine geraume Zeit hinter ihm hergefahren waren, hielten auch weiterhin respektvoll Abstand. Hansen schaltete in einen Zwischengang und nahm die rechtwinklige Kurve, hinter der die rampenartige Straße steil anstieg, in Angriff. Von oben kam ihm ein Linienbus entgegen.

Heute stiegen in Renates Bus merklich weniger Fahrgäste als gewöhnlich. Liegt bestimmt an dem überraschend aufgekommenen kalten regnerischen Wetter, sagte sie sich. Menschen, die nicht unbedingt rausmussten, blieben dann doch lieber in ihren Wohnungen. Diese Erfahrung hatte sie schon oft gemacht. Ihr selbst machte das Wetter nichts aus. In ihrem Bus saß sie ja geschützt und hier fühlte sich Renate Briehl völlig sicher. Doch dann fiel die Temperatur noch einmal rapide ab und Eisregen setzte ein. Innerhalb von Sekunden verwandelten sich die bislang nur regennassen Straßen in spiegelglatte Flächen. Und auf einmal fühlte sich Renate Briehl nicht mehr so sicher. An der Haltestelle Glashüttenstraße stiegen dann doch noch etliche Fahrgäste zu. Kurz darauf näherte sie sich der Rampenstraße, einer Eisenbahnüberführung, die seit ewigen

Zeiten das reinste Nadelöhr und der Albtraum aller Bus- und LKW-Fahrer gewesen war. Immer wieder war es oben auf der alten Brücke, deren steile Auf- und Abfahrten ein extrem enges U bildeten, zu Beinahezusammenstößen gekommen. Die alte Eisenbahnüberführung war ja auch nie für die heutigen Großfahrzeuge gebaut worden. Erst in jüngster Zeit, nachdem die Überführung durch eine modernere, breitere Brücke ersetzt worden war, hatte sich die Verkehrssituation merklich entspannt. Ein Nadelöhr war sie dennoch geblieben. Und genau dieses Nadelöhr überquerte Renate Briehl jetzt mit ihrem Linienbus. Bei Eis und Schnee stellen Brücken bekanntlich besondere Gefahren dar. Renate lenkte ihr Gefährt deshalb betont vorsichtig in die erste Neunzig-Grad-Kurve hinein, überquerte die Brücke und steuerte in die unmittelbar folgende nächste Kurve. Rechts befand sich eine Bushaltestelle, an der einige Fahrgäste aussteigen wollten. Sie standen bereits an der Türe und hatten den Knopf „Haltewunsch" gedrückt. Aber dazu sollte es nicht mehr kommen. Unten von der Heyestraße kam ihr ein Tanklastzug entgegen. Die Auswertung des Fahrtenschreibers dokumentierte später, dass Renates Linienbus vor dem Zusammenstoß mit dem Tanklastzug mit einer Geschwindigkeit von knapp unter 20 km/h gefahren war. Ein Fehlverhalten ihrerseits, ein Fahrfehler oder gar ein grober Verstoß gegen die Straßenverkehrsregeln wurde ihr von niemandem vorgeworfen, dennoch fühlte sie sich schuldig. Vielleicht auch deshalb, weil dies der erste Unfall in ihrer langjährigen Fahrpraxis gewesen war. Das Gefälle war vollständig vereist. Die erschütternde Erfahrung, dass sie es nicht vermocht hatte, ihren rutschenden Bus unter Kontrolle zu bringen, war für sie neu und kam völlig überraschend. Auf eine solche Situation hatte sie auch niemand während ihrer diversen Fahrsicherheitstrainings hingewiesen. Kupplung treten, Gegenlenken, Bremsen ... alles war vergeblich. Wie in Zeitlupe registrierten Renates schreckensweite Pupillen, dass ihr Bus unaufhaltsam auf den Tanklastzug zurutschte.

„Festhalten!", hatte sie ihren Passagieren noch zugerufen, dann krachte es auch schon. Was danach geschah, ob es Verletzte unter ihren Fahrgästen gegeben hatte, oder ob der entstandene Schaden an den zusammengestoßenen Fahrzeugen groß war … sie konnte sich nicht mehr daran erinnern. Vermutlich war die ausgeprägte Schwellung an ihrer linken Schläfe der Grund dafür gewesen. Nur an eines konnte sie sich genau erinnern: an den entsetzt blickenden LKW-Fahrer. Diesen Gesichtsausdruck, diese weit aufgerissenen Augen hinter der Windschutzscheibe würde sie in ihrem Leben nie mehr vergessen können.

Ungebremst in ein Stauende zu rasen, zählt wohl unbestritten zu den schlimmsten Albträumen eines jeden LKW-Fahrers. Ein nicht minder schlimmer, weil realer, aber gänzlich anderer Albtraum widerfuhr heute Gerhard Hansen. Ohne den Hauch einer Chance, ja ohne auch nur die geringste Möglichkeit ausweichen zu können, sah der Fahrer des Gefahrguttransporters das Verhängnis in Gestalt eines ausgewachsenen Linienbusses auf sich zukommen. Der Bus schien unkontrolliert die steile Straße hinabzurutschen. Die Erkenntnis über dieses Wissen half ihm auch nicht aus seiner misslichen Lage. Kurzzeitig schoss ihm der wahnwitzige Gedanke, aus dem Führerhaus zu springen, durch den Kopf, um wenigstens sein eigenes Leben in Sicherheit zu bringen. Aber selbst wenn er sich dazu überwunden hätte, was eher unwahrscheinlich war, war es für eine solche Flucht bereits zu spät. Einem Reflex folgend riss Hansen beide Arme schützend vor sein Gesicht. Unmittelbar darauf erfolgte der Zusammenstoß. Hansen wurde mitsamt seiner Fahrerkabine heftig durchgerüttelt. Haarscharf schlitterte der Linienbus an seiner Fahrertüre vorbei und rammte sich in den quer zur Kurve stehenden Auflieger. Laut kreischend riss die äußere Blechhülle des Tankbehälters auf. Hansens Truck wurde von dem gewaltigen Anprall zuerst in Richtung Fahrbahnmitte geschleudert und dann, ruckartig wie ein Peitschenschlag, wieder zurück. Dabei knallte sein rechter Vorderreifen hart gegen die Bordsteinkante. Während sich die linke Frontpartie des Linienbusses tief in den aufgerissenen Tankauflieger verkeilte, schwenkte sein Heck in die entgegengesetzte Richtung. Danach herrschte sekundenlang eine Stille, in der Gerhard Hansen wie gelähmt hinter dem Steuer seines Trucks saß, unfähig, auch nur einen Finger zu rühren. Nur langsam kam ihm zu Bewusstsein, was soeben geschehen war. Dann durchfuhr ihn plötzlich ein heilloser Schreck. *Die Ladung! Was war mit seiner Ladung? Grundgütiger, wenn das Zeug auslief!* Hansen mochte gar nicht daran denken. Schließlich beförderte er nicht irgendeine harmlose Seifenlauge, sondern eine hochaggressiv ätzende Säure, die zudem extrem umweltgefährdend war. Wenn von dieser Brühe größere Mengen über das öffentliche Kanalnetz ins Abwasser gelangten, na dann, gute Nacht, Matthes. Unkontrolliert freigeworden neigte die ätzende Flüssigkeit zum Verdampfen, und diese Dämpfe waren leicht entzündlich. Sollten davon tatsächlich größere Mengen in das unterirdische Kanalnetz einlaufen, so könnten sich diese Dämpfe noch in hunderten Metern Entfernung vom eigentlichen Unfallort entzünden und dabei eine Druckwelle erzeugen, die, eine gewaltige Stichflamme bildend, sämtliche Kanaldeckel in den betroffenen Straßen reihenweise in die Luft katapultieren würde.

Ein Szenario, das die ersteintreffenden Einsatzkräfte der Feuerwache 8 von der nahe gelegenen Gräulinger Straße anhand der erwähnten Stoff- und Gefahrnummern erkannten und auf keinen Fall real erleben wollten. Es galt daher, schnellstmöglich alles zu unternehmen, damit diese Horrorvision, die sie für gewöhnlich nur aus Actionfilmen kannten, nicht Wirklichkeit werden würde.

Je größer und umfangreicher eine Einsatzstelle ist, desto bedeutsamer sind die Maßnahmen, die die ersteintreffenden Einsatzkräfte vornehmen. Ihre ersten Maßnahmen bilden quasi die Basis, auf der alle nachfolgenden Kräfte weiterarbeiten. So etwas funktioniert natürlich nicht aus dem hohlen Bauch heraus, so etwas muss gelernt und ständig trainiert werden. Bei der Feuerwehr funktioniert das genau wie bei den Rädchen eines Uhrwerks – nur wenn eins in das andere greift, läuft das Uhrwerk. Deshalb muss jeder Feuerwehrmann seine Aufgabe genau kennen und sicher beherrschen. Dafür gibt es festgelegte Regeln. Nur wenn man sich an diese Regeln hält, bekommt man Struktur in das mehr oder weniger große, anfängliche Chaos einer jeden Unfall- und Einsatzstelle. Das war hier nicht anders. Die Basis für die Erstmaßnahmen, nach der die Einsatzkräfte der Feuerwache 8 vorgingen, ergab sich aus der GAMS-Regel.

G steht für Gefahr erkennen. A steht für Absperren. M steht für Menschenrettung und S steht für Spezialkräfte anfordern.

Für den Einsatzleiter bedeutete das, er musste möglichst schnell in Erfahrung bringen, welche Arten von Gefahren überhaupt vorlagen. Waren Menschen in Gefahr? Was war mit der Busfahrerin, was mit ihren Fahrgästen? Was war mit dem Fahrer des Gefahrguttransporters? Welche Ladung transportierte er? War die Ladung beschädigt? Trat sie eventuell sogar aus? Und wenn ja, welche Konsequenzen hatte das für die unmittelbar Betroffenen? Hinzu kamen die weiteren Verkehrsteilnehmer, die unmittelbar hinter dem Linienbus und hinter dem Gefahrguttransporter in ihren Fahrzeugen festsaßen, weil der Verkehr durch den Unfall zum Erliegen gekommen war. Es ging weder vor noch zurück. Waren diese Menschen auch bedroht? Traten womöglich giftige oder explosive Gase, Dämpfe oder Flüssigkeiten aus? Bestand unter Umständen auch akute Brandgefahr? Fragen über Fragen, die auf den Einsatzleiter einstürmten und die schleunigst beantwortet sein wollten. Das ging natürlich nicht, wenn er alle seine Leute hinter dem für die meisten ABC-Einsätze vorgeschriebenen Mindestabstand von fünfzig Metern stehen ließ und darauf wartete, dass ein anderer für sie die Kastanien aus dem Feuer holte. Nein, das ging natürlich nicht. Also schickte er, wie es sich gehörte, seinen Angriffstrupp in kompletter HUPF-Bekleidung und mit einem umluftunabhängigen Atemschutzgerät ausgerüstet vor, die Lage zu erkunden. Parallel dazu ließ er die Einsatzstelle mit rot-weißem Flatterband absperren und an geeigneter Stelle einen Dekontaminationsplatz einrichten. Diesen benötigten sie für die Spezialkräfte, die in ihren Chemikalienschutzanzügen die weiteren Arbeiten innerhalb der Einsatzstelle übernehmen würden, um dann nachher auf diesem Dekonplatz gereinigt und entkleidet zu werden, damit Verunreinigungen durch mögliche gefährliche Substanzen, die ihrer Schutzbekleidung anhaften konnten, nicht in die Umwelt verschleppt würden.

Diese Spezialkräfte in den Chemikalienschutzanzügen, kurz CSA genannt, waren wir – die Männer der Feuerwache 7. Trotz der schlechten Wetterverhältnisse waren wir recht zügig durchgekommen und befanden uns nur noch wenige hundert Meter von der Einsatzstelle entfernt. Im Gegensatz zu den Kollegen der Feuerwache 8, die aus der Gerresheimer Richtung gekommen waren und sich in gebührendem Abstand hinter dem Gefahrguttransporter aufgestellt hatten, waren wir von der entgegengesetzten Seite gekommen.

Dadurch dass ich oft morgens nach dem Dienst mit meinem Fahrrad hier entlangkomme, kannte ich die Örtlichkeit der Unfallstelle sehr genau. Ich saß mit meinem Maschinisten Dieter (Jochen) Mass im vorneweg fahrenden Löschgruppenfahrzeug, dicht gefolgt von unserem TLF mit Michael Gross und Karlheinz Halbekann.

Die Auffahrt zur Eisenbahnüberführung war dicht. Durch den Unfall auf der anderen Seite, den wir von hier noch nicht sehen konnten, staute sich der Verkehr. Da uns niemand entgegengefahren kam, zog Jochen an der stehenden Karawane vorbei. Er pfiff durch die Zähne: „Mein lieber Scholli! Wenn das da drüben genauso glatt ist wie hier, wundert es mich nicht, dass es gekracht hat. Hoffentlich kommt uns jetzt keiner entgegen."

Dass sein Wunsch in Erfüllung ging, verdankten wir der Polizei, die auf Anraten der Feuerwehr die zweite Auffahrt zur Brücke ebenfalls komplett gesperrt hatte. Wir hatten jetzt die

Brücke überquert und bogen links in die steile Abfahrt ein. Von hier hatten wir freie Sicht auf die Einsatzstelle. Es war ein bisschen wie im Kino. Wir saßen zwar nicht in der ersten Reihe, denn vor uns zählte ich vier PKW, die nicht weiterkamen, weil ihnen ein rot-weißes Flatterband die Durchfahrt versperrte, aber wir saßen ziemlich erhöht. Zum einen, weil die Straße hier so steil abfiel, zum anderen, weil wir ja in einem LKW saßen, auch wenn dies ein Feuerwehrfahrzeug war. Ich konnte also sehr gut auf die vor uns liegende Einsatzstelle hinabblicken. Genau dort wo wir anhielten, befand sich eine kleine glasüberdachte Bushaltestelle. Ich griff zum Funkhörer und gab der Leitstelle durch, dass wir eingetroffen waren. Unmittelbar darauf meldete sich der C-Dienst der Feuerwache U bei mir. Er war inzwischen ebenfalls mit seinen Leuten eingetroffen und hatte sich hinter der Feuerwache 8 postiert.

„Martin, bist du das?"

„Ja."

„Sehr schön. Pass auf. Bis jetzt ist keine Ladung ausgetreten. Die Wache 8 hat einen Dekonplatz aufgebaut. Du bleibst mit deinen Leuten aber noch da oben und wartest. Verstanden?"

„Verstanden. Kein Austritt von Gefahrgut. Wir warten."

„Richtig. Du kannst dir aber schon mal die Einsatzstelle näher ansehen. Wir werden später die beiden Fahrzeuge trennen. Dazu brauchen wir deine Männer im CSA."

„Darf ich hinter die Absperrgrenze?"

„Ja, ja, das geht in Ordnung. Aber jetzt bitte nicht alle."

Unser C-Dienst, Hans-Peter Valdor, der bekanntermaßen gleichzeitig mit uns alarmiert worden war, kam von Feuerwache 6. Er hatte somit einen weiteren Anfahrtsweg gehabt. Als er kurz nach uns eintraf, kehrte ich gerade von meinem Erkundungsgang zurück, befand mich aber noch hinter der Absperrgrenze. Ich sah ihn. Er stand mit einem mir unbekannten Kollegen vor unserem LF und winkte mir, ich solle kommen. Daraufhin beschleunigte ich meine Schritte. Das hätte ich besser unterlassen, denn die abschüssige Straße war an vielen Stellen immer noch spiegelglatt. Eine dieser kritischen Stellen befand sich unmittelbar vor der Bordsteinkante, die ich mit einem leichtfüßig wirkenden Hüpfer zu überwinden gedachte. Aber statt für die geschmeidige Eleganz meiner anmutig grazilen Bewegung Bewunderung zu erlangen, erntete ich nur mühsam unterdrücktes Lachen. Was war geschehen?

Irgendwie hatte ich mich verschätzt, oder mein Absprungbein war auf dem vereisten Untergrund nach hinten weggerutscht. So genau kann ich das nicht mehr sagen, jedenfalls deutete alles darauf hin, dass ich der Länge nach hinknallen würde. Im letzten Moment gelang es mir aber noch, den unkontrollierten Sturzflug in eine halbwegs gelungene Judorolle zu verwandeln. Nur gut, dass ich meinen Feuerwehrhelm trug, denn das harte *Tock*, das mir ins Ohr hämmerte, sprach eine eindeutige Sprache. Das war die Bordsteinkante gewesen. Auf jeden Fall kam ich genau vor den Füßen meines C-Dienstes und dessen reichlich verwirrt blickendem Begleiter zu liegen, stand aber sofort wieder auf den Füßen.

„Äh ja ... also wie ihr seht, ist es verdammt glatt hier. Seid also vorsichtig. Wer ist das, Hans-Peter?"

Das sei ein Feuerwehrkollege von einer anderen Wehr, der in Düsseldorf seinen Abschnitt als C-Dienst-Praktikant absolviere, erklärte er und stellte mir den Mann vor. Anschließend wendete er sich wieder seinem Begleiter zu und meinte: „Und das ist der Kollege Martin Meyer-Pyritz, der heutige Dienstgruppenleiter von Feuerwache 7."

Der Mann sah mich jetzt noch verwunderter an. „Ach ... Sie sind das. Sind Sie nicht auch der mit den Büchern?"

„Genau der."

„Hm."

Bevor ich erfuhr, ob meine halbwegs geglückte Bruchlandung mein Image bei ihm angekratzt hatte, wobei ich nicht wusste, ob es überhaupt ein Image anzukratzen gab, berichtete ich Hans-Peter lieber, was ich bislang in Erfahrung gebracht hatte. Daraufhin nahm HP Funkkontakt zu seinem Gegenüber, dem C-Dienst 10 der Feuerwache U auf. Während er noch funkte, bedeutete er mir, meine Truppe zusammenzurufen.

„Okay Leute. Ihr wisst, was passiert ist. Im Bus sind mehrere Fahrgäste verletzt worden. Die Busfahrerin hat ebenfalls was abbekommen, hat aber genau wie der Fahrer des Gefahrguttransportes verdammtes Glück gehabt. Die Kollegen vom Rettungsdienst haben das aber schon im Griff. Und wie es aussieht, ist bislang auch kein Gefahrgut ausgetreten. Nach den bisherigen Erkenntnissen ist nur der äußere Metallmantel einer doppelwandigen Kammer beschädigt. Ob die innere Wandung noch intakt ist, wissen wir nicht. Das wird sich erst herausstellen, wenn die Kollegen von Feuerwache U die beiden ineinander verkeilten Fahrzeuge mit ihrem Rüstwagen auseinanderziehen. Solange habe ich aber keine Lust, hier nur Gewehr bei Fuß abzuwarten. Sollte man uns dann nämlich brauchen, dauert es mir zu lange, bis wir einsatzbereit sind. Deshalb möchte ich, dass sich jetzt schon zwei Trupps mit Pressluftatmern ausrüsten und in die Chemikalienschutzanzüge steigen. Ich denke, ihr seid da mit mir einer Meinung."

Ja, das waren wir. Und wir waren froh darüber, hier nicht länger tatenlos herumstehen zu müssen.

Während sich meine Trupps oberhalb der Einsatzstelle ausrüsteten, bereiteten die Männer der Feuerwache U unterhalb der Einsatzstelle ihren Part vor. Im Grunde bilden unsere beiden Wachen eine Art Symbiose, wobei die Wache U mit ihren Sonderfahrzeugen das Equipment stellt und wir von Wache 7 die dazu nötige Manpower. An der Einsatzstelle müssen dann die beiden Komponenten nur noch richtig zusammengefügt werden. *Nur noch* ist natürlich maßlos untertrieben, denn ein Gefahrstoffeinsatz zählt mit zu den gefährlichsten. Selbst nach gründlicher Erkundung und unter Berücksichtigung aller Eventualitäten bleibt für die Einsatzkräfte vor Ort ein enorm hohes Risiko bestehen. Die Arbeit unter Atemschutz ist für sich allein betrachtet schon sehr schwer, kommt aber noch der CSA dazu, wird das Arbeiten zur reinsten Tortur. Dazu lastet neben dem physischen auch noch der psychische Druck auf einem, wenn man, statt wie bei einer Übung mit simplem Wasser, mit einem hochaggressiven Stoff hantieren muss. Kurz, solche Einsätze verlangen von allen Beteiligten ein Höchstmaß an diszipliniertem Verhalten. Keine Experimente, kein unnötiges Risiko. Das galt für die Kollegen, die ich einsetzte, genauso wie auch für mich selbst. Im Übrigen bin ich der festen Meinung, dass jeder Einsatzleiter die Schwierigkeiten und Gefahren nur dann richtig einschätzen kann, wenn er selber in regelmäßigen Abständen aktiv an den Übungen unter CSA teilnimmt.

Für den bevorstehenden Einsatz standen mir insgesamt sieben Mann zur Verfügung. Michael Gross und Karlheinz Halbekann vom TLF, sowie Jochen Mass, mein Maschinist und natürlich mein Angriffstrupp und mein Wassertrupp. Also die vier, denen wir anderen in den CSA geholfen hatten.

Hans-Peter kam von seinem eigenen Erkundungsgang zurück und erklärte uns, dass es noch etwas länger dauern könnte, bis man da unten so weit sei, die beiden ineinander verkeilten Fahrzeuge auseinanderzuziehen. „Na wenigstens friert ihr nicht", lachte er angesichts der dick vermummten Gestalten, die inzwischen vollständig ausgerüstet auf der Bank des Wartehäuschens Platz genommen hatten. „Für den Fall, dass ihr mit dem Stoff in Berührung kommt, hat die Feuerwache 8 einen Dekonplatz aufgebaut. Wenn ihr eure Arbeit gemacht habt, kommt ihr also nicht wieder hierher zurück, sondern geht über einen eigens abgesperrten Bereich direkt in die Dekontamination. Martin", Hans-Peter sah mich an, „das ist deine Aufgabe. Du achtest mir bitte genau darauf, dass das von jedem exakt eingehalten wird."

„Aber doch nur, wenn wir tatsächlich kontaminiert werden."

„Wenn Stoff austritt, natürlich. Es soll sich dabei um eine Säure handeln, es ist aber bis jetzt noch nicht sicher, ob sich innerhalb der beschädigten Kammer auch Gase gebildet haben könnten, die möglicherweise bereits ausgetreten sind. Die Kollegen der Wache U führen gerade an mehreren Stellen Messungen durch."

Sein Begleiter gab ihm ein Zeichen.

„Okay, anscheinend soll es doch schon losgehen. Der Rüstwagen ist bereits in Stellung gebracht worden. Seid ihr so weit?"

„Ja, wir sind fertig."

„Gut. Martin, du führst deine Gruppe bis unten. Dein Ansprechpartner ist der Gruppenführer von Wache U. Und denk dran, immer genügend Abstand zu halten, du hast nämlich keinen CSA an."

Wir zogen los. Im Gegensatz zu den vieren, die mit CSA und Pressluftatmern ausgerüstet waren, trug ich lediglich die komplette HUPF-Bekleidung, aber genau wie die anderen hatte ich meine Feuerwehrstiefel gegen ein Paar säurefeste Gummistiefel ausgetauscht. Natürlich hatte ich mir auch meine Flammschutzhaube übergestreift und das Hollantuch sorgfältig über dem hochgeschlagenen Kragen zugeklettet. Außerdem trug ich dicke feuerhemmende Stulpenhandschuhe, und vor meiner Brust baumelte eine Atemschutzmaske mit bereits angeschlossenem Filter. Eine zusätzliche kleine persönliche Sicherheit, die ich mir selber gegönnt hatte. Man konnte ja nie wissen. Hinter mir hörte ich, wie unser C-Dienst anordnete: „Michael und Karl-Heinz, ihr schwingt euch auf euer TLF und bringt den Monitor in Stellung. Ich will Wasser am Rohr haben."

„Geht klar."

Das Wissen, fünftausend Liter Wasser zur eigenen Sicherheit im Rücken zu haben, verlieh mir doch ein sicheres Gefühl, zumal ich mich darauf verlassen durfte, dass die beiden keine Sekunde zögern würden, die gewaltige Wasserflut im Gefahrenfall auch wirklich für uns einzusetzen. Die steil abfallende Straße war nach wie vor sauglatt, wir schlitterten mehr, als dass wir gingen. In unmittelbarer Nähe der Unfallstelle standen mehrere Kollegen der Wache U und der Wache 8. Keiner von ihnen trug einen CSA. Einige von ihnen hatten zwar wie ich eine Atemschutzmaske umhängen, aber niemand hatte sie angelegt.

„Die Einsatzstelle ist sauber!", rief man uns schon von Weitem zu. „Kein Austritt von Gefahrstoffen!"

Jetzt löste sich einer aus der Gruppe und kam auf uns zu. Ich erkannte in ihm meinen alten Lehrgangskumpel Anton. „Hi Martin. Na, schöne Bescherung, was?"

„Solange die Suppe drinbleibt."

„Hoffen wir's. Aber anscheinend hat die innere Kammerwand nichts abbekommen. Zumindest hat sie bisher dicht gehalten."

„Was sich aber ganz schnell ändern kann, wenn ihr die Fahrzeuge gleich auseinanderzieht. Ansonsten bräuchte ich mit meinen Männern ja nicht hier zu stehen, stimmt's?"

„Na ja, wir sehen das schon etwas positiver. Die Wahrscheinlichkeit, dass die innere Kammer dabei aufreißen könnte, stufen wir als äußerst gering ein. Trotzdem müssen wir auf Nummer sicher gehen."

„Und wie stellt ihr euch das konkret vor?"

„Pass auf. Ihr macht erst mal gar nichts. Du und deine Männer, ihr haltet euch lediglich für den Fall der Fälle in Bereitschaft. Da vorne", er deutete auf eine Stelle in der Nähe, wo ein Depot eingerichtet worden war, „liegen verschiedene Materialien zum Abdichten. Kennt ihr alles, habt ihr schon oft mit geübt. Bronzehammer, Keile, Gummidichtkissen und so."

„Unterziehplane?"

„Auch. Aber ich glaube wirklich nicht, dass es dazu überhaupt kommen wird."

„Dein Wort in Gottes Ohr."

„Genau. Also wir ziehen den Bus raus und ihr schaut lediglich zu. Wenn, und ich betone wenn, wider Erwarten doch etwas auslaufen sollte …"

„Dann kommen wir ins Spiel."

„Richtig."

Wir hatten während des Gesprächs einen dichten Halbkreis

um Anton gebildet. Meine beiden voll ausgerüsteten Trupps hatten also alles mithören können. Das war mir ganz lieb, so brauchte ich ihnen das Ganze nicht noch einmal zu erklären. Der Rüstwagenfahrer kam und wir zogen uns erst einmal zurück. Unsere Position war jetzt neben dem Depot, nicht zu weit entfernt, aber auch nicht zu nah. Die Stelle war also gut gewählt worden, zumal wir von hier das weitere Vorgehen unserer Kollegen bestens überblicken konnten.

„Martin, hörst du mich?"

„Ja, klar und deutlich."

„Okay. Wir ziehen jetzt. Wenn dir irgendetwas auffällt, sag mir sofort Bescheid."

„Geht klar."

Mir fiel nichts auf. Konnte es auch nicht, denn die Trennung der beiden verunfallten Fahrzeuge verlief absolut komplikationslos. Wir vernahmen zwar ein gefährliches Kreischen, als Metall über Metall glitt, aber das Einzige, was danach auf den gefrorenen Asphalt rieselte, waren die krümeligen Glassplitter der zerborstenen Windschutzscheibe des Linienbusses.

Hans-Peter, unser C-Dienst, war auf das Dach des TLF gestiegen und hatte die Aktion mit dem Fernglas verfolgt. Durch das scharfe Glas hatte er die aufgerissene und jetzt freiliegende Kammer sogar genauer betrachten können als wir von der Stelle, wo wir noch standen.

Jetzt sprach mich der C-Dienst von Wache U über die Florentine an: „Martin, schick mal zwei von deinen Männern vor. Die sollen die Kammer überprüfen. Das scheint ja ganz gut auszusehen, aber bevor ich jemanden ungeschützt da hin lasse, möchte ich doch lieber auf Nummer sicher gehen."

„Verstanden. Zwei Mann unter CSA zur Kontrolle vor."

Ich schickte Sebastian und Timo und erhielt sehr schnell die gute Nachricht, dass alles dicht sei. Die innere Kammer war zwar eingedrückt worden, war aber nicht aufgerissen. Die Nachricht löste große Erleichterung aus. Dieser Unfall hätte auch sehr viel schlimmer enden können.

(K)ein Sommermärchen

In der deutschen Medienlandschaft gibt es diverse Magazine und Zeitschriften, die es meiner Meinung nach nicht lohnt aufzuheben. Letztlich erlischt die Aufmerksamkeit der Leserschaft an dieser mit Hochglanzfotos versehenen Boulevardpresse spätestens dann, wenn die nächste Ausgabe mit neuen, ebenso schnell vergänglichen und nichtssagenden Nachrichten aufwartet. Anders verhält es sich mit jenen Magazinen, die sich nicht der Welt der Schönen und Reichen widmen, sondern ihr Augenmerk auf langlebigere und sinnvollere Objekte richten.

Dr. Josef Huber, seines Zeichens Physiker im Ruhestand, hatte viele Jahre als wissenschaftlicher Mitarbeiter im Max-Planck-Institut gearbeitet. Vor vier Jahren war seine Frau an einem Krebsleiden gestorben. Ihre Ehe war kinderlos geblieben. Umso mehr hatte sich Dr. Huber um die geistige Entwicklung seines einzigen Neffen gekümmert. Werner Huber, der Sohn seines Bruders, bewohnte ein Apartment in Düsseldorf-Holthausen. Wie es Werner geschafft hatte, sein Abitur zu bestehen, würde seinem Onkel vermutlich immer ein Geheimnis bleiben. Jetzt studierte dieser, sehr zum Leidwesen Dr. Josef Hubers, seit zwei Semestern an der Düsseldorfer Heinrich-Heine-Universität BWL. Seine wahre Leidenschaft galt allerdings dem Gitarrespielen. Werner war Mitglied in einer Band, mit der er ab und zu in Lokalitäten des Umkreises auftrat. Sein Onkel hätte allerdings viel lieber gesehen, wenn sich sein Zögling für einen naturwissenschaftlichen Studiengang eingetragen hätte, was unabhängig von dessen ausgeprägter Neigung zur Faulheit und angesichts eines geschönten Abiturs jedoch kaum möglich gewesen wäre. Trotzdem hatte Dr. Huber die Hoffnung, seinen Neffen beruflich ganz nach oben zu bringen, nie aufgegeben und, die Augen vor der Realität verschließend, die faule Socke (so titulierte er ihn oft selber) weiterhin finanziell unterstützt. Eine zwanzigbändige Brockhaus Enzyklopädie, die er ihm zum Studienbeginn geschenkt hatte, war genauso schnell gegen Bares verscherbelt worden wie das teure Carbonrennrad mit dem Onkel Hub, wie ihn sein Neffe nannte, sein Lotterleben unwissend weiter finanzierte. Momentan liebäugelte Werner mit einem dieser modernen Breitwandflachbildschirme. Es sollte natürlich das Edelste vom Edlen sein, aber bei einem Preis von mehreren tausend Euro zuckte selbst Onkel Hub vor der breitwandigen Plasmatechnologie zusammen. Zumal Werner sich, ebenfalls von Onkel Hubs Geld, gerade erst eine neue, sündhaft teure Gitarre gekauft hatte. Damit war er, den üblichen Schmeicheleien zum Trotz, an eine Grenze gestoßen und erkannte, dass er wohl noch ordentliche Überzeugungsarbeit würde leisten müssen, ehe er sein altes Röhrengerät auf den Elektroschrott werfen könnte. „Bildung kommt von Bildschirm, Onkel Hub", hatte er frech gefeixt. „Nicht von Büchern, sonst hieße es ja Buchung." Auf diese Äußerung hin hatte Onkel Hub ziemlich missmutig reagiert. „Wenn du schon solch eine kindische Meinung zu Büchern vertrittst, so hoffe ich, dass du dich zumindest hiermit beschäftigen wirst." Mit diesen Worten drückte er seinem Neffen die neueste Ausgabe des Geo-Magazins in die Hand und verabschiedete ihn mit einem strengen Blick. Zuhause stöberte Werner tatsächlich eine Weile interessiert in dem neuen Magazin. Aber schon nach einiger Zeit ließ seine Aufmerksamkeit nach und er quetschte das Magazin, das er übrigens regelmäßig von seinem Onkel erhielt, in die eh schon überquellende Regalwand. Im Laufe der Zeit hatten sich hier ansehnliche Stapel angesammelt, die seinem Fernsehgerät jegliche Lüftung raubten. Gerne hätte Werner an diesem Abend noch einen Zug durch die Altstadt gemacht, aber da er schon seit längerer Zeit bei einigen seiner Kommilitonen Schulden hatte und er zurzeit wieder mal klamm war, wollte er denen nicht über den Weg laufen. Also holte er sich zwei Flaschen Bier aus dem Kühlschrank, schnappte sich die Fernbedienung und ließ sich schlapp auf die Couch fallen. Lustlos zappte er durch die Programme. Bei *Schlag den Raab* blieb er schließlich hängen. Zwei Sunden und einige weitere Bierflaschen später fielen Werner im x-ten Werbeblock die Augen zu. Kurz darauf zeugten seine gleichmäßigen Schnarchgeräusche davon, dass er tief und fest eingeschlafen war.

Es war kurz nach Mitternacht. Stefan Raab hatte wieder einmal erfolgreich seinen Wetteinsatz gegen einen sichtlich enttäuschten Herausforderer verteidigen können, da gab Werners überhitzte Glotze den Geist auf. Mehrere, die Lüftungsschlitze bedeckende Zeitschriften hatten in Kombination mit den Geo-Magazinen für einen Wärmestau gesorgt, dem der alte Fernseher nicht mehr standhalten konnte. Es kam zu einem Schmorbrand, in dessen Folge die Bildröhre implodierte. Der dabei entstehende ohrenbetäubende Knall ließ Werner aus seinem Schlaf aufschrecken. Im ersten Moment völlig orientierungslos, starrte er in die Dunkelheit seines verrauchten Wohnzimmers. Der typische Geruch nach verbrannten Kabeln und Kunststoffen reizte seine Atemwege, brannte in seinen Augen und verursachte ihm mächtigen Hustenreiz. Dabei konnte er noch von Glück reden, dass er nicht von den herausgeschleuderten, scharfkantigen Scherben der implodierten Bildröhre verletzt worden war. Zu dieser Erkenntnis sollte er aber erst viel später gelangen. Im Moment hustete er sich die Seele aus dem Leib. Intuitiv rutschte er von der Couch auf den Boden, wo die Luft nicht so stark verqualmt und somit noch einigermaßen erträglich einzuatmen war. Zwei drei Sekunden starrte er entsetzt in die Richtung seines Fernsehers, ohne ihn jedoch erkennen zu können. Die Seite, auf der die Regalwand stand, bildete ein einziges schwarzes Loch, in dem er schemenhaft ein flackerndes Feuer zu erkennen glaubte. Von Todesangst getrieben tat

Werner das einzig Richtige, das er in seiner momentanen Situation tun konnte – er kroch auf allen vieren in Richtung Zimmertüre. Dass er sich dabei seine Handflächen an den überall verstreuten Scherben aufschnitt, musste er schmerzhaft in Kauf nehmen. Ihn trieb nur ein einziger Gedanke: raus, nur raus hier! Bloß nicht in diesem heißen Brandrauch ersticken oder bei lebendigem Leibe verbrennen!

Nachdem der überhitzte Fernseher zunächst eine ganze Zeitlang vor sich hingekokelt hatte, schlugen nach seiner Implosion Flammen aus dem Gehäuse. In Sekundenschnelle fanden sie in den brennbaren Materialien in und um das Regal reichlich Nahrung. Es dauerte nicht lange, dann verdunkelte der Brandrauch, der sich anfänglich nur unter der Decke gesammelt hatte, die hoch auflodernden Flammen vollends. Innerhalb dieser wenigen Sekunden stieg die Temperatur in dem brennenden Wohnzimmer auf mehrere hundert Grad an!

Mit letzter Kraft erreichte Werner die Zimmertür, von wo er sich in den angrenzenden Flur flüchtete. Hier überkam ihn ein erneuter Hustenanfall, der so stark war, dass er sich unter würgenden Krämpfen heftig erbrach. Nachdem er den Anfall überwunden hatte, schleppte er sich völlig erschöpft weiter bis ins Bad. Hier beugte er sich über den Rand der Wanne und ließ kaltes Wasser über seinen Kopf strömen. Der kühlende Brausestrahl vermischte sich mit seinem Blut und färbte das abfließende Wasser rot, wodurch Werner an seine Verletzungen erinnert wurde. Aber immer noch war er von den eingeatmeten giftigen Rauchgasen so benommen, dass er keinen klaren Gedanken fassen konnte. Minutenlang saß er mit tropfnassen Haaren auf den Fliesen am Boden seines Bades und starrte auf seine blutenden Hände. Dann endlich löste sich der Schock und er fingerte sein Handy aus der Hosentasche. Mit zitternden Fingern tippte er 112 – die Notrufnummer der Feuerwehr.

Nachdem es eine verdächtig lange Zeit ruhig geblieben war, lästerten wir schon über uns selbst, dass die Feuerwache 7 unter einer Käseglocke leben würde, an der alle Einsätze abprallten (was natürlich nicht der Fall war, denn zumindest die zweite Tour hatte gerade erst einige heftige Einsätze gehabt). Schließlich erwischte es uns wieder einmal mitten in der Nacht.

„Einsatz Zimmerbrand in Holthausen. XXX-Straße 28", tönte es aus den Lautsprechern.

„Es rücken aus: An Feuerwache 7, 7-46-1, 7-44-1, 7-33-1, der RTW 7-83-1 und der C-Dienst 7-11-1. Zimmerbrand Holthausen, XXX-Str. 28."

Mit einer gewissen Befriedigung stellte ich fest, dass die ruhige Phase der vergangenen Dienstschichten uns nichts von unserer routinierten Schnelligkeit geraubt hatte. Eher schien das Gegenteil der Fall zu sein. Einige Kollegen brannten geradezu darauf, zum Einsatz zu kommen. Während ich über den vom Alarmlicht hell erleuchteten Gang in Richtung DGL-Büro lief, stürmten meine Kollegen mir in Richtung Fahrzeughalle entgegen. In Höhe Billardtisch hörte ich hinter mir lauthalses Rufen.

„Jetzt geht's lohos! Jetzt geht's lohos!"

Einige meiner Männer schienen offensichtlich übermotiviert, aber ich konnte sie verstehen.

Um das hier ganz klar auszusprechen: Niemand von uns wünscht den Bürgern ein Unglück. Niemand von uns freut sich, wenn die Flammen einem sein Hab und Gut vernichten, geschweige denn, wenn Tiere oder im schlimmsten Fall sogar Menschen körperlich zu Schaden kommen! Aber – wir sind Feuerwehrmänner. Wir sind dazu ausgebildet worden und trainieren täglich, gegen solche Gefahren anzukämpfen. Und wir werden in der Realität mit wirklich allen Gefahren konfrontiert, die man sich nur denken kann. Der überwiegende Teil sind Routineeinsätze. Aber was heißt schon Routine? Selbst ein vermeintlich „harmloser" Zimmerbrand kann zu einem lebensbedrohenden Inferno mutieren. Es müssen nur einige nicht vorhersehbare Umstände eintreten. Im Laufe meiner mehr als dreißig Jahre währenden Einsatzzeit habe ich selber schon einige kritische Situationen erlebt. So erinnere ich mich unter anderem noch genau daran, wie sich in einer Etagenwohnung eine zerberstende Propangasflasche in einen verheerenden Feuerball verwandelte. In solch höchst brisante Situationen können wir jederzeit geraten, es möge mir also niemand etwas von vermeintlicher Sicherheit erzählen. Die Realität spricht eine andere Sprache! Immerhin werden wir Düsseldorfer Berufsfeuerwehrmänner jedes Jahr zu mehr als einhunderttausend Einsätzen gerufen!

Aber in der letzten Zeit war eben nichts geschehen. Und wenn solch eine ungewöhnliche Phase der Ruhe ohne Einsätze nicht enden will, dann spüre ich geradezu, wie meine Mannschaft unruhig und kribbelig wird. Hält dieser Zustand länger an, können uns die täglich anfallenden Arbeiten nicht befriedigen. Selbst der Boxsack in unserer Muckibude bietet dann kein ausreichendes Ventil mehr. Es liegt eine nicht zu definierende Spannung in der Luft, die mit dazu beitragen kann, dass eine reizbare Stimmung aufkommt. Ein Fußballspieler möchte schließlich auch nicht immer nur den Ball aufpumpen. Er will auch damit spielen, will zeigen, was er drauf hat und wofür er so hart trainiert hat. Meinen Männern und mir geht es da nicht anders. Wenn es dann, wie jetzt, nach einer uns geradezu verdächtig erscheinenden Ruhephase endlich alarmiert, überkommt manche da regelrechtes Jagdfieber. Und dann entlädt sich der angestaute Tatendrang schon mal in einem lauthalsen „Jetzt geht's lohos!"

Werner Huber, der, nachdem er über sein Handy den Notruf zur Feuerwehr getätigt hatte, noch immer auf den Fliesen seines Badezimmers saß, hätte für unser euphorisches Gebrüll wohl kaum Verständnis aufgebracht. Schließlich war er gerade erst mit letzter Kraft dem giftig beißenden Brandrauch und den höllisch heißen Flammen seines brennenden Wohnzimmers entkommen. Hier, in dem weiß gekachelten Bad mit einem Duschschlauch, aus dem genügend Wasser lief, fühlte er sich einigermaßen sicher. Aber es war eine trügerische Sicherheit, und die Gefahr sollte für ihn noch lange nicht vorbei sein, denn das fensterlose Bad war wie eine Mausefalle. Längst hatten die Flammen auf den Flur übergegriffen und wüteten auch hier mit aller Macht. Werner hatte keine Chance mehr, das Badezimmer zu verlassen, er war gefangen. Aber von der neuen Gefahr, die sein Leben bedrohte, ahnte er zunächst noch nichts, und als er bemerkte, wie der Brandrauch unter dem Türspalt zu ihm hereinzog, war es fast schon zu spät.

Voller Panik tippte er erneut die 112 ein.

Unser Kollege Gunther Brings, der zurzeit einige Schichten als Leitstellendisponent auf der Rettungsleitstelle der Feuerwache 1 an der Hüttenstraße absolvierte, nahm den Notruf entgegen. Er erkannte die Nummer des Anrufers, der erst vor wenigen Minuten, entgegen seiner dringenden Aufforderung, in der Leitung zu bleiben, aufgelegt hatte. Es war unzweifelhaft dieselbe Stimme, nur schien seine Panik diesmal noch größer zu sein als vorhin. Obwohl Gunther immer nur einige Schichten im Jahr hier verbrachte, war er ein erfahrener Mann. Er hatte noch keine zwei Sätze mit dem Anrufer gewechselt, da spürte er bereits instinktiv, dass es bei diesem Notruf wieder einmal um Leben und Tod ging. Während er mit dem Anrufer sprach, hob er die Hand und schnipste mit den Fingern. Auf seinen Wink hin schaltete sich der Lagedienstleiter in den Notruf ein. Mit Michael Heinz, den alle nur den langen Heinz nannten, hatte ich mehrere Jahre zusammen an Feuerwache 6 meinen Dienst verrichtet.

Da uns damals viele gemeinsame Einsätze verbanden, hatte ich Michaels Wunsch, zur Leitstelle zu gehen, anfänglich bedauert. Für ihn war es jedoch die richtige Entscheidung gewesen. Schnell zeigte sich, dass er der richtige Mann am richtigen Platz war. Mit Fleiß und Können hatte er sich seine neue, verantwortungsvolle Position erarbeitet. Nachdem er das Gespräch seines Disponenten mithören konnte, zögerte er keine

Sekunde und reagierte sofort. Unter dem Stichwort „Menschenleben in Gefahr" alarmierte er umgehend eine weitere Feuerwache der Berufsfeuerwehr sowie die Freiwillige Feuerwehr von Himmelgeist/Itter.

Noch wussten wir nichts von der dramatischen Entwicklung, und als die Leitstelle den C-Dienst anfunkte, hatte unser Löschzug die Kölner Landstraße bereits verlassen und bog in die Itterstraße ein.

„7-11-1 für Florian Düsseldorf kommen!"

Ich zog mir gerade den Kinnriemen meines Feuerwehrhelms fest, da machte mich mein Maschinist auf den Funkruf aufmerksam. „Du, die rufen unseren C-Dienst."

Ich nickte nur und presste mir den Funkhörer ans Ohr, dann lauschte ich angestrengt den weiteren Durchsagen. „Wir haben einen Anruf erhalten, dass sich noch jemand in dem brennenden Apartment befinden soll und Alarmstufe zwei ausgelöst."

„Verstanden Florian Düsseldorf", meldete sich daraufhin der C-Dienst. Wie üblich hatte ich zu Beginn der Alarmfahrt meine Florentine eingeschaltet. Jetzt funkte mich mein Chef über das Handsprechfunkgerät an.

„Martin, hast du mitgehört?"

„Ja."

„Gut, schick sofort den Angriffstrupp hoch und einen zweiten Trupp mit Wasser am Rohr hinterher."

„Geht klar."

„Und lasst die Drehleiter vorfahren, das ist wieder eine dieser verdammt engen Straßen."

Sofort meldete sich der Leiterführer: „Drehleiter hat mitgehört, wir fahren vor."

Das war die Stimme von Udo Karis, jetzt fehlte nur noch die Bestätigung von Stefan Wagner, dem Gruppenführer des zweiten LFs. Ich hatte kaum den Gedanken zu Ende gedacht, da hörte ich ihn auch schon. „7-44-1 hat ebenfalls mitgehört. Unser Trupp ist fertig ausgerüstet und einsatzbereit."

Parallel zu seiner Bestätigung meldete sich die Leitstelle noch einmal über Vier-Meter-Band zu Wort: „Zu Ihrer Information. Wache eins und Wache sechs befinden sich zurzeit im Einsatz. Eine zweite Leiter und das Verstärkungs-LF kommen von Wache 4."

„Verstanden Florian Düsseldorf. Was ist mit der Freiwilligen Feuerwehr Himmelgeist/Itter?"

„Ist aktiviert."

Sehr gut. Da sich die uns am nächsten liegenden Feuerwachen selber im Einsatz befanden, würde die weiter entfernte Feuerwache 4 trotz der nächtlichen Stunde längere Zeit bis zu ihrem Eintreffen benötigen. Zeit, die möglicherweise eine entscheidende Rolle spielen konnte. Diese bedrohliche Situation zeigte wieder einmal mehr, wie unverzichtbar eine Freiwillige Feuerwehr selbst in der Großstadt ist. Obwohl meine Kameraden von der FF erst aus ihren heimischen Betten „gescheucht" werden mussten, um von dort zu ihrem Gerätehaus zu eilen, war ich mir ziemlich sicher, dass sie noch lange vor der Verstärkung von der Behrenstraße eintreffen würden. Ich wusste, dass diese hochmotivierten Burschen verdammt schnell waren, schließlich hatten sie das bei verschiedenen gemeinsamen Einsätzen schon oft genug unter Beweis gestellt.

„Herr Huber, sind Sie noch dran? Herr Huber!" Aber Werner Huber meldete sich nicht mehr, stattdessen vernahm Gunther nur ein halblautes Röcheln. Er versuchte es weiter. „Herr Huber! Kommen Sie, reden Sie mit mir!" Bange Sekunden verstrichen, da … endlich – Werner Huber meldete sich wieder. Erschöpft, aber deutlich vernahm Gunther seine Stimme: „Okay, ich hab's geschafft."

„Alles klar so weit bei Ihnen?"

„Geht so. Ich hab, genau wie Sie gesagt haben, nasse Handtücher unter die Türritze geklemmt."

„Sehr gut, Herr Huber. Am besten ist, Sie verhalten sich jetzt ganz ruhig und … bitte, keinen weiteren Versuch, das Bad zu verlassen. Meine Kollegen müssen gleich bei Ihnen sein."

Nein, das Bad würde er gewiss nicht mehr verlassen. Der eine Versuch, bei dem er sich seine Hand an der glühendheißen Klinke verbrannt hatte, hatte ihm gereicht. Und was er durch den nur kurz offen stehenden Türspalt gesehen hatte, ließ ihn erschaudern. Der ganze Flur hatte sich in ein einziges loderndes Flammenmeer verwandelt. Werner Huber warf sich voller Panik vor die Türe, in seinen Augen stand die nackte Angst. Nachdem er sich halbwegs von diesem erneuten Schock erholt hatte, hatte er auf Anraten des Feuerwehrmannes damit begonnen, nasse Handtücher unter den Türspalt zu stopfen. Die Arbeit strengte ihn sehr an, denn zu dem Rauch, den er bislang schon eingeatmet hatte, war jetzt erneut Rauch zu ihm in das Bad gezogen. Werner hustete ohne Unterlass. Endlich war es geschafft und er lehnte sich erschöpft gegen die Badewanne, den Blick ständig ängstlich auf die Türe gerichtet. Schließlich meldete er sich wieder am Telefon.

„Das haben Sie gut gemacht, Herr Huber. Und jetzt sagen Sie mir bitte, ob von irgendwo sonst noch Rauch zu Ihnen hineinzieht, zum Beispiel aus dem Lüftungsschacht?"

Werner sah sich um. „Nein, nein, alles in Ordnung."

„Gut, das ist sehr gut. Und jetzt sagen Sie mir auch noch, ob vielleicht irgendwo aus dem Türblatt Rauch dringt?"

„Warum, kann das passieren?", fragte Werner Huber ängstlich.

„Sagen Sie mir einfach nur, ob das der Fall ist."

„Ich seh nichts."

„Schön. Trotzdem sprühen Sie die Türe jetzt bitte mit der Brause ab. Haben Sie mich verstanden? Machen Sie das gesamte Türblatt richtig nass."

„Und wenn der Strahl nicht bis dahin reicht?"

„Versuchen Sie's einfach. Ich bin sicher, Sie schaffen das."

„Aber wieso? Sie sagten mir doch, Ihre Kollegen sollten gleich da sein … haben Sie doch gesagt." Werner Hubers Stimme verriet erneut aufkommende Panik. „Wieso soll ich dann …?"

„Herr Huber. Ruhig, gaaanz ruhig. Meine Kollegen werden hundertprozentig gleich bei Ihnen sein, aber solange sollten wir nicht untätig sein und alles unternehmen, was ebenfalls Ihrer Sicherheit dient ... verstehen Sie mich?"

Werner Huber nickte stumm, dann legte er das Handy auf den Rand der Badewanne und drehte den Brauseschlauch auf.

„Die Türe ist jetzt nass", meldete er sich anschließend, und in einem plötzlichen Anflug von Sarkasmus fügte er hinzu: „Dafür sitze ich jetzt aber auch in einer kalten Pfütze."

Trotz der kritischen Situation musste Gunther lächeln. „Tut mir leid, mein Freund, aber wenn das gleich vorüber ist und Sie davon 'ne Erkältung zurückbehalten sollten, spendiere ich Ihnen gerne 'ne Aspirin."

„Versprochen?"

„Versprochen."

„Könnten Sie mir die nicht schon jetzt geben? Mir wird wieder so schwindelig und kotzübel. Wieso kommen Ihre Kollegen nicht?"

Letzteres kam stockend und seine Stimme wurde immer leiser.

„Herr Huber! Herr Huber, hören Sie mich?"

Aber Herr Huber meldete sich nicht mehr. Verdammt, dachte Gunther, hoffentlich sind die Kollegen bald da, sonst dürfen die nur noch einen Toten aus der Wohnung holen.

„7-46-1 für Florian Düsseldorf kommen."

„7-46-1 hört, kommen", antwortete ich.

„Martin, euer Mann liegt im Badezimmer, im Dachgeschoss. Mein Kontakt zu ihm ist abgerissen. Ihr sollt euch beeilen, lange hält der nicht mehr durch."

Mir blieb gerade noch Zeit, meine Kollegen über den neuesten Stand der Situation zu informieren, da erreichten wir auch schon unseren Einsatzort.

„Zug 7 Einsatzstelle an!", rief ich in den Funkhörer, dann sprang ich aus dem LF. Ich musste keine weiteren Befehle mehr geben. Jeder wusste genau, was er zu tun hatte und dass es wie jedes Mal um alles ging! Menschenrettung geht vor Brandbekämpfung, heißt es, aber oft ist das Eine ohne das Andere nicht möglich. So auch hier. Es wäre Wahnsinn, ohne Wasser am Rohr in diese im Vollbrand stehende Wohnung einzudringen. Selbst unter Pressluftatmer und mit der besten Schutzbekleidung würde man eine Vollbeflammung nur wenige Sekunden überleben, aber diesen Vorsprung von wenigen Sekunden mussten wir nutzen. Aus diesem Grund stürmte mein erster Angriffstrupp nur mit einem PG 12 Handfeuerlöscher und einem Halligan-Tool ausgerüstet zum Dachgeschoss vor. Mit dabei Stefan Wagner, der Gruppenführer des zweiten LF. In weiser Voraussicht hatte er sich während der Fahrt ebenfalls den Pressluftatmer angeschnallt, der wie eine Rückenlehne in seinen Beifahrersitz eingebaut war. Bevor die drei jedoch ihre waghalsige Mission starteten, mussten sie unbedingt noch ihre Lungenautomaten anschließen. Dazu standen sich die zwei vom Angriffstrupp vis-à-vis. Markus Pflugbeil, ein schlanker, drahtiger junger Bursche, der frisch vom Grundausbildungslehrgang zu uns gekommen war, ahnte schon, dass er heute seine erste gefährliche Feuertaufe erhalten sollte. Während er das Gewinde des Lungenautomaten in den Atemanschluss der Atemschutzmaske seines Gegenüber eindrehte, machte Manuel Zarges, ebenfalls ein neuer Kollege, bei ihm das Gleiche. Derweil stand ich Stefan gegenüber und führte ebenfalls diese Handgriffe aus. Wenngleich wir kaum zwei Sätze darüber fallen gelassen hatten, herrschte doch ein tiefes Einverständnis darüber, unsere Neulinge nicht allein loszuschicken. Nicht dass ich den beiden die brisante Rettungsaktion nicht zugetraut hätte, aber mit Stefan Wagner, einem erfahrenen Hauptbrandmeister an ihrer Seite, fühlte ich mich doch wohler. Gefährlich genug würde es für die drei ohnehin werden, deshalb musste ich alles daransetzen, die lebensrettende Schlauchrettung so schnell wie nur irgend möglich durch das Treppenhaus nach oben verlegen zu lassen. Während ich selbst mit Hand anlegte und den von der Feuerlöschkreiselpumpe ausgerollten B-Schlauch an den Verteiler vor dem Hauseingang kuppelte, drang seitlich hinter mir ein vertrautes Geräusch an mein Ohr – der Leiterpark unserer mechanischen Drehleiter schob sich in die Höhe. In dem an der Spitze des Leiterparks fest montierten Rettungskorb stand neben Udo Karis ein weiterer voll ausgerüsteter Mann von der zweiten LF-Besatzung. Über die beiden Joysticks steuerte er den Korb zielsicher in Richtung einer Dachgaube. Wenn ich nicht gewusst hätte, dass es sich bei dem längeren der beiden um den Leiterführer handelte, ich hätte ihn trotz seiner markant aufgeschossenen Gestalt unter der hermetisch abschließenden Schutzbekleidung, dem Feuerwehrhelm und der Atemschutzmaske nicht erkennen können. Von bestimmten körperlichen Merkmalen einmal abgesehen, sehen so ausgerüstet alle Feuerwehrmänner gleich aus. Solcherlei Gedanken machte ich mir derzeit jedoch nicht. Mein Hauptaugenmerk galt nach wie vor der schnellstmöglichen Verlegung der Schlauchleitung. Sollte die Dachgeschosswohnung sich tatsächlich im Vollbrand befinden, so benötigten unsere vorausgeeilten Kollegen unbedingt Wasser. Die letzte Meldung, die uns von der Leitstelle erreicht hatte, lautete, der dort oben eingeschlossene Mann befinde sich im Badezimmer, und dass wir uns beeilen sollten, weil der Kontakt zu ihm abgerissen sei und er vermutlich nicht mehr lange durchhalten werde. Nicht gerade das, was man eine beruhigende Nachricht nennt. Sie sagte zwar nichts über den momentanen Zustand der Person aus, ließ aber genau damit Raum für alle gedanklichen Spekulationen. Unabhängig von dem, was dem Einen oder dem Anderen hierzu durch den Kopf ging, lief unsere Rettungsaktion zielgerichtet weiter.

Gerade erreichte der Angriffstrupp unter Stefans Führung das Dachgeschoss. Die Wohnungseingangstür machte einen äußerst stabilen Eindruck und hatte dem dahinter wütenden Feuer bislang standgehalten. Lediglich an der Oberkante des

Türrahmens zeigten sich feine, an ihren Rändern ausgefranste schwarze Rauchfähnchen. Markus streifte sich den rechten Handschuh ab und tastete vorsichtig über das Türblatt. „Ganz oben ist es verdammt heiß, weiter unten geht es noch!"

Stefan nickte. Jetzt lag es an ihm, wie sie weiter vorgehen sollten. Die Anzeichen sprachen tatsächlich für einen Vollbrand. Die oben ausgetretenen Rauchfähnchen, das heiße Türblatt …

Es war möglich, dass das Feuer dahinter mangels Sauerstoff inzwischen nur noch schwelte. Dafür sprachen die stabile Türe, die hochwertig isolierverglasten Fenster und der bislang fehlende Rauchaustritt aus dem Dach. Wenn sie also die Wohnungstür gewaltsam aufbrechen würden, könnte es zu einem gefährlichen Flash-Over kommen. Das bedeutete: Jeder, der aufrecht vor dieser Wohnungstür stand, würde unweigerlich von schlagartig auflodernden Langflammen, die sich unter der erneuten Luftzufuhr aus dem Treppenhaus bildeten, getroffen werden. Für gewöhnlich minimieren Feuerwehrleute dieses extreme Risiko, indem sie die Tür nur mit Wasser am Rohr gewaltsam aufbrechen. Aber diesmal befand sich ein Mensch in akuter Lebensgefahr und es ging buchstäblich um jede Sekunde.

Deshalb waren sie ja auch dem nachfolgenden Trupp, der ihnen das lebensrettende Löschwasser bringen würde, vorausgeeilt. Während Stefan eine Entscheidung für ihr weiteres Vorgehen treffen musste, bahnte sich in einem anderen Stadtteil Düsseldorfs ein weiteres folgenschweres Ereignis an.

Bruno Kehrmann trat das Gaspedal seines Ford Fiesta bis zum Anschlag durch. Der Blutalkohol in seinen Adern hatte sein Gehirn benebelt und ihn sämtlicher Sicherheitsbedenken beraubt. Mit einer geradezu halsbrecherischen Geschwindigkeit raste der Fiesta die Kruppstraße hinunter. Auf gleicher Höhe befand sich ein getunter, tiefer gelegter Golf, mit dem er sich ein illegales Autorennen lieferte. Brunos Zechkumpane, die mit im Wagen saßen, feuerten ihn an, noch schneller zu fahren. Aber

Bruno, dessen Wagen nicht getunt war, hatte sein Limit erreicht. Einige hundert Meter rasten die beiden Fahrzeuge so in wahnwitziger Fahrt nebeneinander her. Erneut eine rote Ampel missachtend, donnerten sie jetzt über die Erkrather Straße in Richtung Oberbilker Markt. Es schien, als wäre keiner in der Lage, den anderen abzuhängen, aber auf einmal röhrte der Golf auf und zog davon. Bruno hämmerte vor Wut auf den Lenkradkranz. „Schneller! Schneller!", grölten seine Kumpel lauthals, aber der aufheulende Motor gab nicht mehr her.

Das Verstärkungs-LF und die Drehleiter der Feuerwache 4 waren vor wenigen Minuten alarmiert worden. Nachdem die Männer die Wache der Behrenstraße mit zuckenden Blaulichtern und eingeschalteten Martinshörnern verlassen hatten, waren sie links in die breite Kettwiger Straße eingebogen. Jetzt fuhren die beiden Feuerwehrgroßfahrzeuge über die nahezu gerade und fast autofreie Straße in Richtung Oberbilker Markt. Hier an diesem Knotenpunkt mussten sie links in die Kölner Straße einbiegen, in deren Verlängerung sie auf direktem Weg ihre nächtliche Einsatzstelle ereichen würden. So dachten sie zumindest. Es sollte indes völlig anders kommen. Die Ampel an der Kreuzung sprang auf Rot. Der Maschinist des vorweg fahrenden LF trat auf die Bremse und verringerte die Geschwindigkeit auf unter 20 km/h. Zwar hatten sie es eilig, aber wichtiger als der Gewinn einiger fragwürdiger Sekunden mit einem überproportionalen Unfallrisiko war es, die Einsatzstelle heil zu erreichen. Und eine rote Ampel ist nun mal eine rote Ampel, da ist höchste Vorsicht geboten, besonders für eine Feuerwehr auf einer Alarmfahrt. Auch der Maschinist der nachfolgenden Drehleiter bremste sein tonnenschweres Gefährt rechtzeitig ab.

Als der Fahrer des tiefer gelegten Golfs dem Ford Fiesta davonzog, zeigte er diesem höhnisch seinen emporgereckten Mittelfinger. Dann drehte er sich trotz der rasenden Fahrt um und rief mit einem hämischen Grinsen: „Wow, so ein Arsch. Dem haben wir's jetzt aber gezeigt!" Plötzlich erkannte er an den schreckensweiten Augen seiner Mitfahrerinnen auf der Rückbank, dass irgendwas nicht stimmte. Eine unheilvolle Ahnung durchzuckte sein Gehirn. Blitzschnell riss er den Kopf wieder nach vorne – zu spät! Entsetzt starrte er auf das wie aus dem Nichts vor ihnen aufgetauchte Hindernis. Sekundenbruchteile später krachte der Golf ungebremst auf die gerade wieder anfahrende Drehleiter. Ein einziger Aufschrei aus vier Kehlen mischte sich in das hässliche Kreischen von zerreißendem Blech. Das Windschutzscheibenglas splitterte und der Wagen schob sich tief unter das massive Fahrgestell der schweren Drehleiter, dabei bohrte sich die am Heck befestigte Schlauchhaspel mit voller Wucht in das Wageninnere des Golfs. Fahrer und Beifahrer waren auf der Stelle tot. Sie hatten ihr junges Leben ausgehaucht, bevor es richtig begonnen hatte. Der komplette Wagen hatte sich auf ein Drittel seiner ursprünglichen Länge zusammengeschoben. Die beiden Mädchen auf der Rückbank waren eingeklemmt. Schwer verletzt und bewusstlos hingen sie in den Sicherheitsgurten.

Der Drehleiterführer und sein Maschinist hörten ein lautes Krachen. Gleichzeitig spürten die Feuerwehrmänner, wie ein heftiger Stoß ihre Leiter erschütterte. Danach blieb alles ruhig. Die beiden sahen sich erschrocken an. Noch ahnten sie nicht, wie schlimm der Auffahrunfall wirklich war. Denn dass es sich bei der Erschütterung um einen Auffahrunfall handelte, war ihnen sofort klar.

Das LF war inzwischen weitergefahren und hatte die Kreuzung verlassen. Als dessen Maschinist in den Rückspiegel sah und bemerkte, dass die Leiter nicht mehr folgte, informierte er seinen Gruppenführer: „Du, die Leiter kommt nicht nach. Soll ich kurz rechts ranfahren?"

Der Gruppenführer nickte und drückte die Sprechtaste der Florentine. „4-33-1 für 4-1. Was ist? Warum fahrt ihr nicht weiter?"

„Uns ist wahrscheinlich einer draufgefahren."

„Jemand verletzt?"

„Wissen wir noch nicht. Mein Maschinist ist gerade ausgestiegen und sieht nach."

„Okay, ich informiere die Leitstelle. Gib mir Bescheid, wenn ihr Hilfe braucht. Wir warten hier so lange."

Während die beiden Gruppenführer miteinander funkten, raste Bruno in seinem Ford Fiesta nichts ahnend auf die Unfallstelle zu. Er erkannte zwar das Hindernis, reagierte jedoch viel zu spät. Hätte er nicht so viel Alkohol im Blut gehabt, wäre ihm vermutlich trotz seines rasanten Tempos ein halbwegs sicheres Ausweichmanöver gelungen. So jedoch trat er viel zu spät auf die Bremse. Er verriss das Steuer, die Reifen quietschten und sein Wagen geriet gefährlich ins Schlingern. Dann raste er nur wenige Zentimeter an der Unfallstelle vorbei, prallte mit dem rechten Vorderreifen gegen die Bordsteinkante, machte einen gewaltigen Satz und beendete seine halsbrecherische Fahrt an der Front eines mehrstöckigen Wohnhauses.

Das alles geschah in nur wenigen Sekunden, genau als der Drehleitermaschinist das Heck seines Gefährts erreicht hatte um nachzusehen, was der Grund für ihren unfreiwilligen Zwischenstopp war. Sekunden später fanden sich die Männer der Feuerwache 4 mit einer der schwierigsten Unfallsituationen des Jahres konfrontiert. Zwei Tote, vier Schwer- und zwei Mittelschwerverletzte waren die traurige Bilanz, die dieses illegale Autorennen gefordert hatte. Ein Autorennen, das ohne den exzessiven Konsum von Alkohol und ohne den jugendlichen Übermut wahrscheinlich nicht zustandegekommen wäre.

Neben dem üblichen Routinegeschäft hatten unser Kollege Gunther Brings und die anderen Leitstellendisponenten in dieser Nacht alle Hände voll zu tun. Die Feuerwache 1 befand sich zur telegrafischen Feuermeldung in der Uni-Klinik. Die Feuerwache 6 bekämpfte ein brennendes Wohnmobil und unsere Verstärkung war in einen schweren Verkehrsunfall mit Toten und Verletzten verwickelt, zu dem die Rettungsleitstelle zwei

Notarztwagen, den Rüstzug der Feuerwache U und mehrere Rettungswagen schickte. Jürgen Leineweber, unser C-Dienst, erhielt die schlechte Nachricht über sein Vier-Meter-Funkgerät und setzte mich sofort in Kenntnis.

„Hör zu Martin, du musst das Ding hier alleine bewältigen. Die Leitstelle will, dass ich zu dem Unfall fahre. Es soll Tote und Verletzte geben."

Mit dieser unguten Nachricht verließ er mich. Das war's also mit der Verstärkung. Sollte ich hier tatsächlich weitere Hilfe benötigen, so konnte ich diese jetzt nur noch von der mitalarmierten Freiwilligen Feuerwehr Himmelgeist/Itter erwarten. Im Stillen hoffte ich aber, die Situation vor Ort noch vor deren Eintreffen in den Griff zu bekommen. Immerhin stand mir eine komplette Löschzugbesatzung zur Verfügung – vierzehn top ausgebildete und zu allem entschlossene Männer. Darunter einige junge Burschen, die regelrecht darauf brannten, das Feuer zu löschen und ein bedrohtes Menschenleben zu retten. Viele Feuerwehren verfügen über wesentlich weniger Personal und müssen auch klarkommen. So gesehen durfte ich also recht zuversichtlich sein. Einzig die bislang verstrichene Zeit von dem ersten Notruf bis zu unserem Eintreffen stellte eine kritische Größe dar. Waren wir möglicherweise schon zu spät dran? Seit unserem Eintreffen an der Einsatzstelle waren noch keine drei Minuten vergangen. Würden wir es noch rechtzeitig schaffen, die bedrohte Person zu retten?

Alle vierzehn Feuerwehrmänner arbeiteten in fieberhafter Eile. Der erste Trupp unter Atemschutz befand sich bereits oben vor der Türe zur Dachgeschosswohnung. Drei weitere Feuerwehrmänner folgten ihnen so schnell es ging und verlegten dabei die Schlauchleitung durch das Treppenhaus. Gleichzeitig rüstete sich am LF ein dritter Trupp mit Langzeit-Pressluftatmern aus. Parallel dazu unternahm Udo Karis mit Michael Müller (er war der Mann neben ihm im Rettungskorb) einen Löschangriff über die in Stellung gebrachte und ausgefahrene Drehleiter. Der Zugang über Drehleiter war unser zweiter Angriffsweg.

Die letzten verbliebenen drei waren die Maschinisten der beiden Löschfahrzeuge, sowie der Maschinist der Drehleiter, der jetzt unten auf seinem außen angebrachten Platz saß und die Fahrbewegungen seiner Kollegen im Rettungskorb mit Argusaugen verfolgte. Würde dort oben irgendwas schieflaufen oder sich eine extreme Gefahrensituation auftun, so könnte er durch seine Vorrangschaltung jederzeit in das Geschehen eingreifen. Somit waren dreizehn Mann an der Rettungsaktion beteiligt, der vierzehnte war ich selbst. Ein rascher Blick nach rechts. Sehr gut, die mitalarmierte RTW-Besatzung hatte sich ihre dicken Lederhandschuhe angezogen und verlegte die Schlauchleitung von einem zuvor aufgestellten Hydrantenstandrohr zur Pumpe des ersten LF.

„7-1 für Angriffstrupp kommen!"

Das galt mir. „Angriffstrupp kommen", rief ich in meine Florentine.

„Wir brechen jetzt die Wohnungstüre gewaltsam auf, kommen."

„Verstanden. Ihr brecht die Türe auf. Wasser ist auf dem Weg zu euch. Viel Erfolg Stefan."

Hauptbrandmeister Stefan Wagner war alles andere als ein Hasardeur. Präzise und nüchtern analysierte er ihre momentane Situation. Zwar hatte er wie wir alle einen Eid abgelegt, notfalls sein eigenes Leben zur Rettung Anderer einzusetzen, das bedeutete aber noch lange nicht, es sinnlos aufs Spiel zu setzen. Schließlich war er Familienvater und trug auch noch die Verantwortung für seine beiden jungen Kollegen. Okay, sagte er sich, wenn wir jetzt die Tür ohne den schützenden Wasserstrahl aufbrechen, kann uns möglicherweise ein Flash-Over treffen. Andererseits, wenn wir so lange warten, bis die Kollegen mit der Schlauchleitung bei uns eintreffen, ist es für den Mann in der brennenden Wohnung vielleicht schon zu spät. Nüchtern wog er das Für und Wider ab, berechnete ihre eigenen Chancen. Ihre Schutzbekleidung zählte zu dem Besten, was derzeitig für Feuerwehrleute zu bekommen war. Er hatte es zwar noch nicht am eigenen Leibe testen müssen, aber angeblich sollte ihr Anzug einer Vollbeflammung mehrere Sekunden lang standhalten.

Wie so oft, wenn ein Feuerwehrmann eine schnelle Entscheidung treffen muss, benötigte auch Stefan für seine Überlegungen nur den Bruchteil einer Sekunde. Später dann, wenn alles vorüber ist, treten einem die eigenen Gedanken oft noch einmal klar vor Augen. Im Augenblick der akuten Gefahr fehlt jedoch die Zeit für langwierige Überlegungen, geschweige denn für Diskussionen. Im Laufe der Jahre entwickeln erfahrene Feuerwehrmänner geradezu instinkthafte Überlegungen. Oft entschließen sie sich dann zu Vorgehensweisen, die sie später nicht mehr logisch begründen können. In meinen langen Jahren als Berufsfeuerwehrmann bin ich des Öfteren in solch gefährliche Situationen geraten und habe mich von meinen spontanen Eingebungen leiten lassen. Aus heutiger Sicht bin ich davon überzeugt, dass ich diesen intuitiven Handlungen mein Leben verdanke.

„Also los Männer, brechen wir die Türe auf!"

Da das Treppenhaus noch nicht verqualmt war, hatte ich angeordnet, dass die lebensrettende Schlauchleitung von einem Trupp ohne den hinderlichen Pressluftatmer verlegt werden sollte. Diesen Auftrag erteilte ich Marcus Roelofs und Christoph Roelofs. Die beiden Brüder waren mit Sicherheit die schnellsten Zwillinge, die die Feuerwehr Düsseldorfs zu bieten hatte. Unterstützt wurden sie von Stefan Jachmann, einem in unserer Truppe ebenfalls noch neuen jungen Kollegen. Während sich die drei in geradezu atemberaubendem Tempo von Etage zu Etage hocharbeiteten, wobei sie einen der fünfzehn Meter langen C-Schläuche nach dem anderen aneinanderkuppelten und die Kupplungen am Treppengeländer fixierten, folgte ihnen der zweite Angriffstrupp schwer bepackt unter

Atemschutz nach oben. Carsten Heine und Ingo Wehning trugen nicht nur den sechzehn Kilogramm schweren Pressluftatmer auf ihrem Rücken, sondern auch noch weitere Gerätschaften, die für die Rettung der eingeschlossenen Person bedeutsam werden konnten. Ihren Lungenautomaten hatten sie noch nicht angeschlossen.

Markus Pflugbeil holte zu einem wuchtigen Hieb aus. Krachend drang der meißelähnlich zulaufende Stahl des Halligan-Tools in den Türfalz. Der Hieb hatte genau gesessen. Dicht neben dem Sicherheitsbeschlag und tief genug, um die Hebelwirkung des Aufbruchwerkzeugs voll zur Geltung zu bringen. Dem vereinten Ruck von vier kräftigen Armen konnte die Türe nicht mehr länger standhalten. Ein letztes Aufbäumen des Türschlosses, ein stöhnendes Knirschen des Schließriegels und die Tür gab der brachialen Gewalt nach. Manuel Zarges verfolgte gespannt den Vorgang, den federbelasteten Handgriff des zwölf Kilogramm schweren Pulverlöschers einsatzbereit im Anschlag.

„Alle Mann runter!", rief Stefan und verpasste der Türe einen kräftigen Tritt. Unmittelbar darauf wollte er sich ebenfalls zu Boden fallen lassen. Aber so flink wie der durchtrainierte Stefan sich gewöhnlich bewegte, gelang ihm das hier nicht. Die etwas hinderliche Schutzbekleidung und das schwere Atemschutzgerät verzögerten seine Bewegungen. Aus der geöffneten Wohnungstür schoss ein gelbroter Feuerball hervor. Im Fallen war Stefan vollständig von Flammen eingehüllt. Das Ganze dauerte höchstens einen Atemzug lang, dann lag er tief geduckt neben seinen Kollegen am Boden. Der Puls der drei Feuerwehrmänner hatte sich schlagartig erhöht. Von einem Flash-Over getroffen zu werden, oder die Urgewalt des Feuers über seine Köpfe hinwegfauchen zu sehen, ist auch für einen Berufsfeuerwehrmann weiß Gott keine Alltäglichkeit. Für die drei Feuerwehrmänner gab es mithin keine Zeit zum Verschnaufen. Sie wussten um die physikalischen Hintergründe, die das Entstehen eines Flash-Overs begünstigten, und genau dieses Wissen sagte ihnen, dass der Mann, den sie retten wollten, in höchster Lebensgefahr schwebte, falls er überhaupt noch lebte.

Werner Huber saß immer noch gefangen in seinem Badezimmer. Längst war das Licht ausgefallen, und jetzt wurde es ihm auch noch schwarz vor Augen. Ihn schwindelte und er rang nach Luft. Er wusste nicht, dass das Feuer aufgrund des bisher verzehrten Luftsauerstoffs nur noch vor sich hinschwelte. Allerdings hätte ihn dieses Wissen auch nicht weitergebracht. Seine missliche Lage war und blieb äußerst kritisch. Aus eigener Kraft konnte er sich aus seinem in Unkenntnis selbst erwählten Gefängnis nicht mehr befreien. Selbst wenn er noch über die körperlichen Kräfte verfügt hätte, das Bad zu verlassen, es wäre ihm nicht gelungen. Die Flammen waren zwar weitgehend in sich zusammengefallen, aber in der fast vollständig ausgebrannten Wohnung herrschten Temperaturen von mehreren hundert Grad Celsius. Selbst die wenigen Meter vom Bad bis zur rettenden Wohnungstür wären für eine Durchquerung zu weit. Niemand konnte sich ungeschützt in diesen höllischen Glutofen begeben. Er würde nicht nur schwerste Verbrennungen am ganzen Körper erleiden, sondern auch ein Inhalationstrauma, das die Schleimhäute anschwellen ließe und zerstören würde, sodass er innerhalb kürzester Zeit elend ersticken müsste.

Wie aus weiter Ferne vernahm er ein unwirkliches Rufen: „Herr Huber, hören Sie mich? Herr Huber!" Es war die Stimme des Leitstellendisponenten. Aber Werner Huber war nicht mehr in der Lage zu antworten. Kraftlos sank der Arm mit dem Handy zu Boden. Den Mund weit geöffnet und krampfhaft nach Luft ringend, griff sich Werner Huber mit einer letzten verzweifelten Kraftanstrengung an die Brust. Dann verlor er das Bewusstsein und sein Oberkörper, mit dem er bislang gegen die Badewanne gestützt saß, rutschte erschlafft auf die nasskalten Fliesen.

Durch das gewaltsame Aufbrechen der Wohnungstür erhielt der seit mehreren Minuten vor sich hinschwelende Brand neuen Sauerstoff. Schlagartig flammte das Feuer wieder auf und lange Flammen züngelten gierig in das Treppenhaus. Sekunden später war der gefährliche Spuk auch schon wieder vorüber. Dafür wütete das Feuer jetzt noch einmal mit aller Macht in der Dachgeschosswohnung. Dichter schwarzer Brandrauch wälzte sich in das bislang verschont gebliebene Treppenhaus. Innerhalb von Sekunden war der gesamte obere Bereich bis hinab zur darunterliegenden Etage so stark verqualmt, dass man seine eigene Hand kaum vor Augen sehen konnte.

„Feuerlöscher abblasen!", ordnete Stefan an. „Markus, du kommst mit. Manuel, du wartest hier auf die Kollegen!"

Während Stefan und Markus quer durch den stockfinsteren Flur die gegenüberliegende Badezimmertür zu erreichen suchten, betätigte Manuel den Handgriff des Pulverlöschers. Sofort entströmte dem zwölf Kilogramm schweren Handfeuerlöscher zischend eine weiße Pulverwolke, die die Flammen für mehrere Sekunden eindämmte. Genau diese Sekunden mussten sie nutzen.

„Türe!", rief Stefan und ertastete die Klinke. Aber so einfach ließ sich die Türe nicht öffnen. Die nassen Handtücher, die Werner Huber auf Anraten des Leitstellendisponenten von innen gegen den Türspalt gedrückt hatte, quetschten sich durch Stefans Bemühungen nur noch tiefer unter den Spalt. „Los Markus, mit der Schulter! Zuuugleich!" Ihrer gemeinsamen Kraftanstrengung gab die Badezimmertür schließlich nach und ließ sich nach innen aufdrücken. Was den Brandrauch anging, war die Luft in dem Badezimmer noch halbwegs in Ordnung. Allerdings waren durch das Feuer etliche Elektroleitungen beschädigt worden, sodass sämtliche Sicherungen herausgesprungen waren. Die Deckenlampe funktionierte nicht mehr und daher herrschte in dem fensterlosen Badezimmer völlige Dunkelheit. Die Scheinwerferkegel ihrer ex-geschützten Taschenlampen beleuchteten eine leblos am Boden liegen Person.

Manuel hockte im Türeingang. Seine Augen suchten die gegenüberliegende Badezimmertür zu entdecken. Aber so sehr er sich auch anstrengte, sie konnten die rauchgeschwängerte Dunkelheit nicht durchdringen. Dann sagte er sich, dass es keinen Sinn machte, hier länger hocken zu bleiben, um auf die Kollegen zu warten. Er warf einen Blick zurück. Die Treppe nach unten war bereits völlig verqualmt. Darum entschloss er sich, den Kollegen entgegenzugehen. Aber aufrechtes Gehen war bei diesen Sichtverhältnissen schon nicht mehr angebracht. Auf allen vieren robbte er bis zum Treppenabsatz. Ab da tastete er sich rückwärts Stufe für Stufe nach unten.

Inzwischen hatten die Roelofs-Zwillinge die vierte Etage erreicht. Ihre Lungen keuchten vor Anstrengung, so sehr hatten sie sich beeilt, die Leitung durch das Treppenhaus bis hier oben hin zu verlegen. *Puh!, noch eine Etage, dann haben wir es geschafft.* Schon wollte der vorneweg gehende Marcus weiter, als ihn sein Bruder Christoph plötzlich am Hosenbein packte und zurückhielt.

„Stopp Brüderchen! Oder willst du etwa da reinlaufen?"

Marcus blickte hoch. Über ihren Köpfen zeichnete sich eine dichte schwarze Wand ab, die sich unaufhaltsam nach unten ausbreitete.

„Die ist giftig, Brüderchen. Deshalb meine ich, wir sollten jetzt ganz schnell den Rückzug antreten. Findest du nicht?"

„Doch, da gebe ich dir völlig Recht, Brüderchen. Ohne ein Atemschutzgerät könnte das nämlich mächtig in die Hose gehen."

„Gut, dann sind wir uns ja mal wieder einig. Und was meinst du? Sollen wir den da ebenfalls mitnehmen." Er deutete auf Stefan, der gerade die letzte Kupplung an einem Geländerstab festband und das Zwiegespräch der beiden mit angehört hatte. Die Eigenart der Brüder, sich trotz angespannter Einsatzlage zu unterhalten, als gelte es lediglich, über Allerweltsdinge zu fachsimpeln, nötigte ihm eine gewisse Verwunderung ab. Schließlich führten sie gerade eine Menschenrettung durch.

Dazu tobte über ihnen ein verheerender Wohnungsbrand und der ihnen vorausgeeilte Angriffstrupp benötigte dringend Wasser am Rohr.

Das alles hatten die Roelofs-Zwillinge natürlich nicht außer Acht gelassen, und ihre lockere Ausdrucksweise beeinflusste keineswegs die Professionalität ihres weiteren Handelns. Sie wussten ja den nächsten Trupp hinter sich und der war mit Pressluftatmern ausgerüstet. Um denen die Arbeit leichter zu machen, legten sie mit dem Schlauchmaterial des letzten noch verbliebenen Schlauchtragekorbs eine ausreichende Schlauchreserve aus, indem sie die Schläuche in langen Buchten über mehrere Stufen legten. Mitten in dieser Arbeit bemerkten sie, wie sich ein Bein aus der dunklen Rauchwolke zu ihnen hinabtastete. Dem ersten folgte rasch ein zweites und schließlich schob sich der ganze Mann hinterher. Es war Manuel, der seinen Kollegen entgegengekommen war. Einige knappe Worte der Verständigung und schon befand er sich wieder auf dem Weg nach oben. Eine Hand am Geländer, tastete er sich voran. Den nachgeschleppten C-Schlauch mit dem bereits angekuppelten Hohlstrahlrohr hatte er zwischen den Beinen hindurchgezogen und presste ihn mit der freien Hand gegen die Brust, von wo er ihn über die rechte Schulter auf den Rücken hinabhängen ließ. Weil er jetzt aufrecht ging, erreichte er schnell seinen alten Platz vor der geöffneten Wohnungstür. Hier ging er wieder in eine gehockte Stellung und funkte *Wasser marsch!*

Der Maschinist des ersten LF hatte seine Feuerlöschkreiselpumpe längst eingeschaltet und den entsprechenden Abgang geöffnet, sodass die abgehende B-Leitung bis zu dem vor dem Hauseingang liegenden Verteiler prall gefüllt war. Als das Kommando *Erstes C-Rohr Wasser marsch!* ertönte, stand ich unmittelbar neben dem Verteiler und drehte das entsprechende Handrad auf. Mit jeder Drehung schraubte sich der Ventilteller höher und dann rauschte das hochschießende Löschwasser mit einem Druck von zehn Bar über die ausgelegte C-Leitung durch das Treppenhaus.

Heftig zerrte das Gewicht des Wassers an den Schlauchkupplungen, aber die mit einem doppelten Ankerstich fachmännisch am Geländer festgebundenen Kupplungen hielten. Sekunden darauf schlug die ankommende Wassersäule hart gegen Manuels Strahlrohr. Seine linke Hand presste den schwarzen Bügel nach vorne. Er hatte auf Sprühstrahl eingestellt. Unter lautem Zischen drang der breitgefächerte Wasserstrahl in die flammende Glut ein. Einige rasch ausgeführte Schwenks reichten, und die Flammen, denen es inzwischen an Nahrung fehlte, fielen schnell in sich zusammen. Manuel atmete erleichtert auf. Mit dem Erlöschen der Flammen würde sich die Gefahr für seine in der Wohnung befindlichen Kollegen erheblich vermindern. Aber bislang war erst das Feuer im Flur gelöscht und er wusste, es lag noch ein hartes Stück Arbeit vor ihnen. Plötzlich spürte er eine Hand auf seiner Schulter – der zweite Angriffstrupp.

Vor ihnen lag der von ihnen Gesuchte wie leblos auf den Fliesen des Badezimmers. Im Gegensatz zu Stefan, der auch als erfahrener Rettungsassistent schon viele Jahre seinen Mann gestanden hatte, konnte der junge Markus noch keine große praktische Erfahrung aufweisen. Aber frisch vom Grundausbildungslehrgang kommend und vollgestopft mit theoretischem Wissen hatte er schon während seiner Rettungspraktikantenzeit auf der Wache bewiesen, dass er das medizinisch erlernte Fachwissen wirkungsvoll umzusetzen verstand. Rasch kniete er neben dem Bewusstlosen, streifte sich die dicken Lederhandschuhe von den Händen und ertastete mit den Fingerbeeren dessen Karotisschlagader, die rechts und links neben dem Kehlkopf verläuft.

„Puls tastbar, aber fadenförmig und tachykard!"

Dann legte er eine Hand flach auf einen Rippenbogen, die andere auf den Oberbauch. „Atmung nur noch schwach vorhanden!"

Stefan nickte und nahm über sein Funkgerät Kontakt zu mir auf. Gleichzeitig nahm er den Helm ab und zog sich die Atemschutzmaske vom Kopf. Markus sah ihn verwundert an, sagte jedoch nichts. Stefan presste dem Bewusstlosen seine Atemschutzmaske vors Gesicht und betätigte das Zusatzventil seines Pressluftatmers. Unmittelbar darauf strömte vermehrt Atemluft in den Lungenautomaten und von dort in die Atemwege ihres Patienten. Dessen Lungen sogen begierig den lebensspendenden Sauerstoff ein. Tief, sehr tief erfolgten jetzt seine Atemzüge und im Licht der Taschenlampen gewahrten die beiden Feuerwehrmänner, wie Werner Huber seine Augen wieder aufschlug.

Nachdem mir Stefan gefunkt hatte, dass sie den Mann lebend gefunden hatten, atmete ich erleichtert auf. Mir fiel eine zentnerschwere Last vom Herzen. Zu spät zu kommen und die lebensrettende Hilfe nicht mehr erbringen zu können, ist nämlich eine der schmerzvollsten Erfahrungen, die man als Feuerwehrmann erleben kann. Das Schlimmste war also geschafft. Alles was jetzt noch folgen würde, wäre mehr oder weniger die übliche Routinearbeit. So glaubte ich zumindest, aber der Stress an dieser Einsatzstelle sollte noch lange nicht zu Ende sein, denn urplötzlich drohte unserer Rettungsaktion von unerwarteter Seite neue Gefahr.

„Schlauchplatzer im Treppenhaus! Schlauchplatzer im Treppenhaus!", drang Christoph Roelofs' Stimme aus dem Funkgerät. „Erstes C-Rohr Wasser halt!"

Verdammter Mist! Das hatte uns gerade noch gefehlt. Ich stand immer noch neben dem Verteiler. Schnell bückte ich mich und sperrte die Wasserzufuhr zum ersten C-Rohr, was nichts anderes bedeutete, als dass mein Trupp oben in der brennenden Dachgeschosswohnung über kein Löschwasser mehr verfügte. Und als sei das nicht schon schlimm genug, erreichte mich noch eine weitere Hiobsbotschaft.

„Martin, auf der dritten Etage hat ein alter Mann 'nen Herzinfarkt bekommen. Wahrscheinlich vor Schreck, als er seine Wohnungstüre geöffnet hat. Auf jeden Fall ist der hier vor unseren Augen zusammengebrochen. Schick uns einen freien Trupp mit der Schleifkorbtrage hoch. Und bestell am besten auch gleich den Notarzt."

Ich sah mich um. *Schick uns einen freien Trupp!* Ha, einen freien Trupp, das war gut. Aber woher nehmen? Bis auf Norbert Tetzlaff waren alle im Einsatzgeschehen gebunden. Konnte ich überhaupt noch jemanden entbehren? Norbert war mein letzter freier Mann. Kurzerhand entschied ich, gemeinsam mit ihm selbst einen Trupp zu bilden, und winkte ihn zu mir. Rasch besprachen wir unser weiteres Vorgehen mit dem C-Dienst, dann rüsteten wir uns mit den letzten verbliebenen Pressluftatmern des ersten LF aus. In diesem Moment traf Dieter Mundschenk, der Chef der Freiwilligen Feuerwehr von Himmelgeist/Itter mit seiner Mannschaft ein. Den Pressluftatmer schon auf dem Rücken eilte ich ihm freudig entgegen.

„Dieter, dich schickt der Himmel."

„Nicht ganz Martin, es war die Leitstelle", bemerkte er lachend, wurde aber gleich wieder ernst, als ich ihm die Lage erklärte.

„Vollbrand im Dachgeschoss mit Menschenrettung. Zwei Trupps mit PA sind schon oben, haben aber kein Wasser mehr. Und auf der dritten Etage ist ein Trupp ohne PA bei einem alten Mann mit Herzinfarkt."

„Kein Wasser?"

„Schlauchplatzer im Treppenhaus."

„Oh, oh."

„Ich kann sofort zwei Trupps hochschicken, die den Schlauch wechseln."

„Ist genau das, was ich hören wollte."

Dieter rief seine Männer herbei.

„… und verlegt eine zweite Leitung parallel nach oben." Ein kurzer Seitenblick zu mir. „Einverstanden?"

„Einverstanden."

Norbert hatte sich derweil beim Maschinisten die Schleifkorbtrage besorgt und trabte vollständig ausgerüstet an. „Und was ist mit mir?"

„Du gehst mit den Jungs von der FF nach oben", ordnete ich an.

Eigentlich wollte ich ja selber auch mit nach oben, aber Dieter hatte genug Männer, die sich ausrüsten konnten, und ich wurde hier unten gebraucht. Auch wenn es mich sehr gereizt hätte, selber in das Geschehen einzugreifen, so musste ich mir doch eingestehen, dass es vernünftiger war, den Männern von der Freiwilligen Feuerwehr Himmelgeist/Itter den Vortritt zu lassen. Mit ihrem Eintreffen hatte sich die Personalsituation an unserer Einsatzstelle schlagartig entspannt. Schließlich hatte ich hier draußen wichtige Führungsaufgaben zu übernehmen.

Während Dieter Mundschenk als Zugführer seiner Einheit und ich als DGL meiner Mannschaft die Lage neu einschätzten, lief die zweite Angriffswelle auf vollen Touren. Michael Volmer und Marcel Wletzk von der FF hatten den Auftrag erhalten, den geplatzten Feuerlöschschlauch so schnell wie möglich auszuwechseln. Sie hatten ihre Mission schon fast erfüllt, da stiefelte der zweite Angriffstrupp, dem sich auch mein Kollege Norbert Tetzlaff angeschlossen hatte, schwer bepackt mit Rettungsrucksack, Schleifkorbtrage und weiterem Gerät an ihnen vorbei. Es patschte unter ihren Tritten. Das ganze Treppenhaus war pladdernass. Auf sämtlichen Stufen stand das Wasser. Aber das war im Moment unwichtig. Wichtig war nur, möglichst schnell nach oben zu gelangen, dorthin, wo ihre Hilfe dringend benötigt wurde und wo die Kollegen sehnsüchtig auf die angeforderte Verstärkung warteten.

Ich bekam einen weiteren Funkruf von Stefan. „Martin, hörst du mich?"

„Ich höre, kommen."

„Pass auf, der Mann, den wir gefunden haben, muss dringend ärztlich behandelt werden. Rauchgasintox. Für eine Rettung mit der Fluchthaube ist er allerdings zu schwach. Wir tragen ihn ins Schlafzimmer. Da gibt es ein Fenster zur Straße, von wo wir ihn in den Rettungskorb der Leiter heben können."

„Meinst du das Fenster in der Dachgaube?"
„Ja genau. Kannst du die Leiter dahin dirigieren?"
Ich warf einen kritischen Blick nach oben. „Wird nicht ganz einfach werden. Da ragt ein großer Ast von einem Straßenbaum herüber. Möglich, dass der uns den Weg versperrt, aber wir versuchen es."

Dieter Mundschenk, der unser Funkgespräch mit angehört hatte, blickte ebenfalls in die Höhe und wiegte den Kopf. „Hmm, ist bloß dieser eine Ast."

„Aber ein ziemlich dicker."

„Na und, ich würd den einfach absägen."

Ich dachte kurz nach. *Ein Ast gegen ein Menschenleben.* Dann nickte ich zustimmend.

„Okay, wir sägen."

Zwei Minuten später brummte hoch über unseren Köpfen die Motorkettensäge. Unmittelbar darauf krachte auch schon der Ast auf den Gehweg – das Hindernis für den Leiterpark war beseitigt. Weitere zwei Minuten später schwebte der Korb mit dem geretteten Werner Huber zu Boden, wo er von der bereitstehenden RTW-Besatzung übernommen wurde. Zur gleichen Zeit hoben auf der dritten Etage mehrere starke Hände den alten Mann behutsam in die Schleifkorbtrage. Durch den mitgebrachten Rettungsrucksack waren die beiden Roelofs-Brüder in die Lage versetzt worden, den inzwischen nicht mehr bewusstlosen Mann medizinisch zu versorgen. Sie legten einen venösen Zugang, ließen eine Infusion einlaufen, verabreichten mehrere Hübe Nitrolingualspray und schlossen eine Nasensonde zur Sauerstoffinhalation an. Anschließend trugen sie den Mann mit vereinten Kräften nach unten zu einem weiteren, bereitstehenden Rettungswagen, in dem sich ein Notarztteam seiner annahm. Während die Rettungsaktion hier unten, zumindest vorerst, ein gutes Ende genommen hatte, ging der Kampf gegen das Feuer in der Dachgeschosswohnung weiter. Der geplatzte Schlauch war ausgewechselt und eine zweite Leitung bis nach oben verlegt worden. Durch die Freiwillige Feuerwehr zahlenmäßig verstärkt, arbeiteten sich jetzt zwei Trupps in die noch brennenden Räume vor. Gegen die geballte Kraft aus zwei C-Rohren hatte das Feuer keine Chance und so erhielt ich bald die beruhigende Nachricht: „Feuer aus, Nachlöscharbeiten."

Nachlöscharbeiten – wie oft hatte ich mich in früheren Jahren selber aktiv damit beschäftigen müssen. Seit ich DGL geworden war, hatte sich das grundlegend geändert, dennoch habe ich natürlich nicht vergessen, wie mühsam und zeitintensiv sich diese Arbeiten oft gestalten können. Und ungefährlich sind Nachlöscharbeiten auch nicht, bilden sich doch in dem vor sich hinschwelenden Brandschutt all jene giftigen Gase, die denjenigen, die zu oft und zu lange damit in Kontakt gekommen sind, zum Verhängnis werden können. In früheren Jahren, als das Wort Atemschutz für Feuerwehrmänner noch ein Fremdwort war, hatte es so manchen gegeben, der seine Gesundheit dem eigenen Leichtsinn oder der Fehleinschätzung seiner Vorgesetzten geopfert hatte. Und obwohl man heute um diese lange unterschätzten Gefahren genauestens weiß und über moderne effiziente Atemschutzgeräte und Filter verfügt, glauben weiterhin einige, ihre Lungen seien gegen solche Gefahren resistent. Ein leichtsinniger Irrglaube, der sich oft erst nach Jahren rächt – nur dann kommt die leidvolle Erkenntnis zu spät. Aus diesen Gründen schärfe ich meinen Männern immer wieder ein: „Seid nicht leichtsinnig. Ich weiß, es ist lästig, es ist anstrengend und beschwerlich, unter der Atemschutzmaske mit dem schweren PA auf dem Buckel den beschissenen Brandschutt rauszuschaffen. Aber denkt immer daran, es ist euer Leben, eure Gesundheit, die ihr ruiniert. Und ihr habt nur ein Leben."

Ein weiteres Löschgruppenfahrzeug der Freiwilligen Feuerwehr traf ein, sodass wir in der Lage waren, sämtliche, zuerst eingesetzten Trupps auszuwechseln.

Ich erkundigte mich bei einem Trupp, der gerade von seinem Löscheinsatz zurückkam und an mir vorbeigehen wollte.

Die zwei sahen ziemlich fertig aus und waren sicher froh, endlich aus den dicken Klamotten zu kommen, dennoch hielt ich sie fest. „Wartet mal. Wie sieht's aus da oben? Muss man für die weiteren Aufräumarbeiten noch einen Pressluftatmer tragen, oder reichen Masken und Filter?"

Bevor ich eine Antwort bekam, nahmen die beiden erst einmal ihren Helm ab und zerrten die schwarzen Atemschutzmasken von ihren verschwitzten Gesichtern. Zu meinem Erstaunen erkannte ich in dem einen meinen Kollegen Michael Müller.

„Michi ... du? Warst du vorhin nicht auf der Drehleiter? Ich hab dich doch im Leiterkorb gesehen."

Mit einer Bewegung seines Ärmels wischte sich Michi den Schweiß von der Stirn, der ihm nach der überstandenen Anstrengung in dicken Tropfen aus seinen wirren blonden Haarsträhnen rann. Die Folge davon war, dass sein Gesicht von dem anhaftenden Ruß anschließend aussah, als wäre er höchstpersönlich durch einen Kaminschlot gerutscht.

Ich lachte und zeigte mit dem Finger direkt auf sein Gesicht.

„Steht dir wirklich gut, dieses dezent abgestimmte Schwarz."

„Pah!" Michi winkte lässig ab. „Bin Feuerwehrmann ... da muss man so aussehen. Oder siehst du das etwa anders?" Die lauernd gestellte Frage galt seinem Kollegen, der sich das Grinsen kaum verkneifen konnte. Ehe der sich versah, wischte ihm Michi seinen nicht minder verschmutzten zweiten Ärmel übers Gesicht und rief triumphierend: „So, das ist für dein unkollegiales Grinsen." Dann blickte er mich herausfordernd an: „Und, noch einer, der vielleicht was an mir auszusetzen hat?"

Ich wehrte herzhaft lachend ab. „Vielen Dank, aber jetzt beantworte mir bitte meine Frage."

„Welche Frage?"

„Wie, welche?"

„Na ja, wenn ich mich recht entsinne, waren es mehr als eine. Erst wolltest du wissen, wie's da oben aussieht. Dann hast du mich gefragt, ob man noch 'nen PA tragen muss, oder ob Maske und Filter reichen. Und schließlich hast du gefragt, ob ich vorhin nicht auf der Leiter war." Er sah mich herausfordernd an. „Also, was möchtest du zuerst hören?"

„Alles."

Ich erhielt eine typische Michi-Müller-Antwort.

„Okay. Wenn du's genau wissen willst, da oben sieht es einfach nur scheiße aus. Und ob Maske und Filter ausreichen, kann ich dir nicht sagen. Der Brandschutt liegt teilweise fast 'nen halben Meter hoch, qualmt noch mächtig, und ich wette, wenn du die Kacke auseinanderziehst, findest du noch überall Glutnester. Wenn du mich allerdings festnageln willst, so sag ich, lass die Jungs PA anziehen. Die werden zwar stöhnen, weil das da oben 'ne tierische Maloche ist, aber bei dem Dreck, der da noch in der Luft hängt, ist jeder Filter ruckzuck dicht. So, zufrieden?"

Ich nickte. Michis Auskunft war ja deutlich genug. „Und was ist mit der Drehleiter?"

„Äh ja, die Drehleiter." Jetzt wand er sich wie ein Aal, denn er wusste nur zu genau, weshalb ich ihn fragte. Ich hatte nämlich keinen Auftrag erteilt, vom Leiterkorb in das Dachgeschoss einzusteigen. Zumindest hätte er mich darüber informieren müssen. Nach einigen Hmms und Ähms kam ihm schließlich der rettende Gedanke, dass er sein Vorgehen ja mit seinem Leiterführer abgesprochen hätte. Dabei fielen Worte wie *zweiter Angriffsweg* und *das Feuer in die Zange nehmen* und einiges mehr.

Gut, ich war nicht angefunkt worden. Korrekt wäre es gewesen, wenn sie mich über ihre Aktion in Kenntnis gesetzt hätten. Aber sollte ich deshalb jetzt mit ihm zanken? Udo Karis, sein Leiterführer, war ein erfahrener Hauptbrandmeister, und Michi war selber ja auch keiner, der sich leichtfertig zu unüberlegten Aktionen hinreißen ließ. Davon abgesehen hätte ich das Vorgehen meiner Kollegen mit Sicherheit nicht nur gebilligt, sondern sogar befürwortet. Ich beließ es deshalb bei der Bemerkung, dass ich als Einsatzleiter immer wissen muss, wo meine Leute stecken.

„Dient schließlich ja auch eurer eigenen Sicherheit, Michi."

„Weiß ich doch, weiß ich doch", pflichtete er mir bei, „aber du hättest das da oben erleben müssen. Auf einmal schlugen die Flammen in dem Raum bis unter die Decke. Das war'n monstermäßiger Flash-Over, sag ich dir. Und wir wussten doch, dass unser Angriffstrupp da drin war. Verstehst du?"

Ja, ich verstand.

„Wir also die Axt genommen, den Fensterflügel aufgehebelt und ich nix wie rein. Unser C-Rohr stand ja bereits unter Druck, sodass ich direkt angreifen konnte. Und 'n Atemschutzgerät hatte ich auch an", verteidigte er sich.

„Ist schon okay, Michi", lenkte ich ein, „ du hast das Richtige getan … gute Arbeit." Ich schob die beiden in Richtung LF. „Jetzt zieht euch erst mal was Trockenes an und trinkt 'n Schluck. Ihr seid ja total k.o."

Als die zwei abzogen, kam Dieter Mundschenk auf mich zu.

„Ich finde, einer von uns sollte unbedingt nach oben gehen und sich selber ein Bild vor Ort machen. Schätze, dass uns die ausgebrannte Wohnung noch eine ganze Zeit beschäftigen wird. Oder siehst du das anders?"

Ich sah es genauso und wir einigten uns darauf, dass er nach oben ging und ich weiter von hier unten die Arbeiten koordinieren sollte.

„Zieh dir aber bloß 'n PA an, Dieter. Ich hab gerade mit 'nem Kollegen gesprochen, der von da oben kam."

„Worauf du dich verlassen kannst. Hat man doch gelernt. Gerade jetzt, in der Aufräumphase, bilden sich wegen der unvollständigen Verbrennung die gefährlichsten Giftgase." Dieter zählte Blausäure und Kohlenmonoxyd mit den Fingern auf und schüttelte den Kopf. „Sollen beide nicht so gesund für die Lunge sein."

Während er zu seinem Fahrzeug ging, um sich dort mit einem PA auszurüsten, beschloss ich, den beiden geretteten Personen einen Besuch abzustatten. Die RTW, in denen sie behandelt wurden, waren nämlich immer noch vor Ort. Die Zeiten, in denen Patienten nur eingeladen wurden, um dann möglichst schnell weggefahren zu werden, gehören Gott sei Dank schon viele Jahre der Vergangenheit an. Präklinische Notfallversorgung lautet das Gebot der Stunde. Die Anwesenheit der RTW konnte daher ein gutes, aber auch ein schlechtes Zeichen sein. Gut, wenn sich bei der ambulanten Untersuchung durch das RTW-Team herausstellte, dass der Patient keine oder nur geringfügige Verletzungen hatte, weshalb ein Transport in eine Klinik nicht notwendig wäre. In diesem Fall durfte der Patient hierbleiben und hielt sich vermutlich nur noch im RTW auf, weil er dort psychologisch betreut wurde. Schlechter hingegen ist die lange Verweildauer eines RTW an der Einsatzstelle, wenn sich der Patient in einem kritischen Zustand befindet, sodass vor einem etwaigen Transport umfangreiche medizinische Maßnahmen durchgeführt werden müssen. Ich näherte mich dem hell erleuchteten Behandlungsraum des ersten RTW und hoffte sehr, dass dies bei unseren beiden Patienten nicht der Fall war. Zu meiner Freude ging es dem alten Mann nicht so schlecht wie ursprünglich angenommen. Wie die zwölfpolige EKG-Ableitung zeigte, war der von den Roelofs-Brüdern befürchtete Herzinfarkt nicht eingetreten. Aber der heftige Angina-Pectoris-Anfall des vorgeschädigten Herzens machte den Transport ins Krankenhaus dennoch unvermeidbar.

„Wir fahren in die Uni-Klinik", erklärte mir der Notarzt. „Und … wissen Sie schon, wie es dem anderen Mann geht?"

Ich schüttelte den Kopf. „Noch nicht. Aber nach dessen Zustand werde ich mich jetzt auch erkundigen."

„Machen Sie das. Wenn ich hier gleich fertig bin, will ich ebenfalls nach ihm sehen."

Werner Huber lag auf der Trage des RTW, die gleichzeitig als Behandlungstisch dient. Die eingeschaltete Deckenbeleuchtung verbreitete ein taghelles Licht und das elektrohydraulisch betriebene Untergestell, auf dem die Trage befestigt wird, war auf Arbeitshöhe hochgefahren worden. Über eine klarsichtige Sauerstoffmaske strömte hochdosiert Sauerstoff in seine Atemwege. Genau wie der alte Mann war auch er an ein EKG-Gerät angeschlossen. Von der Decke hing eine Infusionslösung, ein reiner Plasmaexpander, dessen Inhalt stetig tropfend an eine Vene seines rechten Unterarms angeschlossen war. Beide Hände waren fast vollständig bandagiert. Lediglich das Endglied des linken Mittelfingers ragte aus einem dieser Verbände hervor. An dessen Kuppe klemmte ein Pulsoxymeter, der permanent den Sauerstoffstatus in Werner Hubers Blut dokumentierte. Um den Oberarm spannte sich eine Blutdruckmanschette. Mein Kollege Thorsten van Es, der soeben den Druck gemessen hatte, zog sich mit einem zufriedenen Blick die Oliven des Stethoskops aus den Ohren und lächelte seinen Patienten an. „Sehr schön, Herr Huber. Ihre Werte sind fast wieder normal. Wie geht es mit der Luft?"

Herrn Hubers Gesicht wirkte blass und mitgenommen, dennoch gelang ihm unter der Sauerstoffmaske ein schmales Lächeln. Doch dann erinnerte er sich der Brand- und Schnittverletzungen an seinen Händen und sein Lächeln erstarb. „Was wird mit meinen Händen. Ich bin Gitarrist." Zögerlich hob er seine bandagierten Hände. „Werde ich je wieder …?" Er getraute sich nicht, den Satz zu Ende zu sprechen.

„Keine Sorge, das wird schon wieder."

„Ist das auch wirklich wahr?"

„Ja sicher. Die Verletzungen sind längst nicht so schlimm wie sie aussahen.", antwortete Thorsten mit fester Stimme.

Seine Ängste ließen Werner Huber indes an der Aussage meines Kollegen zweifeln.

„Seien Sie ehrlich, Sie wollen mich doch bestimmt nur beruhigen?"

„Nein, ich will Sie nicht *nur* beruhigen. Hier, mein Kollege, der sie gerade verbunden hat, wird Ihnen das sicher auch bestätigen."

Nachdem Wolfgang Stöcker zwei ängstlich fragende Augen auf sich gerichtet sah, legte er seinem Patienten beruhigend die Hand auf den Arm und sah ihn offen an. „Sie dürfen unseren

Worten vertrauen, Herr Huber. In ein paar Wochen werden Ihre Wunden verheilt sein und dann werden Sie wieder genauso Gitarre spielen können wie vorher." Er legte eine Pause ein und fügte mit gesenkter Stimme hinzu: „Das verspreche ich Ihnen."

Seine Worte verfehlten ihre Wirkung nicht. Werner Hubers Gesicht entspannte sichtlich, und mir fiel ein Stein vom Herzen. Musste ich jetzt noch etwas fragen? Nein – was ich in Erfahrung bringen wollte, hatte ich soeben gehört und gesehen. Mit einem anerkennenden Nicken zu meinen Kollegen und dem beruhigenden Gefühl, auch diesen Patienten in guter Obhut zu wissen, verabschiedete ich mich genauso still aus dem RTW, wie ich ihn betreten hatte.

Draußen atmete ich erst einmal tief durch. In Situationen wie dieser ist mancher Mensch geneigt, seinem Schöpfer zu danken. Andere wiederum sagen, es war einfach nur Glück, dass wir gerade noch rechtzeitig gekommen waren, um weit Schlimmeres zu verhindern. Im Moment wäre es jedoch müßig gewesen, weiter darüber zu philosophieren, denn die Realität in Gestalt eines Funkrufs verlangte bereits wieder nach mir.

„He Martin, wo steckst du? Melde dich!"

„Hier 7-1, wer ruft?"

„Ich bin's, Dieter. Zieh dir 'ne Maske an und schraub dir 'nen Filter unter die Nase und dann komm hoch. Das musst du dir unbedingt ansehen."

„Was gibt es denn?"

„Das zeig ich dir, wenn du hier bist. Beeil dich, ich warte."

Hmm. Nachdenklich ging ich zu meinem LF. War das jetzt gut oder schlecht, fragte ich mich. Warum war Dieter nicht konkret geworden? Gab es etwa was zu verbergen, etwas, das er nicht über Funk hinausposaunen wollte? Schließlich war ich nicht der Einzige hier, der ein Funkgerät trug, und die anderen konnten alles, was wir miteinander besprachen, mithören. War es das, was er vermeiden wollte? Aber wieso?

Mein Maschinist hatte jedenfalls mitgehört, denn als ich kam, hielt er mir die fertig mit Filter verschraubte Atemschutzmaske hin. „Hier Chefe. Hörte sich ja verdammt geheimnisvoll an, unser Zugführer von der FF."

Ich wollte das nicht kommentieren, aber mein Gesicht sprach Bände. Ich besorgte mir die Maske und begab mich auf den Weg in die ausgebrannte Dachgeschosswohnung.

Einige Minuten, bevor wir miteinander gesprochen hatten, befand sich der Chef der Freiwilligen Feuerwehr mit einem Atemschutzgerät auf dem Rücken im Treppenhaus. Vor dem Hauseingang ratterten die Motoren von zwei aufgestellten Lüftern. Als er sich anschickte, die nassen Treppenstufen hinaufzusteigen, umfing ihn ein kräftiger Luftstrom. Dieter ließ sich mit der Dachgeschosswohnung bewusst Zeit. Er wollte zuerst die darunter liegende Wohnung inspizieren. Es wäre schließlich nichts Ungewöhnliches, wenn durch ein Feuer oder durch den massiven Einsatz von Löschwasser hier ein zusätzlicher Schaden entstanden wäre. Befriedigt konnte er jedoch feststellen, dass das diesmal nicht der Fall war. Weder zeigten sich Wasserflecken noch bräunliche Verfärbungen an den Tapeten, wie sie bei starkem Temperaturanstieg entstehen. Trotzdem nahm er sich vor, sämtliche Zimmerdecken vorsorglich auch noch mit einer Wärmebildkamera absuchen zu lassen. Zuvor wollte er jedoch, wie geplant, die ausgebrannte Dachgeschosswohnung gründlich in Augenschein nehmen. Bislang konnte er die Luft noch gut atmen, was hauptsächlich ein Verdienst der Ventilatoren war. Sie hatten inzwischen fast das gesamte Treppenhaus rauchfrei geblasen. Das änderte sich erst, als er den Treppenabsatz zur Dachgeschosswohnung erreichte. Deren offen stehende Türe lag um etliche Meter zur Treppe versetzt, abgewinkelt am Ende eines Ganges, sodass der Luftstrom hier kaum mehr Wirkung zeigte. Dieter drehte die Ventile der Doppelflasche auf, führte nochmals eine kurze Maskendichtprobe durch und drehte sich dann das Anschlussgewinde des Lungenautomaten in das passende Gegenstück seiner Atemschutzmaske. Sofort ertönten die typischen Ein- und Ausatmungsgeräusche, die jeden, der den Film

Krieg der Sterne gesehen hat, an den schwarzbehelmten bösen Darth Vader erinnern. Nur, Dieter Mundschenk war nicht der böse Darth Vader – er war einer von den Guten.

Es war nicht das erste Treppenhaus, welches ich nach einem solchen Brand betrat, daher konnte mich der schlimme Anblick auch nicht mehr schocken. Unsere Aufgabe ist die Brandbekämpfung, und wenn es auch in unserem Interesse liegt, keine zusätzlichen Schäden zu verursachen – gänzlich vermeiden lässt sich das nie. Für allzu großes Zartgefühl lässt die Brisanz des Brandgeschehens in aller Regel keinen Raum und so bemerkte ich auch in diesem Treppenhaus einige Schäden, die mit größter Wahrscheinlichkeit auf unseren massiven Löschangriff zurückzuführen waren: frische Lackplatzer am Treppengeländer, Schleifspuren an den mit Reibeputz verkleideten Wänden und dann natürlich noch der Wasserschaden durch den geplatzten Feuerlöschschlauch. Wesentlich gravierender fielen jedoch die Schäden aus, die unmittelbare Folgen des Brandes waren. Bis zur ersten Etage ging es ja noch halbwegs, aber je höher ich kam, desto auffälliger war der rußig schwarze Belag, der sich von den Decken über die Wände bis hinab auf die Stufen fortsetzte. Und wer leichtsinnigerweise seine Hand auf das Geländer legte, bekäme mit Sicherheit eine kohlrabenschwarze Handinnenfläche, die nur mit viel Mühe und noch mehr Seife wieder reinzuwaschen wäre. Ich spreche da aus leidvoller Erfahrung, denn als Feuerwehrmann setzt man sich diesem widerlich stinkenden, alles bedeckenden Brandrauch zwangsläufig immer wieder aus.

Das Treppenhaus war rauchfrei, also trug ich die Atemschutzmaske noch in der Hand. Es stank zwar fürchterlich, was hauptsächlich an den verbrannten Kunststoffen lag, die überall Verwendung finden und natürlich genauso verbrannt waren wie alles andere. Diejenigen, die über einen offenen Kamin oder einen der modernen Kaminöfen verfügen, werden mir das bestätigen können. Solange sie nur gut abgelagertes Brennholz verfeuern, verbreitet sich neben der wohligen Atmosphäre auch jener kernig rauchige Geruch, den wir so zu schätzen wissen. Aber wehe, es gelangt ein Stück Kunststoff dazwischen! Sofort bildet sich jener flockige, rußig schwarze Rauch, der nicht nur eklig stinkt, sondern sich auch noch an den Kaminwänden festsetzt. Ganz zu schweigen von den giftigen Pyrolysegasen, die dabei entstehen. Es dürfte wohl mit zu den leidvollsten Erfahrungen in unserer Gesellschaft gehören, wenn man in seine eigene ausgebrannte Wohnung zurückkehrt oder wenn man ohnmächtig vor der rauchenden Ruine seines niedergebrannten Hauses steht.

So manches Leid könnte wohl verhindert werden, wenn sich die Menschen Rauchmelder installierten. Im Gegensatz zu dem immensen Schaden, den allein schon ein Zimmerbrand anrichtet, erscheinen mir die Kosten in diese sinnvolle Investition geradezu als lächerlich gering. Fünfhundert Menschen sterben jährlich allein in Deutschland an den Folgen von Brandkatastrophen! Fünfhundert! Dabei kommen die meisten nicht, wie vielfach irrtümlich angenommen wird, durch Flammen um, sondern durch Rauchgasvergiftungen. Viele glauben ja, sie würden wach, wenn es nachts brennt. Ein verhängnisvoller Irrtum, denn wenn wir schlafen, schläft unsere Nase ebenfalls. Exakt ausgedrückt bedeutet das: Unser Geruchssinn ist während des Schlafens ausgeschaltet. Bevor wir von Brandgeräuschen geweckt werden, haben uns die tödlichen Brandgase längst überwältigt. Geräuschlos schleichen ihre giftigen Schwaden meist unter den Zimmerdecken entlang in alle Räumlichkeiten, und leider, leider finden sie immer wieder ihre nichts ahnenden, hilflos im Schlaf liegenden Opfer.

Den Luftzug unserer aufgebauten Ventilatoren immer im Rücken erreiche ich das Dachgeschoss. Es wurde Zeit, die Atemschutzmaske anzulegen. Ich drehte den Filter noch einmal aus dem Anschlussgewinde, um eine vernünftige Maskendichtprobe durchführen zu können. Anschließend drehte ich ihn wieder ein.

Es handelte sich um einen CO-Filter, also einer, der mich auch gegen das tödliche Kohlenmonoxyd schützen würde, erkennbar an seinem schwarzen Kennring. Ein Filter, wie ihn zum Beispiel die Lackierer in ihren Spritzkabinen verwenden, oder gar einer, den Hobbyhandwerker zum Schutz gegen Stäube benutzen, könnte hier katastrophale Folgen nach sich ziehen. Für ein Dachgeschoss war die Wohnung mit circa siebzig bis fünfundsiebzig Quadratmetern ziemlich groß. Das lag allerdings daran, dass sich über der Wohnung noch ein sogenannter Kriechboden befand. Dadurch besaßen die Zimmer darunter auch nicht allzu viele Schrägen. Wohnzimmer, Küche und Flur sowie ein weiteres separates Zimmer waren vollständig ausgebrannt. Lediglich das Bad und das Schlafzimmer waren von den Flammen verschont geblieben. Trotzdem hatten auch hier die heißen Rauchgase ganze Arbeit geleistet, sodass, zumindest was das Schlafzimmer betraf, eine Totalsanierung unvermeidbar war. Nur gut, dass die Decke zum Kriechboden aus gegossenem Beton bestanden hatte. Wer weiß, ob wir sonst nicht noch einen ausgedehnten Dachstuhlbrand erhalten hätten.

Ich traf Dieter im Wohnzimmer, oder sollte ich besser sagen, in dem Raum, der einmal ein Wohnzimmer gewesen war. Unter der Einwirkung der enormen Hitze war der Putz in weiten Bereichen von den Decken und Wänden abgeplatzt. Brandschutt bedeckte den gesamten Boden. Dort, wo einst Möbel gestanden hatten, türmte er sich besonders hoch. Es dampfte wie in einer Waschküche und die Feuerwehrmänner, die mit Dungharken den Brandschutt durchwühlten, mussten immer wieder ihre Strahlrohre einsetzen, um aufgespürte Glutnester abzulöschen. Dieter stand vor den rudimentären Resten eines Sofas. Ein Teil des massiven Holzrahmens sowie die traurig in die Luft ragenden Sprungfedern ließen mehr erahnen, um welches Möbelstück es sich hier gehandelt hatte.

„Hallo Dieter. Na, was ist so geheimnisvoll, dass du es mir nicht über Funk sagen wolltest?"

„Geheimnisvoll? Wieso geheimnisvoll? Ich war nur der

Meinung, du solltest dir das hier selber mal ansehen." Dieter deutete auf die Schuttberge, auf denen wir standen. „Wache U hat doch so Schütten."

„Schütten?"

„Na, so trichterförmige Röhren, wie man sie bei Wohnungssanierungen benutzt. Die einzelnen Teile steckt man ineinander, kippt oben den Schutt rein und lässt ihn dann nach unten in einen Container rutschen. Die Dinger meine ich. Sollen wir die nicht kommen lassen?"

Ich fand seine Idee gut, denn wie ich das einschätzte, hatten wir hier noch verdammt viel Arbeit. Der ganze, zum Teil glühende Brandschutt musste Schicht für Schicht abgetragen und abgelöscht werden. Das bedeutete, in mühsamer Handarbeit sämtliche Schuttberge von rechts nach links und von links nach rechts schaufeln – und zwar in allen Zimmern.

Ich nickte.

„Dieter, das machen wir. Ist wirklich einfacher, wenn wir den ganzen Scheiß gleich rausbefördern."

„Genau das hatte ich mir gedacht. Außerdem spart es uns 'ne Menge Zeit. Unten braucht nur ein Mann mit 'nem C-Rohr zu stehen, der im Bedarfsfall Wasser draufgibt und das war's."

„Gut, ich kümmere mich darum."

Obwohl wir uns den Rest der Nacht an dieser Einsatzstelle um die Ohren geschlagen hatten, herrschte eine ausgelassene Stimmung in der Küche unserer Feuerwache. Die Kaffeemaschine blubberte und diejenigen, die schon geduscht und umgezogen waren, fanden sich ein, um ihren Kaffeebecher mit dem heißen, belebenden Trank zu füllen. Die Zeiger der großen Wanduhr standen auf zwanzig vor sechs. In einer guten Viertelstunde würde die Leitstelle mit ihrem üblichen „Guten Morgen, es ist sechs Uhr, sechs Uhr!" die Kollegen auf den Wachen wecken, die in dieser Nacht mehr Glück hatten als wir und daher noch in ihren Betten lagen. Bei dem Gedanken daran konnte ich aber dennoch zufrieden sein. Heute würde niemand von uns frustriert aufstehen oder heuchlerisch im Waschraum verkünden: „Na ja, 'ne durchgeschlafene Nacht ist doch immer noch die beste Nacht." (Natürlich ist das nicht von der Hand zu weisen. Aber wie ich bereits ausführlich erklärte: Manchmal ist es auch gut, wenn man mal wieder richtig gefordert wird. Das meinen sogar die älteren Kollegen, die, wie ich, eine durchgeschlafene Nacht sehr wohl zu schätzen wissen.) Nein, heute saßen wir alle wieder einmal rundum zufrieden beisammen, rochen trotz Dusche herrlich nach Brandrauch (die halbe Feuerwache riecht/stinkt nach solch einem Einsatz nach Brandrauch) und schlürften genüsslich heißen Kaffee. Das Hauptgesprächsthema galt natürlich dem implodierten Fernseher. Gerade warf Immi die kühne These in den Raum, dass es sich doch inzwischen herumgesprochen haben müsse, dass man einen Fernseher nicht so zustellen darf. „Ist doch klar, dass der irgendwann anfängt zu brennen. Und dass besonders die oberen Lüftungsschlitze nicht mit Zeitungen zugedeckt werden dürfen, das weiß doch jedes Kind."

„Ja ja, die Studierten!", scherzte ein weiterer, „die haben vom wahren Leben eben keine Ahnung, sonst würde denen das doch nicht passieren."

„Von wegen die Studierten. Im Übrigen kann so etwas jeden treffen!"

„Aber bestimmt keinen Feuerwehrmann!"

„Was passiert keinem Feuerwehrmann?" Jürgen Leineweber, unser Wachvorsteher, war ebenfalls mit seinem Kaffeebecher aufgetaucht und setzte sich jetzt zu uns.

„Na das mit dem Fernseher. Immi behauptet, dass so was einem Feuerwehrmann nicht passieren kann."

Jürgen warf mir einen vielsagenden Blick zu. „Da würde ich mir aber nicht so sicher sein. Wir haben hier nämlich einen unter uns, dem fast das Gleiche passiert ist ... nicht wahr, Martin?"

„Äh ... ja, also ganz so schlimm ist es bei mir aber nicht ausgegangen."

„Hätte aber so kommen können, stimmt's?"

Ich wehrte ab. „Also bitte, bei mir lagen die Dinge ja doch noch etwas anders."

„Erzähl, erzähl!", forderte mich Immi auf. „Sag bloß, du warst auch so blöd … äh ich meine natürlich ungeschickt, deinen Fernseher mit Zeitungen einzupacken?"

„He! Vorsicht. Ich sagte ja bereits, bei mir lagen die Dinge doch etwas anders."

„Ja, dann erzähl doch mal."

Ich winkte ab. „Ist schon 'ne Weile her und die meisten kennen die Geschichte eh schon."

„Ist doch egal, ich kenne sie jedenfalls noch nicht." Immi schaute sich um. „Und der Markus, der Timo und der Manuel bestimmt auch nicht, oder?"

Die drei schüttelten den Kopf und forderten mich ebenfalls auf, mein Erlebnis zum Besten zu geben. Allzu viel Überredungskunst bedurfte es nicht, wussten meine Kollegen doch, dass ich nur zu gerne den Erzähler machte. Also begann ich:

Wir schrieben das Jahr 2006. Es war das Jahr der Fußballweltmeisterschaft. Überall herrschte der Ausnahmezustand. Ganz Deutschland befand sich im Fußballfieber und taumelte siegestrunken und fähnchenschwingend von Sieg zu Sieg. Ganz Deutschland? Nein, *nicht ganz* Deutschland, denn tief im Herzen von Nordrhein-Westfalen, unmittelbar an der Grenze zur Landeshauptstadt in dem malerischen Städtchen Ratingen lag ein Mann ohne das schwarz-rot-goldene Fähnchen mutterseelenallein auf der Wohnzimmercouch vor dem Fernseher und zitterte mit der deutschen Nationalelf um den Sieg. Aber wieso lag er hier allein? Hatte ihn seine Frau wegen des Fernsehprogramms verlassen? Gab es etwa eine Ehekrise? Oder sollte es gar noch schlimmer stehen? Scheidungskrach durch Fußballstress?

Nein, nichts dergleichen. Die Dame des Hauses hatte sich lediglich in eklatanter Missachtung jenes großen internationalen Ereignisses mit ihrer Freundin, die unbegreiflicherweise ebenso unpatriotischer Gesinnung war, schlichtweg zu einem mehrtägigen Wanderurlaub aufgemacht und ihren, dem Ereignis selbstverständlich angepassten, fußballverrückten Mann allein zurückgelassen. Und dieser Verlassene war ich – der Feuerwehrmann Martin Meyer-Pyritz. Und ich fieberte dem runden Leder genauso nach wie Millionen anderer fußballbegeisterter Fans. Wir oder die Anderen, das war die einzige Frage, die die Nation in diesen bangen Momenten bewegte! Wir befanden uns im ersten Drittel der zweiten Halbzeit, als das Schicksal unerbittlich zuschlug. Philip Lahm erhält den Ball. Lahm stürmt vor bis zum gegnerischen Strafraum, gibt eine Flanke auf Schweinsteiger, Schweinsteiger wird attackiert, nimmt den Ball trotzdem gekonnt an, umspielt einen Abwehrspieler und wird erneut attackiert. Aber er kann sich lösen und kommt in Schussposition. Schweinsteiger in Schussposition! Torentfernung keine fünfzehn Meter. Schweinsteiger holt aus und …

„Nein, das gibt es doch nicht! Das kann doch wohl nicht wahr sein!"

Das Bild war weg, einfach weg! Ausgerechnet jetzt. Aufgeregt tastete ich nach der Fernbedienung, drückte hastig einen anderen Kanal um zu sehen, ob die Störung überall war oder nur auf dem Fußball übertragenden Sender? Urplötzlich ein Knistern und Zischen aus dem Fernseher und dann, als würde jemand den Deckel von einem brodelnden Kochtopf herunterreißen, dringt aus den hinten im Fernsehgerät angebrachten Lüftungsschlitzen – stinkender, schwarzer Qualm, der kerzengerade gegen die Wohnzimmerdecke steigt! Schlagartig dehnte sich der rußige Belag auf unserer unschuldigen weißen Vinyltapete aus. Aber die immer und immer wieder trainierten Instinkte des Feuerwehrmannes ließen mich sofort das Richtige tun. Gedankenschnell löste ich mich aus meiner nur Bruchteile von Sekunden dauernden Erstarrung. Ich springe auf, werfe die helle Alpakadecke, unter der ich gerade noch mitgefiebert hatte, über den Fernseher und reiße sämtliche Kabelverbindungen aus den Steckdosen. Dann ein Sprung zur Terrassentüre, diese öffnen und den Fernseher mitsamt der darüber geworfenen Decke packen und nach draußen befördern, ist eins. Wenige Meter weiter rechts liegt, feinsäuberlich aufgerollt und angeschlossen, der Gartenschlauch. Mit fliegenden Fingern öffne ich den Wasserhahn, fetze die Decke weg und richte den Schlauch auf den brennenden Fernseher. Auf der Terrasse stinkt es hundserbärmlich nach verschmortem Kunststoff. Der Fernseher war natürlich hin und ein kritisch prüfenden Blick auf meine vor Sekunden noch sahneweiße Decke sagte mir: Diese Decke war einmal. Sie wird nie wieder meinen noch jemandes anderen Körper kuschelig wärmen.

Noch am selben Tag kratze ich den größten Teil der eklig stinkenden, rußgeschwärzten Tapeten ab und steckte die Wohnzimmergardinen in die Waschmaschine. So langsam kam mir zu Bewusstsein, dass ich noch einmal riesiges Glück gehabt hatte; denn wäre meine Frau allein zu Hause gewesen, sie hätte den schweren Fernseher garantiert nicht nach draußen befördern können. Und wie die Sache dann ausgegangen wäre, kann ich mir als Feuerwehrmann nur allzu lebhaft vorstellen.

Allen denjenigen, die meinen, dass jetzt der Ärger mit den Versicherungen begann, kann ich beruhigen: Meine Hausratversicherung schickte mir schon am nächsten Tag einen Schadensgutachter ins Haus. Danach durfte ich mir einen neuen Fernseher kaufen und die Renovierungskosten meines Wohnzimmers wurden ebenfalls übernommen. Ach, und noch etwas Positives: Nur für den unwahrscheinlichen Fall, dass Sie es nicht wissen sollten. Die deutsche Nationalmannschaft erkämpfte sich in dem sogenannten kleinen Finale den dritten Platz in dieser genialen, unvergesslichen Fußballweltmeisterschaft.

Ein Fußballsommermärchen hatte die Nation verzaubert und auch mein ganz privates Sommermärchen hatte letztlich noch ein gutes Ende gefunden.

Der Profi

Irgendwann geht auch der längste Winter vorüber. Ich kann zwar nicht behaupten, dass wir in diesem Jahr einen besonders strengen Winter gehabt hätten, dennoch sehnte ich mich wie die meisten Menschen nach dem Frühjahr. Ich hatte das ewige Schmuddelwetter einfach satt, denn richtig schönen weißen Schnee, der liegen bleibt, gibt es in unserer Region nur selten, und jeden Morgen im Dunkeln zur Arbeit zu fahren, um am nächsten Morgen ebenfalls im Dunkeln zurückzukommen, drückt irgendwann fast jedem Menschen aufs Gemüt.

Jetzt, da die Tage langsam wieder länger wurden, näherte sich auch die Zeit, in der ich mein Fahrrad mit in die S-Bahn nehmen würde, um damit am nächsten Morgen, also nach dem Dienst, den Weg von der Wache zurück nach Hause zu radeln. Ich lege sie gerne mit dem Rad zurück, diese knapp achtzehn Kilometer. Selbst nach einer harten Nacht wurden mir diese Fahrten nicht zu schwer. Mich drängte ja nichts und ich hatte mir eine angenehme Strecke zurechtgelegt. Solange ich mich noch in Düsseldorf befand, nutzte ich die gut ausgebauten Radwege, später dann ging es über Wald- und Feldwege durch die erwachende Natur. Und zu Hause erwartete mich ein leckeres Frühstück.

Wenn ich allerdings daran denke, dass ich diesen Weg nicht mehr allzu lange fahren werde, überkommt mich doch schon ein wenig Wehmut. Meine Zeit bei der Berufsfeuerwehr Düsseldorf ist fast abgelaufen. Pessimistisch könnte ich sagen, meine Tage sind gezählt. Einige Kollegen sehnen sich ja geradezu danach, ihren blauen Rock endlich an den Nagel hängen zu können – ich nicht. Dennoch heißt es irgendwann für jeden, Abschied zu nehmen. Viele Kollegen warten erst gar nicht das reguläre Pensionsalter ab. Sie gehen schon eher in den Vorruhestand. Unter ihnen sind nicht wenige, die dem Stress unseres anstrengenden Berufes und den damit verbundenen körperlichen und psychischen Belastungen nicht mehr gewachsen sind.

Mein letzter Wachvorsteher an Feuerwache 7, Klaus Wloka, hatte sich auch frühzeitig in den Ruhestand versetzen lassen. Er war ein allseits geschätzter und in der Mannschaft sehr beliebter Chef. Aus diesem Grund hatte ich ihm in meinem letzten Buch sogar ein besonderes Kapitel gewidmet. Da erreichte uns die Nachricht von seinem tragischen Tod. Dass er nur wenige Monate nach seiner Pensionierung sterben musste, stimmte uns alle tief betroffen. Mit Klaus Wloka war einer von uns gegangen, quasi gewaltsam aus unserer Mitte gerissen worden, dem wir so viel verdankten und dem unsere ganze Sympathie gegolten hatte.

Ich erinnere mich noch genau, wie einige Tage vor seiner Verabschiedung Kollegen zu mir kamen und baten: „Martin, kannst du dir nicht für unseren Wachvorsteher auch so eine Geschichte ausdenken wie die, die du damals für den Theo geschrieben hast?"

Ich hatte zuerst abgelehnt, denn eigentlich fand ich die Idee nicht so gut. Schließlich war Theo noch nicht so lange pensioniert, um schon wieder mit der gleichen Sache aufzuwarten. Theos Abschied hatte in unserer Fahrzeughalle bei einem ausgedehnten Frühstück für beide Touren stattgefunden. Wie üblich hielten diverse Gäste, aber auch Kollegen nette Reden, und ich hatte mir für diesen Tag eine kleine Satire ausgedacht, die ich zur allgemeinen Erheiterung im Laufe des Vormittags vorgetragen hatte. Genau so etwas schwebte meinen Kollegen jetzt für unseren Wachvorsteher vor, denn dieser plante, seine Verabschiedung ebenfalls mit einem ausgedehnten Frühstück auf der Wache zu beschließen.

Kurz gesagt, ich dachte mir dann doch noch eine Geschichte aus. Ebenfalls eine Satire. Schließlich sollten ja alle etwas zu lachen haben, und so hatte ich mir den exzessiven Zigarettenkonsum meines Wachvorstehers und die damals heiß diskutierten Nichtrauchergesetze zum Thema gemacht. Es wurde ein Riesenerfolg. Alle, selbst Klaus, nebst seinem ihm in nichts nachstehenden Raucherkollegen und festem C-Dienstfahrer Dieter Link, hatten Tränen vor Lachen in den Augen. Als ich beide später fragte, ob ich diese Geschichte in meinem nächsten Buch veröffentlichen dürfe, hatten sie freimütig zugestimmt.

Ich hatte das Manuskript zu meinem letzten Buch *Feuerwache 7* schon im Verlag abgegeben, da erreichte mich die traurige Nachricht: Klaus Wloka war einem bösen Krebsleiden erlegen. Ich gestehe unumwunden, dass ich damals mehr als nur eine Träne verdrückt hatte, und auch heute wird es mir so weh ums Herz, wenn ich daran denke, wie sehr mein Wachvorsteher gelitten haben muss. In dieser Stimmung fand ich es nicht mehr angebracht, eine Satire über ihn zu veröffentlichen. Selbst wenn man mir gut zugeredet hätte, mir war jegliche Lust daran vergangen. Aus diesem Grund hatte ich das entsprechende Kapitel wieder aus dem Buch herausgenommen.

Heute nun, nachdem eine Zeit verstrichen ist und Jürgen Leineweber, der ebenfalls in der Satire vorkommt, Klaus' Nachfolger an Feuerwache 7 geworden ist, heute nun sind einige Kollegen mit der Bitte an mich herangetreten, ich solle diese lustige Geschichte doch noch unbedingt veröffentlichen. Schließlich sei unser Klaus eine echte rheinische Frohnatur gewesen, der sich bestimmt darüber gefreut hätte. Ja, das stimmt. Klaus Wloka hatte eine lustige Seite. Dem Karneval herzlich zugetan, hatten wir so manches Jahr im Dienst gemeinsam mit ihm vor der Glotze gesessen und schunkelnd Karnevalslieder gesungen. Ja, ich denke, lieber Klaus, es wird dir gefallen, deine Verabschiedungsgeschichte, über die du damals selber so herzlich gelacht hast, hier wiederzufinden. Drum sei es also. Lesen Sie auf den folgenden Seiten die Satire von dem Profi, genauso wie ich sie auf Klaus Wlokas Verabschiedung für ihn und seine zahlreichen Gäste vorgetragen hatte.

Der Profi. Es war eine jener gefürchteten, stürmischen Septembernächte, welche die Feuerwehr jedes Mal auf Trab hielt. Allerdings hatte ich damit schon lange nichts mehr zu tun. Vom Sturm gepeitscht trommelten fußballgroße Hagelkörner gegen mein Schlafzimmerfenster, da riss mich das Summen des Implantatchips in meinem linken Schläfenlappen aus dem ewig gleichen Albtraum. Die Nachricht kam verschlüsselt. Man musste immer noch verdammt vorsichtig sein und ich habe lange mit mir gerungen, ob ich über diese Vorgänge wirklich berichten soll. Wir schreiben inzwischen das Jahr 2027 nach Wloka. Seit jener Zeit quält mich Nacht für Nacht dieser nie enden wollende Einsatz auf der A 46. Gelbrote, heiße lange Feuerzungen vermischt mit übelstem, dunklem Brandrauch schlugen aus den zerborstenen Scheiben eines Reisebusses. Darin fünfundvierzig blutjunge Nymphomaninnen! Sie kamen von einer Fortbildungsveranstaltung aus dem *Sauerlandstern* und befanden sich auf der Rückfahrt zur Rethelstraße. Wie immer herrschte dichter Stoßverkehr, als es passierte. Ihre grellen spitzen Schreie liefen mir wohlig warm den Rücken herunter, aber trotzdem ging es mir wie meinen anderen Kollegen. Niemand von uns konnte sich entscheiden, welche er zuerst retten sollte! Während wir uns also noch in der kritischen Phase der Entscheidungsfindung befanden, trat Klaus Wloka hinzu. Er wusste nur zu genau um diese schwere Aufgabe, war er doch selber der C-Dienst. Oft hängt das gesamte Wohl und Wehe von unseren Entscheidungen ab. Meist sind wir erfolgreich im Kampf gegen die Flammen, aber manchmal passiert es doch. Wenn dann ein Müllcontainer brennt und später sein rußig schwarzer Inhalt pladdernass auf dem Asphalt klebt, wer außer dem OPEN-Team vermag dann noch das grenzenlose Leid rot geheulter Augen von Awista-Mitarbeitern zu trösten?

Ja, Klaus Wloka, der Wachführer der Feuerwache 7 kannte sie nur zu gut, diese schwerwiegenden Momente der Entscheidungsfindung und darum fragte er uns:

„Nun, für welche Taktik haben sich denn meine Herren Gruppenführer entschieden?"

Eisiges Schweigen aus harten, versteinerten Gesichtern war die Antwort.

Klaus Wloka wartete geduldig mehrere Minuten. Schließlich hielt es Roberto Schmidtke nicht mehr länger aus und er polterte drauflos: „Also ich war ja dafür, wir spielen Schnick Schnack Schnuck, aber dieser blöde Pyritz will ja unbedingt Streichhölzer ziehen lassen!"

„Schnick Schnack Schnuck kann ich nicht", verteidigte ich mich und sah verlegen zu Boden. Da legten sich zwei Hände schwer auf meine Schultern. Es waren die Hände meines Wachvorstehers. Ich hatte ehrfürchtig zu ihm aufgeschaut und lauschte dankbar seiner tiefen sonoren Stimme. Seine Worte flossen klar und rein über seine sinnig lächelnden Lippen und mit einem Mal wusste nicht nur ich, sondern jeder, was er zu tun hatte: „Aber Männer, denkt doch mal an den Spruch, den man euch im Grundausbildungslehrgang beigebracht hat. Alle sollen sie mit, sicher, aber schnell!"

Ich klatschte mir den Elchlederhandschuh vor die Stirn. Natürlich, das alte Feuerwehrprinzip! Wie hatten wir das nur vergessen können. Sehen, überlegen, handeln! Wir rannten alle zugleich los, jeder wollte der Erste sein.

„Rettet zuerst die mit den dicksten Titt...! Na ja, ihr wisst schon", rief uns Klaus Wloka noch nach.

Vorteilsnahme im Amt hatte uns OB Erwin später vorgeworfen.

Seit jener Zeit habe ich nichts mehr von Klaus Wloka gehört. Und jetzt dieser Anruf. Ich erwachte schweißgebadet. Aber der Reihe nach:

Der Branddirektor der Berufsfeuerwehr hielt es nicht mehr hinter seinem Schreibtisch. Seit die Direktion der Berufsfeuerwehr in das gläserne Stadttor umgezogen war, wachte er mit Argusaugen über der Landeshauptstadt. Kein Rauchwölkchen, und sei es noch so klein, konnte ihm von hier entgehen und dennoch: Vor nunmehr fast zwei Wochen war das Unfassbare doch geschehen. Was niemand mehr für möglich gehalten hatte, war eingetreten. Fast genauso wie damals, als eine Feuerwehr in der Nachbarstadt von einer ähnlich schrecklichen Serie heimgesucht worden war. Gut, es war nur dieses bedeutungslose Provinznest Köln gewesen, aber trotzdem … Offensichtlich hatte man nicht nur dort die Versuchung unterschätzt. Die Gefahr, einen Brandstifter in den eigenen Reihen zu finden, war nach wie vor latent vorhanden und das leider nicht nur bei den Freiwilligen, wie der Branddirektor jetzt selber leidvoll erfahren musste. Natürlich hatte er sofort alles versucht, um die Sache in den Griff zu bekommen. Seine schärfsten internen Ermittler hatten spontane Durchsuchungen durchgeführt, hatten die Privatspinde sämtlicher Kollegen beider Wachtouren unangemeldet durchwühlt, das Unterste zuoberst gekehrt – vergeblich. Weder ein Feuerzeug noch den winzigsten Rest auch nur eines einzigen roten Streichholzköpfchens hatten sie entdecken können. Eigentlich ein gutes Zeichen, aber es schien wie verhext, denn ungeachtet aller Präventivmaßnahmen riss die Serie der Brandstiftungen nicht ab. Er wusste nur zu genau, lange würde er das schändliche Tun nicht mehr geheim halten können. Wenn die Medien erst einmal davon Wind bekämen, dass wieder ein Feuerwehrmann … Er wagte gar nicht weiter daran zu denken. Schließlich gab er sich einen Ruck und griff zum Telefon. Der Anruf fiel ihm nicht leicht und er hatte lange, sehr lange mit sich gerungen. Wahrscheinlich würde es Ärger geben, viel Ärger sogar, aber ihm war klar, er musste diesen Mann anrufen und ihn um Hilfe bitten, denn jetzt konnte ihnen nur noch einer helfen – der Profi.

Es war vier Uhr in der Frühe. Müde und abgeschlagen saßen die Männer der Feuerwache 7 in ihrem nur spärlich beleuchteten Aufenthaltsraum. Seit der großen Energiekrise hatte man ihnen nur eine einzige 15-Watt-Sparbirne gestattet. Es roch streng nach Männerschweiß, Duschen war nur noch einmal im Monat erlaubt, in besonders schweren Fällen auch vor den Feiertagen. Die Nacht war wieder hart gewesen. Überall konnte der Brandstifter sein Unwesen treiben, und Jürgen Leineweber, ihr Wachvorsteher, wollte kein Risiko eingehen. Jetzt war es eh zu spät, sich noch einmal hinzulegen. Zu kurz die Zeit bis zum Wecken, und es gab noch so viel zu tun. Der Billardtisch musste abgeräumt, die Tischtennisplatte weggestellt und das Tischfußballspiel in die Kammer geschoben werden. Außerdem hingen oben im Fernsehraum noch die Kabel der Spielekonsole am Beamer und die Flaschen des abendlichen Pokerspiels standen immer noch im Pavillon herum. Es gab also noch reichlich zu tun bis zum Eintreffen der anderen Tour. Trotzdem gönnte Jürgen Leineweber ihnen diese kurze Kaffeepause. Er war ein guter Chef und wusste anzuerkennen, dass seine Männer die ganze Nacht fleißig gespielt hatten. Alle, bis auf den Einen, dachte er grimmig und raufte sich die Haare. Aber damit würde es hoffentlich bald vorbei sein. Der Branddirektor hatte ihn erst vor einer halben Stunde angerufen. Noch heute sollte er kommen, der Profi, noch an diesem Morgen. Bis dahin müssten sie hier allerdings klar Schiff gemacht haben.

Es hieß allgemein, der Branddirektor sei ein scharfer Hund. Zu Recht, wie der Wachführer sich sagte. Aber all das war im Moment zweitrangig. Diesmal ging es um mehr als um die üblichen klebrigen Mayonnaisereste oder die zertretenen Pommes in seinen Löschfahrzeugen.

Plötzlich riss ihn ein kühler Luftzug aus seinen Gedanken. Jürgen sah hoch, blickte zur Tür und erstarrte. Von grauen Nebelfetzen umwabert erschien die Silhouette einer hoch gewachsenen Gestalt im Türrahmen. Blankes Entsetzen auf den Gesichtern der erschrockenen Feuerwehrmänner, die von alldem nichts geahnt hatten. Und doch wusste jeder sogleich, die Stunde der Wahrheit war gekommen. Der Profi war zurück!

In seiner vollen Größe betrat Klaus Wloka den Tagesraum. Ein feinsinniges Lächeln umspielte seine Lippen und, als wäre es nie anders gewesen, trug er die alte, mit unzähligen Brandlöchern übersäte HUPF-Jacke und auf dem Kopf den unverzichtbaren fluoreszierenden Helm mit der roten 7, dazu die vom

Brandruß geschwärzten ledernen Schaftstiefel. Ein ehrfürchtiges Raunen ging durch die Reihen der Feuerwehrmänner. Der alte Wachführer sah tatsächlich genau so aus, wie ihn die Jüngeren aus den unzähligen Geschichten der Alten kannten und ihn sich immer vorgestellt hatten. Vielleicht sogar noch einen Tick verwegener. Schlagartig verstummte jedes Gespräch. Dann durchbrach das Kreischen eines zurückgeschobenen Stuhls die Totenstille. Jürgen Leineweber hatte sich erhoben und bewegte sich mit vorsichtigen Schritten auf seinen Vorgänger zu. Die beiden Männer standen sich jetzt Auge in Auge gegenüber. Ihre stahlharten Blicke bohrten sich ineinander.

„Klaus."

„Leine."

„Du weißt, weshalb ich hier bin?"

Leine nickte und fragte lauernd: „Und, hast du ihn mitgebracht?"

„Natürlich."

„Kaffee?"

„Gerne."

„Schwarz?"

„Was sonst?"

„Möchtest du dich setzen?"

„Warum nicht."

Nachdem Wloka von seinem Kaffee geschlürft hatte, rief er der Wachmannschaft zu: „Ich brauche vier Mann, die stark genug sind, einen großen Käfig zu tragen!"

Mehrere erhoben sich. „Er steht hinten auf der Ladefläche meines Pickup. Holt ihn hier rein."

Zwei Minuten später wuchteten die vier einen schweren, mit dunklem Tuch verhängten Käfig in den Tagesraum.

„Vorsichtig absetzen!", rief Wloka, dann zog er das Tuch weg.

Die Träger prallten erschrocken zurück. Im Dunkel des eisenbeschlagenen Holzkäfigs erkannten sie schemenhaft ein furchteinflößendes Wesen. Es hatte sich wie eine Raubkatze zusammengerollt und stieß grimmige, knurrende Laute aus. Wloka deutete auf die stabilen Metallstäbe an der Vorderseite und warnte: „Wenn ich gleich diese Gittertüre öffne, müsst ihr euch vollkommen still verhalten. Er ist zurzeit besonders aggressiv, also reizt ihn nicht."

Die Warnung hätte er sich sparen können. Keiner hier im Raum würde es wagen, ungefragt auch nur einen Finger krumm zu machen. Nur Jürgen Leineweber war unerschrocken aufgestanden und hockte jetzt vor dem Käfig. Das Wesen wurde unruhig.

„Meinst du, er erkennt mich noch?"

Wloka schüttelte den Kopf. „Nicht jetzt, nicht in seinem Zustand. Er hat die letzte halbe Stunde nichts mehr bekommen und ist daher saugefährlich."

Leine sprang erschrocken auf: „Du hast ihn scharf gemacht?", fragte er und sah Wloka entsetzt an.

Der grinste hämisch und warf einen Blick auf die ängstlich zusammengerückten Feuerwehrmänner. „Eine hundertprozentige Methode. Euer Brandstifter hat nicht den Hauch einer Chance."

Einige fingen an zu weinen. „Jetzt flennt nicht gleich rum wie alte Weiber!", rief ihr Wachführer verächtlich. „Wer sauber ist, hat auch nichts zu befürchten!" Dann warf er einen fragenden Blick auf Wloka: „Stimmt doch, oder?"

„Man kann nie wissen", sagte der und zuckte lässig mit den Schultern. „Am besten, ihr verhaltet euch weiter ruhig und macht keine verdächtigen Bewegungen. Ich werde jetzt beginnen." Gespannt beobachteten die Feuerwehrmänner, was dann geschah. Zuerst griff Wloka in seine Brusttasche und zog zur Verwunderung aller eine zerknitterte Packung Zigaretten hervor. Ein allgemeines Raunen ging durch den Raum. Wloka warf ihnen einen giftigen Blick zu, sofort kehrte wieder Ruhe ein. Plötzlich hielt er eines dieser legendären Zippo-Feuerzeuge in seiner Hand, spielte mit dem Verschluss. Es klackerte seltsam. Im Käfig regte sich etwas – das Wesen wurde unruhig. Als sich Wloka die

Zigarette anzündete und den ersten tiefen Zug tat, sperrten die Feuerwehrmänner vor Staunen Augen und Münder auf. Nachdem 2019 die Bundesregierung die letzten öffentlichen Hinrichtungen vollzogen hatte, hatten nur wenige unter ihnen noch einmal einen ausgewachsenen Raucher gesehen. Wloka bückte sich, blies den Zigarettenrauch in den Käfig. Sofort sprang das Wesen auf, bleckte seine langen gelben Zähne und rüttelte fauchend an den Gitterstäben. Die sonst so knallharten Feuerwehrmänner drängten sich zitternd noch enger zusammen.

„Ruhig, ganz ruhig Dieter", beruhigte Klaus Wloka seinen ehemaligen C-Dienst-Fahrer, dann öffnete er die Tür. Dieter schien die anderen überhaupt nicht zu beachten. Seine blutunterlaufenen Augen hingen ausschließlich an der Zigarette in Wlokas Mundwinkel.

„Ja ja, du kriegst auch eine. Aber erst wird gearbeitet. Los Dieter such, such den Brandstifter!"

Dieter sog die Luft durch seine weit geöffneten Nüstern ein und nahm Witterung auf. Dann raste er geschmeidig wie eine Katze wieselflink aus dem Zimmer. Als er den Tagesraum verlassen hatte, atmeten die Feuerwehrmänner erleichtert auf. Wloka setzte sich.

„Du kannst wieder hochkommen, Leine, er ist weg."

Vorsichtig kam Leine unter dem Tisch hervorgekrochen und sah sich etwas verlegen um: „Äh, mir war gerade was runtergefallen."

Wloka nickte: „Natürlich." Dann blies er seinem Gegenüber den Zigarettenrauch ins Gesicht. „Auch eine?"

Leine hustete, lehnte entsetzt ab und bekreuzigte sich. „Und du denkst, das funktioniert?", fragte er skeptisch.

„Bisher hat es jedenfalls immer noch geklappt", erwiderte der Rauchmeister und stieß Rauchwolken durch seine Nasenlöcher in den reinweiß tapezierten Tagesraum.

Einige ältere Feuerwehrmänner, die früher auch geraucht hatten, erinnerten sich wehmütig. Mit geifernden Lefzen sogen sie begierig den Duft des Nikotins ein. Andere staunten. Entgegen aller düsteren Prognosen hatte der lange totgesagte Rauchmeister in all den Jahren nichts von seiner Kondition eingebüßt.

„Er raucht auf Lunge", flüsterten die Älteren ehrfürchtig und die Jüngeren nickten altklug, als wüssten sie, was das war.

Leine sah besorgt zur Uhr. Dieter Link war jetzt schon drei Zigarettenlängen weg.

„Was meinst du, wie lange braucht er noch?"

„Zwei Kippen, länger nicht."

Also noch ein paar Minuten, rechnete Leine im Stillen. Das macht summa summarum fünf Fluppen. Er warf einen besorgten Blick auf seine schöne weiße Tapete. Hoffentlich hatte der Rauchmeister Recht.

Er hatte. Noch bevor Wloka die vierte Zigarette an der vorherigen entzünden konnte, kam Dieter Link mit seiner Beute angeschleppt. Über seiner rechten Schulter hing der leblose Körper eines noch jungen Feuerwehrmannes. Mit Schwung kippte er ihn vor die Füße seines Herrn. „Hier! Hab den Kerl auf frischer Tat ertappt. Saß nichts ahnend auf dem Klo und rauchte."

„Brav Dieter, gut gemacht." Wloka gab ihm seine brennende Zigarette zur Belohnung. Nach den ersten Zügen entspannte sich Dieter, er konnte sogar wieder lächeln. „Muss ich jetzt wieder in den Käfig?", fragte er treuherzig.

„Nein, natürlich nicht", sagte der Rauchmeister und tätschelte ihm den Kopf. „Da musst du doch nur rein, wenn wir einen neuen Auftrag erhalten."

Später saß Jürgen Leineweber in seinem Büro und verfasste einen Bericht an den Branddirektor. Er war erleichtert, der Spuk war endlich vorüber und seine Wache wieder rauchfrei.

Klaus Wloka hingegen zog mit seinem Fahrer fröhlich paffend von dannen. Solange es immer noch Brandstifter gab, durfte er sicher sein, weiter ungestraft rauchen zu dürfen, denn schließlich war er der Profi!

Popeye oder
der stärkste Mann von Feuerwache 7

Seit der Implosion des Fernsehers und der damit verbundenen Menschenrettung hatten uns zwar immer wieder neue Einsätze beschäftigt, doch befanden sich darunter keine, die es mir wert erschienen, sie in einem Buch zu veröffentlichen. Das sollte sich jedoch mit dem heutigen Tag ändern. Es war ein Samstag im Oktober. Ein Tag, den ich in meinem Leben wohl nicht mehr vergessen werde. Thorsten Fuchs, einigen Lesern besser unter seinem Spitznamen Tofu bekannt, hatte zum ersten Mal C-Dienst und verbrachte die heutige 24-Stunden-Schicht gemeinsam mit uns auf der Wache. Es war wieder ein heißer Tag. Das Thermometer kletterte, obwohl im Schatten hängend, gefährlich nahe an die 30-Grad-Marke. Den ganzen Winter hatten wir uns nach der Wärme des Sommers gesehnt und jetzt, wo sie da war, stöhnten und ächzten wir unter den hohen Temperaturen. So ging das schon eine geraume Zeit, also nicht erst seit heute. Nur heute empfand man die Luft noch stickiger als an den Tagen zuvor. Jetzt bitte kein Feuer, dachte jeder. Bei dem bloßen Gedanken, in die dicke HUPF-Bekleidung steigen zu müssen, stand uns jetzt schon der Schweiß auf der Stirn. Indes nahm das Schicksal seinen Lauf und scherte sich nicht im Geringsten um die sorgenvollen Gedanken einiger schwitzender Feuerwehrmänner.

Es war exakt 16.39 Uhr und 28 Sekunden, als einer der Leitstellendisponenten in der Leitstelle der Berufsfeuerwehr Düsseldorf auf der Hüttenstraße seinen Finger auf den einen Knopf drückte, der all unsere still gehegten Hoffnungen zunichte machte.

Ding, Dong, Dong, Dong! Der Vierfachgong riss uns aus unserer Lethargie. Schon ertönte die Durchsage: „Unklare telefonische Feuermeldung Bonner Straße. Es rücken aus:

7-46-1; 7-44-1; 7-33-1; der RTW 7-83-1; der C-Dienst Feuerwache 7 und die Freiwillige Feuerwehr Himmelgeist/Itter zur telefonischen Feuermeldung, Bonner Straße."

Ich rannte nach vorne, wo an der gewohnten Stelle meine Alarmsachen bereitstanden. Einen Moment war ich versucht, auf die dicke Überhose zu verzichten. Schließlich war ich der DGL und musste nicht an vorderster Front gegen die Flammen kämpfen. Was sprach also dagegen, dass ich mir diese kleine Erleichterung gönnen sollte? Niemand würde es mir verwehren und schließlich machten andere Dienstgruppenleiter das ja auch. Aber kaum, dass ich diesen verführerischen Gedanken gefasst hatte, meldete sich mein Gewissen.

So so, deine Männer sollen also schwitzen und du? Dein Angriffstrupp muss sich auf der Anfahrt sogar unter die Atemschutzmaske zwängen. Du müsstest das Gefühl doch noch kennen, wie es ist, wenn man sich bei voller Fahrt im engen Mannschaftsraum ausrüsten muss, um dann schon vorher völlig verschwitzt in das Feuer geschickt zu werden? Oder hast du das etwa schon vergessen? Dann sei wenigstens ein bisschen solidarisch mit deinen Männern, von denen jeder die dicke Überhose tragen muss. Außerdem ... weißt du, was dich gleich an der Einsatzstelle erwartet? Vielleicht wirst du es später noch bereuen, dass du auf die Schutzbekleidung verzichtet hast.

Man will es ja oft nicht wahrhaben, aber ich behaupte: So ein schlechtes Gewissen ist in Wirklichkeit eine segensreiche Erfindung und ich sollte mich noch heute von der tiefen Wahrheit dieser Behauptung überzeugen können.

Der Löschzug fuhr vor. In kompletter HUPF-Bekleidung stieg ich auf meinen vertrauten Beifahrersitz. Heute war Uwe Gülicher Maschinist auf dem ersten LF.

„Boah Ugü, diese verdammte Hitze macht mich fertig. Und in den dicken Klamotten schwitzt man wie ein Affe."

„Soll ich die Heizung lieber ausschalten?"

Ich riss den Kopf herum. „Eh …sag bloß, du hast …?" Den Rest des Satzes verschluckte ich. Natürlich hatte er nicht. Dafür strahlte er jetzt übers ganze Gesicht, weil ich ihm auf den Leim gegangen war. Ich schwieg und kurbelte die Seitenscheibe herunter. Das brachte aber auch keine Erleichterung. Von draußen kam nur warme Luft herein. Neidisch sah ich auf eine Gruppe Kinder, die in ihren kurzen Hosen und T-Shirts auf dem Gehweg stehen blieben und zusahen, wie wir an ihnen vorbeirauschten. *Vielleicht hätte ich doch auf die dicke Hose verzichten sollen.*

Die Bonner Straße finden, war weiß Gott kein Problem. Als eine Verlängerung der Kölner Landstraße bildet sie eine der Hauptverkehrsadern, die aus unserem Wachgebiet in das südlich gelegene Benrath führen. Tofu, der erst vor Kurzem den Aufstieg in den gehobenen Dienst gemacht hatte, war vor noch nicht allzu langer Zeit einer aus meiner Mannschaft gewesen. Er kannte sich also gut aus im Revier der Wache 7, trotzdem war er froh, mit Dieter Link einen der erfahrensten C-Dienst-Fahrer an seiner Seite zu haben.

Die Feuermeldung lag ihm als Computerausdruck vor. Tofu las den Text laut vor: „Bonner Straße. Hmm. Angeblich will ein Passant auf der Straße eine starke Rauchentwicklung gesehen haben. Genauere Angaben fehlen jedoch. Ich finde, das Ganze ist recht vage, was meinst du Dieter?"

„Na ja, was wirklich Konkretes ist das nicht. Wir haben ja noch nicht einmal 'ne Hausnummer. Gibt es denn keine weiteren Anrufer?"

„Ich frag mal nach."

„Florian Düsseldorf für 7-11-1 kommen."

„Hört, kommen."

„Haben Sie nähere Angaben zum Einsatz Bonner Straße, kommen?"

„Negativ, außer diesem einen Anrufer haben wir nichts."

„Verstanden, Ende." Tofu steckte den Funkhörer wieder in seine Halterung. Dann fasste er einen Entschluss. „Hör mal Dieter, wenn ich das noch richtig im Kopf habe, kann man das in Frage kommende Gebiet doch auch über die Schnellstraße erreichen, oder?"

„Ja, ja, dahinten kommt eine Kreuzung. Wenn man da links abbiegt, kommt man nach ein paar hundert Metern rechts auf die Münchener Straße. Die verläuft fast parallel mit unserer. Ist quasi so ein großer Block, den man dann umfährt. Warum fragst du?"

„Warte, ich hab 'ne Idee."

„7-46-1 für C-Dienst kommen."

„7-46-1 hört, kommen."

„Pass auf Martin, ihr biegt ab und fahrt über die Münchener Straße. Seht euch das Areal von der Rückseite an. Vielleicht könnt ihr von da etwas feststellen. Wer etwas findet, gibt dem anderen Bescheid, ansonsten treffen uns wieder hier auf der Bonner Straße. Die anderen fahren mit mir."

„Verstanden, 7-46-1 biegt ab auf die Schnellstraße."

Unmittelbar darauf hörte ich, wie sich unser zweites LF, die Drehleiter und der RTW über die Florentine meldeten und Tofus Anordnung quittierten, dann erreichten wir die bewusste Kreuzung. Ugü steuerte links auf die Abbiegespur. Die Ampel zeigte Rot, er verringerte die Geschwindigkeit. Einige Verkehrsteilnehmer auf der Gegenfahrbahn schienen verunsichert, weil der C-Dienst-Wagen mit unserem zweiten LF, der Drehleiter und dem nachfolgenden RTW alarmmäßig an ihnen vorbeidonnerte, während wir mit laufendem Martinshorn und blinkenden Blaulichtern links abbiegen wollten.

„Pass bloß auf Ugü! Die haben nur Augen für unsere Jungs, die gerade an ihnen vorbeifahren. Uns beachten die gar nicht."

„Seh ich auch, ich steh ja schon fast."

In der Tat musste er das große LF nicht nur abbremsen, sondern auch vollständig zum Stillstand bringen. Nachdem wir in die Gesichter einiger verschreckter Autofahrer sehen durften, die trotz unserer eingeschalteten Sondersignale über die Kreuzung fuhren, stoppten die übrigen und gaben uns freie Fahrt. Ugü gab wieder Gas und bog im zweiten Gang in die Paul-Thomas-Straße ein. Rechter Hand erstreckte sich ein weitläufiges Industriegebiet, auf dem unter anderem die Produktionshallen einer ehemaligen Papierfabrik standen. Die frühere Feldmühle, später umfirmiert in Stora Enso war Opfer der weltweiten Globalisierung geworden. Einige Produktionsstätten lagen bereits niedergerissen am Boden. Hoch aufgetürmte Berge aus Bauschutt kennzeichneten den endgültigen Untergang dieser im Kern gesunden Produktionsstätte. Und wieder verloren viele, bislang fleißige Arbeiter ihren Arbeitsplatz, weil deren erwirtschafteter Umsatz einigen Finanzjongleuren anscheinend nicht mehr profitabel genug erschien.

„He, halt mal an! Da drüben winkt jemand."

Ugü reagierte direkt. Ein Blick in den Rückspiegel, dann lenkte er rechts ran und schaltete die Warnblinkanlage ein. Auf der gegenüberliegenden Straßenseite hatte ein Mann gewinkt, aber nicht nur aus Freundlichkeit, wie es kleine Kinder gerne tun. Nein, dieses Winken war eindeutig ein Signal, der Mann wollte etwas von uns. Wir hielten mit laufendem Motor am Straßenrand. Der Mann, der so etwa um die vierzig war, kam über die Straße gelaufen und trat dicht an Ugüs Fenster.

„Ich hab Sie angerufen. Da drüben hat es gebrannt." Er deutete mit ausgestrecktem Arm auf das Gelände der Papierfabrik und erklärte mit sachlich ruhiger Stimme: „Vorhin war da noch Rauch zu sehen. Hier, ich kann es Ihnen zeigen, hab alles mit dem Fotohandy aufgenommen." Er zog ein Handy hervor und ließ eine kurze Sequenz abspielen.

„Nicht schlecht." Ugü pfiff durch die Zähne. „Zeigen Sie das auch mal meinem Chef. Schätze, das wird den sehr interessieren."

Ich war inzwischen ausgestiegen und der Mann kam zu mir herum. Sein Bildmaterial war wirklich beeindruckend. Über einem großen Hallendach stieg eine pechschwarze Rauchsäule lotrecht in den wolkenlosen, blauen Himmel. Leider konnte man nicht genau erkennen, wo sich genau diese Rauchsäule gebildet hatte. Aber dass es sich dabei um Brandrauch handelte, stand für mich fest.

„Können Sie das bitte noch einmal laufen lassen? Ich möchte, dass meine Kollegen sich das auch ansehen."

„Ja sicher."

Sekunden später betrachteten Bernd Busch, Stefan Jachmann, Sebastian Datema und Thomas Küppers ebenfalls die beängstigend große Rauchsäule. Wir sahen uns die nur wenige Sekunden dauernde Sequenz gleich mehrmals an.

„Na, was meint ihr?"

„Das ist die Halle da drüben."

„Denk ich auch."

„Hm. Ich wär mir da nicht so sicher. Es könnte genauso gut die Halle dahinter sein."

„Ne, ne, das muss die Halle da sein." Bernd zeigte auf die uns am nächsten liegende Halle, die auch ich im Visier hatte.

„Und wo ist der Rauch? Ich sehe keinen mehr."

Alle Augenpaare blickten auf den Mann mit dem Handy. Der hob wie entschuldigend seine Arme. „He Leute, schaut mich nicht so an. Da war wirklich Rauch. Dass da jetzt nix mehr ist, dafür kann ich doch nichts."

„Ist schon in Ordnung", lenkte ich ein. „Wir glauben Ihnen und werden jetzt auf das Gelände fahren und die Sache erkunden. Also, vielen Dank. Sie haben uns sehr geholfen." Ich wandte mich wieder meinen Männern zu.

„Aufsitzen, es geht wieder weiter!"

„Soll ich trotzdem auf die Schnellstraße …?", fragte Ugü, nachdem er wieder auf dem Fahrersitz Platz genommen hatte.

Ich nickte: „Ja, wir müssen eh auf die andere Seite fahren. Und vielleicht können wir so auch noch etwas erkunden. Haltet die Augen auf, Leute! Wer etwas Verdächtiges sieht, gibt mir Bescheid. Ich werde derweil unseren C-Dienst informieren."

Ich versuchte es zuerst über die Florentine, aber die Distanz zu seinem Fahrzeug war zu groß, also benutzte ich das Vier-Meter-Band. Tofu war sofort am Funk. Aufmerksam lauschte er meinen Worten.

„Ist gut Martin. Ich stehe hier beim Pförtner. Angeblich weiß der von nichts. Wir fahren jetzt auf das Gelände. Ihr kommt bitte umgehend nach. Wir treffen uns dann vor dieser Halle, von der du annimmst, dass es dort gebrannt hat. Also bis gleich."

Während unseres kurzen Aufenthalts am Straßenrand hatte Ugü das Martinshorn abgeschaltet, die Blaulichter jedoch weiter laufen lassen. Jetzt sah er mich an. „Was ist? Mit oder ohne Lüla-La?"

„Mit", entschied ich und legte selber den Kippschalter um.

Als wir die Einfahrt zum Firmengelände fast erreicht hatten, funkte mich Günter an.

„Hör zu Martin. Bei uns ist alles mit Bauschutt blockiert. Hier gibt es kein Durchkommen. Fahrt ihr weiter zur Bonner Straße und nehmt da den Eingang. Wir kommen so schnell wie möglich nach."

„Verstanden, wir fahren Eingang Bonner Straße."

Ugü fuchtelte wild mit der Hand und schüttelte ablehnend den Kopf. „Seit die die Bude abreißen, ist da geschlossen. Kannste dem Günter sagen."

„C-Dienst 7 für 7-46-1 kommen."

„Hört."

„Mein Maschinist sagt mir gerade, dass der Eingang dort geschlossen ist, kommen."

„Ja, ist bekannt. Der Pförtner hier hat uns aber mitgeteilt, dass man trotzdem reinfahren kann. Ihr müsst euch nur direkt scharf rechts halten."

„Okay, wir versuchen es. Ende."

Ugü, der alles mithören konnte, zuckte die Schultern. „Jetzt bin ich aber gespannt, ob wir da wirklich reinkommen."

Mit meinen Freunden spielte ich als Junge gerne Feuerwehr. Dazu flitzten wir auf den in meiner Kindheit üblichen eisenbewehrten Hudora-Rollschuhen lauthals Tatütata rufend um unseren Wohnblock. Heute als Erwachsener „flitzte" ich wieder mit Freunden um einen Block, nur saß ich diesmal in einem richtigen Feuerwehrauto mit richtigen Blaulichtern und einem echten Martinshorn. Plötzlich hörten wir nicht nur unsere, sondern auch noch eine andere, wesentlich lautere Sirene. Was ich bisher nicht wusste, war, dass bei der Leitstelle inzwischen weitere Telefonanrufe eingegangen waren, deren Anrufer die schwarze Rauchsäule ebenfalls gesehen haben wollten und daher glaubten, die Papierfabrik stünde in hellen Flammen. Also nahm die Leitstelle Kontakt zu unserem frisch gebackenen C-Dienst auf, setzte ihn in Kenntnis und fragte nach, ob er schon eine erste Rückmeldung geben könne.

Ich selbst hatte Tofu ja erst vor wenigen Minuten die mir gezeigten Handyaufnahmen beschrieben. Nachdem die Leitstelle die Richtigkeit der neuen Telefonanrufe durch unseren C-Dienst bestätigt bekommen hatte, ließ der Lagedienstleiter für die Freiwillige Feuerwehr Himmelgeist/Itter Sirenenalarm auslösen.

Das Gelände der ehemaligen Feldmühle hatte eine Ausdehnung von etwa fünfhundert mal sechshundertfünfzig Metern. Der Eingang, den wir ansteuerten, lag auf der kürzeren Seite. In all den Jahren, als die Produktion hier noch Hochkonjunktur hatte, diente er als LKW-Einfahrt. Ich selbst war hier einige Mal mit unserem Löschzug vorgefahren. Meist war eine telegrafische Feuermeldung der Anlass, aber zu keiner Zeit waren unsere Feuerwehrautos dabei die einzigen Fahrzeuge gewesen, die hier ein- und ausfuhren. Es herrschte ein ständiges Kommen und Gehen von LKW. Der Strom derer, die das Grundmaterial zur Papierherstellung anlieferten, Holz, und derer, die das fertige Endprodukt abtransportierten, nämlich Papier, riss nie ab. Jetzt wirkte das Gelände hinter dem zugesperrten Gittertor mit der daneben befindlichen Pförtnerloge nur noch trist und verlassen.

„Und wo bitteschön soll man da reinfahren können?"

Ich guckte genauso ratlos wie mein Maschinist.

„Von wegen direkt scharf rechts halten. Ich kann ja wohl schlecht durch die Mauer fahren."

Ich funkte den C-Dienst an: „Tofu, wir stehen hier auf der Bonner Straße, die Zufahrt ist definitiv dicht, kommen."

„Moment, ich frag noch mal nach."

Wieder standen wir mit laufendem Motor am Straßenrand und wieder hatte Ugü das Martinshorn abgeschaltet, die Blaulichter aber weiter laufen gelassen.

„Martin, hörst du mich?"

„Ja, ich höre."

„Fahrt mal weiter zur Paul-Thomas-Straße, da soll es auch 'ne Einfahrt geben, kommen."

„Verstanden, wir fahren Paul-Thomas-Straße."

„Paul-Thomas-Straße?" Ugü schüttelte ungläubig den Kopf. „Da sind wir doch eben erst gewesen. Das ist doch genau die Straße, wo der Mann mit dem Handy gestanden hat. Wo soll denn da eine Einfahrt sein?"

„Weiß ich auch nicht, Ugü, aber lass uns einfach hinfahren und nachsehen."

Es gab tatsächlich eine Einfahrt. Wegen der Abrissarbeiten hatte man für die Fahrzeuge der Bauarbeiter einen Teil des Zaunes geöffnet. Ein Umstand, der uns vorhin nicht aufgefallen war. Ugü lenkte auf das Gelände, wir rollten jetzt auf eine Art riesigen Parkplatz, an dessen linkem Ende in etwa einhundert Metern Entfernung jene Halle stand, von der wir annahmen, dass aus ihrem Dach der Brandrauch aufgestiegen war. „Halt direkt auf die Halle zu, Ugü."

Rechts sah ich hohe Schuttberge, weiter voraus die Trümmer eines halb eingerissenen Gebäudes. Dann verwehrte uns ein hoher, stabiler Zaun erneut die Weiterfahrt. Wir mussten anhalten. „So ein Mist! Und jetzt?"

Während ich noch überlegte, was zu tun sei, tauchte ein weißer PKW mit der Aufschrift *Werkschutz* auf, dem ein großer schlanker Mann mit einem ebenfalls weißen Baustellenhelm entstieg. Der Wagen hatte in einiger Entfernung von unserem LF gehalten. Jetzt kam der Mann auf uns zu, und ich stieg ebenfalls aus.

„Breuer mein Name", lächelte der Mann freundlich. „Ich bin hier der leitende Produktionsingenieur. Kann ich Ihnen weiterhelfen?"

„Guten Tag. Meyer-Pyritz, Feuerwehr Düsseldorf. Wir sind hier, weil es hier angeblich brennen soll. Können Sie mir dazu etwas sagen?"

Ingenieur Breuer lächelte immer noch, aber sein Lächeln wirkte jetzt etwas säuerlich.

„Äh … ja … also eigentlich ist schon alles wieder in Ordnung. Es stimmt, wir hatten ein kleines Feuer oben auf dem Dach. Aber meine Leute haben das sofort gelöscht. Im Prinzip können Sie ruhig wieder fahren."

Obwohl der Mann sympathisch wirkte und freundlich redete, war seine Nervosität unverkennbar. Dass er mich möglichst schnell wieder loswerden wollte, war genauso unverkennbar. Hatte er vielleicht etwas zu vertuschen?

„Das ist gut", antwortete ich ebenfalls freundlich lächelnd und erklärte, seine eigenen Worte verwendend: „Aber im Prinzip kann ich leider nicht fahren. Ich muss mich sogar selber davon überzeugen, dass wirklich alles in Ordnung ist. Was hat denn überhaupt gebrannt?"

Der Mann wand sich wie ein Aal.

„Ach, nichts von Bedeutung." Er winkte beschwichtigend ab. „Nur ein wenig von der Teerpappe oben auf dem Hallendach." Er deutete auf die hinter ihm liegende Halle. Es war genau die, die auch wir im Visier hatten. „Die Hitze der letzten Tage, Sie verstehen?"

Klar, ich verstand. Und als Feuerwehrmann hatte ich auch genug Sachverstand, dass ein mit Teerpappe gedecktes Dach nicht nur wegen der Sonnenstrahlen zu brennen anfängt. Außerdem hatten wir alle die Handybilder gesehen, aber das konnte mein Gegenüber ja nicht wissen. Von wegen, Hitze der letzten Tage – da steckte mehr hinter.

Der Ingenieur lächelte mich an und ich lächelte zurück, und beide wussten wir nur zu genau, was wir voneinander zu halten hatten.

Ugü hatte derweil mit unserem C-Dienst Kontakt aufgenommen und ihm mitgeteilt, wo wir uns befanden. So brauchte ich auch nicht mehr allzu lange zu warten, da kam Dieter Link, der für seinen flotten Fahrstil bekannt ist, mit ihm angedüst. Nach dem Austausch der üblichen Höflichkeiten ließ Tofu keinen Zweifel daran aufkommen, dass er die Brandstelle unverzüglich persönlich in Augenschein nehmen wollte. „Martin, du begleitest uns."

Der Ingenieur führte uns zu einem Durchlass im Zaun. Ähnlich wie bei einem Drehkreuz konnten hier nur Fußgänger Einlass finden, aber auch nur solche, die sich im Besitz einer entsprechenden Codekarte befanden. Neben dem Durchlass war ein kleiner Metallkasten angebracht. Der Ingenieur steckte seine Karte in einen Schlitz, ein kurzes Summen ertönte und das Drehkreuz ließ sich bewegen. Nacheinander gelangten wir auf das eigentliche Firmengelände. Unser Löschzug hatte Order erhalten, zu dem besetzten Pförtnereingang zurückzufahren. Laut Auskunft des Ingenieurs sollte es doch einen Durchlass zwischen den Bauschuttbergen geben. „Sagen Sie Ihren Leuten, sie sollen sich immer nur links an den Gleisen halten. Irgendwann kommt dann eine Lücke, wo sie mit ihren Fahrzeugen durchfahren können." Ab da wäre der Weg frei.

Wir drei marschierten zu Fuß auf die riesige Halle zu. Auf dem Weg dorthin erklärte uns der Ingenieur, dass hier immer noch die Papierproduktion liefe. „Wir sind allerdings ein eigenständiges Unternehmen und haben mit der ehemaligen Feldmühle nichts gemein."

„Und Sie produzieren auch am Wochenende?", fragte Tofu.

„Ja, wir arbeiten rund um die Uhr. Wenn wir gleich in die

Halle kommen, werden Sie auch verstehen, warum. Unsere Kessel, in denen der Papierbrei gekocht wird, müssen ständig geheizt werden. Ein Ausfall würde nicht nur enorme Energien beim Wiederanfahren verschlingen, sondern auch die gesamte Produktion stoppen."

„Und das wäre vermutlich sehr teuer?"

„Teuer sagen Sie … teuer! Eine Katastrophe wäre das."

Wir gelangten jetzt über eine kurze Treppe auf eine außen liegende Rampe, die längs der Halle verlief. Ich vermutete, dass hier die LKW anfuhren. Der Ingenieur zog ein auf Rollen gelagertes hohes Tor auf und hielt einen Moment inne. „So, bevor wir hier hineingehen, möchte ich Sie bitten, immer hinter den schwarzgelben Schraffierungen zu bleiben."

Wir nickten und dann betraten wir die Halle. „Hier der Bereich dient nur dem Abtransport." Nach einigen Metern ging es rechts herum. Wir standen vor einem deckenhohen „Vorhang" aus halbdurchsichtigem Weichplastik. „Dahinter beginnt die eigentliche Produktion."

Plötzlich flog uns der Weichplastikvorhang schwungvoll entgegen. Unwillkürlich machten wir einen schnellen Schritt zurück. Eine Elektrokarre rollte haarscharf an uns vorbei. Das war verdammt knapp. Ich sah der Karre, die sich leise brummend auf ihren vollgummibereiften Rädern entfernte, hinterher und hatte kapiert. Ab jetzt marschierten wir im respektvollen Abstand von einem halben Meter zu der gelbschwarz schraffierten Linie vorbei an einer haushohen Produktionsstraße. Überall zischte es, Wasserdampf trat in Mengen aus. Ich sah einige verschwitzte Arbeiter, die mithilfe eines Portalkrans ein schweres Metallteil auf die Maschine hievten. Für einen Moment unterbrachen die Männer ihre Tätigkeit und sahen uns neugierig an, sagten aber nichts. Dann setzten sie die schwere Arbeit fort. Die Luft hier drinnen triefte geradezu, man kam sich vor wie in einer Sauna. Der Ingenieur, der immer vorausgegangen war, drehte sich zu uns um. „Wir müssen die Halle jetzt verlassen und werden über eine Außentreppe auf das

Dach gelangen. Ein anderer Weg ist leider nicht möglich."

Mir war das nur recht. Ich trug ja bekanntermaßen meine dicke HUPF-Bekleidung und obwohl mich draußen wieder die Sommerhitze erwartete, war ich doch erleichtert über die Ankündigung, diese stickige, mit warmem Wasserdampf angefüllte Halle wieder verlassen zu können. Nachdem wir noch einige Male nach rechts und links abgebogen waren, erreichten wir eine kleine Metalltüre. Durch sie gelangten wir in ein Treppenhaus.

„Ins Freie kommen wir erst, wenn wir weiter oben sind", erklärte der Ingenieur.

Aha, na hoffentlich sind wir bald da. Die bislang zurückgelegte Strecke erschien mir nämlich jetzt schon wie das reinste Labyrinth. *Ob ich den noch einmal zurückfinde,* fragte ich mich und dachte mit Grauen daran, falls wir irgendwo am Ende dieses verzwickten Weges auch noch tätig werden müssten. Nach zwei Etagen in diesem kahlen Treppenhaus aus Beton gelangten wir tatsächlich ins Freie.

„Um auf das eigentliche Dach der Halle zu kommen, müssen wir ab jetzt über diese metallenen Gitterroststufen nach oben steigen. Bitte seien Sie vorsichtig", warnte Breuer, „der Bereich ist ab hier wegen der Bauarbeiten an der gesamten Außenfassade bis zum Dach hoch eingerüstet. Nicht, dass Sie sich noch den Kopf stoßen."

Zur Bestätigung seiner Worte klopfte er an den eigenen weißen Helm und scherzte: „Aber Sie tragen ja auch eine entsprechende Kopfbedeckung."

Automatisch schaute ich nach oben. Dicht über mir verliefen die horizontalen Querträger des Baugerüsts, die ihrerseits von vertikalen Stützen abgefangen wurden. Dazwischen steckten, ein Geländer bildend, dünnere Eisenrohre. Die Gerüstkonstruktion stand komplett auf den Gitterroststufen und war zur rechten Seite hin in der Hallenwand verankert. Ein Mann von der Größe meines Kollegen Michael Gross hätte hier tatsächlich den Kopf einziehen müssen. Misstrauisch beäugte ich die Wand. Deren Gefüge bestand an mehreren Stellen aus rissigen und bröckeligen Backsteinen, was mir keineswegs einen vertrauenswürdigen Anblick machte. Schräg vor mir drang Wasserdampf aus einer Spalte. Ich legte eine Hand prüfend gegen die Steine. Obwohl wir uns auf der Schattenseite befanden, fühlten sie sich sehr warm an. Ich machte mir so meine Gedanken. Diese Steine waren also nicht von der Sonne aufgeheizt. Die marode Außenwand erschien mir immer kritischer. *Hoffentlich hatten die Bauarbeiter, die das Gerüst hier aufgestellt hatten, gewusst, was sie taten!*

Über diese Beobachtungen hatte ich den Anschluss zu meinen Vorgängern verloren. Der Ingenieur war schon hinter einer Gebäudeecke verschwunden, und ich sah gerade noch, wie mein Kollege Tofu ihm nachfolgte. *Jetzt aber flott*, sagte ich mir und eilte den beiden hinterher. Dummerweise war ich durch meine Grübeleien unaufmerksam geworden und übersah dadurch eine Querstrebe, die auf der Gitterstufe verankert war. Diese Querstrebe wurde mir zum Verhängnis. Ich stieß mit dem Stiefel davor und geriet ins Stolpern. Was dann passierte, kann ich nur bruchstückhaft schildern, denn alles Weitere geschah innerhalb weniger Sekunden.

Um nicht der Länge nach auf die Gitterstufen zu stürzen, versuchte ich mich noch während des Fallens an irgendetwas festzuhalten. Mit der Rechten gelang mir das halbwegs. Meine Hand erfasste eine der Geländerstangen, wodurch mein Sturz zumindest halbwegs gemildert wurde. Links hingegen schlug mein in der Luft rudernder Arm mit voller Wucht gegen eine der metallenen Stützen. Es krachte, dass ich glaubte, mir wären die Knochen von Elle und Speiche wie Streichhölzer zerbrochen. Der Schmerz war so heftig, dass er mir fast den Atem raubte. Ob ich mich tatsächlich mit der Rechten festhalten konnte, kann ich nicht mehr genau sagen. Jedenfalls rappelte ich mich schnell wieder auf und presste den schmerzenden linken Arm nach Luft ringend mit dem gesunden fest gegen die Brust. In diesem Moment dachte ich seltsamerweise weniger daran, wie schlimm ich verletzt sein könnte, als daran, dass die

Vorausgehenden meinen Sturz womöglich bemerkt hatten. Der Schmerz war mörderisch, aber ich biss die Zähne zusammen und humpelte den beiden hinterher. Ja, ich humpelte, denn jetzt spürte ich auch, dass meine Knie ebenfalls etwas abbekommen haben mussten. Wie gut, dass ich die dicke HUPF-Hose mit den schützenden Kniepolstern trug. Wer weiß, wie die Sache sonst ausgegangen wäre? Als ich mich schmerzverbissen Stufe um Stufe höher kämpfte, schossen mir die Tränen in die Augen. Endlich erreichte ich das flache Hallendach. Hier oben gab es ein weitläufig verzweigtes Geflecht von Laufgängen, die allesamt aus den gleichen Gitterrosten bestanden wie die Treppe. Weiter voraus sah ich Tofu mit dem Ingenieur über einen dieser Laufgänge gehen. Keiner drehte sich nach mir um. Erleichtert atmete ich auf. Anscheinend hatten sie nichts gemerkt. Die Schmerzen in den Knien waren schon wieder erträglich. Aber der Arm! Obwohl halb betäubt vor Schmerz, spürte ich, wie bei jedem weiteren Schritt unter dem dicken Jackenärmel etwas beängstigend anschwoll – etwas ziemlich Gewaltiges. Wäre ich jetzt unten in der Nähe unseres RTW gewesen, hätte ich mir sicher ein Coolpack geben lassen, aber hier oben war das nicht möglich. Klar, ich hätte auch die Jacke ausziehen können um nachzuschauen, was wirklich mit dem Arm passiert war. Aber dann hätte ich auch Rede und Antwort stehen müssen und das wollte ich auf keinen Fall. Ich fand den Zwischenfall einfach nur peinlich. Darum hieß es Zähne zusammenbeißen. Das musste jetzt durchgestanden werden.

Der Ingenieur war mit unserem C-Dienst vor einem Geländer neben einem überdimensionalen Abluftrohr stehen geblieben. Ich näherte mich den beiden, war aber noch zu weit entfernt, um die Worte, die sie wechselten, verstehen zu können. Breuer gestikulierte und zeigte auf irgendetwas unter ihnen. Tofu schien mit dem, was er sagte, nicht einverstanden zu sein, denn er schüttelte den Kopf. Ich nutzte die Gelegenheit, hielt die Distanz und tastete vorsichtig meinen Unterarm ab. Er fühlte sich immer noch taub an. Vorsichtig bewegte ich die

Finger. *Na also, geht doch.* War vielleicht doch nicht so schlimm, wie ich anfangs befürchtet hatte. Ich ging weiter. Als ich nur noch wenige Schritte entfernt war, drehte sich Tofu zu mir um und erklärte: „Unter uns hat das halbe Teerdach gebrannt. Ein Arbeiter, der hier oben war, hat zum Glück schnell reagiert. Mit mehreren Kollegen hatten sie den Brand schnell gelöscht. Da unten liegen noch die Pulverlöscher und die beiden Strahlrohre, die sie eingesetzt haben. Fragt sich nur, wodurch sich das Teerdach entzündete. Hier, beug dich mal über das Geländer."

Ich tat es und starrte genau in einen mehrere Zentimeter breiten Spalt zwischen der Hallenwand und dem fast mannshohen Abluftrohr, auf das Tofu zeigte. Das Gefüge der Backsteinwand bildete dort eine mächtige Beule. *Wie mein Arm*, dachte ich. Aber aus meinem Arm quoll kein dunkler Rauch hervor. „Das ist Brandrauch", stellte ich fest.

„So sehe ich das auch", nickte Tofu. „Irgendwas ist da nicht in Ordnung. Entweder in der Wand oder dahinter. Wir brauchen die Wärmebildkamera und das Fernthermometer."

„Okay, ich versuche, ob ich die Kollegen über die Florentine erreichen kann."

„Vergiss es. Das bringt nichts. Allein finden die doch nie hier rauf."

„Ich versuch's trotzdem."

Er zuckte mit den Schultern.

„Nur um zu sehen, ob wir überhaupt Kontakt bekommen."

„Mach, was du willst, aber runter müssen wir trotzdem."

Während ich vergeblich versuchte, den Funkkontakt zu den Kollegen unten am Löschfahrzeug herzustellen, eröffnete Tofu dem Ingenieur etwas, was diesem überhaupt nicht gefiel.

„… und dann stellen Sie bitte einen Mann ab, der darauf achtet, dass sich hier nicht noch einmal etwas entzündet. Ich werde jetzt mit meinem Kollegen runtergehen, um unsere Wärmebildkamera und weiteres Gerät zu holen. Ich befürchte allerdings, dass wir dieses Abluftrohr", er zeigte auf das mannshohe Teil, das fast rotglühend aus der Wand kam, „aufschneiden müssen. Sie sorgen bitte dafür, dass die Anlage so lange abgeschaltet wird."

Dem Ingenieur fiel fast die Kinnlade herunter. „Was!? Die Anlage abschalten? Unmöglich, völlig unmöglich." Er schüttelte energisch den Kopf. „Wissen Sie überhaupt, was das bedeutet?"

Tofu setzte sein gewinnendstes Lächeln auf. „Ja, in etwa schon. Sie hatten uns ja bereits auf dem Weg hierher erzählt, wie problematisch ein Stillstand der Anlage für Sie ist."

„Problematisch! Problematisch sagen Sie! Ein Desaster wäre das. Eine Katastrophe. Vergessen Sie's! Dem kann ich auf keinen Fall zustimmen."

„Herr Breuer, es tut mir ja wirklich leid, aber hier kommt es nicht mehr darauf an, ob Sie meinem Vorschlag zustimmen oder nicht. In diesem Fall muss ich darauf bestehen."

Jetzt verlegte Ingenieur Breuer sich aufs Bitten. Als das auch nichts half, klagte und jammerte er so lange, bis sich Tofu erbarmte und sich kurz mit mir besprach.

„Also gut, ich schlage Ihnen folgenden Kompromiss vor: Wir werden mit unseren Geräten alles genau messen. So lange können Sie die Anlage weiter laufen lassen. Ist die Temperatur jedoch zu hoch oder finden wir eine kritische Stelle, hilft alles nichts. Dann wird aufgemacht und *dann müssen* Sie abschalten. Und führen Sie uns bitte auch auf die gegenüberliegende Seite, damit ich die Situation auch von innen betrachten kann."

Zähneknirschend stimmte der Ingenieur dem Kompromiss zu. Danach begaben wir uns gemeinsam auf den Weg nach unten. In der Halle mit der Papiermaschine trennten sich unsere Wege fürs Erste. Während Ingenieur Breuer dort blieb, um einigen Arbeitern entsprechende Anweisungen zu erteilen, setzte ich mit Tofu den restlichen Weg alleine fort. Draußen angekommen, wartete die Mannschaft schon ungeduldig auf uns. Wir waren ziemlich lange weggeblieben.

„Du kannst den Jungs ja schon mal erklären, um was es geht. Ich will noch kurz mit der Leitstelle sprechen."

Meine Kollegen bildeten einen dichten Kreis um mich, und ich berichtete, was wir auf dem Hallendach vorgefunden hatten und welche Aufgabe sie gleich erwarten würde.

Günter hatte die Kameraden der Freiwilligen Feuerwehr, die sich mit zwei Fahrzeugen ebenfalls hier eingefunden hatten, wieder heimgeschickt und benannte jetzt selber diejenigen, die mit auf das Hallendach gehen sollten. Die Auserwählten schauten zufrieden, die anderen meckerten. Niemand wollte zurückbleiben. Feuerwehrmänner sind halt auch nur neugierige Menschen, und so wurde die Gruppe, die sich nach der kurzen Besprechung anschickte, das Hallendach zu erobern, umfangreicher als ursprünglich geplant. Vielleicht hatte das aber auch etwas Gutes. Es war ja noch nicht abzusehen, wie oft wir diese Strecke würden hin- und herlaufen müssen. Je zahlreicher die Kollegen waren, die sich den reichlich verschlungenen Weg einprägten, umso besser konnte sich diese Kenntnis für unser weiteres Vorgehen erweisen.

Wieder gelangte ich durch den Plastikvorhang in die lang gestreckte Halle, aber diesmal waren wir nicht nur zu zweit – diesmal kam ich mit einer ganzen Truppe. Das war wohl auch der Grund, warum die Arbeiter, die uns vorhin nur mit einem kurzen Blick bedacht hatten, uns jetzt mit offenem Mund anstarrten. Ich grinste sie an. „Hallo Männer. Da bin ich wieder."

„Is was passiert?"

„Nix von Bedeutung", schwindelte ich und dann waren wir auch schon an ihnen vorüber.

Als wir die Gittertreppe erreichten, richtete ich eine Warnung an meine Kollegen: „Passt bloß auf. Hier verlaufen überall Querstreben über den Stufen. Wer da gegenstößt, kann schnell auf die Schnauze fallen."

„Hmm."

„Ach, denkst du, ich bin blind oder was?"

„Na also, wer so blöd ist und die übersieht …"

Eigentlich hatte ich vorgehabt, noch etwas Bekennendes zu äußern, aber nach den nicht gerade rühmlichen Kommentaren meiner Kollegen biss ich mir lieber auf die Unterlippe.

Wir erreichten das Hallendach ohne einen neuen Zwischenfall. Ingenieur Breuer hatte sich bereits eingefunden und erwartete uns. Außerdem hatte er den Anweisungen unseres C-Diensts entsprochen und einen Arbeiter mit der Sicherung des Hallendachs beauftragt. Der Mann stand einige Meter abseits, das C-Rohr mit Wasser gefüllt neben sich am Boden liegen.

Tofu hatte die Vorhut gemacht, ich ging hinter ihm und dann folgte der Rest der Mannschaft.

„Wer hat die Wärmebildkamera!?"

„Ihich!" Markus Pflugbeil zwängte sich an den anderen vorbei.

Nachdem wir das Abluftrohr und seine nähere Umgebung gründlich geprüft hatten, gab Tofu, zumindest was das gewaltsame Auftrennen des Rohres betraf, eine vorläufige Entwarnung. „Okay", wandte er sich an den Ingenieur. „Hier oben scheint sich die Lage zu entspannen." Ingenieur Breuer atmete erleichtert auf. Er hatte wohl angenommen, dass die drohende Abschaltung der Anlage damit vom Tisch sei. Ein endgültiges Urteil, ob die Anlage in Betrieb bleiben durfte, wollte Tofu aber erst fällen, nachdem er auch die Innenseite der immer noch stark qualmenden Backsteinwand gesehen hätte. Zähneknirschend führte uns der Ingenieur auf einem anderen Weg bis zu einer frei schwebenden Empore ins Halleninnere. Wir drängten uns auf dem engen Platz zusammen und reckten die Köpfe zu den mächtigen Abluftrohren, die wie Monster aus der dunklen Tiefe aufstiegen, um drei Meter über uns durch die Backsteinwand nach außen auf das Hallendach geführt zu werden. Wieder kamen Wärmebildkamera und Fernthermometer zum Einsatz. Ich warf einen verstohlenen Blick auf den Ingenieur. Zu gern hätte ich gewusst, was jetzt in ihm vorging. Vermutlich wünschte er uns zum Teufel, zumal seine Männer das Feuer ja längst gelöscht hatten. Ich denke, er hätte den Brand auf dem Hallendach am liebsten unter den Teppich gekehrt, aber leider war das nicht so gelaufen, wie er es sich gedacht hatte – stattdessen hatte er jetzt die Feuerwehr am Bein. Doch die Chance, uns wieder loszuwerden, stieg. Auch auf dieser Seite schien alles in Ordnung, sodass wir jetzt wieder zu unseren Fahrzeugen zurückkehrten. Offen blieb allerdings die Frage, wie es zu dem Brand hatte kommen können. Bevor wir uns darüber jedoch den Kopf zerbrachen, erhielt der Maschinist des ersten Fahrzeugs eine Anfrage von der Leitstelle: „Wie sieht's aus? Müsst ihr noch lange an der Einsatzstelle bleiben, oder steht ihr wieder zur Verfügung?"

„Tofu! Was soll ich sagen?"

„Melde uns frei."

„Der C-Dienst sagt, wir sind frei."

„Sehr gut, dann übernehmt ihr einen neuen Einsatz. Person im Rhein. Flusskilometer xxx."

Jetzt musste alles sehr schnell gehen. Eigentlich hatte Tofu vor unserer Abfahrt mit Ingenieur Breuer noch einige Worte wechseln wollen, was sich durch den neuen Einsatzauftrag jedoch zwangsläufig erübrigte. Einer der darüber mit Sicherheit nicht böse war, war Breuer.

Erleichtert sah er, wie unsere Fahrzeuge mit eingeschalteten Blaulichtern sein Firmengelände verließen. Er stand noch so lange draußen, bis unsere Martinshörner in der Ferne verhallten. Jetzt erst glaubte Ingenieur Breuer, wirklich aufatmen zu können. Nachdenklich wandte er sich um und kehrte in die Halle zurück, wo die Produktion genauso unvermindert weiterlief, als wäre überhaupt nichts geschehen.

Bevor ich wieder in mein Löschgruppenfahrzeug einstieg, hatte ich mir die dicke Einsatzjacke ausgezogen. Das bereitete zwar Schmerzen, erschien mir aber dennoch notwendig. Zum einen wollte ich jetzt unbedingt wissen, wie es um meinen verletzten Arm stand, zum anderen wäre es bei den extremen Außentemperaturen geradezu schwachsinnig gewesen, zu diesem Einsatz in der dicken Jacke zu fahren. Schließlich fuhren wir diesmal zu keinem Feuer, sondern zu einer Personenrettung an den Rhein. Es war schon unangenehm genug, dass ich weiterhin die dicke Einsatzhose tragen musste. Aber um mich der auch noch zu entledigen, reichte die Zeit nicht. Während Jochen über die Münchener Straße donnerte, betastete ich behutsam die Schwellung an meinem linken Unterarm. Wobei der Ausdruck Schwellung gelinde gesagt reichlich untertrieben war. Der gesamte Unterarm war fast um das Doppelte seines ursprünglichen Umfanges angeschwollen.

Mein Maschinist, der sich eigentlich auf den Verkehr konzentrieren sollte, warf abgelenkt durch mein ständiges „Oh oh … das sieht nicht gut aus, das sieht überhaupt nicht gut aus" einen Blick herüber und machte große Augen.

„Boahhh! Was ist das denn? Dein Arm siehst ja aus wie von Popeye dem Seemann!"

Nun ja, zumindest was diese Körperregion betraf, konnte ich ihm ungeteilt Recht geben. Und obwohl mich der Anblick meines Armes auch sehr erschreckt hatte, hatte ich doch meinen Humor nicht verloren. Der Vergleich mit Popeye schien mir sogar recht schmeichelhaft und darum erklärte ich vollmundig, dass ich von ihm als Küchenchef ab jetzt nur noch Spinat erwarten würde. Innerlich musste ich mir aber eingestehen, dass meine übertriebene Heiterkeit von meiner Besorgnis und den Schmerzen ablenken sollte – eben ein typischer Schutzmechanismus und gleichzeitig eine Verhaltensweise, die aus der wohl doch noch nicht völlig überwundenen Ära zeugt, als man noch das Image des harten Mannes pflegte.

An diesem späten Nachmittag kamen wir nicht mehr an den Rhein. Kurz nachdem wir die Schnellstraße verlassen hatten und mit deutlich verringerter Geschwindigkeit durch die schmalen Straßen von Himmelgeist fuhren, beendete die Leitstelle unsere Alarmfahrt. „An alle Einsatzkräfte: Sie können den Einsatz abbrechen. Gesicherte Rückmeldung der Polizei. Person ist an Land. Ich wiederhole, Person ist an Land. Einsatz abbrechen."

„Das war's", sagte Jochen trocken und schaltete die Signalanlage aus. „Wird wohl wieder nur so'n Schwimmer gewesen sein, einer von den Unbelehrbaren."

An der nächsten Kreuzung wendeten wir. In noch gemächlicherem Tempo verließen wir den dörflichen Charakter dieses malerischen Stadtteils und dann ging es zurück zur Wache.

„Mit dem Arm solltest du aber unbedingt ins Krankenhaus", meinte Jochen, und meine Kollegen, vor denen ich die Verletzung nun nicht mehr länger verbergen konnte, rieten mir ebenfalls dringend, mich untersuchen zu lassen.

„Weiß der C-Dienst eigentlich schon Bescheid?"

Ich schüttelte den Kopf. „Noch nicht."

„Das sollte er aber. Einer muss ja schließlich deinen Job übernehmen."

„Was heißt hier meinen Job übernehmen?", eiferte ich mich.

„Du glaubst doch wohl nicht, dass du mit dem Arm noch weiter arbeiten kannst."

„Na klar doch." Demonstrativ reckte ich den geschwollenen Arm und versuchte die Faust zu ballen. „Hier, das ist der Arm von Popeye. Damit bin ich der stärkste Mann von Wache 7 – noch stärker als der Heiner."

Mein gleichaltriger Kollege Heiner Schröer, der im Gegensatz zu mir Arme wie Arnold Schwarzenegger besaß, schmunzelte vergnügt. „Los Jungs, fahrt den Popeye bloß schnell in die Uni. Und wenn die das Ärmchen röntgen, sollen sie sich den Kopf gleich mit vornehmen."

Ganz so eilig hatte ich es aber nicht. Zum einen wollte ich meinem Wachführer die unangenehme Nachricht selber mitteilen, zum anderen wollte ich vorher unbedingt noch unter die Dusche und die Wäsche wechseln.

In der chirurgischen Ambulanz der Uni-Klinik stellten zu meiner Erleichterung gleich zwei Ärzte fest, dass nichts gebrochen war. „Glück gehabt, Feuerwehrmann. Wir machen Ihnen jetzt nur noch einen Entlastungsschnitt und dann bekommen

Sie einen schicken Verband. Arbeiten können Sie damit natürlich nicht mehr."

„Wie, Entlastungsschnitt? Das ist doch wohl nur 'n Scherz, oder?"

„Nein, nein. Das ist schon ganz ernst gemeint. Sehen Sie, wir werden genau hier entlang schneiden." Einer der Ärzte deutete mit einem Stift eine gedachte Linie oberhalb der Schwellung an. „Danach kann das Blut ablaufen, die Schwellung verflacht sich und der Heilungsprozess, der sonst mit Sicherheit sehr lange dauern würde, wird beschleunigt."

Ich schüttelte energisch den Kopf. „Auf keinen Fall. Das heilt auch so."

Die beiden versuchten mich noch mit guten Worten zu überzeugen, aber ich sah überhaupt nicht ein, warum ich mich aufschnibbeln lassen sollte und blieb bei meinem Nein.

„Hmm, ist Ihre Entscheidung. Aber arbeiten sollten Sie damit wirklich nicht."

„Wieso, was spricht dagegen? Ich habe gutes Heilfleisch und die Schwellung erstreckt sich nicht auf ein Gelenk. Außerdem habe ich nur noch zwei Schichten, die zieh ich durch. Danach beginnt mein Urlaub."

„Und wenn Sie sich bei der Arbeit noch einmal stoßen ..."

„Dann tut's weh, ich weiß."

„Mann, Sie sind wirklich unbelehrbar. Aber ein paar Tabletten gegen die Schmerzen gebe ich Ihnen trotzdem mit." Er griff in eine Schublade. „Hier, zwei für die Nacht. Und morgen früh gehen Sie zu Ihrem Hausarzt, der verschreibt Ihnen dann noch was."

Ich warf einen Blick auf die Tabletten. Die Sorte kannte ich. Das waren richtige Hämmer. „Schmerzmedikamente schränken doch das Reaktionsvermögen ein, stimmt's?"

„Schon, aber ..."

„Ich bin Feuerwehrmann. Wenn ich heute Nacht noch 'nen Einsatz bekomme, muss ich klar denken können. Nichts für ungut." Ich lehnte ab.

„Tja", der Arzt sah zu seinem Kollegen. „Mir scheint, wir haben hier einen der letzten harten Kerle vor uns."

Sein Kollege sagte nichts, aber seine Miene drückte nur zu deutlich aus, was er dachte.

„Wollen Sie nicht doch lieber …? Ich sag Ihnen, heute Nacht tut's verdammt weh."

Ich gestehe unumwunden, dass ich in dieser Nacht vor Schmerzen keinen Schlaf fand. Als ich die Schicht darauf wieder zum Dienst kam, hatte sich die Schwellung gleichmäßig verteilt und bereits jene grünbläuliche Verfärbung angenommen, die allen Blutergüssen zu eigen ist. Da es ein Dienstunfall gewesen war, musste ich notgedrungen einen weiterführenden Arzt aufsuchen. Nachdem der meinen Arm ebenfalls aufschneiden wollte, ließ ich mich erst wieder nach einer Woche dort blicken. Der Unterarm war inzwischen schon wieder etwas abgeschwollen, aber immer noch grün und blau, und dort, wo ich mich gestoßen hatte, hatte sich das Muskelgewebe wie ein Kieselstein verhärtet. Verärgert erklärte mir der Arzt, dass es für einen Schnitt jetzt schon zu spät sei, und so heilte die Schwellung ohne fremdes Zutun mit jedem weiteren Tag mehr und mehr ab. Die Verhärtung hingegen hielt sich noch hartnäckige drei Monate, dann war auch sie völlig verschwunden. Ich denke, dass ich mit meiner mutigen Verweigerungshaltung meinen Beitrag zur Dämpfung der Kostenexplosion im Gesundheitswesen geleistet habe.

Einsatz für den Bolzenschneider

Mein Urlaub, der mich zum wiederholten Male auf die idyllische Nordseeinsel Langeoog geführt hatte, war längst vorüber. Unter der wohltuend massierenden Wirkung der Brandungswellen hatte sich mein überdimensionaler Popeye-Arm erstaunlich schnell wieder in den Arm des Feuerwehrmannes Martin Meyer-Pyritz verwandelt, und auf die Wache zurückgekehrt interessierte es niemanden mehr, dass ich zumindest für eine kurze Zeit der stärkste Mann von Feuerwache 7 gewesen war. Wir hatten mit weit schwerwiegenderen Problemen zu kämpfen, denn es gab neue Krankheitsfälle, die mir längst den Rang abgelaufen hatten. Jede Dienstschicht mussten wir um unsere Wachstärke bangen. Vor meiner Abreise war ein Kollege am Knie operiert worden. Dann kam ein weiterer mit einem Bandscheibenvorfall in die Klinik. Einige Schichten später erwischte es wieder einen – Meniskusoperation. Zu allem Überfluss stürzte während des Dienstsports jemand so unglücklich, dass er wegen einer Ellenbogenfraktur für längere Zeit ausfiel. Und ein Kollege, der eigentlich schon vor längerer Zeit seinen Dienst bei uns hätte antreten sollen, den ich aber bis heute noch nicht gesehen habe, lag ebenfalls verletzt im Krankenhaus. Das ergab summa summarum fünf Dauerkranke! Wenn jetzt noch jemand mit Husten/Schnupfen/Heiserkeit/Durchfall/Erbrechen oder Ähnlichem ausfallen würde, wäre das Chaos perfekt, denn personell waren wir längst an unsere Grenzen gestoßen. Schon jetzt wurden diejenigen, die als Verfügungsdienste bis acht Uhr am Telefon erreichbar sein mussten, ständig aktiviert. Darüber hinaus suchten wir Dienstgruppenleiter händeringend Freiwillige, die zusätzliche Schichten übernehmen wollten. Die Bereitschaft war dazu nicht gerade groß. Allerdings konnte ich das niemandem verübeln. Wer fünf oder mehr Schichten in Serie auf der Wache verbracht hatte, sehnte sich geradezu danach, einmal wieder richtig ausschlafen zu können. Die Mannschaft ächzte und stöhnte unter der anhaltenden Dauerbelastung. Die Situation entspannte sich erst, nachdem uns drei neue Kollegen zugeteilt wurden. Darüber war es allerdings Herbst geworden. Die Tage wurden bereits merklich kürzer und die Regenfälle immer heftiger. Das rheinische Schmuddelwetter hatte uns wieder fest im Griff, dabei war es für die späte Jahreszeit immer noch erstaunlich warm.

Es passierte in einer der seltenen Regenpausen. Die Sonne war durch die Wolken gebrochen, die nasse Erde dampfte und auf den matschigen Wegen eines Neubaugebietes tollten mehrere kleine Kinder in den großflächigen Wasserpfützen. Die meisten Kinder trugen bunte, lustig bedruckte Gummistiefel. Der fünfjährige Mohammed hingegen patschte nur mit dünnen Stoffturnschuhen an den Füßen unbekümmert mitten durch die matschige Brühe. Das ging so lange gut, bis seine Mutter aus dem Fenster sah und ihn inmitten der anderen Kinder entdeckte. „Mohammed! Mohammed, du kommst sofort rein!"

Ob der kleine Mohammed den Ruf seiner Mutter nicht gehört hatte, oder ob er ihn einfach ignorierte, spielt für den weiteren Verlauf der Ereignisse keine Rolle mehr. Fakt ist, dass seine Mutter die größere Tochter nach draußen schickte, ihren Bruder hereinzuholen. Fatima war nicht gerade begeistert darüber, denn eigentlich wollte sie gerade mit dem Fahrrad zu einer Freundin fahren.

„Zuerst holst du deinen Bruder rein", bestimmte die Mutter.

Fatima gehorchte. Da sie jedoch nicht die geringste Lust verspürte, in dem Schlamm der aufgeweichten Straße ihre sauberen Schuhe zu beschmutzen, schwang sie sich kurzerhand auf ihr Fahrrad, das draußen an der Hauswand lehnte. „Du sollst reinkommen, Mohammed. Mama ruft. Hast du das nicht gehört?"

„Ich will aber draußen bleiben", erwiderte der Kleine trotzig, ohne seine Schwester anzusehen.

„Jetzt mach endlich, ich hab keine Lust, hier ewig auf dich warten zu müssen."

Mohammed, der sich von seiner Schwester nicht gerne herumkommandieren ließ, wusste nur zu genau, dass Fatima sich nicht zu ihm in die tiefe Regenpfütze begeben würde, und rief frech: „Hol mich doch, hol mich doch!"

Aber Fatima war zu klug, sich von ihrem kleinen Bruder provozieren zu lassen. Sie kannte ein Mittel, mit dem sie ihn garantiert nach Hause locken konnte.

„Hör zu, wenn du jetzt kommst, darfst du auch auf dem Gepäckträger mitfahren."

„Wirklich?"

„Ja, versprochen."

„Aber nur, wenn du mich einmal um den Block fährst."

„Meinetwegen, aber jetzt komm auch."

Stolz wie Oskar, als vermeintlicher Sieger über seine größere Schwester triumphiert zu haben, kletterte Mohammed hinten auf den Gepäckträger. Es war nicht das erste Mal, dass er so von seiner Schwester auf dem Rad mitgenommen wurde. Aber mit dem zusätzlichen Gewicht auf dem Gepäckträger geriet das Fahren auf dem schwierigen Untergrund zur reinsten Schlingerpartie. Fatima hatte alle Mühe, das Rad in der Spur zu halten, zumal ihr kleiner Bruder auf dem Gepäckträger hin- und herzappelte. Und dann geschah es – Mohammed, dessen Beinchen rechts und links frei in der Luft hingen, drohte vom Gepäckträger zu stürzen. Instinktiv presste er beide Beine gegen die Speichen des sich weiter drehenden Hinterrades. Ein lauter Schmerzensschrei ertönte, das Fahrrad blockierte und schien endgültig umzukippen. Aber Fatima war geistesgegenwärtig vom Sattel gerutscht. Sie stand jetzt breitbeinig mit beiden Füßen im Schlamm und hatte dadurch das Fahrrad halten können. Hinter ihr schrie Mohammed wie am Spieß. Entsetzt sah sie, dass sich das linke Bein ihres Bruders zwischen den Speichen und einer Strebe des Rahmens verklemmt hatte.

„Mohammed! Mohammed!"

„Au! Au! Au! Au!" Mohammed schrie und heulte ohne Unterlass, und Fatima wusste nicht, was sie tun sollte. Wenn sie den Lenker losließ, um ihm zu helfen, würde das Fahrrad mitsamt dem Bruder umstürzen. Um ihm wirklich helfen zu können, müsste sie das Rad irgendwo anlehnen, aber dazu müsste sie es weiterschieben, und das ging auch nicht, weil sein Bein im Hinterrad eingeklemmt war. Fatima war verzweifelt. Endlich erschien Hilfe. Von dem Schreien angelockt, kamen mehrere Menschen angerannt, darunter auch Mohammeds Onkel. Aber niemand vermochte den Kleinen aus seiner misslichen Lage zu befreien. Endlich tat einer das Richtige und rief über sein Handy die Feuerwehr an.

Sebastian Datema und Thomas Küppers desinfizierten gerade ihren RTW. Eigentlich sollte die Besatzung während dieser Zeitphase keinen Einsatz erhalten, aber wie so oft befand sich RTW Nr. 1 bereits im Einsatz, und die Unfallreserve hatte vor wenigen Minuten mit eingeschalteten Sondersignalen den Hof der Feuerwache 7 verlassen. Als dann zum wiederholten Male der Gong ertönte, war den zweien sofort klar, dass sie jetzt dran wären. Desinfektion hin oder her, sie waren der letzte zur Verfügung stehende RTW, da konnte die Leitstelle keine Rücksicht mehr nehmen.

„Einsatz für den RTW 7-83-2, zur Täuscher Straße. Fahrradunfall mit Kind!"

Sebastian und Thomas unterbrachen sofort ihre Arbeit, stellten die Wischeimer mit der Desinfektionslösung aus dem Patientenraum, wechselten die verschmutzten Einmalhandschuhe gegen neue und zogen ihre bereithängenden Rettungsdienstjacken an. Zwei Kollegen vom Löschzug, die sich gerade in der Nähe der Waschhalle befanden, schoben die Krankentrage in den RTW, sodass die Besatzung des RTW ohne Zeitverzögerung die Wache verließ. Einige Minuten später gab es erneut Alarm. Diesmal ertönte der Vierfachgong. Das bedeutete: Alarm für den Löschzug, oder zumindest für eines der Großfahrzeuge.

„Einsatz für 7-44-1! Anforderung von RTW! Täuscher Straße 42. Kind eingeklemmt in Fahrrad!"

„Täuscher Straße, Täuscher Straße? Kenn ich nicht. Du?"
„Ich weiß nur, dass das in dem Neubaugebiet hinter der Uni sein muss. Was steht denn auf der Depesche?"
Ich sah noch einmal auf das Alarmschreiben aus dem Alarmdrucker. „Hmm. Hier steht nur: Täuscher Straße, von Himmelgeister Straße bis Ende."
„Ja, ja, dann ist das das Neubaugebiet. Aber sieh vorsichtshalber auch im Stadtplan nach."
Auf einer Alarmfahrt im Stadtplan eine Straße zu suchen ist für jemanden wie mich, der dazu eine Lesebrille benötigt, ein ziemlich frustrierendes Unterfangen. Die eh schon winzigen Buchstaben verschwimmen einem bei dem ständigen Hin- und Hergeschuckel vor den Augen, sodass die Suche letztlich mehr zu einem Rätselraten als zu einem gezielten Auffinden gerät. Ich hatte mir das Suchen im Stadtplan deshalb schon vor längerer Zeit abgewöhnt und reichte die zusammengefaltete Karte unverzüglich nach hinten in den Mannschaftsraum.
„Hier, mit meiner Brille gibt das eh nix."
„Wie wär's denn mal mit 'ner neuen Brille?"
„Hab ich schon versucht. Bringt nichts. Das liegt nicht an der Brille, sondern am Fahren."
„Hallo, soll das etwa heißen, dass ich nicht ordentlich fahre?"
„Keine Sorge Ugü, das war keine Kritik an deinen Fahrkünsten."
„Wollte ich auch gemeint haben. Ich kann ja wohl schlecht wegen dir im Schritttempo fahren."
„Die Straße ist in der Karte noch nicht eingetragen! Ist wahrscheinlich noch zu neu!"

„Von wann ist der Plan?"
„Moment, ich seh nach ... Von 2008!"
„Mist, wir haben 2008. Wieso steht die dann nicht drin?"
„Sag ich doch, ist zu neu."
„Okay, ich frag noch mal bei der Leitstelle an. Vielleicht können die uns Näheres sagen."
„Florian Düsseldorf für 7-44-1 kommen."
„Hört, kommen."
„Wir fahren Einsatz Täuscher Straße. Die Straße ist im Stadtplan noch nicht vorhanden. Haben Sie nähere Angaben?"
„Warten Sie."
Nach einer halben Minute meldete sich die Leitstelle wieder bei mir. „Die Täuscher Straße geht von der Himmelgeister Straße ab. Richtung Nordost bis Ende."
„Danke, so weit waren wir auch schon."
„Mehr habe ich leider nicht. Am besten nehmt ihr direkt Kontakt mit dem RTW 7-83-2 auf. Der ist bereits vor Ort."
Ich drückte den Funkhörer wieder in seine Halterung. „Na toll. Das war ja ein genialer Vorschlag. Wir sollen Kontakt zum RTW aufnehmen. Fragt sich nur wie? Die Kollegen sind doch bestimmt nicht bei ihrem Fahrzeug, sonst würden die uns ja wohl kaum nachbestellt haben."
„Beruhig dich, Martin. Wir finden das schon. Schließlich hat der RTW die Einsatzstelle ja auch gefunden."
„Hm." Ein schwacher Trost, aber so ganz Unrecht hatte Ugü ja nicht. Wir wussten zumindest, dass die Täuscher Straße irgendwo von der Himmelgeister Straße abgehen sollte und in die bogen wir gerade ein. Im Prinzip mussten wir nur die Augen offen halten.
„Dahinten beginnt das Neubaugebiet." Plötzlich tauchte weit vor uns auf der linken Seite eine Person in einer auffallend roten Jacke auf.
„He, sieht ganz so aus, als wär das einer von uns."
Ugü hatte richtig gesehen. Es war Sebastian Datema, der Transportführer vom RTW. Er sah uns kommen und winkte.

Na, dachte ich, wenn der uns hier erwartet, kann es ja nicht so schlimm sein. Leider lag ich damit völlig falsch. Unser LF stoppte noch nicht, da rief mir Sebastian schon zu, dass er unseren großen Bolzenschneider benötigte.

„Was ist passiert?"

„Erklär ich dir unterwegs. Wir müssen zu Fuß gehen."

„Müssen alle mit?"

„Zwei Mann reichen. Sag deinem Maschinisten, er soll die nächste Straße reinfahren, hier ist alles dicht. Von da hat er einen Zugang zur Einsatzstelle."

„Okay. Angriffstrupp! Bolzenschneider und mitkommen! Ugü!"

„Hab's gehört. Ich fahre die nächste Straße rein und komm dann zu euch."

Sebastian hatte sich selber den Bolzenschneider geschnappt und rannte bereits los. Mitten hinein in die Matsche dieser unbefestigten Straße. Ein Straßenschild hatte ich nicht gesehen. War dies vielleicht schon die Täuscher Straße? Ungeachtet des glitschigen Untergrunds hielt Sebastian das Tempo. In den schweren Feuerwehrstiefeln hatte ich Mühe, mit ihm Schritt zu halten, geschweige denn, ihm so nahe zu kommen, dass ich nähere Erkundigungen einziehen konnte. Dafür war das Tempo einfach zu hoch. Um nicht auszugleiten, musste ich mich ohnehin auf den schwierigen Lauf konzentrieren. Sebastian war mir etliche Meter vorausgeeilt, hinter mir hörte ich den Angriffstrupp schnaufen. Das schlammige Wasser, das ich mit meinen Stiefeln durchpflügte, spritzte bei jedem Schritt auseinander. Wir waren vielleicht achtzig bis hundert Meter so gerannt, da sah ich vor mir die Einsatzstelle. Oder sollte ich besser sagen, ich hörte sie? Denn weiter voraus hatte sich ein dichter Pulk von Menschen gebildet, aus dem aufgeregtes Stimmenwirrwarr zu uns drang. Dazwischen ertönten immer wieder laute Schreie, die nichts Gutes verhießen.

„Macht Platz Leute!", hörte ich jetzt Sebastians kräftige Stimme. Er hatte seinen Vorsprung ausgebaut und vor uns die

Gruppe erreicht. Sofort teilte sich die Menschenmenge, schloss sich aber direkt wieder hinter ihm, sodass ich noch immer nicht erkennen konnte, was dort eigentlich genau geschehen war. Noch einige Schritte und dann rief ich ebenfalls: „Macht Platz Leute!" Wieder wich die Menge bereitwillig zur Seite.

Der kleine Mohammed hatte sein Bewusstsein verloren und hing kraftlos in Thomas' Armen. Zwei weitere Erwachsene stabilisierten das Fahrrad, auf dessen Gepäckträger der Junge saß. Es handelte sich um ein ziemlich altes, aber äußerst robust gebautes Damenrad. Das linke Beinchen des Jungen klemmte widernatürlich verdreht zwischen den Speichen des Hinterrades und einem schräg vom Sattel zur Achsnabe verlaufenden Metallrohr. Obwohl der Junge ohne Bewusstsein war, stöhnte er immer wieder auf. Und jedes Mal, wenn er aufstöhnte, stieß jemand einen lauten spitzen Schrei aus. Das waren die Schreie, die ich eben schon gehört hatte. Sie kamen von einem jungen Mädchen, welches sich schluchzend an eine ältere Frau klammerte, die ebenfalls mit den Tränen kämpfte.

Jedem von uns war sofort klar, dass es hier nichts groß zu bereden gab. Die Situation sprach für sich. Mein Angriffstruppmann löste sofort einen der Erwachsenen ab, die das Fahrrad stabilisierten, der andere unterstützte Sebastian bei seiner Bemühung, die Querstrebe mit dem Bolzenschneider zu durchtrennen, indem er das Beinchen des Jungen hielt. Derweil kümmerte ich mich um das Mädchen. Den kräftigen Schneiden des Bolzenschneiders konnte die Metallstrebe nicht standhalten. Ein markantes *Knack* und schon war das Rohr durchtrennt. Sebastian hatte den Schnitt klugerweise ziemlich hoch angesetzt, sodass er das nunmehr freistehende, lange Rohrteil mit bloßer Muskelkraft aufbiegen konnte. Danach befreite er mit größter Vorsicht das verdrehte Beinchen aus den Radspeichen. Völlig bewegungsfrei ließ sich das natürlich nicht bewerkstelligen. Plötzlich öffnete Mohammed seine Augen. Sofort riefen einige auf den Kleinen ein. Aber der schien die Umstehenden gar nicht zu erkennen. Er schrie nur einmal fürchterlich laut auf und verdrehte seine großen dunklen Kulleraugen, sodass nur noch das Weiße zu sehen war. Mohammed hatte erneut das Bewusstsein verloren und sein Köpfchen sank ihm wieder auf die Brust.

Inzwischen war auch unser LF eingetroffen. Der Wassertrupp hatte sofort die Krankentrage aus dem RTW geholt. Gut, dass sie die Trage nicht auf dem schlammigen Boden abgesetzt hatten, sondern sie hochhielten, sodass Mohamed direkt daraufgelegt werden konnte. Und schon ging's ab in den RTW, wo Sebastian und Thomas ihren kleinen Patienten medizinisch versorgten, bevor sie mit ihm in die Uni-Klinik fuhren. Unsere Hilfe wurde dabei nicht mehr gebraucht. Allerdings kümmerten wir uns noch um die Angehörigen, die verständlicherweise in großer Sorge um den jüngsten Spross ihrer Familie waren. Insbesondere Fatima, Mohammeds Schwester, benötigte den tröstenden Zuspruch, machte sie sich doch die ärgsten Vorwürfe, an dem Unfall ihres kleinen Bruders schuld zu sein.

Die RTW-Besatzung hatte die Röntgenaufnahmen des kleinen Mohammed mit ansehen können. Sein linkes Beinchen hatte Quetschungen erlitten und war mehrfach gebrochen. Allerdings handelte es sich um Grünholzbrüche, Brüche, die, wie der Name verrät, ein ähnliches Verhalten wie das von jungen geknickten Zweigen aufweisen. Ein typischer Bruch für Kinder in Mohammeds Alter, der in aller Regel wieder gut verheilt.

Nachdem der RTW wieder auf der Wache eingetroffen war, berichtete Sebastian, dass die Chirurgen sehr zuversichtlich gewesen seien, was den Heilungsverlauf der Verletzungen anging. „Der Oberarzt meinte, dass nichts zurückbleiben wird, sodass der Kleine in einigen Wochen schon wieder mit den anderen Kindern draußen herumtollen kann."

Neues von Iconos

Auf dem Peleponnes brannten wieder Pinienwälder, große Teile Kaliforniens standen in Flammen und in Australien wüteten die schlimmsten Buschbrände seit Jahren. Ein Flammenmeer von bislang nicht gekanntem Ausmaß legte auf dem australischen Kontinent ganze Ortsteile in Schutt und Asche. Die Bilder der Zerstörung prägten seit Tagen die Abendnachrichten. Angesichts dieser erschreckenden Fakten fühlten sich viele Menschen den entfesselten Naturgewalten hilflos ausgeliefert. Und als wäre das Leid der Betroffenen nicht schon schlimm genug, sprachen die Nachrichtensprecher vielerorts auch von Brandstiftungen.

Möglicherweise hätten etliche Brände durch geeignete Präventivmaßnahmen verhindert werden können. Aber wie konnten solche geeigneten Maßnahmen aussehen? Reichte es, größere Flächen um bebauten Grund freizuroden? Oder sollte man die Feuerwehren vor Ort besser ausstatten? Vielleicht wäre es angesichts der teils schwierigen Geländeverhältnisse aber auch sinnvoller, in zusätzliche Löschflugzeuge und Hubschrauber zu investieren?

Einer, der sich seit Langem mit dieser Problematik beschäftigte, war mein Freund Herbert Fettweis. Viele meiner Leser kennen ihn als den – wie ich ihn gerne nenne – genialen Erfinder. Seiner Meinung nach musste eine einfache Lösung her. Ihm schwebte ein Löschmodul vor, eines, das in jedem Gelände eingesetzt werden konnte. Denn das tragische Schicksal unzähliger Menschen, die in den Flammen ihr gesamtes Hab und Gut verloren hatten, ließ Herbert nicht ruhen. Unablässig tüftelte er, skizzierte, zeichnete Pläne, verwarf sie wieder und grübelte so lange, bis er glaubte, das Richtige zu haben. Aber von den anfänglichen, noch vagen Vorstellungen bis zur Fertigstellung seines ersten Prototyps war es ein langer beschwerlicher Weg. Was dabei entstanden war, konnte sich allerdings sehen lassen.

Sein Anruf erreichte mich an einem heißen Sommertag. Das Thermometer auf meiner Terrasse stand kurz vor dem Zerplatzen und ich war froh, heute nicht arbeiten zu müssen und stattdessen mit einem guten Buch unter dem Schatten spendenden Dach meines aufgespannten Sonnenschirms zu liegen.

„Komm!", rief er nur, und: „Ich hab es!"

„Was hast du?"

Aber er hatte schon wieder aufgelegt. Große Lust, bei diesen mörderischen Temperaturen den Wagen aus der Garage zu holen, hatte ich ja nicht. Aber dann siegte meine Neugierde und außerdem hatte ich bis in das nahe gelegene Angermund höchstens fünfzehn Kilometer zu fahren.

Für mich als gelernter Schlosser war es immer eine Freude, Herberts „heilige Hallen" zu betreten. Wie immer fand ich seine Werkstatt tipptopp aufgeräumt vor.

„Herbert, bist du da?", rief ich.

„Komm hoch! Ich bin im Büro!"

Sein Büro wirkte nicht ganz so akkurat wie seine Werkstatt. Allerdings war die Bezeichnung Büro auch nicht treffend genug, um das zu beschreiben, was dieser Raum tatsächlich darstellte, nämlich Gedankenschmiede, Computerterminal, Telefonzentrale und Weiteres mehr. Kurzum: Hier, oberhalb der Werkstatt, wehte ein Hauch von Daniel Düsentrieb durch den Raum.

Herbert saß in einem kurzärmeligen Hemd vor einem 21-Zoll-Flachbildschirm. Irgendwo zwischen einem Wust aus Papieren bewegte seine rechte Hand die Computermaus. Ohne hochzusehen forderte er mich auf, mir einen Stuhl heranzuziehen.

„Das ist es", verkündete er stolz und lehnte sich zurück. „Ein vollkommen neuartiges Waldbrandbekämpfungslöschmodul. Etwas, das es bislang noch nicht gegeben hat. Funktionell durchdacht, robust und einfach in der Bedienung, sodass es von Feuerwehrleuten wie von Laien gleichermaßen genutzt werden kann. So wie sich Menschen einen Feuerlöscher kaufen, um einen Entstehungsbrand zu bekämpfen, können sie mit meinem Löschmodul ihr Haus, ihre Stallungen oder was auch immer schützen."

Herbert drehte die dreidimensionale Computeranimation um ihre eigene Achse.

„Ich habe das Löschmodul so konstruiert, dass es von einem Ackerschlepper genauso an den Ort seiner Bestimmung transportiert werden kann wie von einem kräftigen Zugfahrzeug mit Anhänger oder einem Helikopter."

„Äh ... was bitte ist ein Ackerschlepper?"

„Ein Trecker natürlich, du Städter. Wo war ich stehen geblieben?"

„Beim Helikopter."

„Ach ja. Also eine Wiederbefüllung aus der Luft ist problemlos. Hier", Herbert zeigte auf den Bildschirm, „über diesen einfachen Hebelmechanismus öffnet man den Einfülltrichter und diese Schwallbleche verhindern, dass das Wasser wieder rausschwappt."

„Toll, meine Frau wird sich sicher riesig freuen, wenn ich ihr solch eine rote Kiste mit dem Hubschrauber in unseren Garten einfliegen lasse."

„Mann, das ist was für Häuser in abgelegenen Gebieten, Gehöfte und so", eiferte sich Herbert. „Nicht für Wohnhäuser in der Großstadt."

„Ratingen ist keine Großstadt."

„Sag mal, willst du mich verarschen?"

Ich lachte. „Nein, das Teil ist wirklich genial, Herbert. Ich denke dabei gerade an einige Gegenden in Griechenland. Wenn die so etwas gehabt hätten ..."

„Sag ich doch. Und jetzt pass mal auf." Ein Klick mit der Maus und ein neues Bild erschien.

„Unter dem Tank befindet sich ein Geräteraum. Ausgestattet mit einer Schlauchhaspel und einem fünfzig Meter langen formbeständigen D-Schlauch und einer TS 8/8. Du kannst natürlich auch jede andere Tragkraftspritze bekommen und weitere Ausstattungen wie Motorkettensäge, Werkzeug zur Waldbrandbekämpfung und ... nicht zu vergessen, meine Düsenschläuche. Passt alles da hinein." Herbert sah mich erwartungsvoll an. „Ich liefere auf Wunsch individuell, ganz wie du es haben möchtest."

„Okay, ich will nicht."

„He Lästermaul, fängst du schon wieder an."

„Schon gut, schon gut", wehrte ich lachend ab. „Erklär mir lieber, was das Teil wiegt und wie viel Wasser da hineingeht?"

„Leergewicht 900 Kilogramm und Fassungsvermögen 5.500 Liter Löschwasser."

„Nicht schlecht."

„Nicht schlecht? Hör mal, das sind 500 Liter mehr, als euer Tanklöschfahrzeug auf der Wache hat. Da kannst du schon richtig was mit ausrichten. Und, wie gesagt, das Ding kann jederzeit aus der Luft nachbetankt werden."

Als ich Herbert wieder verließ, war ich schwer beeindruckt. Sein Löschmodul war wirklich funktionell durchdacht und eröffnete völlig neue Einsatztaktiken. Herbert hat sich seine geniale neue Entwicklung patentieren lassen. Inzwischen ist sie serienreif in Produktion gegangen.

Gefangen in der Unterwelt

Einige Schichten nach dem Bolzenschneidereinsatz musste ich, obwohl ich keinen regulären Dienst hatte, mit der S-Bahn zur Wache fahren. In Absprache mit den anderen Dienstgruppenleitern sowie unserem Wachvorsteher und seinem Stellvertreter hatten wir uns darauf geeinigt, heute die alljährlich stattfindende DGL-Besprechung abzuhalten. Neben den üblichen Problemen, wie sie an allen Feuerwachen anfallen, standen diesmal aber auch außergewöhnliche Punkte auf der Tagesordnung. So standen etliche kleinere Umbauarbeiten an, die in naher Zukunft durchgeführt werden sollten. Lange genug gewartet hatten wir allemal darauf.

Während andere Wachen in den letzten Jahren zum Teil umfangreich renoviert und modernisiert worden waren, bildete unsere Wache das Schlusslicht. Unsere Küche war eine der ältesten und die Schlafraumsituation war alles andere als zufriedenstellend. Schließlich hatte die Feuerwache 7 schon etliche Jahre auf dem Buckel. Als sie 1956 in Dienst genommen wurde, war sie als Gruppenwache konzipiert worden. Für die damaligen Verhältnisse war die räumliche Konzeption sicherlich sogar großzügig zu nennen, aber heute platzt sie in vielerlei Hinsicht aus allen Nähten. Wir haben zahlenmäßig mehr Fahrzeuge als früher und die Bauweise dieser Fahrzeuge ist erheblich größer geworden. Außerdem sind wir inzwischen Zugwache geworden, und so arbeiten hier heute zweiundachtzig Feuerwehrmänner auf zwei Schichten verteilt das ganze Jahr, rund um die Uhr, Tag für Tag. Alle diese Männer wollen essen und müssen auch mal aufs Klo. Sie benötigen ein Bett und müssen sich waschen können. Da wird es schon mal ganz schön eng, zumal die Personalstärke demnächst um weitere fünf Kollegen aufgestockt werden soll, für die es weder ein Bett noch den Platz für einen Kleiderspind gibt. Wenigstens waren die Gelder für die Küche bewilligt, aber mit der Raumproblematik würden wir uns wohl noch ein paar Jährchen herumplagen müssen. Angeblich kostete der angedachte Dachausbau zu viel Geld. Eine Entscheidung, die wir als Betroffene kaum nachvollziehen konnten. Schließlich war die Landeshauptstadt schuldenfrei und hatte in andere Bereiche der Feuerwehr gewaltige Summen investiert. Aber vielleicht lag gerade darin das Dilemma – irgendwann ist irgendwo immer Schluss, und diesmal traf es leider uns. Wie wir dennoch das Beste daraus machen konnten, darüber galt es heute unter anderem zu sprechen.

Damit auch wirklich jeder Dienstgruppenleiter an der Besprechung teilnehmen konnte, kam von Feuerwache 6 eine Vertretung zu uns, die solange die Dienstgeschäfte übernahm. Dieses nette Entgegenkommen basierte natürlich auf Gegenseitigkeit. Überhaupt verläuft so eine DGL-Besprechung in einer recht lockeren und angenehmen Atmosphäre. Diese Erfahrung hatte ich zumindest in den Jahren, seit ich hier an Wache 7 arbeitete, gemacht. Und das galt selbst dann, wenn es unangenehme Themen zu besprechen gab. Nicht zuletzt trug dazu die gute Verpflegung durch die Wachmannschaft bei, die uns in die „Abgeschiedenheit" des kurzfristig zum Besprechungsraum umfunktionierten Fernsehzimmers Kaffee und leckere belegte Brötchen hinaufbrachte.

Das Wissen um genau diese Brötchen hatte mich auch an diesem Morgen veranlasst, nüchtern zur Wache zu fahren. Im Gegensatz zu den normalen Arbeitstagen, wo ich schon gegen halb sieben auf der Wache sein musste, konnte ich heute zwei Bahnen später fahren. Unsere Besprechung war auf acht Uhr angesetzt. Auf dem Bahnhof in Ratingen Ost herrschte reger Betrieb. Ich zwängte mich zwischen Schüler, Angestellte und

Arbeiter in die von Essen kommende S-Bahn und ergatterte einen schnuckeligen kleinen Stehplatz, der den enormen Vorteil besaß, dass man wegen der vielen Menschen, die einen umringten, bei den harten Bremsmanövern des Fahrers nicht umfallen konnte. So stand ich also in dieser geringfügig überfüllten S-Bahn und atmete jenen beglückend erfrischenden Mief, den alle Fahrgäste so zu schätzen wissen. Vermutlich liegt darin auch der Grund, warum die verantwortlichen Entscheider keine weiteren Waggons anhängen lassen. Wäre ja auch schlimm, müssten wir dann doch auf so nette Annehmlichkeiten wie die menschliche Nähe in der mit unseren Steuermitteln subventionierten, verdreckten und künstlerisch wertvoll beschmierten Bahn verzichten. Nein, nein, um diesen Luxus weiter genießen zu dürfen, zahlen wir, die auf die Bahn angewiesenen Fahrgäste, schließlich treu und brav jedes Jahr ein bis drei Fahrpreiserhöhungen!

So saß, pardon, stand ich (die Sitzplätze waren ja schon vergeben) an diesem Morgen in der S-Bahn. Und obwohl eigentlich gar keiner mehr hineinpasste, stiegen an den nachfolgenden Stationen immer noch weitere Fahrgäste zu. Am Düsseldorfer Hauptbahnhof ergoss sich die Menschenmenge auf den Bahnsteig, von wo sie sich in einem breiten Strom aus eilenden Schritten auf die abwärts führenden Treppen verteilte – ich mittendrin. Zwei Minuten später und zwei Ebenen tiefer stand ich erneut inmitten einer wartenden Menschenmenge. Aber hier ging alle etwas flotter. Die U-Bahnen, die, wenn sie einige Stationen später das Tageslicht wieder erreichten, als normale Straßenbahnen weiterfuhren, liefen über zwei Gleise im kurzen Zeittakt ein. Blinkende Anzeigetafeln und klare Lautsprecherdurchsagen kündigten die Fahrziele der jeweils nächsten Bahn an. Dazwischen gab es aber auch Züge mit der Beschilderung *Bitte nicht einsteigen*. Aus denen stiegen lediglich Fahrgäste aus. So herrschte ein ständiges Kommen und Gehen. Einige Bahnen waren bereits vorgefahren und der Bahnsteig wurde merklich leerer. Wieder ertönte eine

Durchsage. Erwartungsvoll sah ich auf die Anzeigetafel. Aha, U 77, Richtung Holthausen. Das war meine Bahn. Sehr gut.

Mit etwa dreißig weiteren Fahrgästen stieg ich ein und hatte, welch ein Wunder, noch die freie Sitzplatzwahl. Die Türen schlossen sich und schon rollte die Bahn wieder an. Zufrieden sah ich auf die Uhr. Es war jetzt zwanzig vor acht. In spätestens zehn Minuten würde ich an der Haltestelle Ickerswarder Straße aussteigen. Von dort hatte ich nur noch zweihundert Meter zu Fuß. Ich würde meine Feuerwache also pünktlich erreichen, glaubte ich zumindest. Indes, es sollte alles anders kommen.

Irgendetwas stimmte hier nicht. Irgendetwas war anders als sonst. Und ich war offensichtlich nicht der Einzige, den ein ungutes Gefühl beschlich. Wir Fahrgäste warfen uns unsicher fragende Blicke zu, schwiegen aber – noch. Ich war die Strecke schon zigmal gefahren. Eigentlich hätten wir längst die nächste Station erreicht haben müssen. Stattdessen rollten wir mit verringerter Geschwindigkeit durch eine enge unterirdische Röhre, die mir völlig unbekannt erschien. Dann flackerte die Deckenbeleuchtung und Sekunden später fiel sie komplett aus. In diesem Moment wurde mir klar, was ich die ganze Zeit schon befürchtet hatte, mir bislang aber nicht eingestehen wollte – wir saßen in einem Geisterzug! In einem Zug, der eigentlich nicht hätte betreten werden dürfen, und der jetzt höchstwahrscheinlich in sein unterirdisches Depot gefahren wurde. Aber wieso hatte es keine Durchsage gegeben? Und wieso war, wie sonst üblich, nirgendwo auf dem Zug der Hinweis *Bitte nicht einsteigen* zu lesen gewesen? Ich hatte darauf keine Antwort. Der Zug fuhr jetzt noch langsamer. Wir saßen im Stockfinsteren. Nur ab und zu erhellte ein kleines Licht, das draußen an der Tunnelwand angebracht war, mit seinem schwachen Schein für einen kurzen Moment das Innere unseres Waggons. Niemand sprach ein Wort, es herrschte eine gespenstische Stille. Ich ärgerte mich.

Einerseits über die Bahn, die uns nicht den geringsten Hinweis gegeben hatte, und andererseits über mich selbst, weil ich nicht sofort meinem intuitiven Gefühl gefolgt war, das mich schon beim Besteigen des Zuges überfallen hatte. Zu dem Zeitpunkt hatte ich noch die Chance gehabt auszusteigen, aber ich war nicht ausgestiegen, sondern war genau wie die anderen Fahrgäste geblieben und hatte mich auf einen der verdächtig freien Sitzplätze gesetzt. Plötzlich ertönte eine tiefe Stimme: „Kann mir mal jemand sagen, was das bedeutet?"

Es war, als hätte die Frage aus der Dunkelheit sämtliche Dämme gebrochen. Von allen Seiten drangen jetzt Stimmen an mein Ohr. Einige klangen besorgt, andere verärgert. Ich zog meine kleine Taschenlampe hervor, schaltete sie ein und rief: „Wir sitzen in einem der Züge, die eigentlich nicht bestiegen werden dürfen, und fahren vermutlich ins Depot."

Sekundenlanges erneutes Schweigen.

Danach ertönte verhaltenes Fluchen und schließlich meldeten sich weitere Stimmen zu Wort. „Einer sollte dem Zugfahrer Bescheid geben, dass hier noch Menschen sitzen."

Eine feine Idee. Aber warum ging derjenige, der das vorschlug, nicht selbst?

Auf einmal ging ein Raunen durch den Waggon. Das Deckenlicht hatte sich wieder eingeschaltet. Aber wer jetzt gehofft hatte, dass der Zug seine Fahrt deshalb hier auch beendete, sah sich getäuscht. Immer noch ratterte er mit zwar langsamer, aber gleichbleibender Geschwindigkeit durch die Unterwelt. Aus mehreren Begehungen mit meiner Wache kannte ich die Weitläufigkeit dieses über mehrere Ebenen verzweigten Tunnelsystems. Ich glaubte sogar, das Depot zu kennen, in dem manche Züge lediglich in Warteposition stehen, während andere dort für längere Zeit abgestellt werden. Spätestens wenn wir dort einträfen, würden wir auf jeden Fall von dem Zugführer entdeckt werden. Diese Mitteilung machte ich den drei Frauen, die mir schräg gegenübersaßen und einen verängstigten oder zumindest besorgten Eindruck machten. Die löbliche Absicht, sie mit meinen Worten zu beruhigen, hatte bei einer von ihnen ihr Ziel gründlich verfehlt. Seit das Licht wieder angegangen war, kramte sie nervös in ihrer Handtasche. „Ich werde nicht warten, bis man uns findet", erklärte sie, wobei sie *uns findet* seltsam betonte. Es hörte sich irgendwie bedrohlich an. Und genau so sollte es sich auch anhören, denn jetzt zog sie ein Handy hervor und tippte die Notrufnummer der Polizei ein – 110. Ich hatte die Nummer zwar nicht lesen können, aber das Gespräch, das sie anschließend führte, ließ keinen anderen Schluss zu.

„… ja, ich sage das. Wir sitzen hier in der U-Bahn und sind entführt worden."

Pause.

„In der U-Bahn. In der Linie 77, die eigentlich nach Holthausen fahren müsste."

Erneute Pause. Dann etwas unsicherer:

„Nein, bisher werden wir von niemandem bedroht … noch nicht."

Und dann weinte sie: „Ich will hier raus … bitte helfen Sie uns … bitte."

Ihr letztes *bitte* erstarb in einem Schluchzen. Eine andere Frau legte mitfühlend den Arm um ihre Schultern und ich sagte: „Keine Sorge, wir sind bestimmt nicht entführt worden."

„Meinen Sie?"

„Aber ja, wahrscheinlich hat man nur vergessen, die Anzeigetafeln umzustellen."

„Es kam aber auch keine Durchsage."

„Ja, das stimmt. Das können wir bestätigen, keine Durchsage, keinerlei Anzeigen", meldeten sich jetzt auch andere Fahrgäste zu Wort.

„Okay, warten wir also ab." Das war wieder die tiefe Stimme. „Die Fahrerei muss ja mal ein Ende haben, oder? Was sagen Sie?"

„Wer, ich?"

„Ja Sie. Sie scheinen sich hier ja gut auszukennen."

„Gut ist übertrieben, aber ich denke, lange werden wir nicht mehr fahren."

„Na, hoffen wir's."

Bis auf den einen kleinen Ausreißer konnte man die Stimmung in unserem Waggon ohne Weiteres als ruhig und besonnen bezeichnen. Man hatte erkannt, dass man im Moment eh nichts machen konnte und sich daher mit der Situation abgefunden. So starrten wir also mehr oder weniger frustriert gegen die vorbeiziehenden tristen Betonwände und fieberten dem Ende unserer unfreiwilligen Fahrt entgegen.

Endlich erweiterte sich die enge Röhre zu einem breiten und höheren Raum, in den weitere Gleise aus anderen Röhren mündeten, die kurz darauf allesamt, wie ich vermutet hatte, tatsächlich in einem unterirdischen, erleuchteten Zugdepot endeten.

In das allgemeine Aufatmen mischte sich ein Ruf der Enttäuschung: „Die Türen gehen nicht auf."

„Moment!" Das war wieder die tiefe Stimme. „Lassen Sie mich mal ran … Verdammt, die funktionieren ja wirklich nicht."

„Sie müssen die Notentriegelung betätigen!", rief ein Dritter.

„Wo? Wie? Zeigen Sie mal!"

„Hier, der rote Hebel."

„Ah ja. Und dann?"

„Runterdrücken, einfach nur runterdrücken."

Endlich hatte es der mit der tiefen Stimme geschafft. Zischend öffnete sich die Türe. Sogleich stürzten sich mehrere Fahrgäste auf den schmalen Betonsteig, der sich neben der U-Bahn entlangzog. Ich machte den drei Frauen gegenüber eine beruhigende Geste und bat sie sitzen zu bleiben, dann stieg ich ebenfalls aus. Der Triebwagen stand weiter vorne vor einer hoch aufragenden Betonwand, die gleichzeitig das Ende dieses Bahndepots bildete. Zurzeit war unser Zug der einzige, der hier unten hielt. Der unterirdische, hallenähnliche unbekannte Raum tief unter der Erde zeigte Wirkung. Die Menschen sahen sich unsicher um. Dann aber verlangten einige nach dem Zugführer.

„Hallo! Hallo, ist da jemand?"

Nichts rührte sich. Die Rufe wurden lauter.

„Wo bleibt der Kerl denn bloß?"

„Ist da überhaupt einer?"

Erneut zückten verschiedene ihre Handys und schimpften, weil sie keine Verbindung nach draußen bekamen. Da erschien der Zugführer. Eine Aktentasche in der Hand trat der Mann aus dem Triebwagen auf denselben Betonsteig, auf dem auch wir standen. Die Entfernung von ihm zu uns betrug vielleicht zwanzig Meter, dennoch glaubte ich, das grenzenlose Erstaunen in seinem Gesicht erkannt zu haben, als er uns sah. Zuerst stutzte er, dann ging er ein paar Schritte, blieb dann aber wieder stehen und schüttelte den Kopf, als könnte er nicht glauben, was seine Augen da sahen. Nachdem wir uns gegenseitig sekundenlang stumm angestarrt hatten, ergriff er als Erster das Wort.

„Hallo, wo kommen Sie denn her?"

Die Frage war natürlich total überflüssig. Er konnte sich ja denken, dass wir nicht der Sauerländische Gebirgsverein waren, der eigentlich die Dechenhöhle besuchen wollte und sich stattdessen hierher verirrt hatte. Aber sein Erstaunen war einfach zu groß. Doch dann hagelte ein Sturm der Entrüstung auf den armen Mann, der sicherlich am wenigsten dafür konnte, dass er uns quasi als freiwillige blinde Passagiere mitgenommen hatte. So war er auch schnell bereit, uns wieder dahin zurückzufahren, von wo wir gerade erst gekommen waren.

„Das kann aber jetzt ein paar Minuten dauern", erklärte er. „Ich muss erst Rücksprache halten, um das Okay für die außerplanmäßige Fahrt zu bekommen."

Na bitte, das war doch zumindest eine positive Nachricht. Wir zogen uns wieder in die Waggons zurück und hofften, jetzt möglichst zügig dieser Unterwelt zu entkommen.

Besorgt sah ich auf die Uhr. Ich hatte die vergangene Viertelstunde ständig auf die Uhr gesehen. Hatte aber auch nichts genutzt. Egal wie schnell der Zugführer uns jetzt wieder zum Hauptbahnhof fahren würde, zu meiner DGL-Besprechung käme ich auf jeden Fall zu spät.

Endlich ging es weiter. Der Zug ruckte an und nahm Fahrt auf. Erneut ein Blick zur Uhr. Wir fuhren sehr schnell. Hmm, wenn der das Tempo weiter so hielt, hatte ich vielleicht doch noch eine Chance. Aber dann kam das endgültige Aus. Mitten in der Röhre bremste der Zug und kam zum Stillstand. Ein kollektives Aufstöhnen und Fluchen war die Folge.

Bevor wir Fahrgäste darüber rätseln konnten, was der Grund für den erneuten Stillstand sein konnte, erschien ein wütender Zugführer.

„Wer von Ihnen hat die Polizei angerufen!?"

Gleich mehrere Arme flogen in die Luft.

„Verdammt. Und wer war so oberschlau und hat denen gesagt, dass wir entführt werden!?"

Diesmal blieben alle Arme unten.

„Keiner, na toll."

Sichtlich genervt erklärte er, dass wir möglicherweise gleich noch von der Bahnpolizei befragt werden würden. „Laufen Sie also nicht weg, wenn wir wieder im Hauptbahnhof eintreffen. Und noch was … das kann jetzt etwas länger dauern. Ich muss nämlich alle regulären Züge vorlassen." Sprach's und verschwand.

Ob er das mit der Bahnpolizei nur gesagt hatte, um dem Anrufer ein wenig Angst einzujagen, kann ich nicht sagen, auf jeden Fall hatte sie nicht auf uns gewartet. Das mit dem Vorlassen der regulären Züge stimmte hingegen. Und so dauerte es doch recht lange, bis wir wieder den Hauptbahnhof erreichten. Sichtlich gestresst traf ich daher viel zu spät auf meiner Feuerwache ein. Verpasst hatte ich jedoch noch nichts, da sich meine Kollegen bislang nur am Kaffee gütlich getan hatten und unter anderem darüber philosophierten, warum ich immer noch nicht auftauchte.

Die neue Küche hatten wir bekommen. Die dazu nötigen Vorarbeiten wie der Abbau der alten Küche, das Stemmen von Kabelschlitzen, das Bohren zusätzlicher Steckdosenlöcher inklusive der kompletten Verdrahtung, das Verlegen neuer Wasseranschlüsse sowie das Verfliesen, Verfugen und Streichen von Wänden und Decken waren Eigenleistungen, die die Mannschaft auch in ihrer Bereitschaftszeit erbrachte. Etwa vierzehn Tage hausten wir so mit dieser Baustelle. In dieser Zeit leisteten unsere Köche auf dem im Aufenthaltsraum aufgestellten Propangaskocher Erstaunliches. Irgendwie hatte unsere provisorische Feldküche sogar Spaß gemacht. Dennoch waren wir froh, als die neue Küche endlich in Betrieb genommen werden konnte. Wie und wo wir jedoch unsere demnächst eintreffenden neuen Kollegen unterbringen sollen, darüber zerbrechen wir uns noch heute, während ich diese Zeilen schreibe, die Köpfe.

Der Kaschmir-Kanzler

Liebe Leserinnen und Leser, in meinen nunmehr fast fünfunddreißig Jahren aktivem Einsatzdienst bei der Düsseldorfer Berufsfeuerwehr habe ich persönlich eine Vielzahl höchst belastender Einsätze erlebt. Einsätze, die, wie man sagt, unter die Haut gehen und auch an mir nicht spurlos vorübergegangen sind. Viele Kollegen können von solchen Einsätzen berichten. Ich spreche hier wohlgemerkt nicht von unserem „normalen" Tagesgeschäft, sondern von extremen Einsatzsituationen, die tiefe, psychisch traumatische Wunden schlagen können. Einige dieser Wunden verheilen nie, andere hinterlassen tiefe Narben.

Das Image des harten Mannes vergangener Jahre hat lange Zeit keinen Raum für die simple Erkenntnis gelassen, dass Feuerwehrmänner ebenfalls nur Menschen aus Fleisch und Blut mit verletzlichen Gefühlen sind. Gott sei Dank gehört dieses falsche Wertebild heute weitgehend der Vergangenheit an. Verantwortungsbewusste Wehren bieten ihren eigenen Einsatzkräften psychologische Hilfen durch besonders geschultes Personal. Neben einem seelsorgerischen Dienst, den die großen christlichen Konfessionen vornehmlich für direkt Betroffene und ihre Angehörigen eingerichtet haben, steht uns Düsseldorfer Feuerwehrmännern das OPEN-Team zur Seite. OPEN steht für **o**rganisierte **P**ersonalunterstützung bei **E**xtremeinsätzen und **N**achsorge.

Andere Menschen in der Stadt quälte der Gedanke, wo sie ein Bett für die Nacht finden konnten. Und wenn es schon kein Bett sein konnte, so doch zumindest eine geschützte Schlafstelle, an der sie ihren alten Schlafsack oder ihre verschlissene Decke ausrollen konnten. Diejenigen unter den Obdachlosen, die nicht einmal darüber verfügten, würden sich die Nacht über wieder mit alten Zeitungen behelfen müssen. Einer von ihnen wurde nur der Kaschmir-Kanzler genannt. Mit bürgerlichem Namen hieß er Hans-Willi Runninghaus, aber so hatte ihn schon seit Jahren niemand mehr angesprochen. Den Namen Kaschmir-Kanzler hatten sie ihm verpasst, weil er damals in einer regnerischen Nacht mit solch einem Mantel bei ihnen aufgetaucht war, wie ihn auch der ehemalige Bundeskanzler Gerhard Schröder getragen hatte. Anfänglich hatten sie ihn ziemlich misstrauisch beäugt, den eleganten Mann um die fünfzig. Seine vornehme Ausdrucksweise und das elegante Äußere gehörten irgendwie nicht hierher – noch nicht. Die erste Nacht unter jenen Menschen, die später für ihn zu einer Art Ersatzfamilie wurden, hatte er sich noch mit Zigaretten und Weinbrand erkaufen müssen. Erst später, nachdem auch sein letztes Geld futsch war, hatten sie ihn anerkannt. Seither waren Jahre vergangen. Der einst so noble Kaschmirmantel war ihm, zum unkenntlichen Lumpen verkommen, vom Leib gefallen. Kurzerhand hatten sie das Kaschmir aus seinem Namen gestrichen. Der Kanzler war ihm jedoch geblieben.

Den Tipp hatte er von Lisa erhalten. „Ich hab da schon öfters übernachtet, aber letzte Woche haben sie die Türen zugeschweißt." Lisa kniff ein Auge zu und lächelte pfiffig. Ihr altes, faltiges Gesicht ähnelte jetzt dem eines listigen Fuchses. „Man kommt da aber trotzdem noch rein, zumindest du. Für meine alten Knochen ist die Kraxelei zu beschwerlich."

„Und wenn ich dir dabei helfe?"

„Ne, ne", Lisa winkte ab. „Lass man gut sein, ich hab noch 'ne andere Bleibe. Du warst immer freundlich zu mir, Kanzler, hast mich behandelt wie 'ne Dame. Betrachte das einfach als mein Erbe an dich."

Es war eine eiskalte, skrupellose Kosten-Nutzen-Rechnung, aus der der warme Abriss als eindeutiger Sieger hervorging. Fünfhundert Euro sofort bar auf die Hand zuzüglich zehn Liter Benzin, der Liter zu einsachtundzwanzig und noch einmal fünfhundert nach getaner Arbeit. Was gab es da noch zu überlegen?

An diesem Abend kletterte der Kanzler zum ersten Mal in das leerstehende Bürogebäude und war begeistert. Er fand sogar ein Bad mit einer richtigen Badewanne. Leider war der Strom abgestellt, sodass es nur kaltes Wasser gab. Aber immerhin, fließendes Wasser, das war mehr als er zu hoffen gewagt hatte. Und sicher war es hier auch. Die mit Blechplatten zugeschweißten Eingangstüren würde wohl kaum jemand aufbrechen. Das bedeutete, keine pöbelnden Jugendlichen, die ihn schikanierten, keine angetrunkenen Schlägertypen, die nach ihm traten und keine ordnungsliebenden Bürger, die seinen Anblick als störend empfanden. Nein, in dieser Nacht würde er gut schlafen, und niemand würde ihn verjagen – ein äußerst beruhigender Gedanke.

Reinhard Sternberg, vielen Lesern besser unter seinem Spitznamen Sterni bekannt, war Dienstgruppenleiter an der Feuerwache 7. Mit dem Wechsel von der ersten auf die zweite Tour hatte er auch den Schlafraum gewechselt. Seinem gesunden Schlaf tat das jedoch keinen Abbruch, vorausgesetzt, man ließ ihn schlafen. In dieser Nacht sollte ihm das jedoch nicht vergönnt sein. Der Löschzugalarm ereilte ihn und die anderen Feuerwehrmänner noch vor Mitternacht.

Ein nächtlicher Zugalarm auf der zweiten Tour unterscheidet sich in nichts von einem Alarm auf der ersten Tour. Die Nacht ist überall gleich dunkel, der Lautsprecher knackt genauso, das Deckenlicht geht ebenfalls an und die Lautsprecherdurchsage der Leitstelle hallt auch über alle Gänge. Und den Kollegen, die zu ihren Fahrzeugen rennen, bleiben, genau wie bei uns, ebenfalls nur neunzig Sekunden Zeit, bis sie die Feuerwache mit eingeschalteten Blaulichtern und heulenden

Martinshörnern verlassen haben. So gesehen stimmt es, wenn gesagt wird, jeder ist ersetzbar – auch wir. Denn egal ob erste oder zweite Tour, letztlich leisten wir alle das Gleiche. Es spielt auch keine Rolle, ob der Feuerwehrmann Reinhard oder die Feuerwehrfrau Kerstin heißt, oder ob es in Chemnitz oder in Düsseldorf brennt. Sicher, es wird immer wieder Situationen geben, in denen Einzelne über sich hinauswachsen, wo jemand etwas Besonderes vollbringt, etwas, das später von der Presse gerne zum Heldentum hochstilisiert wird. Aber ist man deshalb ein Held, weil man in einer außergewöhnlichen Situation intuitiv das Richtige getan hat?

Ich vermag die Frage nicht mit ja oder nein zu beantworten. Ich habe selber schon mehrfach im Einsatz mein Leben aufs Spiel gesetzt, aber jedes Mal wusste ich die rettenden Hände meiner Kameraden hinter oder neben mir. Ich glaube zumindest nicht, dass man zum Helden geboren wird. Es sind die Umstände, die einen dazu machen, und manchmal kann man überhaupt nichts dafür. Die wirklich heldenhaften Dinge spielen sich eh in unserem Inneren ab, und dafür muss man kein Feuerwehrmann sein.

Der Geruch von vergossenem Benzin konnte es nicht gewesen sein, der den Kanzler geweckt hatte. Bekanntermaßen schläft unsere Nase ja auch, wenn wir schlafen. Vermutlich war es irgendein Geräusch gewesen, eines, das einfach nicht hierher gehörte, wie das Plätschern von Benzin aus einem Kanister. Der Kanzler stützte sich auf den Ellenbogen und richtete seinen Oberkörper auf. Angestrengt lauschte er in die Dunkelheit. Er hörte schlurfende Schritte und hielt den Atem an. Die Schritte schienen sich zu entfernen. Zurück blieb ein penetrant durchdringender Geruch nach Benzin. Die Erkenntnis darüber, was der nächtliche Eindringling hier beabsichtigt hatte, kam ihm jedoch zu spät. Vor ihm in der Dunkelheit, dort wo die Treppe auf die erste Etage hinaufführte, flackerte ein kleines Licht auf. Unmittelbar darauf gab es ein dumpfes *Whhufff!* und dann loderten auf der gesamten Treppe helle Flammen. Der Weg, über den er hier eingestiegen war, war ihm durch das Feuer versperrt. Voller Panik stürzte er zu der Tür, die nach draußen führte. Vergeblich rüttelte er an den Messinggriffen. Über ihm auf der ersten Etage wütete das Feuer, das jetzt auch die untere Ebene erfasste. Im hellen Licht der Flammen sah der Kanzler, wie sich der dichte schwarze Brandrauch mehr und mehr im Raum ausbreitete. In seiner Verzweiflung trat er die Drahtglasfenster der Türe ein. *Zwecklos, das ist alles zwecklos*, schoss es ihm durch den Kopf, denn die Türöffnung war ja von außen mit stabilen Blechplatten zugeschweißt worden. Dennoch trat er immer wieder zu. Die schlimmen Schnittwunden, die er sich dabei einhandelte, beachtete er gar nicht. Er trat und trat und trat, bis ihm der Brandrauch die Luft zum Atmen raubte und er schließlich bewusstlos zusammenbrach!

Frank Brozulat, ebenfalls Dienstgruppenleiter auf der zweiten Tour, kannte die Einsatzstelle. Daher wusste er, dass sich das Bürogebäude unmittelbar auf einem engen Hof hinter einem Supermarkt befand und nur über zwei schmale Zufahrten zu erreichen war. Während der relativ kurzen Anfahrt nahm er Funkkontakt zu seinem Drehleiterführer und dem Gruppenführer des zweiten LF auf.

„Die Drehleiter nimmt die erste Einfahrt und geht vor dem Objekt in Stellung. Wir bleiben mit unserem LF draußen auf der Straße und verlegen eine B-Leitung bis zu euch. Sterni, du fährst über die zweite Zufahrt an das Objekt und greifst von dort an."

Nachdem er die Bestätigung von seinen Gruppenführern erhalten hatte, drehte er sich um und rief in den Mannschaftsraum: „Wassertrupp unterstützt den Angriffstrupp beim Verlegen der B-Leitung vom Fahrzeug zur Einsatzstelle und baut anschließend die Wasserversorgung auf."

Franks gute Kenntnisse der örtlichen Gegebenheiten erwiesen sich als äußerst hilfreich. Innerhalb weniger Minuten setzten die Feuerwehrmänner gleich drei C-Rohre ein und nahmen das Feuer in die Zange, sodass der Spuk schneller zu Ende war, als so mancher vermutet hätte.

Einer, der sich darüber schwarzärgerte, parkte gut dreißig Meter entfernt auf der gegenüberliegenden Seite. Von seiner Position aus hatte der Fahrer der dunklen Limousine freie Sicht auf das Gelände. Mit einer gewissen Genugtuung registrierte er, wie sich nach einiger Zeit dunkler Rauch aus dem linken Flügel des Bürogebäudes kräuselte. Gespannt wartete er darauf, Flammen aus den Fenstern schlagen zu sehen – vergeblich. Nervös sah er auf seine Armbanduhr. Schon vier Minuten und immer noch keine Flammen! Plötzlich klopfte jemand an die Seitenscheibe auf der Beifahrerseite. Erschrocken zuckte er zusammen und zauderte einen Moment, ehe er den Schalter für das Fenster betätigte. Unter sanftem Summen senkte es sich herab.

„Ich krieg noch fünfhundert", forderte der Draußenstehende, ein drahtiger, untersetzter Mann, und streckte eine schmutzige, nach Benzin stinkende Hand in den Wagen. Dann ertönten Martinshörner von näher kommenden Einsatzfahrzeugen.

Der draußen wurde sichtlich nervöser: „He Mann. Was ist jetzt mit meiner Kohle?"

Der im Wagen fauchte giftig: „Nennst du das etwa 'n warmen Abriss? Ich seh noch keine einzige Flamme und die Feuerwehr ist schon im Anrücken. Und da verlangst du Arsch Geld von mir! Sag mal, tickst du eigentlich noch ganz sauber?"

„Ich hab meine Arbeit gemacht", kam es trotzig zurück. „Und wenn Sie …"

„Was *Und wenn Sie …*?"

Schweigen.

„Los, steig ein." Die Beifahrertüre öffnete sich. „Ich hoffe, du warst wenigstens nicht so blöd, dich sehen zu lassen?"

„Natürlich nicht", klang es jetzt wesentlich kleinlauter.

„Na hoffentlich."

Als sie die Leiche des Kanzlers fanden, glaubte der Angriffstrupp zuerst, dass der Obdachlose das Feuer selber zu verantworten hätte. Erst nachdem ein weiterer Trupp die Schweißnähte von den Blechplatten der Türe mit einem Trennschleifer entfernt hatte, vertrieb ein kräftiger Durchzug die letzten Rauchschwaden. Die Sicht wurde besser. Im Licht einer rasch aufgestellten Scheinwerferbrücke kamen den Männern allerdings schnell ernste Zweifel, ob der Tote überhaupt etwas mit dem Feuer zu tun gehabt hatte. Sie waren zwar keine professionellen Brandursachenermittler, besaßen aber doch genügend Kenntnisse um festzustellen, dass sich das Feuer von der oberen Etage über die Treppe hinunter ausgebreitet hatte. Hier im Erdgeschoss gab es aber kaum Brandspuren. Dafür sprachen die eingetretenen Glasfüllungen und die Verletzungen an den Beinen des Toten eine umso eindeutigere Sprache. Dieser Mann hatte um sein Leben gekämpft, und er war nicht verbrannt, sondern aller Wahrscheinlichkeit nach ein Opfer der giftigen und Sauerstoff verdrängenden Brandgase geworden. Dieses Mal waren sie also zu spät gekommen. Hans-Willi Runninghaus, der ehemalige Kaschmir-Kanzler, war tot – erstickt in einem Gebäude, von dem er glaubte, hier in Sicherheit schlafen zu dürfen.

Aus der dunklen Limousine verfolgten zwei Augenpaare mit zunehmender Nervosität die Vorgänge an der gegenüberliegenden Brandstelle. Es machte zwar den Anschein, als sei das Feuer gelöscht, aber wieso hatte die Feuerwehr dann das Bürogebäude in gleißendes Scheinwerferlicht getaucht? Und aus einem ihnen nicht erklärlichem Grunde wimmelte es jetzt dort drüben von Polizisten.

„Hör zu, du schleichst dich jetzt da rüber. Ich muss wissen, was da los ich."

Der Untersetzte machte erschrockene Augen. „Denkst du, ich bin meschugge, oder was? Ich lass mich doch nicht schnappen."

„Musst dich eben nicht so blöd anstellen, dann schnappen sie dich auch nicht."

„Willst du damit etwa sagen, dass ich meine Arbeit nicht anständig gemacht habe?"

„Pfft!", stieß der Angesprochene abfällig hervor und höhnte: „Ich sag dir nur eins: Wenn *ich* das da drüben gemacht hätte, wäre die Bude längst abgefackelt. Darauf kannst du Gift nehmen … So, und jetzt raus!"

Da eine genauere Untersuchung der Einsatzstelle in dieser Nacht wegen der drohenden Einsturzgefahr von tragenden Bauteilen zu gefährlich war, hatte die Kriminalpolizei entschieden, ihre Untersuchungen abzubrechen. Mit Beginn des nächsten Morgens wollte sie diese bei Tageslicht wieder aufnehmen. Die Feuerwehr baute daraufhin ihre Scheinwerfer wieder ab und räumte die Schläuche und Gerätschaften in die Fahrzeuge. Ein Wagen der Gerichtsmedizin kam vorgefahren, der den Leichnam des Kanzlers in die Pathologie transportieren sollte. Der Untersetzte, der sich gezwungenermaßen in die Nähe getraut hatte, beobachtete das mit Entsetzen. Nicht, dass ihn seine ruchlose Tat reute – nein, der skrupellose Brandstifter dachte vielmehr daran, dass er seine restlichen fünfhundert nun wohl endgültig abschreiben konnte. Indes, es sollte anders kommen.

Die Kripo hatte einen Schlosser kommen lassen, der die Blechplatte vor der Türe zumindest provisorisch wieder so festgeschweißt hatte, dass kein Unbefugter hier eindringen konnte. Danach wurde das Gebäude versiegelt und ein Polizeifahrzeug war angehalten, hier bis zum Morgen Streife zu fahren und ab und an nach dem Rechten zu sehen. Von Seiten der Feuerwehr war wegen des Leichenfundes der B-Dienst an der Einsatzstelle erschienen und ordnete an, dass die Wache 7 in Abständen von zwei Stunden eine Brandnachschau durchführen solle. Nachdem all diese Dinge geklärt waren, lag die Einsatzstelle alsbald wieder verlassen in der Dunkelheit. Abgesehen von dem penetranten Brandgeruch, der über der gesamten Einsatzstelle lastete, erinnerte nichts mehr daran, dass hier erst vor wenigen Minuten ein Mensch wegen skrupelloser, krimineller Machenschaften ums Leben gekommen war. Die letzten Nachtstunden brachen an, und es passierte etwas, das weder die Polizei, noch die Feuerwehr vermutet hätte – der Brandstifter kehrte in den frühen Morgenstunden noch einmal zurück, um sein schändliches Werk zu vollenden. Dieses Mal leistete der Untersetzte ganze Arbeit.

Es war fast fünf vor sieben in der Früh, als ich endlich meine Wache erreichte. Normalerweise bin ich immer schon um halb sieben hier, aber an diesem Montagmorgen war wieder einmal eine S-Bahn ausgefallen. Ahnungslos, was mich gleich erwarten sollte, eilte ich an meinem hell erleuchteten Büro vorbei auf den Haupteingang zu, wo sich, wie an jedem Morgen, die Raucher eingefunden hatten, um vor der Wachablösung noch schnell eine zu paffen.

„Morgen!", rief ich, worauf mir ein verdächtig grinsendes „Mahlzeit" entgegnet wurde. *Äh Mahlzeit, wieso Mahlzeit?* Verunsichert durch ihren Gruß, mit dem wir gerne die Kollegen begrüßen, die zu spät kommen, sah ich erschrocken zur Uhr. War ich etwa doch zu spät dran? *Okay, knapp, aber immerhin noch keine sieben, also alles im grünen Bereich.* Ich blieb kurz stehen. „Was heißt denn hier Mahlzeit? Bin ich etwa zu spät oder was?"

„Nö …", dehnte einer. „Eigentlich nicht. Aber es brennt schon die halbe Nacht und wir sollen an der Einsatzstelle ablösen. Alle warten nur noch auf dich."

Na toll! Ich fragte erst gar nicht nach den näheren Umständen, sondern hechtete die Treppe hinauf.

„Deine Alarmklamotten haben wir dir schon besorgt! Liegen in der Fahrzeughalle!"

Sehr gut, die Jungs dachten mit.

Unser Umkleideraum befindet sich auf der ersten Etage. In dem ausgebauten ehemaligen Dachspeicher hat jeder seinen Kleiderspind. Für einen Feuerwehrmann ist es kein Problem, sich ruckzuck umzuziehen, daher erschien ich schon eine Minute später in der Fahrzeughalle. Abgesehen von meiner Mannschaft, die sich vollzählig eingefunden hatte, war die Fahrzeughalle verwaist. Weder die Drehleiter noch die beiden Löschgruppenfahrzeuge standen auf ihren Plätzen. Peter Küpperbusch hatte heute C-Dienst und als solcher war er mein direkter Vorgesetzter. Weil ich heute so spät dran war, hatte er die Männer kurzerhand zusammengetrommelt. Sie hatten einen dichten Ring um ihn gebildet und er erteilte ihnen erste Weisungen. Drei Mann lösten sich aus dem Kreis und verließen in voller Montur die Fahrzeughalle. Ich sah meine Ausrüstung: Die Stiefel mit der über die Schäfte gestülpten Überhose standen zwischen dem ersten und zweiten Ausfahrttor. Meine dicke dreiviertellange Jacke samt Helm und Handschuhen hing an dem Pfeiler davor. Alles war komplett. Während ich mich ausrüstete, rief Peter: „Wir lösen an der Einsatzstelle ab, Martin! Drei Mann hab ich gerade mit dem Kombi losgeschickt. Die anderen müssen sich auf die Fahrzeuge verteilen, die uns sonst noch zur Verfügung stehen. Übernimmst du das?"

Fünf Minuten später standen nur noch sechs Männer in der Halle. Einer davon war ich selber.

Bevor Peter Küpperbusch uns verlassen hatte, um mit Heiner Schröer, seinem heutigen C-Dienst-Fahrer zu der Einsatzstelle zu fahren, teilte er mir in wenigen Worten noch das Wichtigste mit. Wie ich erfuhr, befand sich der gesamte Löschzug im Einsatz. Er war zweimal zu derselben Einsatzstelle gerufen worden! Beim ersten Mal wurden die Kollegen der zweiten Tour irgendwann vor Mitternacht rausgeklingelt, das zweite Mal dann vor gut einer Stunde.

In einer kurzen Notiz konnte ich später lesen: Am XX.XX.08 hatte P. Küpperbusch C-Dienst. Bei seinem morgendlichen Eintreffen auf der FW 7 befand sich der Löschzug mit den Kollegen der zweiten Tour im Einsatz auf der XX-Straße. K. ordnete an, dass die eintreffenden Kollegen der ersten Tour noch vor der regulären Ablösung mit freien Fahrzeugen (Arbeitswagen, TLF, KEF) zum Einsatzort fahren und dort ablösen sollten.

Gemäß dieser Anordnung erfolgte an der Einsatzstelle ein fliegender Wechsel. Die bereits positionierten Einsatzfahrzeuge und vorgenommenen Rohre wurden übernommen. Es wurden umfangreiche Nachlöscharbeiten durchgeführt.

Indes sollte das, was dort kurz und knapp als umfangreiche Nachlöscharbeiten beschrieben wurde, uns, die Männer der Feuerwache 7/1, noch bis in die Abendstunden beschäftigen.

Bis auf einen waren alle Kollegen von meinen Männern abgelöst worden. Der Dienstgruppenleiter der zweiten Tour, Frank Brozulat, hatte die letzten fünf Männer mit dem LF zur Wache geschickt. Danach war er von seiner Truppe der Einzige, der noch an der Einsatzstelle verblieben war. Während ich mit meinen fünf Kollegen ungeduldig auf das Eintreffen unseres LF wartete, gingen die Löscharbeiten unvermindert weiter.

Ein fliegender Wechsel der Mannschaften kommt nicht allzu oft vor. Dennoch geschieht es hin und wieder. Obwohl es sich an solchen Einsatzstellen meist um größere Objekte handelt, an denen oft mehrere Wachen und manchmal auch Löschgruppen der Freiwilligen Feuerwehr beteiligt sind, erfolgt die Ablösung ohne Hektik. Jeder Feuerwehreinsatz unterliegt ganz bestimmten einsatztaktischen Strategien. Eine Chaosphase, wie sie großen und unübersichtlichen Einsatzstellen zu eigen ist, bekommt man in aller Regel nur durch gut strukturierte Einsatzabläufe in den Griff. Von solch einer „Großeinsatzstelle" konnte man hier jedoch nicht sprechen. Als ich mit den restlichen fünfen bei Frank eintraf, stand das Bürogebäude schon nicht mehr im Vollbrand, aber immer noch schlugen aus einigen Öffnungen Flammen heraus. Frank erklärte mir seine bisherige Taktik.

„Wir haben natürlich den Vorteil, dass das Gebäude leersteht."

Ich nickte. „Ja, wir können froh sein, dass da keine Menschen drin arbeiten, sonst hätten wir wohl einige Probleme mehr."

„Einige? 'n ganzen Arsch voll sag ich dir. Wir hatten ja schon Mühe, die Drehleiter hier in Stellung zu bringen."

Ich warf einen kritischen Blick zu der angesprochenen Leiter. Sie stand quer vor der Längsseite des Gebäudes in einem Abstand von höchstens fünf, sechs Metern, also im sogenannten Trümmerschatten zum Brandobjekt. Für gewöhnlich meiden wir diese gefährliche Distanz. Hier in dem engen Hinterhof war das jedoch nicht möglich gewesen.

„Wache 6 steht mit ihrer Leiter drüben auf der rechten Seite. Ich kann dir nur raten, vorerst nur von außen so weiter zu löschen wie bisher. Die Dachkonstruktion war schon heute Nacht, als wir das erste Mal drin waren, zumindest in Teilen einsturzgefährdet."

Nun, ich konnte meinen Kollegen beruhigen. Ich hatte nicht die geringste Ambition, einen Trupp in das Gebäude zu schicken. Das Bürogebäude war eh hin und es gab keine Menschen, die von uns gerettet werden mussten. Wäre das der Fall gewesen, hätte ich natürlich alles darangesetzt, zu diesen Menschen vorzudringen, aber so …

Peter Küpperbusch vertrat die gleiche Meinung. Als Einsatzstellenleiter war er genauso verantwortlich für die eigenen Einsatzkräfte wie ich es für meine Männer war. Es wäre im höchsten Grade fahrlässig gewesen, das Leben der eigenen Leute aufs Spiel zu setzen, indem man sie in dieses einsturzgefährdete Objekt schickte. Gelöscht werden musste es dennoch. Es würde zwar wesentlich länger dauern, aber das war nun mal nicht zu ändern. Darüber hinaus galt ein besonderes Augenmerk auch den Nachbargebäuden. Sie vor dem Übergreifen des Feuers zu schützen, entwickelte sich mehr und mehr zu meiner vorrangigen Aufgabe, die ich auf keinen Fall vernachlässigen durfte.

Die Gruppe von Wache 6 wurde von Guido Schneider geleitet. Nachdem Frank sich verabschiedet hatte, führte mich mein erster Weg zu ihm. Gemeinsam mit dem C-Dienst und den Hauptbrandmeistern unserer beiden Wachen entwickelten wir eine ungewöhnliche Strategie für unser weiteres Vorgehen.

Der Plan sah vor, die gesamte obere, mit einem Flachdach versehene Etage mithilfe eines Rüstwagens und mehreren Drahtseilen einzureißen. Wir versprachen uns davon einen schnelleren Löscherfolg und glaubten, gute Chancen zu haben, unsere sich vielleicht etwas gewagt anhörende Idee in die Tat umsetzen zu können.

Zehn Minuten später rollte der Rüstwagen der Umweltschutzwache an. Um das schwere Spezialfahrzeug für technische Hilfeleistungen in Stellung bringen zu können, musste zuerst die Drehleiter der Wache 6 rückwärts aus der engen Zufahrt gefahren werden. Unser LF 16, das ebenfalls hier positioniert worden war, konnte auch nicht dort stehen bleiben. Nachdem wir das Gewirr aus mehreren Löschschläuchen mühsam aus dem Gefahrenbereich gezerrt hatten, um es vor den zu erwartenden herabstürzenden Dachtrümmern in Sicherheit zu bringen, konnten die eigentlichen Vorarbeiten für den Teilabriss beginnen. Ich selber hatte ja eine brachialere Idee: „Lassen wir doch einen Caterpillar oder einen Bagger mit einer Abrissbirne kommen, der das marode Gebäude einfach zusammendonnert."

Heiner Schröer war zwischenzeitlich von Peter Küpperbusch beauftragt worden, belegte Brötchen und Kaffee für uns zu organisieren. Jetzt parkte der C-Dienst-Wagen in angemessenem Abstand zur Brandstelle hinter der Ecke eines Nachbargebäudes.

„Los Martin, trommel deine Leute zusammen. Wir machen eine kurze Lagebesprechung."

Während wir uns zufrieden kauend und schlürfend über das späte Frühstück hermachten, erklärte der C-Dienst, wie er sich unser weiteres Vorgehen vorstellte.

Mein Vorschlag mit dem Bagger wurde dabei ebenfalls ernsthaft in Erwägung gezogen. Letztlich setzte sich Peter Küpperbusch aber mit seinem Vorschlag durch, sodass der Rüstwagen sein zerstörerisches Werk beginnen konnte.

Die Arbeit war nicht ungefährlich. Sollte sie tatsächlich zum Erfolg führen, woran mancher von uns noch zweifelte, so konnte sie nur gelingen, weil die obere Etage, auf der das Flachdach lastete, eine außergewöhnliche Konstruktion war. Es gab nur wenige tragende Mauerteile. Deren Zwischenräume bestanden aus Fenstern und einem hölzernen Ständerbauwerk. Von außen war die Fassade der gesamten Etage mit einer doppelschaligen Bretterverkleidung versehen, in deren Innerem Steinwollmatten zur Dämmung verarbeitet worden waren. Um dem Ganzen ein passables Äußeres zu geben, bestand die abschließende Außenverkleidung aus Mineralfaserplatten. Bedingt durch die Sandwichbauweise fand das Feuer in diesen Baumaterialien ständig neue Nahrung. Das Feuer in dieser Doppelverschalung war nur sehr schwer zu bekämpfen. Um mit dem Löschwasser überhaupt zu den schwelenden Brandherden vordringen zu können, hatten wir mit Motorkettensägen die Fassade an mehreren Stellen geöffnet. Die dazu verwendeten Spezialsägen besaßen besondere Sägeblätter, die in einem einzigen Schnitt gleich mehrere unterschiedliche Verbundmaterialien durchtrennen konnten. Ein normales Sägeblatt, wie man es für Holz benutzt, wäre bei dieser Arbeit innerhalb von Sekunden stumpf und unbrauchbar geworden. Es war ein äußerst gefährliches Unternehmen. Die Trupps, die nur aus ihren Drehleiterkörben heraus arbeiten konnten, mussten die anstrengende Tätigkeit unter Atemschutzgeräten verrichten. Dazu trugen sie die vollständige Schutzausrüstung und wurden zusätzlich vom Boden aus durch ein Strahlrohr gesichert. Diese Vorsichtsmaßnahme war unbedingt nötig, denn sobald Luftsauerstoff an die schwelenden Brandnester gelangte, schlugen den Männern im Leiterkorb Flammen aus der Fassade entgegen.

Die Vorbereitungen für den Abriss waren inzwischen abgeschlossen. In wenigen Sekunden würde sich zeigen, ob wir mit dem, was wir uns ausgedacht hatten, wirklich Erfolg haben würden. Alle Feuerwehrmänner hatten sich aus dem Gefahrenbereich der Drahtseile zurückgezogen. Im Rüstwagen schaltete der Maschinist die Winde ein – mit jeder Umdrehung der Rolle hob sich das bislang noch durchhängende Drahtseil mehr und mehr vom Boden. Gespannt verfolgten wir, wie sich das Seil straffte. Auf der oberen Etage, wo es durch ein Fensterloch und weiter um ein tragendes Mauerteil lief, krachte und knirschte es. Unter der gewaltigen Zugkraft der Winde zersplitterten die Anteile der mitumschlungenen, hölzernen Fassade, als bestände sie nur aus Streichhölzern. Aber dann hatte sich die Schlaufe so weit zusammengezogen, dass sie nur noch das tragende Mauerteil umschloss. Die Winde ächzte, der Rüstwagen ruckelte, der Maschinist trat aufs Gaspedal und erhöhte die Leistung der Winde – vergeblich. Anstatt die Fassade zu Boden zu reißen, wurde der schwere Rüstwagen in Richtung Gebäude gezogen. „Abbruch! Abbruch! Wir müssen Unterlegkeile vor die Räder legen."

Ich schlug mir die Hand vor die Stirn. *Na klar, wie hatten wir das nur vergessen können!*

Der Maschinist gab der Seilspannung nach und kletterte aus seinem Führerhaus. Zwei weitere Kollegen eilten ihm zu Hilfe. Nachdem sie vor jedes der grobstolligen, großen Räder einen Unterlegkeil gelegt hatten, schwang er sich wieder hinter sein Lenkrad und startete einen zweiten Versuch. Würde es diesmal funktionieren?

Die Winde zog erneut an. Alle Augen waren auf die obere Fassade gerichtet. Das Seil straffte sich. Wieder ächzte und quietschte die Winde, und dann rutschte der schwere Rüstwagen mitsamt der metallenen Unterlegkeile laut kreischend über den rauen Asphalt. Entnervt nahm der Maschinist das Gas weg und riss seine Hände in die Höhe. Ich stand mehrere Meter seitlich zu ihm und konnte deutlich den Ärger von seinem Gesicht ablesen, und sein Fluchen, wenngleich das von dem lauten Motorengeräusch übertönt wurde. Ich war mir sogar ziemlich sicher, was er gerade gerufen hatte. Wahrscheinlich, weil wir in diesem Moment alle das Gleiche gesagt oder zumindest gedacht hatten – *Sch…ade!*

Na gut, es war also nicht so gelaufen, wie wir uns das vorgestellt hatten, aber sollten wir deshalb gleich die Flinte ins Korn werfen? Auf keinen Fall! Die Idee war ja schließlich nicht schlecht. Am Drahtseil lag es jedenfalls nicht, das würde weit höheren Zugkräften standhalten, und die leistungsstarke Winde hatte auch noch lange nicht ihre Belastungsgrenze erreicht. Nein, der Fehler lag woanders. Solange die Haltbarkeit der massiven Fassadenteile immer noch größer war als die Andruck- und die Haftreibung der gebremsten Räder, benötigten wir eben ein schwergewichtigeres Widerlager. Unser Rüstwagen brachte zwar etliche Tonnen auf die Räder, aber Physik ist Physik, da nutzten auch die Unterlegkeile nichts.

Bei den alten Ägyptern hätte man jetzt vermutlich mehrere hundert Sklaven an die Seile gestellt und mit der Peitsche zu Höchstleistungen angetrieben. Und in einigen Gegenden Indiens wären wahrscheinlich Arbeitselefanten zum Einsatz gekommen. Da die Feuerwehr Düsseldorf aber weder über Arbeitselefanten noch über Sklaven verfügte (Auspeitschen war übrigens auch nicht mehr in), mussten wir auf andere Mittel zurückgreifen.

„Okay Jungs, alles in Deckung! Es geht wieder los!"

Den warnenden Ruf hätte ich mir getrost sparen dürfen. Meine Männer hatten sich längst wieder auf ihre vorherigen, sicheren Positionen zurückgezogen. Wenngleich von uns niemand damit rechnete, dass sich das daumendicke Drahtseil losreißen könnte, mussten wir dennoch die grundlegenden Regeln der Unfallverhütung einhalten. Es hatte schon Unfälle gegeben, bei denen Arbeiter von herumschleudernden Drahtseilen geköpft worden waren. Aus diesem Grund dürfen sich im Gefahrenbereich von gespannten Drahtseilen niemals Personen aufhalten. Das gilt auch für Feuerwehrleute!

Quasi als Widerlager hatten wir eine unserer beiden Drehleitern hinter dem Rüstwagen angekoppelt. Beide Fahrzeuge brachten zusammen satte vierunddreißig Tonnen auf die Waage. Dazu kamen die Unterlegkeile, die das Ganze noch verstärkten. Jetzt musste es einfach gelingen. Und es gelang. Aufgrund des hohen Kontergewichts konnte die leistungsstarke Winde des Rüstwagens diesmal die volle Zugkraft, die auf dem Drahtseil lastete, auf die Fassade übertragen. Der Verband von Leiter und Rüstwagen bewegte sich keinen Millimeter. Dafür krachte es dort oben umso gewaltiger. Das erste, gewiss drei Meter breite Fassadenteil brach genau an der gewünschten Stelle über dem Boden auf. Wie in Zeitlupe hob sich das Mauerwerk vom Estrich des Betonbodens ab und geriet mehr und mehr in Schieflage. Mit meiner kleinen Digitalkamera hatte ich den Moment festgehalten, wie der Brocken laut krachend auf dem Boden aufschlug. Aber das war erst der Anfang. Weitere Teilstücke folgten, bis große Teile des Daches in sich zusammenstürzten. Alles, was einsturzgefährdet gewesen war, hatten wir selber eingerissen, sodass es uns nicht mehr auf den Kopf fallen konnte. Wir Feuerwehrmänner waren mit dem Ergebnis unserer gezielten Zerstörung zufrieden. Die Brandstelle sah dadurch zwar noch chaotischer aus als zuvor, aber wir waren jetzt in der Lage, zum Innenangriff überzugehen. Weniger glücklich über den Verlauf des Einsatzes zeigten sich hingegen die Brandursachenermittler, denen wir einen gehörigen Strich durch die Rechnung gemacht hatten. Ungeachtet dessen setzten wir die Löscharbeiten weiter fort. Im Grunde begann erst jetzt die richtige Drecksarbeit. Waren wir bislang noch außen vor geblieben, mussten wir uns nun gezielt an das Ablöschen sämtlicher, immer wieder aufflammenden Glutnester begeben. Weil noch stundenlang giftige Brandgase aus der rauchenden Ruine austraten, konnte diese Arbeit nur unter Atemschutz durchgeführt werden. Stellenweise lag der Brandschutt einen halben Meter hoch. Erschwerend kam hinzu, dass das herabgestürzte Flachdach einige brennende Bereiche zugedeckt hatte. Das Dach war ähnlich wie die Seitenwände der oberen Etage aufgebaut und bestand aus einer doppelschaligen

Holzdecke, die auf einer Balkenlage lag und mit Steinwolle gedämmt war. Die eigentliche Eindeckung bestand aus mehreren miteinander verklebten Bitumenschichten, deren Abschluss eine besandete Teerpappe bildete. Das bedeutete: mühsame Handarbeit mit der Feuerwehraxt, dem Einreißhaken sowie der Einsatz von Dungharken und Schaufeln.

Draußen auf der Straße hatte sich schon lange die Umweltschutzwache mit ihrem Atemschutzgerätewagen aufgebaut. Wer seinen Pressluftatmer leergeatmet hatte, konnte dort hingehen und sein gebrauchtes Gerät bei unserem Kollegen Egon Kullmann gegen ein neues eintauschen. Und da wir laufend neue Geräte benötigten, herrschte hier ein ständiges Kommen und Gehen. Gegen Mittag hatten wir eine der verschweißten Türen gewaltsam geöffnet und setzten jetzt Löschschaum ein. Natürlich waren die unteren Räume zuvor noch einmal gründlich kontrolliert worden, man konnte ja nie wissen.

Das Feuer war gelöscht. Die Feuerwache 6 und unser zweites LF waren schon wieder eingerückt. Zuvor hatten wir noch gemeinsam die benutzten Schläuche aufgerollt und an einer Stelle zusammengetragen. Vierzig B- und weit über dreißig C-Schläuche lagen dort auf einem großen Haufen, der von einem Anhängerfahrzeug der Feuerwache 2 abgeholt werden sollte. Inzwischen war es später Nachmittag geworden. Der Wagen kam und brachte gleichzeitig die neuen Schläuche mit, sodass wir unsere restlos leergefegten Fächer und Haspeln wieder auffüllen konnten. Nachdem wir dem Fahrer beim Aufladen der benutzten Schläuche geholfen hatten, war auch er wieder gefahren. Danach war ich mit der Besatzung des 7-46-1 der Letzte, der an der Einsatzstelle verblieben war. Nach den dramatischen Ereignissen der letzten beiden Tage kamen wir gar nicht umhin, für die anstehende Nacht mit einer ständigen Brandwache präsent zu sein. In regelmäßigen Abständen sollten wir uns hier ablösen. Lange mussten wir auf die erste Ablösung jedoch nicht warten. Unsere Kollegen waren nur zur

Wache gefahren, hatten dort kurz geduscht und ihre völlig verschmutzte und durchnässte Kleidung gewechselt. Nach einem Teller Nudeln kamen sie schon wieder zurück, damit auch wir möglichst schnell aus den nassen Klamotten kamen und in den Genuss einer heißen Dusche und einer warmen Mahlzeit.

Der brennende Reisebus

Am Dienstag, dem 4.November 2008 kam es gegen 20.30 Uhr auf der Bundesautobahn 2 in Höhe der Raststätte Garbsen bei Hannover zu einem folgenschweren Brand.

Sämtliche Sender brachten die grausame Nachricht über den brennenden Reisebus, bei dem zwanzig Reisende ihr Leben lassen mussten und weitere dreizehn Menschen zum Teil schwer verletzt wurden. Vornehmlich hatte es sich um ältere Menschen gehandelt, Menschen, die sich eigentlich einen unterhaltsamen, schönen Tag machen wollten. Unter den Toten hatte sich auch ein Kind, ein Mädchen befunden.

Die Spekulationen über die Ursache dieses verheerenden Unglücksfalls schossen ins Kraut. Einige sprachen davon, dass möglicherweise ein Raucher auf der Toilette des Busses das Feuer ausgelöst haben könnte. Andere vermuteten die Ursache eher in einem technischen Defekt. Fakt war, der Brand hatte sich, von der Toilette ausgehend, in Sekundenschnelle im gesamten Bus ausgebreitet. Diverse Computeranimationen über den möglichen Ablauf dieses fürchterlichen Geschehens flimmerten über die Bildschirme und doch ließen sie den Zuschauer das ganze Ausmaß der Tragödie nur erahnen. Die Freiwillige Feuerwehr von Garbsen war mit dreiundsiebzig Einsatzkräften vor Ort, die Feuerwehr Hannover mit einundsechzig. Dazu kamen siebenundachtzig Einsatzkräfte des Deutschen Roten Kreuzes und der Johanniter Unfallhilfe, sowie vierundsiebzig Beamte der Polizei und anderer Behörden. Viele Tote waren bis zur Unkenntlichkeit verbrannt. Für die vor Ort tätigen Einsatzkräfte stellte dieses schreckliche Busunglück eine sehr hohe psychische Belastung dar. Dreizehn Notfallseelsorger kümmerten sich nicht nur um die unmittelbar betroffenen, traumatisierten Opfer und deren Angehörige, sondern standen auch den Einsatzkräften zur Seite. Mich machen solche Unglücksfälle immer sehr betroffen, selbst wenn ich sie „nur" im Fernsehen sehe; denn als Feuerwehrmann weiß ich nur zu genau, wie viel Leid und Schmerz sich hinter den nüchternen Zahlen verbirgt. Ein Feuer löschen ist eine Sache, ein Feuer bekämpfen, bei dem Menschen unter grausam tragischen Umständen zu Tode kamen und ihre Leichen geborgen werden müssen, eine andere. Niemand von uns möchte so etwas erleben, dennoch zählen auch diese belastenden Tätigkeiten zu unseren Aufgaben. Wer glaubt, solche Einsätze einfach so wegstecken zu können, wird sich in aller Regel bitter enttäuscht sehen. Wohl dem, der dann nicht auch noch mit handfesten, privaten Problemen zu kämpfen hat. Er wäre nicht der Erste, dem die Doppelbelastung zu schwer wird. Ich kannte selber lieb gewonnene Kollegen, die diesem psychischen Druck nicht mehr gewachsen waren und deshalb „freiwillig" aus dem Leben geschieden sind.

Vor dem Hintergrund dieses erst wenige Tage alten Ereignisses fuhren wir mit sehr gemischten Gefühlen zu unserer neuen Einsatzstelle. Als ich meine Kollegen im Nachhinein fragte, was ihnen durch den Kopf gegangen war, als wir die Feuermeldung „Brennender Reisebus!" von der Leitstelle erhielten, bekam ich fast immer die gleiche Antwort zu hören: „Bitte kein solches Szenario!"

Als dann noch die Lautsprecherdurchsage „Es sollen sich noch Menschen im Bus befinden" ertönte, kam es mir vor, als wären wir noch etwas schneller gewesen, als wir es bei unseren Einsätzen sowieso schon sind. Die Feuerwache 6 sowie mehrere Rettungsfahrzeuge und deren Notarztwagen waren ebenfalls alarmiert worden. Sie hatten einen kürzeren Anfahrtsweg als wir. Über Funk vernahmen wir ihre erste Rückmeldung.

„Feuerwache 6 eingetroffen. Es brennt ein geparkter Reisebus. Wir brechen die Türe gewaltsam auf. Ein C-Rohr, zwei PA!"
Puhh. Ein allgemein erleichtertes Aufatmen. Nur ein geparkter Bus, da wird es ja nicht so schlimm kommen.

Horst Kronenberg, der B-Dienst, hatte die erste Rückmeldung der Wache 6 natürlich genauso gehört wie wir. Er meldete sich sofort über Funk. „Alle Einsatzkräfte fahren alarmmäßig durch!"

Hans-Peter Valdor, der heute an Wache 6 C-Dienst war, befand sich auf der Rückfahrt von Feuerwache 1. Fast zeitgleich traf er mit uns an der Einsatzstelle ein.

Zusätzlich zu den Fahrzeugen des Löschzugs 7 hatte die Leitstelle unser TLF alarmiert. Fährt dieses Tanklöschfahrzeug, das mit zwei Kollegen aus dem Löschzug besetzt wird, im Zugverband, so bildet es gewöhnlich den Schluss. So auch diesmal. Allerdings gab ich unterwegs die Order, dass das mit fünftausend Litern Wasser, fünfhundert Litern Schaummittel und zweihundertfünfzig Kilogramm Löschpulver beladene TLF die anderen Zugfahrzeuge überholen und sich direkt hinter uns setzen sollte. Auf dem Dach des TLF befindet sich ein Monitor, der bis zu zweitausend Litern Wasser pro Minute herausschleudern kann. Gesetzt den Fall, dass wir, wie bei einem brennenden Flugzeug, einen massiven Löschangriff vortragen müssten, benötigte ich diese Wassermenge sofort an vorderster Front. Gott sei Dank hatten wir darauf nicht zurückgreifen müssen.

Der Reisebus parkte in einem Industriegebiet ordnungsgemäß am Straßenrand. Während die Feuerwache 6 bereits eingetroffen war und ihre Fahrzeuge positioniert hatte, näherten wir uns der Einsatzstelle von der entgegengesetzten Seite. Unsere insgesamt sechs Fahrzeuge, darunter zwei RTW, verursachten mit den eingeschalteten Sondersignalen einen Höllenlärm. Als ich mit dem ersten LF in die langgezogene Straße einbog, sah ich weit voraus den Bus. Von uns aus gesehen stand er auf der linken Seite auf einem Parkstreifen. Eine Rauchwolke, wie sie bei vielen Bränden schon von Weitem auffällt, war nicht zu sehen. Das LF der Feuerwache 6 stand mit dem Bus auf gleicher Höhe.

„Okay Ralf, das reicht. Halt hier an."

Ich wollte die Durchfahrt für die Rettungswagen nicht versperren. Ralf Spelz, mein heutiger Maschinist, der erst vor Kurzem von der Oberkasseler Feuerwache zu uns versetzt worden war, kapierte sofort. Er bremste und kam scharf rechts am Straßenrand zum Stehen.

„Der Angriffstrupp kommt mit mir!"

Ich sprang aus dem LF und lief die wenigen Meter zu Fuß weiter. Dabei registrierte mein geschultes Auge gleich mehrere wichtige Dinge. Erstens den C-Schlauch, der vom LF quer über die Straße verlegt worden war – Wache 6 hatte bislang also erst ein C-Rohr vorgenommen –, und zweitens die dunstig beschlagenen Scheiben des Reisebusses. Er war also innen völlig verqualmt. Mein Pendant, der DGL der Wache 6, Manfred Kampe, stand neben seinem LF. Er legte sich gerade einen Pressluftatmer an und rief mir zu: „Martin, wir sind in Unterzahl. Schick noch zwei Trupps mit PA hierher und ein LF mit 'nem C-Rohr zum Heck!"

„Geht klar Manni!" Sofort funkte ich über die Florentine: „Ralf, vorfahren! Angriffstrupp erstes LF unterstützt Wache 6. Besatzung zweites LF aussteigen! Ein C-Rohr unter PA zum Heck. Aufbruchwerkzeug und Steckleiterteile mitnehmen!"

Der Angriffstrupp von Wache 6 zerrte den formbeständigen Schnellangriff über die Straße. Die Sicht in den Bus hinein war durch wabernde, nebelartige Rauchschwaden völlig unmöglich geworden. Gott sei Dank zeigten sich weder Menschen an den Fenstern noch schlugen verzweifelte Hände von innen gegen die Scheiben. Hilferufe waren auch keine zu hören. Allem Anschein nach war der Bus leer und parkte hier nur. Ein schneller Griff an die Fahrertüre – verschlossen. Das Gleiche auf der Beifahrerseite.

„Die Türen sind zu!"

„Aufbrechen!", rief ihr DGL. Kurz entschlossen schlugen die Männer die Seitenscheibe ein. Kaum gelangte frischer Luftsauerstoff in den Bus, da flammte es im vorderen Bereich auch schon auf. Geistesgegenwärtig duckten sich die beiden Kollegen, aber der befürchtete Flash-Over blieb aus. Sie richteten den ersten Wasserstrahl auf die Flammen. In diesem Moment stieß ich mit meinem Angriffstrupp dazu.

„Sind noch Menschen drin?"

„Vermutlich nicht."

„Und der Fahrer?"

„Keine Ahnung."

„Okay, ein Trupp rein. Ihr kontrolliert den Bus von vorne bis hinten und seht auch in den Schlafkojen nach."

Im Prinzip spielte es keine Rolle, welcher der beiden Trupps sich in den Bus begab, Hauptsache, es ging schnell. Denn sollte sich wider Erwarten doch ein Mensch darin aufhalten, zählte buchstäblich jede Sekunde. Wie ich dem Nummernschild entnommen hatte, kam der Bus aus St. Petersburg in Russland. Der oder die Fahrer hatten also eine verdammt lange Fahrt hinter sich. Es wäre daher nicht ungewöhnlich, wenn sie sich für ein kleines Schläfchen in diese Schlafkojen zurückgezogen hätten. Große, moderne Reisebusse verfügen oft über gleich zwei dieser engen Kojen. Für Menschen mit Platzangst wäre das allerdings keine geeignete Schlafstelle. Manche Kojen befinden sich direkt unter dem Beifahrersitz, andere neben dem hinteren Einstieg unter dem Fußboden. Zu erreichen sind diese engen, niedrigen Schlafplätze über eine Klappe, die von ihren Ausmaßen eher für einen Hund als für einen Menschen gemacht scheint. Ich konnte mir nur sehr schwer vorstellen, wie sich ein besonders dicker Busfahrer da noch hindurchzwängen wollte. Aber sei's drum, diese Schlafkojen mussten ebenfalls unbedingt mit kontrolliert werden.

„Los Struppi, hilf mir mal." Es war Carsten Heine, der ohne zu zögern durch die eingeschlagene Seitenscheibe in den Bus kletterte. Struppi, sein Atemschutztruppmann, mit bürgerlichem Namen Timo Schmitt, kletterte hinterher. Kaum waren sie einige Meter in den Mittelgang vorgedrungen, umfing sie völlige Dunkelheit.

„Kontrollier du die linke, ich nehme die rechte Seite."
„Alles klar."

Die Sicht war gleich null! Auf ihre Augen konnten sich die beiden nicht mehr verlassen. Also würde ihnen nichts anderes übrig bleiben, als sich mühsam von Sitzplatz zu Sitzplatz bis zum Ende des Busses vorzutasten.

Ich stand draußen, hielt die Florentine in der Hand, um ständig mit meinem Trupp in Kontakt zu bleiben, da bekam ich einen Funkruf: „Martin, ist der Trupp schon drin?"

„Ja, gerade reingegangen."

„Dann ruf die noch mal zurück. Die sollen die Wärmebildkamera vom C-Dienst-Wagen mitnehmen."

Die Wärmebildkamera! Natürlich! Wieso hatte ich nicht daran gedacht?

„Carsten, Struppi! Wartet noch mal. Ihr bekommt die Wärmebildkamera."

Ein Mann von Wache 6 war inzwischen ebenfalls in den Bus geklettert. Er hatte sich von seinem Kollegen den Schnellangriff hineinreichen lassen, um die Flammen weiter in Schach zu halten und das Vorgehen meines Trupps mit Wasser am Rohr zu sichern. Jemand kam angelaufen und brachte die Wärmebildkamera. Das bullige Gerät mit dem grünlich fluoreszierenden Bildschirm war bereits eingeschaltet. Mit ihrer Hilfe erreichte Carsten schnell seinen Kollegen, der die Suche ohne ihn weiter fortgesetzt hatte. Im vorderen Bereich war es dem Trupp der Wache 6 jetzt gelungen, die Flammen zu löschen. Dennoch blieb das Vordringen meiner Männer ein nicht ungefährliches Unternehmen. Die Temperatur im Inneren des Busses war extrem hoch, und solange wir die Brandursache nicht kannten, vermochte niemand zu sagen, ob das Feuer nicht plötzlich an einer anderen Stelle wieder aufflammen würde. Hans-Peter Valdor, den C-Dienst, schienen ähnliche Gedanken zu beunruhigen.

„Martin, hast du schon einen Trupp zu der hinteren Türe geschickt?"

„Ja, hab ich. Ein Trupp unter PA mit einem weiteren C-Rohr."

„Dann frag nach, wie weit die sind, und sag denen, die sollen sich beeilen."

Die Anfrage erübrigte sich, denn soeben bog der Trupp um das Heck des Busses, sodass wir Sichtkontakt hatten.

„7-1 für Angriffstrupp kommen!"

Das war Carsten Heine.

„Ja Carsten, ich höre!"

„Wir haben den Bus kontrolliert. Keiner mehr drin, kommen."

Hans-Peter, der mitgehört hatte, beugte sich zu mir: „Sag denen, die sollen versuchen, ob sie die hintere Türe öffnen können."

Ich nickte. „Carsten, ich habe verstanden, keiner mehr im Bus. Sehr gut. Könnt ihr die hintere Türe öffnen?"

„Moment, ich versuch's."

Normalerweise erfolgt das Öffnen der Türen mithilfe einer elektropneumatischen Schaltung über einen simplen Tastendruck auf dem Armaturenbrett. Bei Linienbussen funktioniert das nicht viel anders, allerdings gibt es da einen Trick, wie man die Türen auch von außen öffnen kann, selbst wenn die Elektrik oder Pneumatik ausgefallen ist. Die Türen an einem Reisebus sind jedoch anders aufgebaut, da funktioniert das nicht. Wenn es hier hart auf hart gekommen wäre, hätten wir natürlich kurzen Prozess gemacht. Und in dem Fall hätten wir uns nicht nur gewaltsam über die hintere Tür Zutritt verschafft. Ich hätte unverzüglich den Befehl erteilt, die Heckscheibe einzuschlagen, damit weitere Einsatzkräfte über die Steckleiterteile in den Bus eindringen konnten. Entsprechende Vorkehrungen hatte ich ja bereits getroffen.

Gott sei Dank war das alles nicht nötig gewesen. Es war den beiden gelungen, die hintere Tür gewaltfrei von innen zu öffnen. Als sich die Türe öffnete, trat eine Menge Rauch aus. Darin erschienen, fast wie in einem Actionfilm, Carsten und Struppi, mein verschwitzter Angriffstrupp.

Ich war mit dem C-Dienst nach hinten gelaufen. Horst Kronenberg, der schon dort stand, erkundigte sich sofort nach den Schlafkabinen für die Fahrer. „Habt ihr die auch überprüft?"

„Klar. War keiner drin, beide leer."

„Sehr gut." Er atmete erleichtert auf. „Scheint, als hätten wir wieder einmal mächtig Glück gehabt."

Ein Weihnachtsmarkt bei der FF-Kaarst

Ich fasste es nicht, bald war tatsächlich wieder Weihnachten und danach wäre auch dieses Jahr schon fast wieder vorüber. Die Einladung kam ebenso überraschend wie kurzfristig. Anlässlich ihres einhundertjährigen Bestehens wollte die Freiwillige Feuerwehr unserer Nachbarstadt Kaarst einen eigenen Weihnachtsmarkt veranstalten, und jemand fragte bei mir an, ob ich nicht Lust hätte, dort einen Bücherstand aufzubauen. Jemand? Nein, nein, nicht irgendjemand. Auf jeden Fall sagte ich gerne zu. Aber der Reihe nach.

Es war einige Tage zuvor, als ich mehr zufällig in den kleineren Aufenthaltsraum hineinblickte und dort Tofu zwischen einigen Kollegen sitzen sah. Thorsten Fuchs, der gemeinsam mit uns hier an Feuerwache 7 etliche Jahre Dienst gemacht hatte, war mit Fleiß und Können der Aufstieg in den höheren Dienst gelungen. Der Kontakt zu ihm war deshalb aber nie ganz abgerissen, und so besuchte er uns in unregelmäßigen Abständen, halt so, wie es ihm seine Zeit erlaubte. Er hatte vor noch nicht allzu langer Zeit erfolgreich seinen letzten Ausbildungsabschnitt abgeschlossen und auch schon eine Weile als C-Dienst bei uns verbracht. Jetzt deutete er an, dass er demnächst wohl wieder einige Schichten als C-Dienst an seiner alten Wirkungsstätte fahren würde. Die Nachricht löste bei meinen Männern ein kräftiges *Hallo* aus. Tofu zurück! Und dann noch als C-Dienst! Das schrie geradezu nach Kuchen!

Ich setzte mich natürlich dazu und schon bald wurden die gemeinsamen alten Erlebnisse aufgetischt. „Weißt du noch, damals, wie du mit Theo bei dem Unfall an dem Geländewagen …?"

„Ja, ja, aber die Geschichte mit dem brennenden Ökohaus, die war auch nicht ohne."

Jochen Dieter steckte seinen Kopf zur Türe herein. „Tofu, du alter Abtrünniger. Hab ich doch richtig gehört. Was ist, bleibst du zum Essen?"

„Hm. Was gibt's denn?" Und mit einem Seitenblick auf mich: „Kocht der immer noch so'n Fraß?"

„Ne, ne, mein Freund. So kriegst du nichts, so nicht." Jochen spielte den Entrüsteten, musste aber selber herzhaft lachen, um dann zu verkünden, dass es Eintopf gebe.

„Ist denn genug da?"

„Für dich langt's allemal." Und mit einem Augenzwinkern fügte er hinzu: „Dann kann so ein armer Inspektoranwärter wie du sich wenigstens mal wieder richtig sattessen."

Nach dem Essen sagte mir Tofu, er hätte da noch ein Anliegen.

„Schieß los."

„Ist aber mehr privater Natur."

„Egal. Erzähl, wo drückt dich der Schuh?"

„Ne, ne, mich drückt gar nichts", erklärte er und lachte, „aber man hat mir eine Bitte aufgetragen."

„Eine Bitte? Mach's nicht so spannend. Also, was ist es?"

„Komm, lass uns nach vorne gehen. Das erzähle ich dir lieber im Büro."

Kurz darauf saßen wir beide in meinem Büro, wo Tofu endlich mit der Sprache rausrückte.

Einige Tage darauf, ich hatte wieder eine meiner üblichen 24-Stunden-Schichten, kam Sterni gegen 16.00 Uhr, um mich für einige Stunden abzulösen. Dadurch konnte ich der Einladung meiner Kaarster Feuerwehrkameraden nachkommen und einen kleinen Bücherstand auf ihrem Weihnachtsmarkt eröffnen. Die Gemeinde Kaarst ist von meiner Wache aus in einer guten halben Stunde zu erreichen. Bislang hatte ich noch nie

Kontakt mit den Kameraden dieser Wehr gehabt. Ich war gespannt, was mich dort erwarten würde.

Ich hatte schon am Abend zuvor einen Schwung Bücher und einige Hörbücher im Kofferraum meines Wagens verstaut und die Klapptafel mit den Werbeplakaten dazugelegt. So ausgestattet verließ ich jetzt meine Wache. Jeder Weihnachtsmarkt lebt ja bekanntlich davon, dass er von möglichst vielen Menschen besucht wird. Angesichts des anhaltenden Dauerregens, der mich während der gesamten Fahrt begleitete, hatte ich da so meine Bedenken. Ich musste mit Licht fahren. Der Himmel war schon seit dem Mittag eine einzige graue Masse, und es sah absolut nicht nach einer Wetterbesserung aus. Die Kaarster Feuerwache sollte ich eigentlich leicht finden, Tofu hatte mir den Weg schließlich genau beschrieben. Nachdem ich den Rhein überquert und die Autobahn verlassen hatte, fuhr ich über eine langgestreckte Straße. Parallel auf der linken Seite verlief ein schmaler Kanal, rechts war ein Industriegebiet. Irgendwo hier sollte sich die Wache befinden. *Oha,* dachte ich, *Regenwetter und abseits der Wohnbebauung. Na, wenn da man überhaupt einer kommt.* Der Regen trommelte gegen die Windschutzscheibe, mein Scheibenwischer gab sein Bestes. Dann tauchte vor mir die Wache im dichten Regen auf. Ich war verblüfft. So ein schickes modernes Gebäude hatte ich nicht erwartet. Die Fahrzeughalle des doppelstöckigen, langgestreckten Gebäudes war hell erleuchtet. Die Rolltore zeigten direkt zur Straßenseite. Ich lenkte auf einen davor befindlichen Vorplatz. Und wohin jetzt? Plötzlich schob sich eines der Tore in die Höhe. Ein LF kam mit eingeschalteten Blaulichtern vorgefahren, hielt kurz neben meinem Wagen an. Die Seitenscheibe ging runter und jemand fragte: „Zum Weihnachtsmarkt?"

„Ja genau!"

„Da rechts durch die Schranke!"

Ob er mein gerufenes *Danke* noch gehört hatte? Sein Martinshorn vernahm ich jedenfalls noch einige Zeit, dann wurde der auf- und abschwellende Ton von dem dicht fallendem Regen geschluckt. Die Schranke war geöffnet, ich konnte also ungehindert weiterfahren und erlebte eine zweite Überraschung. Eine breite asphaltierte Straße zog sich um das Wachgebäude. Mann, die hatten hier ja richtig viel Platz! Rechter Hand waren überall Parkflächen angeordnet und links voraus, also direkt auf der Rückseite des gesamten Wachgebäudes, erweiterte sich die Straße zu einem breiten Platz. Dort herrschte ein emsiges Treiben. Überall standen schmucke kleine und mittelgroße Holzbuden, zwischen denen Menschen geschäftig hin- und herliefen. Ich fuhr so weit es ging und hielt zwischen mehreren Vans. Einige hatten große Planenanhänger. Vermutlich Händler, die ebenfalls ihren Stand aufbauten, sagte ich mir und damit lag ich nicht falsch.

Okay, erst mal sehen, wo ich hinmuss. Ich sollte meinen Stand ja irgendwo innerhalb der Wache haben. Obwohl es immer noch in Strömen regnete und dieser Weihnachtmarkt sich noch im Aufbau befand, ging von ihm jetzt schon eine urige Gemütlichkeit aus. Die Holzbuden waren alle wie aus dem Ei gepellt und richtig schön geschmückt. Und was mir am Besten gefiel: Nirgendwo gab es billigen Kitsch. Die Mischung aus traditionell Handwerklichem und ersten Wohlgerüchen nach frisch gebrannten Mandeln, Zimt, Printen und Weihnachtsäpfeln traf exakt meinen Geschmack.

„Ah, unser Schriftsteller! Na, den Weg gut gefunden?" Es war Tofu, der mich mit seinem jungenhaften Lächeln begrüßte, um die Lenden hatte er tatkräftig eine weiße Schürze gebunden.

„Einwandfrei. Nur schade, das mit dem Wetter. Ich hoffe, es kommen trotzdem ein paar Leute."

Es kamen nicht nur ein paar – schon bald nachdem draußen alles fertig aufgebaut war, füllte sich der Platz mit Besuchern. Überall herrschte reges Treiben. Ein großes Zeltdach überspannte den Eingang zum Wachgebäude. Hier erhielt man für kleines Geld Wertmarken, mit denen sämtliche Leckereien und Getränke erstanden werden konnten. Alles andere, was dieser

Weihnachtmarkt zu bieten hatte, nebst meinen Büchern, gab es nur gegen Bares. In einer der Buden stand Tofu und produzierte schmackhafte Reibekuchen. Etwas weiter spielte eine Musikgruppe auf einem überdachten LKW-Anhänger. Mein Stand, besser gesagt mein Tisch, befand sich in einem großen Raum, der den Kaarster Feuerwehrkameraden für Zusammenkünfte und festliche Anlässe diente. Hier gab es heißen Kaffee und köstliche selbstgebackene Kuchen. Ich war also genau an der richtigen Stelle. Überall herrschte eine ungezwungene, heitere Atmosphäre und so vergingen die Stunden wie im Flug. Gerne wäre ich noch etwas länger geblieben, die Herzlichkeit und die Freundlichkeit der Kaarster Feuerwehrkameraden machten mir den Abschied wirklich schwer. Aber ich hatte mit Sterni ausgemacht, dass ich so gegen sieben oder halb acht wieder zurück sein wollte – es wurde fast halb zehn.

Einige Feuerwehrkameraden halfen mir beim Einpacken.

„Freunde, das war ganz toll. Ihr habt einen fantastischen Weihnachtsmarkt auf die Beine gestellt und wenn ich darf, komme ich nächstes Jahr gerne wieder zu euch."

Bei meiner Abfahrt genoss ich noch einmal die lange Reihe der flackernden Schwedenfeuer, die die dunkle Nacht in ein warmes Licht tauchten, dann ging es zurück auf meine eigene Wache.

Einige Tage darauf war Weihnachten. Markus Roelofs hatte uns ein sagenhaft gutes Festessen kredenzt, für das ihm, unserer Meinung nach, mindestens ein Michelinstern verliehen gebührte! Die vorweg gereichte Spargelcremesuppe war vom Allerfeinsten und die Nachspeise geradezu ein Gedicht, vom Hauptgang ganz zu schweigen.

„Also lieber Markus", verkündete ich voll des Lobes, „in keinem Feinschmeckerlokal hätte es uns besser munden können als heute bei dir. Unser Dankeschön gilt natürlich auch deinen fleißigen Küchenhelfern."

„Genau!", rief Gunther, „zumal man in diesen vornehmen

Gourmettempeln die Fleischstücke nur mit der Lupe finden kann und nie satt wird."

„Hört, hört. Es sprach unser Fachmann für die feine Küche. Du scheinst dich in diesen Kreisen ja gut auszukennen."

„Hauptmeistergehalt!", meldete sich Thorsten. „Für unsereins reicht es nur bis zur nächsten Pommesbude."

„Oooch! Du armer Kerl! Na hoffentlich wirst du da wenigstens satt!"

Satt waren wir heute alle zur Genüge geworden. Und so schlappten die ersten alsbald aus dem Aufenthaltsraum, wo wir, wie an großen Feiertagen üblich, die Tische zu einer langen Tafel zusammengestellt hatten, um sich für ein Stündchen aufs Ohr zu legen. Etliche Kollegen, unter denen sich auch unser Wachvorsteher befand, blieben jedoch länger sitzen und plauderten noch über dies und das. Als sich wieder zwei Mann erhoben, besann ich mich auf meine Funktion als DGL und forderte die beiden auf zu bleiben.

„Moment bitte. Bevor wir uns jetzt alle zurückziehen, schlage ich vor, dass wir erst gemeinsam die Küche auf Vordermann bringen." Ich schaute möglichst überzeugend in die Runde und erklärte: „Solch ein Schlachtfeld wollen wir heute ja wohl nicht unserem Küchenchef alleine überlassen, oder?"

„Nein, natürlich nicht, aber dann sollten sich auch alle daran beteiligen."

„Ganz meine Meinung."

„Okay", entschied ich, „dann macht der Hausdienst jetzt eine Durchsage: Alle Mann sollen in die Küche kommen zum Großreinemachen."

Der Hausdienst erhob sich und wollte schon zur Rundspruchanlage gehen, da hielt ihn Frank Hinsen zurück und erklärte trocken: „Martin, du glaubst doch nicht wirklich, dass da alle kommen werden. Besonders die nicht, die jetzt schon flachliegen."

„Verstehe, du meinst also, *ich* sollte lieber selber gehen."

„Nein, nein", Frank winkte lächelnd ab und machte eine bezeichnende Kopfbewegung zu unserem Wachvorsteher. „Ich denke, da müsste *er* schon die Durchsage machen."

„Kein Problem", sagte der, „wenn du das willst … ich mache das."

Er stand auf und zog tatsächlich sofort los. Ich rief ihm scherzhaft hinterher:

„Vergiss es! Das gibt eh nix! Selbst wenn die deine Stimme hören, denken die Kollegen nur, das ist ein Stimmenimitator!"

Er ließ sich von meinen Worten jedoch nicht entmutigen. Stattdessen überraschte er uns mit einer genialen Durchsage, die uns ein herzhaftes Lachen abnötigte:

„Achtung, das ist kein Stimmenimitator, hier spricht euer C-Dienst! Ich soll euch von Frank Hinsen Folgendes ausrichten: alle Mann in die Küche. Auch die faulen Säcke, die schon flachliegen. Aber zackzack!"

Seine Durchsage wurde ein großer Erfolg. Alle waren gekommen, auch die „faulen Säcke", die schon an der Matratze gehorcht hatten, sodass unsere Küche bald in weihnachtlichem Glanz erstrahlte.

Carlos, die Silvesterknaller und der gnadenlose Meik

Dieser Tage erhielt ich wieder eine E-Mail von einem jungen Mann, der, angeregt durch meine Bücher, unbedingt Feuerwehrmann werden wollte. Ich erhalte solche Anfragen des Öfteren und die Fragen, die mir gestellt werden, lauten immer gleich: Was muss ich tun, um Feuerwehrmann zu werden? Welche Voraussetzungen muss ich dazu mitbringen? Und wie und wo kann ich mich bewerben?

Ich nehme mir jedes Mal die Zeit und beantworte alle diese Fragen ausführlich. Einerseits mache ich das gerne und andererseits denke ich, das bin ich diesen jungen Menschen schuldig. Schließlich habe ich durch die Darstellung meines eigenen Feuerwehrlebens mit dazu beigetragen, dass irgendwo in Deutschland bei einem Leser wieder dieser Wunsch entstanden ist. Meist erhalte ich später noch einmal Post. Teils sind es hocherfreute Schreiben, wenn jemand tatsächlich angenommen wurde, teils aber auch enttäuschte Worte, weil es aus irgendwelchen Gründen nicht geklappt hat. Auch hierauf antworte ich wieder.

Warum berichte ich in diesem Buch überhaupt darüber? Nun, diejenigen meiner Leserinnen und Leser, die schon mehr als ein Buch von mir gelesen haben, wissen, dass meine Bücher zu einem guten Teil autobiografisch sind. Und da ich mich Ihnen allen in gewisser Weise verbunden fühle, fand ich es an der Zeit, auch diesen Teil meines Privatlebens hier einfließen zu lassen. Und ich denke, dass ich eine Verantwortung habe, auch über einige Dinge zu schreiben, die bislang in meinen Büchern außen vor geblieben sind.

Hallo! Verantwortung? Außen vor geblieben? Hat der Mann uns etwa die ganze Zeit über etwas verheimlicht?

Na ja, ganz so arg ist es nicht, aber wenn man schon wie ich Realbücher und keine Fantasiegeschichten schreibt, dann, so finde ich, sollten auch Fakten genannt werden dürfen, die nicht nur die heile Feuerwehrwelt widerspiegeln.

Waren wir an Feuerwache 7 über lange Jahre ein verdammt guter „Haufen" gewesen – Kerle, die nichts erschüttern konnte, die wie Pech und Schwefel zusammenhielten –, so durchlaufen wir zurzeit ein tiefes Tal der Unzufriedenheit. Was war geschehen?

Eigentlich nichts Besonderes, außer dass der Zeitgeist des moralischen und sittlichen Verfalls, wie er leider in großen Teilen der Bevölkerung zu bemerken ist, auch vor der Feuerwehr nicht Halt gemacht hatte. Kamen in früheren Zeiten die jungen Männer noch aus vorwiegend idealistischen Überzeugungen zur Feuerwehr, so sind in den letzten Jahren vermehrt Leute eingestellt worden, denen diese innere Einstellung abhandengekommen zu sein scheint. Die meisten fangen sich, wenn sie erst einmal in die Wachmannschaft integriert worden sind, und finden noch den Dreh. Aber inzwischen sind zu viele darunter, die jeder aufrechte Feuerwehrmann am liebsten auf den Mond schießen würde. Diese, wie wir sagen, faulen Fische oder Flimmflämmchen, vergiften die Arbeitsatmosphäre auf der Wache. Sie besitzen weder eine Arbeitsmoral noch haben sie Skrupel, ihren unkündbaren Beamtenstatus schamlos auszunutzen. Dass sie laufend krankfeiern, darf ich als Dienstgruppenleiter natürlich nicht offen ansprechen, schließlich weisen diese Möchtegern-Feuerwehrmänner mir ja eine vom Arzt ausgestellte Krankmeldung vor. Das Tragische ist nur, solche Kollegen muss man bis zur Pensionierung mit durchschleppen!

Fakt ist, dass es bei der Feuerwehr schon immer arbeitsscheue Menschen gegeben hat, aber nicht in dieser Zahl. Und da es mein

Job ist, dafür zu sorgen, dass jeden Tag neunzehn Mann im Dienst sind, müssen die Guten, die Fleißigen und Aufrechten immer öfter ran. Sie schieben eine Dienstschicht nach der anderen, um den Ausfall der faulen Fische zu kompensieren.

Das ging nun schon eine ganze Weile so und ich wunderte mich, dass meine Männer nicht früher aufgemuckt hatten. Aber irgendwann ist der Punkt erreicht und man hat auf gut Deutsch die Schnauze voll – ich auch. Klar, ein Wachvorsteher kann solche Männer versetzen, dann landen sie auf einer anderen Wache. Die haben aber die gleichen Probleme und man bekommt im Gegenzug nur jemand anderen, der dort nicht gelitten ist. Irgendwie ist das wie mit den Atommüllaltlasten, keiner will sie haben. Wohlgemerkt, ich spreche hier nicht von normalen Versetzungen, wie sie immer wieder vorkommen, weil der Dienstbetrieb das erfordert, sondern nur von den gerade beschriebenen Problemfällen (sonst wäre ich ja auch einer, denn in meinen fast fünfunddreißig Dienstjahren war ich auch nicht immer nur an Wache 7 tätig). Also wartet man darauf, dass der nächste Grundausbildungslehrgang endet, und hofft, hier frische, motivierte Feuerwehrmänner zu finden. Seit Jahren hatte man uns mehr Personal versprochen und tatsächlich, die Jungs, die wir bekamen, waren schwer in Ordnung. Nur sind es immer noch zu wenige, weshalb sich unsere Situation bis heute leider noch immer nicht maßgeblich verbessert hatte.

So, ihr jungen Männer und Frauen Deutschlands – das ist leider eine der negativen Seiten meiner Feuerwehrrealität. Und, wollt ihr jetzt immer noch Feuerwehrleute werden? Ich hoffe, ja, denn wir brauchen euch! Aber es mögen sich bitte nur die Guten und die Fleißigen und die mit der richtigen inneren Einstellung bewerben!

Alle anderen sollen, mit Verlaub, dort bleiben, wo der Pfeffer wächst!

Seit einiger Zeit nutzen wir das im Internet eingestellte Google-Earth-Programm in Kombination mit einem unter der

Decke montierten Beamer für unsere Straßenkunde. Dazu versammeln wir uns jeden Morgen im wacheigenen Schulungsraum. An diesem Montagmorgen hatte unser Wachvorsteher die komplette Mannschaft jedoch aus einem anderen Grund hierhin beordert. Irgendwie spürte jeder, dass er an diesem Morgen nicht gerade bester Laune war. Kein Wunder, hatte er sich doch von der Direktion den Vorwurf anhören müssen, dass die erste Tour der Feuerwache 7 im abgelaufenen Jahr wesentlich öfter die vorgegebene Sollstärke unterschritten hatte als irgendeine andere Wache. Die Gründe, die dazu geführt hatten, interessierten nicht. Da half es auch nichts, dass ich mich vor meine Männer stellte und argumentierte, dass die meisten immer wieder freiwillige Zusatzschichten übernommen hatten. Jürgen Leineweber war nun niemand, der sich dieser Argumentation verschlossen hätte, er hatte ja selber erkannt und anerkannt, was wir leisteten. Aber für die Direktion, so erklärte er, zähle nur die nüchterne Zahlenstatistik, und von daher werde man eine solch hohe Ausfallquote nicht länger akzeptieren. Natürlich gab es auch schon einen Lösungsansatz, aber der würde das Gros meiner nach wie vor fleißigen Männer nicht entlasten, zumindest nicht, solange wir nicht endlich die so oft zugesagte, personelle Verstärkung bekämen.

„Hört zu, Männer. Ich weiß, dass ihr fleißig seid, und ich erkenne auch an, dass jeder von euch 'ne Menge Überstunden auf seinem Konto stehen hat. Aber auf dem freien Markt ist derzeitig nichts zu bekommen." Er legte eine Kunstpause ein und meinte dann: „Jedenfalls nichts Gutes." Danach fügte er fast entschuldigend hinzu: „Ihr wisst das doch auch. Also haltet zumindest noch die Hufe still, bis ich die uns zugesagten Neuen vom Grundausbildungslehrgang erhalte. Ich bin sicher, danach wird sich unsere Personalsituation auch wieder entspannen."

Zumindest mit einer Aussage behielt unser Wachvorsteher Recht. Die Jungs, die vom Grundausbildungslehrgang zu uns stießen, waren die richtigen. Prächtige Burschen, über die wir uns nicht beklagen konnten. Inwiefern sich das allerdings auf die gesamte Personalsituation an unserer Wache und somit auch auf die zukünftige Arbeitsmoral auswirken würde, musste sich noch zeigen.

Das Frühstück war gerade vorbei und ich saß unlustig am Schreibtisch in meinem Büro. Vor mir ein Stapel unerledigter Einsatzberichte, der sich innerhalb der letzten acht bis zehn Dienstschichten angesammelt hatte und den ich auf keinen Fall noch länger vor mir herschieben wollte. Ich hatte es mir schon früh angewöhnt, die gesammelten Alarmschreiben mit kleinen Hinweisen zu versehen. Kurze Notizen zu den entsprechenden Einsätzen, die meinem Gedächtnis auf die Sprünge halfen, wenn es galt, den dazugehörigen Bericht zu schreiben. Ohne diese „Spickzettel" würde ich mit Sicherheit einige Dinge durcheinanderbringen. Schließlich wiederholen sich die Einsätze ja ständig. Oft hast du gleich drei Küchenbrände in einem Monat und wenn du Tage oder manchmal erst Wochen später vor den Unterlagen sitzt, fragst du dich: War das Feuer nun auf der ersten oder auf der dritten Etage? Hatte der Rettungswagen von Wache 1 oder von Wache 4 den Patienten in die Uni-Klinik gefahren? Hatten auf der Rückbank des Unfallwagens zwei oder doch drei Leute gesessen?

Am vernünftigsten wäre es natürlich, man würde seine Einsatzberichte möglichst zeitnah zum Geschehen anfertigen, aber das lässt sich nicht immer verwirklichen. Ich habe sowieso das Gefühl, dass die Büroarbeit, die ich schon früher nie gemocht habe, von Jahr zu Jahr umfangreicher wird. Und der Computer, der mich darin ja eigentlich entlasten sollte, verschärft meines Erachtens die Sache zusätzlich. Okay, zugegeben, die Bits- und Bytes-gesteuerte Kiste hat auch ihre unbestrittenen Vorteile. Trotzdem behaupte ich, dass wir schon lange den Zeitpunkt überschritten haben, an dem wir uns auf den Wachen kaputtverwalten! Möglicherweise sehe ich das ja auch zu schwarz, schließlich bezeichne ich mich selber scherzhaft als Computerlegastheniker. Vielleicht bin ich aber auch einfach nur zu alt für diesen Bürosch…

Fakt ist jedenfalls, dass ich auf der Wache erheblich mehr Zeit vor dem Computer verbringe als mit meinen Männern, wodurch zwangsläufig die meiner Meinung nach wirklich wichtigen Dinge wie das praktische Trainieren an Fahrzeugen und Geräten zu kurz kommen. Und somit wären wir wieder an der Stelle angekommen, wo dieser Abschnitt anfänglich begann – vor meinem Stapel unerledigter Berichte und vor meinem ungeliebten Computer.

Thomas Mücke, mein neuer DGL-Kollege, saß mir, ebenfalls an seinem Schreibtisch sitzend direkt vis-à-vis gegenüber und warf mir einen vielsagenden Blick zu. Dabei lächelte er still in sich hinein. Thomas, um etliche Jahre jünger als ich, war ein völlig anderer Typ als Reinhard Sternberg. Seit Sterni die Tour gewechselt hatte, bildete er mit Wolfgang und mir das neue Triumvirat auf unserer Tour. Und ob ich es wollte oder nicht, auf einmal war ich aufgrund meines Alters und der hohen Anzahl von Dienstjahren der sogenannte Ober-DGL geworden.

Ich glaube genau zu wissen, warum Thomas so still vor sich hinlächelte. Für ihn bedeutete Computerarbeit nämlich kein lästiges Übel. Im Gegenteil, er sah darin sogar eine willkommene Erleichterung unserer Büroarbeit, was die von mir angeführten Missstände jedoch nicht minderte. Nur fiel ihm, dem computerversierten Kollegen, alles leichter.

Zwei und einen halben Bericht später erlöste mich der Vielfachgong aus der Enge unseres Büros.

„Einsatz für 7-46-1, brennender Container, Reisholzer Werftstraße."

„Ja!" Ich ballte die erhobene Faust. „Gott sei Dank, ich bin weg!"

Thomas sah trocken grinsend von seiner Arbeit auf. Während ich meine beiden Lieblingshandlungen, Speichern und Herunterfahren, ausführte und aus dem Büro rannte, rief er mir hinterher. „Das nutzt dir auch nichts! Wenn du zurückkommst, hast du nur einen Bericht mehr zu schreiben!"

„Egal!", rief ich zurück und stieg in die bereitstehenden Stiefel. „Hauptsache raus hier!"

Natürlich hatte Thomas recht mit dem, was er sagte. Ein neuer Einsatz bedeutet zwangläufig auch immer, einen weiteren Bericht schreiben zu müssen. Aber das zählte in diesem Moment nicht – jetzt galten andere Spielregeln –, jetzt war ich als Feuerwehrmann gefragt und darin sah ich meine wahre Bestimmung!

Carlos' Vater konnte das Wort schon nicht mehr hören. Jedes Mal, wenn sie in den Nachrichten davon sprachen, stieg in ihm der Ärger hoch – Migrationshintergrund! Wie er dieses Wort hasste. Seit den Neunzigern lebte und arbeitete er in Deutschland. Seine Frau und seine beiden Töchter waren später nachgekommen, und im Gegensatz zu vielen anderen, die in den letzten Jahren in dieses Land geströmt waren, sprachen alle Mitglieder seiner Familie recht gut Deutsch. Lediglich den Akzent, der ihre eigentliche Heimat verriet, hatten zumindest er und seine Frau bis heute nicht verleugnen können, aber war das ein Manko? Er war immer fleißig gewesen, hatte nie gegen irgendwelche Gesetze verstoßen, und Carlos, sein Jüngster, war sogar hier geboren.

Trotzdem warf man seine Familie mit allen anderen Ausländern in einen Topf. *Migrationshintergrund!* Sein kleiner Carlos! Was für ein hässliches und, wie er fand, diskriminierendes Wort für seinen fast zehnjährigen Sohn.

Carlos hingegen hatte ganz andere Probleme als sein Vater. Die meisten Jungs hier waren entweder älter oder viel jünger als er. In seinem Alter spielten zwei, drei Jahre Altersunterschied noch eine ganz erhebliche Rolle. Mit den Kleinen spielen war unter seiner Würde und die Größeren ließen ihn links liegen, dabei würde er so gerne mit ihnen um die Straßen ziehen und so sein wie sie. Aber immer, wenn er versuchte, bei den

Größeren Anschluss zu finden, schickten sie ihn entweder fort oder hänselten ihn.

Bis zur Silvesternacht waren es jetzt nur noch zwei Tage. Obwohl es nicht erlaubt war, knallten überall in der Stadt schon die Böller. Unter den Größeren gab es einige Rabauken, die es faustdick hinter den Ohren hatten und die genau wussten, wie man an solche Silvesterknaller herankommen konnte, obwohl der offizielle Verkauf noch nicht begonnen hatte und die Abgabe an Kinder streng verboten war. Sie prahlten vor den anderen mit ihrem zum Teil erheblichen Arsenal an Knallern, so auch vor Carlos, der sich wieder in ihrer Nähe aufhielt.

„Hier, du Winzling, wenn du davon 'ne Packung bringst, kannst du meinetwegen mitkommen."

Carlos machte große Augen. Er war zwar kleiner als die anderen, aber er war nicht feige. Mit gespreizten Beinen pflanzte er sich vor ihnen auf und behauptete altklug: „Kinder dürfen solche Knaller gar nicht haben. Das ist verboten."

„Pah! Wen interessiert denn das. Außerdem, wenn du Kohle hast, kriegst du alles. Und jetzt verpiss dich, Klugscheißer."

Enttäuscht und gedemütigt wandte sich Carlos von der Gruppe ab.

„He! Und wehe, du verpfeifst uns! Dann gibt's was aufs Maul, kapiert?"

Natürlich hatte Carlos kapiert, aber denen würde er es schon noch zeigen. Diese Schmach wollte er nicht auf sich sitzen lassen. Er würde sich auch solche Knaller besorgen, koste es, was es wolle. Von Günter, einem der Größeren, der schon mal mit ihm sprach, hatte er erfahren, wie das funktionierte. Man musste nur zu dem Mann in die Trinkhalle gehen. Wenn man dem das Doppelte des normalen Preises zahlte, verkaufte der auch an Kinder. Hatte Günter zumindest behauptet. Das nötige Geld dazu besaß er, aber wollte er wirklich …?

Ja, er wollte. Wild entschlossen drehte sich Carlos um und rief: „Ich komm wieder und dann bring ich die Knaller mit!"

Dann rannte er los. Hinter ihm brachen die Großen in lautes Gelächter aus.

Der Gang zur Trinkhalle kostete ihn doch weit mehr Mut, als er sich vorgestellt hatte. Aber es war noch schlimmer gekommen. Der korrupte Alte hatte ihm nicht nur das Doppelte, sondern fast das Dreifache abgeknöpft. Daher hatte Carlos auch nur eine Packung mit der Aufschrift China-Böller bekommen. Nachdem er sein lange gespartes Taschengeld gegen in knisterndes rotes Papier eingepackte Böller eingetauscht und den kostbaren Schatz in seiner Hosentasche verstaut hatte, scheuchte ihn der Alte aus seiner Trinkhalle.

„Und wehe, du erzählst deinen Eltern davon! Dann gibt's was aufs Maul, verstanden?" Carlos, der heilfroh war, die Knaller überhaupt bekommen zu haben, nickte stumm und dachte bei sich: *So ein Arschloch.* Genau die gleiche Drohung hatte er heute schon einmal gehört.

Kaum hatte er die Trinkhalle verlassen, rannte er los und erreichte mit fliegendem Atem die Gruppe, die noch immer in derselben Ecke herumlungerte. Carlos zog die Knaller aus der Hosentasche und präsentierte stolz seine, wie er glaubte, Einstandsbeute.

Die Jungen staunten nicht schlecht, als er prahlte, wie er angeblich zu den Knallern gekommen war. Dass der geldgierige Trinkhallenbesitzer ihm fast das Dreifache des regulären Preises abgeknöpft hatte, verschwieg er. Stattdessen tischte er ihnen eine faustdicke Lüge auf.

„Lass mal sehen", sagte der Rädelsführer möglichst harmlos und streckte die Hand aus. Carlos gab ihm bereitwillig das Päckchen. Kaum hatten die Knaller den Besitzer gewechselt, da verzog der Große das Gesicht zu einem frechen Grinsen: „Okay, das war's. Und jetzt verzieh dich Kleiner."

Carlos stand einen Moment wie erstarrt, dann schrie er: „He, gib mir sofort meine Knaller zurück, die gehören mir!"

Der Anführer der Gruppe, der sich gerne Tiger nennen ließ, lachte hämisch, hielt das Päckchen hoch über seinem Kopf und höhnte: „Ich denke, Kinder dürfen so was gar nicht haben? Ha, ha, ha! Na komm, hol sie dir doch, wenn du kannst."

Carlos versuchte tatsächlich, sich seine Knaller zurückzuerobern. Er hüpfte immer wieder hoch und griff nach dem Päckchen. Vergeblich – sein um mehr als einen Kopf größerer Gegner hielt ihn problemlos mit der freien Hand auf Distanz. Das ging so lange, bis Carlos schließlich erschöpft aufgab und weinte. „Ihr seid so gemein."

Davon ungerührt steckte sich der Rädelsführer die Knaller in die eigene Hosentasche und meinte abfällig: „Jetzt hör schon auf zu flennen, du Heulsuse." Dabei sah er triumphierend von einem zum anderen und rief laut: „Babys wie du haben bei uns eh nichts verloren, stimmt's?"

Mag sein, dass die meisten Jungen ihm darin sogar zustimmten, trotzdem murrten einige auf.

„Komm Tiger, gib dem Kleinen seine Knaller zurück."

„Was? Sag mal Rolli, spinnst du?" Tiger machte eine pathetische Geste. „Das ist Beute, ganz reguläre Beute. Machen wir doch immer so."

„Ja … schon … aber …", druckste Rolli herum.

„Was? Spuck's schon aus."

„Na ja, ich fand das gerade nicht so gut, wie du den Kleinen abserviert hast."

Tiger pflanzte sich angriffslustig vor seinem Widersacher auf.

„So, du findest das also nicht gut. Ist vielleicht noch jemand unter euch, der das nicht gut fand?"

Einen Moment herrschte betretenes Schweigen, dann meldete sich ein anderer Junge zu Wort: „Komm Tiger, lass gut sein. Ich finde auch, du solltest dem Carlos seine Knaller zurückgeben."

„Sag mal, spinnt ihr jetzt alle?" Tiger reagierte sauer. „Bin ich euer Anführer oder wer?"

„Ja du", maulten die Jungs, wobei ihnen das *ja du* reichlich gequält über ihre verkniffenen Lippen kam.

„Na also, dann bestimme ich auch immer noch die Regeln."

„Aber wir könnten doch …" Rolli flüsterte Tiger was ins Ohr. „Na, was hältst du davon?"

Der zehnjährige Carlos hatte die Industriebrache mit den beiden darauf abgestellten Überseecontainern eine Zeit lang beobachtet. Weit und breit war kein Mensch zu sehen gewesen. Nachdem auch schon lange kein Auto mehr vorbeigefahren war, fühlte er sich einigermaßen sicher. Er lief quer über die Straße. Ein provisorisch errichteter Bauzaun trennte das freiliegende, verwilderte Gelände zum Gehweg hin ab. Eines der lediglich mit simplen Metallklammern zusammengehaltenen Zaunfelder aus ihren am Boden liegenden Betonblöcken zu ziehen würde er nicht schaffen, dazu fehlte es ihm an Kraft. Aber an dem Drahtgeflecht emporzuklettern und sich hinüberzuschwingen, war kein Hindernis für einen Jungen wie Carlos. Flink wie ein Eichhörnchen hatte Carlos den Zaun überwunden und huschte neben einen der beiden Container. Ein wenig mulmig war ihm schon zumute, aber die anderen hatten ihm versichert, dass das Ganze nur ein absolut harmloser Spaß sei.

„Hör zu Carlos, das ist völlig gefahrlos. Da haben wir schon ganz andere Dinger gemacht."

„Wirklich, was denn?"

„Knaller in Briefkästen geworfen, zum Beispiel."

„In richtige?"

„Klar in richtige, was denkst du denn?"

„Etwa in solche von der Post?" Carlos war schwer beeindruckt, hatte aber immer noch Bedenken. „Und ihr seid wirklich sicher, dass da keiner drin wohnt?"

„Denkst du, wir sind blöd, Mann? Guck dir die Blechkisten doch an. Siehst du da vielleicht irgendwo 'n Fenster …? Na also."

„Und warum soll ich überhaupt …?"

„Mann jetzt mach schon. Willse uns hier 'n Loch in'n Bauch fragen, oder willse dazugehören?"

Carlos wollte dazugehören. Und jetzt stand er auf einer kleinen Holzkiste, die er im Gelände gefunden hatte, und zündete den ersten China-Böller an. Die kurze Lunte versprühte zischend Funken. Die Lüftungsschlitze waren ziemlich hoch angebracht. Carlos streckte sich auf die Zehenspitzen. Nur so gelang es seinen kleinen Fingern, den ersten Böller in den Container zu befördern. Kaum war der Böller in dem Schlitz verschwunden, machte sich Carlos klein und hielt sich beide Ohren zu. Ein dumpfer Knall ertönte. Carlos war enttäuscht. Er hatte mehr erwartet als nur dieses dumpfe *Whhhuf*. Ein suchender Blick zu seinen neuen „Freunden". Die standen in sicherer Entfernung auf der anderen Straßenseite hinter einem Mäuerchen und gestikulierten wild, er solle weitermachen. Als er den vierten Böller durch die Lüftungsschlitze stecken wollte, wurde er von einer Polizeistreife gesehen, die hier mehr zufällig vorbeifuhr. Als Carlos den uniformierten Beamten am Bauzaun bemerkt, war es für eine Flucht schon zu spät. Wohin hätte er auch rennen sollen? Das eingezäunte, quadratische Gelände bot keinerlei Verstecke und ehe er die andere Seite erreicht hätte, wäre der Polizeiwagen schon dreimal da gewesen. Oder der andere Polizist hätte, genau wie er, den Bauzaun überstiegen und ihn auf seinen langen Beinen bestimmt schnell eingeholt.

„Na Bürschlein, was hast du denn da oben reingesteckt? Das sind doch nicht etwa Knallkörper?"

Carlos schlotterten die Knie vor Angst. Hilfesuchend blickte er sich um. Von seinen falschen Freunden war weit und breit keiner mehr zu sehen.

Als Carlos der Aufforderung des Polizisten folgend zurück über den Zaun kletterte, drang erster dichter Rauch aus den Ritzen des Containers.

„Mensch Junge! Was hast du nur Dummes angestellt? Jetzt müssen wir auch noch die Feuerwehr rufen."

Meik Wessel, einer unserer Neuen, war Angriffstruppmann. Im Wassertrupp war Sascha Löffler auf sich alleine gestellt. Wir waren wieder einmal unterbesetzt. Saschas zweiter Mann fehlte, was aber weder ihn noch mich sonderlich störte. Schließlich fuhren wir ja nur zu einem Containerbrand. Hinter dem Steuer saß Stefan Jachmann. Für ihn war es die erste Alarmfahrt als Maschinist auf diesem Fahrzeug. Bis auf Carsten Heine, meinen Angriffstruppführer, befand ich mich also nicht nur mit einer sehr jungen, sondern auch mit einer sehr kuchenverdächtigen Truppe auf der Alarmfahrt zur Einsatzstelle. Entsprechend euphorisch war meine Stimmung.

„He Jungs, klasse Einsatz!"

„Wieso? Du weißt doch noch gar nicht, was uns erwartet."

„Ist doch egal, Hauptsache Kuchen."

„Kuchen? Wieso Kuchen?"

„Na hör mal Stefan. Erste Alarmfahrt als Maschinist, und für Meik ist es der erste Löscheinsatz."

„Ach so", dehnte Stefan und lachte. „Also an mir soll es nicht liegen."

Dann kam die Frage aus dem Mannschaftsraum:

„'n Container zählt bei euch als richtiges Feuer?"

„Feuer ist Feuer, Meik", rief ich. „Da kennen wir nix! Vor dem Kuchen wirst du dich wohl nicht drücken können."

„Hab ich auch nicht vor. Ich hätte mir nur gerne was anderes als erstes Feuer gewünscht als so'n blöden Müllcontainer."

„Von Müllcontainer war bislang auch nie die Rede. Es gibt ja schließlich auch noch andere."

„Na hoffentlich!"

Als wir in das Reisholzer Hafengebiet einbogen, sah ich die pfeilgerade zum Himmel aufsteigende Rauchsäule zum ersten Mal.

„He Meik! Dreh dich mal um. Scheint, als sollte dein Wunsch in Erfüllung gehen. Das Wölkchen da vorne sieht so gar nicht nach einem Müllcontainer aus!"

„Soll ich mich nicht lieber auch ausrüsten?"

„Ja Carsten. Zieh dir ebenfalls einen PA an. Ich schätze, das ist was Dickeres."

Für gewöhnlich reicht es mir, wenn sich für das Löschen eines Müllcontainers nur der Angriffstruppmann auf der Anfahrt mit dem Atemschutzgerät ausrüstet. Die extreme Rauchentwicklung, die wir gerade zu sehen bekamen, ließ jedoch auf ein größeres Feuer schließen. Es war daher richtig, dass sich mein Angriffstruppführer ebenfalls ausrüstete.

Die Leitstelle rief mich.

„7-46-1 für Florian Düsseldorf, kommen!"

„7-46-1 hört, kommen."

„Zu Ihrer Information. Bei dem Containerbrand soll es sich um zwei Überseecontainer handeln. Wir schicken die Freiwillige Feuerwehr von Himmelgeist/Itter zur Verstärkung, kommen."

„Verstanden. Zwei brennende Überseecontainer. Verstärkung ist alarmiert."

Ich drehte mich zu meinen Männern um.

„Habt ihr das mitbekommen? Zwei Überseecontainer, und die FF ist auch zu uns unterwegs. Ich hoffe, Meik, du bist jetzt zufrieden!"

Ob Meik zufrieden war, wollte und konnte er mir jetzt nicht mehr sagen. Zum einen hatte er die Atemschutzmake aufgezogen und zum anderen waren wir soeben eingetroffen. Da gab es keine Zeit mehr für ein lockeres Plauderstündchen – jetzt musste gehandelt werden und zwar schnell!

Die beiden Überseecontainer standen völlig frei auf einem ansonsten unbebauten verwilderten, brachliegenden, aber eingezäunten Gelände. Ihr Abstand zum Zaun, der parallel zum Gehweg verlief, betrug gut zehn Meter. Die Flügeltüren des von uns aus gesehen rechten Containers standen weit geöffnet. Aus ihnen schlug eine hohe Flammenfront, begleitet von sich ständig drehenden und wälzenden dunklen Rauchschwaden, die steil in den Himmel aufstiegen. Die Flammen leckten bereits gierig an der Außenwand des zweiten Containers. Dort, wo sie auf die Blechwand aufschlugen, erkannte ich nur noch eine rußgeschwärzte Fläche, um die herum der Lack dicke Blasen warf. Etwas entfernt hielt ein Polizeiauto am Straßenrand. Ein Polizist erwartete uns an einer mit einer dicken Eisenkette verschlossenen Durchlassstelle im Bauzaun. Ich wies Stefan an, genau diese Stelle, die etwas weiter rechts neben dem brennenden Container lag, anzufahren.

„Stefan, ich öffne den Zaun, komm mit dem LF hinterher. Angriffstrupp! Mit Schnellangriff und zweitem C-Rohr vor!"

Ich sprang aus dem LF. Den Zaun zu öffnen bereitete mir keine große Mühe, denn Sascha kam mir mit dem Bolzenschneider zu Hilfe.

„Soll ich?"

„Ja klar."

Knack! Das metallene Kettenglied war durchtrennt. Die beiden Zaunfelder aus den Löchern der Betonklötze herausziehen und nach innen aufschwenken war das Werk von Sekunden. Und schon rollte Stefan mit dem LF auf den unbefestigten, spärlich mit Wildgras bewachsenen Untergrund. Wäre der Boden durch die lang andauernden Frosttemperaturen nicht so hart gefroren, hätten wir das mit unserem achtzehn Tonnen schweren Löschfahrzeug gar nicht riskieren dürfen. Mit Sicherheit hätten wir uns in dem Gelände festgefahren. So mussten wir nur auf uns selber achtgeben, denn der Boden wies überall tiefe Dellen, Furchen und Rillen auf, in denen zu Eis gefrorenes Wasser stand. Das ideale Terrain, um mal so richtig fies auf die Schnauze zu fliegen, besonders wenn man so schnell handeln musste wie wir.

Der geöffnete Container stand im Vollbrand und strahlte eine enorme Temperatur ab. In einem Umkreis von mehr als zwei Metern um ihn herum war der Boden bereits aufgetaut. Was in seinem Inneren brannte, konnte ich wegen der starken Rauchentwicklung nicht erkennen. Im Übrigen hütete ich mich, meine Nase allzu neugierig da hineinzustecken. Ich spinkste lediglich in respektvollem Abstand vorsichtig um die Ecke. Es wäre nicht der erste Großraumcontainer, in dem Propangasflaschen lagerten. Das ist zwar nicht erlaubt, geschieht aber dennoch ständig. Das Gleiche gilt für die gefährlichen Schweißgasflaschen, die nicht einmal über ein Überdruckventil verfügen, das bei einem unzulässigen Überdruck, wie er sich im Brandfall aufbauen kann, abbläst. Wobei, hier hätte das auch nichts mehr genutzt. Sollten hier tatsächlich Gasflaschen gelagert sein, musste ich davon ausgehen, dass uns die Dinger jeden Moment um die Ohren fliegen konnten. Der Aufenthalt vor den geöffneten Containertüren war somit der gefährlichste. Eine zerberstende Druckgasflasche wirkt wie eine Bombe. Reißt das Flaschenventil ab oder zerbirst unter dem rapide ansteigenden Innendruck des sich ausdehnenden Gases der komplette Metallmantel, so kann dieser wie ein Geschoss mit hoher Geschwindigkeit durch die Gegend geschleudert werden. Im Extremfall mehrere hundert Meter weit. Um diese Gefahr wusste ich, als ich dem Polizisten zurief, er solle die Straße absperren.

In dem Moment, als mein Angriffstrupp aus dem Schnellangriffsrohr den ersten Wasserstrahl in die Flammen richtete, traf die Freiwillige Feuerwehr mit zwei weiteren Löschfahrzeugen ein. Dieter Mundschenk, der Wehrführer der FF Himmelgeist/Itter hatte, noch bevor er ein Wort mit mir gewechselt hatte, erkannt, was zu tun war, und wies seine Gruppe an, eine Wasserversorgung aufzubauen. Ruckzuck hatten die Männer den nächstgelegenen Unterflurhydranten aufgesucht, dessen ovale Deckelkappe geöffnet und ihr Standrohr in die Klauenmutter eingeschraubt. Kurz darauf speisten sie über eine B-Leitung das Hydrantenwasser aus dem unterirdisch verlegten, städtischen Rohrnetz in den Tank unseres Löschfahrzeugs. Wasser, das ich dringend brauchte, denn nachdem auch das zweite C-Rohr in Stellung gebracht worden war, ging unser Wasservorrat recht schnell zur Neige.

„Hallo Martin."

„Hallo Dieter."

„Gasflaschen drin?"

„Keine Ahnung, kann ich noch nicht sagen. Aber hast du noch zwei Mann unter PA?"

„Klar. Angriffstrupp zu mir!"

Die Volmer-Brüder hatten sich ausgerüstet und übernahmen jetzt unser zweites C-Rohr, das bisher mein Wassertruppmann gehalten hatte, der aber keinen PA trug und daher nur aus großer Distanz arbeiten konnte.

„Okay Jungs", erklärte Dieter seinem Angriffstrupp, „solange wir nicht sicher sein können, dass uns nichts um die Ohren fliegt, schön weiter aus der Deckung löschen, verstanden?"

Die beiden nickten und pressten sich dicht gegen den aufgeweichten Erdboden.

„Richtig schöne Drecksarbeit, was Dieter?", bemerkte ich.

„Fachlich einwandfrei und völlig korrekt ausgedrückt", bestätigte er und stellte mit einem zufriedenen Gesichtsausdruck fest: „Deshalb ist es ja auch gut, dass wir die Chefs sind."

Die Wurfweite eines herkömmlichen C-Strahlrohres beträgt fünfzehn Meter. Unsere eingesetzten Trupps konnten demnach das hintere Ende des Containers nicht ganz erreichen. Die beiden Trupps feuerten aus vollen Rohren, aber das Feuer hielt sich erstaunlich hartnäckig. Nach einer Weile kam Carsten zu mir und meinte, dass es wenig Sinn machte, weiterhin nur von außen Wasser in die Flammen zu spritzen. Er würde lieber in den Container eindringen.

„Also Gasflaschen sind da jedenfalls keine drin, höchstens Schnapsflaschen. Man kann ja schon bis zur Rückwand gucken."

Ich stimmte ihm zu. Einige Stellen brannten zwar immer noch heftig, aber genau diese Bereiche ließen sich wesentlich effektiver und gezielter aus der Nähe bekämpfen.

Carsten und Meik rückten also in geduckter Stellung vor und die Volmer-Brüder, die in einem Abstand von nur wenigen Metern folgten, gaben ihnen mit dem zweiten Strahlrohr Deckung.

Dieter hatte zwei weitere Männer aus seiner Truppe angewiesen, den Container auszuleuchten. Etwas später stellten sie ein schweres Auszugstativ mit zwei 1000-Watt-Strahlern samt der dazugehörigen Scheinwerferbrücke auf. Die weit reichenden kräftigen Strahler tauchten das Innere des dunklen, weil inzwischen vollständig gelöschten Containers in ein helles Licht. Carsten und Meik kamen zurück. Genau wie Dieters Männer sahen auch sie aus wie … na ja, so sehen Feuerwehrmänner eben aus, wenn sie richtig ranmüssen. Und die vier mussten richtig ran. Besonders meinen Trupp hatte es arg erwischt. Dadurch dass sie als erste in die Tiefe des Containers vordringen mussten, standen sie des Öfteren unter dem Schutz von Dieters Männern. Im Klartext heißt das: Mein Trupp wurde von seinem Trupp mit einem schützenden Sprühstrahl eingedeckt. Was das bedeutet, muss ich hier wohl nicht näher erläutern. Die Trupps standen jetzt wieder draußen. Hier an der Außenluft herrschten Minusgrade und jetzt, wo das Feuer aus war, gefror das aus dem Container laufende Löschwasser sofort zu Eis. Die vier eingesetzten Männer hingegen dampften vor Anstrengung und den hohen Temperaturen, die auf sie eingewirkt hatten, wie die Schlote.

„Zieht erst mal eure nassen Klamotten aus und dann bleibt ihr im warmen Mannschaftsraum", empfahl ich. „Hier gibt es eh nichts mehr zu tun und Schläuche aufrollen können andere."

Mit *andere* hatte ich mich selber auch gemeint, denn ich finde, ein DGL sollte sich nie zu fein sein mit anzupacken!

Was genau in dem Container gelagert war, konnten wir nicht mehr ermitteln. Bis auf einen vollständig ausgebrannten Kühlschrank, von dem meine Kollegen nur noch das nackte Blechgehäuse ins Freie zerrten, bedeckte knöchelhoher Brandschutt den Containerboden. Alles, aber auch restlos alles war bis zur Undefinierbarkeit verkohlt. Die Erklärung für dieses außergewöhnlich heftige und nur sehr schwer zu löschende Feuer war schnell gefunden. Den Boden des Containers bedeckte ein komplett aus Aluminium gefertigtes, stabiles Gitterrost. Große

Teile davon waren regelrecht verbrannt und unter der hohen Temperatur geschmolzen. Einiges von diesem Schmelzgut lief uns während der Brandbekämpfung wie die flüssige Lava eines Vulkans aus dem Container entgegen. Hier hatte sich eine große Löschwasserpfütze gebildet, in der sich die „Aluminiumlava" in skurrilen Gebilden abkühlte.

Die beiden Polizisten berichteten mir später, dass der Container, der bei ihrem Eintreffen noch verschlossen gewesen war, plötzlich „dicke Backen" bekommen hatte. Daraufhin hatten sie ihr Fahrzeug vorsichtshalber etliche Meter aus der Gefahrenzone gefahren und aus sicherer Entfernung beobachtet, wie diese brennende „Blechdose" immer bauchiger wurde. Sie hatten schon befürchtet, der Container könne abheben und ihnen um die Ohren fliegen, aber dann habe es „nur" einmal mächtig gerummst, wobei die Flügeltüren aufrissen und eine gewaltige Stichflamme aus der Öffnung herausgeschossen kam. Kurz darauf seien wir dann eingetroffen.

Der Brandstifter, ein zehnjähriger Junge, den sie auf frischer Tat ertappt hätten, säße noch in ihrem Wagen.

„Und, was passiert jetzt mit ihm?"

„Nun, wir werden ihn gleich nach Hause fahren und seinen Eltern übergeben. Scheint kein übler Junge zu sein. Vorhin", der Polizist deutete auf einen entfernt liegenden Bereich, „vorhin hab ich da hinten ein paar größere Jungs bemerkt. Die spinksten mir ziemlich auffällig um die Ecke." Er lachte in sich hinein. „Hatten wohl gedacht, ich sehe sie nicht. Als ich rüberging, sind sie stiften gegangen. Also ich kann mich des Verdachts nicht erwehren, dass die den Kleinen hierzu angestiftet haben."

„Und, sagt der was?"

Der Polizist schüttelte den Kopf. „Keinen Mucks. Und wenn das stimmt, was ich mir denke, glaub ich auch nicht, dass der Junge mit der Sprache rausrücken wird. Der hat Angst vor den Großen. Irgendwie tut mir das Bürschchen sogar leid. Hoffentlich gehen die Eltern nicht zu hart mit ihm ins Gericht."

Wie es dem kleinen Carlos zu Hause ergangen ist und was später aus ihm wurde, habe ich allerdings nicht mehr erfahren.

Wir waren längst wieder auf der Wache. Der Angriffstrupp kam mir frisch geduscht und umgezogen, das Waschzeug unter dem Arm, entgegen.

„Und, Meik Wessel, reicht dir das für heute?"

„Nö", schüttelte er frech den Kopf und grinste mich an, „von mir aus kann's ruhig so weitergehen."

Es war gegen 11.00 Uhr abends. Ich hatte einen abschließenden Gang zum Vorraum meines DGL-Büros unternommen, um mir den Funkmeldeempfänger zu holen, den ich tagsüber meist in der Alarmjacke mitführe, nachts aber lieber am Bett liegen habe. Mein Weg dorthin führte mich an dem ehemaligen Raucherraum vorbei. Die Türe stand offen und die Glotze lief, irgend so ein Gurkennasenfilm (wachinterne Wortschöpfung für Science-Fiction-Filme) flimmerte über die Mattscheibe, aber kaum einer schaute richtig hin. Ich steckte meinen Kopf zur Türe hinein und entdeckte Meik, der zwischen zwei anderen Kollegen auf der hinteren Eckbank saß. „Ah, da sitzt ja unser gnadenloser Meik!", rief ich. „Und … was ist? Fahren wir immer noch raus, oder dürfen wir durchschlafen?"

„Klar fahren wir raus", lachte er leicht verlegen.

Seine beiden Nachbarn rissen sofort ihre Köpfe herum und sahen ihn strafend an.

„He du! Die Nacht ist kalt und dunkel!"

„Na und? Bin ich ein alter Mann? Ich will schließlich was erleben."

„Okay, du willst was erleben … kannst du haben."

Ich machte mich ganz schnell vom Acker. Solche Erlebnisse kannte ich zur Genüge. Noch auf dem Gang hörte ich das laute Gegröle. Manche Feuerwehrmänner bleiben eben immer große Jungs – und das ist gut so!

Ob noch viele meiner Kollegen Zeit für ein ernst gemeintes Nachtgebet finden, wage ich zu bezweifeln. Aber für ein „Lieber Gott, sei so nett, lass die Wache 7 im Bett" reichte es bei einigen allemal, zumindest im übertragenen Sinn. In dieser Nacht sollte der gnadenlose Meik jedoch die besseren Connections haben.

Es muss irgendwann zwischen zwei und halb drei gewesen sein. Ich befand mich in einer absoluten Tiefschlafphase. Anders kann ich es mir nicht erklären, wie ich den Vierfachgong überhören konnte. Es war das penetrante *Piiiiiiip* meines Funkmeldeempfängers, das mich weckte. Gut, dass ich mir den für die Nacht ans Bett geholt hatte. Ich war noch immer desorientiert und fühlte mich fürchterlich, von dem hell leuchtenden Deckenlicht geblendet. Alles war so unwirklich. Galt dieser Alarm wirklich mir? Bevor ich in die Klamotten stieg, öffnete ich zaghaft die Türe zum Gang. Tatsächlich, Alarm! Die ersten Kollegen liefen schon an meinem Zimmer vorbei, unter ihnen befand sich auch Meik.

„Das ist er!", rief ich und zeigte auf ihn. „Dem verdanken wir das!"

Lautes Gelächter schallte über den Flur, dann waren sie auch schon an mir vorbei. Ich also schnell wieder zurück in mein Zimmer, rein in die Klamotten und nichts wie ab nach vorne. Wohin, muss ich wohl nicht mehr näher erläutern.

Es war nur mein LF alarmiert worden. PKW-Brand, Potsdamer Straße. Stefan Jachmann gähnte laut.

„He Maschinist, schlaf mir ja nicht ein!"

„Ne, ne, keine Sorge, ich bin schon hellwach."

„Das sah gerade aber nicht so aus."

„Das sagt gerade der Richtige!"

„He, wieso?"

„Na eben, als wir an deinem Schlafraum vorbeigerannt sind und du die Türe geöffnet hast, da hättest du dich mal sehen sollen. Total verpennt. Ich sag nur ... total verpennt."

„Dein DGL sieht nie verpennt aus, kapiert?"

„Meinetwegen, aber dann muss ich mich ernsthaft fragen, was da vorhin gestanden hat."

„Frag nicht, fahr!"
„Aye aye Chef."
„Hört mal ihr zwei da vorne, ein oder zwei PA?"
„Einer reicht!"
„Also rüstet sich der gnadenlose Meik aus, richtig?"
„Richtig Carsten!"
Auf den Straßen war nichts los, dementsprechend schnell erreichten wir die Potsdamer Straße.
„Wo genau soll das sein?"
Ich hielt die Depesche in der Hand und warf noch mal einen Blick auf die Angaben. „Muss ziemlich am Ende sein. Auf jeden Fall noch hinter der Kurve."
Die Potsdamer Straße gehört zu einem Stadtteil mit hoher Bevölkerungsdichte und einem vergleichsweise hohen Ausländeranteil und wird rechts und links von großen Wohnblocks und Hochhäusern flankiert. Viele dieser Betonbauten besaßen eine Tiefgarage. Wer hier keinen Tiefgaragenplatz hatte, parkte seinen Wagen am Straßenrand. Und da diese Plätze bei Weitem nicht ausreichten, drängten sich hier die über Nacht abgestellten Autos. Ein Mercedes 300 SEL bildete unter den geparkten Fahrzeugen allerdings eher die Ausnahme. Eine Ausnahme, die zudem lichterloh in Flammen stand. In unmittelbarer Nachbarschaft zu dem Geschoss parkten vor einem Hochhaus mehrere Fahrzeuge auf einer kleinen asphaltierten Fläche, unter anderem auch ein VW-Bus. Genau dieser Bus war besonders gefährdet. Eine brennende Flüssigkeit lief durch den Rinnstein auf ihn zu. War es Benzin? Um ein Übergreifen der Flammen auf den Bus zu verhindern, brauchte ich sofort ein C-Rohr.
„7-46-1 Einsatzstelle an!", rief ich in den Funkhörer. „PKW im Vollbrand. Zwei C-Rohre, zwei PA!"
„Verstanden 7-46-1, zwei C-Rohre, zwei PA."
„Ich rüste mich aus!", rief Carsten Heine von hinten.
Sehr gut. „Meik! Mit Schnellangriff zur Brandbekämpfung, vor! Wassertrupp! Sofort zweites C-Rohr mit Rollschläuchen vornehmen. Ihr schützt den VW-Bus!"

Stefan hatte genügend Abstand gelassen, sodass uns die Strahlungshitze des brennenden Mercedes nicht erreichen konnte. Bei den neben ihm geparkten Fahrzeugen sah es hingegen nicht so gut aus, hier warf der aufgeheizte Lack bereits erste Blasen. Wenn wir das Schlimmste noch verhindern wollten, mussten wir sofort handeln. Ich riss daher selber das hintere Rollo zum Schnellangriff hoch und löste die Bremse, um den formbeständigen Hochdruckschlauch von seiner Trommel abrollen zu können. „Hier!" Meik, der bereits fertig ausgerüstet war, griff nach dem ständig angekuppelten Strahlrohr unserer Schnellangriffseinrichtung. Im Moment war er dank der Atemschutzmaske und der übergestreiften Flammschutzhaube der Einzige in meiner Truppe, der sich nahe genug an den brennenden Mercedes heranwagen durfte. Die Feuerlöschkreiselpumpe arbeitete. Meik lief geduckt auf den Mercedes zu und riss den Hebel des Hohlstrahlrohres zurück. Er hatte auf Sprühstrahl gestellt. Sofort ergoss sich ein breit gefächerter Wasserstrahl über die aus den geplatzten Scheiben herausschießenden Flammen. Mein zweiter Trupp, der genau wie ich „nur" die HUPF-Bekleidung trug, musste zu seinem eigenen Schutz einen größeren Sicherheitsabstand einhalten. Die beiden hatten in Windeseile drei Rollschläuche miteinander verkuppelt und ein C-Strahlrohr angeschlossen. „Wasser marsch!", mussten sie indes nicht mehr rufen. Stefan, mein Maschinist, richtete sein Hauptaugenmerk zwar auf die Instrumente seines Pumpenbedienstandes, hatte die beiden aber dennoch im Blick. Zehn Bar Wasserdruck pressten sich in die ausgerollte Schlauchleitung. Schon schoss das Wasser zischend aus dem Strahlrohr und bildete einen schützenden Wasserschleier zwischen dem Bus und der zerstörerischen Kraft der Strahlungswärme.

„Schwenkt mal nach links!"

Andreas hob die Hand, signalisierte, dass er verstanden hatte, und hielt auf die herannahende brennende Flüssigkeit. Sofort erloschen die Flammen.

Seit unserem Eintreffen war noch keine Minute vergangen und doch war die größte Gefahr für die anderen Fahrzeuge bereits gebannt. Meik bekam jetzt Unterstützung von seinem Angriffstruppführer. Ich hatte unseren 12-Kilogramm-Pulverlöscher aus seinem Fach gehoben und neben mir stehen. Wäre es notwendig gewesen, hätte ich damit schnell in das Geschehen eingreifen können. Es war nicht mehr nötig geworden. Meine beiden Trupps hatten die Lage mit ihren C-Rohren fest im Griff. Nachdem die Flammen nicht mehr so stark aus dem brennenden Mercedes herausschlugen, konnte man sich auch ohne Gesichtsschutz näher heranwagen. Unmittelbar vor der Beifahrertüre lag ein aufgeplatzter 5-Liter-Benzinkanister. Höchst verdächtig. Und es war eindeutig der Behälter, aus dem der Sprit gelaufen war, der den VW-Bus bedroht hatte. Ich zeigte darauf.

„Guckt mal hier, das sieht verdammt nach Brandstiftung aus."

„Das ist Brandstiftung!"

Nanu, wer sprach denn da mit mir? Ich drehte mich um. Hinter mir standen zwei Polizisten in Uniform. „Hallo, seid wann seid ihr denn hier?"

„Wir waren sogar schon vor euch da", erklärte er mir.

„Vor uns? Kann nicht sein, dann hätte ich euch doch sehen müssen."

„Stimmt schon, aber wir mussten noch mal weg."

Ich sah den Sprecher fragend an: „Noch mal weg?"

„Hinter dem Brandstifter her."

„Ah … und, habt ihr ihn geschnappt?"

„Leider nicht. Aber den kriegen wir. Man hat ihn nämlich dabei beobachtet, wie er den Wagen hier angezündet hat."

„Und er soll sich dabei den Arm oder zumindest die Jacke verbrannt haben", ergänzte der zweite Polizist.

„Wohl mit dem Benzinkanister hier." Ich zeigte wieder nach unten.

Beide Polizisten beugten sich etwas vor.

„Oh, das ist gut. Nix verändern. Wenn wir Glück haben, finden wir darauf seine Fingerabdrücke."

„Ich rühr nichts an", beeilte ich mich zu sagen und hob beide Hände.

Inzwischen waren mehrere Hausbewohner herausgekommen und beobachteten mit neugierigen Blicken die Nachlöscharbeiten meiner Kollegen. Der Mercedes war jetzt nur noch eine qualmende Ruine und fast vollständig ausgebrannt. Ich ließ den Kegel meiner Taschenlampe über das Innere gleiten.

„Und, noch einer drin?", fragte mich einer der Polizisten.

Ich schüttelte den Kopf. „Gott sei Dank nicht. Aber wieso fragst du? Gibt es vielleicht einen besonderen Grund dafür?"

„Weiß noch nicht genau", antwortete er plötzlich auffällig einsilbig.

„Wie weiß noch nicht genau? Ihr wisst doch was, stimmt's?"

Da beugte er sich zu mir und flüsterte, sodass es keiner der Umstehenden hören konnte:

„Wir haben 'nen Tipp erhalten. Wahrscheinlich war das ein Racheakt. Aber wie gesagt … ist alles noch sehr vage."

„Dann kommt also jetzt noch die Kripo?", wollte ich wissen.

„Nö. Wir machen nur 'n paar Fotos und den Wagen lassen wir abschleppen. Der kommt in die KTU."

„Und wenn da 'ne Leiche im Kofferraum liegt?"

„Mann, hast du 'ne kranke Fantasie."

Ich muss dazu sagen, dass wir wegen der Löscharbeiten bislang noch nicht dazu gekommen waren, den Kofferraum zu öffnen.

„Quatsch, ich seh nur gerne Krimis."

„Alles klar, Herr Kommissar", lachte der Polizist und wurde sogleich wieder ernst. „Aber der Kofferraum bleibt zu."

„Ich muss den aber kontrollieren, es könnte immer noch was darin brennen."

Der Polizist legte eine Hand auf den erkalteten Lack der Kofferraumklappe. Zusammen mit den hinteren Kotflügeln waren das die einzigen Bereiche, die überhaupt noch Lack aufwiesen.

Er schüttelte den Kopf. „Da drin brennt nix."

„Und wenn doch? Also ich finde, wir sollten den besser öffnen."

Der Kofferraum wurde nicht geöffnet. Weniger wegen einer möglichen Leiche, sondern vielmehr weil er verschlossen gewesen war. Und einer gewaltsamen Zerstörung wollten die beiden Polizisten auf keinen Fall zustimmen. Für uns gab es nichts mehr zu tun. Wir rollten also unsere Schläuche wieder ein und fuhren zurück zur Wache. Was tatsächlich in dem Kofferraum gelegen hatte? Ich habe es nie erfahren. Genauso wenig erfuhr ich, ob die Polizei den Brandstifter in dieser Nacht noch gefasst hatte oder nicht. In der Zeitung war darüber jedenfalls nichts zu lesen gewesen – der nächtliche PKW-Brand wurde von der Tagespresse nur als kleine Randnotiz erwähnt. Andere, größere Ereignisse drängten sich in den Vordergrund, bei denen wir mit unserem Einsatz nicht mithalten konnten.

(K)ein Wintermärchen

Ganz offensichtlich hatten sich die meteorologischen „Wetterfrösche" gleich mehrerer Fernsehsender dazu entschlossen, eine kollektiv falsche Wetterprognose zu liefern. Wie anders wären sonst die Aussagen eines Sven Plöger, eines Jörg Kachelmann, einer Claudia Kleinert, einer Maxi Biewer oder eines Christian Häckl zu bewerten? Etwa als grobe Fehleinschätzung oder, schlimmer noch, als eine wissentliche Lüge, die darauf abzielte, uns, die Bevölkerung des Rheinlandes, zu verunsichern?

Hm, unwahrscheinlich, höchst unwahrscheinlich. Aber gewaltige Schneefälle in unserer Region!? Und überdies auch noch von arktischer Kälte begleitet!? Da konnte etwas nicht stimmen. In den Alpenländern oder im nahe gelegenen Sauerland und in der Eifel, ja … da schon, aber hier bei uns, mitten in der Großstadt? Ich schüttelte den Kopf und sah meine Kollegen an. Einige unter ihnen kannten Düsseldorf mit richtig viel Schnee bislang nur vom Hörensagen. Sie waren viel zu jung, als dass sie sich an den letzten großen Kälteeinbruch hätten erinnern können. Zugegeben, in diesem Winter hatte es schon einmal geschneit, sodass wir die alten, angerosteten Schneeschieber aus dem Keller hatten holen müssen; aber was wir damit von dem Gehweg vor unserer Wache weggeschoben hatten, war geradezu lächerlich gewesen. Und jetzt, nachdem Weihnachten und Silvester schon wieder vorbei waren, sollte der Winter uns Rheinländer noch einmal mit aller Macht treffen?

Hahaha! Mir schien das eher ein etwas verfrühter Aprilscherz zu sein. Und wenn doch nicht?

Dann wäre es auf jeden Fall eine Riesensauerei gegenüber den Kindern, die wie jedes Jahr vor Weihnachten sehnsüchtig zum Himmel schauten und Ausschau nach der weißen Pracht hielten, in der Hoffnung, endlich mal wieder ihre verstaubten Schlitten hervorholen zu können.

Ich war mir dennoch sicher, dass die Wetterfrösche sich geirrt hatten, und deshalb würden die Kinder auch nicht zu ihrem Rodelvergnügen kommen – und uns würde das mühsame Schneeschaufeln erspart bleiben.

In dieser Nacht riss uns kein Alarmgong aus den Betten. Es blieb ruhig für den Löschzug 7. Eine Nacht zum Durchschlafen. Leider funktionierte das mit dem Durchschlafen nicht so gut, zumindest nicht bei mir. Wie immer, wenn ich das Zimmer für mich alleine habe, stand das Fenster meines Schlafraumes – pardon, ich meinte natürlich Ruheraum, Feuerwehrmänner schlafen ja nicht, sie ruhen nur – weit offen und meine nackten Füße guckten in gewohnter Weise neugierig unter der Bettdecke hervor. Irgendwann fröstelte ich und schlief deshalb ziemlich unruhig. Schließlich wurde ich (es muss schon spät in der Nacht gewesen sein) wach und nahm mir eine zusätzliche Decke, die immer griffbereit neben meinem Bett auf einem Stuhl liegt, sodass ich dafür nicht einmal aufstehen muss. Schlaftrunken breitete ich die Decke über mir aus, rollte mich auf die Seite und zog die Füße an. Aber irgendwie wollte sich der gesunde Tiefschlaf nicht mehr so richtig einstellen, denn die Kälte kroch wieder in mich hinein.

Vom medizinischen Standpunkt aus betrachtet sind die Zusammenhänge natürlich klar, aber verwunderlich ist es dennoch: Ist einem kalt, schläft man eben schlecht oder gar nicht. Wenn man hingegen in Eis und Schnee erfriert, schläft man vorher ein. Bei diesen Überlegungen muss ich unwillkürlich an meinen ersten Schlafsack denken. Damals besaß ich noch keine Erfahrung und vertraute dem Etikett mit dem vollmundigen Aufdruck *Überlebenstemperatur bis minus 15 Grad Celsius.* Dass die Angabe *Überlebenstemperatur* wirklich nur das bedeutete, was sie besagte, nämlich in diesem Sack kannst du bei minus 15 Grad Celsius zwar noch überleben, dich aber nicht wohlfühlen, davon hatte ich wie gesagt keine Ahnung. Auf jeden Fall war der leichte Schlafsack für die eisigen Wintertemperaturen im tiefgefrorenen Moor des Hohen Venn, das ich mehrere Tage lang mit einem Freund durchstreifte, nun wirklich nicht geeignet. Ich fror wie ein Schneider und machte nachts kaum ein Auge zu. Nach dieser leidvollen Erfahrung, die ich erstaunlicherweise ohne Lungenentzündung überlebte, hatte ich mir bei einem Ausrüster einen soliden wintertauglichen Schlafsack gekauft, der mich bis heute auf meinen expeditionsartigen Reisen selbst bei widrigsten Minustemperaturen nie im Stich gelassen hat.

In jener Nacht auf der Feuerwache hätte ich meine unzureichende Zudecke nur zu gerne gegen diesen kuschelig warmen Schlafsack eingetauscht. Gegen halb sechs in der Früh hatte ich, auf gut Deutsch gesagt, endgültig die Schnauze voll. Durchgefroren und von der inneren Kälte um den Schlaf gebracht, schlug ich die Decken zur Seite und setzte mich bibbernd auf die Bettkante. Boah, war das kalt! Ich vertrage ja schon eine Menge, aber das war selbst für mich zu viel. Rasch schluffte ich in die bereitstehenden Latschen, schnappte mir Hose und Pullover und verließ eilends das frostige Zimmer. In der Hoffnung, meinen derzeit desolaten Zustand mithilfe einer heißen Dusche wieder ins Lot bringen zu können, schlich ich steifbeinig über den langen Flur und begab mich ins Bad.

Nein! Das darf doch nicht wahr sein. Hatte doch wieder irgendein Idiot ein Fenster auf Kipp stehen gelassen und … natürlich, die Heizung war voll aufgedreht und hatte munter die ganze Nacht auf Hochtouren gebullert. Nachdem ich zuerst das Fenster geschlossen hatte, entledigte ich mich auch noch der letzten Kleidungsstücke. Allzu viel gab es eh nicht mehr, was ich ablegen konnte. Der gefliese Boden war eiskalt. Auf Zehenspitzen und splitterfasernackt tippelte ich unter die Dusche. Nur gut, dass heute nicht Sankt Martin war. Denn wenn mich so, mit dieser Gänsehaut, ein Geflügelschlachter gesehen hätte, wäre es garantiert um mich geschehen gewesen, zumal ich auch noch Martin heiße. Gott sei Dank laufen Geflügelschlachter um diese frühe Stunde nur äußerst selten durch unser Bad – ich gelangte daher unbehelligt unter die Dusche. Kontinuierlich drehte ich das Thermostatventil bis nahe der 50-Grad-Marke hoch. Bevor es dadurch zu folgenschweren Verbrühungen kommen konnte, beendete ich das für Feuerwehrverhältnisse zeitlich riskant lange Duschvergnügen und rubbelte meine nunmehr aufgeheizte Haut, die einer in siedendes Wasser getunkten Garnele nicht ganz unähnlich sah, mit dem Handtuch trocken. Das heiße Wasser hatte die Luft in ein türkisches Dampfbad verwandelt. Wasserdampf kondensierte an der kalten Fensterscheibe und rann in dicken Tropfen herunter. Ich schaltete die Lüftung ein und ging in den angrenzenden Raum, wo meine Kleidung lag. Hier befanden sich die Handwaschbecken, zu wenige für so viele Feuerwehrmänner, aber noch hatte ich die freie Auswahl. Das würde sich jedoch schlagartig ändern, nachdem die Leitstelle mit ihrem bekannten Weckruf „Guten Morgen, es ist sechs Uhr, sechs Uhr!" die Letzten aus den Betten gescheucht hätte. Bis dahin wäre ich hier aber fertig und würde vermutlich längst im großen Aufenthaltsraum vor einer dampfend heißen Tasse Kaffee (natürlich mit viel Milch und noch mehr Zucker) sitzen und durch die Tageszeitung blättern, von der uns jeden Morgen gleich mehrere Exemplare zugestellt wurden. Es sollte jedoch ganz anders kommen. Als ich mich nämlich auf den Weg zu den Zeitungen machte, die immer neben dem Tor in einer Zeitungsröhre steckten, warf ich erstmalig einen Blick nach draußen. Mich traf fast der Schlag! Die Feuerwache hatte sich in ein einziges weißes Wintermärchen verwandelt. Ach was sag ich, nicht nur die Wache, ganz Wersten, ganz Düsseldorf und Umgebung waren weiß. Weiß so weit das Auge reichte. Wahnsinn, einfach Wahnsinn. Ich zog die Türe auf und drückte die ersten

Tapfen in die jungfräuliche, weit über Knöchelhöhe reichende Schneedecke.

Oh ihr Plögers, ihr Kachelmänner und Kleinerts, ihr Biewers und Häckls – ich muss euch Abbitte leisten! Könnt ihr mir noch einmal verzeihen? Wie hatte ich nur an eurer Wetterprognose zweifeln können!? Die Welt um mich herum wirkte wie verzaubert und immer noch rieselten große Flocken vom Himmel herab. Die sonst so nüchtern wirkende Hofbeleuchtung warf ein warmes Licht auf die weiße Pracht. Als ich die Zeitungen in den Händen hielt, traf mich plötzlich die ernüchternde Erkenntnis, dass wir diesem Wintermärchen unverzüglich zu Leibe rücken mussten. Nichts war's mit dem dampfend heißen Kaffee und dem Zeitunglesen – jetzt war Schneeschaufeln angesagt. Ich schaute auf die Uhr. Keine fünf Minuten bis zum offiziellen Wecken. Dem offiziellen, ja ja, aber hier draußen herrschte der Ausnahmezustand. Als Dienstgruppenleiter war es meine Pflicht, unverzüglich zu reagieren. War natürlich Quatsch, aber es bereitete mir diebisches Vergnügen, meine Kollegen höchstpersönlich über die Rundspruchanlage aus den Federn zu scheuchen. Dazu bedurfte es lediglich eines einzigen kleinen Fingerdrucks auf dem Tableau. Danach näherte sich mein Mund dem fest installierten Mikro und schon ertönte meine Stimme aus sämtlichen Lautsprechern.

Die Jungs nahmen mir meine Voreiligkeit nicht übel, und schon wenige Minuten später standen wir gemeinsam draußen und schaufelten, was das Zeug hielt.

Zu meiner Verwunderung fuhren die S-Bahnen trotz des heftigen Schneefalls pünktlich, sodass ich zur gewohnten Zeit zu Hause eintraf. In Ratingen lag der Schnee noch höher als in Düsseldorf und, wie könnte es anders sein, laut unserem Schneeplan war ich genau in dieser „heißen" Phase mit Schneeschaufeln dran.

Am nächsten Tag breitete sich, genau wie vorhergesagt, die arktische Kälte über ganz Europa aus. In den folgenden Wochen kam es in den deutschen Mittelgebirgen zu weiteren heftigen Schneefällen, und in der Alpenregion türmte sich der Schnee meterhoch. Flüsse und Kanäle froren ein und die Binnenschifffahrt kam teilweise zum Erliegen. Abgesehen von den tiefen Temperaturen hatte sich die Lage im Rheinland merklich entspannt. Auf einigen Nebenstraßen und Wegen lag zwar immer noch Schnee, aber die Stadt war weitestgehend freigeräumt. Was uns Feuerwehrmänner am meisten verwunderte, war die Tatsache, dass es innerhalb des Stadtgebietes keine nennenswerten Unfälle gegeben hatte. Die Abendnachrichten zeichneten jedoch ein ganz anderes Bild der Lage. Überall im Land kam es immer wieder zu schweren Verkehrsunfällen, bei denen andere Feuerwehren und Rettungsdienste zum Einsatz kamen. Uns bereiteten hingegen die unzähligen zugefrorenen Gewässer Sorge, denn nicht alle Eisflächen gewährten die nötige Tragfähigkeit. Dennoch konnten viele Menschen der glitzernden Verlockung nicht widerstehen. Besonders die Kinder schnallten sich unbekümmert ihre Schlittschuhe unter und frönten einem oft trügerischen Vergnügen. Wie die meisten Feuerwehren im Lande bereiteten wir uns deshalb auf mögliche Eisunfälle vor. Ein besonders beliebter Platz der Düsseldorfer war der zugefrorene Weiher vor dem durch seinen rosafarbenen Anstrich besonders auffälligen Schloss Benrath. Wir hatten uns darauf geeinigt, hier eine umfassende Eisrettungsübung durchzuführen. Die Voraussetzungen dafür konnten gar nicht besser sein. Bei strahlendem Sonnenschein und knackiger Kälte rollte der Löschzug 7 unter einem wolkenlos blauen Himmel vor diese bezaubernde Rokoko-Schlossanlage, die der Kurfürst Karl Theodor von Pfalz-Sulzbach zwischen 1755 und 1773 als Sommer- und Jagdschloss durch Baumeister Nicolas de Pigage erbauen ließ. Nach einer wechselvollen Geschichte erwarb die Stadt 1911 die Gebäude, zu denen neben einer prachtvollen Park- und Gartenanlage auch eine Orangerie gehört. In einem Nebenflügel beherbergt das Schloss, das gegen ein kleines Entgelt Besuchern offensteht, ein Museum für Europäische Gartenkunst und ein Naturkundemuseum. Einen besonderen Kunstgenuss bieten die dort alljährlich stattfindenden musikalischen Aufführungen. Über eine nicht ganz so zahlreiche, aber mindestens ebenso interessierte Zuschauerzahl durften wir uns heute freuen. Das schöne klare Winterwetter hatte an diesem Samstagvormittag zahlreiche Spaziergänger herausgelockt und unsere roten Feuerwehrfahrzeuge übten, besonders auf die Jüngsten, eine geradezu magische Anziehungskraft aus. Während meine Kollegen sich in diversen Praktiken der Eisrettung übten, nutzte ich die Gelegenheit und improvisierte eine spontane Öffentlichkeitsarbeit, indem ich unserem Publikum wie ein Moderator die gebotenen Vorgänge kommentierte. Nach etwa eineinhalb Stunden beendeten wir unsere „Vorstellung". Eine echte Eisrettung war uns in diesem Winter Gott sei Dank erspart geblieben. Stattdessen wurden wir einige Schichten später zu einem anderen, außergewöhnlichen Wintereinsatz gerufen.

„Einsatz für 7-46-1, unklare Feuermeldung In den Großen Banden."

In den Großen Banden ist eine Ringstraße, die durch den Südpark führt, der wiederum Teil eines weitläufigen Grüngürtels ist, der sich von Süd nach Nord erstreckt. Im Zuge der Landesgartenschau angelegt, gehört die von der Düssel und mehreren kleineren Weihern durchzogene Park- und Gartenanlage heute zu einem beliebten, landschaftsarchitektonischen innerstädtischen Refugium für naturverbundene Menschen. Solche feingeistigen Überlegungen blieben mir auf unserer Alarmfahrt jedoch verwehrt. Mich interessierte viel mehr, wie wir die versteckte Einsatzstelle am besten erreichen konnten. Während ich noch verzweifelt den Stadtplan studierte, machte mir Norbert, mein Maschinist, den anscheinend ähnliche Überlegungen quälten, einen guten Vorschlag. „Was hältst du davon, wenn wir über den Hohensandweg anfahren? Ich glaube, da kommen wir besser durch."

„Gute Idee Norbert, so machen wir es."

Ich hatte immer noch keine Ahnung, was uns an der Einsatzstelle erwarten würde. Unklare Feuermeldung – das konnte alles und nichts bedeuten. Zumindest nichts Großes, sagte ich mir, sonst hätten die sicher nicht nur ein Fahrzeug geschickt. Wir fuhren über die Kölner Landstraße, eine der Hauptverkehrsadern. Links voraus erhob sich schon das hohe Versicherungsgebäude der Provinzial. Unmittelbar dahinter mussten wir die Straßenbahngleise überqueren, um auf die andere Fahrbahnseite und von da in den Hohensandweg zu gelangen.

„7-46-1 für Florian Düsseldorf, kommen!"

„7-46-1 hört, kommen."

„Fahren Sie über den Hohensandweg an. Fahren Sie bis zum Ende durch und folgen Sie dann dem Fußweg bis zu einer Unterführung. Etwa hundert Meter dahinter soll ein Papierkorb brennen."

Ah! Ein Papierkorb, welch ein Ereignis! Ich bestätigte die Information und drehte mich zum Mannschaftsraum um. „Habt ihr es gehört? Da brennt nur ein Papierkorb. Ihr könnt ablegen."

„Beide?"

„Frag nicht so scheinheilig. Aber wenn dir danach ist, kannst du den PA auch gerne aufbehalten."

Norbert überquerte die Straßenbahngleise. „Ich kenne die Stelle. Bei der Unterführung ist Finito, da kommen wir mit unserem LF nicht durch."

„Macht nichts. Das letzte Stück gehen wir eben zu Fuß. Männer, nehmt die Kübelspritze mit!"

Es war so, wie Norbert gesagt hatte. Den Fußweg weiter in den Park hätten wir noch fahren können, aber links in die Unterführung – unmöglich. Selbst mit viel Schwung wären wir dort stecken geblieben. Außerdem drehten wir hier ja schließlich keinen Actionfilm. Der Papierkorb würde sich also noch etwas länger gedulden müssen. Norbert schaltete den Motor ab und dann marschierten wir los. Wir, das waren der Angriffstrupp mit der

Kübelspritze, der Maschinist, der sich das große Ereignis auch nicht entgehen lassen wollte, und meine Wenigkeit. Der Wassertrupp blieb zurück beim Fahrzeug. Denen war die Sache, wie sie sagten, zu flach. Mir war das nur recht, denn dadurch mussten wir das LF nicht abschließen oder unbewacht zurücklassen. Der starke Frost der vergangenen Tage war milderen Temperaturen gewichen. Sobald wir aus der Unterführung traten, wurde der Weg aufgrund der Südlage sogar etwas matschig. Die Sonne entfaltete schon wieder so viel Kraft, dass der Schnee, der hier noch bis vor Kurzem überall gelegen hatte, großflächig weggetaut war. Etliche Meter weiter voraus sahen wir tatsächlich einen brennenden Papierkorb. Er hing an einem Baum. Wobei brennend … na ja. Der orangefarbene Kunststoffbehälter war längst durchgeschmolzen und sein auch nicht gerade üppiger Inhalt flackerte am Boden liegend in den letzten Zügen.

„Das gibt's doch nicht! Und dafür schleppen wir die Kübelspritze mit?"

Norbert, der vorneweg ging, hob wie der voranreitende Führer eines amerikanischen Siedlertrecks die Hand und drehte sich um. „Jungs, ihr habt ja so recht. Setzt die Kübelspritze hier ab. Quält euch nicht länger, wir machen das Feuer mit Schnee aus."

Zurück im Fahrzeug musste ich meinen Maschinisten noch einmal loben. „Norbert, genial. Doch wirklich, das war einfach genial. Wie du dich todesmutig mit nur zwei Händen voll Schnee dieser Feuersbrunst genähert hast, also davor ziehe ich meinen Hut."

„Und alles ohne PA!", spottete es aus dem Mannschaftsraum.

„Genau. Alles ohne PA. Ich denke, das ist mir eine besondere Rückmeldung wert." Ich ergriff den Funkhörer. „Florian Düsseldorf für 7-46-1, kommen!"

„Kommen Sie 7-46-1."

„Rückmeldung. Gelöschter Papierkorb. Vornahme von zwei Händchen Schnee ohne PA. Wir sind Einsatzstelle frei."

Schweigen.

„Florian Düsseldorf, haben Sie verstanden?"

„… äh, ja … gelöschtes Feuer. Zwei Händchen Schnee. Kein PA. War das richtig so?"

„Absolut korrekt. Sollen wir wieder einrücken."

Im Hintergrund hörte ich unterdrücktes Lachen.

„Ja, rückt ein … ihr Helden."

Wer unserem Pressesprecher diese außergewöhnliche Rückmeldung zugesteckt hatte, vermochte ich nicht zu sagen. Jedenfalls bekam ich noch am Nachmittag einen Anruf. Tags darauf stand in der Tageszeitung eine kurze Notiz mit der Überschrift *Feuerwehr löscht Mülleimer mit Schnee*.

… konnte wegen der Ortsverhältnisse kein Löschfahrzeug bis zu dem Abfalleimer gelangen. Gleich daneben lag jedoch noch ein Haufen Schnee. Also griffen die Feuerwehrmänner beherzt zu und löschten die Flammen erfolgreich mit dem Schnee.

Jaaa, so sind wir Feuerwehrleute. Mutig und unerschrocken im Einsatz und Meister der Improvisation, wenn es darum geht, besonders knifflige und spektakuläre Einsätze mit unorthodoxen Mitteln zu bewältigen.

Richtig zur Sache ging es allerdings bei unserem nächsten großen Einsatz, der unsere Wachbereitschaft von Mitternacht bis zum frühen Morgen in Atem hielt und am nächsten Tag sogar noch die zweite Tour beschäftigte. In dieser ereignisreichen Nacht musste die Düsseldorfer Feuerwehr gleich zu zwei Großbränden ausrücken. In der Innenstadt, in der Friedrichstraße, brannte vermutlich aufgrund eines technischen Defekts die Klimazentrale auf dem Dach der Westdeutschen Landesbank und in unserem Brandschutzgebiet hatte ein Lidl-Markt Feuer gefangen. Beide Brände waren fast zeitgleich ausgebrochen. Während die Innenstadtwachen bereits mit heulenden Martinshörnern ihrem Einsatzort entgegendonnerten, erwischten wir einen wesentlich schlechteren Start, denn meine Feuerwehrkollegen blieben nach der Alarmierung einfach in ihren Betten liegen. Wie war das nur möglich, werden Sie sich jetzt sicherlich fragen. War auf unserer Feuerwache etwa der Schlendrian eingekehrt, oder hatten diese Feuerwehrmänner gar vergessen, dass sie einen Eid geleistet hatten, der Bevölkerung in Not und Gefahr beiseitezustehen und wenn nötig sogar ihr eigenes Leben zu riskieren, um das anderer zu retten?!

Ich kann Sie beruhigen. Ganz so schlimm stand es mit unserer Moral nun doch nicht. Aber bevor ich verrate, wie es zu dieser Panne kommen konnte, möchte ich Sie kurz in die Hochkultur der deutschen Dichtung entführen.

Vielleicht zählen Sie ja wie ich zu jener Generation, die in ihrer Schulzeit Friedrich Schillers *Lied von der Glocke* auswendig, oder zumindest teilweise auswendig lernen musste. Und vermutlich kennen heute die meisten von Ihnen dann nur noch den ersten Vers, in dem es heißt:

Fest gemauert in der Erden
Steht die Form aus Lehm gebrannt.
Heute muss die Glocke werden!
Frisch Gesellen, seid zur Hand!
Von der Stirne heiß
Rinnen muss der Schweiß,
Soll das Werk den Meister loben;
Doch der Segen kommt von oben.

Liest man weiter, so kommt man an eine Stelle, an der es Schiller so richtig krachen lässt:

Wohltätig ist des Feuers Macht,
Wenn sie der Mensch bezähmt, bewacht,
Und was er bildet, was er schafft,
Das dankt er dieser Himmelskraft;
Doch furchtbar wird die Himmelskraft,
Wenn sie der Fessel sich entrafft,

Einhertritt auf der eignen Spur,
Die freie Tochter der Natur.
Wehe, wenn sie losgelassen,
Wachsend ohne Widerstand,
Durch die volkbelebten Gassen
Wälzt den ungeheuren Brand!
Denn die Elemente hassen
Das Gebild der Menschenhand.
[…]

Genug, bis hierhin, das soll reichen.

Was aber hatte Schillers Gedicht mit unseren „Schlafmützen" zu tun?

Die Lösung ist ganz einfach – in Düsseldorf verfügt jede Feuerwache über eine Hofglocke, so ein richtig dicker „Bullemann", wie er früher auch auf Schiffen üblich war. Vor der Einführung der ersten elektrisch betriebenen Alarmsysteme wurden mit diesen Glocken die Alarme geläutet. Heute, im Zeitalter der elektronischen Datenübermittlung, erfolgen Alarmierungen natürlich über solche Medien. Eine Reminiszenz an die alten Zeiten stellt, zumindest bei uns, der Vierfachgong dar, der bei Zugalarm ausgelöst wird. Und wenn manch jüngerer Feuerwehrmann die Bedeutung der alten Hofglocke auch nicht mehr kennt, ist sie weit mehr als nur ein Relikt aus längst vergangenen Zeiten. Dient sie doch immer noch der Alarmierung. Allerdings nur für den Fall, dass die elektronischen Alarmsysteme ausfallen sollten, was ich in meinen nunmehr fast fünfunddreißig Dienstjahren aber noch nie erlebt hatte.

Dabei hatte ich mir immer gewünscht, einmal, nur ein einziges Mal mit der Hofglocke einen Feueralarm läuten zu dürfen. Klar, man konnte ja auch einfach nur mal so daran bimmeln, aber das wäre nicht das Gleiche gewesen – nein, es musste schon ein richtiger Alarm sein. Im Übrigen, nur *mal so* daran bimmeln war nicht. Der Missbrauch der Hofglocke wurde teuer geahndet. Mit 'nem schlichten Kuchen zum Nachmittagskaffee kam man da nicht davon. Wer just for fun die Hofglocke läutete, musste schon etwas tiefer in die Tasche greifen.

In dieser denkwürdigen Januarnacht des Jahres 2009 sollte mein lang ersehnter Wunsch endlich in Erfüllung gehen! Die elektronische Alarmierung der Leitstelle versagte! Obwohl der Leitstellendisponent für die Feuerwache 7 Alarm auslöste, ertönte weder der Vierfachgong über die Gänge noch flammte Alarmlicht auf. Lediglich mein Funkmeldeempfänger, den ich aus Sorge, ich könnte einmal einen nächtlichen Alarm verschlafen, mit aufs Zimmer nahm, sorgte durch sein aufdringliches Piepsen dafür, dass ich überhaupt wach wurde. Schlaftrunken betrachtete ich die Nachricht auf dem schmalen hell erleuchteten Display: Einsatz Löschzug 7, unklare Feuermeldung Stephanstraße, Reisholz. Hm, so richtig traute ich dem Funkmeldeempfänger nicht. Es hatte schließlich weder einen Gong gegeben noch war eine Alarmdurchsage erfolgt, und das Deckenlicht, das mich nachts so gemein blendete, hatte sich auch nicht eingeschaltet. Vermutlich spielte der Piepser mal wieder verrückt und gab eine alte Feuermeldung durch, die nur noch niemand aus dem elektronischen Speicher gelöscht hatte. Es war ja nicht das erste Mal, dass so etwas geschah. Trotzdem konnte und wollte ich die Sache nicht einfach so abtun. Kurzerhand zog ich die Hose an, streifte den Pullover über und trat auf den dunklen Gang. Alles blieb ruhig. Einen Moment überlegte ich, ob ich die Kollegen im Nebenzimmer wecken sollte. Aber was hätte das gebracht? Nichts! Die einzige Möglichkeit, Gewissheit zu erlangen, ob es sich bei der Anzeige in meinem Display wirklich um einen aktuellen Alarm handelte, war nur ein Telefonanruf bei der Leitstelle. Und solange ich diesen Anruf nicht getätigt hatte, konnte ich mich bei den Kollegen höchstens lächerlich machen. Ich lief daher zu dem Vorraum meines Büros. Unterwegs traf ich auf Manni (Michael Krug).

„Äh … hast du etwa auch ’ne Feuermeldung auf deinen Piepser bekommen?"

Ich nickte. „Einen richtigen Alarm hat es aber nicht gegeben, oder hast du was gehört?"

„Ne, da war nix. Deshalb geh ich ja nach vorne um anzurufen."

„Genau das wollte ich auch. Ich hab schon gedacht, mein Piepser spielt wieder mal verrückt, aber wenn deiner auch …? Was steht denn bei dir?"

„Feuermeldung in Reisholz."

„Etwa Stephanstraße?"

„Ja."

„Scheiße, dann ist da wirklich was. Los komm, beeilen wir uns. Ich ruf die Leitstelle an, hau du den Hausalarm rein."

Der Leitstellendisponent fiel aus allen Wolken, als ich mich mit „Meyer-Pyritz, Wache 7" meldete.

„Was ist denn bei euch los? Ihr müsstet längst draußen sein!"

„Ich weiß, ich weiß, aber Alarm ist nicht durchgekommen. Bei mir ging nur der Piepser an."

„Waaas?"

„Ja, wirklich. Hier kam echt nix an, aber wir lösen jetzt den Hausalarm aus."

Neben mir fluchte Manni laut auf:

„Scheiße! Hausalarm kannste vergessen! Der funktioniert auch nicht!"

„Das habe ich hören können!", rief der Kollege auf der Leitstelle. „Bleib mal dran, ich versuche was anderes, vielleicht funktioniert das ja."

Aber ich blieb nicht dran. Mit den Worten „Hier, übernimm mal" drückte ich dem verdutzten Manni den Telefonhörer in die Hand und riss die Türe auf. Draußen an der Hauswand hing die Glocke unter einem eigens dafür angefertigten Holzdach. Ohne auch nur eine einzige Sekunde zu zögern, ergriff ich das geflochtene kurze Tauende und läutete, was das Zeug hielt. Der weit über den Feuerwehrhof hinaus schallende Glockenton stellte all meine seit Jahren gehegten Vorstellungen über die Lautstärke der Glocke in den Schatten. Die Ohren schienen mir abzufallen, dennoch läutete ich verbissen weiter. Erst als unser Löschzugpraktikant angelaufen kam und mich ansah, als wolle er sagen „Jetzt hat es den Chef endgültig erwischt", stellte ich das fürchterliche Gebimmel ein. In den nächsten Sekunden kamen weitere Kollegen herbei und ruckzuck verbreitete sich die Nachricht, dass wir Zugalarm hatten. Jetzt ging alles ganz schnell. Als ich dann vorne links auf meinem gewohnten Platz im LF saß und der Löschzug 7 mit eingeschalteten Martinshörnern den Feuerwehrhof verließ, schwirrte mir noch immer der Kopf. Diese alte Hofglocke konnte wahrlich Tote aufwecken.

„7-46-1 für Florian Düsseldorf, kommen!"
Das war die Leitstelle.
Ich zog den Funkhörer aus der Halterung und meldete mich mit:
„7-46-1 hört."
„Wo ist Ihr Standort?"
„Halbuschstraße. Wir passieren gerade Tor 4 der Henkelwerke."
„Dann macht mal richtig Dampf. Wir haben inzwischen mehrere Anrufe erhalten, dass bei euch der Lidl-Markt brennen soll."
Ich bestätigte die Meldung und gab meine Personalstärke mit 1/10 an. Zwei Mann, nämlich Ralf Spelz und Manuel Zarges, fehlten mir im Zug. Die beiden befanden sich bereits mit der Unfallreserve im Einsatz.
Ugü pfiff durch die Lippen. „Na, ich schätze, da werden wir wohl nicht die Einzigen sein, die da hinfahren."
Als hätte die Leitstelle seinen Kommentar hören können, meldete sich der Kollege noch einmal und erklärte, dass wir vorerst nicht mit Verstärkung rechnen könnten, weil es in der Innenstadt ebenfalls zu einem Großeinsatz gekommen sei.
„Na toll!", rief ich und drehte mich um, nachdem ich den Funkhörer wieder zurückgesteckt hatte. „Habt ihr das mitbe-

kommen, Männer? Bei uns soll Lidl brennen und in der Innenstadt ist auch die Kacke am Dampfen! Wir sind also mal wieder auf uns alleine gestellt!"

„Lidl! Sind das nicht die mit den Nagelplattenbindern?"

„Genau die. Und weil wir eh schon viel Zeit verloren haben, müssen wir gleich besonders schnell sein!"

Ich rechnete im Stillen nach. Angenommen das Feuer war, was eher unwahrscheinlich ist, schon nach fünf Minuten von jemandem bemerkt worden. Bis der oder diejenige den Notruf 112 getätigt hatte, verging mindestens noch eine Minute. Dann erfolgte die Alarmierung oder – besser gesagt – dann versagte die Alarmierung, was uns geschätzte weitere drei Minuten gekostet hatte. Rechnete ich die vier Minuten Anfahrtszeit noch hinzu, kam ich auf summa summarum dreizehn Minuten. Dreizehn Minuten, in denen das Feuer Zeit gehabt hatte, sich in dem Discounter auszubreiten. Und das war wohlgemerkt eine sehr wohlwollend geschätzte Zeit. Es konnte also auch locker einige Minuten länger sein. Hatte sich das Feuer in dem Gebäude erst einmal richtig ausgebreitet, blieben uns, nach den Erfahrungen mit ähnlichen Bränden, höchstens zehn, zwölf Minuten Zeit zum Löschen, ehe das Gebäude einstürzen würde. Vorausgesetzt es käme nicht schon vorher, wie in dem Unterrichtsfilm, den wir in der DGL-Fortbildung gesehen hatten, zu einer Rauchgasdurchzündung.

Mein Maschinist hatte anscheinend ähnliche Überlegungen angestrengt, denn er warf mir jetzt einen bezeichnenden Seitenblick zu und fragte: „Du wirst die Jungs ja wohl hoffentlich nicht da reinschicken?" Seine Frage schien mir allerdings mehr eine Forderung zu sein. Eine berechtigte, wie ich zugeben musste. Entsprechend fiel meine Antwort aus. Ich schüttelte den Kopf und erklärte: „Da brauchst du dir keine Sorgen zu machen, Ugü. Ich hab gerade durchgerechnet. Wenn es in dem Laden schon richtig knistert, wird es mit mir keinen Innenangriff mehr geben. Ich bin schließlich nicht lebensmüde."

Ugü schien meine Antwort zufriedenzustellen. Jedenfalls

nickte er beifällig und dann bogen wir auch schon auf den Parkplatz des Discounters ein. Die Uhr zeigte 01.44 Uhr an. Das Gebäude lag in völliger Dunkelheit. Flammen sah ich noch keine. Das beruhigte mich zwar einigermaßen, bedeutete aber noch lange nicht, dass es in dem Laden nicht brannte.

„Da vorne winkt einer!"

Jetzt hatte ich den Mann auch gesehen. Er stand an einer entfernteren Gebäudeecke des Discounters. Ugü steuerte auf ihn zu. Als wir über die Gebäudeecke hinauskamen, sahen wir den Schlamassel. Direkt neben der Wand des Discounters verlief eine steil abfallende LKW-Zufahrt, die vor einer quer verlaufenden Laderampe endete. Der Bereich wurde von einem Satteldach überspannt, das hell in Flammen stand. Inwieweit die Flammen auf das Hauptgebäude übergegriffen hatten, konnten wir von unserer jetzigen Position aus nicht feststellen. Vielleicht gab es ja noch eine Chance, das eigentliche Verkaufsgebäude zu retten, aber dann musste ich wirklich verdammt schnell handeln. Ich ließ sofort zwei C-Rohre von den fertig ausgerüsteten Angriffstrupps beider Löschfahrzeuge über die Rampenzufahrt vornehmen. „Die Angriffstrupps verlegen sich ihre Leitung selbst! Der Wassertrupp stellt die Wasserversorgung sicher!" Danach ordnete ich an, wo sich die Drehleiter positionieren sollte. „Leiterführer mit PA und C-Rohr zur Kontrolle und Sicherung der Schnittstelle von Rampendach und Hauptgebäude vor!"

Längst hatte ich das LF verlassen und lief die steile Rampenzufahrt hinunter. Wir hatten eine frostige Winternacht und die asphaltierte Fahrbahndecke war spiegelglatt. Der Gruppenführer des zweiten Fahrzeugs begleitete mich. Meine Befehle hatte ich zuvor über ein Megaphon gegeben, das ich jetzt mitgenommen hatte. Ich hatte die Erfahrung gemacht, dass ich Männer an bestimmten Einsatzstellen damit schneller und sicherer erreichte als mit dem Handsprechfunkgerät. Diese Methode funktionierte natürlich nur an übersichtlichen Einsatzstellen und auch nur, solange wir alleine waren. Würden hier weitere Wachen eintreffen, müsste ich wieder auf die Florentine zurückgreifen. Aber mit weiteren Wachen konnten wir ja vorerst nicht rechnen. An der Laderampe angekommen, verschaffte ich mir nur einen kurzen Überblick. Die Flammen hatten die gesamte hölzerne Dachunterkonstruktion in Brand gesetzt. Das sah zwar äußerst spektakulär aus, war aber bei Weitem nicht so gefährlich, wie anfänglich vermutet, denn hier brannte lediglich eine Überdachung ohne weitere Räumlichkeiten. Wesentlich wichtiger war es zu erfahren, ob und, wenn ja, wie weit das Feuer bereits in das Hauptgebäude eingedrungen war. Eine Frage, die von der Stelle aus, an der wir uns befanden, nicht beantwortet werden konnte. Ich sprach deshalb mit Michael unser weiteres Vorgehen ab und übergab ihm diesen Abschnitt. Danach setzte ich meine Erkundung weiter fort. Es war unbedingt nötig, das gesamte Gebäude einmal zu umrunden. Als ich die Rampenzufahrt wieder hochlief, kamen mir auf halber Strecke schon die beiden Angriffstrupps entgegen. „Seid vorsichtig!", rief ich ihnen zu. „Die Straße ist sauglatt!"

Aber sie waren schon an mir vorbei. Oben angekommen wurde ich dann angerufen.

„Dreh mal den Verteiler auf. Beide C-Rohre Wasser marsch!"

Der Verteiler lag direkt vor meinen Füßen. Ugü stand eine B-Länge entfernt an dem im Heck eingebauten Pumpenbedienstand seines LF. Er hatte gerufen. „Geht klar!", rief ich ihm zu und ging in die Hocke. Der 75 Millimeter dicke B-Schlauch war bereits prall mit Wasser gefüllt. Ich drehte die entsprechenden Handräder auf. Sofort schoss das Löschwasser mit zehn Bar Druck in die beiden angekuppelten und mit 55 Millimetern wesentlich dünneren C-Schlauchleitungen. Anschließend erhob ich mich wieder und warf noch einen Blick zurück. Beide Angriffstrupps hatten den Wasserstrahl ihrer Strahlrohre auf die Flammen gerichtet. Es zischte. Funken stoben auf und heller Wasserdampf vermischte sich mit schwarzem Brandrauch. Dort wo das Wasser noch nicht hinkam, züngelten hingegen weiterhin gelbrote Flammen in den nachtschwarzen Himmel. Es war ein imposantes Bild. Hätte ich Zeit gehabt, hätte ich vermutlich mit meiner kleinen digitalen Kamera ein Foto gemacht, aber ich hatte keine Zeit und ich hatte nicht eine einzige Sekunde zu verlieren.

Der Wassertrupp war noch immer damit beschäftigt, die Wasserversorgung sicherzustellen. Auf der Straße hatten sie einen Unterflurhydranten gefunden und ein Standrohr aufgestellt. Beide Maschinisten hatten die Lichtmasten ihrer LFs ausgefahren. Im Licht der Scheinwerfer erkannte ich Ingo, der einen B-Schlauch zu der quer über den Parkplatz verlaufenden Schlauchleitung ausrollte. In der Nähe des LF standen zwei leere Schlauchhaspeln. Wie der Wassertrupp die Schläuche anschließend aneinanderkuppelte, sah ich nicht mehr, ich lief weiter. Mein Blick wechselte ständig zwischen dem eisglatt gefrorenen Boden unter mir und der Dachtraufe über mir. So erreichte ich die andere Längsseite des Gebäudes. Bis auf die Tatsache, dass hier noch eine Menge Schnee am Boden lag, war mir bis hierher nichts Verdächtiges aufgefallen. Das änderte sich jedoch schlagartig, als ich die Rückseite des Gebäudes erreichte. Genau wie in diesem Internetfilm quoll unterhalb des Dachüberstandes etwas Dunkles hervor. Ich atmete tief durch und richtete den Strahl meiner Handlampe darauf. Im Grunde hätte ich mir das sparen können, denn ich wusste nur zu genau, was da unter den Dachpfannen hervorquoll. Das war eindeutig Brandrauch und er zog sich bereits über die gesamte Rückseite! Verdammt! Das verhieß nichts Gutes. Ich funkte den zweiten Gruppenführer an. Er meldete sich sofort.

„Wie sieht es aus bei dir, Manni?"

„Das Dach über der Rampe haben wir gelöscht. Aber jetzt wird es schwierig. Die Jungs versuchen gerade, die FH-Türe aufzubrechen, hinter der das Feuer vermutlich ausgebrochen ist. Ich hoffe nur, dass sich dahinter nur ein Lagerraum befindet. Wenn nicht, haben wir die Arschkarte. Dann sind wir nämlich direkt im Verkaufsbereich."

„Seid auf jeden Fall vorsichtig. Ich bin jetzt einmal um das Gebäude herumgegangen. Vorne und an der anderen Seite scheint noch alles ruhig zu sein, aber hinten dringt dicker Brandrauch unter der gesamten Dachtraufe hervor. Also, kein unnützes Risiko."

„Geht klar. Übrigens soll Wache 6 mit zwei Fahrzeugen im Anmarsch sein."

Das war eine gute Nachricht. Ich wunderte mich nur, wieso man mich nicht direkt informiert hatte. Aber egal, Hauptsache, wir bekamen Verstärkung. Und die hatten wir nach meinen neuesten Erkenntnissen auch dringend nötig. Ich wollte die Kollegen selber empfangen und lief daher so schnell es mir die vereisten Bodenverhältnisse erlaubten zurück zum Haupteingang. Soeben bog die Feuerwache 6 mit einem LF und einem TLF auf den Parkplatz ein. Etwas später erklärte ich meinem DGL-Kollegen die Lage. Der schlanke, hochgewachsene Guido Schneider war kein Mann, dem man erst alles lang und breit erläutern musste. Er erkannte sofort die Brisanz der Lage und wusste auch gleich, wo er mit seinen Männern anzusetzen hatte. Von diesem Zeitpunkt an arbeiteten wir von zwei entgegengesetzten Seiten aufeinander zu. Aber bis wir das Feuer so in die Zange nehmen konnten, wartete noch ein hartes Stück Arbeit auf uns.

Auf der Rampe war es Michael inzwischen gelungen, die besagte Tür gewaltsam aufzuhebeln. Ich stand neben Ugü an unserem LF. Mein erster Trupp unter PA schickte sich gerade an, in das Gebäude vorzudringen. Zur gleichen Zeit rückten Guidos Männer einer FH-Tür mit einem elektrischen Trennschleifer zu Leibe. Die Nebeneingangstüre, die sich im hinteren Bereich auf der uns gegenüberliegenden Seite befand, bereitete mit ihrer verstärkten Blechplatte mächtig Probleme. An ihrer Außenseite befand sich weder eine Klinke noch irgendein anderer Türöffner, und von innen war sie in der Wand mit zusätzlichen Profileisen verankert. Abgesehen vom Haupteingang war sie auf dieser Seite der einzige Zugang, über den man in den

Verkaufsraum gelangen konnte. Parallel zu diesen Bemühungen hatte Guido einen weiteren Trupp zum Haupteingang beordert. Hier sollten die Männer allerdings versuchen, ohne brachiale Gewalt die Türe zu öffnen. Das entsprechende Spezialwerkzeug dazu besaßen sie, und die nötigen Kenntnisse und Fähigkeiten, wie man dabei vorzugehen hatte, beherrschte jeder Feuerwehrmann.

Wir arbeiteten also jetzt fieberhaft an drei verschiedenen Punkten, um den Discounter vor der völligen Zerstörung zu retten. Wenn man das TLF der Wache 6 mit einbezog, deren Besatzung den Dachmonitor in Bereitschaft hielt, um im Fall der Fälle seine gewaltige Wassermenge in ein Feuer, von dem alle hofften, es verhindern zu können, zu schleudern, waren es sogar vier Punkte. Über allem wachte Karlheinz Halbekann im Rettungskorb der Drehleiter. In voller Montur, den Pressluftatmer auf dem Rücken, die Atemschutzmaske vor dem Gesicht und ein unter Druck stehendes C-Strahlrohr in den Händen, schwebte er in luftiger Höhe. Zwei seitlich am Korb montierte 1000-Watt-Scheinwerfer tauchten den Bereich um die Rampe in ein bizarres Licht. Ich trug noch immer das Megaphon bei mir und warf einen Blick auf den Leitermaschinisten. Andreas wirkte hochkonzentriert. Seine Hände lagen auf den rechts und links von seinem Sitz angeordneten Steuerungshebeln.

„Immer schön wachsam bleiben, Andy!"

Er nickte mir kurz zu und ich war beruhigt. Sollte es wider Erwarten zu einer kritischen Situation kommen, würde er seinen Kollegen sofort aus der Gefahrenzone fahren.

Ugü hatte den Stromgenerator des LF eingeschaltet. Im Gegensatz zu den alten Dieselmotoren, die ich noch von früher her kannte, lief dieses Aggregat relativ leise. Daher bereitete es ihm auch keine Schwierigkeiten, weiterhin den Funk zu überwachen. Hier hinten, im Pumpenbedienstand, befand sich ein zweiter Funkhörer des fest eingebauten Vier-Meter-Funkgerätes, sodass der Maschinist nicht bei jedem Funkruf extra nach vorne laufen und in das Führerhaus klettern musste. Gerade wollte ich ihn wieder verlassen, da kam ein Funkruf rein.

„7-46-1 für Florian Düsseldorf, kommen."

Ich blieb abwartend stehen. Vielleicht war es etwas Wichtiges. Ugü meldete sich. „7-46-1 hört, kommen."

„Ich habe eine wichtige Nachricht für euren DGL."

„Moment, der steht neben mir. Kannst du ihm selber ausrichten."

Er reichte mir den Funkhörer.

„Meyer-Pyritz, was gibt es?"

„Wir haben soeben die Information bekommen, dass sich in einem Lagerraum größere Mengen pyrotechnischer Feuerwerkskörper befinden sollen."

Wie beruhigend. „Das sind wohl die Restbestände von Silvester."

„Wahrscheinlich. Also, sag deinen Leuten, dass sie ihre Nase immer schön am Boden halten sollen. Und noch was. Die Filialleiterin ist zu euch unterwegs."

„Sehr gut. Hoffentlich hat sie auch die Schlüssel mit. Wann denkst du, wird sie hier eintreffen?"

„Kann ich nicht so genau sagen, aber ich schätze, so innerhalb der nächsten fünf Minuten."

Dass die Filialleiterin sich auf dem Weg zu uns befand, war eine gute Nachricht. Der Hinweis auf die pyrotechnischen Feuerwerkskörper hingegen stimmte mich höchst bedenklich. Ich musste meinen zweiten Gruppenführer unverzüglich über die zusätzliche Gefahr in Kenntnis setzen. Und Guido musste auch informiert werden, dass die Filialleiterin kam. Hoffentlich hatten seine Männer das Schloss vom Haupteingang noch nicht geknackt!

Nachdem ich die neuen Informationen an beide Gruppenführer weitergegeben hatte, drückte mir Ugü einen umfunktionierten und jetzt mit Streugut gefüllten Schaummittelbehälter in die Hand. „Hier, nimm mit. Du gehst doch jetzt eh da runter." Er deutete auf die Rampenstraße. „Die ist immer noch sauglatt. Vorhin hat sich da fast ein Bulle auf die Schnauze gelegt."

Die Idee mit dem Streugut war gar nicht so schlecht. Ich machte also den Hausmeister und dabei kam ich mir keineswegs dumm vor. Wer weiß, wie oft wir noch über die gefährlich glatte, abschüssige Straße laufen mussten.

„Wie sieht's aus, Manni? Kommt ihr voran?"

Manni stand wie ein Generalfeldmarschall auf der erhöhten Rampe. Wegen der Rauchentwicklung hatte er sich eine Maske mit Filter angezogen. Er kam an den Rand der Rampe und ging in die Hocke.

„Ein Trupp ist drin und löscht."

„Und die?" Ich zeigte auf den anderen Trupp, der mit einem zweiten C-Rohr in unmittelbarer Nähe der Türe stand.

„Die hab ich draußen in Bereitschaft stehen lassen. Ist zu wenig Platz da drin. Alles vollgestopft mit Ware. Solange wir die nicht rausschaffen, kommen die Jungs auch nicht weiter."

„Verstehe. Was ist mit den Knallern?"

Manni winkte ab. „Weiß ich nicht. Da drin rummst es ständig. Das können aber auch die PET-Flaschen sein, die in der Brandhitze zerplatzen."

„Was denkst du, wie lange kannst du mit deinen beiden Trupps die Stellung hier noch halten?"

„Solange die zwei sich in Sichtweite aufhalten, lass ich sie arbeiten, bis ihre Pressluftflaschen restlos leergelutscht sind."

„Wie lange?"

„… acht bis zehn Minuten, danach wird es eng. Sieh also lieber zu, dass wir möglichst schnell Verstärkung bekommen."

„Geht klar. Ich schau, was sich machen lässt. Und wenn gar nichts mehr geht, müssen wir eben selber ran."

Manni tippte sich unzweideutig an die Stirn und erhob sich. Was er dabei unter der Atemschutzmaske von sich gab, konnte ich nicht verstehen. War vielleicht auch besser so.

Während ich die Rampenstraße wieder hochlief, drängte die Zeit. Im Geiste zählte ich durch. Hier unten hatte ich vier

Mann unter Atemschutz, dazu kam der Gruppenführer. Die Drehleiterbesatzung war voll eingespannt, ebenso der Maschinist. Was fehlte, war der Wassertrupp, der sich als Unfallreserve selber im Einsatz befand. Blieben mir also noch der Wassertrupp des zweiten LF und dessen Maschinist. *Hm, drei Mann.* Das sah gar nicht so schlecht aus. Wenn Guido mir jetzt noch einen seiner Leute überlassen könnte, hätte ich zwei weitere Trupps, die ich mit Atemschutzgeräten auf der Rampe einsetzen konnte. Aber reichte das? Die unbekannte Größe war die uns verbleibende Zeit. Würden wir das endgültige Übergreifen der Flammen von dem Lagerraum auf die Verkaufsfläche rechtzeitig verhindern können? Niemand von uns vermochte das zum jetzigen Zeitpunkt zu sagen und deshalb arbeiteten wir alle mit Hochdruck weiter.

„7-1 für Maschinist, kommen."

„Hört, kommen."

„Der C-Dienst ist eingetroffen. Die Filialleiterin und unser Wassertrupp warten ebenfalls auf dich. Komm mal hoch."

„Bin auf dem Weg."

Ah! Die Unfallreserve war also zurück. Damit standen mir nochmals zwei Männer zur Verfügung. *Sehr gut.* Die Lage schien sich zu unseren Gunsten zu wenden. Hoffentlich war es noch nicht zu spät!

Die Filialleiterin, eine schlanke junge Frau, wartete in Begleitung eines etwas älteren Mannes am LF auf mich. Neben ihnen stand der C-Dienst. Die beiden machten auf mich einen relativ gefassten Eindruck und – sie hatten die entsprechenden Schlüssel mitgebracht. Für die Türe zum Haupteingang waren sie gerade noch rechtzeitig gekommen. Für die zwei Nebeneingangstüren kamen sie jedoch zu spät. Guidos Männer hatten auf ihrer Seite längst ganze Arbeit geleistet. Gegen eine motorstarke Winkelschleifmaschine und das solide Aufbruchwerkzeug der Feuerwehr hatte selbst diese verstärkte Feuerhemmschutztüre keine Chance gehabt, genauso wenig wie die

Türe zum Lagerraum, in dem meine Männer schon geraume Zeit gegen die Flammen kämpften. Ich begrüßte die Angekommenen kurz und schilderte dem C-Dienst die Lage sowie unsere bisherigen Bemühungen, das Feuer in den Griff zu bekommen. Von diesem Zeitpunkt an übernahm er die Leitung der Einsatzstelle, was allerdings nicht bedeutete, dass ab jetzt alles anders wurde. Da meine Einsatztaktik seinen eigenen Vorstellungen entsprach, wurde unsere bisherige Vorgehensweise konsequent mit Hochdruck fortgeführt. Der Wassertrupp des zweiten LF hatte sich auch ohne meine Anordnung selbstständig mit Atemschutzgeräten ausgerüstet und meldete sich jetzt bei mir.

„Ihr geht runter zur Rampe und löst den Angriffstrupp im Lagerraum ab." Weil uns die Filialleiterin eben nochmals auf die größeren Restbestände von Feuerwerkskörpern hingewiesen hatte, gab ich die Warnung auch nochmals an meine Männer weiter. „Haltet also bloß Deckung bei den Löscharbeiten. Das Zeug ist nicht zu unterschätzen."

Bei Michael Gross wusste ich die Sache in guten Händen. Als Chefausbilder von HEAT, dem Brandschutztrainingszentrum im Düsseldorfer Hafengelände, verfügte er, was gefährliche Brände betraf, über weit mehr Erfahrung als die meisten von uns. Nur das mit der Deckung konnte für ihn, den breitschultrigen und über ein Meter neunzig großen Hauptbrandmeister, in dem vollgestopften Lagerraum möglicherweise ein Problem geben.

„Und was ist mit uns? Was sollen wir machen?"

Diese Frage stellten mir die Kollegen der ersten Unfallreserve. Nachdem sie ihren Einsatz beendet hatten, waren sie unverzüglich mit dem RTW hierher gefahren und standen nun in ihren weißen Hosen und den roten Rettungsdienstjacken vor mir.

„Liegen eure Alarmsachen auf dem LF?"

„Leider nicht. Die hängen noch auf der Wache in der Fahrzeughalle."

„Okay, dann fahrt ihr jetzt alarmmäßig rüber, rüstet euch aus und kommt alarmmäßig mit dem RTW zurück. Ich brauche hier dringend jeden Mann unter PA."

„Wir sind schon unterwegs."

Die zwei machten auf dem Absatz kehrt. Ich hoffte, sie würden möglichst schnell wieder zurückkehren. Vier Minuten hatte ich für unsere eigene Anfahrt berechnet. Vielleicht schafften die zwei es schneller, sagen wir in dreieinhalb Minuten. Das bedeutete dreieinhalb Minuten bis zur Wache, für Tore öffnen und Umziehen weitere zwei Minuten und in dreieinhalb Minuten wieder hierher zurück. Vorausgesetzt alles lief glatt, waren das immer noch neun Minuten. Zu lange, darauf konnte ich nicht warten. Ich brauchte unbedingt einen Sicherungstrupp, der unter Atemschutz für meine eigenen Männer bereitstand, wenn denen bei den gefährlichen Löscharbeiten in dem vollgestopften Lagerraum etwas passieren sollte. Da Guido mir leider niemanden abtreten konnte, er war selber knapp an Personal, entschied ich mich doch für die Manni-tippt-sich-an-die-Stirn-Variante. Wie hatte ich ihm vorhin noch gesagt: *Und wenn gar nichts mehr geht, müssen wir eben selber ran.*

Ich teilte dem C-Dienst meinen Entschluss mit. „… oder können wir auf Verstärkung hoffen?"

Er schüttelte bedauernd den Kopf. „Nicht in absehbarer Zeit."

„Also rüste ich mich jetzt aus."

„Aber nur als Sicherungstrupp, Ich brauch dich da unten nämlich weiter als Abschnittsleiter, verstanden?"

„Geht klar."

„Wen hast du mit im Trupp?"

„Manni Krug."

„Das ist gut."

Sollte sein *Das ist gut* etwa bedeuten: *Dann hat der alte Mann wenigstens einen, der auf ihn aufpasst?* Keine Ahnung. Ich hatte auch keine Zeit, das zu hinterfragen, und offen gesagt war es mir auch egal. Noch fühlte ich mich fit genug, es mit manch Jüngerem aufzunehmen. Und sollte es wirklich darauf ankommen, ich würde eher einen Arm opfern als einen meiner Männer im Feuer im Stich zu lassen! Aber dazu sollte es Gott sei Dank nicht kommen. Bereits der erste Angriffstrupp war bei seinen Löscharbeiten auf eine Elektrokarre gestoßen, eine sogenannte Ameise. Michael Gross erkannte sofort ihren Wert und testete, ob sie noch funktionsfähig war. Sie war. Mit ihrer Hilfe gelang es den sich wechselseitig ablösenden Trupps, eine große Anzahl brennender Paletten aus dem verrauchten Lagerraum zu befördern. Konservendosen, Würstchengläser, Wasserflaschen, Putzmittel, Toastbrote … alles flog die Rampe hinunter, wo es mit einem zweiten C-Rohr abgelöscht wurde. In kürzester Zeit bildete sich so ein gewaltiger Berg aus den verschiedenartigsten Waren, die von Feuer und Rauch ungenießbar oder unbrauchbar geworden waren. Und das Wenige, das die Flammen nicht vernichtet hatten, schaffte unser Löschwasser. Meine Trupps ackerten bis zur Erschöpfung. Niemand klagte, auch dann nicht, wenn er sich schon den dritten PA auf seine Schultern bürdete. Alle arbeiteten zäh und verbissen weiter, denn wir wollten Sieger bleiben. Dieser Lidl-Markt sollte kein Raub der Flammen werden. Und wir hatten Erfolg.

Auf der dem Lager abgewandten Seite war es Guidos Männern in einem Kraftakt gelungen, das Übergreifen der Flammen auf den Verkaufsraum zu verhindern. Viel hätte allerdings nicht mehr gefehlt und der Dachstuhl, der schon mächtig angekokelt war, wäre eingestürzt. Diese Gefahr immer im Auge, gelang es auch meinen Männern, den Lagerbrand zumindest so weit einzudämmen, dass ich unserem C-Dienst, bald nachdem ich selber mit einem Pressluftatmer auf den Schultern hier unten stand, die Nachricht *Feuer in Gewalt* funken konnte.

In Absprache mit dem B-Dienst, der unsere Einsatzstelle inzwischen ebenfalls aufgesucht hatte, wurde beschlossen, den Lagerraum mitsamt den darin noch enthaltenen Waren vollständig einzuschäumen. Die Gefahr, dass die schwer angegriffene Deckenkonstruktion doch noch über unseren Köpfen einstürzen könnte, erschien den beiden Führungskräften zu hoch. Eine Einschätzung, die ich mit ihnen teilte. Schließlich ist das Leben eines Feuerwehrmannes doch um einiges höher zu bewerten als die Unversehrtheit einer Küchenrolle oder einer Dose Würstchen. Wir setzten Mittelschaum ein. Die dafür notwendige B-Leitung wurde vom TLF der Feuerwache 6 aus verlegt. Für das Schaumrohr genügten zwei Mann. Derweil ließen sich die anderen am C-Dienstwagen die belegten Brötchen und den Kaffee schmecken, die ein umsichtiger Einsatzleiter organisiert hatte. Während der vor sich hin kokelnde Lagerraum zusehends von einer höher und höher werdenden Schaumdecke angefüllt wurde, begannen wir bereits mit den Aufräumarbeiten. Gegen sechs Uhr früh war es dann so weit. Die Wache 6 verließ als erste die Einsatzstelle. Eine gute Viertelstunde später rückten dann auch wir ab. Wie immer nach solch langen Nachteinsätzen spürte ich die Müdigkeit erst, nachdem wir unsere Feuerwache erreicht hatten. Aber ausruhen war noch nicht angesagt. Zuerst mussten die Fahrzeuge wieder bestückt werden, und das war eine Aufgabe, an der sich alle beteiligten, auch der DGL.

Zwei Tage später klingelte Herr Hausmann, ein netter Mitbewohner, der die Wohnung über uns besaß, an unserer Tür und drückte mir die Tageszeitung in die Hand. „Hier Herr Meyer-Pyritz, da steht was über Sie drin." Er hielt mir den aufgeschlagenen Düsseldorfer Lokalteil hin. „Sie waren doch bei dem Lidl-Brand, oder? Wenn Sie möchten, können Sie die Zeitung behalten."

Ich warf einen Blick auf den Artikel mit der fetten Überschrift:

Zwei Brände, eine Million Euro Schaden.

Das Foto daneben zeigte einen meiner Kollegen inmitten der vom Brand zerstörten Paletten. Ich glaube, es war Immi. Ich bedankte mich und las:

… Der Brand im Lidl-Markt war gegen ein Uhr ausgebrochen. Weil sich das Feuer auf den Verkaufsraum auszuweiten drohte, öffnete die Feuerwehr gewaltsam die Zugänge zu dem Gebäude. Wegen der starken Rauchentwicklung wurden die gesamte Einrichtung, der Innenraum und die Ware beschädigt. Morgens gegen sieben Uhr musste die Feuerwehr nochmals zu dem Lidl-Markt ausrücken, weil einige Spraydosen aufgrund der Hitze explodiert waren. Der Brand in der Filiale der WestLB …

Nachtrag

Der oben zitierte Zeitungsbericht könnte den Eindruck erwecken, dass auch die Ware in dem Verkaufsraum zerstört worden wäre. Das ist allerdings nicht der Fall gewesen. Zerstört wurde lediglich die Ware in dem ausgebrannten Lagerraum. Den gesamten Verkaufsbereich hatten wir durch unser schnelles Eingreifen vor der Zerstörung gerettet, sodass der Lidl-Markt schon wenige Tage nach diesem Brand wieder geöffnet werden konnte.

Einundzwanzig Meter über Normalnull

Rumms! Zum wiederholten Male schlug die gestochene Gerade krachend ein. Unmittelbar darauf folgte ein wahres Trommelfeuer aus rasch aufeinander folgenden Schlägen, deren klatschende Geräusche sich mit dem heftigen Keuchen des Angreifers vermischten. Es war ein ungleicher Kampf, aber trotz der schweren Treffer wankte sein Gegner nicht. Während der unermüdliche Angreifer weiterhin auf ihn einschlug, wich dieser vor den hart attackierenden Fäusten keinen einzigen Zentimeter zurück. Ganz offensichtlich verfügte er über erstaunliche Nehmerqualitäten, was seinen Angreifer, dem langsam die Puste ausging, in Rage zu bringen schien. Schweißgebadet landete er weitere Treffer, aber seine Schlagkraft hatte inzwischen merklich nachgelassen. Schließlich ließ er von seinem Gegner ab. Ausgepowert, die gesunkenen Fäuste auf die Oberschenkel gestützt, stand er breitbeinig und schwer atmend vornübergebeugt. Während der Feuerwehrmann Sebastian Datema immer noch nach Luft rang, pendelte der lederne Boxsack von dessen harten Schlägen völlig unbeeindruckt eine Zeitlang weiter hin und her.

Ein letzter mehr freundschaftlicher Schlag, dann zog Sebastian ein an der Wand hängendes Handtuch vom Haken, warf es sich über den Kopf und rubbelte sich den Schweiß aus dem Gesicht. Niemand sonst hatte an seinem spätabendlichen Training teilgenommen. Die meisten anderen Feuerwehrmänner, die sich zuvor schon in dem wacheigenen Fitnesskeller betätigt hatten, saßen längst frisch geduscht mit ihrem Abendessen vor der Glotze.

Vorausgesetzt es gab keinen Alarm, lief der weitere Abend bei Sebastian jedoch etwas anders ab. Immer wenn der reguläre Arbeitsdienst, der den Alltagsrhythmus auf einer Feuerwache bestimmt, in den Bereitschaftsdienst wechselte und die übrige Mannschaft sich mit allem Möglichen beschäftigte, büffelte er für sein Studium der Ingenieurwissenschaften. Das war auch der Grund, warum er erst um diese Stunde trainierte, vorher saß er über seinen Büchern. Aber irgendwann brauchte er einfach diesen körperlichen Ausgleich. Und dann powerte er sich hier unten aus, bis ihm der Schweiß in Strömen aus allen Poren rann.

Mens sana in corpore sano.

Ein gesunder Geist in einem gesunden Körper, lautet ein Zitat des römischen Dichters Juvenal, dessen tiefe Wahrheit auch schon die alten Griechen erkannt hatten. Und was für die alten Griechen gut war, konnte für einen Feuerwehrmann ebenfalls nicht schlecht sein! Sport bedeutete Sebastian viel.

Allerdings entbehrten seine abendlichen Aktivitäten nicht eines gewissen Risikos. Schließlich konnte er jederzeit von einem Alarm überrascht werden. Prinzipiell spielte das zwar keine Rolle, denn seine Kollegen trieben mehr oder weniger Sport. Aber an Abenden wie diesem ging er hart zur Sache. Wenn ihn während des Trainings ein körperlich belastender Alarm forderte, konnte das selbst bei einem durchtrainierten Mann wie Sebastian an die Substanz gehen.

Eineinhalb Mineralwasserflaschen später stand er unter der Dusche. Der erfrischende Brausestrahl lief über seine erhitzte Haut. Plötzlich ertönte ein einzelner Gong. Sebastian zuckte zusammen.

„Einsatz für 7-83-1. Küpperstraße X, Treppensturz. Verdacht auf Oberschenkelhals."

Puh! Einmal durchatmen. Kein Problem. Sebastian war Schlauchtruppführer auf dem ersten LF. Parallel dazu musste er auch die erste Unfall-Reserve besetzen, aber noch war ja der zweite RTW drin. Vorsorglich hatte er sich vor dem Duschen vergewissert, dass beide Rettungswagen in der Halle standen. Der erste war zwar jetzt alarmiert worden, aber wie gesagt, noch war ja der zweite RTW da. Während er sich diesem tröstlichen Gedanken hingab, machte die Leitstelle eine erneute Durchsage, diesmal allerdings ohne Gong.

„Verlegung für 7-83-2. Potsdamer Straße, DRK-Heim."

Der zweite RTW verließ ebenfalls die Wache. Jetzt konnte es für ihn eng werden. Rasch spülte Sebastian sich das Shampoo aus den Haaren und trocknete sich ab. Denn sollte es jetzt noch einmal alarmieren, wäre er unweigerlich an der Reihe. Und genauso kam es. Er hatte die Unterhose noch nicht ganz hochgezogen, da bimmelte es schon wieder:

„Einsatz für 7-83-4 und den Notarzt von Feuerwache 1 zur Josef-Richtmeier-Straße 17 bei Zilinski. Verdacht auf Herzinfarkt."

Jetzt musste er sich beeilen. In Windeseile hatte er die bereitgelegten frischen Kleidungsstücke übergestreift und eilte aus dem Waschraum. Auf dem Weg zur Fahrzeughalle überlegte er: *Josef-Richtmeier-Straße, Josef-Richtmeier-Straße? Keine Ahnung, nie gehört. Wo sollte die sein? Hoffentlich wusste sein Kollege, wo das war.*

Aber er hatte Axel Henseler, einen neuen jungen Kollegen auf dem RTW, der erst seit Kurzem zur Wachmannschaft gehörte und daher noch nicht die nötige Ortskenntnis besaß. Als der Alarmgong für die erste Unfall-Reserve ertönte, stand Axel in der Küche und schnitt einen Apfel und eine Banane in sein Abendmüsli.

„Weißt du, wo das ist?"

Axel zog ein langes Gesicht. „Ne, keine Ahnung."

„Wache links, immer geradeaus über die Autobahnbrücke bis Vennhauser Allee. Am Straßenbahndepot …"

„Danke Michi!" Erleichtert stürmte der junge Feuerwehrmann aus der Küche durch den Aufenthaltsraum und quer über den Hof. Von rechts kam Sebastian angelaufen.

„Weißt du, wo das ist?"
„Ja, ich weiß Bescheid!"
Sebastian stutzte und betätigte einen Schalter. Das Tor zur Fahrzeughalle fuhr in die Höhe.
„Der Michael Müller hat mir erklärt, wo's langgeht."
„Ach so." Die beiden stiegen ein. „Ehrlich gesagt, ich hab mich schon gewundert, dass du die Straße kennst."
Sekunden darauf verließen zwei Rettungsfahrzeuge von verschiedenen Wachen ihren Feuerwehrhof. Von Feuerwache 1 ein Notarztwagen und von Feuerwache 7 ein Rettungswagen. Beide Fahrzeuge hatten es eilig, deshalb fuhren sie auch mit eingeschalteten Sondersignalen. Und beide hatten das gleiche Ziel – die Josef-Richtmeier-Straße Nr. 17.

Ernst Zilinski kannte die Symptome nur zu gut. Das schneidende Brennen, das saure Aufstoßen, die krampfartigen Schmerzen. Er hatte das, was man im Volksmund einen Stressmagen nannte. Frust, Ärger und sämtliche Probleme, mit denen er konfrontiert wurde, und davon hatte es in der letzten Zeit reichlich gegeben, fraß er in sich hinein. Das war schon in seiner Jugend so gewesen. Später, als er sein erstes Magengeschwür bekommen hatte, musste er Rollkuren machen. Jeden Morgen vor dem Aufstehen. Er nahm diese Rabrotabletten und dann rollte er sich mal auf die linke, mal auf die rechte Seite. Wirklich geholfen hatte das nicht. Das Magenproblem hatte ihn sein ganzes weiteres Leben begleitet. Heute war er vierundsechzig und stand kurz vor der Rente. Ein untersetzter, übergewichtiger Mann, der nie Sport getrieben hatte, eine überwiegend sitzende Tätigkeit ausübte und sich überdies nicht sonderlich gesund ernährte. Fettgebackenes und Kalbshaxe zählten zu seinen Leibgerichten. Und dem kleinen Kurzen nach dem Essen war er auch nicht abgeneigt. „So'n Klarer ist'n guter Fettverbrenner", behauptete er gerne und kippte das Zeug hinunter. Seine brodelnde Magensäure dankte es ihm mit fleißigen Attacken auf seine eh schon angegriffenen Magenschleimhäute.

„Ernst, jetzt sei doch mal ein bisschen locker", pflegte seine Frau immer zu sagen, wenn sie merkte, dass ihren Mann wieder mal die Fliege an der Wand aufregte. Aber Ernst konnte nicht locker bleiben. Er wollte auch nicht. Im Gegenteil, hatte er sich erst einmal in Rage geredet, kam er vom Hölzchen aufs Stöckchen, und dann wetterte er über alles und jeden. Heute fing sein Frust schon vormittags in der Firma an. Zumindest glaubte er das. In Wirklichkeit hatte sein Stress schon vor einer Woche begonnen, da hatte man ihm nämlich den ungeliebten neuen Abteilungsleiter vor die Nase gesetzt.

„Gerda, dieser Mann versteht nichts, aber auch gar nichts vom Kundengeschäft", klagte Zilinski beim Abendessen. „Und so einen platziert die Geschäftsleitung ausgerechnet in unsere Abteilung, ich fasse es nicht."

„Ich weiß, Ernst. Das erzählst du mir jetzt schon die ganze Woche. Ich kann deinen Frust ja auch verstehen, aber trotzdem musst du deine Bratkartoffeln nicht kalt werden lassen."

Zilinski schwieg frustriert und schaufelte den Berg fette Bratkartoffeln in sich hinein. Nachdem sein Teller fast leer war, lehnte er sich schwer atmend zurück und presste die Hände auf die Magengegend. Er verzog schmerzhaft sein Gesicht.

„Ist es wieder so schlimm?"

„Und wie, Gerda. Das ist einfach nur ätzend."

„Du darfst dich eben nicht so sehr aufregen. Das bringt doch alles nichts."

„Ja, ja, ich weiß. Bringst du mir mal'n Schnaps?"

Seine Frau sah ihn vorwurfsvoll an. „Meinst du wirklich, dass das jetzt gut ist?"

„Das ist'n Fettverbrenner, der hilft."

„Na ich weiß nicht."

„Und schalt den Fernseher ein, da kommen gleich die Nachrichten. Ich muss unbedingt wissen, was die Bankenkrise macht."

„Damit du dich nur noch mehr aufregst."

„Komm Gerda, keine Diskussionen jetzt. Es reicht mir

wirklich, wenn ich in der Firma mit den Leuten über alles diskutieren muss. Nicht auch noch zu Hause."

Zwei Minuten später saß das Ehepaar Zilinski vor dem Fernseher. Obwohl Ernst Zilinski vorsorglich zwei Kurze getrunken hatte, ließen seine Magenschmerzen nicht nach. Über die Mattscheibe flimmerte das Bild des amtierenden Finanzministers, der soeben mit düsterer Miene verkündete, er hätte in einen finanziellen Abgrund geblickt, worauf die Magensäure von Ernst Zilinski brodelte und eine neue Attacke auf seine wehrlosen Schleimhäute blies. Als der Nachrichtensprecher darauf neue Hiobsbotschaften über die Bankenkrise bekannt gab, schrie Zilinski schmerzhaft auf und kippte zur Seite. Sein Gesicht war kalkweiß geworden.

„Ernst! Um Gottes Willen, Ernst, was ist mit dir, was hast du?"

Ihr Mann wand sich vor Schmerzen. „Ohh, das brennt wie Feuer." Mühsam gelang es ihm, sich wieder aufzuraffen. Stöhnend und in gekrümmter Haltung versuchte er sich ins Bad zu schleppen. Allein es blieb bei dem Versuch. Während der Nachrichtensprecher mit unbewegter Miene verkündete, dass die Hypo Real Estate mit weiteren Steuermilliarden gestützt werden sollte, versagten ihm die Beine den Dienst. Seine Magensäure landete ihre letzte siegreiche Attacke. Zilinski brach stöhnend zusammen. Im Fallen schlug sein Kopf gegen die geschliffene Kante des niedrigen Glastisches. Seine Kopfschwarte riss in einer acht Zentimeter langen und tiefen Wunde auf. Blut spritzte über den weißen Berberteppich. Hilflos und entsetzt blickte seine Frau auf ihren blutenden Mann, der reglos am Boden ausgestreckt lag. Dann schrie sie ebenfalls laut auf. Ernst Zilinski hatte das Bewusstsein verloren. Seine Frau rannte voller Panik aus der Wohnung und klingelte bei ihrer Nachbarin Sturm. Hier wohnte Brigitte Schreiber, mit der sie seit Jahren eine enge Freundschaft verband. Die ältere verwitwete Frau hatte früher als Krankenschwester im Marienhospital gearbeitet, sie würde ihrem Mann hoffentlich helfen können.

Vernünftiger und logischer wäre es gewesen, sie hätte sofort die Notrufnummer der Feuerwehr angerufen, aber wer handelt in einer solchen Situation schon vernünftig und logisch? Zumal wenn man, wie Gerda Zilinski, mit seinen Nerven am Ende ist.

Nun, die ehemalige Krankenschwester handelte logisch. Mit gezielten Fragen brachte sie von ihrer völlig aufgelösten Freundin das Wichtigste in Erfahrung und betätigte den Notruf.

„Ja, ich bleibe am Apparat. Ich habe ein tragbares Telefon und gehe jetzt mit meiner Nachbarin in deren Wohnung. Danach kann ich Ihnen Näheres mitteilen."

Der Leitstellendisponent auf der Rettungsleitstelle der Feuerwache 1 auf der Hüttenstraße war überaus zufrieden. Es war nicht alltäglich, dass er es mit einem so umsichtigen Gesprächspartner zu tun hatte. Später würde sich zwar herausstellen, dass die anfängliche Verdachtsdiagnose Herzinfarkt nicht zutraf, aber das war in diesem Fall nicht von Bedeutung. Viel wichtiger war, dass er aufgrund der Mitteilungen der ehemaligen Krankenschwester zu dem nächstgelegenen Rettungswagen auch einen Notarztwagen aktiviert hatte.

Sebastian und Axel benötigten exakt viereinhalb Minuten, dann erreichten sie ihren Einsatzort. Die Josef-Richtmeier-Straße war eine ruhige Nebenstraße. Nr. 17 war eines von zwei identisch gebauten Hochhäusern, die von einer Grünfläche mit altem Baumbestand umgeben waren. Ein gemeinsamer Fußweg führte zu beiden Hauseingängen. Zu schmal für ihren RTW, stellte Axel fest und hielt am Straßenrand an. Sebastian sprang aus dem Wagen und riss die Türe zum Patientenraum auf. Mit zwei Notfallkoffern, einer Absauganlage und einem Beatmungsgerät stürmten die beiden Rettungsassistenten über einen gepflasterten Gehweg auf den Hauseingang des ersten Gebäudes zu.

„Das nächste! Hier ist Nummer 15!"

Sekunden später suchten ihre Augen das zweireihige beleuchtete Klingelschild ab.

„Hier! Zilinski."

Axel drückte den Klingelknopf. Anscheinend hatte man schon auf sie gewartet, denn sofort fragte eine Stimme aus der Sprechanlage: „Sind Sie der Krankenwagen?"

„Ja, auf welche Etage müssen wir?"

„Die siebte. Kommen Sie bitte ganz schnell, es eilt."

Der elektrische Türöffner summte, dann standen die beiden in einem kleinen Foyer. Unmittelbar vor ihnen schimmerte das mattglänzende Metall einer blankpolierten Aufzugstüre. Links davon zweigte eine Türe ins Treppenhaus.

„Und jetzt?" Axel sah Sebastian fragend an. „Zu Fuß oder Aufzug?"

Feuerwehrmänner sollten im Einsatz niemals Aufzug fahren. Niemals? Aufzüge konnten während der Fahrt einen technischen Defekt haben oder aufgrund eines Stromausfalls stecken bleiben. Sie wären nicht die Ersten, denen so etwas passierte. Davon wusste zumindest Sebastian ein Lied zu singen. Schließlich hatte er in den Jahren als Feuerwehrmann schon öfters Menschen aus Aufzügen befreien müssen. Aber sieben Etagen zu Fuß waren auch kein Pappenstiel, besonders wenn es um jede Sekunde ging und man überdies die halbe Ausrüstung mit nach oben schleppen musste. Kurzerhand traf Sebastian eine unorthodoxe Entscheidung.

„Du fährst, ich laufe."

Axel sah seinen Transportführer zweifelnd an, aber der stellte schon das Beatmungsgerät und den chirurgischen Notfallkoffer in den Aufzug und schob ihn hinterher.

„Los rein mit dir."

Er glaubte zwar nicht, dass sein Kollege im Aufzug stecken blieb, aber sicher konnte man nie sein. Sollte es wider Erwarten doch passieren und sie stünden beide darin, nicht auszudenken. So musste er zwar eine Menge Treppenstufen steigen, durfte dafür aber sicher sein, bei Zilinskis anzukommen. Damit er nicht völlig ohne medizinische Ausrüstung dastand, schleppte er den Koffer Atmung/Kreislauf mit. Dank seiner guten Kondition erreichte er die siebte Etage fast gleichzeitig mit seinem Kollegen. Die Wohnungstüre stand noch offen.

„Axel?!"

„Ja, hier. Im Wohnzimmer!"

Sebastian überblickte den Raum. Axel kniete neben einem korpulenten Mann um die sechzig, der anscheinend bewusstlos war. Er lag in stabiler Seitenlage auf einem hellen Berberteppich. Alles war mit Blut verschmiert. Eine ältere Frau kniete ebenfalls neben ihm und presste ihm ein Küchenhandtuch gegen seinen fast kahlen Schädel. Eine zweite Frau saß auf der Couch. Sie war auffallend blass und hatte rote, verweinte Augen, vermutlich die Ehefrau des Verunfallten.

„Haben Sie ihn so auf die Seite gedreht?"

Die Frau am Boden blickte kurz auf.

„Ja, ich war früher einmal Krankenschwester. Er hat eine ziemlich große und tiefe Platzwunde am Kopf. Sind Sie der Notarzt?"

Sebastian hatte sich ebenfalls zu dem Mann auf den Teppich gekniet, öffnete den mitgebrachten Notfallkoffer und schüttelte den Kopf.

„Der Notarzt kommt noch. Wir beide sind Rettungsassistenten."

Dann warf er einen bezeichnenden Blick auf die leise weinende Frau auf der Couch.

„Die Ehefrau?"

„Ja."

„Meinen Sie, wir können sie damit beauftragen, dem Notarzt aufzumachen? Oder würden Sie das übernehmen?"

„Doch doch, das schafft sie schon. Gerda! Beruhige dich, das wird schon wieder. Ich helfe den Männern hier, kannst du so lange an der Türe warten? Der Doktor muss jeden Moment hier eintreffen."

Gerda Zilinski erhob sich zögerlich und warf einen mehr als besorgten Blick auf die drei Personen um ihren am Boden liegenden Mann.

„Geh ruhig. Wir kriegen das schon hin."

Während die Ehefrau des Verunfallten nervös neben der geöffneten Wohnungstüre auf den Notarzt wartete, erfuhren Axel und Sebastian, wie es zu dem Unfall gekommen war.

„Ich glaube übrigens nicht mehr an einen Herzinfarkt", erklärte ihnen die ehemalige Krankenschwester.

„Ich auch nicht", sagte Sebastian und deutete auf das schwarz körnige Blut, das der Verletzte erbrochen hatte. „Solch kaffeesatzartiges Blut deutet mehr auf eine Magenblutung hin, finden Sie nicht?"

„Stimmt, und wegen des Erbrechens habe ich ihn ja auch in die Seitenlage gebracht."

„Und ihm damit vermutlich das Leben gerettet. Axel, wir müssen absaugen."

Axel hatte sich nicht an dem kurzen Gespräch beteiligt, sondern stattdessen das blutige Küchenhandtuch gegen einen soliden Druckverband aus sterilen Kompressen und Verbandpäckchen ausgewechselt. Sebastian blickte die Frau, die neben ihnen kniete, fragend an.

„Ich würde gerne meinem Kollegen assistieren. Fühlen Sie sich noch fit, uns weiter zu helfen?"

„Aber immer doch."

„Okay, dann bereiten Sie bitte eine Infusion vor. Hier, alles was Sie dazu benötigen, liegt in dem Koffer."

„Eine Ringer nehme ich an?"

Sebastian nickte und Brigitte Schreiber sah sich unversehens wieder in ihren alten Beruf versetzt. Als hätte sie nie etwas anderes getan, riss sie, ganz wie früher, ein Infusionsbesteck auf und bereitete routiniert die Infusionslösung vor.

Der Notarzt traf ein und entschied, den Mann zu intubieren.

„Bereiten Sie bitte alles vor, damit der Transport anschließend reibungslos vonstatten geht. Wir haben keine Zeit zu verlieren."

„Geht klar, Doc, ich habe eine Drehleiter angefordert. Wir

holen den Mann durch das Fenster und bringen ihn über die KTL nach unten."

Der Notarzt schien nicht gerade begeistert über diesen Vorschlag und sah Sebastian missbilligend an. „Muss das sein? Wie steht es mit dem Aufzug?"

„Geht leider nicht." Sebastian schüttelte den Kopf. „Der Aufzug ist nur für vier Personen und den schweren Mann sieben Etagen durch das enge Treppenhaus hinuntertragen ... ich weiß nicht."

Der Notarzt, der zu diesem Zeitpunkt erst seine zweite Schicht bei der Feuerwehr fuhr, wandte sich an seinen Fahrer, einen erfahrenen Hauptbrandmeister im Rettungsdienst, kurz HBM-Rett.

„Was meinen Sie, muss das wirklich sein?"

„Ich sehe das genauso. Zumal der Mann bewusstlos ist und daher keinen zusätzlichen Stress bekommen wird. Die Krankentrage am Rettungskorb der Drehleiter befestigt, erscheint mir der schnellste und beste Weg."

„Also gut, ist Ihre Entscheidung. Ich will Ihnen da nicht reinreden. Schließlich sind Sie die Feuerwehr."

„Genau."

„Wie bitte?"

„Och, nichts, nichts."

„Hm."

Es gibt Tage, da sind alle drei Dienstgruppenleiter gleichzeitig im Dienst. Das kommt zwar nicht allzu oft vor, aber heute war ein solcher Tag. Und da immer nur einer Chef sein kann, teilen sich die beiden anderen die Gruppenführerposten auf dem LF 16 und auf der Drehleiter. Heute widerfuhr mir die Ehre, Drehleiterführer zu sein, und der stets gut aufgelegte Michael Müller war mein Maschinist.

„Mensch Martin", flachste Michi schon morgens beim Umziehen vor dem Spind, „dass ich das noch erleben darf. Mit meinem alten DGL-Kumpel zusammen auf der Drehleiter." Er schüttelte den Kopf. „Irre, und das bei dem Wind. Ich hoffe, du bist schwindelfrei?"

„Nö, natürlich nicht. Aber ich verrat dir'n Geheimnis – ich hab immer 'ne Kotztüte dabei."

Das einzige Mal, dass wir die Drehleiter bewegten, war vor dem Frühstück. Wie jeden Tag musste die Leiter routinemäßig durchgefahren werden. Dazu saß Michi auf dem außenliegenden Maschinistenposten und ich stand im Leiterkorb und bediente die beiden Joysticks der Korbsteuerung. Fünfundsiebzig Grad aufrichten, dreißig Meter ausfahren, drehen, schwenken und wieder bis unter Niveau absenken. Der mechanische Leiterpark lief wie geschmiert, kräftige Windböen hatte ich zwar auch zu spüren bekommen, sagte aber nichts dazu. Nachdem ich den Leiterkorb wieder verlassen hatte, überprüften wir das seitlich außen angebrachte Notstromaggregat und schlossen kurz die diversen elektrisch betriebenen Geräte an. Die Motorsäge schnurrte einwandfrei und die Scheinwerfer waren ebenfalls in Ordnung. Die Sturmleinen lagen neben den weiteren Ausrüstungsgegenständen auf ihrem Platz und die Flaschen der Pressluftatmer enthielten ihren vorschriftsmäßigen Druck von 200 Bar.

„Na, zufrieden Chef?"

„Ich denke schon, Michi. Von mir aus kann der Einsatz kommen."

Gegen 11.00 Uhr fuhr das große LF zum ersten Mal raus – ohne uns, eine technische Hilfeleistung. Um 14.20 Uhr gab es erneut Alarm. Diesmal rückten beide LFs und der Kombi aus, wieder ohne uns, eine längere Ölspur. Kurz nach 18.00 Uhr erwischte es wieder das LF 16, ein Müllcontainer. Trotz der immer noch auffrischenden Windböen bekamen wir den ganzen Tag über keinen Einsatz. Das war unüblich.

Kurz nach halb acht stand ich mit Michi und Norbert unter der Dusche. Wir waren ziemlich verschwitzt, denn wir hatten mit einigen anderen Kollegen unten in unserem Fitnessraum Sport getrieben.

Norbert, der auf dem LF 24 eingeteilt war, feixte: „Pass auf Martin, heute Nacht, wenn die anderen alle pennen, dann bekommt ihr garantiert was für die Leiter."

„Meinst du?"

„Klar, ist doch immer so. Den ganzen Tag hängst du hier rum und dann … Peng."

Den *Peng* erhielten wir, nachdem der Finanzminister der Nation mit todernster Miene in den Zwanzig-Uhr-Nachrichten verkündete, dass er in einen finanziellen Abgrund geblickt habe.

Wir saßen zu mehreren im Fernsehraum. Die beiden RTW und die Unfallreserve waren erst vor wenigen Minuten alarmiert worden.

„Einsatz für die Drehleiter. Anforderung von RTW und NAW zur Josef-Richtmeier-Straße 17. KTL, siebte Etage."

„Hach!", rief einer sofort laut auf. „In den Abgrund guckt unser Ober-DGL gleich auch. Aber von oben aus'm Leiterkorb. Wenn das man gutgeht!"

Michael achtete nicht auf die Worte, er war schon auf dem Weg zur Türe, aber ich drehte mich noch einmal schnell um und erklärte großspurig: „Mach dir da man keine Sorgen. Wenn es sein muss, trage ich den Patienten auch zu Fuß durch den Leiterpark nach unten."

„Das will ich sehen!"

Unter normalen Umständen hätten wir bestimmt noch weiter dummes Zeug gequatscht, aber es gab keine normalen Umstände, wir hatten Alarm. Ich lief also hinter meinem Maschinisten her, der schon das Ende des langen Ganges zur Fahrzeughalle erreicht hatte, und beschleunigte meine Schritte. Stiefel an, die dicke Überhose hochgezogen und rein in die Einsatzjacke. Michi saß bereits fertig ausgerüstet hinter dem Lenkrad und ließ das Rolltor hochfahren. Dann startete er den schweren Dieselmotor. Ich betätigte den Kippschalter für unser

Funkgerät und gab die Codeziffer für *Im Einsatz* ein. Der Jahreszeit entsprechend herrschte draußen schon dunkle Nacht. Im Licht der Scheinwerferkegel sah ich, wie einige abgerissene dürre Birkenäste über den Hof getrieben wurden. Es wehte ganz schön kräftig. Das Ausfahrttor stand offen. Ich warf einen kurzen Blick nach links. Im beleuchteten Vorraum meines Büros stand ein Kollege und winkte. Vermutlich hatte er auf dem Tableau den Schalter für *Tor auf* gedrückt. Michi rollte über den Gehweg bis an den Straßenrand, bremste kurz ab und sah zu mir: „Wohin ... rechts oder links?"

„Äh ..."

„Also links? Hoffe ich doch zumindest."

Michi wartete meine Antwort nicht ab und lenkte nach links. Mir wurde ein wenig warm, denn ich gestehe, ich hatte im Moment keine Ahnung, wo die Josef-Richtmeier-Straße war.

„Guck mal in den Plan, ich bin mir nicht sicher, ob wir richtig sind."

„Eh Michi. Ich dachte, du ..."

"Ha, ha! War nur'n Scherz. Entspann dich. Ich kenne den Weg."

„Mann!"

„Was denn?" Michi lachte immer noch. „Ich sag's ja immer, Ihr DGLs solltet RTW fahren, dann würdet ihr euch auch besser auskennen."

„Ich bin über zwanzig Jahre lang auf dem Bock gefahren, das reicht."

„Und dann kennst du nicht die Josef-Richtmeier-Straße? TststsTs."

Wenige Minuten später bogen wir in ein ruhiges Wohngebiet ein. Die bewusste Straße stand voller parkender Autos. Weiter voraus zeigte uns ein Polizeiauto mit laufenden Blaulichtern die Einsatzstelle an.

„Deine Seite. Muss eins von den beiden Hochhäusern sein."

„Hoffentlich müssen wir nicht auf diesen unbefestigten Acker."

Der unbefestigte Acker, wie Michi ihn nannte, war eine weitläufige Rasenfläche, die sich um zwei Hochhäuser zog. An den Rändern zur Straße standen mächtige alte Platanen, an deren kahlen Baumkronen der Wind kräftig zerrte.

Michi hielt gegen die Fahrtrichtung in zweiter Reihe. Ich stieg aus. Einer der beiden Polizisten stieg ebenfalls aus und kam mir entgegengelaufen.

„n'Abend", rief er schon von Weitem und hielt mit einer Hand seine Mütze fest. „Ich habe auf euch gewartet. Ihr müsst da drüben hin." Er leuchtete mit dem hellen Strahl seiner kräftigen Stablampe quer über die Rasenfläche bis an die hoch aufstrebende Hausfassade. „Die siebte Etage in dem zweiten Block. Eure Kollegen sagten, ihr sollt entweder vorne am Fenster oder an dem Balkon daneben anleitern."

„Hm." Ich wiegte nachdenklich den Kopf und trat ein paar Mal kräftig auf die Rasenfläche. Seit geraumer Zeit hatten wir wieder unser typisches rheinisches Schmuddelwetter mit Temperaturen über null Grad und ständigem Dauerregen, sodass der tief gefrorene Erdboden längst wieder aufgetaut war. „Also bevor wir da rauffahren, muss ich den Untergrund erst mal genauer prüfen. Und ich muss auf jeden Fall wissen, ob hier drunter eine Tiefgarage ist."

„Bei den Bäumen?", warf mein Gegenüber nach einem bezeichnenden Blick auf die alten Hochstämme ein.

„Die stehen aber nur am Rand", gab ich zu bedenken.

Michi war inzwischen ebenfalls ausgestiegen, schritt über die im Dunkel liegende Wiese und leuchtete mit seiner Taschenlampe den Boden ab. „Also eins ist man klar, 'ne richtige Feuerwehrbewegungszone ist das nicht. Aber ich denke, wenn ich hier mit Schmackes reinfahre, könnte es klappen. Nur ob ich nachher auch wieder rauskomme, ist 'ne andere Frage. Aber wenn sich hier drunter 'ne Tiefgarage befindet, können wir das Ganze eh vergessen."

„Eine Tiefgarage gibt es nicht, das kann ich euch versichern."

Wir drehten uns zu dem Sprecher um, der unbemerkt nähergekommen war.

„Wer behauptet das?"

„Ich."

Es war der HBM-Rett des NAW. Er war selber zu uns heruntergekommen und machte uns jetzt einige wichtige Mitteilungen.

„Um die Ecke", er streckte seinen Arm aus, „gibt es eine Einfahrt zu einem Garagenhof, der zu diesem Objekt gehört. Außerdem habe ich mich erkundigt. Es gibt keine Tiefgarage."

„Okay, das wäre also geklärt. Trotzdem ist das hier keine Feuerwehrbewegungszone. Schätze, dass wir da nicht mehr rauskommen werden. Stimmt's, Michi?"

Michi nickte. „Ist wirklich so. Könnt ihr nicht den Aufzug benutzen oder das Treppenhaus nehmen?"

„Alles schon gecheckt. Der Aufzug ist zu kurz, da passt unsere Trage nicht rein und das Treppenhaus … vergiss es."

„Und wenn wir mit anpacken?"

„Ich sagte doch, vergiss es. Ist viel zu eng."

Ich dachte laut: „Hm, wir könnten den AB-Bau von Wache U kommen lassen und Bohlen auslegen, dann sinken wir nicht ein. Das wäre zumindest eine Möglichkeit."

Der HBM-Rett schüttelte den Kopf. „Hör zu Martin, das dauert alles viel zu lange. Unser Patient ist intubiert und muss dringend auf den Tisch – Not-OP."

„Was hat er denn so Dringliches?"

„Höchstwahrscheinlich Magendurchbruch."

„Scheiße. Das heißt also, der Typ könnte sterben, wenn wir hier zu lange rumgammeln?"

„So ungefähr."

„Also gut. Was meinst du, Michi, schaffst du's bis dahinten?"

Michi zuckte mit den Schultern. „Ich versuche es. Mehr als stecken bleiben kann ich eh nicht."

Einige Meter weiter befand sich eine Parklücke, dort wollte

er durchfahren. Als ich ebenfalls mit ihm einstieg, sah er mich fragend an.

„Ich will nur der Leitstelle Bescheid geben und uns 'ne Gruppe zum Ausleuchten bestellen."

„Gute Idee."

„Florian Düsseldorf für 7-33-1, kommen."

„Kommen Sie 7-33-1."

„Wir benötigen eine Löschgruppe zur Unterstützung. Und schicken Sie die Wache U mit dem Rüstwagen. Wir haben weichen Untergrund und werden uns höchstwahrscheinlich festfahren."

Einen Moment herrschte Funkstille. Eine Rückmeldung, bei der schon im Vorfeld mitgeteilt wird, dass man sich festfährt, hatte der Leitstellendisponent wohl noch nicht gehabt. Dann meldete er sich wieder: „Die Gruppe kommt. Aber habe ich das richtig verstanden, Sie wissen jetzt schon, dass Sie sich festfahren und wollen dennoch da rein?"

„Geht nicht anders. Menschenleben in Gefahr."

„Okay, der Rüstwagen kommt."

Michi hatte die Leiter inzwischen exakt vor die Parklücke gefahren.

„Warte, lass mich vorher aussteigen."

„Genau, fetter Sack, steig lieber aus, sonst sinken wir sofort ein."

Trotz der angespannten Situation hatten wir beide unseren Humor nicht verloren und so konnte ich über seine lästerliche Äußerung lachen. Ich sprang also aus dem Führerhaus und Michi ließ die Vorderräder der Leiter behutsam über die Bordsteinkante rollen. Nachdem die Zwillingsreifen der Hinterachse den scharfkantigen Bordstein ebenfalls überwunden hatten, griffen die Vorderreifen bereits in die Grasnarbe. Die ersten Meter kam unser tonnenschweres Rettungsgerät recht ordentlich voran. Hier war der Untergrund allerdings auch noch nicht so weich. Vermutlich lag das an den hohen Bäumen und ihrem dicht unter der Oberfläche verflochtenem Wurzelwerk.

Entgegen seiner Aussage fuhr Michael bewusst langsam und nicht mit Schmackes. Ich denke, das war die Erfolg versprechendere Fahrweise. Trotzdem sank die Leiter mit jedem weiteren Meter, die sie dem Gebäude näherkam, tiefer in den weichen Boden ein.

Kurz bevor er die Idealposition erreicht hatte, war endgültig Schluss. Die Räder hatten sich etwa dreißig Zentimeter tief in den weichen Untergrund eingedrückt. Michael hatte das Seitenfenster heruntergekurbelt und streckte jetzt seinen blonden Schopf heraus.

„Mehr ist nicht drin!"

„Ist gut, das reicht!"

Ich war zufrieden. Die Leiter stand fast perfekt. Schräg über uns befand sich das in Frage kommende Fenster und seitlich davon der Balkon. Die Entfernung zur Hauswand betrug nur wenige Meter. Wir würden also sehr steil anleitern müssen. Ein Vorteil für uns, denn je weiter wir wegstanden, desto größer wurde die Ausladung des Leiterparks und dementsprechend würde sich auch die Hebelwirkung potenzieren, die von dem Rettungskorb ausging. Ein gefährlicher Faktor, den wir bei diesem weichen Untergrund und dem stürmischen Wind auf keinen Fall außer Acht lassen durften.

Michael kam jetzt ebenfalls aus dem Führerhaus und begutachtete sein Werk.

„Wir müssen die Pratzen gründlich unterbauen. Nicht, dass uns die ganze Chose noch umkippt."

„Du meinst, weil ich fetter Sack gleich oben im Korb stehe?"

„Na klar, warum sonst?"

Während Michael sich zum Heck der Drehleiter begab und die vier unter dem Fahrgestell montierten hydraulischen Pratzen zu beiden Seiten ausfahren ließ, zog ich die beiden hölzernen, mit Blech beschlagenen Auffahrbohlen aus ihrer Halterung.

„Du weißt aber, dass wir die offiziell nicht benutzen dürfen?"

„Da pfeif ich drauf", entgegnete ich und steckte die Bohlen auf der hauszugewandten Seite unter die voll ausgefahrenen Pratzen. „Die Dinger sind mindestens viermal so groß wie die Unterlegklötze."

„Da hast du Recht", pflichtete er mir bei, „und stabil genug sind sie allemal." Dann senkte er die Pratzen ab.

Unsere Aktivitäten waren längst nicht mehr unbemerkt geblieben. Hinter mehreren Fenstern standen Hausbewohner und drückten sich an den Scheiben die Nasen platt. Auch auf der Straße waren etliche Menschen stehen geblieben und verfolgten neugierig, was hier Außergewöhnliches vor sich ging. Davon unbeeindruckt setzten wir unsere Vorbereitungen fort. Nachdem Michi die Leiter über die fest gegen den Boden gepressten hydraulischen Pratzen komplett aus der Fahrgestellfederung gehoben hatte, schwang er sich auf den außenliegenden Maschinistenposten und senkte den Leiterpark seitlich ab, bis der fest mit der Leiterspitze montierte Rettungskorb nur noch wenige Zentimeter über der Rasenfläche schwebte und wir die Vorrichtung für die Krankentrage in die eigens dafür vorgesehenen Haltepunkte des Korbs stecken konnten. Im Grunde genommen bestand die ganze Vorrichtung nur aus zwei miteinander verbundenen parallelen Gleitschienen, in welche die Krankentrage eingeschoben und arretiert werden konnte. Das Untergestell wird immer auf der Leiter mitgeführt. Die Krankentrage wird von einem Rettungsfahrzeug gestellt. Beide Teile bildeten zusammengeschoben eine Einheit, die quer über dem Geländer des metallenen Rettungskorbes befestigt wurde und auf einem drehbaren Zapfen saß, sodass man sie sowohl mit als auch ohne Patient um ihre eigene Achse schwenken konnte. Grundsätzlich werden Patienten immer angegurtet. Zu dieser Krankentragenlagerung (KTL) gehören zwei besonders lange Sicherheitsgurte, die dem Patienten immer zusätzlich angelegt werden müssen. Diese Gurte sichern nicht nur den Patienten auf der Trage, sondern die Trage auch noch mit dem Untergestell.

Wir waren so weit. Ich bückte mich und wollte schon unter der Trage hinweg durch die aufgeklappte Einstiegsluke in den Korb klettern, da hielt mich Michi zurück.

„Hör mal Martin, falls es dir lieber ist … ich kann auch fahren. Also mir macht das nichts aus."

„Gut gemeint Michi, aber nicht nötig."

„Ganz wie du willst. Ich dachte nur, bei dem Wind und weil du das doch bestimmt schon lange nicht mehr gemacht hast."

„Danke, ich weiß das zu schätzen, aber ich hab da wirklich kein Problem mit."

Ich stand jetzt im Rettungskorb, links vor mir befand sich die Steuereinheit mit den beiden Joysticks. Michi hatte die Einstiegsluke hinter mir verschlossen und sich auf seinen Maschinistenposten begeben. Mein Platz wurde durch die Krankentrage stark eingeschränkt. Abgesehen davon, dass wir genau darauf zu achten hatten, das zulässige Korbgewicht nicht zu überschreiten, wäre hier für zwei Personen kein Platz gewesen. Ich würde die Arbeit im Korb und – falls es nötig werden würde – die am Patienten alleine verrichten müssen.

Ohne meine langjährige Erfahrung als Teamführer auf dem Notarztwagen an Wache 6 hätte ich Michi natürlich den Vortritt gelassen. Falsche Eitelkeit wäre hier völlig fehl am Platz gewesen, aber ich wusste noch genau, was mich erwartete und was ich zu tun hatte.

Aus dem Korblautsprecher drang Michis vertraute Stimme leicht verzerrt an mein Ohr.

„Martin, kannst du mich verstehen?"

„Ja, ich höre dich."

„Gut. Mach erst mal gar nichts. Ich fahr dich hoch. Wenn du oben bist, schalte ich ab. Dann übernimmst du. Alles klar?"

„Alles klar."

Ich ließ mich also nach oben fahren. Der Wind blies mir kräftig in den Rücken, weshalb ich mich mit der linken Hand an der Rohrumrandung des Rettungskorbs festhielt und die rechte auf die Krankentrage legte. Michi führte zwei Fahrbewegungen gleichzeitig aus. Mit dem typisch surrenden Geräusch schob sich der Leiterpark auseinander und gewann an Höhe. Gleichzeitig schwenkte sich der Drehkranz, sodass sich meine Blickrichtung jetzt gegen die Hausfassade richtete. Jetzt packte mich der Wind von links. Hinter einem Fenster der dritten Etage winkte mir ein kleiner Junge zu. Eine Frau, ich vermute, es war seine Mutter, zog schnell seinen Arm herunter. Ich lächelte und winkte zurück. Weiter ging's zur vierten, zur fünften, sechsten Etage. Ich sah in die erleuchteten Wohnungen. Überall standen die Menschen und schauten zu mir herüber.

„Michi, wir erreichen gleich die siebte Etage."

„Seh ich. Ich nehme die Vorrangschaltung raus. Du kannst jetzt übernehmen. Viel Erfolg. Und sag Bescheid, falls es Probleme geben sollte."

„Geht klar."

Michi hatte die Vorrangschaltung herausgenommen. Ich betätigte den Öldruckschalter. Ab jetzt musste ich die weiteren Fahrbewegungen über die Korbsteuerung dirigieren.

Meine Kollegen erwarteten mich bereits an dem geöffneten Fenster.

„Wohin, Balkon oder Fenster?"

„Fenster!"

„Okay, bin gleich da!"

Die Krankentrage an einem Fenster anleitern, ist etwas anderes, als nur mit dem Rettungskorb heranzufahren. Die Vorgehensweise ist eine gänzlich andere. Normalerweise schiebt man sich von unten kommend langsam näher, bis der Korb oder die Leiterspitze in der gewünschten Höhe die Fensteröffnung erreicht. Jetzt musste ich über das Fenster hinaus fahren, um dann den Leiterpark mit der rechtwinklig ausgeschwenkten Krankentragenhalterung in das weit geöffnete Fenster abzusenken. Der Notarzt, der heute erst seine zweite Schicht mit der Feuerwehr fuhr, hatte von alledem noch keine Ahnung. Er sah mich nur an dem fraglichen Wohnungsfenster vorbeifahren und reagierte ziemlich ungehalten.

„Wo fährt der denn hin? Hat der Mann keine Ahnung, wie man so ein Ding steuert oder was soll das?"

„Ganz ruhig, Doc, der Kollege weiß schon, was er tut."

„Das sagen Sie, aber der fährt doch viel zu hoch."

Inzwischen hatte ich gestoppt und schätzte die Entfernung. *Das müsste klappen.* Ganz feinfühlig und mit geringer Geschwindigkeit ließ ich den Leiterpark nach vorne absenken. *Mist, ein Stück zu hoch.* Wenn ich nicht mit der ausgeschwenkten Krankentragenhalterung gegen den oberen Fensterrahmen stoßen wollte, musste ich die Leiter zuerst wieder ein Stück einfahren. Der Wind bereitete mir doch mehr Probleme als erwartet. Ich musste gegensteuern, schwenkte ein Stück in den Wind hinein, um die Abdrift auszugleichen.

„Was macht der denn da? Jetzt fährt der ja wieder weg. Wird so etwas bei Ihnen denn nie geübt?"

Sebastian, der neben dem Notarzt an dem geöffneten Fenster stand, ließ sich nicht provozieren. „Sie können sich das ja mal von den Kollegen von Wache 1 zeigen lassen. Danach werden Sie verstehen, wie schwierig solch ein Manöver ist."

Der Arzt schwieg und ich senkte meine Krankentrage jetzt zielgenau in die Fensteröffnung. Zehn, zwölf Zentimeter über der Fensterbrüstung stoppte ich und stellte den Motor ab. Die Tragenhalterung ragte zu einem Viertel in das Zimmer hinein, genau wie ich es haben wollte.

Ich befand mich jetzt in circa einundzwanzig Metern Höhe. Tief unter mir waren inzwischen die nachgeforderten Einsatzkräfte eingetroffen und entwickelten Aktivitäten, von denen ich hier oben aber nichts mitbekam. Die nächsten zwei Minuten war ich lediglich passiver Zuschauer, denn ich konnte oder, besser gesagt, ich durfte den Korb nicht verlassen und meine Kollegen bei ihren Rettungsmaßnahmen unterstützen.

Zuerst lösten sie die Arretierung und zogen die Krankentrage von der Halterung. Ich sah in ein hell erleuchtetes Zimmer, im Hintergrund standen zwei Frauen. Der Patient, ein offensichtlich recht schwerer, mittelgroßer Mann lag bereits auf einer Vakuummatratze. Überall war Blut. Um seinen spärlich behaarten Schädel spannte sich ein Druckverband und aus seinem Mund ragte das Ende eines Endotrachealtubus. Zu viert hoben die Kollegen jetzt den Bewusstlosen mitsamt der Vakuummatratze auf die Krankentrage. Der Notarzt fasste dabei mit an. Dann befestigten sie ihn mit den Sicherheitsgurten der Krankentrage und hoben ihn auf Kommando gleichzeitig hoch.

„Kopfende zuerst!", rief ich.

„Wissen wir!"

Sebastian und Axel trugen das Kopfende. Sorgfältig setzten sie die Rollen der Trage in die Laufschienen des Untergestells. Unter dem schweren Gewicht senkte sich der Leiterpark sofort einige Zentimeter tiefer, lag aber immer noch nicht auf. So war es von mir beabsichtigt. Ist man nämlich von Beginn an schon zu tief oder liegt gar mit dem Untergestell der Krankentragenhalterung auf der Fensterbrüstung, kann es passieren, dass, wenn das zusätzliche Gewicht des Patienten dazukommt, eine Sicherheitseinrichtung, nämlich die Anstoßsicherung der Leiter, anspricht, und dann geht nichts mehr. Hier lagen wir aber genau richtig. Der Abstand stimmte und meine Kollegen schoben den Patienten jetzt vollends auf die Halterung, bis die Arretierungen hörbar einrasteten. Damit war die Sache zwar schon halbwegs sicher, aber noch nicht sicher genug. Zuerst mussten die Zusatzgurte angebracht werden. Und das ließ sich nur vom Korb aus bewerkstelligen. Es sei denn, einer meiner Kollegen würde sich zu einer waghalsigen Kletterpartie auf das Fensterbrett begeben.

Ich hatte meine liebe Mühe mit den Sicherheitsgurten. Der Mann war nicht nur korpulent, er war dick. Dazu kam, dass er auf der Vakuummatratze lag und ich ziemlich tief stand und nicht über ihn hinweggreifen konnte. Kurzum, das ging dem Notarzt wieder zu langsam – er schimpfte. „Jetzt fahren Sie doch endlich los. Wie lange dauert das denn noch?"

„Sorry Doc, aber ohne die Gurte fahre ich keinen Millimeter", rief ich laut, weil ich gerade unter dem Patienten bemüht war, das letzte der beiden übergeworfenen Gurtenden zu fassen zu kriegen.

„Mann, der Patient ist intubiert und nur für kurze Zeit sediert!"

„Hab's gleich", keuchte ich. *Endlich, geschafft!* Für die fummelige Arbeit hatte ich die Handschuhe ausgezogen, klinkte die Karabinerhaken in die dafür vorgesehenen Metallstege und kam wieder hervorgekrochen.

„Und, wird das heute noch was?"

Ich warf einen verärgerten Blick auf den Arzt, der anscheinend keine Ahnung hatte, was mir und, noch schlimmer, dem Patienten blühen konnte, wenn ich meine Arbeit hier nicht ordentlich ausführte. Bei dem starken Wind durfte ich mir nicht den geringsten Fehler erlauben. Ich hielt es daher für das Beste, gar nicht weiter auf seine Worte zu reagieren.

„Michi, ich bin jetzt so weit. Ich starte wieder und fahre aus dem Fenster."

„Okay Martin. Wenn du die Trage eingeschwenkt hast, übernehme ich, einverstanden?"

„Sehr gerne. Aber check bitte vorher noch mal die Pratzen. Der Typ ist verdammt schwer. Nicht dass wir einsinken und seitlich wegknicken."

„Keine Sorge, ist alles schon geregelt. Außerdem fahre ich euch zuerst steil runter, ehe ich dich mit ihm seitlich ablasse. Also, man sieht sich."

Bevor ich den Motor wieder startete, was auch von der Korbsteuerung aus möglich ist, reichte mir Sebastian einen Beatmungsbeutel herüber. „Hier, schließ den an. Es könnte passieren, dass du ihn unterwegs beatmen musst. Im Moment schnauft er zwar ausreichend, das kann sich aber ganz schnell ändern."

„Okay, gib her."

Ich verband den Kopf des Beatmungsbeutels mit dem Konnektor des Endotrachealtubus. Sollte mein Patient auf dem Weg nach unten wirklich Probleme wie einen Atemaussetzer bekommen, so war ich zumindest vorbereitet. Die Atmung meines Patienten bereitete mir daher weniger Sorgen. Viel mehr quälte mich der Gedanke, dass seine Narkose nicht lange genug anhalten könnte. Nicht auszudenken, wenn der Mann unterwegs wach werden würde und sich völlig unvorbereitet zwischen Himmel und Erde schwebend vorfände. *Hoffentlich geht alles glatt.* Immer ein Auge auf den sich kontinuierlich hebenden und senkenden Brustkorb meines Patienten gerichtet, steuerte ich die Leiter mit meiner schweren Last genauso wieder aus dem Fenster, wie ich sie vor wenigen Minuten erst hineingelenkt hatte. Kaum aus dem Fenster, bot ich mit der hochbeladenen Krankentrage dem Wind eine breite Angriffsfläche. Sofort erfasste uns eine Windböe und es kostete mich enorme Kraft, die nunmehr schwer belastete Tragenhalterung aus ihrer rechtwinkligen Position so weit auf mich zuzuschwenken, bis sie wieder quer über der Korbbrüstung lag und in der Arretierung einrastete. Der komplette Leiterpark wippte dabei ständig beängstigend hin und her. Endlich hatte ich es geschafft und richtete die Leiter noch ein Stück auf. Damit hatte ich das Schwerste hinter mir und konnte wieder an meinen Maschinisten übergeben.

„Michi, fertig! Hol uns runter!"

Nachdem Michi wie zugesagt den Leiterpark aus seiner steil aufgerichteten Position zuerst eingefahren hatte, schwebten wir langsam seitlich dem Erdboden entgegen. Im Gegensatz zu unserer Ankunft wurde die vormals im Dunkel liegende Rasenfläche jetzt in helles Kunstlicht getaucht. Der Lichtast unseres eingetroffenen LF 16 war ausgefahren und seine 1000 Watt hellen Scheinwerfer warfen ein bizarres Bild aus Licht und Schatten. Unten angekommen griffen so viele Hände hilfreich zu, dass ich ohne schlechtes Gewissen ruhig zusehen konnte, wie mir der Patient mitsamt der Trage von der Halterung gehoben wurde. Getreu dem Motto „vier Mann, vier Ecken" trugen ihn meine Kollegen zu dem am Straßenrand stehenden RTW.

Michi Müller, der nach unserer geglückten „Landung" sein Führerhaus verlassen hatte, stand während des Herunterhebens der Krankentrage seitlich neben dem Rettungskorb. Er hatte selber nicht mit Hand anlegen müssen, aber genau darauf geachtet, dass alles vorschriftsmäßig vonstatten ging. Jetzt, nachdem die Kollegen mit der Trage in der Mitte abmarschiert waren, klappte er für mich die Einstiegsluke des Rettungskorbs wieder auf.

„War 'ne ganz schön wackelige Fahrt, was?"

„Boah ... das kannst du man laut sagen."

„Hat aber alles gut geklappt. Ich denke, wir dürfen zufrieden sein."

„Gott sei Dank. Also wie ich mit dem Dicken da oben aus dem Fenster kam und mich der Wind von der Seite voll erwischte ..." Ich holte tief Luft. „Mein lieber Freund."

„Jaaa. Klar, das hat schon mächtig gewackelt, aber ich hatte hier unten alles im Griff. Oder glaubst du etwa, ich hätte tatenlos zugesehen, wie du mit dem Patienten da oben abschmierst?" Michi sah mich grinsend an: „Wenn du allerdings dein Kotztütchen von oben auf mich runter... Du verstehst ... also dann ..."

Wir lachten und ich klopfte ihm freundschaftlich auf die Schulter. „Komm, lass uns den ganzen Krempel wieder abbauen."

Selbst heute, wo ich dieses Kapitel schreibe, bin ich mir völlig sicher, dass der Satz meines Leitermaschinisten *Oder glaubst du etwa, ich hätte tatenlos zugesehen, wie du mit dem Patienten da oben abschmiert* eine tiefe Wahrheit enthielt. Michael Müller ist kein Sprücheklopfer. Solch eine lockere Ausdrucksweise ist uns allen ja oft geläufig, die Ernsthaftigkeit und Zuverlässigkeit in der Sache hat dadurch aber weder in schwierigen noch in kritischen und erst recht nicht in gefährlichen Situationen nachgelassen. Mit Michi auf dem Maschinistenposten konnte ich mich daher auch einundzwanzig Meter über Normalnull sicher fühlen.

Nachdem wir unsere Gerätschaften verstaut und die LF-Besatzung ihren Lichtmast abgeschaltet und eingefahren hatte, lag die Rasenfläche wieder im Dunkel. Der RTW hingegen stand immer noch mit hell erleuchtetem Patientenraum am Straßenrand. Die beiden Kollegen von Feuerwache U, die mit dem Rüstwagen gekommen waren, standen bei unseren Kollegen vom LF 16. Die Gruppe schien eifrig über etwas zu diskutieren. Als ich dazutrat, wurde ich von dem Führer des Rüstwagens mit dem Satz empfangen: „Besser wär's gewesen, du hättest vorher etwas Luft aus den Reifen gelassen. Das verbreitert die Auflagefläche und du sinkst nicht so tief ein."

„Stimmt, daran haben wir überhaupt nicht gedacht."

„Macht ja nichts. Ist ein Tipp fürs nächste Mal. Ich bin schon froh, dass ihr wenigstens nicht versucht habt, von alleine da wieder rauszukommen. Die meisten machen das nämlich und fahren sich dabei nur noch tiefer fest. So war das schon besser."

„Und wie läuft das gleich?"

„Ganz einfach. Wir schlagen das Drahtseil von unserer Vorbauwinde an die Ösen eurer Leiter und dann ziehen wir euch in derselben Spur wieder raus, auf der ihr reingefahren seid. Kannst deinem Maschinisten sagen, er soll dann aber bloß kein Gas geben."

„Sag's ihm selbst, da kommt er."

„Ach der Michi. Also, ich sagte gerade, wenn wir dich gleich ziehen, kein Gas und die Räder immer nur schön ruhig mitrollen lassen, das ist alles. Den Rest machen wir."

„Also dann, worauf warten wir? Auf geht's!", rief ich. Aber da hatte ich mit Zitronen gehandelt.

„Ne ne, so schnell geht das nicht", meldeten sich meine Kollegen zu Wort. „Jetzt reden wir erst einmal darüber, *wer* von euch beiden den Kuchen ausgibt."

„Kuchen? Ich versteh immer Kuchen. Und wofür bitteschön?"

„Na hör mal! Da fährt der DGL einmal im Jahr mit der Leiter raus und fordert prompt die Gruppe und den Rüstwagen nach. Wenn das man keinen Kuchen wert ist?"

„Ihr spinnt doch."

„… und fährt sich auch noch fest!"

„Ist ja gut, ist ja gut. Ich gebe mich geschlagen. Ihr bekommt euren Kuchen."

„Und was ist mit uns, he? Wir sind es schließlich, die euch da rausziehen."

„Meinetwegen, ihr bekommt auch einen Kuchen. Aber erst am Samstag. Nächste Schicht habe ich nämlich frei."

„Optimal. Das passt, dann hab ich nämlich auch wieder Dienst."

Das Herausziehen unserer Drehleiter verlief ohne Komplikationen. Wenn man davon absah, dass die Rasenfläche jetzt zwei lange tiefe Spuren aufwies, die mich irgendwie an Ackerfurchen erinnerten, und wenn man ebenfalls davon absah, dass die Profile unserer Reifen dick mit klebrigem Lehm zugekleistert waren, durften wir unsere Rettungsaktion ohne Weiteres als Erfolg verbuchen. Zurück auf der Wache rief ich umgehend meinen C-Dienst an Wache 6 an und beichtete ihm unseren Flurschaden. Es war ja nicht auszuschließen, dass sich ein verärgerter Grundstückseigentümer bei der Stadt melden würde, dem wollte ich vorgreifen. Während ich noch telefonierte, spritzte der „gnadenlose" Meik die Reifen unserer Drehleiter mit dem C-Rohr sauber. Über das weitere Schicksal unseres Patienten habe ich nichts mehr erfahren. Über die beiden Kuchen, von denen meine Frau je einen für unsere Feuerwache 7 und einen für die Feuerwache U gebacken hat, weiß ich sehr wohl noch Weiteres zu berichten. Ihre Überlebenschance war gleich null, denn sie waren wieder einmal sehr, sehr lecker!

Und weil das so ist, behaupte ich hier mit einem leichten

Augenzwinkern: Solange es noch liebe Frauen wie die meine gibt, die ihren Männern Kuchen backen, werden wir auch weiterhin löschen, retten, bergen und schützen.

Anhang

A-Dienst: Beamter der Branddirektion mit höchster Entscheidungskompetenz an Einsatzstellen.

B-Dienst: Leitender Feuerwehrbeamter an größeren Einsatzstellen.

Bilge: Kielraum eines Schiffes.

B-Rohr: Auch B-Strahlrohr. Gerät zur Wasserabgabe über einen B-Schlauch.

B-Schlauch: Feuerwehrschlauch von 75 mm Durchmesser und 20 m Länge.

C-Dienst: Weisungsbefugter Feuerwehrbeamter mit eigenem Fahrzeug (C-Dienst-Wagen) und Fahrer. Leiter eines Brandschutzabschnittes (zwei Feuerwachen) und Löschzugführer.

C-Rohr: Auch C-Strahlrohr. Gerät zur Wasserabgabe über einen C-Schlauch.

CSA: Chemikalienschutzanzug. Spezialanzug zum Schutz gegen äußerlichen Kontakt mit gefährlichen Stoffen.

C-Schlauch: Feuerwehrschlauch von 55 mm Durchmesser und meist 15 m Länge.

Dehydrierung: Dehydration. Großer Verlust von Körperflüssigkeit (hier durch hohe Belastung im Einsatz).

DGL: Dienstgruppenleiter. Leitet die Wachbereitschaft einer Feuerwache für jeweils 24 Stunden.

Disponent: Hier Leitstellendisponent. Feuerwehrbeamter auf einer Rettungsleitstelle mit Spezialausbildung.

DLK 23/12 (auch Drehleiter): Drehleiter mit Rettungskorb und 30 Metern Steighöhe. Fachbezeichnung für ein Feuerwehrfahrzeug.

ELW: Einsatzleitwagen. Fahrzeug des A- oder B-Dienstes. An umfangreichen Einsatzstellen auch Spezialfahrzeug: Mobile Einsatzleitstelle.

Federspeicher: Auch Federspeicherbremse. Ein luftdruckgesteuertes Bremssystem bei LKW.

FF-Logistik: Freiwillige Feuerwehr. Versorgt u. a. Einsatzkräfte mit Essen und Getränken an Großeinsatzstellen.

FF-Umweltschutz: Freiwillige Feuerwehr mit breitem Einsatzspektrum bei Großschadenlagen.

Florentine: In Anlehnung an St. Florian, den Schutzpatron der Feuerwehren, ein oft genutzter Name für Handsprechfunkgeräte.

Fluchthaube: Rettungsgerät der Feuerwehr, um Menschen aus verrauchten Räumen zu retten. (Wird den zu rettenden Personen über den Kopf gestülpt. Kein Ersatz für ein Atemschutzgerät!)

Halligan: Amerikanisches Multifunktions-Rettungsgerät.

Hohlstrahlrohr: Modernes Strahlrohr zur Wasserabgabe mit vielseitiger Einsatzfunktion.

HUPF-Bekleidung: Spezialbekleidung für den Feuerwehreinsatz, die bestimmte Vorgaben erfüllen muss.

Hydrant: Wasserentnahmestelle des städtischen unterirdischen Rohrnetzes.

Hydroschild: Gerät zur Wasserabgabe mit Riegeleffekt gegen Feuerübersprünge.

Iconos: Firmenbezeichnung. Verbessertes Feuerwehrkupplungssystem mit Klemmgleitring.

KAT-System: Medizinisches Rettungsgerät für verunfallte Patienten, deren Wirbelsäule stabilisiert werden muss.

Kostümfundus: Hier der Raum, in dem sämtliche Feuerwehrschutzbekleidungen einer Feuerwache hängen.

Kugelhahnverteiler: Eine wasserführende Armatur. Ermöglicht die Aufteilung und Weiterleitung einer ankommenden B-Leitung auf drei Abgänge, die mit Kugelhahnventilen auf- oder zugesperrt werden können.

LF: Abkürzung für Löschgruppenfahrzeug. Oberbegriff für Feuerwehrfahrzeuge mit einer Löschgruppe.

Maschinist: Fahrer eines Feuerwehrfahrzeugs (Feuerwehrmann mit Spezialausbildung).

MHD: Eine Rettungsdienstorganisation mit netten, fachkompetenten Kolleginnen und Kollegen vom Malteser-Hilfsdienst.

Pratzen: Hier seitlich ausfahrbare „Metallfüße" für die Standsicherheit einer Drehleiter.

Pressluftatmer: Umluftunabhängiges Atemschutzgerät. Wird in Kombination mit einer Atemschutzmaske getragen.

Rauchgasintoxikation: Von toxisch = giftig. Eine Rauchgasvergiftung.

RTW: Rettungstransportwagen.

Schlauchbrücke: Überfahrschutz für Feuerwehrschläuche (früher aus Holz, heute aus Aluminium oder Kunststoff hergestellt).

Steckleiter: Tragbare Feuerwehrleiter. Bestehend aus vier Leiterteilen, die einzeln zusammengesteckt werden können.

Thorax-Chirurgie: Thorax (lat.) = Brustkorb.

TLF 16/24: Spezialbezeichnung für ein Tanklöschfahrzeug der Feuerwehr.

TUIS: Abkürzung für ein Transport-Unfall-Informations- und Hilfeleistungssystem der Deutschen Chemischen Industrien mit Werksfeuerwehren und Experten.

Weitere Titel von Martin Meyer-Pyritz

272 Seiten, EUR 18,95
ISBN 978-3-7700-1304-3

352 Seiten, EUR 18,95
ISBN 978-3-7700-1212-1

416 Seiten, EUR 19,95
ISBN 978-3-7700-1170-4

288 Seiten, EUR 18,95
ISBN 978-3-7700-1169-8

Ein begeisterter Leser und Feuerwehrkollege:
„Jeder, der gar keine Vorstellung von der Feuerwehr hat, sollte diese Romane lesen. Man erfährt, was die Arbeit bei der Feuerwehr überhaupt bedeutet."

4 CDs, EUR 22,95
ISBN 978-3-7700-1235-0

Düsseldorfer Express:
„Ein Protokoll über Leben und Tod, voller Dramatik und Nachdenklichkeit."

384 Seiten, EUR 19,95
ISBN 978-3-7700-1171-1

352 Seiten, EUR 18,95
ISBN 978-3-7700-1172-8

334 Seiten, EUR 18,95
ISBN 978-3-7700-1205-3